Familienbeziehungen

Familienbeziehungen

Eltern und Kinder in der Entwicklung
– Ein Lehrbuch –

von
Manfred Hofer
Elke Klein-Allermann
Peter Noack

unter Mitwirkung von:
Manfred Hassebrauck
Christiane Papastefanou
Birgit Pikowsky & Silvia Schaller

Hogrefe · Verlag für Psychologie
Göttingen · Bern · Toronto · Seattle

INHALTSVERZEICHNIS

VORWORT 1

1. **FAMILIENBEZIEHUNGEN IN DER ENTWICKLUNG**
   (Manfred Hofer) 3
1.1 Zu einem sozialpsychologischen Familienbegriff 3
1.2 Familienbeziehungen als Gegenstand psychologischer
    Forschung 7
1.3 Die Familie in der Entwicklung begriffen 12
1.4 Familientheorien 18
1.4.1 Dimensionale Beschreibungsmodelle 19
1.4.2 Rationale Theorien 22
1.4.3 Die Familienstreßtheorie 24

2. **FAMILIENBEZIEHUNGEN IM SOZIALEN UMFELD**
   (Manfred Hofer) 27
2.1 Rechtliche und institutionelle Rahmenbedingungen für
    Familienbeziehungen 27
2.1.1 Ehebeziehung 28
2.1.2 Eltern-Kind-Beziehung 29
2.1.3 Nichteheliche Lebensgemeinschaften 30
2.1.4 Das familienbezogene Umfeld 32
2.2 Ähnlichkeit und Verschiedenheit als Funktionen von
    Vererbung und Umwelt 33
2.3 Familie früher und heute 39
2.3.1 Funktionswandel in der Familie 39
2.3.2 Eine Liebesheirat ist, wenn beide nichts haben 40
2.3.3 Eltern-Kind-Beziehungen 45
2.4 Familie und Kultur 47
2.4.1 Kulturvergleichende Studien 47
2.4.2 Die Familie in einer multikulturellen Gesellschaft 49

3. **FAMILIE UND ARBEIT** *(Manfred Hofer)* 55
3.1 Die Familie als Wirtschaftsgemeinschaft mit
    knappem Einkommen 56
3.2 Die Doppelverdiener-Familie 64
3.2.1 Mütterliche Erwerbstätigkeit 64
3.2.2 Die Erwerbstätigkeit der Frau und die Mutter-Kind-Beziehung 66

3.2.3	Die Erwerbstätigkeit der Mutter und die Entwicklung des Kindes	67
3.3	Die Arbeitsteilung im Haushalt	70
3.3.1	Die Mitwirkung des Mannes	70
3.3.2	Die Mitwirkung der Kinder	71
3.4	Der Einfluß des Berufs- auf das Familienleben	74
3.5	Die Vorbereitung des Kindes auf den Beruf	77
4.	FREUNDE, BEKANNTE, PEERS: DIE FAMILIE UND BEZIEHUNGEN ZU "GLEICHEN" *(Peter Noack)*	82
4.1	Peerbeziehungen über die Lebensspanne	83
4.1.1	Begriffliches	83
4.1.2	Vorstellungen über Freundschaftsbeziehungen	86
4.1.3	Beziehungen und Verhalten zwischen Peers über die Lebensspanne	88
4.2	Beziehungen zwischen Individuum, Familie und Peers	96
4.2.1	Ähnlichkeiten und Unterschiede von Familie und Peers	96
4.2.2	Relative Einflüsse von Familie und Peers	98
4.2.3	Wechselseitige Beeinflussung von Familie und Peers	100
5.	DAS ENTSTEHEN DER FAMILIE *(Christiane Papastefanou, Manfred Hofer und Manfred Hassebrauck)*	105
5.1	Am Anfang waren: die Wahl des Partners und die Partnerbeziehung	105
5.1.1	Wer wählt wen? - Die Partnerwahl	105
5.1.2	Was hält die Beziehung aufrecht? - Die Partnerbindung	108
5.2	Der Kinderwunsch	113
5.3	Der Übergang zur Elternschaft als Entwicklungsprozeß	117
5.3.1	Begriffliche und methodische Erläuterungen	117
5.3.2	Der Prozeßcharakter der beginnenden Elternschaft	120
5.3.3	Der Übergang aus der Sicht von Mutter und Vater	122
5.3.4	Die Partnerbeziehung der neuen Eltern	125
6.	DIE FAMILIE MIT EINEM KIND *(Manfred Hofer)*	129
6.1	Die Eltern und das Neugeborene	129
6.1.1	Entwicklungsaufgaben von Familien mit Neugeborenen	129
6.1.2	Frühe Eltern-Kind-Beziehungen	132
6.2	Die weitere Entwicklung der Eltern-Kind-Beziehung	141
6.2.1	Die Sicht der Eltern	141

6.2.2	Die Sicht des Kindes	148
7.	DAS ZWEITE KIND UND DIE ERWEITERUNG DER FAMILIALEN BEZIEHUNGEN *(Christiane Papastefanou)*	152
7.1	Geschwisterbeziehungen im familialen Kontext	152
7.1.1	Allgemeine Erläuterungen zur Geschwisterforschung	152
7.1.2	Der Aufbau der Geschwisterbeziehung in der frühen Kindheit	154
7.1.3	Geschwisterpaare in der mittleren Kindheit	157
7.1.4	Unterschiede zwischen Geschwistern und ihre Ursachen in familialen Umweltfaktoren	159
7.2	Die Partnerschaft der Eltern nach dem zweiten Kind	163
7.3	Die Familie mit einem zweiten Kind	166
8.	DIE FAMILIE MIT SCHULKINDERN *(Manfred Hofer)*	171
8.1	Einleitung	171
8.2	Entwicklungsaufgaben von Familien mit Schulkindern	173
8.3	Das Kind wird zum Schüler	174
8.4	Eltern und Lehrer	179
8.4.1	Die Sicht der Eltern	179
8.4.2	Die Sicht der Lehrer	182
8.4.3	Vergleich der Lehrer- und Elternsicht	185
8.5	Eltern von Schülern	189
8.5.1	Hausaufgaben	189
8.5.2	Allgemeine akademische Strategien	191
9.	DIE FAMILIE MIT JUGENDLICHEN. EIN ÜBERGANG FÜR ELTERN UND KINDER *(Birgit Pikowsky und Manfred Hofer)*	194
9.1	Entwicklungsaufgaben von Familien mit Jugendlichen	196
9.1.1	Entwicklungsaufgaben im Jugendalter	196
9.1.2	Entwicklungsaufgaben im mittleren Lebensalter	199
9.1.3	Entwicklungsaufgaben der Familie	201
9.2	Die Beziehungen in der Familie	203
9.2.1	Die Partnerbeziehung	203
9.2.2	Die Geschwisterbeziehung	204
9.2.3	Eltern und ihre jugendlichen Kinder	206
9.3	Das Gespräch zwischen Eltern und Jugendlichen	212

10.	JUNGE ERWACHSENE UND IHRE ELTERN: ABLÖSUNG ODER NEUDEFINITION DER BEZIEHUNG? *(Christiane Papastefanou)*	217
10.1	Einführung und begriffliche Erläuterungen	217
10.2	Der Ablösungsprozeß im Erleben junger Erwachsener	219
10.2.1	Ablösung im Übergang zum Erwachsenenalter	219
10.2.2	Die Bedeutung des Auszugs im Ablösungsprozeß	220
10.2.3	Autonomie und Bindung in der Beziehung junger Erwachsener zu ihren Eltern	223
10.3	Die Situation der Eltern nach dem Auszug der Kinder	225
10.3.1	Das Phänomen des "empty nest"	225
10.3.2	Das individuelle Erleben der "empty nest"-Situation	227
10.3.3	Die eheliche Beziehung in der Ablösephase	229
10.3.4	Die Beziehung zu den erwachsenen Kindern	231
10.4	Forschungsperspektiven: Der familiale Kontext	234
11.	DIE "SANDWICH-GENERATION" *(Sylvia Schaller)*	238
11.1	Einleitung	238
11.2	Die Partnerbeziehung im mittleren Lebensalter	239
11.3	Die Beziehung zu nachfolgenden Generationen: Großeltern und Enkel	243
11.4	Die Beziehung zu den alten Eltern	244
11.5	Der Tod der Eltern	248
12.	ADOPTIERTE KINDER UND IHRE ELTERN: FAMILIEN EIGENER ART *(Elke Klein-Allermann)*	250
12.1	Einleitung	250
12.2	Der Weg bis zur Adoption: Motive, Erfahrungen, Probleme	250
12.3	Endlich ist es so weit - Die Zeit der Vorbereitung und der Eingewöhnung	254
12.4	Das Aufwachsen in der Adoptivfamilie: Vom Kleinkind zum Schulkind	256
12.5	Die Adoptivfamilie mit einem Jugendlichen	261
12.6	Ausblick	265
13.	SCHEIDUNG - ENDE ODER VERÄNDERUNG FAMILIALER BEZIEHUNGEN? *(Elke Klein-Allermann, Sylvia Schaller)*	266
13.1	Einleitung	266

13.2	Scheidung aus historischer und makrostruktureller Perspektive	266
13.3	Scheidungsursachen: Wer läßt sich von wem warum scheiden?	268
13.4	Auswirkungen der Scheidung aus metatheoretischer Sicht	272
13.5	Phasenspezifische Anforderungen im Scheidungsprozeß: Von der Reorganisation des Haushalts bis hin zur neuen Lebensperspektive	274
13.6	Die Zeit danach: Entwicklungsverläufe von Eltern und Kindern nach der Scheidung	278
13.6.1	Die Ehepartner	278
13.6.2	Die Kinder	282
13.6.3	Das Familiensystem: Die Beziehungen zwischen Eltern und Kinder	286
14.	ALLEIN ZU ZWEIT: EIN-ELTERNTEIL-FAMILIEN *(Peter Noack)*	289
14.1	Einleitung	289
14.2	Rahmenbedingungen des Lebens in Ein-Elternteil-Familien	292
14.3	Die psychosoziale Situation der Eltern	295
14.4	Die psychosoziale Situation der Kinder	300
14.5	Die Eltern-Kind-Beziehung und -Interaktion	304
15.	WIEDERHEIRAT UND STIEFELTERNSCHAFT *(Elke Klein-Allermann)*	311
15.1	Einleitung	311
15.2	Theoretische Ansätze in der Stieffamilienforschung	312
15.2.1	Stieffamilien aus problemorientierter Perspektive	312
15.2.2	Stieffamilien aus normativer Perspektive	314
15.3	Stiefelternschaft aus der Perspektive der Betroffenen	315
15.3.1	Das neue Paar	316
15.3.2	Die Kinder	319
15.3.3	Die Eltern-Kind-Beziehungen in Stieffamilien	323
Literaturverzeichnis		331
Sachverzeichnis		374
Personenverzeichnis		378

VORWORT

Die Familie hat ungeachtet historischer Veränderungen ihre zentrale Bedeutung in der Gesellschaft und für das Leben jedes Einzelnen beibehalten. Das ist ein Zeichen ihrer Anpassungsfähigkeit. Dabei hat sich in den letzten Jahrzehnten deutlich verändert, was es bedeutet, in einer Familie zu leben. Hierzu hat ein Wandel in den Leitbildern von Familien beigetragen, der sich in veränderten Geschlechtsrollenauffassungen und in einer Pluralisierung der Formen des Zusammenlebens ausdrückt. Gleichzeitig nehmen markante Trends wie das Aufschieben und der Rückgang der Eheschließung, der anhaltende Geburtenrückgang und ein wachsender Ausländeranteil an der Bevölkerung Einfluß auf das Leben in familialen Gemeinschaften.

Das Ziel unseres Buches ist, die Wirklichkeit von Familien am Ausgang des 20. Jahrhunderts in ihrem gesellschaftlichen Kontext zu beschreiben. Das erfordert, den vielfältigen Erscheinungsformen moderner Familien mit möglicherweise neuen Aufgaben und Funktionen Rechnung zu tragen. Die heutige Familie ist für viele Beteiligte ein Ort, in der Beziehungen aufgebaut und gepflegt werden. Gisela Erler hat die Familie eine "therapeutische Einrichtung" genannt: Hier hört man sich zu, redet miteinander, sucht seinen Lebenssinn. Der Schwerpunkt unserer Betrachtung liegt in der Analyse der Beziehungen zwischen den Familienmitgliedern. Auch wenn im Zentrum die Interdependenz zwischen Eltern und Kind steht, gilt unser Interesse der Familie als Einheit. Individuelles Erleben und Verhalten wird daraufhin untersucht, inwieweit es auf das Familiensystem einwirkt und von diesem beeinflußt wird.

Unser Interesse richtet sich vor allem auf die spezifischen Ausprägungen der Beziehungen in den verschiedenen Stadien eines Familienlebens. Damit geraten Paare in der Phase der Familienplanung ebenso in den Blick wie Eltern mit Kindern, die selbst schon eigene Familien gegründet haben.

Des weiteren wollen wir Familie in Abhängigkeit von ihrer Umwelt beschreiben. Damit sind Alltagskontexte wie Schule, Arbeitsplatz und Freundeskreis ebenso angesprochen wie gesellschaftliche Rahmenbedingungen familialen Lebens, die durch kulturelle Eigenheiten und die historische Situation geprägt sind.

Gleichzeitig mit einem ungebrochenen Glauben in die Kraft der Familie steigt die Zahl derjeniger, welche die gesellschaftliche Notwendigkeit der Institution Ehe anzweifeln. Die Vielfalt von Familienformen nimmt zu: nicht-eheliche Lebensgemeinschaften, Alleinerziehende, Geschiedene, Stieffamilien machen die Familienlandschaft buntscheckiger und interessanter. Wenn wir dieser Landschaft einige Kapitel widmen, ist unser Ziel nicht, sie als ausgegrenztes Territorium zu behandeln und in erster Linie ihre Besonderheiten aufzudecken, die sich gegen die "Normfamilie" abheben. Unser Hauptinteresse gilt vielmehr der Frage, inwieweit Prozesse familialen Zusammenlebens in verschiedenen Familienformen Gültigkeit haben.

Das Thema "Soziale Interaktionen in der Familie" spricht Erfahrungen und Fragen vieler Interessentengruppen an. Wir haben versucht, dem entgegenzukommen. Primär ist die Gestaltung und inhaltliche Auswahl für dieses Buch auf Psychologiestudierende abgestimmt, die sich im Rahmen ihrer entwicklungs- oder pädagogisch-psychologischen Studien mit dem Thema auseinandersetzen. So werden in den Kapiteln teilweise methodische und theoretische Grundkenntnisse vorausgesetzt. Dennoch sollte der Text für Studierende und Wissenschaftler benachbarter Fachrichtungen sowie Praktiker ebenfalls mit Gewinn lesbar sein. Wir würden uns freuen, wenn sich das Buch auch für Familienmitglieder und andere Personen ohne fachspezifischen Hintergrund als informativ erweisen würde.

Dank gilt vor allem der Stiftung Volkswagenwerk, die dem Hauptautor ein einsemestriges Akademie-Stipendium gewährte. Sie ermöglichte das Entstehen dieses Buches auch durch die Finanzierung eines mehrmonatigen Aufenthaltes an dem Life Cycle Institute der Catholic University of America, Washington, D.C., und am Department of Human Development and Family Studies der Pennsylvania State University, University Park. Den dortigen Gastgebern, James Youniss und Alexander von Eye, sei gesondert gedankt. Mitgewirkt bei den Vorbereitungsarbeiten haben Suse Nees-Link, Maren Oepke und Thomas Albrecht. Ohne die geduldige Arbeit von Doris Rodemerk wäre der Text nicht in Form gekommen. Abbildungen wurden Walter Alfred Kube perfekt angefertigt. Schließlich möchten wir uns bei all den Studierenden bedanken, die sich im Rahmen einer Lehrveranstaltung und eines Prüfungskolloquiums aufmerksam und kritisch mit den noch unfertigen Fassungen der Buchkapitel auseinandergesetzt und uns wertvolle Anregungen gegeben haben.

Mannheim, im April 1992

Manfred Hofer
Elke Klein-Allermann
Peter Noack

1. FAMILIENBEZIEHUNGEN IN DER ENTWICKLUNG
Manfred Hofer

Die Autoren dieses Buches haben sich zum Ziel gesetzt, die Beziehungen innerhalb von Familien in den verschiedenen Abschnitten eines Familienlebens unter sozial- und entwicklungspsychologischen Aspekten zu beschreiben und zu erklären. Ein Grundgedanke ist, daß Familie eine sich wandelnde soziale Struktur darstellt. Sie ändert sich mit der Entwicklung ihrer Mitglieder und den sich daraus für das Miteinander ergebenden Anforderungen und Möglichkeiten. Auch wird die soziale Interaktion zwischen Eltern bzw. zwischen Eltern und Kindern unter dem Einfluß von extrafamilialen Faktoren betrachtet.

Das erste Kapitel dient dazu, diese Hauptgedanken zu explizieren, um die Grundlage für die Abhandlung der Einzelfragestellungen zu legen. Davor gilt es, sich mit dem Begriff der Familie auseinanderzusetzen. Es wird geprüft, inwieweit psychologische Definitionskriterien das Besondere an Familien herauszustellen und sie von anderen sozialen Gruppen abzugrenzen vermögen. In einem zweiten Schritt wird auf den Begriff der Beziehungen zwischen den Mitgliedern in Familien eingegangen. Das Aufeinanderbezogensein von Familienmitgliedern im Denken, Fühlen und Handeln steht im Zentrum des Buches. Im zweiten Abschnitt wird auch die Frage nach den Beziehungen gestellt, die Familien - bzw. ihre Mitglieder - mit außerhalb liegenden Personen und Institutionen eingehen und wie das gegenseitige Aufeinandereinwirken die Beziehungen innerhalb der Familie beeinflussen kann. Der dritte Abschnitt thematisiert die zentrale Frage der Familienentwicklung. In ihm werden die Begriffe der Familienkarriere und der Entwicklungsaufgabe eingeführt. Im vierten Abschnitt werden einige zentrale psychologische Theorien zur Beschreibung und Erklärung von Phänomenen innerhalb der Familie behandelt. Als dimensionale Theorien werden die Ansätze von Olson und Schneewind dargestellt. Als wichtigste Prozeßtheorien werden rationale Theorien und die Familienstreßtheorie betrachtet.

1.1 Zu einem sozialpsychologischen Familienbegriff

Wir alle glauben hinreichend genau zu wissen, was unter einer Familie (familia, lat. Hausbestand) zu verstehen ist. Wie so oft, wenn man versucht, Begriffe aus der *Alltagssprache* genauer zu bestimmen, kann man auch hier schnell in Schwierigkeiten kommen. Im allgemeinen meint man mit Familie die Klein- oder Kernfamilie. Das verträgt sich nicht mit der Rede von einem Familienfest, zu dem daneben auch noch engere und vielleicht weitere Verwandte geladen werden. Schauen wir in das Gesetzbuch, um uns dem Begriff zu nähern. Danach entsteht eine Familie, wenn zwei Generationen durch biologisch (oder rechtlich, d.h. durch Adoption) begründete Elternschaft miteinander verbunden sind, wenn die Elternschaft im Rahmen einer ehelichen Gemeinschaft erfolgt bzw. wenn eine legalisierte Klärung des Sorgerechts für die nachwachsende Generation erfolgt ist. In diesem Begriff wird die Klärung der Verbindung zwischen zwei Generationen als zentral angesehen. So definiert Rita Süßmuth im Handlexikon zur Pädagogischen Psychologie die Familie als eine "biologisch-soziale Gruppe von Eltern mit ihren ledigen, leiblichen und/oder adoptierten Kindern" (1981, S. 124). In soziologischen Definitionen spielen die Beziehungen zwischen den Generationen ebenfalls eine zentrale Rolle. Kurt Lüscher et al. (1989) definieren: "Der Begriff 'Familie' bezeichnet in zeitgenössischen Industriegesellschaften primär auf die Gestaltung der sozialen Beziehungen zwischen den Generationen hin angelegte Sozialformen eigener Art, die als solche gesellschaftlich anerkannt und damit institutionalisiert werden" (S. 62). Hier wird allerdings nicht primär auf biologische oder rechtliche Kriterien abgehoben als auf die gesellschaftliche Anerkennung der sozialen Einheit als Familie. Noch uneindeutiger wird es, wenn man wie in diesem Buch vor allem auf Beziehungen zwischen Menschen abhebt und die Geltung von Formen des Zusammenlebens als zweitrangig für die Definition betrachtet. Ein Beispiel für diese Auffassung ist die Definition von Schneewind (1987, 1991): Familien werden als Personengruppen mit gemeinschaftlichem Lebensvollzug bezeichnet. Genauer: Familien sind intime Beziehungssysteme, die den Kriterien der raum-zeitlichen Abgrenzung, der Privatheit, der Dauerhaftigkeit und der Nähe genügen. Von biologischer oder rechtlicher Verwandtschaft ist dabei ebensowenig die Rede wie von gesellschaftlicher Anerkennung. Nicht einmal das Vorhandensein verschiedener Generationen wird für eine Familie als notwendig erachtet. Stattdessen steht im Mittelpunkt der Aspekt dauerhafter intimer Beziehungen zwischen Menschen. Diese Definition kann als unklar bezeichnet werden deshalb, weil an die Stelle objektiver Kriterien weitgehend subjektive Faktoren wie Gefühle der Nähe und Privatheit treten, und weil die Kriterien Dauerhaftigkeit und Abgrenzung interpretationsbedürftig sind. Gleichwohl scheint diese Art des Herangehens für psychologische Zwecke angemessener zu sein als jene, die eine Außensicht einnimmt.

Um zu einem klareren Verständnis von Familie zu kommen, sollen die drei zentralen Begriffe Ehe, Elternschaft und Beziehungen eingehender betrachtet werden. *Das Eingehen einer Ehe* gilt in unserer Gesellschaft als Akt der Gründung einer Familie. Die Familie wird von den meisten Menschen nach wie vor mit Abstand als die wichtigste Bezugsgruppe mit Gefühlen der Zugehörigkeit betrachtet (vgl. z.B. Wallace, 1988). Doch wird die Ehe als rechtliche Verbindung zwischen zwei Menschen verschiedenen Geschlechts in vielen Fällen nicht mehr als notwendig für ein dauerhaftes Zusammenleben und das Zeugen und Gebären von Kindern betrachtet. Die allgemein zu beobachtende Pluralisierung der Lebensverhältnisse in der Bundesrepublik Deutschland geht auch mit einer Ausdifferenzierung familialer Lebensformen einher. Nichteheliche Lebensgemeinschaften haben rapide zugenommen. Schätzungen zufolge haben sie sich zwischen 1972 und 1982 fast vervierfacht (Kaufmann, 1990). In "wilder Ehe" (Partner ohne Trauschein) leben in Deutschland annähernd 1.5 Millionen Paare. Sie führen einen gemeinsamen Haushalt, erwerben ein Auto, legen Geld auf der Bank an und bekommen auch Kinder. Obwohl sie rechtlich keine Familien darstellen, können auch in diesen Gemeinschaften enge Paar- und Eltern-Kind-Beziehungen entstehen. Die Frage ist auch, inwieweit Alleinerziehende, also Mütter oder Väter, die weder verheiratet sind noch in einer festen Partnerschaft leben, als Familien zu betrachten sind. Nach amtlichen Statistiken sind etwa 10% von "Familien" mit Kindern unter 15 Jahren sog. Alleinerziehende. Davon bestehen 15% aus einem nie verheirateten Elternteil, 20% entstanden durch Tod des Partners, 1/3 durch Trennung und 1/3 durch Scheidung (Krappmann, 1988). Rechtlich spricht man in diesen Fällen von "unvollständigen" Familien. Dies kann, muß sich aber nicht zwangsläufig mit der subjektiven Sicht von Unvollständigkeit decken. Es gibt also viele Zweiergemeinschaften, die nichtehelich sind und es gibt eine große Zahl von Eltern, die keine Zweiergemeinschaften darstellen. Aus sozialpsychologischer Sicht sind wir geneigt, in solchen Fällen von Familie zu sprechen.

Der Begriff der *Elternschaft* meint ursprünglich eine rechtlich und/oder biologisch bestimmte Beziehung zwischen zwei Generationen. Dies ist aus sozialpsychologischer Sicht nach zwei Richtungen zu problematisieren. Zunächst kann eine Elternschaft in diesem Sinne bestehen, ohne daß enge Beziehungen zwischen den Generationen bestehen. Dies kann die Beziehungen zwischen Kindern und einem Elternteil betreffen, z.B. wenn dieser räumlich weit entfernt ist, oder auch die Beziehung zwischen einer Mutter und ihrem leiblichen, aber zur Adoption gegebenen Kind. Umgekehrt könnte sein, daß eine rechtlich-biologische Elternschaft nicht besteht und dennoch enge und dauerhafte Beziehungen zwischen Kindern und Erwachsenen vorhanden sind. Kaufmann (1990) spricht von einer zunehmenden Entkoppelung von biologischer und sozialer Elternschaft. Die Beziehung zwischen einer Frau und ihrem Stiefkind mag ein Beispiel dafür sein. Festzuhalten bleibt, daß die biologische oder rechtliche Fundierung von partnerschaftlichen oder Eltern-Kind-Beziehungen nicht notwendigerweise gegeben sein muß, um von einer Familie sprechen zu können.

Wenn man mit Schneewind Familien als Menschen definiert, die *enge Beziehungen* zueinander haben, wobei diese Beziehungen durch Dauerhaftigkeit, Nähe, Vertrautheit ("Familiarität") und Abgegrenztheit nach außen gekennzeichnet sind, dann wird darin eine Vielzahl familienähnlicher Lebensformen eingeschlossen, auch Familien nach dem Vorbild von SOS-Kinderdorf-Gemeinschaften. Die Zentrierung auf die Beziehungen ohne Einbeziehung von Elternschaft bleibt dennoch unbefriedigend, da diese Sichtweise zu umfassend ist (Petzold & Nickel, 1989). Sie schließt lediglich die Modi des Alleinlebens und der kurzzeitigen oberflächlichen Beziehung zwischen Menschen eindeutig aus. Sie sondert aber andere Gruppen von Menschen mit dauerhaften Beziehungsformen (z.B. Wohngemeinschaften, Nachbarschaften, Freundschaften), in denen "Kinder" nicht vorhanden sind, nicht aus. So muß zu dem Beziehungs-Kriterium noch die Eigenschaft, daß das Beziehungssystem auf mindestens zwei Generationen angelegt ist, hinzukommen.

Wir betrachten eine kleine Gruppe von zusammenlebenden Menschen dann als Familie, wenn sie durch nahe und dauerhafte Beziehungen miteinander verbunden sind und wenn sie sich auf eine nachfolgende Generation hin orientieren. Danach wäre eine Partnerschaft, die eine Erweiterung durch Kinder für möglich erachtet, als Familie zu bezeichnen, nicht jedoch die Partnerschaft, die dies explizit ausschließt. Nach bisherigem Ermessen dürfte auch eine homosexuelle Partnerschaft nicht als Familie bezeichnet werden, solange keine Perspektive auf Nachkommen (z.B. durch Adoption oder Pflegschaft) gegeben ist. Gewiß, auch bei der gewählten Definition sind unpassende Fälle konstruierbar, z.B. pädophile Beziehungen oder enge Lehrer-Schüler-Freundschaften, die den Kriterien genügen und dennoch intuitiv nicht als Familien zu bezeichnen sind. Auch kann das Kriterium des Zusammenlebens Probleme bei der Betrachtung von Familien bereiten, deren Väter viel außer Haus sind (z.B. Vertreter, Montage-, Schichtarbeiter, Politiker). Doch bietet diese Definition eine Grundlage für das vorliegende Buch, das in seinen Aussagen über die in den meisten Studien untersuchten Normalfamilien (verheiratete Eltern, biologische Kinder) hinausgehen will.

Zusammenfassung: Familie als Gruppe von Menschen kann man rechtlich, soziologisch und sozialpsychologisch definieren. Die Kriterien sind verschieden. Meist werden Ehe und Elternschaft als wesentliche Voraussetzungen für eine Familie angesehen. Für uns sind enge und dauerhafte Beziehungen zwischen Menschen, die auf eine nachfolgende Generation hin orientiert sind, maßgeblich. Unser Familienbegriff ist eher weit als eng.

1.2 Familienbeziehungen als Gegenstand psychologischer Forschung

Der erarbeitete Familienbegriff soll das Gemeinsame an allen Gruppen bezeichnen, die als Familien betrachtet werden, und gleichzeitig Unterscheidungsmerkmale anbieten, die es erlauben, Familien von Nicht-Familien zu unterscheiden. Eine Definition enthält keine wissenschaftlichen Aussagen, sie grenzt lediglich den Gegenstand ein und ab, über den Aussagen angestrebt werden. Eine Aufgabe der Familienpsychologie als Wissenschaft sehen wir darin, die Beziehungen zwischen den Individuen in ihrer Familie und mit relevanten Außengruppen zu beschreiben und zu erklären.

Bei der Analyse des Miteinanders wollen wir drei Aspekte unterscheiden:

1. Das auf eine (oder mehrere) andere Person/en (insbesondere Familienmitglieder) bezogene Denken und Fühlen von Personen. Gegenstand der Betrachtung ist eine Person in Bezug auf (eine) andere.

2. Die soziale Interaktion zwischen den Mitgliedern. Soziale Interaktion ist "das wechselseitige aufeinander bezogene Verhalten von zwei oder mehr Personen" (Mertens, 1981, S. 188). Gegenstand der Betrachtung sind Personen im zeitlichen Nacheinander, z.B. im Gespräch.

3. Die Beziehungen zwischen Personen als Einheit. Dabei ist nicht mehr jede Person für sich die Analyseeinheit. Die Qualität des Miteinander wird zu beschreiben versucht. In der Regel betrachtet man zunächst bei den Einzelpersonen die interessierenden Variablen und bestimmt anschließend (z.B. durch die Bildung von Quotienten) eine Variable, welche die Beziehung kennzeichnet. Z.B. könnte Asymmetrie als Ausmaß der Differenz zwischen Redehäufigkeit der beiden Partner, Macht als Ausmaß der Differenz zwischen der Zahl der Aufforderungen der beiden Partner, negative Beziehung als Quotient zwischen negativen und positiven Gefühlen der beiden Partner, und Verständnis als Anteil der Übereinstimmung zwischen Meinen bei einem und Verstehen beim anderen Partner konzeptualisiert werden.

Diese Aspekte beschreiben unterschiedliche Facetten von "Beziehung". Sie sind zum Teil voneinander unabhängig. Zum Beispiel können 1. und 2. getrennt konzeptualisiert werden. Zum Teil bauen sie aufeinander auf. So können Aussagen über Beziehungen nur auf der Basis von Daten gemacht werden, die über beide Personen eingeholt wurden.

In vielen familienpsychologischen Publikationen wird die *Familie als offenes und dynamisches System* bezeichnet. Der Begriff System stammt ursprünglich aus der technischen Kybernetik und bezeichnet eine Menge von Elementen und (eine Menge von) Relationen, die zwischen den Elementen bestehen. Folgende Eigenschaften kann man in Anlehnung an Minuchin (1985) und Bronfenbrenner (1990) als grundlegende Prinzipien familialer Systeme angeben:

1. Die Familie wird als Einheit, bestehend aus triadischen (Dreier-), dyadischen (Zweier-) etc. Subsystemen innerhalb der Familie, gesehen.

2. Einflüsse zwischen den Elementen einer Familie sind eher bi- als unidirektional. Eine Person innerhalb einer Familie wird von Bronfenbrenner (1990) als eine dynamische Einheit gesehen, die ihre Umwelt fortschreitend in Besitz nimmt und umformt. Gleichzeitig wirkt auch die Umwelt auf die Person ein. So wird ein Prozeß gegenseitiger Anpassung notwendig. Wegen der gegenseitigen Beeinflussung über eine lange Zeitspanne kann das Verhalten eines Familienmitglieds (z.B. Angst eines 5jährigen Kindes) weder primär auf das (fürsorgende) Verhalten eines anderen, noch kann das (fürsorgende) Verhalten des anderen ausschließlich als Konsequenz des (ängstlichen) Verhaltens des einen angesehen werden. Es ist schwer auszumachen, wer damit begonnen hat, die regelhafte Interaktion auszulösen. Die Betrachtung faßt Einflüsse als in beide Richtungen gehend auf. Diese Sichtweise geht über die Auffassung hinaus, Eltern ausschließlich als Sozialisationsinstanzen für Kinder anzusehen. In Kapitel 6.1.1 werden denkbare Einflüsse zwischen den Mitgliedern einer Familie mit einem Kind genauer besprochen.

3. Das System Familie ist gleichzeitig durch Kontinuität und Dynamik gekennzeichnet. Es hat Eigenschaften, welche die Stabilität seiner Mechanismen aufrechterhalten. Veränderungen oder Störungen führen zu ausgleichenden Aktivitäten seiner Elemente. Die Annahme einer homöostatischen Eigenschaft setzt voraus, daß die Familie in ihren Interaktionen durch Regelhaftigkeiten gekennzeichnet ist, die z.B. in der Zuweisung bestimmter Aufgaben zu bestimmten Personen (Rollen) bestehen. Etwas unscharf kann man von "Familienkultur" sprechen. Sie besteht aus den Verhaltensmustern, Werthaltungen und Produkten, die von den Familienmitgliedern hervorgebracht werden. Gleichzeitig sind Familiensysteme durch Dynamik gekennzeichnet. Sie reagieren mit familienspezifischen Anpassungsmustern auf veränderte Situationen. Eine wesentliche Aufgabe von Familien ist das Bewältigen von Übergängen, von Familienentwicklungsaufgaben (vgl. Abschnitt 1.3).

4. Die Familie ist eingebettet in andere, über- und nebengeordnete Systeme. Den Einbettungsaspekt hat insbesondere Bronfenbrenner ausgearbeitet (Bronfenbrenner & Crouter, 1983). Als *Mikrosystem* wird jene Umwelt eines Individuums verstanden, mit der es im engsten und unmittelbarsten wechselseitigen Austausch steht. Die Familie als Gemeinschaft mit wenigen Mitgliedern ist ein Mikrosystem. Neben und nach der Familie kommen die Mikroumwelten des Kindergartens, der Schulklasse, der Freundesgruppe, der Arbeitskollegen und des Altenheims hinzu. Zwei oder mehr Mikrosysteme und ihre Wechselbeziehungen konstituieren ein *Mesosystem*. Ein Beispiel dafür sind die Interaktionen zwischen Familie und Schule. Bronfenbrenner geht über den unmittelbaren Lebensbereich hinaus und thematisiert als *Exosysteme*

jene Institutionen, mit denen das Individuum nicht direkt interagiert, die dennoch mit ihm in eine über andere vermittelte Wechselbeziehung treten. Das können Medien, Vereine, Behörden und die Arbeitswelt sein für die Familienmitglieder, die selbst nicht direkt damit konfrontiert sind. Die Effekte der elterlichen Arbeitsbedingungen über deren Erziehungseinstellungen auf das Verhalten und die Entwicklung des Kindes sind ein Beispiel dafür, was Bronfenbrenner (1990) als *Effekte zweiter Ordnung* bezeichnet. Am Beispiel Schule läßt sich das Changieren zwischen Mikro-, Meso- und Exosystem gut veranschaulichen. Aus der Sicht des Schulkindes stellen Familie und Schule zwei Mikrosysteme dar. Die Beziehungen dazwischen, z.B. die Hausaufgaben, können als Mesosystem bezeichnet werden. Für das Kindergartenkind, dessen älteres Geschwister die Schule besucht, ist die Schule ein Exosystem. Es tritt nicht in direkte Interaktion damit, sondern wird indirekt affiziert, indem es z.B. weniger als zuvor mit dem Geschwister spielen kann. Ebenso stellt die Schule für die Eltern ein Exosystem dar. Sie passen ihr Leben den schulischen Erfordernissen an, ohne damit direkt interagieren zu müssen. Das *Makrosystem* schließlich umfaßt die geographischen, politischen wirtschaftlichen, sozialen und kulturellen Gegebenheiten, in die alle Systeme auf den vorhergehenden Ebenen eingebettet sind. Sie stellen die Rahmenbedingungen dar, die die Ausprägung von Erscheinungen wesentlich mitbestimmen. So mag unser System der Halbtagsschule mit unregelmäßigen Anfangs- und Endzeiten die Arbeitstätigkeit der Mutter und den Tagesablauf einer Familie ebenso zu bestimmen, wie die steuerliche Behandlung kinderreicher Familien deren Lebensstandard und damit das Geschehen in der Familie zu beeinflussen vermag.

Der Systemansatz ist insofern positiv zu beurteilen, als er ein Modell darstellt, dessen Übertragung auf die Familie erweiterte Suchrichtungen nahelegt, auch wenn er für sich genommen noch keinen Erkenntniswert besitzt. Die Auffassung von der wechselseitigen Bedingtheit erfordert die Betrachtung der Familie in ihrer Ganzheit. Vater, Mutter und mindestens ein Kind müßten in Untersuchungen einbezogen und deren wechselseitigen Einflüsse geprüft werden. Die Auffassung von Bronfenbrenner, daß die Familie in andere Systeme eingebettet ist, legt nahe, das Zusammenwirken der Systeme im einzelnen zu betrachten. Eine derart umfassende Suchheuristik stellt erhöhte Anforderungen an empirische Forscher. Es verwundert daher nicht, daß Einzeluntersuchungen, die den Ansprüchen einer Systemtheorie gerecht werden, selten sind.

Für die Zwecke dieses Buches, in dem es um die Analyse von Beziehungen in Familien geht, fassen wir unsere Position in den folgenden sechs Punkten zusammen:

1. Innerhalb der Familie richten wir den Fokus im wesentlichen auf die psychischen Prozesse innerhalb der Familienmitglieder und die Beziehungen zwi-

schen je zwei Personen, als da sind: Beziehungen zwischen Eltern, Beziehungen zwischen Eltern und Kindern, Beziehungen zwischen Geschwistern.

2. Neben der Beschreibung von Beziehungen wollen wir auch Einflüsse im Hinblick auf Individuen untersuchen und dabei nach Ursache-Wirkungs-Verhältnissen fragen. Gilt das Interesse den Bedingungen, unter denen Familienbeziehungen entstehen, kommt diesen die Rolle von zu erklärenden Variablen zu. Interessieren wir uns für die Wirkungen von Familienbeziehungen auf die Entwicklung von Individuen, dann werden sie in der Rolle von erklärenden Konstrukten betrachtet.

3. Bei komplexerer Betrachtung kann der Systemgedanke bei der Suche nach bedeutsamen Variablen, die Zusammenhänge zwischen anderen Variablen beeinflussen (Moderatorvariablen), hilfreich sein. Den Einfluß der ehelichen Interaktion auf die Entwicklung des Kindes zu betrachten oder umgekehrt die Entwicklung der ehelichen Zufriedenheit in Abhängigkeit von Eigenschaften des Kindes zu untersuchen, sind Beispiele für komplexere Betrachtungen. Es mag auch einen Unterschied machen, ob Mutter-Töchter-Gespräche in Anwesenheit des Vaters erfolgen oder nicht. Die Systembetrachtung legt uns eine Berücksichtigung der nicht im direkten Fokus stehenden Mitglieder auf, sowohl im Hinblick auf deren moderierende Effekte als auch im Hinblick auf deren lokale Anwesenheit. Doch sind Komplexitäten möglich, die nicht unerhebliche Anforderungen an das theoretische Denken und das methodische Vorgehen stellen. So mag es wünschenswert erscheinen, bei der Untersuchung der Lehrer-Kind-Interaktion gleichzeitig das eheliche Verhältnis, die unterschiedlichen Eltern-Kind-Beziehungen und die Geschwisterkonstellation im Auge zu behalten. Dies theoretisch zu konzeptualisieren ist kaum möglich. Auch empirisch sind dem Grenzen gesetzt, obwohl die Entwicklung neuer Auswertungsmethoden voranschreitet (z.B. v. Eye & Kreppner, 1989).

4. Menschen bleiben zwar Zeit ihres Lebens Mitglieder ihrer Familie, sind und werden aber gleichzeitig Mitglieder anderer Systeme. Der Frage nach den Beziehungen zwischen der Familie und anderen Systemen gehen wir nach, indem wir die wichtigsten Bezugssysteme Arbeit (Kap. 3), Freunde (Kap. 4) und Schule (Kap. 8) herausgreifen.

5. Familien funktionieren in unterschiedlichen Kulturen und zu verschiedenen historischen Zeitpunkten unterschiedlich. Wir wollen die gesellschaftliche Bedingtheit der Beziehungen herausstellen, indem wir stets (und schwerpunktmäßig im 2. Kapitel) die Familie im Spannungsfeld zwischen den einzelnen Individuen und der Gesellschaft betrachten.

6. Wir fragen danach, wie die Mitglieder des Systems Familie mit den Aufgaben umgehen, mit denen sie zu Übergangszeitpunkten konfrontiert werden, und durch welche Besonderheiten sich die Beziehungen in den jeweiligen Abschnitten von Familienstadien auszeichnen.

Der interaktive Umgang mit Anderen wird als vorteilhaft für die kognitive und soziale Entwicklung der Beteiligten angesehen. Nach der Auffassung von Wertsch (1985) entwickelt sich die kognitive Selbstregulation durch frühe soziale Interaktionen zwischen dem Kleinkind und kompetenten Personen wie den Eltern. Selbst bei einfachen gemeinsamen Tätigkeiten würden die Interaktionen die Aufmerksamkeit des Kindes lenken, Zielgerichtetheit aufrechterhalten, das Kind daran erinnern, wo es sich bei der Problemlösung gerade befindet und ihm Hilfen bei der Erfolgsfeststellung geben. Dadurch würde das Kind im Laufe der Zeit in die Lage versetzt, seine Problemlöseaktivitäten selbständig und systematisch zu kontrollieren und zu steuern. Häufige Interaktionen zwischen Kindern und anderen Menschen, z.B. in Spielsituationen, würden förderliche Einflüsse auf die soziale und kognitive Entwicklung ausüben.

Das in Abbildung 1 dargestellte Modell enthält wesentliche Fragestellungen dieses Buches schematisch dargestellt.

Die Pfeile symbolisieren die interessierenden Einflußrichtungen. Im Zentrum stehen die Personenmerkmale der Eltern und ihrer Kinder (Einzelindividuen) sowie die Relationen zwischen den Ehepartnern, den Eltern und Kindern sowie Geschwistern (Beziehungsdyaden). Die Eltern-Kind-Interaktion wird in ihrer Abhängigkeit von der Persönlichkeit der Eltern, des Kindes sowie der Eltern- und der Geschwister-Beziehung betrachtet. Die kindliche Persönlichkeit wird als Funktion der Eltern-Kind- und der Geschwister-Beziehung gesehen. Das System Familie (innerhalb der großen Umrandung) ist den Einflüssen von Nachbarsystemen ausgesetzt, aus denen die Welt der Arbeit, der Gleichaltrigen und der Schule ausgewählt wird. Angedeutet ist die Interaktion der Familie mit dem gesellschaftlichen Umfeld, welches die Rahmenbedingungen für die Ausgestaltung von Verhalten und Beziehungen bereitstellt. Die Entwicklungsperspektive wird durch die Angabe von Zeitpunkten (t) symbolisiert.

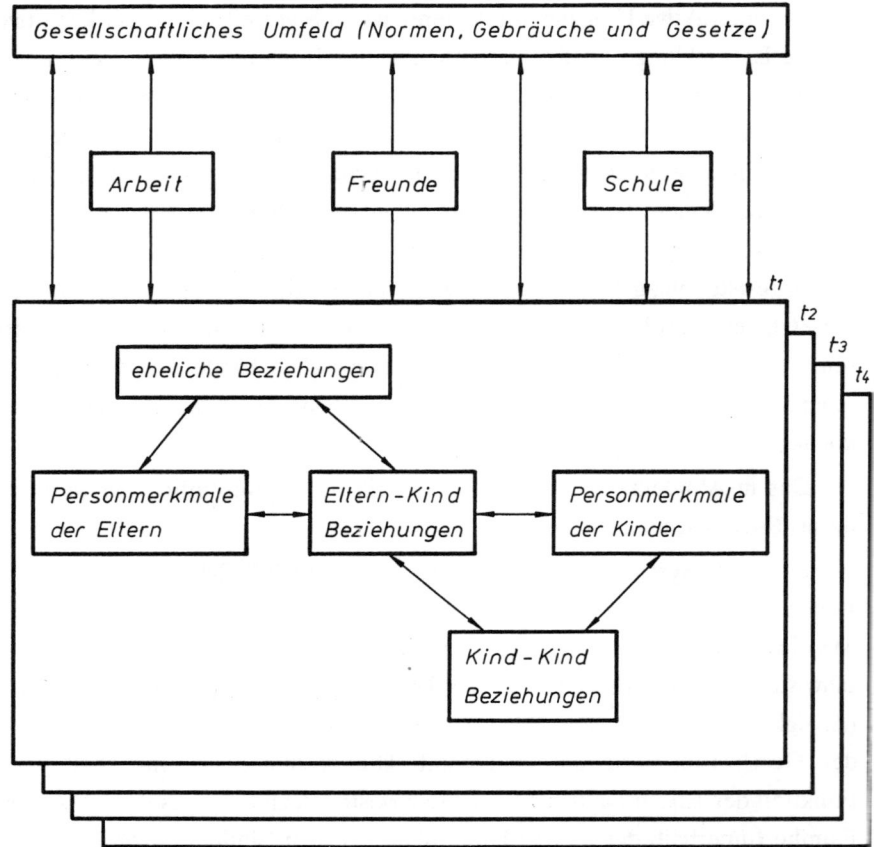

Abbildung 1: Modellvorstellung der Entwicklung von Familienbeziehungen im sozialen Umfeld (in Anlehnung an Belsky, 1984).

1.3 Die Familie in der Entwicklung begriffen

Im Verlaufe der Jahre verändern sich die Mitglieder einer Familie gemäß ihrem jeweiligen Entwicklungsstand. Das Heranwachsen von Kindern ist besonders augenfällig. Innerhalb weniger Jahre werden aus Babies Kleinkinder und daraus Schulkinder. Ihre Kompetenzen, Bedürfnisse, Aktivitäten, Interessen und ihr sozialer Umgang unterliegen sichtbaren Veränderungen und beeinflussen die Beziehungen in der Familie. Auch Erwachsene verändern sich mit den Jahren. Deren Wandlungen im beruflichen, kulturellen, Freizeit-, gesellschaftlichen und auch im sexuellen Bereich mag sich auf das Zusammenleben in der Familie auswirken. Die

Familie als soziale Gruppe ändert sich auch dann, wenn die Zahl der Mitglieder sich verändert: Geburt eines Kindes, Tod eines Mitglieds, Aufnahme eines Stiefkindes.

Das Konzept der Familienkarriere. Um Veränderungen von Familien im Verlaufe eines "Familienlebens" beschreiben und behandeln zu können, wurde in der Familienforschung das Konzept des "Familienzyklus" (Rodgers, 1973) eingeführt. Leitidee ist die Vorstellung, daß ähnlich wie verschiedene Individuen im Verlaufe ihres Lebens einen festen Lebenszyklus durchlaufen, indem sie die gleichen Veränderungen von der Empfängnis bis zum Tode erleben, auch der Lebenszyklus einer individuellen Familie einer gemeinsamen Entwicklungssequenz folgt. Wir ziehen den Begriff "Familienkarriere" (Aldous, 1977) vor. Er enthält nicht die Bedeutung von Wiederholung wie im Begriff des Zyklus', sondern eher den eines Wachstums. Er unterstellt das Vorhandensein sukzessiver, aufeinander folgender, unterschiedlich langer Stadien, die durch Einschnitte voneinander zu unterscheiden sind. Er legt die Möglichkeit nahe, die spezifischen Probleme, Eigenschaften, Besonderheiten und Gefährdungen einer jeden Phase der familialen Erfahrung vom Anfang einer Familie bis zu ihrem Ende zu untersuchen.

Die familiale Karriere kann in unterschiedlich viele Abschnitte eingeteilt werden, je nachdem, welche Kriterien man anlegt, und welche Daten man als Einschnitte heranzieht. Einfache Einteilungen unterscheiden nur zwischen zwei Stadien: der expandierenden und der kontrahierenden Phase. Schnittpunkt ist der Zeitpunkt, an dem die Kinder die Herkunftsfamilie für ein eigenes Leben verlassen. Es wurde auch eine Unterteilung in vier Stadien vorgeschlagen: das verheiratete Paar, das gerade seine eigene ökonomische Existenz beginnt und Kinder haben will; das Paar mit einem oder mehreren Kindern; das Paar mit einem oder mehr erwachsenen, sich selbst erhaltenden, Kindern; das alte Paar. Rodgers (1962, zit. nach Duvall & Miller, 1985, S. 24) hat gar 24 Stadien vorgeschlagen. Diese Einteilung orientiert sich nicht nur an der vorhersagbaren Entwicklung der Familie in Abhängigkeit von der Entwicklung des ältesten Kindes, sondern bezieht auch die Entwicklung weiterer Kinder und ihr Verhältnis zu den anderen Familienmitgliedern ein. Selbst wenn man annehmen muß, daß ein jüngeres Kind die ganze Familie in jedem Stadium in ein früheres zurückwirft, ist es doch, was das Problem der Überlappung betrifft, einfacher anzunehmen, daß eine Familie mit dem ältesten Kind wächst, und daß sie vergangene Stadien wiederholt, sobald andere Kinder nachfolgen. Das nächste Kind trifft auf eine Familie, die mit der normalen Entwicklung von Kindern bereits vertraut ist. Duvall und Miller (1985) ziehen drei Kriterien für die Konzeption von Stadien heran: Veränderungen in der Zahl der Familienmitglieder, den Entwicklungsstand des ältesten Kindes und den

Übergang vom Erwerbsleben in den Ruhestand. Die Autoren unterscheiden acht Stadien der Familienkarriere:

1. Verheiratete Paare ohne Kinder (erwartbare Dauer: 2 Jahre),
2. Familien mit Kleinkindern (Geburt des ältesten Kindes bis 30 Monate),
3. Familien mit Vorschulkindern (ältestes Kind 2.5 - 6 Jahre),
4. Familien mit Schulkindern (ältestes Kind 6 - 13 Jahre),
5. Familien mit Jugendlichen (ältestes Kind 13 - 20 Jahre),
6. Familien, die das älteste Kind entlassen (erstes Kind geht bis letztes Kind geht, erwartbare Dauer: 11 Jahre),
7. Familien mittleren Alters (bis Rückzug aus dem Erwerbsleben, erwartbare Dauer: 11 Jahre),
8. Alter (bis Tod beider Ehegatten, erwartbare Dauer: 10 - 15 Jahre).

Diese Einteilung hat sich in der Literatur weitgehend durchgesetzt. Im ersten Stadium sind noch keine Kinder vorhanden. In den meisten Fällen begreifen sich Jungverheiratete als "beginnende" Familien, sie sehen sich als potentielle Eltern, denken und planen darauf hin. Die Stufen 2 und 3 werden mitunter zusammengefaßt. Das typische Bild von der Familie als einer Gemeinschaft mit jungen Kindern wird hier erweitert. Der Blick wird nicht nur auf Heirat, Familienplanung, Geburt und Aufzucht von Kindern gerichtet. Er trägt der Tatsache Rechnung, daß die durchschnittliche Lebensdauer einer Familie nicht 15 bis 18, sondern 50 bis 60 Jahre beträgt.

In den letzten Jahrzehnten haben sich Veränderungen ergeben, welche sich auf die Dauer der Stadien auswirken:

- Von 1950 bis 1980 ist zwar das mittlere Heiratsalter lediger Frauen zurückgegangen. Gleichzeitig zeichnet sich jedoch - zumindest für bestimmte Populationen - ein Aufschub der Zeugung ab (vorübergehende Kinderlosigkeit, Nave-Herz, 1989a), was als Zeichen für eine "Abkoppelung" der Elternschaft von der Ehe verstanden wird (Papastefanou, 1990, S. 102). Dies verlängert die Dauer des 1. Stadiums.

- Die Verlängerung der Ausbildungszeiten von Jugendlichen führt dazu, daß diese später aus dem Hause ausziehen, was zu einer Verlängerung des Stadiums führt, in dem sich Familien mit Jugendlichen befinden.

- Mit dem Rückgang der Kinderzahl sind Frauen, deren letztes Kind 15 Jahre alt ist, heute um mehr als 10 Jahre jünger als vor hundert Jahren (Stich, 1988).

Dies mag zwar teilweise durch die zuvor genannte Erscheinung aufgehoben werden, verlängert aber insgesamt das Stadium des mittleren Alters.

- Der dramatische Anstieg der Lebenserwartung (bei Frauen innerhalb von 200 Jahren um 20 Jahre) hat zur Verlängerung des letzten Stadiums geführt.

Das Konzept der Familienkarriere ist nicht unwidersprochen geblieben (vgl. Scheller, 1989). Es unterliegt den Grenzen einer jeden Typisierung. Die Stadien würden sich überlappen. Es verdecke die vorhandene Pluralität der Lebensformen. Viele Personen folgten nicht der beschriebenen Karriere, so jene, die unverheiratet sind sowie jene, die kinderlos bleiben. Aber auch Personen mit verfrühter oder späterer Heirat oder Familien mit behinderten Kindern sowie Geschiedene und Wiederverheiratete (ca. 30%) seien nicht in das Schema zu fassen. Auch mag das Denkmodell auf spezielle Gruppen von Personen, z.B. Bauern, Ausländer oder Menschen mit besonders niedrigem Lebensstandard, nicht zutreffen. Schließlich spiegele es die historisch-soziale Realität in unserer Gesellschaft wider, sei für andere Kulturen als die westlichen Industriegesellschaften nur eingeschränkt oder gar nicht zutreffend. Im deutschen Sprachraum gibt es kaum empirische Untersuchungen zu diesem Konzept. Die vorliegenden amerikanischen Arbeiten sind meist Querschnittsuntersuchungen. Dadurch seien Ergebnisse über den Familienlebenslauf vermischt (konfundiert) mit Einflüssen abgelaufener gesellschaftlicher Veränderungen.

Dennoch: Die wachsende Zahl von Ehen mit Kindern (bei gleichzeitiger Abnahme von Menschen, die eine Erstehe eingehen) und die höhere Lebenserwartung von Frau und Mann bewirken, daß Personen eine gute Chance haben, alle Stadien zu durchlaufen. Nach einer amerikanischen Statistik verlief das Leben von etwa 6 von 10 Personen des Jahrgangs zwischen 1890 und 1894 nach einer typischen Familienkarriere (Wahrscheinlichkeit = 0.6). Bei Personen, die zwischen 1930 und 1934 geboren wurden, betrug die Wahrscheinlichkeit 0.78, daß ihr Leben danach verläuft (Duvall & Miller, 1985, S. 34).

Die im Konzept der Familienkarriere angelegte dynamische Sicht enthält keinerlei Aussagen über die interne Entwicklung von Familien. Sie stellt lediglich eine Denkhilfe bereit. Zu wissen, in welchem Stadium sich eine Familie befindet, ermöglicht auf der Basis empirischer Untersuchungen die Vorhersage einer Anzahl gewichtiger Faktoren, so Einkommen, Verbrauchergewohnheiten, ob die Frau arbeitet, die wahrscheinliche eheliche Zufriedenheit, Bereiche möglicher familialer Konflikte und die Art der Eltern-Kind-Beziehung. Es erleichtert auch die Suche nach therapeutischen Schritten und Maßnahmen (Carter & McGoldrick, 1989).

Die skizzierte Auffassung enthält die Vorstellung, daß zwischen den Stadien mehr oder weniger einschneidende Übergänge stattfinden. Veränderungen stellen die Familie vor die Herausforderung, darauf in angemessener Weise zu reagieren, ihre bisherige Organisation zu überdenken und sich auf die veränderten Bedingungen einzurichten. Das Konzept der Familienentwicklungsaufgabe ist ein Versuch, die Anforderungen zu beschreiben, die Krisen auslösen und zu Übergängen führen können

Das Konzept der Familien-Entwicklungsaufgaben. Eine *Entwicklungsaufgabe* ist nach Havighurst (1972) eine Aufgabe, die zu einem oder in der Nähe eines bestimmten Zeitpunktes im Leben eines Individuums auftaucht, deren erfolgreiche Bewältigung zu Glück und Erfolg bei späteren Aufgaben führt, deren Nicht-Bewältigung zu Unglücklichsein des Individuums, zu Ablehnung durch die Gesellschaft und zu Schwierigkeiten bei darauffolgenden Aufgaben führt. Entwicklungsaufgaben haben vor allem zwei Quellen: sie entstehen aus physischer, physiologischer, kurz biologischer Reifung (Beispiele: Gehen, Menstruation). Und sie entstehen aus kulturellen Erwartungen, Bestrebungen und Selbstverständlichkeiten (z.B. Sauberkeit, Einschulung, Heirat). Von Entwicklungsaufgaben spricht man, wenn für die Mehrzahl von Personen einer Altersstufe das gleiche passiert, wenn etwas erwartbar ist (z.B. für Jugendliche die Wahl eines Berufs). Jede Person geht individuell mit diesen Anforderungen um und meistert sie je nach ihrer Persönlichkeit. Man muß sich beide Faktoren als in Wechselwirkung zueinander stehend vorstellen: die Notwendigkeit, eine Aufgabe zu bearbeiten, beruht auf Elementarbedürfnissen der Menschen, die sich im Verlaufe der Entwicklung einer Kultur artikuliert haben. Sie wurde durch kulturelle Erwartungen und Normierungen überformt und ausgestaltet.

Familien-Entwicklungsaufgaben werden von Duvall und Miller (1985, S. 60) in Anlehnung an Entwicklungsaufgaben definiert als jene erwartbaren Wachstumsverantwortlichkeiten, die eine Familie in einer gegebenen Entwicklungsstufe meistern muß, um die biologischen Bedürfnisse ihrer Mitglieder zu befriedigen, den kulturellen Erfordernissen gerecht zu werden und die Ansprüche und Werte ihrer Mitglieder zu erfüllen.

Bennett und Tumin (1948, zit. nach Kreppner, 1989a) führen stadienübergreifende Aufgaben von Familien an, z.B. Aufrechterhaltung des biologischen Funktionierens der einzelnen Mitglieder, Produktion und Verteilung von Gütern und Diensten, Aufrechterhaltung einer bestehenden Ordnung der Beziehungen, und Sinnstiftung und Aufrechterhaltung der Motivation der Familienmitglieder.

Tabelle 1: Stadienspezifische Familienentwicklungsaufgaben (Duvall, 1977, zit. nach Schneewind, 1987, S. 985).

Stadium in der Familienkariere	Stadienspezifische Familienentwicklungsaufgaben
1. Verheiratetes Paar	Gestalten einer wechselseitig befriedigenden Ehebeziehung; Anpassung an Schwangerschaft und bevorstehende Elternschaft; Einpassung in das Netz der Verwandschaftsbeziehungen
2. Familie mit Neugeborenen	Kinder haben und sich auf sie einstellen; Ermutigung der Entwicklung von Säuglingen; Einrichtung eines Heims, das für Eltern und Kleinkinder gleichermaßen zufriedenstellend ist
3. Familien mit Vorschulkindern	Anpassung an die kritischen Bedürfnisse und Interessen von Vorschulkindern in einer anregenden und wachstumsfördernden Weise; Auseinandersetzung mit Energieverlust und eingeschränkter Privatheit als Eltern
4. Familien mit Schulkindern	Sich einfügen in die Gemeinschaft von Familien mit schulpflichtigen Kindern; Ermutigung des kindlichen Leistungsverhaltens
5. Familien mit Jugendlichen	Balancierung von Freiheit und Verantwortlichkeit entsprechend dem Emanzipationsprozeß Jugendlicher; Entwicklung nachelterlicher Interessen und Karrieren
6. Familien im Ablösungsstadium	Entlassung der jungen Erwachsenen ins Berufsleben, Studium, Ehe usw. mit entsprechenden Ritualen und Unterstützung; Aufrechterhalten eines unterstützenden Elternhauses
7. Eltern im mittleren Lebensalter	Neugestaltung der Ehebeziehung; Aufrechterhalten von Verwandschaftsbeziehungen mit jüngeren und älteren Generationen;
8. Alternde Familienmitglieder	Auseinandersetzung mit Partnerverlust und Alleinleben; Auflösung des Familienhaushalts oder Anpassung an die Bedürfnisse von Senioren; Anpassung an den Rückzug aus dem Berufsleben

Für unsere Betrachtung wichtig ist der stadienspezifische Aspekt von Familienentwicklungsaufgaben. Sie verändern sich so, wie sich individuelle Entwicklungsaufgaben über die Jahre ändern. Zu einem bestimmten Zeitpunkt kann jedes Individuum innerhalb einer Familie dadurch charakterisiert werden, daß es mit seiner eigenen Entwicklung beschäftigt ist. Es bringt seine Entwicklungsbedürfnisse in die Familie ein. Es versucht, widerstrebende Interessen zu versöhnen. Es gibt Zeiten, in denen alle Familienmitglieder sehr leicht zu gegenseitiger Unterstützung und Bearbeitung von Aufgaben finden. Es gibt Gelegenheiten, bei denen individuelle Ziele, Bedürfnisse, Strebungen und Interessen in Konflikt miteinander geraten. Neu entstehende Bedürfnisse einzelner Familienmitglieder üben Druck auf die Familie aus, Unterstützung zu gewähren. Tabelle 1 enthält die von Duvall und Miller (1985) angenommenen Familienentwicklungsaufgaben, die in den einzelnen Stadien der Familienkariere entstehen.

Das Konzept der Familien-Entwicklungsaufgaben hat noch stärker als jenes der Entwicklungsaufgaben heuristischen Charakter. Es ist empirisch schwerer fundierbar. In dem interessierenden Stadium müßte von jedem Familienmitglied über Selbstauskünfte erhoben werden, welche zu bewältigenden Aufgaben es für sich und für die Familie sieht. Solche Studien fehlen. So stellen Familien-Entwicklungsaufgaben weitgehend Vermutungen dar, was sich aus den jeweiligen Spezialproblemen ihrer Mitglieder für die übrige Familie an Mitproblemen ergeben mag. In diesem Buch werden die Familienentwicklungsaufgaben im einzelnen nicht untersucht. Das Konzept wird lediglich als konzeptueller Rahmen für die Analyse der Beziehungen in den jeweiligen Abschnitten der Familienkariere genutzt.

Zusammenfassung: Das Konzept der Familienkarriere ist ein Versuch, den Lebenslauf von Familien in Stadien einzuteilen. Wandlungen werden ausgelöst durch sich verändernde Bedürfnisse einzelner Familienmitglieder und durch gesellschaftliche Erwartungen an die Einzelmitglieder und an die Familie als ganzer. Wenn man davon ausgeht, daß viele Familien mit ähnlichen Anforderungen konfrontiert werden, dann ist das Konzept der Familienentwicklungsaufgabe ein Ansatz, Familien in ihren verschiedenen Stadien zu untersuchen. Das Konzept der Familienentwicklungsaufgabe ist begrenzt. Viele Familien folgen nicht einer durchschnittlichen Familienkariere. Das Konzept sagt nichts darüber aus, wie Familien die Entwicklungsaufgaben bearbeiten. Von Familienentwicklungsaufgaben zu sprechen ist auch nur unter der Prämisse möglich, daß die Familie als eine Einheit adäquat beschreibbar ist.

1.4   Familientheorien

Ein Anliegen des Buches ist es, die Familie als eine soziale Gruppe zu betrachten, die sich im Lebenslauf verändert. In einzelnen Kapiteln ist von Theorien und empirischen Befunden über Beziehungen in den jeweiligen Stadien die Rede. In diesem Abschnitt wird über Modelle berichtet, Beziehungen stadienübergreifend zu beschreiben und zu erklären.

1.4.1 Dimensionale Beschreibungsmodelle

Das Modell von Olson: Eine einfache dimensionale Beschreibung des Miteinanders von Familien bietet David H. Olson von der University of Minnesota an. Sein *Modell* zur Beschreibung von ehelichen und familialen Systemen postuliert zwei Dimensionen. Die *Kohäsion* bezeichnet das Ausmaß der emotionalen Bindung zwischen den Familienmitgliedern. Im einzelnen werden erfaßt die Gemeinsamkeiten z.B. bezüglich Zeit, Raum, Interessen, Freizeit, beim Treffen von Entscheidungen, Bilden von Koalitionen und Bilden von Außengrenzen. Olson unterscheidet zwischen vier Stufen von Kohäsion: entkoppelt (sehr niedrige Ausprägung), getrennt (niedrig bis mittel), verbunden (mittel bis hoch), und verstrickt (sehr hoch). Die Dimension der *Adaptabilität* bezeichnet die Fähigkeit der Familie, in Abhängigkeit von situativen Aufgaben und entwicklungsmäßigen Bedingungen ihre Machtstruktur, ihre Rollenbeziehungen und ihre Regeln zu ändern. Olson unterscheidet vier Stufen der Anpassungsfähigkeit: rigide (sehr niedrig), strukturiert (niedrig bis mittel), flexibel (mittel bis hoch) und chaotisch (sehr hoch). Eine rigide Beziehung herrscht vor, wenn die Kontrolle durchgängig von einer Person ausgeht, und wenn Regeln starr definiert sind. Die beiden Dimensionen Adaptabilität und Kohäsion sind nicht unabhängig, sie korrelieren erheblich miteinander.

Olson und seine Mitarbeiter haben aufbauend auf diesen Grundideen ein umfangreiches Forschungsprogramm durchgeführt (Olson et al., 1989), das auch die Entwicklung von Meßinstrumenten zur Erfassung der im Modell enthaltenen Variablen umfaßt. Die Fragebögen (Family Adaptation and Cohesion Evaluation Scales, FACES) werden auch in deutschen Untersuchungen häufig verwendet. Beide Dimensionen dienen zur Erstellung einer typologischen Matrix. Im Zentrum steht die Frage, inwieweit sich balanzierte (das sind Familien mit mittleren Ausprägungen in den beiden Dimensionen) von extremen Familien in einer Reihe von Kriteriumsvariablen voneinander unterscheiden. So konnte etwa gezeigt werden, daß balanzierte Familien über mehr positive kommunikative Fertigkeiten (z.B. Einfühlung, Zuhören, Unterstützen, im Gegensatz zu unklaren Mitteilungen, widersprüchlichen Botschaften, Kritik) verfügten (Barnes & Olson, 1985) und besser mit den Belastungen fertig wurden, die sich im Laufe der Familienentwicklung ergaben. Insgesamt schreiben Olson et al. (1989) diesen Familien über die gesamte

Familienkarriere hinweg größere Ressourcen bei der Bewältigung von Problemen zu. Sie verfügten über variablere Bewältigungsstrategien beim Umgang mit belastenden Ereignissen. Im allgemeinen gaben sie auch eine größere eheliche und familiale Zufriedenheit an. Die Forschergruppe um Olson hat auch die Abhängigkeit des Familientypus von dem Stadium untersucht, in dem sich die jeweilige Familie in ihrem Zyklus befand. Tendentiell zeigte sich der geringste Prozentsatz an balanzierten Familien und der höchste an extremen in der Phase, in der die Jugendlichen das Haus verlassen. In dieser Phase waren auch die Werte für Kohäsion und Adaptabilität nach Angaben der Eltern am niedrigsten. Die eheliche Zufriedenheit war in dieser Phase ebenfalls am niedrigsten (Abb. 2). Die meisten ausgeglichenen Familien fanden sich in der ersten, der Vorkindphase. So ist festzustellen, daß eine Familie nicht konstante Ausprägungen auf den beiden Dimensionen haben muß. Sie sind auch vom Stadium abhängig, in dem sich die Familie in ihrer Karriere befindet. Der Querschnittscharakter dieser Studie läßt allerdings offen, inwieweit die Unterschiede Kohortendifferenzen wiederspiegeln.

Ein etwas differenzierteres Beschreibungssystem für das sog. *Familienklima* legte Schneewind (1991) vor. Er ging von Moos und Moos aus, die 1981 eine Skala zur Messung der sog. Familienumwelt vorgelegt haben. Der Fragebogen erfaßt die Auffassungen, welche die Befragten von den Beziehungen in der Familie haben, das Ausmaß der Stimulierung persönlichen Wachstums und die in der Familie üblichen organisatorischen und entscheidungsbezogenen Aktivitäten. Der Fragebogen enthält zehn Subskalen. Schneewind hat den Fragebogen übersetzt und in einer umfangreichen Untersuchung im deutschen Sprachraum eingesetzt. Mit Hilfe faktoren-analytischer Auswertungen ermittelte er - bei Vätern, Müttern und Kindern gleichermaßen - drei Faktoren zweiter Ordnung. Den ersten Faktor (hohe Kohäsion, Expressivität und Organisation und niedriger Konflikt) bezeichnet er mit "positiv-emotionalem Familienklima". Der zweite Faktor wird mit "stimulierendem Familienklima" bezeichnet (hohe intellektuell-kulturelle und Freizeitorientierung). Der dritte Faktor umfaßt die vier Skalen Leistungsorientierung, moral-religiöse Betonung, Organisation und Kontrolle und wurde als normativ-autoritatives Familienklima benannt (Schneewind, 1989). Ähnlich wie Olson versucht Schneewind, mit Hilfe der genannten Skalen und der Faktoren zweiter Ordnung Unterschiede zwischen Familien zu beschreiben. Auch eignet sich das System zum Vergleich von Familien, die sich in Außenkriterien unterscheiden. So neigten Jugendliche aus hoch expressiven und freizeitorientierten Familien dazu, früher als andere Separierungsaktivitäten zu zeigen. Es schien, als würden umgekehrt hohe Organisation und Kontrolle mit einem späteren Beginn von Separierungsaktivitäten bei jungen Erwachsenen einhergehen (Schneewind, 1989).

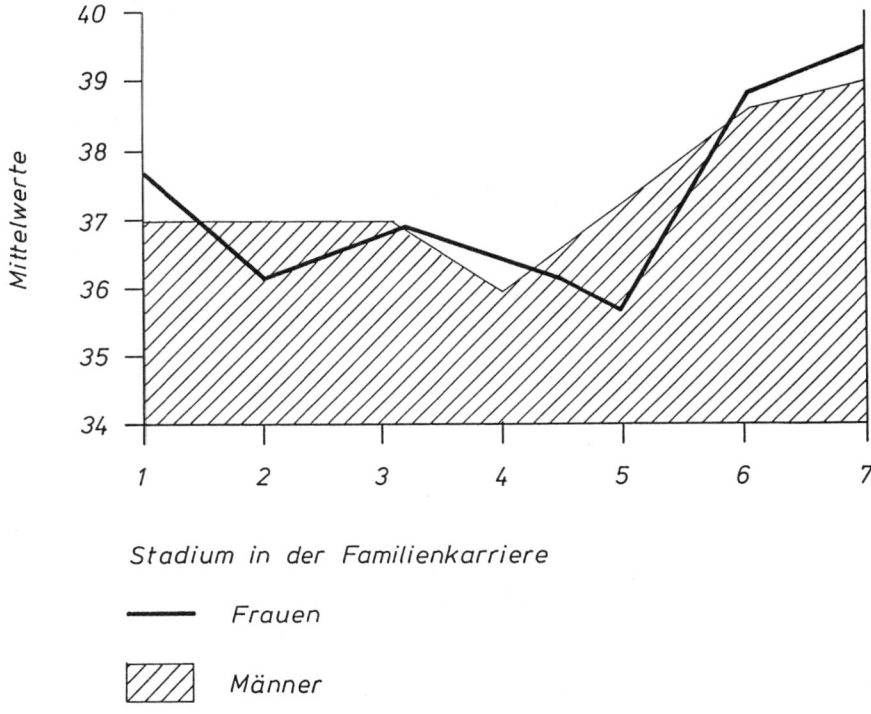

Abbildung 2: Die eheliche Zufriedenheit in Abhängigkeit vom Stadium der Familienkarriere. Stadium 2 enthält Familien mit Kindern im Kleinkind- und Vorschulalter. Stadium 4 ist jenes von Familien mit Kindern im Jugendalter (aus Olson et al., 1989).

Dimensionale Modelle sind nützliche Konstrukte zur Charakterisierung von Familien. Sie versuchen, Unterschiede zwischen Familien an als wesentlich erachteten Eigenschaften festzumachen und an Außenkriterien zu validieren. Ein weiterer Gewinn ist darin zu sehen, daß die im Zuge dieser Forschung entwickelten Meßinstrumente in Forschung und Therapie eingesetzt werden können (vgl. Cierpka, 1988). Problematisch erscheint die Zusammenfassung von Angaben verschiedener Personen. Bei Olson et al. (1989) wurden die Familienmitglieder mit den gleichen Fragen konfrontiert, die sie im Hinblick auf die Familie zu beantworten hatten (z.B. "Die Familienmitglieder unterstützen sich in schwierigen Zeiten gegenseitig"). Jugendliche gaben durchweg ein weit niedrigeres Ausmaß an Kohäsion und Adaptabilität an als die Eltern, Mütter ein etwas höheres als Väter. Die Korrelationen der verwendeten Skalen zwischen Vätern und Müttern werden als niedrig berichtet (zwischen r = 0.16 und r = 0.62 bei den verschiedenen Skalen). Jene zwischen Eltern und Jugendlichen lagen noch niedriger. Ähnliche Ergebnisse erzielte Schneewind. Offensichtlich haben selbst Mitglieder einer Familie, die über Jahre in demselben Haushalt wohnen, ihre eigenen Sichtweisen, die von den anderen nur partiell geteilt werden. Es ist jedoch inhaltlich und methodisch nicht unproblematisch, solche Scores zu Paar- und Familienwerten zusammenzufassen. Folglich muß man stets vorsichtig sein, wenn ganze Familien (oder auch Teilgruppen daraus) mit Eigenschaften wie "das Ausmaß des Zusammenhalts" versehen werden. Das "Klima" einer Familie kann für jedes Mitglied ein anderes sein.

1.4.2 Rationale Theorien

Viele familienbezogene Handlungen können als Ergebnis von Entscheidungsprozessen aufgefaßt werden. Die Entscheidung, mit einem bestimmten Partner eine Ehe einzugehen, ein Kind zu bekommen, dieses in bestimmter Weise zu erziehen, Anschaffungen für den gemeinsamen Haushalt zu tätigen, sich scheiden zu lassen, all dies sind Handlungen, für die nach einer wissenschaftlichen Erklärung gesucht werden kann. Ein wichtiger Ansatz basiert auf der Annahme, daß sich das Verhalten von Menschen als rationaler Prozeß beschreiben läßt, auch wenn es oft auf unvollständigen Informationen und fehlerhafter Verarbeitung beruht (Nye, 1979).

Verschiedene Ansätze, die den sogenannten *Austausch-Theorien* zuzurechnen sind, nehmen an, daß Menschen das, was sie geben, in Relation setzen zu dem, was sie erhalten. Sie vergleichen das Verhältnis mit dem Ergebnis, das sie aus einer alternativen Handlung ziehen würden. Familienbeziehungen werden als Sonderfall von Austausch-Interaktionen angesehen. Von Arbeitsbeziehungen (dem Hauptanwendungsbereich der Austauschtheorie) unterscheiden sie sich vor allem dadurch, daß hier der ökonomische Nutzen nicht im Vordergrund steht. Von Marktbeziehungen unterscheiden sie sich in der Fristigkeit der Nutzen-Kosten-Erwartungen. Martkbeziehungen sind stärker von kurzfristigen Erwartungen geprägt als Familienbeziehungen. Und in Freundschaftsbeziehungen sind die Alternativkosten (Verlassen der Beziehung) viel niedriger als in Familienbeziehungen. Im Zentrum der Austauschtheorien stehen die Fragen, welche Ressourcen und Alternativen die Person für eine Beziehung zur Verfügung hat und nach welchen Kriterien sie diese miteinander vergleicht. Nye (1979) unterscheidet als wesentliche Klassen von Ressourcen in familialen Austausch-Beziehungen soziale Anerkennung, Autonomie, Sicherheit, materielle Ressourcen, Wertintegration und Gleichheit.

> **Kasten 1: Der Kinderwunsch aus austauschtheoretischer Sicht.**
>
> *Studien konnten sowohl auf der Individual-Ebene (Eltern mit hohen ökonomischen Nutzenerwartungen haben eine deutlich höhere Fertilität) als auch auf der Aggregat-Ebene (Länder mit hohen ökonomisch-utilitaristischen Nutzenerwartungen an Kinder - wie Türkei, Thailand, Philippinen - haben die höchsten Fruchtbarkeitsziffern) Ergebnisse ermitteln, welche die theoretischen Annahmen stützen. Wenn psychische Konsequenzen des Vorhandenseins von Kindern hoch bewertet werden, dann ist es keineswegs rational, viele Kinder zu wünschen, da sich psychische Nutzenerwartungen nicht in gleicher Weise kumulieren: Ein Kind oder zwei Kinder können den Eltern genausoviel psychische Befriedigung verschaffen wie vier oder mehr Kinder; gleichzeitig steigen - absolut - die ökonomischen und psychischen Kosten bei hohen Kinderzahlen. In den Studien zeigten sich auf der Individual-Ebene (Eltern mit hohen psychischen Nutzenerwartungen besitzen wenige Kinder) und der Aggregat-Ebene (Länder mit hohen psychischen Nutzenerwartungen - wie die Bundesrepublik, USA - haben die geringsten Fruchtbarkeitsziffern) entsprechende empirische Zusammenhänge (Nauck, 1989a; S. 53-54).*
>
> *Aus der Kenntnis von Nutzenerwartungen, die Eltern mit Kindern verbinden, lassen sich auch Vorhersagen über Erziehungspraktiken treffen. Bei Eltern mit ökonomischen Nutzenvorstellungen ist ein höheres Ausmaß von Behütung und Kontrolle sowie eine stärkere Betonung von Gehorsam zu erwarten als beim Überwiegen von psychischen Nutzenvorstellungen. Umgekehrt werden Eltern, die vorwiegend expressive Beziehungen mit ihren Kindern anstreben, mehr Wert auf deren Selbständigkeit und Individualität legen. In interkulturell vergleichenden Studien zeigten sich deutliche Zusammenhänge zwischen Nutzenerwartungen und elterlichen Erziehungsstilen (vgl. Nauck, 1989b).*

Die Austauschtheorie ist auf eine Reihe von familialen Fragen angewendet worden, etwa auf das generative Verhalten (vgl. Nauck, 1989a). Es wurde versucht, den Nutzen, den Eltern von Kindern für sich erwarten, zu bestimmen. Mit Hilfe faktorenanalytischer Methoden wurden drei Klassen von Nutzenerwartungen ermittelt: ökonomischer Nutzen (Mithilfe der Kinder in Haushalt und Betrieb, Unterstützung im Alter), psychischer Nutzen (Stärkung familialer Beziehungen, Freude an, Befriedigung mit Kindern) und sozial-normativer Nutzen (Statusgewinn, Weiterführung des Familiennamens). Die Kosten wurden klassifiziert in materielle Aufwendungen für Pflege und Erziehung und psychische Belastungen bei der Kindererziehung. Weiter können für die Alternative kein Kind Nutzen sowie Kosten als entgangener Nutzen postuliert werden (vgl. Kasten 1).

Bei der Behandlung der Themen "Partnerwahl" (Kap. 5.1) und "Scheidung" (Kap. 13) wird auf die Austauschtheorie weiter bezug genommen.

1.4.3   Die Familienstreßtheorie

In Abschnitt 1.3 wurde darauf verwiesen, daß Familien längsschnittlich gesehen auf Veränderungen reagieren und Anpassungsleistungen erbringen müssen. Wenn erprobte Muster des familialen Zusammenlebens nicht mehr funktionieren, Rollendifferenzierungen und Verhaltensregeln in Frage gestellt werden, dann erfordert dies einen Anpassungsprozeß seitens der Familienmitglieder. Es stellt sich die Frage, wie Familien bzw. ihre Mitglieder mit diesen neuen Aufgaben umgehen. Ein Ansatz, der die Konstrukte "Krise" und "Bewältigung" als zentrale Begriffe thematisiert, ist die Familienstreßtheorie.

Krisen entstehen aus streßauslösenden Ereignissen (Stressoren). Ein Familienstressor ist

> *...ein auf die Familie einwirkendes Lebensereignis oder Übergangsstadium, das im sozialen System der Familie Veränderung hervorruft bzw. das Potential zur Veränderung in sich trägt. Diese Veränderung kann sich in verschiedenen Bereichen des Familienlebens äußern, wie z.B. Grenzen, Zielen, Interaktionsmustern, Rollen oder Werten.*
>
> **(McCubbin & Patterson, 1983a, S. 8)**

Wesentlich für die Definition eines Ereignisses als Stressor ist, daß es die Mitglieder zu Bewältigungsanstrengungen veranlaßt. In neuerer Zeit wird von Vertretern der Streß- und Coping-Theorien (z.B. Filipp, 1981) darauf verwiesen, daß auch angenehme Ereignisse den Charakter von Stressoren haben können. Dies trifft z.B. zu für Heirat, Beförderung, Urlaub. Eine Erbschaft kann die Familie zu grundlegenden Anpassungsleistungen veranlassen.

Eine wichtige Unterscheidung ist jene zwischen normativen und nicht-normativen Familienstressoren. Unter normativem Streß werden jene Aufgaben verstanden, die sich aus den erwartbaren Veränderungen und Übergängen im Verlaufe der Familienkarriere ergibt. Vorhersehbare Ereignisse sind z.B. Heirat, der Eintritt in die Schule, der Auszug des Jugendlichen aus dem Elternhaus. Nicht-normative Stressoren sind überraschend eintretende, nicht erwartbare Ereignisse. Dazu gehören ein Lottogewinn, der Kaufhausdiebstahl des hoffnungsvollen Sprößlings ebenso wie Krankheit oder der Unfalltod eines Familienmitglieds. Ereignisse, die als "Familienkatastrophen" bezeichnet werden, wie Arbeitslosigkeit, sind im allgemeinen nicht-normative Stressoren. Olson et al. (1989) haben über Selbstauskünfte von Familienmitgliedern neun Klassen von Stressoren ermittelt:

1. eheliche Probleme (Schwierigkeiten in intimen Beziehungen),

2. innerfamiliale Stressoren (Konflikte in der Familie, Zuwachs der nicht zu bewältigenden Hausarbeiten, Schwierigkeiten mit der Schule),

3. Schwangerschaft/Geburt (einschließlich Adoption),

4. finanzieller Streß (Aufnahme eines Kredits, größere Anschaffung, erhöhte Ausgaben für täglichen Bedarf),

5. beruflicher Streß (Berufswechsel, Abnahme beruflicher Zufriedenheit, Probleme mit Berufskollegen, beruflicher Aufstieg),

6. Übergang (Beginn eines Studiums, Auszug aus der Familie),

7. Krankheit (ernsthafte Erkrankung eines Verwandten oder nahen Freundes),

8. Verlust (Tod eines Familienmitglieds oder engen Freundes),

9. Kriminalisierung (z.B. ein Familienmitglied wird straffällig).

Empirischen Untersuchungen zufolge (vgl. z.B. Menaghan, 1982) fühlen sich Mitglieder von Familien im Verlauf normativer Übergänge stärker beeinträchtigt als solche in einer stabilen Familienphase. Die Geburt eines Kindes, aber auch der Schulbeginn, der Übergang des Kindes in die Pubertät und das Wegziehen des Kindes werden von Eltern als belastend erlebt. Nicht-normative Stressoren (wie z.B. Scheidung, Krankheit, ökonomische Veränderungen) wurden nicht nur als belastend, sondern auch als bedrohlich erlebt. Die stärksten Beeinträchtigungen fanden sich in Familien, auf die mehrere Stressoren gleichzeitig einwirkten. In den Untersuchungen von Olson et al. (1989) zeigte sich ein deutlicher Anstieg der Zahl der Stressoren bei Familien mit Jugendlichen und im Ablösungsstadium. In den daran anschließenden Stadien der Familienkarriere sank die Gesamtbelastung deutlich unter das vorherige Niveau ab.

Unter *Bewältigung* versteht man die Bemühungen der Familienmitglieder, das Organisationsniveau der Familie (wieder-)herzustellen. Für den Verlauf der Bewältigung spielt die Einschätzung des Stressors eine wichtige Rolle, insbesondere dessen Vorhersehbarkeit. McCubbin und Patterson (1983b, S. 7f.) haben zur Beurteilung von Familienstressoren eine Reihe weiterer Kriterien zusammengestellt: Ursprung, Ausbreitungsgrad, Abruptheit, Intensität, Dauer, Ursache, Kontrollierbarkeit.

McCubbin et al. (1980) unterscheiden drei Klassen von Bewältigungsressourcen: a) Die persönlichen Ressourcen von Familienmitgliedern bestehen u.a. aus finanziellen Möglichkeiten, Bildungsniveau und psychischen sowie physischen Voraussetzungen. Dazu gehören vor allem ein hohes Selbstwertgefühl sowie die Überzeugung personaler Kontrolle; die Auffassung, eigenes Handeln zur Veränderung äußerer Umstände einsetzen zu können; die Fähigkeit zum selbstgesteuerten Handeln; die Bereitschaft, sich von außen Hilfe zu verschaffen. b) Die inneren Ressourcen bezeichnen die Art und Weise, in der die Familienmitglieder mit sich und anderen, mit eigenen Problemen und mit der Außenwelt umgehen. c) Außerfamiliale Unterstützungssysteme können nach Andrews et al. (1980) unterteilt werden in informelle (Freunde, Nachbarn, Verwandte), formelle (z.B. Gesundheitswesen, Polizei, Wohlfahrtsorganisationen) und nicht-formelle Unterstützungssysteme (Gemeindeorganisationen, Arbeits- und kirchliche Gruppen).

Olson et al. (1989) konnten zeigen, daß die Bewältigung von Streß bei Familien in verschiedenen Stadien unterschiedlich gut gelingt. Die Fähigkeit, belastende Faktoren in einer Weise neu zu betrachten, daß sie besser akzeptiert und behandelt werden können, und das Suchen nach religiöser Hilfe waren in der amerikanischen Stichprobe insgesamt die am häufigsten angegebenen Bewältigungs-(coping)-Strategien. Passives Abwarten wurde am seltensten angegeben, besonders selten von Frauen, und spielte lediglich bei Jugendlichen und in den letzten beiden Stadien des Familienzyklus' eine nennenswerte Rolle. Soziale Unterstützung wurde von Frauen viel häufiger als von Männern gesucht, am seltensten von Familien mit Jugendlichen.

Zusammenfassung: Es ist festzuhalten, daß die Familienstreßforschung die Auffassung von der Familie als einem sich im zeitlichen Verlauf veränderndem Gebilde stützt. Zu unterschiedlichen Zeitpunkten hat die Familie sich mit durchgängigen und verschiedenen Problemen auseinanderzusetzen. Die Gesamtbelastung steigt mit der Geburt des ersten Kindes an, erreicht nach einem Plateau in der Schulkindphase einen Höhepunkt in Familien mit älteren Jugendlichen und sinkt in den letzten beiden Phasen stark ab. Die Forschung bestätigt auch die Auffassung von Familienentwicklungsaufgaben insofern, als einige Gruppen von Stressoren in bestimmten Phasen gehäuft, in anderen abgeschwächt oder überhaupt nicht auftreten. Die Forschungen zeigen schließlich, daß Familien über ein (unterschiedlich) großes stadienspezifisches (z.B. Besuchen eines Säuglingspflegekurses) und unspezifisches (z.B. Neudefinition) Potential an Strategien verfügen, um mit den jeweiligen Belastungen fertig zu werden. Gleichzeitig ergeben sich große Unterschiede zwischen den Angaben von Vater, Mutter und Jugendlichen im Hinblick auf die Einschätzung derselben Stressoren und Bewältigungsstrategien. Dies zeigt, daß die Auffassung von Familie als psychologischer Einheit nicht unproblematisch ist.

2. FAMILIENBEZIEHUNGEN IM SOZIALEN UMFELD
Manfred Hofer

In diesem Kapitel geht es um die Diskussion sozialer Bedingungen, unter denen sich Familienbeziehungen entwickeln. Zunächst werden die rechtlichen und institutionellen Bedingungen dargestellt, die in der Bundesrepublik als Rahmenvorgaben für Familien relevant sind (2.1). Sodann wird über Forschungen zur Frage berichtet, in welchem Ausmaß das Geschehen in der Familie von genetischen Determinanten bestimmt ist und welcher Spielraum für den Einfluß von Umweltbedingungen auf die Individuen und ihre Beziehungen besteht. Schließlich werden unter sozialhistorischem (2.3) und kulturvergleichendem (2.4) Aspekt mögliche Einflüsse des sozialen Umfelds von Familien auf die Ausgestaltung der Beziehungen ihrer Mitglieder diskutiert.

2.1 Rechtliche und institutionelle Rahmenbedingungen für Familienbeziehungen

Institutionelle Bedingungen üben vermutlich einen nicht unerheblichen Einfluß auf die Gestaltung der Beziehungen in der Familie aus. Die in einer Gesellschaft vorherrschende Auffassung von der Familie und ihren Funktionen bzw. Aufgaben findet einen Niederschlag in der jeweiligen Gesetzgebung. Im Bürgerlichen Gesetzbuch (BGB) der Bundesrepublik Deutschland regeln allein 240 Paragraphen Fragen der Ehe. Auffassungen über Familie gehen außerdem in die Formulierungen von Teilen des Steuer-, Sozial-, Erbschafts-, Jugend- und Bildungsrechts sowie anderer Teile des Rechtswesens ein. Die Gesellschaft hat ein öffentliches Interesse an der Familie, deren Leistungen den gesamten Sozialzusammenhang stützen. Funktionen der Familie sind neben der Nachwuchssicherung die Sicherung des Unterhalts von Nicht-Erwerbstätigen (Rentner und Arbeitslose) durch Erwerbstätige und schließlich die Schaffung von Solidarpotentialen für die Pflege alter Menschen (Kaufmann, 1990). Die Familie wird auch als Garant für die Stabilität der Gesellschaft gesehen insofern, als sie eine Kontinuität der Werte sichert.

Soziale Normen sind gemäß den gesellschaftlichen Veränderungen einem steten Wandel unterworfen. Die seit 1794 im Preußischen Allgemeinen Landrecht enthaltene Vorstellung von der "ehelichen Pflicht" beispielsweise, nach der sich Eheleute einander nicht nachhaltend versagen durften, wurde 1900 nicht in das Bürgerliche Gesetzbuch übernommen (Limbach, 1989). Zur Zeit versucht der Gesetzgeber, die Benachteiligung von nichtehelichen Lebensgemeinschaften im Bereich der Besteuerung und der Altersversorgung neu zu regeln.

Institutionelle Rahmenbedingungen regeln innerhalb einer Gesellschaft einen Teil des Verhaltens ihrer Mitglieder. Sie legen im wesentlichen Rechte und Pflichten der Betroffenen in bezug auf andere fest. Dem Recht kommt eine Friedensfunktion zu, die Orientierungshilfe bietet und Konflikten vorbeugt. Im folgenden werden einige für das Familienleben wesentlich erscheinende Prinzipien angeführt und diskutiert. Sie betreffen die Ehe-Beziehung, die Eltern-Kind-Beziehung, nichteheliche Lebensgemeinschaften sowie das familienbezogene Umfeld.

2.1.1 Ehebeziehung

Nach Artikel 6, Absatz 1 des Grundgesetzes stehen Ehe und Familie unter dem besonderen Schutz der staatlichen Ordnung. Unter Ehe wird eine Vereinigung eines Mannes und einer Frau zu einer umfassenden, auf Dauer angelegten Lebensgemeinschaft verstanden. Das Eingehen einer Ehe ist mit materiellen Anreizen verbunden. Ehepartner haben gegenseitig Anspruch auf Leistungen der gesetzlichen Sozialversicherung (Kranken- und Rentenversicherung). Es gilt eine günstigere Steuerklasse für das Gesamteinkommen. Im Normalfall teilen sich die Partner den während der Ehe entstandenen Zugewinn. Es besteht die Möglichkeit, davon abweichend vertraglich eine Gütertrennung zu vereinbaren. Den Partnern steht ein gesetzlicher Pflichtanteil am Erbe des verstorbenen Ehepartners zu.

In der ersten Eherechtsreform von 1977 wird die Autonomie von Ehe respektiert und darauf verzichtet, Orientierungen über deren Ausgestaltung zu geben. Ein wichtiger Rechtsgrundsatz seit 1977 ist jener der gegenseitigen Verantwortlichkeit. Er äußert sich im Zwang zur Einvernehmlichkeit in allen Fragen der Lebensgestaltung, Haushaltsführung, Erwerbstätigkeit und Kindererziehung, in der Pflicht zur gegenseitigen Versorgung und Unterstützung, auch darin, daß jeder Ehegatte berechtigt ist, Einkäufe und sonstige Rechtsgeschäfte für die Familie auszuführen, wobei die Rechtswirkungen aus solchen Geschäften beide Ehepartner gleichermaßen treffen. "Darin äußere sich die zunehmende Bedeutung der Partnerschaft in der Ehe, die mit erhöhten personalen Anforderungen der Rücksichtnahme, Selbstdisziplin, Mitsprache und Mitverantwortung einhergehe" (Limbach, 1989, S. 226). Ehepartner behalten ihr Recht auf einen Intimbereich (z.B. Briefgeheimnis, Art der Freizeitgestaltung, religiöse Betätigung). Das Etablieren von Abhängigkeiten bewirkt dennoch eine Reduktion individueller Entfaltungs- und Ausdrucksmöglichkeiten. Ein andauernder Zwang zur Abstimmung, zu gegenseitigem Einvernehmen und zur gemeinsamen Regelung des Alltags erfordert eine starke Anpassungsbereitschaft der Partner.

2.1.2 Eltern-Kind-Beziehung

Unter Familie werden nach der Rechtssprechung die Eltern mit ihren biologisch oder rechtlich verbundenen Kindern verstanden. Das eheliche Kind erhält den Ehenamen der Eltern als Familiennamen. Die Eltern erhalten nach der Anzahl der minderjährigen Kinder Kindergeld, einen entsprechenden Ortszuschlag, Kinderfreibeträge sowie weitere Vergünstigungen. Indes hat es sich gezeigt, daß materielle Anreize nur bescheidene Effekte auf die Geburtenhäufigkeit ausüben (Höhn, 1989). Trotz finanzieller Anreize sind Familien mit Kindern, besonders junge mit mehreren Kindern, finanziell erheblich belastet. Kinderlose Doppelverdienerehepaare haben durchschnittlich etwa dreimal soviel Geld zur Verfügung wie ledige Mütter mit Kind (Wahl, 1988). Trotz der Stützung der Familie seitens der Gesellschaft kann man von einer "mangelnden Rücksichtsnahme des Staates auf die Familie" sprechen (Kaufmann, 1990, S. 143).

Die Eltern haben das Recht und die Pflicht, für das minderjährige Kind zu sorgen. Gegenstand der elterlichen Sorge sind die Pflege und Erziehung des Kindes, die Aufsichtspflicht (Verhinderung von Schäden beim Kind oder an Dritten durch das Kind), das Aufenthaltsbestimmungsrecht und die gesetzliche Vertretung. Kindern obliegt im Gegenzug die Pflicht, nach ihren Möglichkeiten im Haushalt mitzuwirken und ihre Berufsvorbereitung zu betreiben. Als Grundrecht ist verbürgt, daß die Eltern die Pflege und Erziehung ihrer Kinder nach ihren Vorstellungen gestalten können. Im Jahre 1980 sind in das Kindschaftsrecht Erziehungsgrundsätze aufgenommen worden:

> Die Eltern werden aufgefordert, bei der Erziehung die wachsende Fähigkeit und das Bedürfnis des Kindes zu selbständigem Handeln zu berücksichtigen. In Fragen der Ausbildung und des Berufs sollen die Eltern auf die Eignung und Neigung des Kindes Rücksicht nehmen. Entwürdigende Erziehungsmaßnahmen sind unzulässig.
>
> **(Limbach, 1989, S. 233)**

Die 1980 erfolgte Einführung des Begriffs der elterlichen "Sorge" statt jenes der "Gewalt" und die Aufnahme von Erziehungsgrundsätzen können als Reflexe veränderter Erziehungsvorstellungen in der Gesellschaft betrachtet werden. Die Vorstellung von Herrschaftsrecht über das Kind hat dem Gedanken der Rücksicht auf die Selbstbestimmungsfähigkeit des Kindes Platz gemacht. Ähnlich wie bei der Ehegattenbeziehung begünstigen die rechtlichen Voraussetzungen das Entstehen einer intensiven und langfristigen Beziehung.

Der Frau und Mutter werden in den Bestimmungen die gleichen Individualrechte wie dem Mann zugeschrieben. Erst seit 1957 hat sich das Gesetz von der Vorstellung verabschiedet, das Letztentscheidungsrecht in Sachen elterlicher Entscheidungen dem Vater vorzubehalten. Inzwischen haben sich beide Elternteile zu verständigen. Umgekehrt wurde im Falle von Scheidungen das Kind in der Regel der Mutter zugesprochen. Erst vor wenigen Jahren wurde die Institution des gemeinsamen Sorgerechts nach Scheidungen geschaffen. Dem Vater wird zunehmend die Fähigkeit zugeschrieben, ein angemessener "Mutterersatz" für die Erziehung des Kindes sein zu können. Auch Väter können Erziehungsurlaub in Anspruch nehmen. Gleichwohl besteht zwischen formaler Rechtsgleichheit und Rechtswirklichkeit eine Diskrepanz. So nehmen Väter Erziehungsurlaub kaum in Anspruch, und in der Mehrzahl der Sorgerechtsverfahren wird nur der Mutter das Sorgerecht übertragen.

2.1.3 Nichteheliche Lebensgemeinschaften

Nichteheliche Lebensgemeinschaften sind dadurch charakterisiert, daß sie ohne Formalitäten beendet werden können. Partner nichtehelicher Lebensgemeinschaften unterliegen nicht den oben angeführten Pflichten. Beide sind unter juristischen Gesichtspunkten frei, ihre Berufstätigkeit und Lebensführung voneinander unabhängig zu gestalten. Sie sind nicht zu gesetzlichen Unterhaltsleistungen verpflichtet, haben keine gegenseitigen Ansprüche aus der gesetzlichen Sozialversicherung, erhalten keine Vergünstigungen bei der Steuer und haben keine gesetzlich verankerten Erbansprüche. Noch 1991 waren sie gar benachteiligt dadurch, daß sie bei Leistungen nach dem Bundessozialhilfegesetz (Sozialhilfe, Arbeitslosenhilfe und -geld) wie Ehepartner behandelt werden. Sie müssen sich die Einkünfte des anderen auf ihren Anspruch anrechnen lassen.

Kinder in einer nichtehelichen Lebensgemeinschaft gelten als nichteheliche Kinder. Die Zahl nichtehelich geborener Kinder hat sich zwischen 1970 und 1985 beinahe verdoppelt (von 5.5 je 100 Lebendgeborene auf 9.4). In Schweden und Dänemark ist fast jedes zweite Kind nichtehelich geboren (vgl. Höhn, 1989). Nichteheliche Kinder erhalten den Namen der Mutter, den diese zum Zeitpunkt der Geburt trägt. Das Sorgerecht für nichteheliche Kinder steht allein der Mutter zu. Dem Vater obliegt im wesentlichen nur die Unterhaltspflicht.

Abbildung 3: Die kleine Optimistin. "Nicht wahr, Mama, so wie Ihr, das nennt man eine wilde Ehe". Aus Simplicissimus, Jg.1, Nr. 3. Wiedergabe mit Genehmigung.

Der dominierende Rechtsgrundsatz ist die Bevorzugung von Ehe und Familie vor nichtehelichen Gemeinschaften (von Münch, 1987). In vielen ausländischen Rechtsordnungen wurde in den letzten Jahren das Sorgerecht für nichteheliche Kinder dem für eheliche Kinder angenähert. Nicht so im deutschen Recht.

Der Vater ist so gut wie ausschließlich zum Zahlvater degradiert, erzieherische Einflußmöglichkeiten hat er de jure nicht, auch dann nicht, wenn die Mutter es wünscht. Er kann weder Elternvertreter sein noch in eine Operation einwilligen, er kann sein Kind nicht zur Schule anmelden, seinen Berufsweg nicht bestimmen, schon eine simple Auslandsreise kann Schwierigkeiten machen.

(Münch, 1987, S. 103)

Für nichteheliche Lebensgemeinschaften gelten die Regeln des Scheidungsrechts nicht. Die Partner sind sozial nicht abgesichert. In Abschnitt 2.3.2 wird auf die Entwicklung nichtehelicher Gemeinschaften im sozialen Wandel eingegangen.

2.1.4 Das familienbezogene Umfeld

Zu den rechtlichen Prinzipien als Bedingungen für das Funktionieren von Familien kommen Faktoren des näheren Umfelds hinzu. Sie können es Familien erleichtern oder erschweren, ihre allgemeinen sowie stadienspezifischen Aufgaben wahrzunehmen. Wir unterscheiden zwischen dem sozialen und räumlichen Umfeld, materiellen Leistungen und institutionellen Einrichtungen.

Zu dem *informellen sozialen Umfeld* zählen zunächst Verwandte. Insbesondere Großmütter spielen eine wesentliche Rolle bei der Betreuung des Kindes. Nach Schätzungen werden fast vierzig Prozent aller Kinder, deren Mütter berufstätig sind, von den Großmüttern mitbetreut. Aber auch Freunde, Nachbarn und andere Eltern können wichtige Entlastungsmöglichkeiten darstellen. Ihrer Bereitschaft, bei der Betreuung des Kindes zu helfen, kommt vor allem in Notsituationen eine große Bedeutung zu (Lüscher & Stein, 1985).

Die Wohnung als zentraler Aspekt des *räumlichen Umfeldes* ist der Ort der Kleinfamilie schlechthin, der Ort, in dem sich intime Beziehungen entfalten können (Lipp, 1990; Siebel, 1989). Sie muß den Familienmitgliedern ausreichend Freiraum für ungestörte eigene Aktivitäten bieten. Die Wohnungsversorgung ist für Familien mit Kindern schlechter als in Ein- oder Zweipersonenhaushalten. Gemessen an der Norm (ein Raum pro Person, ohne Küche) waren im Jahre 1978 51% aller Vier-Personen-Haushalte unterversorgt. Bei der Beurteilung durch Eltern wird die Größe der Wohnung als wichtiger Gesichtspunkt noch vor Ausstattung, Zuschnitt und Qualität angegeben. Weiter werden die Lage der Wohnung, die Verkehrsverbindungen, Einkaufsmöglichkeiten (insbesondere Ärzte, Apotheke) und Nachbarschaft als wichtige Beurteilungsgesichtspunkte angegeben (Lüscher & Stein, 1985).

Die *materiellen Leistungen* des Staates werden als Familienlastenausgleich bezeichnet. Dazu zählen alle staatlichen monetären expliziten (z.B. Kindergeld, Ortszuschlag) und impliziten (Kinderfreibeträge) Transfers, die eine Begünstigung der Familie herbeiführen (Heldmann, 1988). Zu materiellen Leistungen zählen weiter Kündigungsschutz und Mutterschaftsschutz. Väter oder Mütter können Anspruch auf Erziehungsurlaub geltend machen. Unterstützung der Ausbildung über Bafög sowie eine Reihe sonstiger Zuschüsse (z.B. Baukindergeld, Bundesbahnermäßigung für Kinderreiche) schaffen Erleichterungen für Familien (Bergerfurth, 1987), die jedoch wie erwähnt nur halbherzig sind. Es besteht Grund zur Annahme, daß Familien mit Kindern unter relativer chronischer Armut leiden (vgl. genauer in Kap. 3.1). Empirischen Ergebnissen zufolge hat die ökonomische Situation der Familie einen Einfluß auf verschiedene Aspekte der Erziehung, so auf die gesundheitliche Entwicklung des Kindes, die Freizeit- und Erholungsmöglichkeiten der Familie und die schulische Ausbildung (Lüscher & Stein, 1985). Von den Eltern selbst werden besonders Kosten für Kinderkleidung und Kindergartengebühren als belastend empfunden.

Zu den *familienorientierten Institutionen* zählt die familienbezogene Infrastruktur: insbesondere werden Kindergärten und Spielplätze von vielen Eltern als erleichternde Institutionen empfunden (Lüscher & Stein, 1985). Horte, Einrichtungen von Kirchengemeinden, das Schulsystem, Erziehungsberatungsstellen, die ärztliche Versorgung sowie Altenheime stellen weitere wichtige familienorientierte Institutionen dar.

Zusammenfassung: Bewertend kann festgestellt werden, daß insgesamt das familienrelevante Umfeld in der Bundesrepublik ein Fortschreiben der Rollenteilung zwischen Mann und Frau begünstigt. Insbesondere die schwach ausgebaute Infrastruktur der Betreuung von Klein- und Schulkindern, die Ladenöffnungszeiten sowie die geringe Zahl von Halbtagsstellen stellen für deren Berufsaufnahme - sofern gewünscht - erhebliche Hindernisse dar.

2.2 Ähnlichkeit und Verschiedenheit als Funktionen von Vererbung und Umwelt

Wenn man sich zwei Wohnstuben verschiedener Familien und das darin ablaufende Familienleben vor Augen führt, dann fällt es leicht, sich Tätigkeiten, Abläufe und Ereignisse vorzustellen, die ziemlich ähnlich sind. Aufstehen, Frühstücken, aus dem Hause gehen, Mittagessen, Einkaufen etc. wird wohl in jeder Familie stattfinden. Daß Neugeborene gefüttert, gewickelt, gewogen und gewiegt werden, daß mit Schulkindern Hausarbeiten gemacht werden, und daß sich Jugendliche mit ihren Eltern über das Taschengeld und das späte Nachhausekommen streiten, wird ebenfalls weitverbreitet sein. Daneben kann man sich auch Unterschiede vorstellen, die verschiedene Familien voneinander abheben. Bei den einen geht es streng, bei den anderen verständnisvoll, bei den dritten vielleicht chaotisch zu. Ähnlichkeiten und Unterschiede können zu einem Zeitpunkt zwischen verschiedenen Mitgliedern einer Familie und zwischen verschiedenen Familien auftreten. Zu unterschiediedlichen Zeitpunkten können Unterschiede auch innerhalb der gleichen Familie auftreten sowie zwischen verschiedenen Generationen.

Um Ähnlichkeiten und Unterschiede innerhalb und zwischen Familien feststellen zu können, bedarf es der Anwendung der gleichen Meßinstrumente und derselben Konstrukte und Kriterien. Mit dieser Notwendigkeit sind mehr Schwierigkeiten verbunden, als es auf den ersten Blick den Anschein haben mag. Will man beispielsweise von Ähnlichkeit oder Unterschiedlichkeit reden, wenn eine Familie um 8 Uhr, die andere um 7 Uhr frühstückt (vgl. Kagan, 1987, S. 140f)? Besondere Probleme ergeben sich bei einer längsschnittlichen Betrachtungsweise. Stellt man fest, daß ein Kind als Dreijähriger sein Spielzeug mit dem Fuß zertrümmert und als 25jähriger beim Fußball gut Tore schießt, inwieweit mag man Konstanz konstatieren? Und ob die Entscheidung eines Vaters aus dem 19. Jahrhundert, seinen Sohn in einem fremden Betrieb ausbilden zu lassen, möglicherweise das gleiche Maß an Fürsorge ausdrückt wie die eines heutigen Vaters, der seinen Sohn im eigenen Betrieb ausbildet, ist schwer zu sagen. Ein weiteres Problem entsteht, wenn es um die Wahrnehmung und Bewertung mehrerer Personen geht. So berichtet Kagan (1987), daß Eltern aus der Arbeiterklasse ihre Kinder mehr als jene der Mittelschicht strafen. Dennoch gibt es keine ins Auge springenden Unterschiede bei der Wahrnehmung elterlicher Zuneigung durch die Kinder.

Das Begriffspaar Ähnlichkeit und Verschiedenheit darf nicht mit dem Begriffspaar Erbe-Umwelt gleichgesetzt werden. Beide, Erbe und Umwelt, können gleichermaßen als Ursachen dafür, daß Familienmitglieder sich gleich verhalten, in Betracht kommen wie dafür, daß sie sich voneinander unterscheiden. *Ähnlichkeiten* zwischen verschiedenen Familien gehen zunächst auf biologische Gegebenheiten zurück. Im Verlaufe der Evolution hat sich die Gattung Mensch entwickelt, die sich durch biologisch festgelegte, nicht variierende Grundkonstanten auszeichnet. Sie dienen der Selbsterhaltung und Fortpflanzung, somit der Arterhaltung. Physische Gegebenheiten (wie Tag-Nacht-Rhythmus, Jahreszeiten, Schwerkraft) sind ebenfalls für alle Familien gleich, Faktoren, die ihr Verhalten vereinheitlichen.

Neben den allen Menschen gemeinsamen biologischen Gegebenheiten beruhen Ähnlichkeiten zwischen verschiedenen Familien innerhalb einer Kultur auch auf den gesellschaftlichen und rechtlichen Normierungen wie Arbeits-, Ausbildungsbedingungen, Wirtschaftssystem etc.

Befassen wir uns mit der Frage nach den Ursachen von Unterschieden zwischen Familien. Im Bereich der ehelichen Beziehungen konnten Unterschiede zwischen Familien festgestellt werden. Diese Unterschiede scheinen über die Generationen eine gewisse Stabilität zu bewahren. Belsky und Pensky (1988) kommen nach Durchsicht verschiedener empirischer Untersuchungen zu dem Schluß, daß sich Familienbeziehungen über die Generationen weitervermitteln. Befunde zeigen eine Stabilität in den *ehelichen Beziehungen*. Glücklich verheiratete Paare erinnerten sich häufiger, daß die Ehen ihrer Eltern harmonischer waren als unglücklich verheiratete. Bei der Analyse von Scheidungsfamilien fanden etwa Glenn und Shelton (1983), daß das Scheidungsrisiko für Männer aus zerbrochenen Familien um 25%, jenes von Frauen gar um 50% höher ist als aus Familien, deren Eltern sich nicht scheiden ließen. Weiter gibt es Anzeichen dafür, daß Frauen, die als Kinder Zeugen davon waren, wie ihre Väter ihre Mütter schlugen, in ihrer eigenen Ehe eher Opfer von Mißhandlungen werden (Kalmuss, 1984). Kurz, es gibt Belege dafür, daß Menschen in ihrer Partnerschaft das Partnerschaftsverhalten ihrer Eltern wiederholen.

Ähnliche Ergebnisse werden über die *Eltern-Kind-Beziehung* berichtet. Eltern-Kind-Beziehungen weisen eine breite Variation auf. Und Mütter, die als Kinder mißhandelt wurden, neigten eher dazu, ihre eigenen Kinder ebenfalls zu mißhandeln. Mütter von Kindern, die nach der Typologie von Ainsworth (vgl. Kap. 6.1.2) als "sicher gebunden" bezeichnet wurden, identifizierten sich stärker mit ihren eigenen Müttern. Sie erinnerten sich stärker daran, daß sie von ihren Eltern akzeptiert worden waren. Umgekehrt gaben Mütter, die mit ihren Babys empfindsam, reaktiv und freundlich umgingen an, daß sie von ihren Eltern in ihrer eigenen Individualität stärker gefördert worden waren. Die bisherigen Daten sind retrospektiver Natur. Deshalb gilt es, längsschnittliche Studien zu betrachten, in denen Daten von Eltern und Kindern einander gegenübergestellt werden. Auch hier wurden gesetzmäßige, wenngleich nicht sehr hohe Zusammenhänge zwischen

Variablen der Entwicklungsgeschichte und Ehebeziehungen sowie dem Erziehungsverhalten festgestellt (vgl. Belsky & Pensky, 1988).

Welche Erklärungsmöglichkeiten für die festgestellten "intergenerationalen Transmissionen" kommen in Betracht? Belsky und Pensky haben äußere Umstände - Lernvorgänge und im Zuge der Sozialisation erworbene Persönlichkeitsmerkmale - als Erklärung herangezogen. Wiederholt erfahrene negative interaktive Emotionen würden die Ausbildung einer eher neurotischen Persönlichkeit (im Sinne von Eysenck) begünstigen. Diese verleite zu einem Erziehungsverhalten, das durch wenig Zuwendung und hohe Machtausübung gekennzeichnet sei. Umgekehrt würde das wiederholte Erfahren positiver interaktiver Emotionen die Ausbildung von eher extravertierten Persönlichkeiten begünstigen, die mit ihrer Ehe zufriedener sind und ihren Kindern positive Gefühle entgegenbringen. Entsprechend erzogene Kinder - so der letzte Erklärungsschritt - würden analoge Verhaltensweisen entwickeln. Wir sehen davon ab, alternative Erklärungsmöglichkeiten aus dem Bereich der Umwelt (vgl. Kap. 13.3) zu diskutieren.

Alternativ dazu oder ergänzend sind die aufgefundenen Gesetzmäßigkeiten durch das Wirken genetischer Faktoren erklärbar. Extraversion und Neurotizismus gehören - darauf weisen auch Belsky und Pensky (1988) hin - zu den am stärksten erblichen Persönlichkeitsmerkmalen (Plomin, 1990; Plomin et al., 1990a). Verwandte ersten Grades (Eltern und Kinder sowie Geschwister) haben 50% aller variierenden Gene gemeinsam. Darüberhinaus haben sie noch alle innerhalb der menschlichen Art nicht variierenden Gene gemeinsam. Es ist also denkbar, daß Kindesmißhandlung zumindest teilweise "in der Familie liegt".

Die erblich bedingte Ähnlichkeit zwischen Familienmitgliedern wird weiter durch die selektive Partnerwahl beeinflußt (vgl. Kap. 5.1). Sie verringert die Unterschiede in der Familie und vergrößert die Erbvarianz zwischen Familien. Zum Beispiel erhalten Kinder von Eltern, die beide groß sind, eine "doppelte Dosis" von Genen, die zu langem Wuchs führen. Der genetische Einfluß ist für viele Aspekte der menschlichen Verhaltensentwicklung bedeutsam, sei es im Hinblick auf kognitive Eigenschaften, Temperament, Persönlichkeit oder Psychopathologie (Plomin et al., 1990a; Plomin & Rende, 1991). Der genetische Einfluß ist für verschiedene Variablen der menschlichen Persönlichkeit unterschiedlich groß. Ergebnisse, die die Annahme eines genetischen Einflusses stützen, brauchen Umweltfanatiker nicht zu erschrecken. Die gleichen Daten können auch als Hinweis auf einen substantiellen nicht-genetischen Einfluß, der in der Größenordnung von mindestens der Hälfte der Varianz liegt, interpretiert werden.

Kurz: Am Beispiel der intergenerationalen Wiederholung von Beziehungsmustern wollten wir zeigen, daß Ähnlichkeiten in und Unterschiede zwischen Familien sowohl durch Faktoren der Umwelt (vor allem durch Lernprozesse) als auch durch Erbfaktoren erklärt werden können.

Mit dem Aspekt der *Kovariation von Erbe und Umwelt* ist angesprochen, daß Erbe und Umwelt nicht nur als Haupteffekte und damit additiv wirken können, sondern daß die beiden Ursachen auch überzufällig häufig gemeinsam auftreten. Wichtig ist die Unterscheidung in passive, aktive und evokative Genotyp-Umwelt-Korrelation (Scarr & McCartney, 1983). Eltern geben ihren Kindern nicht nur einen Teil ihrer Gene mit, z.B. musische Begabung oder sprachliche Flüssigkeit. Sie schaffen auch eine Umwelt, die mit ihrem Genotyp (der genetischen Konstitution) korreliert ist. Damit werden kindliche Veranlagungen weiter unterstützt. In diesem Zusammenhang spricht man von *passiver* Genotyp-Umwelt-Korrelation, weil das Kind sowohl den genetischen als auch den damit einhergehenden Umwelteinflüssen seiner Eltern ausgesetzt ist.

Die beiden anderen Formen der Genotyp-Umwelt-Korrelation unterstellen eine Korrelation der genetischen Ausstattung des Kindes mit seiner Umwelt. Da eine wissenschaftliche Erfassung des Genotyps nicht möglich ist, muß man sich auf eine indirekte Schätzung des genetischen Einflusses beschränken. Es sind Personengruppen zu untersuchen, bei denen die eine der beiden Variablen - Erbe oder Umwelt - gleich ist, während die jeweils andere Komponente variiert. In einer Untersuchung von Rowe (1983) wurde das Erbe variiert, die Umwelt konstantgehalten, indem er eineiige und zweieiige jugendliche Zwillinge die familiale Umwelt hat einschätzen lassen. Würde die familiale Umwelt bzw. deren Wahrnehmung nicht von genetischen Faktoren der Kinder beeinflußt, dann wäre zu erwarten, daß ein- und zweieiige Zwillinge die Umwelt übereinstimmend beurteilen. Im Gegensatz zu eineiigen unterschieden sich zweieiige Zwillinge in der Beurteilung der Variable elterliche Wärme, nicht in jener der elterlichen Kontrolle. Das kann darauf zurückgeführt werden, daß sich die genetischen Unterschiede zwischen zweieiigen Zwillingen auswirkten: entweder sie verarbeiteten das elterliche Verhalten unterschiedlich, oder die Eltern behandelten die Kinder infolge ihrer verschiedenen Veranlagungen verschieden.

In einer weiteren Studie, die als Colorado Adoptions-Projekt bekannt wurde (Plomin & DeFries, 1985), wurden Familien mit biologischen Geschwistern und solche mit adoptierten Kindern von unterschiedlichen Müttern untersucht. Im Alter von 1 und 2 Jahren wurden die jeweiligen Interaktionen mit den Müttern beobachtet. Das Verhalten der Mütter zu den Geschwistern korrelierte zu beiden

Zeitpunkten höher für natürliche (r = 0.50) als für Adoptivgeschwister (r = 0.36 bzw. r = 0.32). Dieses Ergebnis legt nahe, das Elternverhalten teilweise als Reaktionen auf unterschiedliches Kindverhalten zu verstehen. Auch in dieser Untersuchung deutete sich an, daß Mütter vor allem in ihrer Wärme, aber nicht in ihrer Kontrolle natürliche Geschwister ähnlicher als Adoptivgeschwister behandelten.

In einer Untersuchung, in der das Erbe konstantgehalten und die Umwelt variiert wurde, zeigte sich eine Korrelation von r = 0.43 zwischen eineiigen Zwillingen, die getrennt aufgewachsen waren, hinsichtlich der wahrgenommenen elterlichen Familienkohäsion, nicht dagegen in einer Kontrollskala. Obwohl die Kinder von früh an in verschiedenen Familien aufgewachsen waren, machten sie ähnliche Angaben über die Wärme ihrer Umwelt, was gemeinsame genetische Anlagen wahrscheinlich macht.

Die Art und Weise, wie Personen kontrollierbare Lebensereignisse (wie Ehekonflikte) wahrnehmen, wurde interessanterweise ebenfalls als genetisch beeinflußt ermittelt, weniger die Art und Weise, wie unkontrollierbare Lebensereignisse (z.B. Krankheit des Ehegefährten) verarbeitet werden (Plomin et al., 1990b).

Die vorgestellten Befunde können als ein Beleg dafür gesehen werden, daß Erbe und Umwelt nicht additiv auf die Entwicklung des Individuums einwirken: Eine Person wirkt gemäß ihrer Prädisposition auf die Umwelt ein, indem sie sie differentiell aufsucht (*aktiver* Genotyp-Umwelt-Effekt) und auf sie einwirkt, unterschiedliche Reaktionen provozierend (*evokativer* Genotyp-Umwelt-Effekt). Die Person ist dann sowohl primärer passiver Empfänger, als auch Gestalter, als auch sekundärer Empfänger der von ihr mitgestalteten Umwelt. Diese Effekte sind nicht für alle Aspekte gleich stark. Kinder scheinen das Ausmaß der ihnen entgegengebrachten elterlichen Wärme mitzubestimmen, weniger dagegen das der elterlichen Kontrolle.

Die dargestellte Auffassung macht auch verständlich, warum der gemessene genetische Einfluß mit zunehmendem Lebensalter ansteigt. Die Korrelation im Intelligenz-Quotienten zwischen adoptierten Geschwistern beträgt im Kindesalter r = 0.30. Im Jugendalter wurden dagegen übereinstimmend Nullkorrelationen gefunden. Umgekehrt steigen die Korrelationskoeffizienten für eineiige Zwillinge vom ersten bis zum 15. Lebensjahr kontinuierlich an. Es ist naheliegend, dies so zu erklären, daß mit zunehmendem Lebensalter Individuen ihre Umwelt stärker gemäß ihren Anlagen gestalten, und daß sie auf eine Umwelt stoßen, die bereits intensiver von ihnen selbst mitgestaltet und ausgewählt wurde, als dies in jüngerem Alter der Fall ist. Dies führt mit zunehmendem Alter zu größerer Ähnlichkeit von

Individuen mit gleichen Anlagen und zu größerer Verschiedenheit von Individuen mit verschiedenen Anlagen.

Zusammenfassung: Wir können zwischen verschiedenen Familien Ähnlichkeiten feststellen. Diese gehen zurück auf die biologische Beschaffenheit der Gattung Mensch, auf gemeinsame physische Umweltbedingungen sowie auf kulturelle Normierungen. Darüberhinaus können wir aber auch zwischen Familien und innerhalb von Familien zu einem oder unterschiedlichen Zeitpunkten Ähnlichkeiten (Konstanz) und Unterschiede (Variabilität) feststellen. Diese sind auf das Wirken von genetischen und Umweltfaktoren zurückzuführen. Die Feststellung, daß die menschliche Entwicklung von genetischen Faktoren abhängig ist, hilft, individuelle Unterschiede zwischen Kindern zu respektieren. Damit ist vereinbar, daß auch nicht-genetische Einflüsse wirksam sind. Innerhalb einer Familie kovariieren Umwelt- und genetische Effekte. Eltern geben ihren Kindern nicht nur ihre Gene mit auf den Weg, sie schaffen ihnen auch eine Umwelt, die mit diesen Genen korrespondiert. Diese Kovarianz scheint eine beträchtliche Rolle zu spielen. Ferner schaffen Eltern den Kindern eine Umwelt, die ihnen eine Reihe von Entwicklungsmöglichkeiten bietet. Sie schränken deren Möglichkeiten auch ein. Daneben suchen Kinder auch Umwelten auf und schaffen solche nach ihrem Genotyp (aktive und evokative Genotyp-Umwelt-Effekte). Individuelle Unterschiede zwischen Kindern bewirken unterschiedliches Elternverhalten und führen dazu, daß gleiches Elternverhalten unterschiedlich erlebt wird.

2.3 Familie früher und heute

Konstanz und Veränderung lassen sich auch innerhalb eines Kulturkreises über historische Zeiträume hinweg untersuchen. Die Geschichte kann als so etwas wie ein großes Experiment angesehen werden: die äußeren Umstände ändern sich, die Art Mensch, auf die sie treffen, ist die gleiche. Die kulturelle Bedingtheit familialer Erscheinungsformen wird insbesondere in der sozialhistorischen Forschung thematisiert, aber auch in der kulturvergleichenden Sozialisationsforschung.

2.3.1 Funktionswandel in der Familie

Vor dem Einsetzen der industriellen Revolution lebte in einer Hausgemeinschaft eine Vielzahl von Personen: Eltern und Kinder, Verwandte, Ziehkinder, Gesinde. Unrichtig ist dagegen - allein schon aus Gründen der kurzen Lebenserwartung - die Klischeevorstellung von der "Großfamilie", die sich aus mindestens drei Generationen zusammensetzte. Die Hausgemeinschaft übte mehrere Funktionen aus: die Produktions-, die Versicherungs- sowie die erzieherische und ausbildende Funktion.

Im Laufe der Industrialisierung gab die Hausgemeinschaft einige Funktionen ab. Die Produktionsfunktion ging an Industriebetriebe, die Versicherungsfunktion an öffentliche Fürsorge und Versicherungseinrichtungen, Teile der Erziehungsleistungen gingen an Schulen und Lehrwerkstätten. Im Anschluß an Neidhardt (1975) und Kaufmann (1990) kann man der modernen Familie die folgenden Funktionen bzw. Leistungen zuschreiben: die *Aufgabe der Fortpflanzung*; *die Aufgabe der Pflege und Erziehung der Kinder; die Haushaltsführung und Organisierung von Freizeit:* Tätigkeiten zur physischen Erhaltung der Individuen sowie das Zusammensein an Wochenenden, im Urlaub und bei Familienfesten; *die Spannungsausgleichsfunktion:* Die Familie bietet dem Individuum Hilfen zur emotionalen Spannungsbewältigung angesichts von Leistungsdruck, Komplizierung und Instrumentalisierung des öffentlichen Lebens, indem sie den familialen Zusammenhalt wahrt und das Ausdrücken von Gefühlen ermöglicht.

Die Abgabe von Funktionen an spezialisierte Leistungsträger hat zu einer Steigerung der wirtschaftlichen Produktivität und einer qualifizierten Ausbildung geführt. Zur innerfamilialen Kommunikation kam die Kommunikation mit Außensystemen (vor allem mit Schule, Freunden, Beruf und Medien) hinzu. Kräfte, die durch Funktionsabgabe frei wurden, werden für die neue Funktion des Spannungsausgleichs benötigt. Zentrifugalen Kräften kann ein Gegengewicht entgegengesetzt, und die erhöhte Krisenanfälligkeit der Beziehungen kann gemeistert werden. Dies mag die heute verbreitete hohe Wertpräferenz von Ehe und Familie (im Vergleich zu anderen Lebensbereichen wie Freunde, Beruf etc.) erklären. "Bei der weit überwiegenden Mehrheit der Bevölkerung werden Ehe und Familie als die zentralen Werte ihrer Lebensplanung und als Sinngebung der Lebensfindung beurteilt" (Nave-Herz, 1989b, S. 215).

Der Frage, wie der beschriebene Funktionswandel in den familialen Beziehungen sichtbar wird, gelten die nächsten beiden Abschnitte. Dabei werden Ergebnisse und Interpretationen referiert, die sich in der sozialhistorischen Disziplin weitgehend durchgesetzt haben.

2.3.2 Eine Liebesheirat ist, wenn beide nichts haben

Die Ehe der vorindustriellen Zeit wird allgemein als Zweckehe beschrieben (z.B Beck-Gernsheim, 1988). Es gab - zumindest in bäuerlichen und handwerklichen Familien - nur eingeschränkt freie Partnerwahl. Nicht zwei Personen heirateten einander, sondern zwei Familien wurden nach ökonomischen Gesichtspunkten miteinander verknüpft. Auch die Arbeitskräfte des Patrons durften aus der Sippschaft nicht ausheiraten, um ihm nicht verloren zu gehen. Da Produktions-

und Versorgungsgesichtspunkte Vorrang hatten, ließen die traditionellen Regeln wenig Freiraum für persönliche Vorlieben. Gleichzeitig versprach eine so eingegangene Ehe ein großes Maß an Stabilität, Verläßlichkeit und Sicherheit (Mitterauer, 1989). Das Interesse an dem Erhalt einer Ehe war groß, da sie das Ansehen des Hofes und die Familienabfolge sicherte.

Liebe in der Ehe bedeutete früher etwas anderes als heute. Der Historiker van Dülmen (1989) hat Liebes- und Hochzeitsgedichte, Bildüberlieferungen zum Familienleben, Autobiographien, Privatbriefwechsel, Testamente sowie weltliche Gerichts- und kirchliche Ehegerichtsakten im Hinblick auf die Gefühlsstruktur in der vormodernen Gesellschaft sorgfältig ausgewertet. Eigentliche Liebesheiraten gab es danach kaum, wenngleich kaum eine Ehe ohne Berücksichtigung der Interessen des Brautpaares geschlossen wurde. Außerdem nahmen Ehepartner die mit der Eheschließung eingegangene Liebesverpflichtung ernst.

Liebesbekundungen äußerten sich in einer Gesellschaft, in der 'Beziehungsprobleme' nicht thematisiert wurden, nur in alltäglichen Lebens- und Arbeitszusammenhängen; sie orientierten sich nicht an subjektiven Glücksgefühlen, sondern an solidarischem Verstehen und Handeln.
(van Dülmen, 1989, S. 16)

In unserer Zeit spielen Produktions- und Versorgungsfragen gegenüber dem Gesichtspunkt der Beziehung eine nachgeordnete Rolle. Die Kinder treffen die Auswahl ihrer Ehepartner alleine. Daß die neue Ehe auf Liebe und Partnerschaft basiert, ist nicht unproblematisch. Liebe ist weniger stabil als die gemeinsame Familiensache, der Hof, das Gut, der Betrieb und die damit verbundenen Anforderungen. Im Verlaufe eines Ehelebens verändert sich die Qualität der Beziehung. Die Erwartung, daß die romantische Liebe des Anfangs ewig währe, kann kaum eingelöst werden. Die heutige Scheidungsquote liegt bei Hausbesitzern unter dem Durchschnitt (vgl. Kap. 13). Außerdem währte die Zeitspanne "bis daß der Tod uns scheidet" aufgrund der geringeren Lebenserwartung (Frauen hatten 1984 eine Lebenserwartung von 77.1, Männer von 70.5 Jahren; Höhn, 1989) früher nicht halb so lang wie heute.

Liebe und Beziehung sind auch weniger genau zu definieren als die gemeinsame Habe. Die mit Liebe im allgemeinen verbundenen Begriffe wie Glück, Vertrauen, Akzeptieren, Offenheit, Sich sorgen um den anderen, Sexualität, Opfern, Verständnis (Fehr, 1988) können unterschiedlich ausgelegt und auch gewichtet werden. Basiert eine Ehe stark auf "Liebe", so kostet die Aushandlung dessen, was man damit verbindet, viel "Beziehungsarbeit". Die im Familienverband enthaltene gemeinsame Aufgabe entfällt. Der Weg von der kollektiv definierten zur personal aufgefaßten Ehe erfordert größere individuelle und gemeinsame Anstrengungen (Beck-Gernsheim, 1988).

Die Geburt eines Kindes sicherte in früheren Ehen Produktion und Versorgung. Wo nicht die Familientradition, sondern die Partnerschaft die Basis für die eheliche Beziehung darstellt, kann dem Kind die Rolle eines "Eindringlings" zukommen, der die Partner zwingt, ihre Beziehung in einer Vielzahl von Aspekten neu zu definieren. Bei diesen oft mühsamen Verhandlungen sind die Partner auf sich alleine gestellt. Kinder belasten heute mehr als früher das gemeinsame Zusammenleben, da die Gesellschaft nicht großen Wert auf Gehorsam und Unterordnung legt, sondern stärker die freie Entfaltung der kindlichen Persönlichkeit betont. "Wo das Kind ins Zentrum gerät, da bleibt für das Verhältnis der Eltern immer weniger Raum; und damit wird genau das ins Abseits gedrängt, was sie zusammenbrachte, was der 'Motivationshintergrund' ihrer Beziehung war - die personenbezogene Gemeinsamkeit der früheren Zeit" (Beck-Gernsheim, 1988, S. 28). Der Rückgang der Kinderzahl im zwanzigsten Jahrhundert (vgl. nächster Abschnitt) kann in diesem Zusammenhang gesehen werden.

Gehen beide Partner einem Berufe nach, bleibt noch weniger Kraft für die notwendige Gefühls- und Beziehungsarbeit. Spannungen und Irritationen können schwerer aufgefangen und abgebaut werden, Konflikte werden wahrscheinlicher. Zwischen 1963 und 1976 ist der Anteil derjenigen, die angaben, daß es Krisen in ihrer Ehe gegeben habe, von 52% auf 58% bei Frauen und von 38% auf 53% bei Männern angestiegen (Nave-Herz, 1989b). Die Scheidungshäufigkeit hat sich in der Bundesrepublik in der Zeit zwischen 1970 und 1985 verdoppelt (1970: 15 von hundert Ehen wurden geschieden; 1985: 30 von 100 Ehen wurden geschieden). Weil harmonische Beziehungen wegen verstärkter Außenbelastungen als Hort emotionaler Geborgenheit aufgesucht werden, ist man weniger bereit, unharmonische Beziehungen fortzusetzen (vgl. Kap. 13.2).

Die sinkende Attraktivität der Institution Ehe (nicht der Beziehungen) zeigt sich auch in einer Abnahme der Heiratshäufigkeiten in den 80er Jahren. In Europa nähert sich die Situation, daß mehr als 20% der Frauen und mehr als 25% der Männer zeitlebens unverheiratet bleiben. Andererseits ist die Zahl der Personen, die dauerhaft ohne Partner bleiben, sehr gering. Trotz unbestreitbarer Nachteile bevorzugt eine steigende Zahl von Paaren die Form der nichtehelichen Gemeinschaft. Diese Form ist unter 18 bis 35jährigen besonders verbreitet. Sie scheint bei vielen jungen Paaren den Charakter einer "Ehe auf Probe" zu besitzen, die entweder mit dem Eheschluß oder mit der Auflösung des eheähnlichen Verhältnisses endet (Kaufmann, 1990). Die sinkende Bedeutung der Kirche als normatives Regulativ begünstigt ebenfalls diese Entwicklung.

Nach Schätzungen wird in etwa 6% aller nichtehelichen Lebensgemeinschaften diese Form der Beziehung bewußt als Äquivalenz zur Ehe gewählt: die Partner haben nicht die Absicht zu heiraten. Dies hängt möglicherweise mit der veränderten Rolle der Frau zusammen. Der Bedeutungsverlust familienwirtschaftlicher Produktion hat einen Abbau herkömmlicher patriarchalischer Beziehungen zwischen den Ehepartnern bewirkt (Mitterauer, 1989). Doch kann nicht davon gesprochen werden, daß in der Gestaltung der Ehe eine annähernde Gleichheit zwischen Mann und Frau hergestellt ist. Die traditionelle Rollenverteilung ist im wesentlichen erhalten geblieben. Vielleicht ist daraus erklärlich, daß die Zufriedenheit von Frauen mit der Ehe geringer ist als jene der Männer (Nave-Herz, 1989b). Frauen sind es auch zumeist, die als erste den Scheidungsantrag einreichen. Meyer und Schulze (1988) sind der These nachgegangen, daß der sprunghafte Anstieg nichtehelicher Lebensgemeinschaften von Frauen ausgelöst wurde, die darin einen breiteren Verhandlungsspielraum und größere Chancen sehen, ihre Interessen durchzusetzen, ohne sich der traditionellen Geschlechterrollendefinition zu beugen. Sie konnten anhand von statistischem Material zeigen, daß bei nichtehelichen Lebensgemeinschaften die Zahl der nicht berufstätigen Partner nur einen kleinen Prozentsatz ausmachte. Der Heiratswunsch von berufstätigen Frauen in nichtehelichen Lebensgemeinschaften war deutlich niedriger als der von Männern. Die Autorinnen sehen ihre Annahme bestätigt, daß "für berufstätige Frauen wegen des Problems der Doppelbelastung die Lebensform der nichtehelichen Lebensgemeinschaft besonders attraktiv ist und gerade sie sich vorstellen können, auch längerfristig diese Lebensform beizubehalten" (S. 16).

Zusammenfassung: Gab früher die gemeinsame "Familiensache" das Korsett für eine stabile Ehebeziehung, so brauchen die Partner heute verstärkt die Fähigkeit zum Gespräch, um die Regeln ihres Zusammenlebens aushandeln und gegenseitige Abrenzungen definieren zu können. Liebe und Treue als wesentliche Voraussetzungen und Bestandteile einer Partnerschaft stehen heute hoch im Kurs. Vor dem Hintergrund der angestellten Überlegungen ist das nicht verwunderlich. Je weniger eine Beziehung auf äußeren Faktoren (Hof, Betrieb, Stand etc.) beruht und von dort gestützt wird, umso wichtiger werden die emotionale Grundlage der Beziehung und die sie befördenden Faktoren wie Verständnis, Treue, Liebe.

Abbildung 4: Emanzipation. "Schäm dich, Emmy, früher schwärmtest du für Frauenrechte und jetzt erniedrigst du dich zur Milchkuh." - "Ach - ich bin so froh, daß ich endlich etwas gefunden habe, das die Männer nicht besser machen können als wir." Aus Simplicissimus, Jg.6, Nr. 42. Wiedergabe mit Genehmigung.

2.3.3 Eltern-Kind-Beziehungen

Im Verlaufe der Geschichte wurden im Zusammenhang mit den Beziehungen zwischen Eltern und Kindern häufig zwei Aspekte in den Vordergrund gerückt: Kontrolle und Liebe. Sie werden auch heute als zentrale Dimensionen zur Beschreibung familialer Systeme verwendet. Kinder wurden früher gebraucht, um aus Wälderwildnis Äcker zu machen. "Die klassische Form der Kindererziehung in traditionellen Gesellschaften war Lernen durch Mitleben und Mitarbeit" (Mitterauer, 1989, S. 191). Das bedingte ein hohes Maß an Kontrolle und Zwang. Auch erwarteten sich Eltern durch sie eine Versorgung im Alter. Dies brauchen nach van Dülmen (1989) keine Zeichen mangelnder Elternliebe zu sein:

Auch wenn die Mütter und Väter sich selten bewußt den Kindern zuwenden konnten, taten die Mütter alles für die Kinder, die Väter spielten gerne mit ihnen, beide waren stolz auf sie und kümmerten sich um ihr Fortkommen. Die hohe Wertschätzung schloß Körperstrafe allerdings nicht aus.

(van Dülmen, 1989, S. 16)

Veränderte Erfordernisse haben zu einer zunehmenden Liberalisierung in der Eltern-Kind-Beziehung geführt. Da Teile familialer Funktionen an außerfamiliale Institutionen abgegeben wurden, entfielen traditionelle Überwachungsaufgaben, die den Einsatz von Sanktionen rechtfertigen. Dies führte zu einem Verlust an patriarchalischer Autorität. Eltern spielen als erklärte Vorbilder ihrer Kinder heute eine geringere Rolle, zumal sich das Bildungsgefälle zugunsten der Kinder verändert hat. Außerdem wurden die Personenbeziehungen stärker individualisiert. Der Umgang zwischen Eltern und Kindern wurde persönlicher, lockerer. Die Beziehungen wurden demokratischer. Gegenüber einer hauptsächlich auf äußere Anpassung ausgerichteten Erziehung haben vor allem Selbständigkeit und Selbstverantwortlichkeit als *Zielvorstellungen* zunehmend an Bedeutung gewonnen. EMNID hat zwischen 1951 und 1983 mehrmals Meinungsumfragen zum Thema: "Auf welche Eigenschaften sollte die Erziehung der Kinder vor allem hinzielen?" durchgeführt. In dem genannten Zeitraum wurden die Erziehungsziele "Gehorsam und Unterordnung" immer seltener (von 25% auf 9%) bejaht. "Selbständigkeit und freier Wille" fanden immer häufiger (von 28% auf 49%) Zustimmung. Annähernd gleich blieben die Befürwortung von "Ordnungsliebe und Fleiß" (41% bzw. 38%). Die berichteten Veränderungen waren vorwiegend bei jüngeren (16 - 30jährigen) sowie bei Menschen mit höherem Bildungsgrad festzustellen (Jugendwerk der Deutschen Shell, 1985).

Die gestiegene Kindzentrierung mit einer Abnahme von Kontrolle und einer Zunahme von Emotionalität und Kommunikation bedeutet ein Mehr an psychischer Belastung. Damit ging ein Absinken der Geburtenrate (Fertilität) einher. 1900 betrug die durchschnittliche Kinderzahl pro Frau M = 5; im Jahre 1950 betrug sie nur mehr M = 2.1; 1980 war sie bereits bei M = 1.5; und 1985 bei M = 1.3 (Kaufmann, 1990; Nave-Herz, 1989b). So läßt sich eine Ambivalenz konstatieren, die Gloger-Tippelt (1990) mit "Kinder? Ja - aber..." bezeichnet: Kinder werden selbstverständlich gewünscht, aber später, nur eines, nur ein gesundes, nur einen Jungen etc. Die Bundesrepublik hatte die niedrigste Reproduktionsrate in Nord- und Westeuropa (Mitterauer, 1989). Sie wurde 1992 lediglich von Italien (1.27) übertroffen.

Infolge des Rückgangs der Kinderzahl sank die durchschnittliche Familiengröße. Ein Trend zur Ein-Kind-Familie läßt sich dennoch nicht konstatieren. Auch sind kinderlose Ehen eher selten (vgl. Kap. 5.2). Abbildung 5 zeigt die Verteilung der Familiengrößen in verschiedenen Geburtskohorten (Klein, 1989). Daraus kann man erkennen, daß der Anteil von Frauen mit einem Kind sogar leicht rückläufig ist. Kontinuierlich zurückgegangen ist lediglich der Anteil an großen Familien mit vier und mehr Kindern.

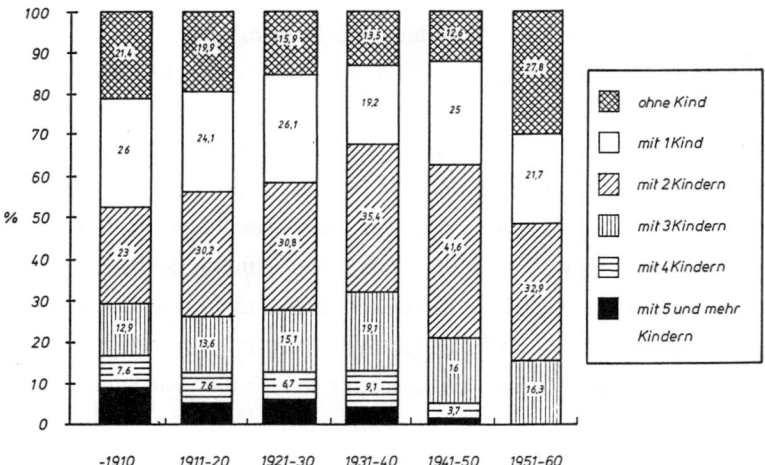

Abbildung 5: Verteilung der Familiengrößen in aufeinanderfolgenden Geburtenkohorten (aus Klein, 1989, S. 12).

Soziologische Untersuchungen enthalten Hinweise auf mögliche Ursachen für die Unterschiede in der Familiengröße. Nach den Untersuchungen von Klein (1989) sind für die Übergangsrate zum zweiten und dritten Kind andere Variablen von Bedeutung als bei der Erstelternschaft. Ein hohes Bildungsniveau der Frau verringert die Neigung, ein erstes Kind zu bekommen, jedoch nicht die eines zweiten Kindes, sofern ein erstes schon da ist. Das gleiche wurde für die Variable "postmaterialistische Wertorientierung" festgestellt. Hier spielte insbesondere das Bildungsniveau des Ehemannes eine Rolle.

> *Während das gestiegene Bildungsniveau der Frauen zum Anstieg der Kinderlosigkeit beigetragen hat, bewirkt das ebenfalls verbesserte Bildungsniveau der Männer, daß Frauen mit einem Kind noch zumindest ein zweites bekommen. Die Bildungsexpansion hat somit die Neue Kinderlosigkeit, wie gleichzeitig auch die beobachtete Polarisierung der Familiengrößen gefördert.*
> **(Klein, 1989, S. 24)**

Polarisierung meint, daß kinderreiche Familien gehäuft in wirtschaftlich schwachen Haushalten (Arbeitern) auftreten, gleichzeitig auch in einkommensstarken Familien (Selbständigen).

Bei dem Rückgang der Kinderzahl handelt es sich wohl kaum um ein Phänomen der Kinderfeindlichkeit. Da für die Erziehung eines Kindes heute wesentlich mehr materielle und emotionale Leistungen mobilisiert werden müssen als früher, ist es schwierig, den Ansprüchen weiterer Kinder gerecht zu werden (Nave-Herz, 1989b). Da gleichzeitig immer mehr Frauen die Berufstätigkeit anstreben (vgl. Kap. 3.2), kann Leistungsüberforderung für die gesunkene Attraktivität weiterer Kinder mitverursachend sein (Nave-Herz, 1989b).

Zusammenfassung: Heute wird immer weniger Kindern immer mehr Aufmerksamkeit zuteil.

2.4 Familie und Kultur

Die Abhängigkeit von Formen des familialen Zusammenlebens von der Umwelt kann auch durch Vergleich von Familien verschiedener Nationen und Kulturen zum gleichen Zeitpunkt untersucht werden. Ein anderer Zugang besteht darin, das Aufeinandertreffen verschiedener Kulturen zu beobachten. Im folgenden wird auf Untersuchungen eingegangen, die verschiedene Nationen und Kulturen kontrastieren. Sodann werden Fragen zur multikulturellen Gesellschaft gestellt.

2.4.1 Kulturvergleichende Studien

Im Zusammenhang mit der Besprechung rationaler Theorien (in Kap. 1.4.2) haben wir bereits den Kinderwunsch kulturvergleichend diskutiert. Kulturvergleichende Studien setzen die Vergleichbarkeit der angewendeten Instrumente, der Theorienbildung, der Wahl des Forschungsplans, der Erhebung und der Dateninterpretation voraus. Außerdem genügt es nicht "zu wissen, daß sich zwei oder mehrere soziale Systeme hinsichtlich der abhängigen Variablen unterscheiden. Es ist auch wichtig zu wissen, wie die Variationen in den abhängigen Variablen mit den Variationen in den Systemen verbunden sind" (Boh, 1989, S. 165). Ein zusätzliches methodologisches Problem ist jenes der kausalen Erklärung für aufgefundene Unterschiede. Eine Kovariation zwischen unabhängigen und abhängigen Variablen klärt nicht das Problem der Einflußrichtung.

Wie hat man sich die Einflüsse zwischen der Gesellschaft als Makrosystem und dem Mikrosystem Familie vorzustellen? Folgt man den systemtheoretischen Überlegungen in Kapitel 1.2, so sollte schließlich nicht nur die Familie als abhängige Variable betrachtet, sondern auch ihr Einfluß auf die Ausgestaltung der Gesellschaft in den für sie relevanten Bereichen untersucht werden.

Kandel und Lesser (1969) haben in einer wegbereitenden Arbeit nach Unterschieden in den Beziehungen zwischen Eltern und Jugendlichen in Dänemark und den USA gesucht. Insbesondere waren sie an Unterschieden im Ausmaß der erlebten Unabhängigkeit und Verbundenheit interessiert. Die Ergebnisse lassen in beiden Ländern auf enge Beziehungen zwischen Jugendlichen und Eltern schließen. Nur zwischen 10 und 20% der Jugendlichen gaben an, sich den Eltern nicht mehr nahe zu fühlen. Väter wurden stets als autokratischer als Mütter bezeichnet. Dänische Jugendliche gaben häufiger als amerikanische an, daß ihre Väter ihnen ihre Entscheidungen erklären und mit ihnen über alles sprechen würden. US-Jugendliche berichteten über das Vorhandensein von mehr Regeln in ihren Familien als dänische. Dänische Jugendliche gaben an, sich freier, unabhängiger und erwachsener zu fühlen, obwohl sie im Mittel um ein Jahr jünger (15 Jahre) waren als die US-Teenager.

Interessant sind die Untersuchungen von Trommsdorf (1984) zur familialen Sozialisation in der japanischen und deutschen Kultur. In beiden Ländern wurden vergleichbare Jugendliche nach Erziehungszielen und Erziehungsverhalten ihrer Eltern, elterlichem Einfluß und jugendlichem Widerstand befragt. Japanische Jugendliche berichteten über weniger Eigenständigkeit, stärkere elterliche Kontrolle und Einflußnahme, und gaben weniger Widerstand gegen ihre Eltern an. Größerer Anpassungsdruck in japanischen Familien wird von der Autorin auf die in Japan vorherrschenden konfuzianischen und Samurai-Werte des unbedingten Gehorsams, der Loyalität gegenüber dem Älteren und der Unterordnung individueller Interessen unter die der Familie zurückgeführt. Dies steht im Einklang mit einer Untersuchung von Rohner und Pettengill (1985) an koreanischen Jugendlichen.

Hier korrelierte die eingeschätzte elterliche Wärme positiv mit der eingeschätzten elterlichen Kontrolle. Im Gegensatz zu vielen westlichen Jugendlichen, die dazu neigen, elterliche Kontrolle mit Feindseligkeit und Abweisung zu assoziieren, verbanden koreanische Jugendliche im Durchschnitt umgekehrt Kontrolle mit Wärme und Beachtetwerden. Wird in unserer Gesellschaft die Entwicklung des Individuums hin zur Selbstentfaltung und des individuellen Glücks als "natürlich" empfunden, so scheinen östliche Kulturen die höchste Stufe der individuellen Entwicklung in der Einordnung ins Kollektiv anzusehen.

Zusammenfassung: Kulturvergleichende Studien erbringen je nach den für einen Vergleich ausgewählten Kulturen bzw. Nationen unterschiedliche Ergebnisse. Sie legen nahe, Erziehungsziele und -praktiken zum Teil als relativ zu dem Wertesystem der jeweiligen Gesellschaft anzusehen. Aus methodischen Gründen ist es aber problematisch, vorgefundene Unterschiede auf spezifische Ursachen zurückzuführen.

2.4.2 Die Familie in einer multikulturellen Gesellschaft

Die Migration von Gastarbeitern. Nach den Daten des Statistischen Bundesamts lebten im Jahre 1986 in der BRD insgesamt 4.5 Millionen Ausländer, davon 1.4 Millionen Türken, 600.000 Jugoslawen und 530.000 Italiener, gefolgt von Griechen und Spaniern (Münscher, 1988). Als Hauptgründe für die Emigration von ausländischen Arbeitnehmern werden schlechte wirtschaftliche Lage und Arbeitslosigkeit, Armut oder Not angegeben. Sie haben eine besonders niedrige Bildung und arbeiten unter Bedingungen, welche die Wahrnehmung ihrer familialen Aufgaben gegenüber ihren Kindern deutlich beeinträchtigen.

Die psychische Belastung und Verunsicherung von Einwanderern ist umso stärker ausgeprägt, je größer die kulturelle Distanz zwischen dem Herkunfts- und Gastland ist (Holtbrügge, 1975). Die meiste Literatur liegt zu den türkischen Migranten (Auswanderern) vor. Die Theorien folgen meist der Vorstellung einer Akkulturation, einem langsamen Hineinwachsen in die neue Kultur, wobei ein individueller Wertewandel von den Erziehungsvorstellungen der Heimatkultur hin zu denen der Aufnahmegesellschaft angenommen wird. Nauck und Özel (1986) fanden in Befragungsstudien an türkischen Migranten Behütung als vorrangige Erziehungspraktik von Vätern und Müttern sowohl Söhnen als auch Töchtern gegenüber. Väter behüteten Töchter mehr als Söhne. Mit deutlichem Abstand folgte autoritäre Rigidität, vor allem bei Vätern gegenüber Söhnen. Gewährung von Autonomie stand, vor allem bei Vätern, an letzter Stelle der Erziehungsvorstellungen. Die Erziehungsvorstellungen von nicht emigrierten Türken,

Migranten in der ersten und zweiten Generation sowie Remigranten unterschieden sich nicht deutlich voneinander, wohl aber die Vorstellungen all dieser Gruppen von jenen Deutscher. Anders als erwartet, scheinen Migranten gar ein höheres Ausmaß an Behütung als jene in der Türkei zu zeigen (Nauck, 1989b). Die Ergebnisse stützen nicht die Theorie der Akkulturation. Sie legen eher eine nachhaltige Abgrenzung der Immigranten von der Kultur des Gastlandes nahe. Dies kann darauf zurückzuführen sein, daß viele Ausländer mit dem Ziel zurückzugehen hier leben und eine Akkulturation nicht anstreben. Das schließt nicht aus, daß diese Personen im Falle einer Remigration in ihrer Heimat Anpassungsschwierigkeiten haben. Es kann auch als Versuch gewertet werden, angesichts einer als abweisend empfundenen Kultur des Gastlandes die eigene Identität zu bewahren. Akkulturation könnte auch umso leichter fallen, je höher die Bildung der Person ist.

Familien aus osteuropäischen Ländern. Mit der Öffnung des sog. "Ostblocks", der Eingliederung der ehemaligen DDR in die Bundesrepublik und der Aufnahme von Übersiedlern, also deutschstämmigen Familien aus den osteuropäischen Ländern (Sowjetunion, Polen etc.) ergeben sich eine Reihe von Problemen, die auch die Familien der alten wie der neuen Bundesländer betreffen. Mit dem rapiden kulturellen Wandel, dem die Personen einer Übersiedlerfamilie ausgesetzt sind, hat sich jedes einzelne Familienmitglied in seinem Lebensbereich auseinanderzusetzen. Er betrifft aber auch die Familie als ganze, entweder direkt, z.B. bei der Wohnungssuche, oder indirekt, vermittelt über die familialen Interaktionen. Viele Probleme lassen sich zum jetzigen Zeitpunkt noch gar nicht erkennen, andere werden uns über die Medien (vielleicht einseitig) vermittelt. Aussiedlerfamilien haben, so scheint es, Schwierigkeiten mit dem radikal anderen Wertesystem, dem sie in der Bundesrepublik begegnen. Emanzipatorische Erziehung, kritisches Denken und freie Entfaltung der Persönlichkeit sind bei Sowjetdeutschen nicht präferiert. Sie kommen aus einer Welt, in der völlig andere Erziehungsziele vorherrschen: Frömmigkeit, Pflichtbewußtsein und Familiensinn (Der Spiegel, 16/1990). Konfrontiert mit modernen liberalen Erziehungszielen, äußert sich der "Kulturschock" in einer Sorge, die Kinder könnten durch das Böse in einer konsumorientierten und unzüchtigen Welt Schaden an ihrer Entwicklung nehmen. Viele der 250.000 seit 1950 in der Bundesrepublik aufgenommenen Sowjetdeutschen gehören der strenggläubigen Freikirche der Mennoniten an. Sie richten auch ihre Erziehungspraktiken an der Bibel aus und befürworten die körperliche Züchtigung als Erziehungsmittel. In Einzelfällen wurde Aussiedlerfamilien vom Gericht gar das Sorgerecht wegen schwerer Mißhandlungen entzogen, was zu Protesten führte. Der Integrationsprozeß in den öffentlichen Schulen geht vielen Aussiedlereltern zu schnell. In Detmold wurde in privater Initiative eine eigene Aussiedlerschule errichtet, die den Status einer "Ersatzschule" hat und zu 92% vom Land Nordrhein-Westfalen finanziert wird. Die Schule soll eine Brücke zwischen der alten und der neuen Heimat schlagen.

In der Regel fügen sich junge Leute schneller in ein neues System ein, vor allem eines, das ihnen größere Mitbestimmung, eine schnellere Bedürfnisbefriedigung und mehr Entfaltungsmöglichkeiten bietet. Ihr Wertesystem ist noch nicht so festgefügt wie jenes der Elterngeneration. So mag es mitunter zu schweren Zerwürfnissen innerhalb der Familien kommen. Eltern müssen neue Strategien im Umgang mit ihren Kindern entwickeln. Und Kinder müssen zwischen der Familie als Binnensystem und der Außenwelt vermitteln bzw. diskriminatorische Verhaltensleistungen erwerben.

Eine weitere Frage ist, wie Familien mit der größeren Unsicherheit im Westen umgehen. In gewisser Weise überspringen sie ein ganzes Jahrhundert gesellschaftlicher Entwicklung von einer traditionsgeleiteten in eine innengeleitete Kultur. Ähnliche Anpassungserfordernisse ergeben sich auch für Familien in den neuen Bundesländern. Diese werden in der Arbeit, auf dem Elternabend oder in der Schulklasse mit einem breiteren Meinungsspektrum konfrontiert. Bislang selbstverständliche Werte werden in Frage gestellt, deren Ablehnung nicht immer akzeptiert. Finanzielle Spielräume werden zum Teil eingeschränkt. Sie lehnen zwar das kommunistische System mit seiner menschenverachtenden Attitüde zutiefst ab. Doch sind sie gewohnt, sich um Ausbildung, Beruf, Arbeitsplatz, Wohnung und Grundnahrungsmittel nicht selbst kümmern zu müssen. Sie sind auch in ein funktionierendes Netz der Nachbarschafts-, Freundschafts- und Verwandtschaftshilfe eingebettet. Nunmehr fehlen äußere Vorgaben, Eigenentscheidungen sind gefordert. Die notwendigen Bewältigungsmechanismen sind noch nicht ausgebildet. So mögen bei vielen tiefgreifende Ängste und Unsicherheiten die Folge sein. Andere mögen sich der neuen Herausforderungen mit Elan stellen.

Europa 2000. Mit fortschreitender Vereinigung der Staaten Europas unter wirtschaftlichen und politischen Aspekten werden erhebliche soziale Veränderungen auf uns zukommen, die auch Konsequenzen für Familien mit sich bringen. Eine der Konsequenzen dürfte vermutlich die Zunahme *binationaler Ehen* (Familien mit Eltern aus unterschiedlichen Herkunftsländern) sein. Bereits 1980 wurde jede 12. Ehe in der BRD zwischen einem Deutschen und einem Ausländer geschlossen. Jedes 20. Kind, das 1981 geboren wurde, stammt von einem deutschen und einem ausländischen Elternteil. Die Zahl solcher Mischehen nimmt stetig zu. Deutsche Männer heiraten vorwiegend Frauen aus Asien, Jugoslawien und Österreich, deutsche Fauen vorwiegend Türken (vgl. Buba et al., 1984). Mit der nationalen kovariiert häufig auch die ethnische und religiöse Zugehörigkeit von Personen. Diese Aspekte und ihre soziale Bewertung, und nicht der rechtliche Tatbestand an sich, sind meist für die Lebenszusammenhänge der Betroffenen ausschlaggebend.

Die *rechtlichen Rahmenbedingungen*, die für Partner deutscher Herkunft gelten (vgl. Kap. 2), sind auf gemischt-nationale Ehen außerhalb der EG nicht übertragbar. Zwar verliert eine deutsche Frau bei der Heirat eines ausländischen Mannes - und diese Konstellation ist weitaus häufiger anzutreffen als die umgekehrte (Buba et al., 1984) - nicht mehr ihre deutsche Staatsangehörigkeit. Dennoch unterliegt die Ehefrau gemäß dem internationalen Privatrecht nach der Eheschließung teilweise auch dem Heimatrecht ihres Ehemannes. Insbesondere im Fall einer Scheidung kommt es dadurch häufig zu Problemen etwa bezüglich der Unterhalts- und Sorgerechtsregelung, der Frage der Gütertrennung sowie erbrechtlicher Belange. Hinsichtlich der Ausübung eines Berufes haben mit einem deutschen Ehepartner verheiratete Ausländer zunächst Anspruch auf eine Arbeitserlaubnis. Für eine selbständige Erwerbstätigkeit ist allerdings eine Sondergenehmigung erforderlich. Sie erhalten zunächst eine auf drei Jahren angelegte Aufenthaltserlaubnis, die an bestimmte Auflagen und Bedingungen geknüpft ist. Dies gilt auch für die anschließend zu beantragende unbefristete Aufenthaltserlaubnis und in der nächsten Stufe die Aufenthaltsberechtigung. Erst nach mindestens fünf Jahren ununterbrochenen Aufenthalts und einer mindestens zweijährigen Ehedauer kann eine Einbürgerung beantragt werden. Voraussetzungen sind ein gesichertes Familieneinkommen, ausreichende Deutschkenntnisse, geordnete Wohnverhältnisse sowie eine "einwandfreie" Lebensführung (z.B. keine Straffälligkeit).

Zu den gesetzlich bedingten Einschränkungen erschweren informelle Barrieren eine binationale Ehe. Ehen aus zwei Kulturen werden von dem Großteil der Bevölkerung eher skeptisch beurteilt. Befragte Paare (Elschenbroich, 1988) berichten über Vorbehalte, vor allem bei Eltern. Gründe zur Sorge sind unter anderem: unsichere Stellung des ausländischen Partners in Deutschland, ungewisse Erwartungen über Verwandschaftsbeziehungen, Angst vor Wegziehen, Sorge um Stellung der Kinder (hier meist der Tochter) in der fremden Kultur, Angst vor Problemkindern aus bikulturellen Familien. Freunde reagieren im allgemeinen weniger ablehnend, aber doch reserviert.

Paare in bikulturellen Ehen stehen vor der Aufgabe, ihre unterschiedlichen Weltverständnisse gegenseitig zu vermitteln und gelernte Erlebens- und Verhaltensweisen zu modifizieren und aufeinander abzustimmen. Zu den intrafamilialen

Assimilationsanstrengungen kommen die mit der Migration einhergehenden Integrationsbemühungen hinzu. Binationale Ehen sollten insofern ein erhebliches Konfliktpotential bergen und durch eine größere Instabilität gekennzeichnet sein. Diese Vermutung wird durch empirische Studien nur teilweise gestützt. Deutsch-ausländische Ehen haben ein doppelt so hohes Scheidungsrisiko wie deutsch-deutsche (Buba et al., 1984). Eine Analyse der Ehesituation deutscher Frauen mit griechischen Männern dagegen belegte die hohe Ehezufriedenheit und -stabilität dieser bikulturellen Familien (Devitre, 1978). Möglicherweise sind andere Rahmenbedingungen, wie die ökonomische Situation, ausschlaggebender als die Kulturzugehörigkeit der Ehepartner. Der Austauschtheorie zufolge (vgl. Kap. 1) sollten Nachteile, die mit der Heirat eines Ausländers verbunden sind, durch Vorteile in anderen Bereichen - etwa im ökonomischen Bereich - kompensiert werden. Diese Hypothese wurde zumindest teilweise durch eine Untersuchung von Schramm und Steuer (1965) bestätigt. Deutsche Frauen, die einen ausländischen Partner geheiratet hatten, waren durchschnittlich älter, hatten ein niedrigeres Bildungsniveau und waren häufiger vor der Eheschließung schwanger.

Ebenso wie bikulturelle Ehen je nach Herkunftsland der Partner völlig unterschiedlich zu beschreiben sind, sind verallgemeinernde Aussagen über die Eltern-Kind-Beziehung in binationalen Ehen schwierig. Die durchschnittliche Kinderzahl von deutsch-ausländischen Ehen weicht nur geringfügig von der in deutschen Ehen ab, aber speziell Ehen zwischen einer Deutschen und einem Ausländer weisen eine höhere Kinderzahl auf. Kündigt sich ein Kind an, so kann sich das Verhältnis zur Verwandtschaft entspannen. Das Enkelkind wird freudig akzeptiert. Andererseits machen unterschiedliche Auffassungen über Erziehungsverhalten und -ziele besondere Anstrengungen im Bereich "interkultureller Abstimmung" erforderlich. Die Entscheidung, ob ein Partner weite Bereiche seiner Kultur ruhen läßt, oder ob das Kind mit beiden Kulturen (z.B. in Sprache und Religion) vertraut gemacht werden soll, ist schwierig. Zweisprachigkeit kann neben langfristigen Vorteilen auch kurzfristige Probleme mit sich bringen, z.B. in der Arbeitsbelastung und dem Prestige bei Altersgleichen.

Zusammenfassung: Europa wächst zunehmend zusammen. Menschen aus unterschiedlichen Regierungssystemen (Ost und West) und Kulturen (Nord und Süd) nähern sich einander an, gehen auch binationale Ehen ein. Sie haben Anpassungsaufgaben in den Bereichen der Lebensbewältigung, Partnerschaft und Kindererziehung zu lösen. Damit sind Probleme und Chancen verbunden. Die Entwicklung zu zunehmender Individualisierung und Pluralisierung von Lebensformen ist eine positive gesellschaftliche Rahmenbedingung für deren Gelingen. Gleichzeitig wird die Integration von ausländerfeindlichen Erscheinungen begleitet sein. Sie liegen in Ängsten begründet, denen durch Information und Aufklärung begegnet werden kann.

3. FAMILIE UND ARBEIT
Manfred Hofer

In diesem Kapitel geht es um die wechselseitigen Einflüsse zwischen Familie und Arbeitswelt. Arbeit wird als Überbegriff verwendet, unter den auch die Erwerbstätigkeit fällt. In früheren Zeiten waren Familienleben und Erwerbstätigkeit untrennbar miteinander verknüpft. Heute funktionieren beide Systeme getrennt. Die Frage ist, wie der Zusammenhang zwischen Beruf und Familie zu beschreiben ist. Sind es völlig getrennte Welten, die sich gegenseitig nicht beeinflussen? Kompensieren sie sich gegenseitig: der Beruf als System, in dem Wettbewerb herrscht und Leistung zählt, und die Familie als Ort des Rückzugs und der Entspannung? Oder übertragen sich Erfahrungen in dem einen Kontext auf den jeweils anderen? Die sozialen und psychologischen Beziehungen, die zwischen diesen beiden Mikrosystemen (vgl. Kap. 1.2) bestehen, werden in diesem Kapitel in einigen Ausschnitten behandelt.

Der Familienhaushalt kann unter anderem als eine Wirtschaftsgemeinschaft beschrieben werden, für dessen Funktionieren Einnahmen erforderlich sind. Ein grundlegendes Problem im Rahmen des Familienhaushalts besteht darin, eine Balance zwischen Erwerbsarbeit und Hausarbeit (einschließlich Erziehungsarbeit) und Regeneration zu finden, die zu einer Befriedigung materieller und immaterieller Bedürfnisse der Mitglieder führt (Hegner & Lakemann, 1989; Piotrkowski et al., 1987).

Zunächst wird ausgehend von der Tatsache, daß Familienhaushalte finanziell erheblich schlechter als Haushalte ohne Kinder gestellt sind, die Frage untersucht, welchen Einfluß ökonomische Knappheit auf die Beziehungen zwischen den Familienmitgliedern hat (Abschnitt 1). Weiter stellt sich die Frage, was es für die Familie bedeutet, wenn sich beide Eltern an der Erwirtschaftung von Einkommen beteiligen. Welche Rolle spielt die zeitweilige elterliche Abwesenheit im Hinblick auf die Familienbeziehungen und die Persönlichkeitsentwicklung des Kindes? Dies ist Gegenstand von Abschnitt 2. Aufgrund des beschränkten Zeitbudgets hängt die Verteilung der Erwerbsarbeit zusammen mit der Verteilung der häuslichen Arbeit auf die Familienmitglieder. Wie die Hausarbeit verteilt wird, vor allem in Abhängigkeit von der Erwerbstätigkeit, darum geht es im dritten Abschnitt.

Die Berufswelt übt Einflüsse auf den Berufstätigen selbst, vermutlich auch auf die ehelichen sowie die Eltern-Kind-Beziehungen in vielfältiger Weise aus. Dabei unterscheiden sich die beruflichen Umwelten ganz erheblich voneinander. Welche Bedeutung hat das für die Familie? Dies ist Gegenstand des vierten Abschnittes. Der fünfte Abschnitt befaßt sich schließlich mit der Frage, wie Eltern und Jugendliche gemeinsam die Aufgabe beruflicher Entscheidungen angehen. Damit wird ein Aspekt des Einflusses der Familie auf die Berufswelt thematisiert.

3.1 Die Familie als Wirtschaftsgemeinschaft mit knappem Einkommen

In den meisten der etwa 8 Millionen Haushalte in der Bundesrepublik Deutschland, in denen 1985 Eltern mit ihren Kindern unter 18 Jahren zusammenlebten, ging mindestens ein Mitglied einer bezahlten Tätigkeit nach oder erhielt Leistungen aufgrund einer zurückliegenden Erwerbstätigkeit. Damit partizipieren die Familien über die Erwerbstätigen am beruflichen System. (1) Die *Erwerbsarbeit* ist im wesentlichen auf die Beschaffung von Geldeinkünften gerichtet und wird im Berufssystem realisiert. Sie sichert das Haushaltseinkommen. *Einnahmen* in Form von Geldeinkünften resultieren im Regelfall im Austausch mit selbständigen oder abhängigen Arbeitsleistungen. Monetäre Leistungen sind nur der materielle Teil von Einkünften. Dazu kommen erhebliche immaterielle Anteile wie Sozialprestige, soziale Kontakte, persönliche Weiterentwicklung. (2) In nicht unwesentlichem Ausmaß findet in der Familie *hauswirtschaftliche Arbeit* statt. Ein Teil von Hauswirtschaft besteht darin, im Konsumsystem *Ausgaben* zu realisieren. In ihnen erfolgt ein Austausch zwischen Geld und Leistungen. Die Leistungen können dinglicher Art sein (z.B. Kühlschrank, Nahrungsmittel), sie können auch - meist öffentliche - Dienstleistungen beinhalten, etwa Kindergärten und Verkehrsmittel. Damit wird der Familienhaushalt zum Auftraggeber für andere Erwerbstätige. Auch die erzieherische Arbeit kann der Hausarbeit zugerechnet werden. Friedrich List wird der Satz zugeschrieben: Wer Schweine erzieht, ist ein produktives, wer Menschen erzieht, ein unproduktives Mitglied der Gesellschaft (Kaufmann, 1990, S. 137). Schätzungen zufolge wird in der hauswirtschaftlichen Arbeit ein großer Teil der gesamtwirtschaftlichen Wertschöpfung erarbeitet, ohne daß sie finanziell vergütet wird. Würde die Hausarbeit nach tariflichen Grundsätzen bewertet, hätte 1982 die von allen Haushaltsmitgliedern geleistete Hausarbeit in Familien mit Frauen im erwerbsfähigen Alter einen Anteil von 68% des Bruttosozialprodukts ausgemacht (Krüsselberg, 1987).

Erwerbs- und Hausarbeit beeinflussen sich gegenseitig insofern, als ein wichtiger Teil der zeitlichen Ressourcen des Familienhaushalts durch das Erwirtschaften des Einkommens absorbiert wird. Dadurch gehen für interne bedarfswirtschaftliche und erzieherische Aktivitäten Ressourcen verloren. Mit der Zahl der Kinder werden die Ressourcen vermehrt durch Haus- und Erziehungsarbeit gebunden, so daß die Möglichkeiten, das Einkommen entsprechend zu vermehren, zurückgehen. Tabelle 2 demonstriert dies anhand von Angaben über die Zeitverwendung von Frauen für verschiedene Aktivitätenblöcke in Abhängigkeit von der Kinderzahl (Krüsselberg, 1987).

Tabelle 2: Durchschnittlicher täglicher Zeitaufwand der Frau für Aktivitätenblöcke nach der Anzahl der im Haushalt lebenden Kinder in Minuten (in Anlehnung an Krüsselberg, 1987, S. 114).

Kinderzahl	N=0	N=1	N=2	N≥3
Berufstätigkeit	191	190	152	91
Wohnungsreinigung	103	113	121	140
Wäsche und Bekleidung	52	48	52	61
Einkäufe	33	29	31	29
Kochen	74	80	82	104
Kinderbetreuung	--	41	59	81
Gespräche	90	109	111	110
Freizeit	234	206	195	192

Neben der Zahl der Kinder ist deren Alter ein wichtiger Faktor, der die Zeitverwendung von Frauen beeinflußt, insbesondere in den Kategorien "Berufstätigkeit" und "Kinderbetreuung".

Meinungsunterschiede in Geldfragen gehören zu den häufigsten Konfliktquellen zwischen Partnern. Der Umgang mit dem Familienbudget ist ein häufig genannter Streitanlaß im Familienleben. Wie Geldfragen geregelt, wie Kaufentscheidungen in der Initiations-, Informationssammlungs- und Kaufphase verhandelt werden, hängt von der Harmonie in der Beziehung ab und kann die Qualität der Beziehung beeinflussen. In den vergangenen 30 Jahren hat zwar die rollenbedingte Zuständigkeit bei Käufen (Mann entscheidet bei Auto, Frau entscheidet bei Möbeln) abgenommen. Dennoch ist eine Zunahme gemeinsamer

Kaufentscheidungen nicht feststellbar. Gemeinsame Entscheidungen scheinen vor allem bei Familien aus der Mittelschicht anzutreffen zu sein, autonome mehr in der Unter- und Oberschicht. Kinder und Jugendliche geben an, auf die Kaufentscheidung von Eltern (außer in bestimmten sie betreffenden Bereichen) kaum Einflüsse auszuüben. Sie gewinnen lediglich in Fällen elterlicher Uneinigkeit durch Koalitionsbildung, vor allem mit der Mutter in der Initiationsphase, wenn das Thema auf den Tisch kommt, an Einfluß (Kirchler, 1989).

Familien mit Kindern gehören zu den weniger Begüterten in unserem Land. Mit zunehmender Kinderzahl wird das Haushaltseinkommen knapper. Der Anteil an erwerbstätigen Müttern (unter 35 Jahren) ist etwa halb so groß wie jener erwerbstätiger Frauen ohne Kinder (45% versus 87%). Eine Einkommensminderung durch den (partiellen) Rückzug der Ehefrau aus dem Erwerbsleben geht einher mit einer relativen Erhöhung der Ausgaben (größere Wohnung, Kosten für das Kind). Das Statistische Bundesamt schätzt die Kosten für den Unterhalt eines Kindes zwischen 420 und 840 DM monatlich. Der Familienlastenausgleich (vgl. Kap. 2.1) vermag nur etwa ein Drittel der für ein Kind erforderlichen Mehrausgaben abzudecken. Nach Kaufmann ist "mit der Übernahme der Erziehungsverantwortung für zwei Kinder heute eine durchschnittliche Wohlstandseinbuße von ca. 50% verbunden" (1990, S. 115). Die relative Benachteiligung von Familien hat sich in den letzten Jahren vergrößert. Kindergeld, Steuerfreibeträge etc. haben mit Kostenentwicklung, zunehmender Ausbildungsdauer der Kinder und einer steigenden Zahl von erwerbstätigen Frauen in kinderlosen Ehen nicht Schritt gehalten. Jedes zusätzliche Kind verschlechtert in doppelter Weise die Ökonomie der Familienhaushalte: einmal durch zunehmende Kosten und zum anderen durch sinkendes Arbeitseinkommen. Alleinerziehende Mütter sind besonders benachteiligt (vgl. Kap. 14). Auch scheinen statistisch überproportional viele Familien mit jüngeren Kindern von Arbeitslosigkeit betroffen (Kaufmann, 1990, S. 115). Weiter sind Familien mit Kindern vorsichtiger in der Ausgabengebarung und legen mehr Mittel für Vorsorgeleistungen (z.B. Versicherungen) fest. So gesehen ist die Behauptung nicht übertrieben, Familien litten im Durchschnitt unter relativer chronischer Armut. Was bedeutet das für die Familienbeziehungen?

Ökonomische Deprivation kann ein Streßfaktor sein, der auf die Familie einwirkt. Sie stellt Anforderungen an deren Mitglieder, die in unterschiedlicher Weise bewältigt werden können. Ökonomische Deprivation ist ein Sammelbegriff für finanzielle Knappheit. Er umfaßt chronische Armut, Einkommensverlust und Arbeitslosigkeit. Die Situationen unterscheiden sich insofern, als im einen Fall kontinuierliche Mittelknappheit besteht und in den anderen ein mehr oder weniger abruptes Absinken des Lebensstandards stattfindet. Walper (1988) hat in Anlehnung an die Familienstreßtheorie von McCubbin et al. (1980) ein Modell zu den Auswirkungen ökonomischer Einbußen auf das Familiensystem vorgestellt (Abb. 6).

Die Wirkung von Einkommensverlusten auf eine Familie hängt zunächst von den individuellen, sozialen und materiellen Ressourcen ab, auf die sie zurückgreifen kann. Ob die Deprivation als krisenhaftes Ereignis empfunden wird, hängt weiter davon ab, wie das knappe Einkommen bewertet wird, inwieweit die Ansprüche die Möglichkeiten ihrer Realisierung überschreiten. Als Bewältigungsversuche werden alle Maßnahmen verstanden, die von der Familie ergriffen werden, um mit den knappen Mitteln umzugehen. Dazu können größere Sparsamkeit, stärkere Selbsthilfe, der Eintritt eines Partners in die Erwerbstätigkeit oder auch Verschuldung und Inanspruchnahme staatlicher Hilfen zählen. Die Knappheit, ihre Wahrnehmung, die Ressourcen und die Bewältigung durch die Familienmitglieder beeinflussen (je unterschiedlich nach Stadium in der Familienkarriere) die Beziehungen und die Einzelentwicklungen der Familienmitglieder.

Ein methodischer Zugang zu den Auswirkungen ökonomischer Deprivation besteht darin, auf der Basis von Massendaten Zusammenhänge zwischen makroökonomischen Verschlechterungen und gleichzeitig auftretendem Anstieg etwa von Kindesmißhandlungen in dem betrachteten Gebiet aufzuzeigen. Aussagekräftiger sind Längsschnittstudien auf der Basis individueller Daten, besonders dann, wenn eine Kontrollgruppe mit Personen, die nicht von ökonomischer Deprivation betroffen sind, ebenfalls erfaßt wird (Silbereisen & Walper, 1989). Klassische Untersuchungen zum Thema stammen von Glen Elder (vgl. Kasten 2).

Der Einfluß ökonomischer Einbußen auf die familiale Interaktion wurde auch später untersucht: so in der Krise amerikanischer Farmer der 80er Jahre (Van Hook, 1990), an Arbeiter- und Mittelschichtfamilien in der Automobilindustrie während der Rezession der 80er Jahre, ebenfalls in den USA (Flanagan, 1990b), und bei Berliner Familien, die erhebliche Einkommensverluste hinzunehmen hatten (Silbereisen et al., 1990; Walper, 1988). Es bestätigten sich die Hauptbefunde, daß Konflikte in der Familie häufig waren, daß die jugendlichen Kinder ihren Beitrag zur Bewältigung der Krise leisteten und daß sich das Machtgleichgewicht innerhalb der Familie zugunsten der Mutter veränderte. In neueren Untersuchungen reagierten indes die Mütter weniger mit gelassener Tatkraft, sondern ebenfalls mit angestiegener Spannung (Silbereisen et al., 1990).

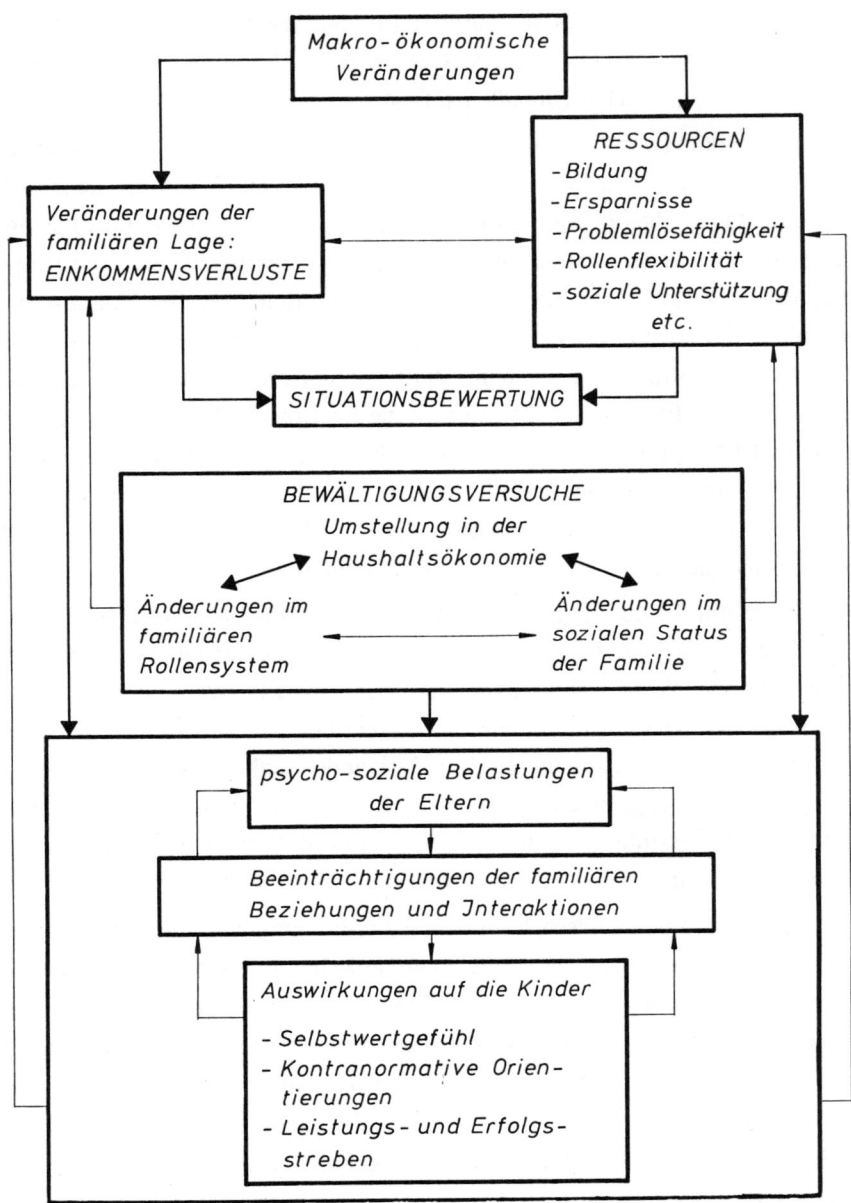

Abbildung 6: Ökonomische Deprivation: Modell der Auswirkungen auf die Familie (nach Walper, 1988, S. 16).

Kasten 2: Die Untersuchungen von Elder zu den Auswirkungen ökonomischer Depression in den 30er Jahren.

Glen Elder (1974) betrachtet die sozioökonomischen und psychologischen Anpassungsleistungen der Familie bei verknapptem Einkommen. Er hatte Gelegenheit, Daten von 167 kalifornischen Kindern zu analysieren, die 1920 bis 21 geboren wurden und während der großen Depression der 30er Jahre in der hart getroffenen Stadt Oakland aufwuchsen. Er betrachtete Daten der Kinder und ihrer Familien aus mehreren Jahren (1932-1939). Als ökonomisch depriviert wurden jene Familien betrachtet, die zwischen 1929 und 1933 einen mindestens 35%igen Einkommensverlust (bereinigt um die Veränderung der Lebenshaltungskosten) erlitten hatten. Die Daten beruhen auf Interviews mit Müttern über ihr Erziehungsverhalten und das des Vaters, Eigenschaftsbeurteilungen ihres Kindes, Beobachtungen des Erziehungsverhaltens der Eltern durch unabhängige Beobachter, Beurteilungen der Kinder durch Beobachter nach ihrem Selbstbewußtsein (Zielorientiertheit, Unsicherheit, soziale Kompetenz) und Beziehungen zu anderen.

Plötzlicher Einkommensverlust veranlaßte die untersuchten Familien zu neuen Formen ökonomischen Haushaltens. Damit verbunden waren Veränderungen in den häuslichen und beruflichen Rollen der Familienmitglieder, eine Verlagerung von Verantwortlichkeiten hin zu Müttern und älteren Kindern. Töchter übernahmen größere Verantwortlichkeiten im Haushalt. Eine beträchtliche Zahl von ihnen sowie von Söhnen gingen einer Erwerbstätigkeit nach.

Der Einkommensverlust der Väter und die dadurch notwendigen Anpassungen im Familienunterhalt (z.B. der Eintritt von Frauen in den Arbeitsmarkt) erhöhten das relative Gewicht der Mütter, verringerten das Ausmaß und die Effektivität elterlicher Kontrolle (vor allem im Hinblick auf Söhne) und reduzierten das Ansehen des Vaters als ein Rollenvorbild für ihre Kinder. Einkommensverluste fördern auch soziale Unsicherheit hinsichtlich des Status' der Familie und ihrer Mitglieder. Sie führte, vor allem bei Jungen, zu einer stärkeren Orientierung an Gleichaltrigen.

Väter, die von starken Einkommensverlusten betroffen waren, reagierten emotional instabil, gespannt und unkontrolliert. Gleichzeitig erhöhte sich die Tendenz, gegenüber den Kindern, strafend und unberechenbar aufzutreten. Elder et al. (1985) untersuchten das elterliche Verhalten, das als Bindeglied zwischen ökonomischen Faktoren und sozialen und emotionalen Variablen bei 11 bis 14jährigen Kindern der Oakland-Stichprobe betrachtet wurde. Einkommensverlust ging mit abweisendem und wenig unterstützendem Erziehungsverhalten der Väter einher. Außerdem hing Zurückweisung durch den Vater bei Töchtern mit weniger Selbstwertgefühl in den Bereichen Zielorientiertheit, Selbstvertrauen und soziale Kompetenz und mit größerer Stimmungslabilität und Verletzlichkeit zusammen. Direkte Auswirkungen des Einkommensverlustes waren bei den Töchtern nicht feststellbar. Die Reaktionen der Väter wurden als Versuche interpretiert, mit Macht die verlorengegangene Kontrolle über die Lebensumstände wiederzugewinnen. Die

> *Autoren nehmen an, daß ökonomische Deprivation mit einer größeren Zurückweisung der Väter gegenüber ihren Töchtern einhergeht, was auf indirektem Wege zu schädigenden Effekten führt.*

Wie Familien auf ökonomische Deprivation reagieren, hängt nach dem vorgestellten Modell davon ab, über welche Ressourcen die Familie verfügt. Ein wichtiger Schutzfaktor stellt die Kohäsion (vgl. Kap. 1.4) der Familie dar. Gefühlsmäßige Bindungen, starke Gemeinsamkeiten und wenig Spannungen erleichtern das Umgehen mit den veränderten Bedingungen ebenso wie flexible und wenig traditionelle Rollenerwartungen (Elder et al., 1986). Weiter spielen individuelle Persönlichkeitsmerkmale eine Rolle wie Selbstwertgefühl und Kontrollbewußtsein. Was die Effekte sozialer Unterstützung angeht, sind die Ergebnisse widersprüchlich. Einerseits wird ein subjektiv erlebter Mangel an Unterstützung durch Angehörige und Freunde als zusätzliche Belastung empfunden. Zum anderen kann Unterstützung ebenfalls belastend sein, wenn sie zu einem Ungleichgewicht in den Beziehungen führt.

Die Reaktion auf ökonomische Deprivation hängt weiter von der Situationsdefinition ab. Selbstgenügsamkeit in der Familie kann dazu führen, daß Knappheit begrenzt wahrgenommen wird. Auch die Zuschreibung von Ursachen kann eine Rolle spielen. Warschauer Familien reagierten in der Untersuchung von Walper et al. (1989) im Gegensatz zu Berliner Familien auf ökonomische Deprivation nicht mit erhöhtem Zwist, innerfamilialen Friktionen und geringerer Familienkohäsion. Die Angaben über erhöhte Sparsamkeit bei der Haushaltsführung, bei Weihnachtsgeschenken, beim Kleiderkauf und der Urlaubsgestaltung lassen vermuten, daß die Verringerung des Einkommens spürbar war. Möglicherweise haben polnische Familien jedoch die Ursachen der Einbußen eher als die Berliner auf die Unfähigkeit des ökonomischen Systems und weniger auf eigenes Versagen zurückgeführt.

Die individuellen Effekte ökonomischer Deprivation sind meist negativ. Bei 5- bis 7jährigen Kindern aus Familien, die von ökonomischer Deprivation betroffen waren, zeigten sich sozial-aggressive Verhaltensweisen. Andere Studien berichten über emotionale Instabilität, Beeinträchtigungen schulischer Leistungen sowie Devianzneigung von Jugendlichen, vor allem aus Familien mit niedrigem Bildungsstand (Flanagan & Eccles, 1991; Galambos & Silbereisen, 1987; Walper & Silbereisen, 1987). Eltern sowie Jugendliche reduzierten ihre schulischen und beruflichen Ansprüche und Erwartungen (Flanagan, 1990b). Geschlechtsrollenunterschiede wurden verstärkt. Betrachtet man langfristige Konsequenzen, so sind auch positive Effekte feststellbar. So hatten teilweise Töchter aus deprivierten Familien der Mittelschicht vierzig Jahre nach der Weltwirtschaftskrise von den damaligen Erfahrungen profitiert (Elder & Caspi, 1991; Elder & Liker, 1982). Es scheint, als habe die vermehrte Einbindung der Töchter in die Verantwortung für die Familie, z.B. durch einen Eintritt in das Erwerbsleben, deren Selbstwertgefühl gestärkt. Söhne schienen von der Übernahme erhöhter Verantwortlichkeit in ihrer Erwachsenenorientierung bestärkt zu sein, sofern die Krise ins Jugendalter fiel.

Flanagan (1990a) ging der Frage nach, ob eine Beendigung ökonomischer Deprivation die ursprünglichen familialen Interaktionen wiederherstellt. Sie verglich drei Gruppen von Familien mit jugendlichen Kindern über einen Zeitraum von zwei Jahren, in denen die Väter (a) die ganze Zeit arbeitslos, (b) wiedereingestellt oder (c) ohne Unterbrechung beschäftigt waren. Als abhängige Variablen wurden bei Müttern und Kindern an vier Zeitpunkten über Fragebögen die Variablen Familienkohäsion, Eltern-Kind-Konflikt und Autonomie des Jugendlichen erhoben. Die Ergebnisse zeigten einen kompensatorischen Effekt: das Ausmaß des Konflikts zwischen Eltern und Kindern nahm nach Wiederbeschäftigung ab.

Die berichteten Ergebnisse zeigen, daß relative ökonomische Deprivation ein Faktor mit problematischen familialen Auswirkungen ist. Die Untersuchungen beruhen zwar auf Vergleichen zwischen verschiedenen Familien und beziehen sich in der Regel auf Familien mit plötzlichen Einkommenseinbußen, z.B. auf Familien, die von Arbeitslosigkeit betroffen sind. Dennoch sind sie nicht ohne Bedeutung auch für Familien generell, besonders für solche mit mehreren Kindern und mit einem Elternteil. Die Geburt von Kindern ist stets mit einem Verlust an verfügbarem Einkommen verbunden. Knappes Einkommen stellt einen Belastungsfaktor dar. Kommen andere Faktoren hinzu (etwa Krankheit), so steigt die Wahrscheinlichkeit von depressiven Stimmungen (vorwiegend bei weiblichen Personen) und aggressivem Verhalten (eher bei männlichen Mitgliedern) in der Familie an, und problematisches Verhalten bei Kindern liegt nahe (Patterson, 1991). Angesichts der sozialen Benachteiligung kinderreicher Familien und des damit verbundenen Risikos kann man Kaufmann zustimmen, der eine Umverteilung zwischen den Kinderlosen und den Kinderreichen fordert, einen Abbau der Rücksichtslosigkeit gegenüber Familien (1990, S. 157, S. 160). Dies erscheint auch angesichts des beunruhigenden Geburtenrückgangs geboten (vgl. Kap. 2.3).

Zusammenfassung: Ökonomische Knappheit beeinflußt das familiale Funktionieren nicht unwesentlich. Sie verändert das Machtgleichgewicht in der Ehebeziehung, belastet wegen erhöhter Irritierbarkeit und verminderter Überwachung die Eltern-Kind-Beziehung und behindert die individuelle Entwicklung der Mitglieder. Sie hängt allerdings ab von einer Reihe von Faktoren: Wahrnehmung der Knappheit, Ursachenzuschreibung, Persönlichkeitsvariablen der Beteiligten, familialer Zusammenhalt.

3.2 Die Doppelverdiener-Familie

Eine Möglichkeit, das Einkommen von Familien zu erhöhen, besteht in einer doppelten Erwerbstätigkeit. Zunehmend mehr Frauen streben auch aus anderen als materiellen Gründen in den Beruf. Im Gegensatz zu anderen westeuropäischen Ländern herrschte in der Bundesrepublik lange Zeit eine starke Abneigung gegen die Erwerbstätigkeit von Frauen. Die Nationalsozialisten versuchten, Frauen von den Universitäten fernzuhalten. Das Vorurteil, Frauen seien auf Grund mangelnder Intelligenz zum Studium nicht fähig, wurde abgelöst von der Vorstellung, sie büßten dadurch ihr "natürliches Wesen" ein. Auch befürchtete man schädliche Auswirkungen auf die Kinder. In den 50er Jahren hatten die Frauen kaum Chancen für eine selbständige und verantwortliche Tätigkeit. Weiterhin wurde befürchtet, daß die Familie als Folge des Zusammenbruchs der staatlichen und wirtschaftlichen Ordnung im Nachkriegs-Deutschland bedroht sei. Von den Frauen wurde erwartet, daß sie das emotionale Binnenklima der Familie erhalten, so daß die Familie ihre Funktion als Ort der Gefühlsverbundenheit und Intimität nicht verliere. Erst der Bewußtseinswandel Ende der 60er Jahre und der wachsende Bedarf an Arbeitskräften haben dazu geführt, daß massiv auf eine Beseitigung der Benachteiligung von Frauen im Bildungssektor und auf dem Arbeitsmarkt gedrungen wurde (Schütze, 1990).

Wie stellt sich die Frage der Berufstätigkeit der Mutter aus der Sicht der Familienpsychologie dar? In diesem Abschnitt werden deren Implikationen auf die Beziehungen dargestellt.

3.2.1 Mütterliche Erwerbstätigkeit

Beide Ehegatten sind laut BGB berechtigt, erwerbstätig zu sein. Sie müssen bei der Wahl und Ausübung der Erwerbstätigkeit auf die Belange des anderen Rücksicht nehmen. Der Wunsch nach Erwerbstätigkeit bei Frauen ist allgemein gestiegen. Die Erwerbsbeteiligung von Müttern mit Kindern unter 18 Jahren ist von 35% im Jahre 1961 auf 43% in 1985 angestiegen. Die Teilhabe am Erwerbsleben erfolgt aus unterschiedlichen Motiven: Beitrag zur Sicherung des Lebensunterhalts, Erwerb berufsgebundenen Sozialprestiges, Selbstbestätigung und Selbstverwirklichung, Vermittlung sozialer Kontakte sowie Wunsch nach abwechslungsreicher Tätigkeit. Als wesentliches Motiv spielt auch die Vermeidung von Abhängigkeit, insbesondere mit Blick auf eine mögliche Scheidung, eine Rolle

(Kaufmann, 1990). Heute ist uns vertraut, daß unter Studierenden Männer und Frauen fast gleichverteilt (über 40% Studentinnen) sind. 1960/1961 betrug der Anteil weiblicher Studenten an der Gesamtzahl der Studierenden nur 26%. Und Frauen der Kohorte 1949 bis 51 haben zu 92% eine Berufsausbildung absolviert im Gegensatz zu 75% aus der Kohorte 1919 bis 21. Die gestiegene Bildung der Frauen schafft günstigere Voraussetzungen für ihre Erwerbstätigkeit.

Die Quote erwerbstätiger Frauen hängt stark vom Alter der Kinder ab (Hegner & Lakemann, 1989). Es herrscht ein 3-Phasen-Modell vor: Erwerbstätigkeit bis zur Ehe (bzw. Kind), Unterbrechung und spätere Wiederaufnahme der Erwerbstätigkeit. Die kürzeste Unterbrechung ist bei Familienhaushalten mit nur einem Kind zu beobachten. Je länger die Erwerbsphase vor der Unterbrechung war, desto größer ist die Wahrscheinlichkeit einer Rückkehr ins Erwerbsleben.

Die Praxis hat trotz des erwähnten Wandels mit den veränderten Wünschen nicht Schritt gehalten. Die Bundesrepublik gehört mit einer Erwerbsbeteiligung von 43% (Mütter mit Kinder unter 18 Jahren) nach wie vor zu den industrialisierten Ländern mit der geringsten weiblichen Berufstätigkeit, vor allem was Mütter betrifft. In Schweden beträgt die Frauenerwerbsquote 82%. Außerdem sind Frauen am Arbeitsmarkt strukturell benachteiligt: die Entlohnung typischer Frauenberufe ist vergleichsweise schlecht, Männer werden in Bezug auf dauerhafte Beschäftigungsverhältnisse vorgezogen, und die Karrierechancen sind für Frauen ungünstiger als für Männer (Kaufmann, 1990). Die Technisierung des Haushalts hat nach Auffassung einiger Autoren dazu beigetragen, Frauen den Einstieg ins Erwerbssystem zu ermöglichen. Auf der anderen Seite wurde die Abnahme des zeitlichen Aufwands für einzelne Tätigkeiten kompensiert durch erheblich gesteigerte Ansprüche an das Niveau der Haushaltsführung (z.B. Zunahme des Wäscheverbrauchs, Zapf, 1990).

Weitere Erschwernisse betreffen die Versorgung der Kinder und die Arbeitszeiten. In England, Belgien, Norwegen und in Frankreich gehen die Frauen mit größter Selbstverständlichkeit dem Berufe nach, obwohl die Geburtenquote dort höher ist. Das geht, wenn die Kinder zwischen 9 und 15 Uhr regelmäßig versorgt sind. Diese Selbstverständlichkeit ist hier nicht gegeben. Kinderkrippen stehen für genau 1.4% aller Kleinkinder zur Verfügung. Und teilweise gibt es einen richtigen Kampf um Kindergartenplätze, die auch nur eine Bleibe zwischen 8 und 12 Uhr bieten. In Schweden sind die "daghems" zwischen 6.30 und 18.30 Uhr geöffnet. Besonders das zeitliche Programm der Schulen beeinträchtigt die familiale Zeitgestaltung erheblich.

Die Möglichkeiten des Wechsels von Voll- auf Teilzeitarbeit sowie flexible Arbeitszeiten könnten die Situation verbessern. Auch Männer können die Erwerbstätigkeit der Frau fördern, wenn sie sich statt dem Beruf der Hausarbeit widmen würden. Die Zahl der "Hausmänner" freilich ist vernachlässigenswert, jene der freiwillig teilzeitbeschäftigten Männer wird auf 80.000 geschätzt. Nach den Ergebnissen einer Studie (Strümpel et al., 1988) handelt es sich bei beiden Gruppen vorwiegend um Männer mit relativ hohem Bildungsstand und postmaterialistischer Weltanschauung, die sich aktiv um die Kinderbetreuung kümmern wollen. Im Gegensatz zu teilzeitarbeitenden Männern erlahmte das Engagement der Hausmänner bald, sie klagten über Unausgefülltheit und fehlende Bestätigung im Hausarbeitsalltag. Sie sehen kaum eine Perspektive. Alles in allem sieht Kaufmann (1990) eine Benachteiligung der Frauen im Hinblick auf ihre Erwerbschancen und betrachtet dies als eines der wichtigsten familienpolitischen Probleme. Es handelt sich um ein Verteilungsproblem zwischen den Geschlechtern.

3.2.2 Die Erwerbstätigkeit der Frau und die Mutter-Kind-Beziehung

Das zeitliche Ausmaß der Erwerbstätigkeit der Eltern schränkt das zeitliche Ausmaß des Kontakts mit dem Kind ein. Erwerbstätige Mütter, besonders solche mit besserer Ausbildung, scheinen sich Mühe zu geben, die Reduktion der Betreuungszeit mit dem Kind durch intensive Interaktion zu kompensieren, meist am frühen Abend vor dem Zubettgehen (L.W. Hoffman, 1984). Erwerbstätige Mütter beschäftigten sich pro Tag durchschnittlich nur 17 Minuten weniger mit ihrem Kind in direkter Interaktion als nichterwerbstätige. Deutlich war die Reduktion der Zuwendung lediglich bei Frauen der Unterschicht (vgl. Hegner & Lakemann, 1989).

Nach den Ergebnissen vorliegender Untersuchungen ist die Mutter-Kind-Beziehung nur unter bestimmten Bedingungen beeinträchtigt. Alvarez (1985) verglich voll- und teilweise erwerbstätige mit nicht erwerbstätigen Müttern von dreijährigen Kindern im Hinblick auf deren Einstellung zu ihrem Kind. Die Mütter beschrieben ihre Kinder umso positiver, je weniger sie einen Rollenkonflikt zwischen Beruf und Familie erlebten, und je mehr sie in der Erwerbstätigkeit einen Gewinn an persönlicher Autonomie sahen. Dies traf besonders für Mütter mit höherer Bildung zu. Bezieht man Aussagen von Müttern in der Bundesrepublik ein, nach denen sich ein großer Teil durch die Doppelbelastung erheblich belastet fühlt (vgl. unter 3.3), dann ist die Gefahr der Beeinträchtigung der Mutter-Kind-Beziehung unter den gegenwärtigen Bedingungen nicht gering zu veranschlagen.

3.2.3 Die Erwerbstätigkeit der Mutter und die Entwicklung des Kindes

In der Frage nach den Auswirkungen der mütterlichen Erwerbstätigkeit liegt eine unausgesprochene Wertung. Die Frage müßte neutral heißen: Was bedeutet die Erwerbstätigkeit beider Eltern für die Entwicklung des Kindes? Mit gleicher Berechtigung kann nach den Wirkungen der Berufstätigkeit des Vaters gefragt werden (vgl. Barling, 1991). Außerdem geht es zumeist um die Konsequenzen der Versorgung des Kindes durch andere Personen als die Eltern. In Familien mit kleinen Kindern bedeutet die doppelte Erwerbstätigkeit meist, daß das Kind in die Obhut anderer Menschen gegeben wird. In der Bundesrepublik hatten 1985 rund 33% der Kinder unter sechs Jahren eine erwerbstätige Mutter. Offizielle Einrichtungen für die Betreuung sind Kinderkrippen, Kindergärten und Tagesheime an Schulen. Nach amerikanischen Schätzungen werden 15% der Kinder voll erwerbstätiger Mütter in solchen Einrichtungen betreut, 47% werden in einer anderen Familie und 29% von einer Person im eigenen Haushalt versorgt (Scarr, 1984). Eine große Rolle spielt dabei die Hilfe von Großeltern und anderen Verwandten. Fauser (1982) berichtet aus der Bundesrepublik, daß bei 26% aller jungen Familien die Großmutter entweder in demselben Haus oder in derselben Wohnung lebte. Bei älteren Kindern wird verstärkt deren Selbststeuerungsfähigkeit in Anspruch genommen.

Die Frage nach der Effektivität von Tagesstätten muß bezogen auf Kinder unterschiedlichen Alters getrennt behandelt werden. Die Literatur zu Tagesstätten im Säuglingsalter ist verschiedentlich zusammengefaßt worden, zuletzt durch Thompson (1991), im deutschen Sprachraum durch Laewen (1989). Empirische Untersuchungen zu dieser Frage werfen Probleme auf. Vergleiche zwischen Kindern in Tagesstätten und Kindern, die zuhause aufwachsen, sind schwer zu interpretieren, weil sich Eltern, die ihre Kinder in Tagesstätten geben, von denen unterscheiden, die dies nicht tun. Deshalb ist es wichtig, bei Vergleichen den Einfluß von Merkmalen der Eltern zu berücksichtigen.

Untersuchungen an *Krippenkindern* haben gezeigt, daß Kinder mit langjährigen Erfahrungen in Kindertagesstätten im kognitiven Bereich keinen Schaden nehmen, im sozialen Bereich Kompetenzen entwickeln, die sie noch in der Schule nutzen können (Lamb & Sternberg, 1989). Dies setzt eine gute Führung der Krippen nach pädagogischen Standards voraus, auch, daß die tägliche Dauer des Aufenthalts nicht zu lang ist, daß ein regelmäßiger Zeitrhythmus eingehalten wird und daß das Kind sanft eingewöhnt wird (Rauh, 1991).

Kinder, die im Alter von *drei oder vier Jahren* in Tagesstätten kommen, sind jenen überlegen, die zu Hause bei ihren Müttern verbleiben: Diese Kinder kommen im Durchschnitt gar besser mit Altersgleichen zurecht als zuhause erzogene. Sie werden als sozial kompetenter beschrieben und als kooperativer im Umgang mit fremden Kindern. In emotionalen Variablen wie der Angst, wurden keine Unterschiede gefunden. Über größere Aggressivität und geringere Kooperativität gegenüber Erwachsenen wird besonders dann berichtet, wenn in der Tagesstätte ein permissiver Erziehungsstil vorherrscht. Die Vorteile in der sozialen Kompetenz zeigen sich auch noch in den ersten Schuljahren. Da die Gewinne im Laufe der Jahre jedoch kleiner werden, ist unklar, ob die Tagesstätten einen generell begünstigenden oder lediglich einen beschleunigenden Einfluß auf die soziale Entwicklung ausüben.

Eine wichtige *Voraussetzung* für eine problemlose Entwicklung ist die Betreuungsrelation. Man ist sich darin einig, daß Kinder leiden, wenn die Betreuer für zu viele Kinder zuständig sind. Die optimale Relation für Säuglinge und Kleinkinder wird häufig mit 1 zu 3 angegeben, für Vorschulkinder mit 1 zu 6. Auch scheint der Stabilität der Bezugspersonen eine besondere Bedeutung zuzukommen (McCartney & Jordan, 1990). Einige Untersuchungen an relativ gut ausgestatteten universitären Stätten, an denen zudem tägliche Programme, die auf die kognitive, emotionale und soziale Entwicklung zielten, vorgesehen waren, ergaben förderliche kognitive Effekte bei benachteiligten Kindern. Diese zeigten keinen Abfall im IQ, wie er häufiger bei sozial benachteiligten Vorschulkindern auftaucht. Einfluß nimmt weiterhin die zeitliche Erstreckung der Erwerbstätigkeit. Vergleiche zwischen voll und teilzeitbeschäftigten Müttern legen die Vermutung nahe, daß letztere Form vorteilhafter für die Kinder ist (Alvarez, 1985). Die Frage, ob die mütterliche Erwerbstätigkeit positive oder negative Auswirkungen auf die Entwicklung des Kindes hat, hängt weiter ab von der Zufriedenheit der Mutter mit der beruflichen Tätigkeit. Diese hängt u.a. von der zeitlichen Beanspruchung durch die Arbeit ab sowie vom Ausmaß, in dem sie Autonomie gewährleistet (McBride, 1990). Auch die Zufriedenheit mit der Betreuung des Kindes, der ehelichen Beziehung und den anderen Umständen ihres gegenwärtigen Lebens scheint sich auf die Entwicklung der Kinder zu übertragen (D'Amico et al., 1983).

Negative Einflüsse doppelter Erwerbstätigkeit auf die Entwicklung von *Schulkindern* konnten nicht nachgewiesen werden. Im allgemeinen scheint sich die Anwesenheit in Tagesstätten nicht nachteilig auf die intellektuelle Entwicklung der Kinder (z.B. gemessen in Schulleistungen, Hayes & Kamerman, 1983) auszuwirken. "Schlüsselkinder" sind Kinder und Jugendliche, die im Anschluß an die Schule eine Zeit zuhause alleine oder mit einem jüngeren Geschwister verbringen, oder ohne Aufsicht "herumhängen". Es scheint, als würden Kinder dann eher dem

Druck Altersgleicher zu antisozialem Verhalten nachgeben, wenn keine Beaufsichtigung durch Erwachsene vorhanden ist. In einer Untersuchung an Schulkindern der 6. Klasse konnte gezeigt werden, daß vor allem Mädchen in Ermangelung von Nähe und Aufsicht der Eltern nach der Schule verstärkt in Gefahr sind, sich devianten Altersgleichen anzuschließen (Galambos & Maggs, 1991). Entscheidend scheint zu sein, inwieweit das Kind nach der Schule eine Überwachung erfährt, besonders dann, wenn es sich außer Haus aufhält. Wichtig scheint ferner zu sein, daß die Eltern informiert sind über Zeit, Ort, Umgang und Tätigkeiten des Kindes. Eine Überwachung kann auch in Abwesenheit erfolgen, z.B. durch Information, Anweisung, Telefon (Steinberg, 1986). Zweifellos haben es Doppelverdiener schwerer, über ihre Kinder informiert zu sein und sie zu überwachen, besonders bei einem Halbtagsschulsystem wie in unserem Land. Deshalb bedürfte es besonderer institutioneller Einrichtungen, die sich gezielt dieses Problems annehmen (Galambos & Maggs, 1991).

Im *Jugendalter* scheint sich Doppelverdienerschaft im allgemeinen nicht nachteilig auf die Kinder auszuwirken (Abbott, 1991). Untersuchungen zeigen übereinstimmend, daß mütterliche Erwerbstätigkeit positive Effekte auf Töchter ausübt. Gold und Andres (1978) untersuchten zehn Jahre alte Kinder, deren Mütter zur Hälfte ab dem Zeitpunkt der Einschulung kontinuierlich arbeiteten. Die Kinder der erwerbstätigen Mütter hatten weniger traditionelle Vorstellungen von Geschlechtsrollen. Der Effekt war am stärksten bei Mädchen und am schwächsten bei Jungen aus der Arbeiterschicht. Töchter von berufstätigen Müttern hatten in der Untersuchung von D'Amico et al. (1983) stärker egalitäre Vorstellungen von den Rollen erwachsener Männer und Frauen, waren auch selbst stärker an einer beruflichen Laufbahn interessiert, auch in "unüblichen" Berufen. Emotionale und Verhaltensprobleme traten allenfalls bei Jungen, vor allem aus der Arbeiterschicht und bei schlechtem Familienklima auf (Richards & Duckett, 1991), was auf geringere Kontroll- und Überwachungsmöglichkeiten der Eltern zurückgehen mag.

Zusammenfassung: Familien mit doppelter Erwerbstätigkeit nehmen an Zahl zu. Sie erhoffen sich ein Mehr an Einkommen. Vor allem aber streben Mütter nach einer erfüllten und ihrer Bildung angemessenen Tätigkeit. Dies führt in vielen Fällen zu einer Überlastung der Frau, einer neuen Rollenverteilung und einer Belastung der Partnerschaft. Die Mutter-Kind-Beziehung scheint dagegen im Regelfall ebensowenig gefährdet wie die Entwicklung des Kindes in den verschiedenen Altersstufen. Voraussetzung dafür ist unter anderem eine gute Betreuung der Kinder, die Zufriedenheit der Mutter mit der beruflichen Tätigkeit und die Möglichkeit, ihre Kinder zu überwachen. Die institutionellen Rahmenbedingungen in der Bundesrepublik wirken sich auf eine doppelte Erwerbstätigkeit hinderlich aus.

3.3 Die Arbeitsteilung im Haushalt

Wir befinden uns in einer Epoche der Neubewertung der Beziehungen. Die Zuordnung von Erwerbsarbeit zum Mann, von Haus- bzw. Erziehungsarbeit zur Frau wird in Frage gestellt. Zum anderen werden Kinder zunehmend als "Partner" betrachtet, die es weniger zu erziehen als zu autonomen Individuen zu ermuntern gelte (vgl. Kap. 2 und 9). Welche Konsequenzen ergeben sich für die Partizipation von Mann und Kindern an der Hausarbeit? Tragen diese die Autonomiebestrebungen der Frau mit, tragen sie ihrem Wunsch Rechnung, an der Erwerbsarbeit zu partizipieren? Entlasten sie diese von der Hausarbeit und übernehmen damit auch für sich selbst ein Stück mehr an Verantwortung?

3.3.1 Die Mitwirkung des Mannes

Die Einstellung von *Männern* zur Berufstätigkeit der Frau hat sich sehr zum positiven gewandelt. Nach einer Befragung von Hollstein (1990) wird die erwerbstätige Frau von 90% der Männer akzeptiert. Männer erwerbstätiger Frauen scheinen sich im Haushalt stärker zu engagieren als Männer von Hausfrauen. In einer deutschen Studie an Familien mit zwei Kindern betrug der tägliche Zeitaufwand des Mannes für Hausarbeit und Kinderbetreuung durchschnittlich 90 Minuten bei erwerbstätigen, 55 Minuten bei nicht erwerbstätigen Frauen (Krüsselberg et al., 1986). Im Falle von teilzeitarbeitenden Männern und Hausmännern, deren Frauen vollzeitig erwerbstätig sind, erhöht sich deren Einsatz im Haushalt. Doch werden zeitintensive Arbeiten wie Putzen, Kochen und Aufräumen noch immer fast zur Hälfte von den Frauen erledigt (Strümpel et al., 1988). Auch die zunehmende Verfügbarkeit technischer Geräte im Haushalt (z.B. Mikrowellenherd) hat nicht zu einer Veränderung der traditionellen Zuständigkeit (Frauen sind zuständig für das Zubereiten von Mahlzeiten) geführt (Zapf, 1990). Männer wandten sich in Doppelverdienerfamilien stärker kindbezogenen Tätigkeiten zu, allerdings auf Kosten der ehelichen Interaktion (Crouter et al., 1987). Kurz, "das Ausmaß an Haus- und Familienarbeit durch Ehemänner bzw. Väter hat sich weniger rasch gewandelt als das Ausmaß an beruflicher Arbeit durch Ehefrauen bzw. Mütter", und zwar in allen hochentwickelten Ländern (Höpflinger & Charles, 1990, S. 88).

Das Ausmaß der Mitwirkung der männlichen Partner ist von einer Reihe von Faktoren abhängig. Es ist umso höher, je höher der Bildungsgrad und die berufliche Stellung der Frau sind, und wenn die Frau die Erwerbstätigkeit aus finanziellen Gründen aufnimmt (vgl. Hegner & Lakemann, 1989). Es ist umso geringer, je länger die Ehedauer ist, je mehr Kinder vorhanden sind und je traditioneller das Rollenbild der Frau ist (Höpflinger & Charles, 1990).

Der Eintritt von Müttern in die Berufswelt verändert das Gleichgewicht in der Rollenverteilung in Haus und Familie. Männer hatten z.B. weniger Einfluß auf Kaufentscheidungen, wenn die Frauen einem bezahlten Beruf nachgingen (Kirchler, 1989). Männer können die gestiegene Gleichheit im Treffen von Entscheidungen als Schwäche sehen (Burke & Weir, 1976). Meinungsverschiedenheiten treten häufiger auf und trüben die Partnerbeziehung. Kurz, die Aufnahme der Erwerbstätigkeit der Partnerin kann für den Mann Belastungen mit sich bringen: Mehrarbeit, geringere Investition in die Beziehung und eine Schwächung seiner Rolle. Dies kann mit der Austauschtheorie erklärt werden (vgl. Kap. 1.4): Das Gleichgewicht im Geben und Nehmen wird gestört.

Die Zufriedenheit der *Frau* steigt mit dem Anteil der Hausarbeit, den der Partner übernimmt. Nimmt man Erwerbs- und Hausarbeit zusammen, lasten in Arbeitnehmer-Ehen auf den Schultern der Frau durchschnittlich sieben Wochenarbeitsstunden mehr Arbeit (insgesamt 68 Stunden wöchentlich) als auf denen des Mannes. Möglicherweise liegt vielen Frauen gar nicht daran, den Partner um Mithilfe bei der Hausarbeit anzugehen, entweder um diese Quelle von Leistung und Einfluß nicht zu verlieren, oder weil sie sich scheuen, darum zu "bitten" (Hawkins & Crouter, 1991). Vor allem erwerbstätige Mütter mit kleineren Kindern äußern häufig eine geringere Zufriedenheit, vor allem dann, wenn die Arbeit mit niedrigem Einkommen und hoher Gleichförmigkeit verbunden ist. Die Doppelbelastung wirkt sich auf die Ehegattenbeziehung aus. Sehr wichtig ist es daher, daß sich Ehepaare bewußt mit ihrer Rollenaufteilung befassen, regelmäßig Zeit miteinander verbringen und diese befriedigend gestalten (Hawkins & Crouter, 1991).

3.3.2 Die Mitwirkung der Kinder

Eltern scheinen in ganz unterschiedlichen Kulturen ziemlich übereinstimmend der Meinung zu sein, daß man bei Kindern mit fünf bis sieben Jahren damit beginnen könne, ihnen Hausarbeiten zu übertragen (Rogoff et al., 1975). Im Alter von 9 oder 10 Jahren sind nach White und Brinkerhoff (1981) weit über 90% aller Kinder mehr oder weniger regelmäßig in Hausarbeiten eingebunden. In dieser Arbeit wurden Eltern auch gefragt, warum sie ihren Kindern die Mitwirkung an der Hausarbeit abverlangen. Es wurden die folgenden Gründe genannt: (a) Persönlichkeitsbildung (Förderung von Verantwortlichkeit und Charakterentwicklung), (b) Lernen (das Kind muß die Tätigkeit für später üben), (c) gegenseitige Verpflichtung, (d) sachliche Erfordernisse (Bedarf an Hilfe). Meist spielten verschiedene Motive eine Rolle. Pädagogische Gründe überwogen in allen Altersstufen (70 - 80%). Die Bedürfnisbegründungen nahmen mit zunehmendem Alter zu und überwogen bei Alleinerziehenden, in großen Familien und bei Berufstätigkeit der Mutter. Gründe der Gegenseitigkeit überwogen bei städtischen und Familien mit höherem Bildungsstand. Eine Bezahlung erfolgte am häufigsten bei Arbeiten, die mit einer Bedürfnisbegründung versehen wurden. Diese Kinder arbeiteten auch am längsten. Bei Arbeiten mit einer pädagogischen Begründung wurden die wenigsten Stunden gearbeitet.

Eine nützliche Unterscheidung verschiedener Arten von Hausarbeit ist jene der *Eignerschaft* von Arbeit (Goodnow & Delaney, 1989; Warton & Goodnow, 1991). Arbeiten, welche die Selbstversorgung betreffen (Bettenmachen, Kleider aufhängen, Spielsachen aufräumen), "gehören" der Person. Arbeiten, welche die Familienversorgung betreffen (Aufdecken, Abdecken, Geschirrspülen, Abtrocknen, Hilfe im Garten), "gehören" der Familie. Goodnow und Delaney (1989) fragten 45 Mütter von 9 bis 11jährigen Kindern: Warum verteilen Sie die Arbeit? Im Bereich der Selbstversorgungsarbeiten sahen die meisten Mütter das regelmäßige Erledigen durch die Kinder als Familienregel (47%). Die Mutter erinnerte und insistierte notfalls. 20% der Mütter betrachteten dies zwar als Aufgabe des Kindes, aber machten die Dinge doch in der Hälfte der Fälle selbst, mit unglücklichen Gefühlen und nach einer Szene. Weitere 22% machten in der Regel das Bett der Kinder mit Begründungen wie "die Hauptaufgabe der Kinder liegt in der Schule", oder "man hat die Kinder ja nur eine so kurze Zeit". Die letzten 11% übten keine tägliche Kontrolle aus. Sie ließen die Arbeit liegen, bis sich die Kinder der Sache von selbst annahmen. Dies waren Mütter mit einer entspannten Einstellung zur Hausarbeit. Auch bei Familienarbeiten erwarteten die Mütter Mithilfe ihrer Kinder, und zwar nach dem Prinzip der Gegenseitigkeit: Wir sind kein Hotel, ich bin kein Sklave; wir sind eine Familie, wir wohnen zusammen.

Es wurde beobachtet, daß *Kinder* schon ab etwa zwei Jahren viele Hilfeangebote zeigen, wenn sie mit ihren Eltern in Situationen gebracht wurden, in denen die Eltern daran gehindert wurden, leichte Aufgaben zu vollenden (z.B. Spielkarten aufräumen, Zeitungen vom Boden aufheben, Wäsche zusammenlegen; Rheingold, 1982). Wurden Kinder gefragt, warum sie im Haushalt Arbeiten übernehmen, war im Grundschulalter die häufigste Antwort "um zu helfen" (60%). Schulkinder im Alter zwischen 9 und 15 Jahren entwickelten die Vorstellung der "Eignerschaft" von Arbeit als einer Form der Verantwortlichkeit. In diesem Alter vertraten die Kinder auch die Meinung, man solle eigene wiederkehrende Arbeiten verrichten, ohne daran erinnert zu werden, und es sei gerecht, als verantwortlich betrachtet zu werden, auch wenn man die Arbeiten vorübergehend einem anderen (z.B. einem Geschwister) übergibt (Warton & Goodnow, 1991).

Was das *Ausmaß der Mithilfe* betrifft, so spielt das Alter eine wesentliche Rolle dafür, wieviel und was getan wird, wieviel Hilfe erwartet und angeboten wird, was als Hilfe definiert wird, und wieviel Konflikte es deshalb gibt (Goodnow, 1988a). Der Prozentsatz helfender Kinder steigt mit dem Alter an. Eltern jüngerer Kinder legen größeren Wert darauf, daß die Kinder ihre eigenen Sachen aufräumen. Bereits im Alter von zehn Jahren übernehmen Kinder daneben auch Aufgaben für die Familie. Die Autoren der Shell-Studie (1981) haben Jugendliche gefragt, ob sie ihr Zimmer selbst in Ordnung halten, ob sie beim Kochen helfen, beim Hausputz, beim Wäschewaschen, beim Aufpassen auf Geschwister und beim Geschirrspülen. Die meiste Mitarbeit war beim Geschirrspülen feststellbar. Dennoch gaben hier 27% der Befragten an, daß sie nie helfen würden. Die geringste Mithilfe scheint beim Wäschewaschen und beim Aufpassen auf Geschwister zu erfolgen. Hier meinten über 70% der Befragten, sie würden nie helfen. Mädchen helfen deutlich häufiger als Jungen. Der größte Unterschied bestand beim Hausputzen und Kochen. "Hier, bei der Hilfe im Haushalt, ist gewissermaßen das letzte Reservat geschlechtsspezifischer Lebenserfahrung aufgedeckt. Hilfe im Haushalt der Eltern, das machen vor allem die Mädchen" (Jugendwerk der Deutschen Shell, 1982, S. 334). Durchgängig sind Befunde, daß Mädchen andere Arbeiten übernehmen als Jungen. McHale et al. (1990) versuchen, das mit Geschlechtsrollen-Orientierungen der Eltern zu erklären, bei denen eine ähnliche Arbeitsverteilung vorliegt. Sie konnten diese Hypothese jedoch nur bei Jungen bestätigen.

Auf dem Lande scheint das Mithelfen häufiger zu sein, es wird eher als Beitrag zum Wohlergehen der Familie gesehen, und die Kinder müssen seltener an die Arbeit erinnert werden. Das Ausmaß des Helfens im Haushalt scheint weiterhin abhängig vom Bildungsstand der Eltern zu sein. Man könnte erwarten, daß in weniger betuchten Familien ein größerer Bedarf an Mithilfe besteht. Umgekehrt wäre auch zu vermuten, daß Mittelklassefamilien eher den erzieherischen Wert der Arbeiten in den Mittelpunkt stellen. Entsprechende Unterschiede ergaben sich in der Art der Tätigkeiten: Kinder aus Familien mit geringerem Einkommen bügelten ihre Kleider und wechselten ihre Bettwäsche eher, während Kinder aus Familien mit höherem Bildungsstand eher "Luxusaufgaben" wie Kuchenbacken übernahmen.

Kinder erwerbstätiger Mütter helfen geringfügig mehr im Haushalt. In Familien mit halbtags berufstätigen Müttern war das Ausmaß der Mithilfe im Haushalt durch die Kinder besonders gering. Durch die Hilfe waren die Kinder in ihren

Freizeitaktivitäten etwas eingeschränkt. Eine Beeinträchtigung der Mutter-Kind-Beziehung konnte indes nicht festgestellt werden (Goodnow, 1988a; McHale et al., 1990).

Mit Blick auf die Ausgangsfrage ist der Einbezug von Männern und Kindern in die Hausarbeit zwar weit verbreitet. Dennoch ist die erwerbstätige Mutter von einem "Doppelrollenkonflikt" gekennzeichnet. Sie sucht (und findet) eine Bereicherung der als monoton empfundenen Teile der Hausarbeit. Zugleich erweisen sich erwerbstätige Mütter häufig als überlastet. Sie arbeiten zwar erheblich weniger im Haushalt als nicht erwerbstätige. Doch gaben nur 11% an, selten Probleme mit der Vereinbarung von Erwerbstätigkeit und Kinderbetreuung zu haben (vgl. Hegner & Lakemann, 1989). Es gibt weder Anzeichen dafür, daß die Mitwirkung von Männern und Kinder an der Hausarbeit entscheidend zunimmt, noch dafür, daß im Mittel von einer nennenswerten Entlastung der Frau gesprochen werden kann. Sie erfährt kaum aktive Unterstützung bei einer Neubestimmung ihrer Rolle. Im Gegenteil scheint die zunehmende Liberalisierung im Umgang mit Kindern und der zunehmende Freiheitsdrang von Jugendlichen eher zu einer Verminderung an häuslicher Mitarbeit zu führen. So gesehen behindern die geänderten Eltern-Kind-Beziehungsmuster sowohl den Drang vieler Frauen zur Erwerbstätigkeit als auch den Weg von Familien aus finanzieller Knappheit zusätzlich.

Zusammenfassung: Männer befürworten die Berufstätigkeit von Frauen. Doch ist ihre Mithilfe im Haushalt eher bescheiden. Eltern sind in vielen Kulturen der Meinung, Kinder sollten an Arbeiten im Haushalt beteiligt werden. Zunächst übertragen sie ihnen Arbeiten, die von den Kindern selbst verursacht werden (Verursachungsprinzip). Später kommen Gemeinschaftsaufgaben hinzu (Prinzip der Gegenseitigkeit). Sie versprechen sich dabei meist persönlichkeitsbildende Wirkungen. Kinder sind zum "Helfen" und zur Übernahme von Verantwortung bereit. Das Ausmaß und die Art der Mitwirkung sind je nach Alter, sozialer Schicht und Geschlecht unterschiedlich. Es scheint, als ginge das Streben von Müttern nach Erwerbstätigkeit nicht einher mit einer häuslichen Entlastung durch ihre Kinder.

3.4 Der Einfluß des Berufs- auf das Familienleben

Der Erwerbstätige ist Mitglied beider Systeme, des beruflichen und des familialen. Es stellt sich die Frage nach dem Mesosystem (vgl. Kap. 1.2), den Beziehungen zwischen den beiden Systemen. Ein Beispiel dafür ist, wenn die täglich wechselnden Arbeitsplatzanforderungen und ihr Einfluß auf die Stimmung des Erwerbstätigen das häusliche Klima beeinflussen. Momentane Arbeitsüberlastung, Ärger mit Vorgesetzten, Streit mit Kollegen oder Untergebenen kann mit Streit zu Hause zusammenhängen. Arbeiten zu diesem Thema wurden erst kürzlich begonnen (vgl. Crouter & McHale, i.Dr.; Eckenrode & Gore, 1990). Umgekehrt kann sich die Befriedigung in der beruflichen Tätigkeit auf die Zufriedenheit in der Paarbeziehung auswirken (Piotrkowski et al., 1987). In diesem Abschnitt geht es auch um das Exosystem, speziell um die Frage, wie sich die Arbeitsplatzerfahrungen von Eltern auf die Entwicklung der Kinder auswirkt.

Crouter und McHale (i.Dr.) machen darauf aufmerksam, daß Aspekte der Betriebspolitik Familieninteraktionen beeinflussen können. Dabei spielt insbesondere die flexible Arbeitszeit eine Rolle. Erhebungen mit Zeittagebüchern zeigten, daß Eltern vor allem den Abend mit der Familie verbringen möchten und entsprechend flexible Arbeitszeiten am Nachmittag und Abend positiv beurteilten. Bei Schichtarbeit macht sich die eingeschränkte Möglichkeit, die Zeitbudgets der Familienmitglieder aufeinander abzustimmen, besonders bemerkbar. Schichtarbeiter gaben bei einer Befragung zu 46% an, sie wünschten sich mehr Zeit für ihre Familienangehörigen (vgl. Hegner & Lakemann, 1989). Beziehungen können nur gepflegt werden, wenn der zeitliche Rahmen Gelegenheit zum Umgang miteinander gibt.

Kohn (1981) hat in einer einflußreichen Arbeit dem Gedanken Nachdruck verschafft, daß die Art der Arbeit, der eine Person nachgeht, ihr Wertesystem beeinflußt. Kohn unterscheidet zwischen Werten der Selbststeuerung und jenen der Konformität im Hinblick auf äußere Autoritäten. Je höher die soziale Position einer Person, desto eher wird sie glauben, daß es möglich und effektiv ist, nach eigenen Werten und Standards zu leben. Je niedriger ihre Position, desto eher glaubt sie, Autoritäten zu folgen, sei klug und weise. Kohn interpretiert den Zusammenhang zwischen sozialer Schicht und Wertorientierung als Ergebnis unterschiedlicher beruflicher Situationen. Entscheidend sei, in welchem Ausmaß die Person in ihrer Arbeit selbstbestimmt tätig sein kann. Dies hänge ab von (a) der Abwesenheit direkter Kontrolle, (b) dem Komplexitätsgrad der Tätigkeiten, (c) der Routine im Arbeitsablauf. Weiter postuliert Kohn einen Zusammenhang zwischen allgemeinen Werthaltungen und erzieherischem Verhalten. Erziehungsvorstellungen stellen Teile allgemeiner Werte dar. Und zwar soll die stärkere Betonung von Selbststeuerung durch Eltern der Mittelschicht und die stärkere Betonung von Autoritätsgläubigkeit durch Eltern der Arbeiterschicht mit deren Disziplinierungspraktiken sowie der Verteilung der Verantwortlichkeit für die Unterstützung und Kontrolle der Kinder zwischen Vater und Mutter zusammenhängen.

Es liegen einige empirische Belege vor, welche die Kohnschen Thesen stützen. So hielten bei Hoff und Grüneisen (1978) Eltern aus der Mittelschicht die Eigenschaften rücksichtsvoll, neugierig, verläßlich und kontrolliert bei ihren Kindern für wichtiger, gehorsam und sauber für weniger wichtig als Eltern aus der Arbeiterschicht. Kohn (1981) konnte feststellen, daß Personen, die in ihrer Arbeit eher mit Menschen und Daten zu tun haben, die eher selbstgesteuert arbeiten und weniger kontrolliert werden, und deren Arbeit komplexer organisiert ist, Werte der Selbststeuerung stärker bevorzugen als Personen, die in ihrer Arbeit mehr mit Dingen zu tun haben, die weniger selbstgesteuert arbeiten, stärker kontrolliert werden und deren Arbeit weniger komplex organisiert ist. Piotrkowski und Katz (1982) fanden (nach Konstanthalten von Kontrollvariablen wie Ausbildung der Mutter, Zahl der Kinder und Alter der Kinder) signifikante Korrelationen zwischen den Anforderungen des Mutterberufes im intellektuellen und physischen Bereich und schulischem Fleiß des Kindes sowie zwischen der Nutzung eigener Fertigkeiten (Mutter) und der Schulleistung (Kind).

Kohn macht mit Recht darauf aufmerksam, daß seine Ergebnisse keine Interpretationen hinsichtlich kausaler Effekte zulassen. Es ist durchaus möglich, daß Personen mit hohen Fähigkeiten und Selbststeuerungswerten entsprechende Berufe aufsuchen. Gleichzeitig können diese Personen Kinder mit ähnlichen Eigenschaften haben. Danach wären Eigenschaften des Arbeitsplatzes weder direkte noch indirekte Determinanten der Erziehung in der Familie. Ergebnisse, die Crouter (1984) berichtet, sprechen allerdings dagegen. Sie befragte Arbeiter in einer Fabrik, die mit partizipativen Methoden (Beteiligung der Arbeiter an Entscheidungen und Problemlösungen) experimentierte. Diese berichteten über positive Effekte auf ihre Fähigkeiten, ihr Selbstbild, ihre ehelichen und Elter-Kind-Beziehungen.

Unklar ist, welche im einzelnen die Vermittlungsprozesse sind, über die berufliche Sozialisation in der Familie weitergegeben wird, wie die Erfahrungen im Berufsleben die Interaktionen mit den Familienmitgliedern beeinflussen. Wir wissen aber beispielsweise, daß Arbeitnehmer familienbezogene kommunikative Beschäftigungen dann bevorzugen, wenn ihre Erwerbstätigkeit vielseitig und verantwortlich ist. Umgekehrt geht mit einseitig körperlicher beruflicher Belastung eine Einschränkung intra-familialer Kommunikation einher.

Zusammenfassung: Merkmale der beruflichen Tätigkeit können sich in mehrfacher Weise auf die Beziehungen in der Familie auswirken. Beruflicher Streß kann über eine erhöhte Reizbarkeit Streit in der Familie begünstigen. Die Organisation der beruflichen Tätigkeit (z.B. flexible Arbeitszeit, Außendienst) schafft günstige oder ungünstige Rahmenbedingungen für familiale Interaktionen. Insbesondere scheinen es Eigenschaften der beruflichen Tätigkeit zu sein, die mit dem Wertesystem des Erwerbstätigen korrespondieren. Dieses Wertesystem schlägt sich in den Erziehungsvorstellungen nieder.

3.5 Die Vorbereitung des Kindes auf den Beruf

Jugendliche sehen Aufgaben, die mit der Berufsentscheidung verbunden sind, selbst als einen für sie wichtigen Lebensbereich an (vgl. auch Kap. 9). Die Arbeits- und Berufswelt ist in komplexer Weise in den gesellschaftlichen Kontext gemeinschaftlicher Bedürfnisse und Organisationen eingebettet. Wie die Ergebnisse von Furth (1980; Santilli & Furth, 1987) zeigen, entwickeln Kinder und Jugendliche erst allmählich ein Verständnis davon, wie Berufe (z.B. in den Bereichen Transport, Nahrung, Bank) das Funktionieren der Gesellschaft ermöglichen. Gestiegene Fähigkeiten in hypothetischem Denken und propositionaler Logik sowie eine zunehmende zeitliche Orientierung in die Zukunft versetzen sie in die Lage, Fragen über den Berufsweg, den sie einschlagen wollen, zu bedenken.

Die Berufswahl ist für viele Jugendliche ein relativ schwieriges Unterfangen. Grundlagen dafür werden zwar schon relativ früh durch die Wahl des Schulzweiges geschaffen. Doch verbleiben viele Freiheitsgrade. Die zunehmende Veränderung und Spezialisierung bereits bestehender und die Schaffung neuer Berufe macht es immer schwieriger, aus dem unübersehbaren Angebot an Berufen eine angemessene Auswahl zu treffen. Schon deshalb kann die Berufswahl nicht als ein einmaliger Vorgang gesehen werden, in dem eine mehr oder weniger feststehende Entscheidung getroffen wird. Sie ist ein in der frühen Kindheit beginnender und für viele Menschen bis ins hohe Alter andauernder Prozeß. Berufswahl ist ein Produkt des Zusammenspiels vom Jugendlichen, seiner Familie und den objektiven sozialen Strukturen. In diesem Abschnitt wird die Frage behandelt, welche Rolle dabei die Familie, insbesondere die familiale Interaktion, spielt. Die Familie ist ein Mikrosystem, innerhalb dessen Jugendliche interagieren, und das selbst in übergreifende soziale Systeme eingebettet ist.

Die erste berufsrelevante Entscheidung findet beim Übergang von der Grundschule in eine *weiterführende Schule* statt. Obwohl sie revidiert werden kann, stellt sie faktisch meist eine gravierende Vorentscheidung dar. Kinder befinden sich zu diesem Zeitpunkt noch in der "Fantasie-Periode" ihrer Berufsentwicklung (Vondracek & Lerner, 1982). Für viele Eltern reduziert sich die Entscheidung im wesentlichen darauf, den Kindern eine akademische Ausbildung zu ermöglichen. Anfang der neunziger Jahre macht der Anteil der Abiturienten an einem Jahrgang 27% aus im Vergleich zu 5% in den sechziger Jahren. Eltern wissen, daß der Wahl des Schulzweiges für die zukünftige berufliche Laufbahn eine entscheidende Rolle zukommt. Es ist wenig darüber bekannt, wie diese Entscheidung zustandekommt, und in welcher Weise Eltern darauf Einfluß nehmen und damit umgehen. Die Bildungserwartungen der Eltern liegen häufig über den aktuellen Leistungen ihrer Kinder. Offensichtlich streben auch viele Jugendliche einen höheren Schulabschluß an als den, den sie auf der von ihnen besuchten Schule erreichen können. So gaben in der Untersuchung von Hurrelmann et al. (1988b) 55% der befragten 13- bis 16jährigen Hauptschüler an, sie würden einen mittleren Schulabschluß anstreben, 7% strebten gar das Abitur an. 19% der befragten Realschüler strebte das Abitur an. Welche Maßnahmen Eltern nutzen, um die Schulkarriere ihrer Kinder zu managen, und welche Konflikte mit den Kindern über schulische Angelegenheiten (Hausarbeiten, Schulnoten) entstehen, wird in Kapitel 8 behandelt.

Die *Berufswahl* kann als eine Folge von Aktivitäten beschrieben werden. Das Modell von Grotevant und Cooper (1987) unterscheidet zwischen den folgenden Stufen: Bewußtwerdung, Planung, Festlegung und Umsetzung. Innerhalb der Planungsphase wird wie in anderen Modellen auch der Prozeß der Exploration als wichtiger Zwischenschritt angenommen. Er kann als zyklischer Prozeß ausdifferenziert werden in die Unterschritte der Informationssuche und -verarbeitung, des Experimentierens und Bewertens sowie der weiteren Informationssuche und sukzessiven Einengung der Alternativen. Günstige Voraussetzungen für ein erfolgreiches Durchlaufen dieser Schritte sind hohes Selbstvertrauen, mittlere Ich-Kontrolle, hohe Anpassungsfähigkeit sowie die Fähigkeit zur Koordinierung von Perspektiven.

Querschnittlich betrachtet können sich Jugendliche gegen Ende der Schulzeit in verschiedene Zuständen hinsichtlich ihrer Berufswahl befinden: (a) *Diffusion*: es herrschen Gefühle der Konfusion und Entmutigung vor, mangelndes Interesse und Wissen über das Fällen von Berufsentscheidungen, (b) *Moratorium*: verschiedene mögliche Karrieren erscheinen gleich attraktiv, Warten auf zukünftige Entscheidung, (c) *Unterstützung*: es wird die Notwendigkeit zusätzlicher Stützung einer vorläufig getroffenen Entscheidung gesehen, (d) *Entscheidung*: eine berufliche Entscheidung ist getroffen. Getroffene Entscheidungen können zweierlei Charakter besitzen. Bei der "frühzeitigen Festlegung" wird eine Entscheidung ohne ernsthafte Prüfung von Alternativen getroffen, etwa aufgrund elterlicher Modelle. Dies geht häufig mit traditionellen gesellschaftlichen Einstellungen einher. Beim zweiten Entscheidungstyp ("Identität") erfolgt eine Festlegung nach ausgedehnter Exploration. Diese Personen sind flexibel und haben eher liberale, individualistische Einstellungen, aber keine generell erfolgreichere Berufsperspektive (Archer, 1985; Vondracek & Lerner, 1982; Vondracek et al., 1990a).

Welche Informationen werden für die Berufswahl herangezogen? Nach Bender-Szymanski (1984) werden zunächst die bei sich erkannten Interessen, Fähigkeiten und Persönlichkeitseigenschaften als wichtige Kriterien für die Berufswahl betrachtet. Damit werden die vermuteten Anforderungen und Qualifikationen der Berufe verglichen. Weiter gehen erwartete Vorteile (z.B. Bezahlung, Freizeit) sowie Nachteile (z.B. Überstunden, Arbeitsweg) etwaiger Alternativen in die Überlegungen mit ein. Aspekte, nach denen Personen Berufe beurteilen, werden als "Arbeitswerte" bezeichnet. Vondracek et al. (1990b) unterscheiden (a) Werte, welche personal-soziale Aspekte betonen, (b) Werte, die Aspekte außerhalb der Arbeit beinhalten (z.B. Selbstverwirklichung), (c) materielle Orientierung (Sicherheit, Verdienst) und (d) Macht- und Kontrollorientierung (Unabhängigkeit, Kreativität und Management).

Nun zur zentralen Frage dieses Abschnitts, dem Einfluß der Familie auf die Berufswahl. Man weiß, daß der sozialökonomische Status der Eltern und damit der Herkunftsfamilie der beste Prädiktor für den beruflichen Status des Kindes ist. Jugendliche geben im allgemeinen auch an, daß sie in ihrem Denken über das Thema Beruf in besonderer Weise von ihren Eltern beeinflußt werden. Insbesondere den Vater betrachten sie meist als Experten für die Welt außerhalb der Familie (Youniss & Smollar, 1985). Doch wurde die Art und Weise, in der die Familie auf die Berufswahl einwirkt, kaum untersucht. Es gilt, die positive Korrelation zwischen Status der Eltern und dem späteren Status des Kindes durch Analyse der Interaktionen in der Familie genauer aufzuklären. Die Einflüsse, die von Eltern ausgehen, können in erster Annäherung unterteilt werden in (a) Eröffnen von direkten Möglichkeiten und (b) Sozialisationspraktiken (Schulenberg et al., 1984).

Eltern können die Berufskarriere ihrer Kinder *direkt* durch gezielte Eingriffe steuern. In der Geschichte lassen sich viele Beispiele dafür finden, wie Eltern ihren Kindern Chancen für eine bessere berufliche Laufbahn eröffneten als sie selbst sie erlebten. Youniss (1988) berichtet über sozialhistorische Untersuchungen, die dokumentieren, wie Arbeiterväter aus dem 19. Jahrhundert ihren Söhnen den Weg zu schulischer Ausbildung und besserer beruflicher Qualifikation ebneten. Mortimer et al. (1986) erfaßten in ihrer längsschnittlich angelegten Studie College-Anfänger im Jahre 1962 und versuchten, möglichst viele davon 20 Jahre später wiederzufinden. Die Väter erfolgreicher Söhne (Ärzte, Rechtsanwälte, Manager) gaben ihren Söhnen Informationen über Berufe und ermöglichten ihnen persönliche Kontakte. Sie pflegten mit ihren Söhnen enge und warme Beziehungen. Die Söhne tendierten dazu, den Beruf ihres Vaters zu wählen oder zumindest einen Beruf mit ähnlichen Eigenschaften. Die Autoren sehen den Einfluß der

Väter darin, daß sie früh eine kompetenz- und leistungsorientierte Haltung förderten und ihre Kinder auch später zu Beginn der Karriere unterstützten.

Das Eröffnen von Bildungs- und beruflichen Möglichkeiten ist ein Teil der Erklärung. Vermutlich spielen auch *indirekte* Einflüsse eine Rolle. Sie betreffen insbesondere Sozialisationspraktiken der Eltern. Diese können Voraussetzungen dafür schaffen, daß die Kinder Neigungen entwickeln, die angebotenen Bildungsmöglichkeiten zu ergreifen. Dazu gehören deren Bildungs- und Berufserwartungen sowie deren Wertvorstellungen. Nach der im vorigen Abschnitt angeführten Theorie von Kohn (1981) entwickeln Eltern gemäß ihren Erfahrungen am Arbeitsplatz bestimmte Werte der Selbststeuerung und des Konformismus, die sie in Erziehungsziele umsetzen, und bereiten damit ihre Kinder auf ein Arbeitsleben vor, das dem entspricht, das sie selbst erleben. Es scheint, als ob eine sichere Mutter-Kind-Bindung, die erleichtert wird durch ein autoritatives (nicht autoritäres) Erziehungsverhalten (vgl. Kap. 6.2), eine förderliche Bedingung für das Explorieren auch im beruflichen Bereich darstellt. Explorative Tendenzen waren größer bei Söhnen, die in Diskussionen gegenüber ihren Vätern ihre abweichende Meinung klar ausdrückten, und deren Väter sich mit ihren eigenen Vorschlägen zurückhielten (Grotevant & Cooper, 1987).

In den letzten Jahrzehnten hat eine Annäherung stattgefunden sowohl hinsichtlich geschlechtsspezifischer Berufsstereotype (z.B. Bamberg, 1990) als auch im Hinblick auf die *geschlechtsspezifische Berufswahl*. Dennoch bestehen, wie aus Untersuchungen ziemlich übereinstimmend hervorgeht, bei konkreten Berufswünschen und in Ausbildungsberufen nach wie vor erhebliche Unterschiede je nach Geschlechtszugehörigkeit. Männliche Jugendliche interessieren sich stärker für wissenschaftlich-technische, weibliche mehr für künstlerisch-soziale Berufe. Diese Unterschiede sind am größten in Gruppen mit niedriger Bildungsaspiration und hoher beruflicher Entscheidungssicherheit (Schulenberg et al., 1991). Sie können mit Hilfe zweier Ansätze erklärt werden. (a) Geschlechtsunterschiede ergeben sich aus traditionellen Rollenstereotypen, die sich auch in der bestehenden Arbeitsmarktsituation niederschlagen. Es liegen Berichte darüber vor, daß Mädchen generell weniger schul- und berufsbezogene Unterstützung und Ermunterung zu weiterer Bildung seitens der Eltern erfahren als Jungen. Väter stellen sich bei Mädchen eher traditionelle Rollen und Berufe vor. Dies steht im Gegensatz zu den Auffassungen der Mädchen selbst (Peterson et al., 1982). Andererseits berichten Mädchen in nicht traditionellen Berufen verstärkt, daß ihr Vater die wichtigste Rolle bei ihrer Berufswahl gespielt habe (Stapf & Stapf, 1985; Youniss, 1988).

(b) Die Unterschiede können auch geschlechtsgebundene Veranlagungen in Interessen und Fähigkeiten widerspiegeln (Plomin et al., 1990a).

Neben dem Vater scheint auch die Mutter einen Einfluß auf die Karriereaspirationen von Mädchen, auch für wenig rollenaffine Berufe, auszuüben. Berufstätige Mütter neigen eher dazu, die Unabhängigkeit ihrer Töchter zu ermutigen. Auch kann eine Rolle spielen, wenn der Vater in solchen Familien stolz auf seine Frau ist. Die Tochter kann dann erfahren, daß Attraktivität durch Leistung nicht gemindert werden braucht, und daß die Beziehung zwischen zwei sich selbst verwirklichenden Personen befriedigend sein kann (Mussen et al., 1979). Youniss (1988) vermutet, daß das entscheidende Moment nicht so sehr die Modellwirkung der Mutter ist. Denn die Töchter erwerbstätiger Mütter wählten andere Berufe als ihre Mütter. Er glaubt, daß die Identifikation mit der Mutter ein Schlüsselfaktor ist im Wunsch und der Erwartung, als Erwachsener erwerbstätig zu sein. Es liegt eine Reihe von Hinweisen darauf vor, daß die familiale Umwelt von Mädchen, die nach Berufstätigkeit streben, bereits sehr früh durch eher "männliche" Einstellungen, Tätigkeiten und Interessen gekennzeichnet ist. Dies legen Untersuchungen nahe, in denen Frauen rückblickend über ihre Kindheit Auskunft gaben (vgl. Youniss, 1988).

Zusammenfassung: Mit der Berufswahl wirkt die Familie auf das berufliche System. Eine wichtige Entscheidung wird schon sehr früh, beim Übergang auf weiterführende Schulen, getroffen. Der Andrang zur höheren schulischen Bildung ist deutlich. Er zeigt sich in hohen Bildungserwartungen der Eltern und in Konflikten mit Kindern über Schulleistungen. Die Wahl des Berufes ist als Prozeß der Informationsverarbeitung und Gewichtung mit mehreren Schritten zu beschreiben. Eltern können direkt darauf Einfluß nehmen, indem sie Informationen vermitteln und Erfahrungen ermöglichen. Einflüsse, die von ihrem Vorbild (z.B. die erwerbstätige Mutter), ihren Werthaltungen und ihrem Erziehungsstil ausgehen, können als indirekt bezeichnet werden. Trotz erfolgter Annäherung ist nach wie vor eine hohe Geschlechtsspezifität in der Berufswahl zu verzeichnen.

4. FREUNDE, BEKANNTE, PEERS: DIE FAMILIE UND BEZIEHUNGEN ZU "GLEICHEN"
Peter Noack

Im Zentrum des Kapitels stehen Peerbeziehungen der Familie und ihrer Mitglieder. Zu der Gruppe der Peers zählen in erster Linie Freunde und Bekannte, aber auch weitere Personen und Gruppen, zu denen eine Verbindung besteht, die ihrem Wesen nach nicht verwandtschaftlicher, beruflicher oder institutioneller Art ist. Gemeinsam ist den verschiedenartigen Peerbeziehungen, daß sie freiwillig aufgenommen und unterhalten werden, sowie eine gewisse Ähnlichkeit der Beteiligten nach Alter, Erfahrungshorizont, Entwicklungsstand, Interessen- und Problemlagen. Vor diesem Hintergrund wird beispielsweise dem Umgang von Kindern und Jugendlichen im Peerkontext wechselseitiges Einfühlungsvermögen und Verständnis zugeschrieben, wie auch eine relative Gleichberechtigung, in der Machtverhältnisse auszuhandeln und nicht vordefiniert sind (Krappmann, 1980). Obschon diese Beschreibung die wirkliche Situation idealtypisch überzeichnen mag, liefert sie ein brauchbares Vorverständnis und scheint auch auf Beziehungen Erwachsener anwendbar zu sein, zumindest wenn man an Freundschaften und Kontakte mit Personen aus dem Bekanntenkreis denkt.

Das Kapitel gliedert sich in zwei größere Teile. Im *ersten Teil* bildet das einzelne Familienmitglied den Ausgangspunkt der Betrachtung. Es geht, in der Terminologie von Bronfenbrenners (1988; vgl. Kap. 1) Theorie der ökologischen Systeme, um den Peerkontext als Mikrosystem des Individuums. Nach begrifflichen Klärungen wird zunächst am Beispiel gleichgeschlechtlicher Freundschaften dargestellt, wie sich die subjektive Sicht von Peerbeziehungen, die Wahrnehmung und das Denken des Individuums, mit dem Alter entwickelt. Dem folgt ein Abschnitt, in dem Veränderungen von Peerbeziehungen und -interaktionen über die Lebensspanne beschrieben werden. Im *zweiten Teil* des Kapitels wird die Perspektive gewechselt. Das Interesse gilt dem Zusammenspiel von Familie, Individuum und Peers sowie deren wechselseitiger Beeinflussung. Peerkontexte werden auf der Ebene von Meso- und Exosystem (Bronfenbrenner, 1988) betrachtet. Zunächst geht es um Ähnlichkeiten und Unterschiede der beiden sozialen Systeme, Familie und Peers, sowie deren relativen Einfluß auf das Individuum. Abschließend wird an empirischen Beispielen diskutiert, wie sich Erfahrungen in der Familie auf den Umgang mit Freunden oder Bekannten auswirken und umgekehrt.

Auch wenn in diesem Kapitel Peerbeziehungen und ihr Wandel über das gesamte Leben behandelt werden, nimmt die Zeit zwischen Einschulung und Eintritt in das Berufsleben als erster Schwerpunkt einen größeren Raum ein als die übrigen Abschnitte der Lebensspanne. In diesen Jahren entstehen die ersten Beziehungen zu Peers, die selbständig aufgenommen und unterhalten werden. Entsprechend kennzeichnet Havighurst (1972) in seiner Taxonomie von Entwicklungsaufgaben als zentrale Anforderung für die Kindheit zu lernen, mit Gleichaltrigen zurechtzukommen, und für die Jugendzeit, neue und reifere Beziehungen zu Peers beider Geschlechter aufzubauen. Aus familienpsychologischer Sicht gilt dem Umgang Jugendlicher mit Freunden und Bekannten besonderes Interesse. Wegen der Eigenständigkeit dieser Beziehungen wurde die Konstellation von Familie und Peers der Kinder traditionell als konflikthaft betrachtet (Petersen, 1988) und den Gleichaltrigen eine mögliche Rolle als Vehikel der Ablösung von den Eltern zugeschrieben. Einen zweiten Schwerpunkt bildet in diesem Kapitel die Freizeitsituation. In der Freizeit sind die Interaktionen mit Gleichaltrigen weniger als etwa in Schule oder Beruf durch äußere Anforderungen und Regeln geprägt. Daher sollten die spezifischen Qualitäten von Peerbeziehungen gerade in diesem Rahmen besonders zur Geltung kommen.

4.1 Peerbeziehungen über die Lebensspanne

4.1.1 Begriffliches

Den Begriff Peers mit Gleichaltrige zu übersetzen, wie es in der deutschsprachigen Literatur eingeführt ist, bietet zwar eine gute Annäherung, dies jedoch nur unter unseren heutigen Lebensbedingungen: Daß jene Personen, die sich nach "Rang, Verdienst und Qualität" ähneln (Hornby et al., 1963, S. 717), zumeist auch gleichaltrig sind, ist ein Resultat der starken, institutionalisierten Altersgradierung in unserer Zeit. Beispielhaft für diese Organisationsform ist das Schulsystem, das junge Menschen für ungefähr ein Lebensjahrzehnt nach Jahrgangszugehörigkeit zusammenfaßt und ähnlichen Anregungen, Anforderungen und Belastungen aussetzt. So kann das Alter zwar als brauchbarer Indikator für Erfahrungen, biographische Übergänge und Stand der Entwicklung gelten. Es ist jedoch im engeren Sinne keine entwicklungspsychologische Variable. Daran ist zu denken, wenn im folgenden praktisch austauschbar von Peers und Altersgleichen die Rede ist.

Die Vielfalt der Verwendungsweisen des Peerbegriffs macht es schwer, einen definitorischen Nenner zu finden (vgl. Brown, 1989; Oerter, 1987a): Manchmal sind einzelne Altersgenossen oder Gruppen, ein anderes Mal die Gleichaltrigen einer Generation schlechthin gemeint. Der Gebrauch variiert nach der Nähe der bezeichneten Beziehung ebenso wie danach, ob zwischen den Personen, die als Peers bezeichnet werden, direkte (face-to-face) Kontakte bestehen oder nicht. In

Hinblick auf Jugendliche unterscheidet Oerter (1987a) Peers auf drei Ebenen. Zunächst als Freunde, deren Beziehung durch besondere emotionale Bindungen charakterisiert ist. Des weiteren als konkrete Gruppe, deren Mitglied einzelne Jugendliche sind. Im Zentrum solcher Peerbeziehungen stehen vor allem gemeinsame Interessen sowie Aktivitäten und Interaktionsformen. Schließlich als Großgruppe, beispielsweise eine Subkultur, deren Mitglieder nicht, oder zumindest nicht notwendigerweise, in persönlichem Kontakt stehen. Die folgenden Darstellungen konzentrieren sich auf Peerkontakte im Sinne persönlicher Beziehungen, also auf die beiden ersten Bestimmungen.

Freundschaften lassen sich mit Hays (1988) als Beziehungen einer gewissen Stabilität mit wechselseitigen Abhängigkeiten charakterisieren, in die sich die Beteiligten freiwillig begeben. Die Ziele sind dabei zwar vielfältig, solche sozio-emotionaler Art überwiegen jedoch instrumentelle. Trotz eines im Prinzip positiven Grundtons in der Beziehung mag das Ausmaß, in dem Zuneigung, Intimität und gegenseitige Unterstützung gegeben sind, über die Zeit und zwischen Freundschaften variieren. Wenn im weiteren von Peers als Freunden die Rede ist, sind Beziehungen unterschiedlicher Nähe gemeint, also Freunde im engeren Sinne wie auch Bekannte, soweit eine gefühlsmäßig positive Verbindung und ein regelmäßiger Kontakt vorliegen. Eine Einschränkung auf rein dyadische Beziehungen, wie sie Brown (1989) vorschlägt, erscheint vor diesem Hintergrund als zu restriktiv, auch wenn sie auf den Prototyp solcher Beziehungen hinweist.

Wenn von Peers als konkreter Gruppe die Rede ist, kommen verschiedene Begriffe in den Sinn: Clique, Bande, Bekannten- oder Freundeskreis. In ihren Beobachtungen von Schülern identifizieren Oswald und Krappmann (1984) als eine bedeutsame Gruppierungsform *Geflechte*, deren Grenzen eindeutig bestimmbar sind, ohne daß jedoch Freundschaftsbeziehungen unter den Mitgliedern Kontinuität aufweisen. Wechsel in aktuellen Beziehungsmustern verhindern, daß eine klare Gruppenstruktur entsteht. Geflechte sind wohl vor allem für Kinder im Grundschulalter typisch. Als Gruppierungsformen des Jugendalters werden häufig *Cliquen* und *Crowds* (Brown, 1989; Dunphy, 1963) unterschieden. Sie variieren vor allem nach Größe, Zielsetzung und Interaktionsdichte. Von Cliquen wird bei Gruppen mit zumeist fünf bis zehn Mitgliedern gesprochen, häufig desselben Geschlechts, die eine Menge Zeit miteinander verbringen und einer Vielzahl verschiedenartiger Aktivitäten gemeinsam nachgehen. Wenngleich die dyadischen Beziehungen innerhalb einer Clique nicht die Nähe von Freundschaften aufweisen müssen, mögen und schätzen sich doch die Mitglieder weitgehend wechselseitig. Crowds sind hingegen größere Gruppen, deren interne Verflechtung weniger eng ist. Die Zeit, die in dieser Gruppierungsform verbracht wird, ist zumeist geringer, und die Mitglieder sind nicht unbedingt alle gleichzeitig anwesend. Die Teilhabe an Crowds ist instrumenteller motiviert als jene an Cliquen. Dunphy (1963) sieht als eine wesentliche Funktion von Crowds, gegengeschlechtliche Kontakte zu erleichtern, während Brown (1989) die Teilhabe an der Reputation von Crowds als Beweggrund für die Mitgliedschaft betont und damit ihren Charakter als Referenzgruppe. Parallele Gesellungsformen für das Erwachsenenalter zu bestimmen, fällt schwer. Der *Bekanntenkreis* Erwachsener kommt den Peer-Gruppierungen Jugendlicher vielleicht am nächsten. Unterschiede in den Erscheinungsformen, wie etwa die lockerer gefügten Bande zwischen Bekannten, und in der Rolle, die diese Beziehungen spielen, scheinen jedoch zu überwiegen.

Peerbeziehungen werden vielfältige *Funktionen* zugeschrieben. Sie lassen sich weitgehend drei zusammenhängenden Bereichen zuordnen: Die zentrale Rolle, die Peers hinsichtlich des *psychosozialen Wohlbefindens* spielen, dokumentiert eine Vielzahl von Untersuchungen. So profitieren Menschen verschiedener Altersgruppen in ihrem Selbstwertgefühl und der Lebenszufriedenheit vom Gefühl, in einer Freundschaft emotional geborgen zu sein und verstanden zu werden, dem Schutz, den eine Clique bieten kann, und der Anerkennung durch die anderen Mitglieder, oder dem Statusgewinn, der über die Zugehörigkeit zu reputierlichen Crowds gewonnen wird (Brown, 1989). Eine verwandte Funktion von Freunden und Bekannten besteht in der *Unterstützung bei der Bewältigung von Belastungen und Problemen*. Auch sie kann emotionaler Art sein, indem beispielsweise Zuspruch oder Gelegenheiten, sich auszusprechen gegeben werden. Informationen, Ratschläge, finanzielle und materielle Hilfen, oder aber Versuche, ein Problem gemeinsam zu lösen, sind andere Formen der Unterstützung durch Peers.

Unter dem Begriff *Entwicklungsförderung*, vor allem hinsichtlich sozialer Verhaltensweisen und Kompetenzen, läßt sich schließlich ein dritter Bereich zusammenfassen, in dem Peerbeziehungen Bedeutung zukommt. Die Welt der Peers wird in diesem Zusammenhang als "Gesellschaft im kleinen" (Lynch, 1977) betrachtet, als Übungsfeld, auf dem ohne fatale Konsequenzen gelernt werden kann, Rollen auszuhandeln, divergierende Interessen zu balancieren oder einfach Beziehungen außerhalb der "angeborenen" zu Eltern und Geschwistern herzustellen und aufrechtzuerhalten. Viel untersucht ist beispielsweise die förderliche Wirkung von Peer-Interaktionen auf die kognitive und sozial-kognitive Entwicklung (vgl. Kap. 4.1.2). Aber auch bei der Bewältigung von Entwicklungsanforderungen in anderen Lebensbereichen wird Peers eine wichtige unterstützende Funktion zugeschrieben (z.B. Krappmann, 1980). Ein Beispiel sind Hilfen bei Bemühungen um Kontakte zum anderen Geschlecht (Noack, 1990).

Zusammenfassung: Gemeinsamer Kern der verschiedenen Auffassungen des Peerbegriffs ist eine ungefähre Gleichheit der Personen, häufig im Alter und mithin im Stand der Persönlichkeitsentwicklung, sowie daß Beziehungen im Prinzip auf Freiwilligkeit beruhen. Dies schließt ein weites Spektrum von Beziehungsformen ein, die nach Intensität und Dauerhaftigkeit wie nach Zahl der einbezogenen Personen variieren können.

4.1.2 Vorstellungen über Freundschaftsbeziehungen

Die Erforschung der Sicht von Freundschaften ist stark geprägt von Untersuchungen, die der kognitiven Repräsentation von Freundschaftsbeziehungen und ihrer Entwicklung nachgehen. Die Ergebnisse (z.B. Bigelow & La Gaipa, 1975) zeigen, daß sich der Kern dessen, was unter Freundschaft verstanden wird, mit dem Alter von äußerlichen Gemeinsamkeiten wie räumliche Nähe und gemeinsame Aktivitäten zunehmend zu solchen in internen Merkmalen verlagert. Gleichzeitig entwickeln sich die Vorstellungen von der Ein- zur Gegenseitigkeit der Beziehungen. Und schließlich ist die situationsübergreifende Stabilität ein Charakteristikum von Freundschaft, das im Denken von Kindern und Jugendlichen mit zunehmendem Alter zentraler wird. Diese Entwicklungslinien konnten auch in Untersuchungen bestätigt werden, die Freundschaftskonzepte differenzierter nach unterschiedlichen Aspekten erfaßten (z.B. Youniss, 1980), und scheinen, wie entsprechende Studien im deutschsprachigen Raum (Hofer et al., 1990; Valtin, 1990) zeigen, im wesentlichen ebenfalls hier zu gelten.

Maßgeblichen Einfluß auf die Forschung zur Entwicklung von Freundschaftskonzepten nahmen Arbeiten, die direkt an Piagets (z.B. 1964) kognitiver Strukturtheorie anknüpfen und damit erlauben, die Entwicklung der Vorstellungen von Freundschaft im Rahmen einer allgemeinen Theorie der kognitiven Entwicklung zu konzeptualisieren. Sie versteht Entwicklung als Durchlaufen einer Reihe qualitativer Stufen, deren jeweils nächsthöhere im Vergleich mit der vorangegangenen ein größeres Maß an Differenziertheit und Integration aufweist. Mit der Entwicklung wird nach dieser Auffassung das Denken *weniger egozentrisch*, der eigenen Perspektive und situativen Wahrnehmung verhaftet, und damit *flexibler* und *stabiler*. Wichtige Arbeiten zur Entwicklung von Freundschaftsvorstellungen in dieser Tradition stammen von Selman (z.B. 1981). Tabelle 3 zeigt die von ihm postulierte Entwicklungssequenz des Freundschaftskonzepts.

Tabelle 3: Entwicklungsstufen des Freundschaftskonzepts nach Selman.

Stufe	Charakterisierung
0	Freundschaft wird in erster Linie durch physische Nähe und situative Interaktion bestimmt; Freunde sind momentane Spielkameraden; Konflikte und damit Bedrohungen der Freundschaft gehen beispielsweise vom Streit um Spielsachen aus.
1	Das Verständnis von Freundschaft ist insofern fortgeschrittener, als spezifische Ansprüche an Freunde gestellt werden: sie sollen wissen, was man mag und nicht mag, und sich entsprechend verhalten; umgekehrt haben diese Vorstellungen allerdings keine Geltung, weswegen dieser Stand des Freundschaftskonzepts als "einseitige Hilfeleistung" bezeichnet wird.
2	Die erste Entwicklungsstufe, auf der das Denken Gegenseitigkeit aufweist; beide Beteiligte werden als Personen mit Bedürfnissen, Vorlieben und Abneigungen gesehen, und Versuche setzen ein, diese abzustimmen; die Wechselseitigkeit ist jedoch instabil und kann bei leichteren Störungen, etwa einem ausgedehnteren Streit, leicht zusammenbrechen ("Schönwetter-Kooperation").
3	Intimität und Gegenseitigkeit beruhen auf einer Kontinuität, die zeitweise Trübungen überbrückt; Streit wird nicht mehr als Störung gesehen, die dazu führt, daß die Beziehung ausgesetzt würde.
4	Das Freundschaftskonzept integriert Abhängigkeit und Unabhängigkeit der Beteiligten; es besteht ein Bewußtsein dessen, daß man in den eigenen Bemühungen, sich als eigenständige Person zu erfahren und entwickeln, auf die Unterstützung der anderen Person bauen kann.

Freundschaftskonzepte und ihre Entwicklung sind keine Phänomene im luftleeren Raum. Es ist davon auszugehen, daß sowohl Vorstellungen von Freundschaft die Ausgestaltung konkreter Beziehungen bestimmen, als auch umgekehrt Erfahrungen mit Freunden Einfluß auf das Denken über Freundschaft nehmen. Hinweise in diese Richtung geben Versuche, im Rahmen strukturtheoretischer Überlegungen den Entwicklungsprozeß zu erklären. Danach ergeben sich Anstöße für Entwicklung vor allem dann, wenn sich Erwartungen, die auf der Basis des eigenen Denkens über die Welt gebildet werden, in Alltagssituationen als falsch erweisen. Es ensteht ein *kognitiver Konflikt*. Nun muß dies nicht stets geschehen, wenn Denken und Realität nicht übereinstimmen. Die Realität könnte etwa auch uminterpretiert werden. Damit es zu einem kognitiven Konflikt kommt, müssen Widersprüche auffallen. Das ist vor allem dann wahrscheinlich, wenn unterschiedliche Perspektiven in einem *sozialen Konflikt* aufeinanderstoßen.

Der förderliche Effekt sozial vermittelter oder "markierter" Konflikte auf die kognitive und sozial-kognitive Entwicklung war Gegenstand einer großen Serie von Studien, häufig experimenteller Art (z.B. Perret-Clermont, 1980; vgl. Silbereisen, 1987), und konnte fast durchweg bestätigt werden. Zumeist wurden Kinder eines ähnlichen, jedoch leicht unterschiedlichen Entwicklungsstands zusammengebracht und gebeten, gemeinsam ein Problem zu lösen. Förderlich scheint in einer solchen Konstellation zu sein, daß die Situation durch Gleichberechtigung gekennzeichnet ist und der Widerspruch nicht durch die vorweg gegebene Definitionsmacht einer Partei gelöst wird, bevor es zu einer kognitiven Verarbeitung kommt (Noack, 1980). Vergleichbare Untersuchungen zur Entwicklung von Freundschaftskonzepten fehlen noch weitgehend. Für Jugendliche belegt allerdings eine Studie von Luck (1987) den Zusammenhang zwischen dem Niveau der Freundschaftsvorstellungen und realen Erfahrungen in Beziehungen zu Gleichaltrigen des anderen Geschlechts.

Zusammenfassung: Vorstellungen über Freundschaft werden im Laufe der intraindividuellen Entwicklung wie andere soziale Kognitionen weniger egozentrisch, differenzierter und integrierter. Der Stand des Denkens über Freundschaft beeinflußt die Gestaltung von Freunschaftsbeziehungen, die ihrerseits entwicklungsrelevante Erfahrungen bereitstellen.

4.1.3 Beziehungen und Verhalten zwischen Peers über die Lebensspanne

Obgleich Untersuchungen, die direkt dem Wechselspiel von Freundschaftskonzepten und realen Beziehungen nachgehen, selten sind, läßt sich im Vorgriff auf die folgenden Absätze feststellen, daß beide Entwicklungslinien nicht unerwartet eine große Parallelität aufweisen. Die Darstellung ist nach drei Lebensabschnitten gegliedert: die Zeit bis zum Schuleintritt, die folgenden Jahre bis zum Ende der Jugendzeit und das Erwachsenenalter.

Frühe Kindheit und Vorschulalter. Wenngleich *Säuglinge* in ihrer Verhaltensausstattung eine Reihe von Merkmalen aufweisen, die soziale Interaktionen befördern (vgl. Kap. 6.1.2), herrschte lange die Einschätzung vor, daß sie zu Interaktionen mit Gleichaltrigen nicht fähig sind (Rauh, 1987). Dies wird inzwischen anders gesehen. Schon im ersten Lebensjahr kommt es zunehmend zu Blickkontakten, sozialen Berührungen und Lächeln sowie Imitationen (Schmidt-Denter, 1988). Da diese allerdings häufig nicht erwidert werden und schlecht koordiniert sind, werden Interaktionen auch innerhalb einer Situation kaum über die Zeit aufrechterhalten. Erst ab dem zweiten Lebensjahr ergeben sich systematischer Spielformen, die als kooperativ zu beschreiben sind. Im Zentrum stehen dabei vielfach Spielzeuge und andere Objekte (vgl. Kap. 4.1.2, Selman: Stufe 0), und erste komplementäre Aktivitäten sind möglich.

Im Laufe der *Kindergartenzeit* nehmen soziale Fertigkeiten und positives Interaktionsverhalten zu. Die entscheidende Anforderung der Interaktion von zwei oder mehr Personen, die Aktivitäten der Partner zu koordinieren, wird in steigendem Maße bewältigt. So gelingt beispielsweise die Abstimmung von Sprecher und Hörer im verbalen Austausch besser (Hartup, 1983). Gleichzeitig sind Fortschritte hinsichtlich der individuellen Voraussetzungen für den Umgang miteinander zu beobachten. Dazu gehört das Vermögen, die eigenen Affekte zu regulieren. Gerade in dieser Altersgruppe eskalieren ohne diese Fähigkeit leicht die Stimulation und Aufregung im Verlauf des gemeinsamen Spiels und führen zum Zusammenbruch der Interaktion. Ähnlich wichtig ist die Entwicklung im sozialkognitiven Bereich, die es erlaubt, die Perspektive des Partners übernehmen zu können (Gottman & Mettetal, 1986).

Auf dieser Basis sind bei etwa 3- bis 4jährigen erste kooperative Rollenspiele möglich, deren Anteil am gemeinsamen Tun in der Folgezeit schnell ansteigt (Oerter, 1987b). Gleichzeitig bilden sich erste Gruppen mit einer Binnendifferenzierung und hierarchischen Struktur. Sie können als Vorläufer der Freundschaften und "Banden" der Schulzeit gelten. Auch wenn sich Gruppen im Kindergarten untereinander und gegenüber Erwachsenen schon abgrenzen mögen, kann man nur mit Vorbehalt von eigenständigen Peerbeziehungen reden. Erwachsene, ob Eltern oder Betreuungspersonal, spielen in dieser Zeit bei der Organisation der Interaktionen oder Schlichtung von Konflikten (z.B. Parke et al., 1989, zur "Management'-Funktion der Eltern) weiterhin eine wichtige Rolle.

Schulzeit und Jugendalter. Eine inzwischen klassische Beschreibung der Entwicklung von Peerkontakten unter Kindern und Jugendlichen lieferte Dunphy (1963) vor fast 30 Jahren in Australien auf der Basis von Interviews und teilnehmenden Beobachtungen im Feld. Danach bilden die gleichgeschlechtlichen kleinen Cliquen, die Dunphy vor allem unter 10- bis 12jährigen beobachtete, den Ausgangspunkt dieser Entwicklung. Im Laufe der Gruppierungsentwicklung treten diese zunehmend untereinander in Verbindung bis sich, vor allem unter Beteiligung der Cliquenmitglieder höheren Status, gemischtgeschlechtliche Cliquen bilden. Kontakte zwischen gemischtgeschlechtlichen Cliquen machen in der Folge Crowds aus, deren Hauptfunktion Dunphy in der Erleichterung von neuen Kontakten zu Jugendlichen des anderen Geschlechts sieht. Innerhalb dieser bilden sich schließlich gegengeschlechtliche Paarbeziehungen, und die Crowds lösen sich allmählich auf. Abbildung 7 stellt diese Sequenz graphisch dar.

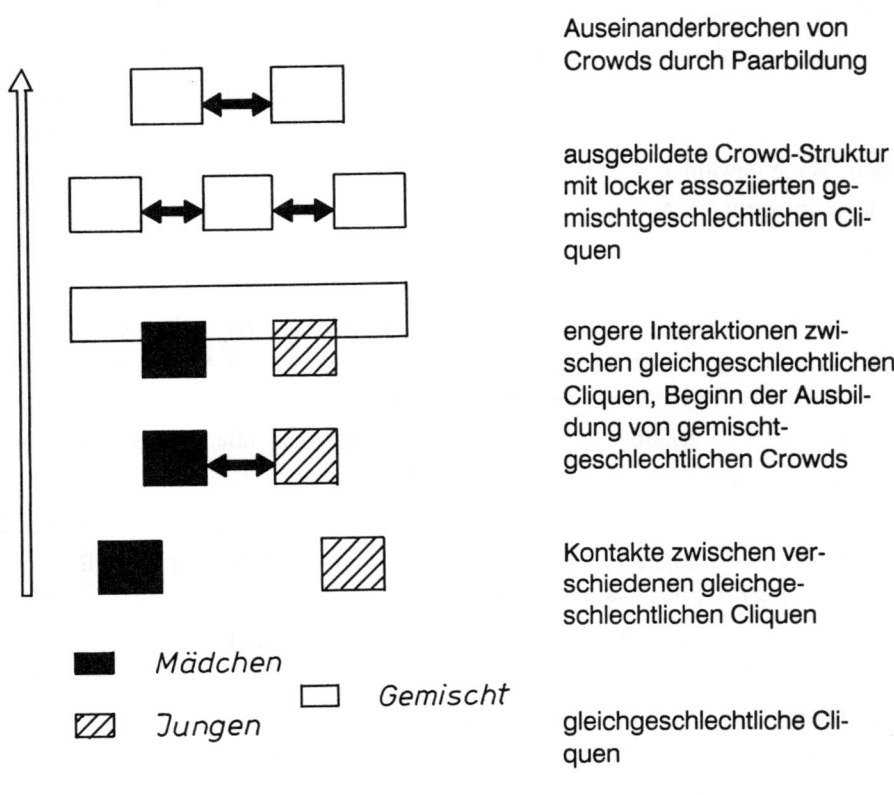

Abbildung 7: Modell der Entwicklung von Peerkontakten unter Kindern und Jugendlichen nach Dunphy (1963).

Dunphys Modell findet auch heute noch Beachtung, wenngleich in jüngerer Zeit Kritik (z.B. Brown, 1989) geäußert wurde, die sich unter anderem darauf richtete, daß hier möglicherweise kultur- und epochenspezifische Beobachtungen verallgemeinert würden. Denkt man an unsere Bedingungen einer Halbtagsschule, könnten hier Merkmale und Bedeutung des Crowd-Stadiums deutlich anders ausfallen als dort, wo Gleichaltrige schon aufgrund des Schulsystems praktisch den gesamten Tag zusammen verbringen.

Dennoch läßt sich eine große Anzahl von Forschungsergebnissen im Sinne von Dunphys Entwicklungssequenz interpretieren. Zusammenfassend bestehen praktisch während des gesamten Zeitraums von der späten Kindheit bis zum frühen Erwachsenenalter mehr oder weniger enge Kontakte zu einzelnen Peers. Bei

Viert- und Sechstklässlern überwiegen Beziehungen zu gleichgeschlechtlichen Peers innerhalb und vor allem außerhalb der Schulklasse (Oswald & Krappmann, 1984). Spätestens von der frühen Adoleszenz an kann man von festen Freundschaften reden, die sowohl subjektiv sehr bedeutsam als auch weitverbreitet sind und erst im Erwachsenenalter etwas mehr in den Hintergrund zu treten scheinen. Die Teilhabe an informellen Gruppen oder Cliquen hingegen läßt sich eher als jugendtypische Gesellungsform charakterisieren. Sie nimmt bis zur mittleren Adoleszenz deutlich zu, um dann wieder rasch an Bedeutung zu verlieren. So gaben ungefähr 40% bis 50% in Befragungen an, Mitglieder einer Clique zu sein (Krauß & Tippelt, 1986; Mackinnon & Spieß, 1987), und unter 15- bis 17jährigen verbringt jeweils etwa ein Sechstel die Freizeit überwiegend mit der Clique oder mit einem gegengeschlechtlichen Partner (SINUS-Institut, 1985). Während der Cliquenkontext dann allerdings bis ins Alter von 25 bis 30 Jahren immer weniger Zuspruch findet, ist das Muster für gegengeschlechtliche Partnerschaften umgekehrt. Mit dem Übergang ins Erwachsenenalter scheinen gegengeschlechtliche Freundschaften die wichtigste Rolle unter den verschiedenen Peerbeziehungen zu spielen und vermutlich dann in feste Beziehungen oder Ehen überzugehen.

Bislang wurde in der Beschreibung von *Unterschieden entlang der Geschlechtergrenzen* abgesehen. Schon die Gruppierungsformen variieren jedoch im Mittel zwischen Jungen und Mädchen. Noch in der Grundschulzeit bevorzugen Mädchen "intensivere", das heißt 1:1-Beziehungen, während Jungen eher "extensive" Peerkontakte pflegen, also Interaktionen in Gruppen (Waldrop & Halverson, 1975; vgl. Hallinan, 1979). Dieses Muster scheint sich im Jugendalter fortzusetzen. Im Vergleich mit männlichen Jugendlichen berichteten befreundete Mädchen ein höheres Maß an Intimität und Offenheit (Buhrmester & Furman, 1987), waren abhängiger voneinander und litten stärker, wenn die Freundschaft zerbrach (Kandel, 1983). Im Sinne der Theorien zur sozialkognitiven Entwicklung, wären diese Muster als Anzeichen eines reiferen Stands der Sozialentwicklung zu interpretieren. Ein weiterer bemerkenswerter Geschlechtsunterschied ist im Hinblick auf gegengeschlechtliche Beziehungen festzustellen. Im Vergleich mit ihren männlichen Altersgenossen streben Mädchen Beziehungen zum anderen Geschlecht früher an (Dreher & Dreher, 1985b; Silbereisen & Noack, 1990). Dieser Unterschied wird nicht zuletzt im Zusammenhang mit der Tatsache verständlich, daß die pubertäre Entwicklung bei weiblichen Jugendlichen im Mittel fast zwei Jahre früher einsetzt als bei männlichen (Brooks-Gunn & Petersen, 1984).

Kasten 3: Im Alltag angepiepst.

Selbstauskünfte bei Befragungen, auf denen ein Großteil der berichteten Ergebnisse beruht, mögen nicht immer zu exakten Einschätzungen der tatsächlichen Situation führen. Erinnerungsfehler im Rückblick, der Wunsch, sich in freundlichem Licht darzustellen, oder Schwankungen in der Selbstbeurteilung nehmen auf das Antwortverhalten Einfluß. Einen interessanten Weg, diesem methodischen Problem zu begegnen, wählten Csikszentmihalyi und Larson (1984). Sie statteten ihre jugendlichen Untersuchungsteilnehmer für eine Woche mit elektronischen Signalgebern ("beepern") aus, ähnlich jenen, die Ärzte in Krankenhäusern bei sich tragen. Die Geräte gaben während jedes Zweistundenintervalls innerhalb der Wachzeit eines Tages zu einem zufällig bestimmten Zeitpunkt ein Signal, auf das hin die Jugendlichen in der jeweiligen Situation einen Kurzfragebogen ausfüllten. Für jeden einzelnen Jugendlichen ergab sich auf diese Weise ein nur bruchstückhaftes "Tagebuch". Über die Gesamtgruppe hinweg konnte jedoch eine authentische Vorstellung davon gewonnen werden, wie Jugendliche in der mittleren Adoleszenz ihren Alltag verbringen. Unter anderem gaben die Jugendlichen an, mit wem sie jeweils gerade zusammen waren. Das Ergebnis wird in Abbildung 8 gezeigt.

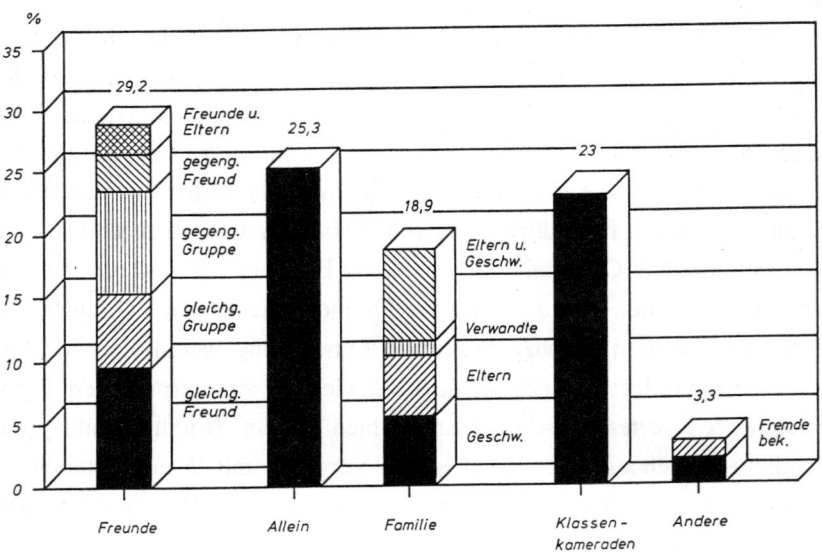

Abbildung 8: Anteile der Wochenzeit, die Jugendliche allein oder in verschiedenen sozialen Kontexten verbringen.

> *Ein ungefähres Viertel der Wochenzeit verbrachten die Jugendlichen jeweils allein, mit Familienmitgliedern, mit Klassenkameraden und mit Freunden. Gut 50% der Zeit gehörte also den Gleichaltrigen. Von der Zeit, die mit Freunden verbracht wurde, entfiel etwas mehr auf gleichgeschlechtliche Freunde. Interessant ist, daß unter den gleichgeschlechtlichen Kontakten jene mit einer Person überwogen, unter den gegengeschlechtlichen jene mit Gruppen. Fast nie waren dabei die Eltern anwesend. Die Ergebnisse dieser Studie sprechen für die Gültigkeit des Bildes, das man sich auf der Grundlage von Auskünften in Fragebögen und Interviews machen kann.*

Erwachsenenalter. Im Vergleich zu anderen Lebensabschnitten ist das *mittlere Erwachsenenalter* immer noch ein weißer Fleck auf entwicklungspsychologischen Landkarten. Das gilt besonders für Untersuchungen, die sich mit Gleichaltrigenbeziehungen beschäftigen. Einige Hinweise lassen sich indes Befunden aus der Umfrageforschung zum Freizeitverhalten (Opaschowski & Neubauer, 1986; Opaschowski, 1989) entnehmen. Danach befragt, was sie "zufällig am letzten Samstag gemacht haben", nannte etwa ein Fünftel einer für die Bundesrepublik repräsentativen Stichprobe (1988) einen Besuch bei Bekannten oder Verwandten, 13% gaben an, Gäste gehabt zu haben. Im Vergleich zu einer ähnlichen Studie, die dreißig Jahre früher durchgeführt wurde, hat sich der Anteil dieser sozialen Aktivitäten an der Wochenendfreizeit mehr als verdoppelt. Noch klarer wird die Bedeutung sozialer Kontakte für Erwachsene, wenn sie gebeten werden anzugeben, was in ihrem Leben wichtig ist. Knapp 90% sagten dies über Freunde. Sie lagen damit in der subjektiven Wertigkeit gleichauf mit der Partnerschaft sowie Familie und Kindern. Soziale Beziehungen zu (nicht-verwandten) Gleichaltrigen spielen also auch im Denken und Verhalten von Erwachsenen eine große Rolle. Das mag trotz der Einbindung in Familie und Beruf, die Zeit und Aufmerksamkeit fordern, der Fall sein, möglicherweise aber auch wegen der Möglichkeiten, etwa an der Arbeitsstelle, durch den Partner oder über die Kinder neue Menschen kennenzulernen.

Weitere Einblicke geben psychologische Untersuchungen, deren Gegenstand die Auseinandersetzung von Menschen mit alltäglichen wie außergewöhnlichen Anforderungen und Problemlagen ist (vgl. Filipp, 1981). Unter den Begriffen "soziales Netzwerk" und "soziale Unterstützung" wurden Bekannte und Freunde als mögliche Ressourcen im Umgang mit Belastungen betrachtet. Die Ergebnisse bestätigen die Alltagsbeobachtung, daß die Netzwerke, in die Personen eingebunden sind, nach Ausmaß, Dichte und Kontaktfrequenz stark variieren, und weisen auf individuelle und familiale Merkmale hin, von denen dies abhängt (z.B. Pointner & Baumann, 1990): So sind Frauen und Männer mit höherer Bildung und besserem finanziellen Auskommen zufriedener mit ihrer sozialen Einbindung, die auch dauerhafter ist, mehr Unterstützung bietet, und in deren Rahmen man sich häufiger sieht. Unter den Frauen gilt dies vor allem für die berufstätigen. Jenseits der individuellen Ebene scheinen eine gute Ehepartnerschaft, eine gewisse Unabhängigkeit der Familienmitglieder sowie die Offenheit der Familie gegenüber der Umwelt mit ausgedehnteren und funktionstüchtigeren sozialen Beziehungen einherzugehen. Blickt man auf die Zusammensetzung der Netzwerke, zeigt sich, daß Verwandte mit etwa 40% (Perlman & Rook, 1987) zwar einen großen Anteil haben, jedoch nicht überwiegen. Verwandtschaftliche Beziehungen prägen die soziale Einbindung in der Unterschicht stärker als in der Mittelschicht, deren Angehörige mehr Bekannte und Freunde zu ihrem Netzwerk zählen.

Das Interesse an Netzwerken geht in erster Linie auf die Annahme zurück, daß sie eine bedeutsame Quelle der Unterstützung darstellen. Dies bestätigen Ergebnisse, die den positiven Einfluß sozialer Einbindung auf die Lebenszufriedenheit und das Selbstwertgefühl, aber auch die körperliche wie psychische Gesundheit und die Höhe der Lebenserwartung dokumentieren (zusf. Darstellungen geben Perlman & Rook, 1987; Sommer & Fydrich, 1987). Daß mögliche streßhafte Erfahrungen bei Menschen mit entsprechenden Kontakten zum Teil schon im Vorfeld aufgefangen, und wenn sie auftreten, besser bewältigt werden, gilt nicht zuletzt für die Auseinandersetzung mit der familialen Situation. Ein ausreichendes Maß an sozialer Unterstützung scheint beispielsweise bei Scheidungen zu helfen, den Verlust des Partners zu überwinden und die vielfältigen Anforderungen, die sich aus der Veränderung ergeben, zu meistern. Allgemein werden alleinerziehende Mütter, die über ein Stützsystem von Freunden, Bekannten und Verwandten verfügen, besser mit ihrem Alltag fertig als jene mit weniger sozialen Ressourcen (vgl. Kap. 13 und 14). Schon hier zeigt sich aber auch, daß eine differenzierte Betrachtung notwendig ist, beispielsweise nach Art der erfahrenen Unterstützung. So stehen die Peers Erwachsener, also ihre Freunde und Bekannten, mehr als Verwandte für Spaß sowie Geselligkeit zur Verfügung und können häufiger Rat und praktische Hilfe geben. Anders sieht es mit finanzieller Unterstützung aus, die eher aus dem Verwandtenkreis stammt.

Für das *höhere Lebensalter* wird häufig von einer Situation zunehmender sozialer Isolierung ausgegangen. Nicht zuletzt die höhere Wahrscheinlichkeit, daß Bekannte und Freunde sterben, sowie die Tatsache, daß der leichtere Zugang zu Gleichaltrigen über den Arbeitsplatz entfällt, lassen dies plausibel erscheinen. Auch wenn soziale Kontakte in geringerer Anzahl als unter jüngeren Erwachsenen bestehen (Tokarski & Schmitz-Scherzer, 1985), geht Schmidt-Denter (1988) in einem Überblick über empirische Untersuchungen davon aus, daß Einsamkeit im Alter verbreitet aber nicht die Regel ist (ca. 25%; vgl. Kap. 11). Den Anteil jener mit häufigen Kontakten zu Nicht-Familienmitgliedern schätzt er auf etwa die Hälfte. Zu dem mehr oder weniger oft genutzten Netzwerk außerhalb der Familie zählen frühere Berufskollegen (78%), Nachbarn (49%) und feste Runden wie Stammtische (16%; Opaschowski & Neubauer, 1984). Allerdings überwiegen familiale Kontakte bei weitem, und solitäre Beschäftigungen wie Fernsehen und Lesen nehmen einen großen Raum im Alltag älterer Menschen ein (Blaschke & Franke, 1982).

In welchem Maße ältere Menschen soziale Netzwerke aufgebauen oder nutzen, ebenso wie die Zufriedenheit damit scheint vor allem eine Frage der eigenen Erfahrungsgeschichte, Persönlichkeitsstruktur und Lebenssituation zu sein (Schmidt-Denter, 1988): So verspüren verwitwete Senioren mehr Einsamkeit als ledige, Männer mehr als Frauen. Im Vergleich verschiedener Bevölkerungsschichten lassen sich größere Bekannten- und Freundeskreise bei älteren Menschen feststellen, die gesellschaftlich besser gestellt sind, eine Beobachtung, die Befunden für das mittlere Erwachsenenalter entspricht. Ein Merkmal, das besonders im höheren Lebensalter eng mit nicht-familialen Sozialbeziehungen zusammenhängt, ist die gesundheitliche Verfassung. Krankheiten und Behinderungen setzen dem Aktionsradius und damit Kontaktmöglichkeiten Grenzen. Umgekehrt ist von förderlichen Einflüssen der sozialen Einbindung auf die Gesundheit auszugehen (Baltes & Zank, 1990). Schließlich ist zu berücksichtigen, daß Senioren heute mehr als in der Vergangenheit Kontakte zu Gleichaltrigen aufnehmen und pflegen.

Zusammenfassung: Peerbeziehungen verschiedener Art sind über die gesamte Lebensspanne hinweg ein Teil des sozialen Kontexts von Familienmitgliedern. Sie werden früher als vielfach vermutet aufgenommen und spielen noch im hohen Lebensalter eine Rolle. Dabei haben bestimmte Gesellungsformen einen stärker alterstypischen Charakter wie die Cliquen Jugendlicher. Wie ausgedehnt und intensiv die Sozialkontakte zu Gleichaltrigen sind, und in welcher Form Individuen sie pflegen, hängt von soziodemographischen Merkmalen wie Geschlecht, Bildung und Beruf ab. Die Bedeutung einer gelungenen Einbindung geht über Gelegenheiten zur Freizeitgestaltung hinaus. Der Umgang mit bekannten oder befreundeten Gleichaltrigen nimmt Einfluß auf das Selbstkonzept und die Lebenszufriedenheit, den Erfolg in der Bewältigung von Anforderungen und Problemen sowie die körperliche und seelische Gesundheit.

4.2 Beziehungen zwischen Individuum, Familie und Peers

An mehr als einem Mikrosystem (z.B. Arbeitsplatz, Stammtisch, Freundschaftsbeziehung, Familie) zu partizipieren, ist durch besondere Anforderungen gekennzeichnet. Es geht beispielsweise darum, die Wünsche und Erwartungen, die von den verschiedenen Seiten an einen gerichtet werden, auszubalancieren. Oder Rollenwechsel müssen flexibel vollzogen werden: Aus der Vaterrolle zum Skatbruder, von der Meinungsführerin der Clique zur Tochter.

Untersuchungen, die die Entwicklung im Mesosystem von Familie und Peers ansprechen, beziehen sich in der Mehrzahl auf Kinder, und unter diesen häufig auf jene im Jugendalter. Ein Grund dafür ist, daß Jugendliche sich zunehmend selbsttätig die Welt erschließen und vorangegangene Definitionen der Eltern-Kind-Beziehung ihre Tragfähigkeit verlieren. Diese Veränderungen stehen im engen Zusammenhang mit dem ökologischen Übergang, der die Lebenswelt der Kinder um eigenständige Peerbeziehungen erweitert. Das bestätigt nicht die traditionellen Vorstellungen vom Antagonismus zwischen Eltern und Gleichaltrigen, die empirisch kaum haltbar sind (Youniss, 1988): Zwar birgt diese Situation einerseits Risiken für den Umgang in der Familie wie für die Zukunft der Kinder. Sie stellt aber andererseits auch Entwicklungschancen bereit. Wenn im folgenden das Mesosystem von Familien- und Peerkontext betrachtet wird, ist ein Hauptanliegen, die Beziehung zwischen beiden Kontexten differenzierter zu beschreiben und auszuloten, in welcher Hinsicht und unter welchen Bedingungen antagonistische und synergistische Einflüsse gegeben sind.

4.2.1 Ähnlichkeiten und Unterschiede von Familie und Peers

Wenngleich das schiere Zusammensein noch wenig über die Qualität des Umgangs in der Familie und in Peerbeziehungen aussagt, kann die *Zeit, die jeweils gemeinsam verbracht wird*, als Information über Rahmenbedingungen von Interaktionen erste Hinweise geben. Die Studie von Csikszentmihalyi und Larson (1984; vgl. Abb. 8) hatte gezeigt, daß die beteiligten Jugendlichen etwa 20% ihrer Wachzeit zusammen mit Familienmitgliedern verbrachten. Weitere 27% entfielen auf Zeit ohne soziale Kontakte. Wenn man davon ausgeht, daß letzteres zu einem guten Teil auf Beschäftigungen in der elterlichen Wohnung zurückgeht, erscheint das Verhältnis von Familien- und Peerkontext (jenseits des Schulalltags) als relativ ausgeglichen. Zu einem ähnlichen Ergebnis kommt auch Montemayor (1982) auf der Basis von Telefoninterviews: Die Zeit, die die Befragten mit den Eltern und den Peers verbrachten, entsprach sich in etwa.

Gleichsinnig zeigten beide Untersuchungen allerdings auch, daß sich deutliche Unterschiede dann ergeben, wenn danach gefragt wird, worauf die gemeinsame Zeit verwendet wird. Im Vergleich zum familialen Zusammensein war der Umgang mit Peers weniger durch den Vollzug alltäglicher Funktionen sowie das Erfüllen von Pflichten und Aufgaben geprägt und diente stattdessen in stärkerem Maße Freizeitaktivitäten. Selbst in der Familieninteraktion hielten sich jedoch Freizeit- und andere Aktivitäten zumindest die Waage. Interessant ist weiterhin, daß die Zeit allein noch ausgeprägter aufgabenorientiert genutzt wurde als das Zusammensein mit den Eltern (Montemayor, 1982). Larson (1983) schlüsselte die Zeitbudgets Jugendlicher weiter auf nach den *atmosphärischen Randbedingungen* des Umgangs. Die Fragen betrafen Gefühle von positiver Gestimmtheit, Klarheit, Offenheit, Freiheit sowie positive Rückmeldungen und Scherzhaftigkeit in den Unterhaltungen. In jeder Hinsicht wurde die Familieninteraktion positiv beschrieben. In jedem Fall schnitt jedoch der Peerkontext im Urteil der Jugendlichen noch besser ab. Das wirkt auf den ersten Blick trivial, denkt man an die ungleiche Verteilung von Freizeitaktivitäten. Im wesentlichen dasselbe Ergebnis ermittelte Larson jedoch auch innerhalb beider Aktivitätsbereiche, also sowohl für die Freizeit wie für die aufgabenorientierte Zeit. Noch ein Befund ist erstaunlich: Die Charakterisierung der Familiensituation ging nicht nur auf die Eltern zurück. Ob Zeit mit Eltern, Geschwistern oder der ganzen Familie verbracht wurde - das Muster unterschied sich kaum.

Zur Interpretation seiner Ergebnisse schlägt Larson (1983) für den Familienkontext das Bild eines negativen Rückkopplungskreises vor. Abweichungen werden dort gedämpft, Neuentwicklungen eher verhindert, die Stabilität gewahrt. Eine solche Wirkweise betrachtet Larson als funktional angesichts der sozialisatorischen Aufgaben der Familie. Der Peerkontext wird hingegen als positiver Rückkopplungskreis betrachtet. Er verstärkt eher abweichende Verhaltensweisen, akzentuiert Unterschiedlichkeit und ist Innovationen förderlich. Zur Stützung dieser Interpretation führt Larson an, daß die Menge der Zeit, die mit der Familie verbracht wird, in einem positiven Zusammenhang steht mit einer erfolgreichen Bewältigung schulischer Anforderungen sowie einer geringeren Affekt-Variabilität der Jugendlichen. Die Zeit mit Freunden geht hingegen mit einer höheren Soziabilität einher. Auch wenn diese Sichtweise Unterschiede idealtypisch akzentuieren dürfte, ist festzuhalten, daß die Untersuchung erste Anhaltspunkte für differentielle Effekte von Familie und Peers auf die Entwicklung von Jugendlichen gibt. Diese Annahme wird noch unterstützt durch den Befund, daß Kommunikationssituationen mit den Eltern eher einen unilateralen Charakter aufweisen, mit den

Eltern in der Rolle der Erklärenden, wohingegen Freunde zu versuchen scheinen, den anderen zu verstehen (Hunter, 1985; vgl. Selman et al., 1986).

Das Ausmaß, in dem Aktivitäten, die Freude machen, mit Familie oder Peers betrieben werden ("*companionship*"), ändert sich mit dem Alter. Während 7- bis 8jährige noch keinen Unterschied berichteten, hatten bei 10jährigen die Eltern den Hauptanteil an solchen Aktivitäten, während sich erst bei 13jährigen das Verhältnis zugunsten der Peers gewendet hatte (Buhrmester & Furman, 1987). Für die *Intimität* des Austauschs war die Entwicklungssequenz für Jungen ähnlich, wenngleich auch bei den 13jährigen Jungen das Ausmaß an Offenheit im Umgang mit den Freunden jenes in der Eltern-Kind-Interaktion noch nicht übertraf. Dies war hingegen bei den älteren Mädchen schon der Fall. Die Mädchen differenzierten darüber hinaus noch weiter nach Mutter und Vater, mit dem sie den weniger engen Umgang pflegen (vgl. Youniss & Ketterlinus, 1987). Unterschiede in der Bedeutung der beiden Mikrosysteme zeigen sich schließlich nach dem *thematischen Fokus* des Austauschs: Geht es um Moral, Schule und Beruf sowie die Familie, sind im Mittel die Eltern häufiger die Interaktionspartner, bei freundschaftsbezogenen Themen sind es die Peers. Von der Kindheit ins Jugendalter hinein nimmt allerdings der Stellenwert der Eltern als Partner in Gesprächen über Schule und Moral ab, jener der Peers zu. Entsprechend ihrer fortgeschritteneren Freundschaftsentwicklung unterhalten sich Mädchen über beide soziale Themen, Familie und Freundschaft, häufiger mit Freunden als Jungen (vgl. Youniss, 1988).

Zusammenfassung: Individuum, Familie und Peerkontext stehen in einer Beziehung zueinander, die häufiger durch Kontinuität als durch Unterschiede oder Gegensätze geprägt ist. Mit dieser generellen Einschätzung stehen durchaus jene Befunde im Einklang, die im Vergleich von Eltern-Kind- und Peerbeziehungen Jugendlicher letztere als gleichberechtigter und atmosphärisch positiver ausweisen. Zu berücksichtigen ist in diesem Zusammenhang die Wahrnehmung erzieherischer Aufgaben in der Interaktion von Eltern und Kindern. Zudem ist die Wahrnehmung der familialen Beziehung im Mittel ebenfalls positiv und korreliert ungeachtet möglicher Niveauunterschiede mit jener der Peerbeziehung.

4.2.2 Relative Einflüsse von Familie und Peers

Untersuchungen zum relativen Einfluß von Eltern und Peers beschränken sich weitgehend auf das Jugendalter als jenen Entwicklungsabschnitt, in dem Gleichaltrigenbeziehungen den Stellenwert eines eigenständigen sozialen Systems neben dem Elternhaus eingenommen haben. Eine Serie wegweisender Studien zu diesem Thema legte Kandel in den 70er Jahren vor (zum Überblick vgl. Kandel, 1986). Sie bezogen sich auf den Konsum von Alkohol und Marihuana sowie schulisch-akademische Orientierungen der Jugendlichen als abhängige Variablen. Bei Eltern und Freunden wurden Einstellungen zu den Drogen und eigener Konsum sowie ebenfalls akademische Orientierungen erhoben. Es zeigte sich, daß die Einflüsse nach Gegenstandsbereich, Geschlecht der Jugendlichen und Art der Einflußgröße variierten: Während Alkohol- wie Marihuanakonsum vom entsprechenden Verhalten der Freunde beeinflußt war, fand sich ein solcher Effekt der Eltern nur für Alkohol; auf den Gebrauch von Marihuana wirkten sich nur die elterlichen Einstellungen aus. Deutlich mehr Einfluß hatten die Eltern auf die akademischen Orientierungen der Jugendlichen. Die Haltungen der Freunde waren fast wirkungslos. Insgesamt unterlagen Mädchen dem Einfluß beider Kontexte mehr als Jungen, in stärkerem Maße jenem der Peers als jenem der Eltern. Andere Untersuchungen belegten darüber hinaus einen starken Effekt des Familienkontextes auf den Konsum harter Drogen (Glynn, 1981). Er geht vor allem von drogenunspezifischen Beziehungs- und Interaktionsmerkmalen wie Nähe und Konflikthaftigkeit aus.

Hartup (1983) faßt die Befundlage dahingehend zusammen, daß Peereinflüsse, die im Widerstreit mit Einflüssen der Eltern liegen, vor allem die "Oberflächenstruktur" betreffen und kaum tiefer verwurzelte Merkmale wie grundlegende Werthaltungen. Für die Einschätzung spricht, daß der Einfluß der Freunde von vergleichsweise kurzer zeitlicher Dauer ist (Glynn, 1981). Sie berücksichtigt allerdings nicht die Möglichkeit von Wechselwirkungen, etwa daß elterliche Einwirkungen Kinder erst empfänglich machen würden für den Effekt von Modellverhalten der Freunde.

Für Selbstwert als Zielvariable zeigten sich durchweg positive Einflüsse einer guten Einbindung in beide soziale Systeme (z.B. Greenberg et al., 1983; Walker & Green, 1986). Das Ausmaß der relativen Einflüsse variierte allerdings in Abhängigkeit von Alter und Geschlecht der untersuchten Jugendlichen (z.B. Noack & Albrecht, 1990). Dabei scheint im Mittel der Einfluß der Eltern-Kind-Beziehung stärker zu sein als jener, der von den Gleichaltrigen ausgeht (Blyth & Traeger, 1988). Vergleichbare Ergebnisse berichtet Fend (1990) für den Einfluß der Beziehungsqualitäten auf die Entwicklung der Ich-Stärke, weist aber auch darauf hin, daß eine gute Beziehung zu den Eltern nicht ausreicht, um eine erfolgreiche Entwicklung zu sichern. Den besten Entwicklungsverlauf nahmen Jugendliche, die positive Beziehungen zu Eltern und Peers unterhielten.

Zusammenfassung: Die relativen Einflüsse von Eltern und Peers variieren als Funktion des betrachteten Einstellungs- oder Verhaltensbereichs und abhängig vom Alter, Geschlecht und weiteren Merkmalen der Kinder. Widerstreitende Einflüsse sind nicht die Regel und betreffen kaum zentrale Aspekte der Persönlichkeitsentwicklung. Inwiefern ähnliches auch für die Eltern als Zielpersonen der Einwirkungen ihrer Kinder und Freunde gilt, bleibt angesichts der Forschungslage offen.

4.2.3 Wechselseitige Beeinflussung von Familie und Peers

Schon die für eine Reihe von Merkmalen beobachteten Ähnlichkeiten von häuslichem und Peerkontext deuten an, daß es sich bei beiden Mikrosystemen nicht um zwei unabhängige Welten handelt. Eltern wirken beispielsweise auf die Freundschaftsbeziehungen ihrer Kinder ein (Oswald, 1989). Vor allem zwei Mechanismen werden zur Erklärung angeführt, direkte Einwirkungen und solche, die über Personmerkmale des Kindes als Bindeglied zwischen beiden Kontexten vermittelt werden (Parke et al., 1989). *Direkte Einflußnahmen*, die zumeist von den Eltern ausgehen, etwa wenn die Mutter schlichtend in einen Streit zwischen Spielkameraden eingreift, finden vor allem bei kleinen Kindern statt, die aufgrund ihres Entwicklungsstands nur unzureichend in der Lage sind, Peer-Interaktionen aufrechtzuerhalten (vgl. Gottman & Mettetal, 1986). Mit dem Alter der Kinder nimmt die Bedeutung der Eltern als "Manager" (Parke et al., 1989) der Sozialkontakte ihrer Kinder ab. Dennoch sind direkte elterliche Einflüsse auf Ausmaß und Art der Peerkontakte noch bis weit in das Schulalter gegeben, beispielsweise durch Verbote oder Auflagen sowie des Angewiesenseins auf elterliche Chauffeurdienste, wenn mit den Freunden etwas unternommen werden soll (Medrich et al., 1982; Moore & Young, 1978). Selbst im mittleren und höheren Jugendalter sind Eltern Möglichkeiten zur Einflußnahme allein schon dadurch gegeben, daß die Wohnung für die Kinder ein beliebter und häufig genutzter Ort ist, um die Freizeit mit Freunden zu verbringen (Noack, 1990).

Der Großteil empirischer Untersuchungen konzentriert sich auf *indirekte Effekte* der Eltern auf Peerkontakte ihrer Kinder. Schon für Kinder im Vorschulalter läßt sich der Zusammenhang zwischen einer sicheren Mutter-Kind-Bindung und der Harmonie in Freundschaftsbeziehungen sowie dem Ausmaß belegen, in dem die Freunde aufeinander eingehen (Park & Waters, 1989). Daß in diesem Alter Interaktionen unter Gleichaltrigen gelingen, ist vor allem abhängig von der Feinkoordination und -regulation der Aktivitäten. Die Entwicklung dieser sozialen Kompetenzen scheint durch eine elterliche Erziehung, die auf Direktivität und Zwang fußt, behindert zu werden (Parke et al., 1989). Erfolgreiche Interaktionen setzen die Fähigkeit der Kinder voraus, ihre eigenen Gefühle im Ausdrucksverhalten wiederzugeben sowie den affektiven Ausdruck der Gleichaltrigen richtig entschlüsseln zu können. Erste Ergebnisse lassen vermuten, daß die Entwicklung beider Fähigkeiten vom ausgedehnten Spiel mit den Eltern profitiert.

Auch für Grundschüler scheinen die Verhältnisse ähnlich zu liegen: Kinder, deren Mütter in der Erziehung vor allem auf Strenge, Drohungen und körperliche Strafen vertrauen, wurden von ihren Kameraden weniger akzeptiert (Hart et al., 1990). Weiterhin zeigte sich, daß jene Schulkinder, die bei Gleichaltrigen unbeliebt waren, über ungeeignete soziale Strategien verfügten wie aggressives Verhalten, Bemühungen, Aufmerksamkeit auf sich zu ziehen, oder viel zu widersprechen (Dodge, 1983; Putallaz & Gottman, 1981). Mit der Vermittlung dysfunktionaler Erwartungen und Verhaltensweisen für soziale Situationen scheint ein Weg, über den Eltern indirekt Einfluß auf Peerkontakte nehmen, auf der Hand zu liegen. Empirisch ließ sich der vermutete Prozeß indessen bislang nur für die Wirkung der väterlichen Erziehung zusammenhängend bestätigen (Boldizar et al., 1991).

Auch Peerbeziehungen im Jugendalter werden trotz ihrer größeren Eigenständigkeit von den Eltern beeinflußt. In diese Richtung weisen Untersuchungen, die die Bedeutung von Ähnlichkeit als Selektionskriterium für Freunde belegen: In ihrer längsschnittlichen Untersuchung konnte Kandel (1986) zeigen, daß sich zukünftige Freunde (ein halbes Jahr vor Entstehen der Freundschaft) nicht nur ähnlicher waren als andere Jugendliche in derselben Schulklasse, sondern auch ähnlicher als Freunde, deren Beziehung im Folgejahr zerbrach. Das galt für Ähnlichkeiten in Einstellungen, vor allem aber auf der Verhaltensebene. Können also beispielsweise Eltern Jugendliche von Marihuana fernhalten, ist die Wahrscheinlichkeit höher, daß deren Freunde die Droge ebenfalls nicht konsumieren. Daß durch Selektionsprozesse Einflüsse der Eltern über die Persönlichkeitsentwicklung ihrer Kinder auf den Peerkontext wirken, bleibt allerdings Interpretation, da Einstellungen und Erziehungsziele der Eltern in dieser Studie nicht erhoben wurden.

Häufiger noch sind Untersuchungen, die *Zusammenhänge zwischen Eltern- und Peerkontext* erfaßten, ohne den vermittelnden Prozessen empirisch nachzugehen. So konnte Montemayor (1982) in seiner Zeitbudget-Studie zeigen, daß die Stunden, die auf Freizeitaktivitäten mit Peers verwendet wurden, nur bei weiblichen Jugendlichen auf Kosten der gemeinsamen Zeit mit den Eltern, speziell der Mutter, gingen. Bei Jungen war dies nicht der Fall. Interessant ist, daß Konflikte in einem Kontext keinen Einfluß auf die Zeit nahmen, die im anderen Kontext verbracht wurde, Jugendliche also beispielsweise bei Krach im Elternhaus nicht zu Freunden auszuweichen scheinen. Gegen eine kompensatorische Funktion des Peerkontexts spricht auch, daß das Ausmaß, in dem Jugendliche Rat, Unterstützung und Hilfe bei ihren Eltern suchen, in einem positiven Zusammenhang mit entsprechendem Ansinnen an Freunde steht (Greenberg et al., 1983). Auch in diesem Fall gehen Peer-Interaktionen nicht auf Kosten der Eltern-Kind-Kontakte.

Die Befunde fallen auf den ersten Blick weniger einheitlich aus, wenn qualitative Merkmale der Beziehungen untersucht werden: Noack (1991) fand bei Untersuchungen an verschiedenen Stichproben zumeist positive Zusammenhänge zwischen verschiedenen Aspekten des Familienklimas sowie wahrgenommenen Interaktionsformen im Umgang von Eltern und Kindern einerseits und parallelen Merkmalen des Peerkontexts andererseits. Henderson et al. (1990) beobachteten zwar im Einklang damit die besten Freundschaftsbeziehungen bei Jugendlichen, deren Familienbeziehungen durch ein hohes Maß an Zusammenhalt und Emotionalität geprägt war, jedoch ebenso bei jenen mit besonders negativen Familienbeziehungen. Ihr Befund läßt sich als Hinweis auf eine komplementäre Rolle der Peers bei einem guten, auf eine kompensatorische Funktion bei einem schlechten Familienklima deuten. Für eine kompensatorische Beziehung zwischen Familie und Peers sprechen auch die Befunde einer Untersuchung von Fuligni und Eccles (1991), die beobachteten, daß sich Jugendliche in dem Maße Gleichaltrigen zuwandten, in dem die Eltern eine autoritäre Kontrolle ausübten. Darüberhinaus ging nicht nur ein niedriges absolutes Niveau der Mitsprachemöglichkeiten in der Familie, sondern auch deren Abnahme über die Zeit mit einer erhöhten Peer-Orientierung einher.

Die Ergebnisse lassen offen, welcher Art jeweils die Freunde der Jugendlichen waren. Je nach Ausprägung des Familienklimas könnten Beziehungen zu unterschiedlichen Peers profitieren: Über eine große Variationsbreite im familialen Umgang hinweg scheint eine parallele Qualität der Freundschaft zu eher normkonformen Gleichaltrigen gegeben zu sein. Ein extrem schlechtes Familienklima hingegen mag den Kontakt zu Peers fördern, deren Einstellungen und Verhalten im Widerspruch zu den Regeln der Erwachsenenwelt stehen. Das ist eine zentrale Annahme von theoretischen Ansätzen, die die Entstehung von Devianz im Jugendalter auf die Lösung von Bindungen zu familialen sowie anderen normativen Kontexten und die Orientierung auf kontranormative Bezugsgruppen zurückführen (Elliott et al., 1985). Empirische Befunde stützen diese Hypothese (z.B. Silbereisen et al., 1989; Silbereisen & Walper, 1988). Tatsächlich scheinen andere Peergruppen ins Spiel zu kommen, denn der Kontakt zu devianten Peers ging bei den untersuchten Jugendlichen mit einer Ablehnung durch die Klassenkameraden einher. Eine Erziehung, die auf gleichberechtigte Gespräche und Begründen statt

Erzwingen von Anforderungen fußte, wirkte indessen negativen Entwicklungen entgegen.

> **Kasten 4:** Eltern, Peers und sozialer Wandel.
>
> *Entsprechend dem traditionellen Verständnis der Eltern als Erzieher ihrer Kinder, befaßt sich die Literatur in der Regel mit dem Einfluß des familialen Mikrosystems auf die Peerbeziehungen von Töchtern und Söhnen. Trotz des vor über 10 Jahren erschienenen programmatischen Sammelbandes von Lerner und Spanier (1978), der in vielfältiger Weise "Child influences on marital and family interaction" belegte, ist die gegensinnige Einflußrichtung nicht oft empirisch untersucht worden. Noch seltener wurden Effekte des Peerkontexts auf die häusliche Situation explizit thematisiert, wenngleich einzuräumen ist, daß eine Reihe von Ergebnissen, soweit sie querschnittlichen Untersuchungen entstammen, auch im Sinne von Peereinflüssen auf den Eltern-Kind-Umgang interpretiert werden können.*
>
> *Eine Ausnahme bildet in dem erwähnten Sammelband das von Bengtson und Troll (1978) diskutierte "forerunner"-Konzept, das einen möglichen Weg skizziert, auf dem sich sozialer Wandel vollzieht. Ausgangspunkt ist die Annahme einer unterschiedlichen Aufgeschlossenheit von Familien hinsichtlich bestimmter Themen sowie einer entwicklungstypischen Offenheit von Jugendlichen für neue gesellschaftliche Entwicklungen. Treffen nun aktuelle gesellschaftliche Themen mit inhaltlich analogen familientypischen zusammen, ist nach dieser Theorie die Wahrscheinlichkeit groß, daß die Kinder die neuen Ideen aufgreifen und in die Familie tragen. Die Gesamtfamilie, die sich in der Folge von den fortschrittlichen Orientierungen leiten läßt, wird zum Vorreiter der Veränderungen, die in dem Maße zunehmend andere Familien erfassen, in dem sich die neuen Haltungen als funktional erweisen. Auch wenn der skizzierte Prozeß plausibel klingt, sind zwei Einschränkungen angebracht: Wenn Bengtson und Troll mit ihren Überlegungen auch eine Vielzahl von Befunden aus verschiedenen Quellen stimmig interpretieren konnten, wurde das Gesamtkonzept jedoch keiner zusammenhängenden empirischen Prüfung unterzogen. Des weiteren legen Alltagsbeobachtungen zwar nahe, daß neue Themen zunächst Gegenstand von Unterhaltungen im Peer-Kontext sind, bevor sie an die Eltern herangetragen werden. Letztlich bleibt aber offen, welchen Anteil an der Transmission fortschrittlicher Ideen Anstöße aus der Peergruppe im Vergleich zu jenen haben, die von der Schule und den Medien ausgehen.*

Richtete sich das Interesse der zuvor geschilderten Arbeiten auf Zusammenhänge zwischen Peerkontexten und familialem Mikrosystem, geht die abschließend geschilderte Studie von Schneewind et al. (1983) einen Schritt weiter: Im Rahmen umfänglicherer Auswertungen wurde der Einfluß der elterlichen Peereinbindung auf die Gleichaltrigenbeziehungen der Kinder geprüft. Genauer lautete eine zentrale Annahme, daß ein offenes Familienklima zum einen direkt förderlich auf die sozialen Aktivitäten der Kinder wirkt. Gleichzeitig sollte es indirekt förderlich sein, vermittelt über das soziale Netzwerk der Eltern, in dem Sinne, daß Eltern in offeneren Familien über mehr sowie intensivere Kontakte verfügen und diese Einbindung wiederum die peerbezogenen Aktivitäten der Kinder positiv beeinflußt. Letzteres begründeten die Autoren unter anderem mit der Modellwirkung, die vom elterlichen Sozialverhalten ausgeht. Kulturelle Aufgeschlossenheit, aktive und vielseitige Freizeitgestaltung waren Merkmale des offenen Familienklimas. Hinsichtlich des elterlichen Netzwerks wurden beispielsweise die Anzahl von Freunden, Besuchshäufigkeiten und Telefonkontakte erfaßt. Auf die Peer-Einbindung der Kinder richteten sich Fragen nach den Vereins- und außercurricularen Aktivitäten, der mit Freunden verbrachten Zeit sowie ebenfalls der Häufigkeit von Telefonaten. Der empirische Test an Fragebogendaten von 570 Familien mit Kindern im Alter zwischen 9 und 14 Jahren bestätigte weitgehend das erwartete Zusammenhangsmuster. Das heißt, die Gleichaltrigenkontakte der Kinder wurden vom offenen Familienklima wie auch von Qualität und Quantität der elterlichen Sozialbeziehungen positiv beeinflußt. Dabei zeigte sich auch, daß der Effekt des sozialen Netzwerks der Eltern nicht notwendig dadurch zustandezukommen scheint, daß die Kinder aktiv an diesen Kontakten unter Erwachsenen partizipieren. Offenbar reicht das Wissen um die Einbindung der Eltern oder die passive Teilhabe als Grundlage für parallele Aktivitäten der Kinder. Da die Daten, auf denen die Auswertungen beruhen, wie in vielen anderen Untersuchungen nur zu einem Zeitpunkt, also querschnittlich, erhoben wurden, lassen sich letztlich Zweifel an der vermuteten Richtung der Einflüsse nicht von der Hand weisen. Auch wenn ein Effekt der Sozialbeziehungen auf Seiten der Kinder auf das Netzwerk der Eltern denkbar ist, kann jedoch die von Schneewind und Kollegen vorgeschlagene Interpretation als wahrscheinlicher gelten.

Zusammenfassung: Vielfach prägen Eltern die Peerbeziehungen ihrer Kinder, wobei dieser Einfluß mit dem Alter der Söhne und Töchter zunehmend indirekter wird. Zumeist ergibt sich als Resultat, daß sich der familiale und der Peerkontext in vielen Merkmalen entsprechen. Bei einem hohen Maß an häuslichen Konflikten und elterlicher Strenge werden allerdings kompensatorische Peerbeziehungen wahrscheinlich. Einflüsse des Peerkontexts der Kinder auf die Familie und speziell die Eltern sind zu vermuten aber ebenso wenig untersucht wie die wechselseitige Beeinflussung von Eltern-Kind- und elterlichen Peerbeziehungen.

5. DAS ENTSTEHEN DER FAMILIE
Christiane Papastefanou, Manfred Hofer und Manfred Hassebrauck

5.1 Am Anfang waren: die Wahl des Partners und die Partnerbeziehung

5.1.1 Wer wählt wen? - Die Partnerwahl

Die Wahl eines Lebenspartners ist ein erster notwendiger Schritt zur Bildung einer Familie, und die Frage, wer welchen Partner wählt, beschäftigt seit den Arbeiten von Darwin (1871) und Galton (1870/1952) Psychologen, Soziologen, Biologen und Humangenetiker. Das anhaltende Interesse an dieser Thematik ist nicht zuletzt darauf zurückzuführen, daß mehr als 90% aller Erwachsenen in westlichen Industriegesellschaften zumindest einmal in ihrem Leben heiraten (Price & Vandenberg, 1980) und die Zufriedenheit mit der ehelichen Beziehung nicht nur Konsequenzen für die Interaktion der Partner untereinander, sondern auch für die Interaktion mit eventuell vorhandenen Kindern hat.

Gleich und gleich gesellt sich gern - oder ziehen sich Gegensätze an? Daß die Partnerwahl alles andere als ein zufälliger Prozeß der Paarbildung ist, konnte schon Anfang dieses Jahrhundert von Karl Pearson (Pearson & Lee, 1903; Pearson et al., 1903) festgestellt werden. Er beobachtete signifikante Korrelationen der Ehepartner im Hinblick auf verschiedene morphologische Variablen. Seit diesen ersten systematischen Arbeiten wurden Ähnlichkeiten von Ehepartnern in zahlreichen Bereichen, wenn auch in unterschiedlichem Ausmaß, festgestellt. Am höchsten sind die Korrelationen zwischen Ehepartnern im Hinblick auf demographische Variablen wie etwa die Religionszugehörigkeit oder die Wohngegend, gefolgt von Einstellungsähnlichkeit, der Ähnlichkeit von kognitiven Fähigkeiten und sozioökonomischem Status. Relativ am niedrigsten sind die Korrelationen von Persönlichkeitsmerkmalen der Ehepartner (Buss, 1985). Nun darf man aber die relativ höheren Korrelationen von Ehepartnern bei demographischen Variablen nicht so verstehen, daß Männer und Frauen bei der Partnerwahl etwa systematisch auf räumliche Nähe oder ähnliche Variablen achten. Vielmehr erscheint es plausibler anzunehmen, daß diese Merkmale Einfluß auf die Partnerwahl haben, weil sie die *Kontaktwahrscheinlichkeit* beeinflussen. Man trifft häufiger mit Menschen zusammen, die in der Nähe wohnen, die gleiche Schule besuchen, oder der gleichen Religionsgruppe angehören. Erst in einem zweiten Schritt, nachdem der erste Kontakt zustandegekommen ist, können Variablen wie Einstellungen oder Persönlichkeitsmerkmale berücksichtigt werden.

Die Beobachtung, daß sich Ehepartner in zahlreichen Merkmalen ähnlicher sind als man es bei einer mehr oder weniger zufälligen Wahl eines Partners erwarten würde, hat zahlreiche Autoren dazu gebracht, *Homogamie*, d.h. Partnerwahl auf der Basis von *Ähnlichkeit* als die Grundtendenz der Partnerwahl zu betrachten (z.B. Buss & Barnes, 1986). Die Feststellung von Ähnlichkeit in existierenden Beziehungen allein ist allerdings noch kein hinreichender Grund, die Homogamitätsthese anzunehmen, denn es ist durchaus denkbar, daß sich Ehepartner im Laufe der Jahre ähnlicher werden. Ähnlichkeit wäre dann eher eine Konsequenz als eine Ursache der Paarbildung.

Weitere Unterstützung für die Homogamitätsthese liefern allerdings Längsschnittuntersuchungen, wonach Attitüdenähnlichkeit, die schon vor Beginn einer Beziehung festgestellt werden konnte, die Entwicklung von Sympathie für eine andere Person und die Herausbildung von freundschaftlichen Beziehungen beeinflußt (z.B. Neimeyer & Mitchell, 1988; Newcomb, 1961). Ebenso zeigt die Analyse der in Heirats- und Bekanntschaftsanzeigen geäußerten Wünsche, daß Personen solche Merkmale bei einem potentiellen Partner wünschen, über die sie auch selbst verfügen (Hassebrauck, 1990b). Schließlich unterstützen auch zahlreiche Untersuchungen zur sogenannten *"matching"-Hypothese* (vgl. Feingold, 1988) die Annahme, daß Ähnlichkeit ein maßgeblicher Aspekt der Partnerwahl ist. Nach dieser Hypothese wägen Personen ihre positiven und negativen Attribute (z.B. Status, Aussehen, Persönlichkeitsmerkmale) ab und kommen so zu einer Selbsteinschätzung ihres "sozialen Wertes". Bei der Wahl eines Partners oder einer Partnerin wird dessen/deren sozialer Wert mit dem eigenen verglichen. Mit größerer Wahrscheinlichkeit werden die Personen gewählt, deren sozialer Wert ungefähr dem eigenen entspricht. Zugleich wird erwartet, daß Beziehungen um so stabiler sind, je ähnlicher sich die Partner im Hinblick auf ihren "Marktwert" sind. Nach dieser Hypothese wählen also Personen nicht den Besten oder die Beste, sondern berücksichtigen, daß sie selbst auch etwas in die Waagschale werfen müssen, und wählen dann den Besten, den sie meinen, erreichen zu können. Entsprechend liegen die in der Literatur berichteten Intrapaarkorrelationen der Attraktivität von Ehepartnern durchschnittlich bei $r = .50$ (Feingold, 1988).

Trotz der umfangreichen empirischen Evidenz für Homogamie, die als einer der gesichertsten Befunde innerhalb der Partnerwahlforschung zu betrachten ist, finden sich auch Autoren, die *Heterogamie*, also Partnerwahl auf der Basis von *Unähnlichkeit*, postulieren (Kerckhoff & Davis, 1962; Winch, 1958). Versuche, Komplementarität als Kriterium der Partnerwahl festzustellen, sind bislang allerdings von wenig Erfolg gekrönt gewesen (Murstein, 1980). Sowohl die Arbeiten von

Winch als auch die von Kerckhoff und Davis lassen Raum für verschiedene, einander ausschließende Interpretationen der Befunde. Murstein (1980) meint denn auch bei einer kritischen Bewertung der vorliegenden Arbeiten, wenn Komplementarität eine Bedeutung für die Partnerwahl habe, dann bei extremen Ausprägungen bestimmter Merkmale, etwa wenn ein dominanter Mann eine submissive Frau präferiert.

Einen alternativen Weg zur Erfassung von Partnerpräferenzen schlugen Buss und Barnes (1986) ein, indem sie Männer und Frauen direkt danach fragten, was ihnen an einem Partner wichtig sei. Beide Geschlechter präferierten nach den Ergebnissen dieser Studie gleichermaßen verständnisvolle, interessante und intelligente Partner. Deutliche Geschlechtsunterschiede konnten dagegen im Hinblick auf die Bedeutung des Aussehens und des sozialen Status festgestellt werden. Männer wünschten mehr als Frauen eine attraktive Partnerin, während Frauen mehr als Männer Wert auf guten Verdienst und die Schulbildung des Partners legten. Ähnliche Ergebnisse finden sich auch in der von Hassebrauck (1990b) vorgenommenen Analyse von 378 Heiratsanzeigen. Männliche Inserenten beschrieben sich signifikant häufiger als Frauen mit statusbezogenen Aussagen, während mehr Frauen als Männer auf den Status des Partners Wert legten. Vergleichbare geschlechtsspezifische Präferenzmuster lassen sich in einer interkulturellen Studie mit 37 verschiedenen Stichproben aus über alle fünf Kontinente verteilten Ländern wiederfinden. In 36 der 37 Stichproben präferierten Frauen mehr als Männer sozialen Status des Ehepartners, und in allen 37 Stichproben war Männern das Aussehen von Frauen wichtiger als Frauen das Aussehen von Männern (Buss, 1989).

Soziobiologen (z.B. Buss, 1989; Symons, 1979) erklären solche konsistenten Präferenzmuster durch *sexuelle Selektion*, einen Evolutionsmechanismus, der Partnerpräferenzen, die mit einer höheren Reproduktionswahrscheinlichkeit verbunden sind, begünstigt. Frauen sollten nach diesem Ansatz bei der Partnerwahl vor allem auf solche Merkmale von Männern achten, die ihnen und ihren Kindern die bestmöglichen (Über-)Lebenschancen bieten. Männer hingegen sollten solche Merkmale bei Frauen präferieren, die Indikatoren für maximale Gesundheit und Jugendlichkeit sind, weil dann die Wahrscheinlichkeit für gesunde Nachkommen höher sei. Andere Autoren (Howard et al., 1987) liefern eine austauschtheoretische Erklärung für diese Geschlechtsunterschiede, indem sie darauf hinweisen, daß Frauen in den meisten Gesellschaften über weniger Macht, Status und Ressourcen als Männer verfügen. Frauen versuchen daher über die Partnerwahl Zugang zu den Ressourcen zu bekommen, die ihnen sonst vorenthalten werden. Männer, die über diese Ressourcen verfügen, haben entsprechend größere Möglichkeiten, zwischen verschiedenen Frauen zu wählen. Sie bieten materiellen Wohlstand und Status und erhalten im Gegenzug physische Attraktivität. Erklärungsbedürftig bleibt dabei allerdings, wieso Männer das *Aussehen* von Frauen so stark gewichten und nicht auf andere Merkmale, wie etwa Verständnis oder Eloquenz achten. Wenn diese Argumentation zutrifft, müßten die geschlechtsspezifischen Präferenzen in dem Maße zurückgehen, in dem Frauen selbst durch bessere Bildung etc. Zugang zu statushöheren Positionen erhalten.

Im nächsten Abschnitt werden wir der Frage nachgehen, inwiefern sich die Ähnlichkeit der Partner und die Ausgewogenheit einer Beziehung auf die eheliche Zufriedenheit auswirken.

Zusammenfassung: Der Ähnlichkeit kommt bei der Partnerwahl eine herausragende Bedeutung zu. Sie ist dabei allerdings nicht auf spezifische Merkmale oder Einstellungen beschränkt, etwa wenn ein passionierter Angler eine ebensolche Partnerin suchen würde. Vielmehr lassen sich zahlreiche Befunde so zusammenfassen, daß unter realistischen Bedingungen, also in Partnerwahlsituationen, in denen die Möglichkeit einer Rückweisung besteht, mit größerer Wahrscheinlichkeit ein Partner gewählt wird, von dem man annimmt, daß die soziale Erwünschtheit aller seiner Eigenschaften, Attribute etc. ungefähr der eigenen sozialen Erwünschtheit entspricht. Unter dieser Bedingung ist der Grundstock für eine *ausgewogene* Beziehung gelegt, eine Voraussetzung, für eine zufriedenstellende und stabile Paarbeziehung.

5.1.2 Was hält die Beziehung aufrecht? - Die Partnerbindung

Wir haben Ähnlichkeit bereits als ein wesentliches Kriterium bei der Partnerwahl kennengelernt, doch sind die Merkmale einer Person, die deren anfängliche Attraktivität beeinflussen, nicht zwangsläufig auch charakteristische Determinanten der Qualität und Dauerhaftigkeit einer Beziehung. (vgl. Murstein, 1971, 1976). Wir wollen daher einige Faktoren, die die Qualität ehelicher Beziehungen beeinflussen, darstellen.

Innerhalb der Psychologie und Soziologie hat vor allem die Untersuchung der Bedeutung von *Ähnlichkeit* nicht nur für das Entstehen einer Paarbeziehung, sondern auch für deren Aufrechterhaltung eine lange Tradition. Nach den Ergebnissen einer neueren Studie von Neimeyer und Mitchell (1988) ist *Attitüden*ähnlichkeit vor allem ein Prädiktor *anfänglicher* Attraktion, spätere Attraktion dagegen ist besser durch die Ähnlichkeit von Persönlichkeitsmerkmalen und kognitiver Konstrukte (Duck, 1973; Kelly, 1955) vorhersagbar. Hassebrauck (1990a) hat 40 Ehepaare jeweils ihre eigenen Einstellungen und Interessen in verschiedenen Bereichen sowie die ihrer Ehepartner einschätzen lassen. Durch Vergleiche von Selbst- und Fremdeinschätzungen konnten Maße für tatsächlich bestehende Ähnlichkeit, wahrgenommene Ähnlichkeit und die Genauigkeit der Einschätzung gebildet werden. Multiple Regressionsanalysen mit der Beziehungsqualität als Kriterium ergaben, daß weniger die tatsächliche als vielmehr die wahrgenommene Ähnlichkeit mit der Beziehungsqualität korreliert. Übereinstimmende Ergebnisse in diese Richtung finden sich auch bei Brandtstädter et al. (1990). Erklären läßt sich die Bedeutung von Ähnlichkeit im Kontext von Paarbeziehungen u.a. dadurch, daß die Wahrnehmung von Übereinstimmung im Sinne der Theorie der sozialen Vergleichsprozesse (Festinger, 1954) zu einer Reduzierung von Unsicherheit führen kann, die als angenehm erlebt wird. Das dürfte vor allem für die Ähnlichkeit von Einstellungen und Überzeugungen gelten. Ähnlichkeiten in Interessen oder Hobbys ergeben für die (Ehe-)Partner mehr Möglichkeiten, für beide zufriedenstellende Interaktionen gemeinsam auszuführen. Schließlich sind bei ähnlichen Einstellungen und Interessen die Interaktionen auch mit geringeren Kosten (vgl. Equity-Theorie) verbunden, weil z.B. weniger Mißverständnisse und Reibungsverluste auftreten.

Eheliche Beziehungen lassen sich als soziale Interaktionen beschreiben. Für verschiedene Autoren folgen Liebesbeziehungen ähnlich wie andere Sozialbeziehungen quasi-ökonomischen Prinzipien, wie sie beispielsweise in der Equity-Theorie (vgl. Kap. 1.4.2; vgl. auch Kasten Equity-Theorie) formuliert sind. In ausgewogenen Beziehungen, also in Beziehungen, in denen eine Balance von Ergebnissen und Beiträgen besteht, sollten demnach die Partner mehr Zufriedenheit als in unausgewogenen Beziehungen empfinden; zugleich sollten ausgewogene Beziehungen auch über eine größere Stabilität verfügen.

Der Wert der Equity-Theorie im Hinblick auf die Analyse intimer Sozialbeziehungen liegt vor allem darin begründet, daß sie zahlreiche Einzelbefunde sinnvoll integriert. So können z.B. Beobachtungen, daß Ehen eine um so höhere Qualität aufweisen, je ähnlicher sich die Ehepartner in ihrer Intelligenz, ihrem Alter oder ihrem Status sind, dadurch erklärt werden, daß in solchen Beziehungen eher eine Balance von Beiträgen und Ergebnissen gewährleistet ist als in Beziehungen, in denen große Unterschiede in diesen Merkmalen bestehen. Die Übertragung equitytheoretischer Überlegungen auf Liebesbeziehungen und andere enge Sozialbeziehungen wie z.B. die Beziehung zwischen Eltern und Kindern ist dennoch nicht unproblematisch, da sich solche Beziehungen von eher oberflächlichen u.a. durch ihre Zeitperspektive unterscheiden. Zugleich ist es in engen Sozialbeziehungen ungleich schwerer als beispielsweise in ökonomischen Beziehungen, die Beiträge und Ergebnisse der Interaktionspartner festzustellen; Vorhersagen sind damit schwierig.

Trotz dieser Schwierigkeiten gibt es einige empirische Evidenz dafür, daß das Equity-Prinzip auch in ehelichen Beziehungen bedeutsam ist. Utne et al. (1984) konnten feststellen, daß Ehepartner, die ihre Beziehung als unausgewogen erlebten, auch weniger zufrieden mit ihr waren als Ehepartner, die ihre Beziehung als ausgewogen betrachteten. Zugleich schätzten letztere ihre Beziehung auch als stabiler ein. Sprecher (1986) fragte insgesamt 502 Männer und Frauen nach ihrer Paarbeziehung und erhob dabei das Ausmaß der wahrgenommenen Unausgewogenheit sowie verschiedene positive und negative Emotionen, die in engen Sozialbeziehungen empfunden werden, wie sexuelle Erregung, Sympathie, Zufriedenheit, Liebe, Ärger, Haß Angst, Schuld. Beide Formen von Unausgewogenheit hingen negativ mit positiven Emotionen und positiv mit negativen Emotionen zusammen.

Da solche Querschnittuntersuchungen die Beantwortung der Frage, ob die Ausgewogenheit einer Beziehung die Zufriedenheit oder umgekehrt die empfundene Zufriedenheit die Beurteilung der Ausgewogenheit beeinflußt, nicht gestatten, haben Vanyperen und Buunk (1990) eine Längsschnittstudie durchgeführt und die Daten einer "cross-lagged" Panelanalyse (Kenny, 1975) unterzogen. Wenn die Wahrnehmung von Unausgewogenheit die eheliche Zufriedenheit beeinflußt, dann sollten die Korrelationen zwischen der zum Zeitpunkt t_1 erhobenen Ausgewogenheit und der Zufriedenheit zum Zeitpunkt t_2 signifikant größer sein als die zwischen Zufriedenheit (t_1) und Ausgewogenheit (t_2), was in dieser Untersuchung für weibliche Personen zutraf (vgl. Abb. 9).

Insgesamt gesehen ist die empirische Evidenz für die Bedeutung von Equity-Überlegungen in engen Sozialbeziehungen auf der Basis von Längsschnittuntersuchungen nicht so eindeutig, wie es die zahlreichen Querschnittsuntersuchungen nahelegen. In Untersuchungen von Lujansky und Mikula (1983) oder Felmlee et al. (1990) fanden sich keine signifikanten Zusammenhänge zwischen wahrgenommener Ausgewogenheit und Beziehungsqualität und - stabilität, wobei andere Austauschvariablen (z.B. die absolute Höhe der positiven Ergebnisse, die mit einer Beziehung verbunden sind) durchaus zwischen aufrechterhaltenen und abgebrochenen Beziehungen zu differenzieren vermochten. Ein aktueller Überblick über den Forschungsstand findet sich bei Mikula (1992).

> **Kasten 5:** Equity-Theorie.
>
> *Die Equity-Theorie (Walster et al. 1978) geht unter Bezug auf austauschtheoretische Überlegungen, wie sie von Thibaut und Kelley, (1959) oder Homans (1961) formuliert wurden, davon aus, daß soziale Interaktionen durch einen Austausch von Ressourcen, d.h. durch ein wechselseitiges Geben und Nehmen gekennzeichnet sind. Menschen werden in dieser Theorie als im Grunde egoistische Wesen betrachtet, die danach streben, mit möglichst wenig Aufwand möglichst positive Ergebnisse zu erhalten. Da allerdings ein soziales Zusammenleben nicht möglich wäre, wenn jeder auf unmittelbarer Gewinnmaximierung bestünde - es würde dann der von Hobbes (1651) als "Krieg aller gegen alle" bezeichnete Zustand eintreten - sind gesellschaftliche Systeme bemüht, den individuellen Egoismus einzuschränken, indem sie Normen von Fairneß und Gerechtigkeit vermitteln, die soziale Austauschprozesse regeln. Fair oder ausgewogen im Sinne der Equity-Theorie ist eine soziale Beziehung immer dann, wenn die an den jeweiligen individuellen Beiträgen relativierten Ergebnisse der Interaktionspartner gleich sind, wenn also die folgende, als Heuristik gedachte Gleichung erfüllt ist:*
>
> $$\frac{Ergebnisse_A}{Beiträge_A} = \frac{Ergebnisse_B}{Beiträge_B}$$
>
> *Als Ergebnisse werden dabei alle positiven und negativen Konsequenzen einer sozialen Beziehung für das Individuum betrachtet, als Beiträge die Verhaltensweisen oder Merkmale einer Person, die diese zum Erhalt positiver oder negativer Konsequenzen berechtigen. Positive Ergebnisse können beispielsweise Dinge wie Geld, Geschenke aber auch Status, Verständnis, sexuelle Befriedigung oder Informationen sein. Als negative Ergebnisse können entsprechend finanzielle Verluste, gesundheitliche Schäden, Beleidigungen und ähnliches gelten. Beispiele für positive Beiträge sind Arbeitsleistungen, Fürsorge, Vermögen, Aussehen; als negative Beiträge werden mitunter bestimmte unerwünschte Persönlichkeitsmerkmale, mangelhafte Arbeitsleistung, Unzuverlässigkeit oder auch das Alter betrachtet. Wichtig ist, daß sowohl die Bewertung der Ergebnisse als auch die der Beiträge eine höchst subjektive Angelegenheit ist. Die Ausgewogenheit einer Paarbeziehung liegt daher oft nur im Auge des Betrachters.*
> *Abweichungen von der wahrgenommenen Balance von Ergebnissen und Beiträgen führen zu unangenehmen emotionalen Konsequenzen, die z. B. als Ärger erlebt werden, wenn eine Person weniger erhält, als ihr ihrer Meinung nach zusteht (nachteilige Inequity), bzw. zu Schuldgefühlen führen, wenn eine Person relativ zu einem Interaktionspartner zuviel erhält (vorteilige Inequity). Als Folge dieses sogenannten "inequity distress" sind die betreffenden Personen motiviert, einen Zustand, der in ihren Augen ausgewogen ist, herbeizuführen (vgl. Hassebrauck, 1984, 1987, 1991).*

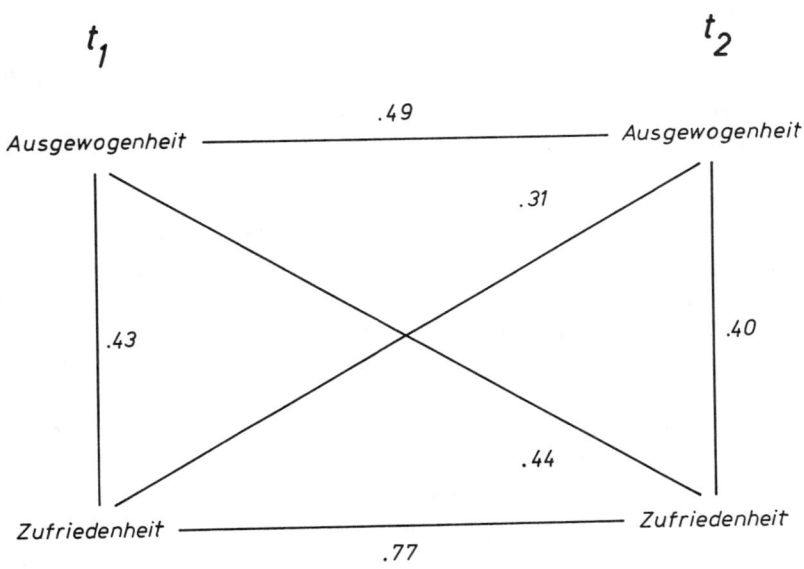

Abbildung 9: Zusammenhang von Ausgewogenheit und Zufriedenheit in Paarbeziehungen (Daten der cross-lagged Panelanalyse von Vanyperen & Buunk, 1990.

Nun ist die Wahrnehmung von (Un-)Ausgewogenheit nicht die einzige bedeutsame Determinante ehelicher Zufriedenheit. Manche Variablen, die Konsequenzen für die Qualität einer Ehe haben, wie etwa die emotionale Labilität der Ehepartner oder deren Kommunikationsstil, werden durch das Equity-Prinzip nicht adäquat erfaßt. Merkmale, über die *beide* Ehepartner gleichermaßen verfügen, können keinen Einfluß auf das Gleichgewicht von Beiträgen und Ergebnissen ausüben. Im folgenden soll daher - gerade vor dem Hintergrund, daß in den letzten Jahren eine Zunahme von entsprechenden Untersuchungen zu verzeichnen ist - ein kurzer Überblick über weitere Determinanten der Beziehungsqualität gegeben werden. In einer Untersuchung von Wamboldt und Reiss (1989) sagten Variablen der Herkunftsfamilie, wie das Ausmaß, in dem Gefühle ausgedrückt werden und die Abwesenheit von Konflikten, die gegenwärtige Paarzufriedenheit vorher. Baucom et al. (1989) untersuchten Attributionsstile und - muster im Hinblick auf die Qualität von Paarbeziehungen. Sie konnten feststellen, daß vor allem die Art, wie negative Verhaltensweisen des(r) (Ehe-)Partners(in) attribuiert werden, maßgeblich die Beziehungsqualität beeinflußt. Beziehungen hatten dann eine höhere Qualität, wenn die Gründe für negative Verhaltensweisen des Partners auf vorübergehende externe Ursachen oder auch den jeweiligen Partner zurückgeführt wurden. Als weitere Determinante der Beziehungsqualität hat sich die Fähigkeit, die Perspektive des(r) Partners(in) einzunehmen und sich in dessen Lage zu versetzen, erwiesen. Davis und Oathout (1987) postulieren ein Modell, nach dem sich verschiedene Aspekte von Empathie auf spezifische Verhaltensweisen (z.B. Kommunikation, Besitzansprüche) auswirken, die, vermittelt durch die Wahrnehmung des Partners, dessen/deren Zufriedenheit mit der Beziehung beeinflussen. Die empirischen Befunde stützen diese Modellannahmen. Zwischen 33% und 41% der Varianz der Kriteriumsvariablen "Zufriedenheit mit der Beziehung" werden durch die oben genannten Prädiktoren erklärt. Aber auch Persönlichkeitsvariablen wie der Neurotizismus der Ehepartner haben Auswirkungen auf die Qualität und Stabilität einer Ehe. In einer Längsschnittuntersuchung, die einen Zeitraum von fast 50 Jahren umspannt, stellten Kelly und Conley (1987) fest, daß Paare, die 45 Jahre nach der ersten Kontaktierung noch zufrieden verheiratet waren, schon 1935 niedrigere Neurotizismuswerte als inzwischen geschiedene oder unzufrieden verheiratete Paare aufwiesen.

Zusammenfassung: Die Qualität einer Paarbeziehung ist von einer Vielzahl von auf den ersten Blick unverbundenen Faktoren beeinflußt. Viele der Einzelbefunde lassen sich jedoch durch eine austauschtheoretische Perspektive, wie sie die Equity-Theorie nahelegt, integrieren. Andere Befunde dagegen lassen sich als Aspekte von Ähnlichkeit betrachten, die nicht nur die Partnerwahl entscheidend beeinflußt, sondern auch Konsequenzen für die Qualität der Partnerschaft hat.

5.2 Der Kinderwunsch

Der Eheschluß steht überwiegend im Zusammenhang mit dem Wunsch nach oder der Erwartung eines Kindes. Wo Kinder in den Lebensplänen keine Rolle spielen, wird auf den Eheschluß auch zunehmend verzichtet (Kaufmann, 1990, S. 97). Umgekehrt spielt innerhalb der Familienentwicklungsaufgaben von jungen Paaren die Kinderplanung nur eine, wenn auch wichtige Rolle. Sie wird vermutlich mit anderen Aufgaben (dem Etablieren befriedigender Formen der Beziehung, dem Finden und Einrichten einer eigenen Wohnung, dem Erwerb materieller Ressourcen und der Aufteilung von Verantwortlichkeiten im häuslichen und beruflichen Bereich) abgestimmt und in eine gemeinsame Planung eingebracht. Der Sammelbegriff "Kinderwunsch" wird verwendet, um die "kognitiv-motivationale Antizipation von Kindern" (Gloger-Tippelt, 1991) zu umschreiben. Er enthält die Vorstellung, daß sich zwei Ehepartner zu einem bestimmten Zeitpunkt kein, ein oder mehrere (weitere) Kinder wünschen und daß sie es zu einem zukünftigen Zeitpunkt, an dem bestimmte Bedingungen erfüllt sind, realisieren wollen. Doch äußert sich der Kinderwunsch meist in vager Form, selten als dringliches Anliegen, vor allem, was den Zeitpunkt der Realisierung der Elternschaft betrifft. Kinderwünsche können sich im Laufe der Zeit wandeln (Gloger-Tippelt, 1990). Ist einmal ein Kind geboren, so können für die Entscheidung, ein oder mehr weitere Kinder zu bekommen, auch subjektiv andere Faktoren eine Rolle spielen als bei der Entscheidung für das erste.

Geht man davon aus, daß der Kinderwunsch die Komponenten der "Erwünschtheit" und der "Geplantheit" enthält (Gloger-Tippelt, 1991), dann würde ein rationales Entscheidungsmodell unterstellen, daß subjektive Intention und Verhalten (z.B. Empfängnisverhütung) übereinstimmen. Tatsächlich sind nach empirischen Studien ein Drittel bis etwa die Hälfte aller Kinder nicht ausgesprochen geplant (Lukesch, 1981). Das kann zu Krisen führen, selbst wenn diese Kinder zum Teil dennoch willkommen sind. Vermutlich hängt das unter anderem damit zusammen, daß die Partner in ihren Vorstellungen nicht voll übereinstimmen. Vaskovics (1991) fand, daß bei mehr als der Hälfte der befragten jungen Ehepaare die Meinungen der Ehepartner über die Zahl ihrer Kinder auseinandergingen.

Es läßt sich ein Trend zur Zurückstellung der Realisierung des Kinderwunsches, eine Zunahme später Mütter, konstatieren (Nave-Herz, 1989b). Vor allem Frauen mit Hochschulabschluß entscheiden sich "im Moment" nicht für das Kind, weil sie sich zuvor beruflich und finanziell absichern, das Leben zu zweit erst mal genießen möchten (Vaskovics, 1991). Bei einigen von ihnen wird aus einer befristeten eine lebenslange Kinderlosigkeit.

Der Anteil der kinderlos bleibenden Ehen ist zwar in den letzten Jahrzehnten eher gestiegen. Er beträgt nach Schätzungen etwa 20% (Kaufmann, 1990). Doch liegt der Anteil von Ehepaaren, die sich bewußt für eine lebenslange Kinderlosigkeit entschieden haben, unter 5% (Nave-Herz, 1988). Die Einstellung für Kinderlosigkeit scheint primär finanzielle Gründe zu haben, da Kinder den materiellen Spielraum stark einschränken (vgl. Kap. 3). Sie hängt auch zusammen mit beruflichen Ambitionen der Frau, negativen eigenen Kindheitserinnerungen und dem Wunsch, das Leben frei zu gestalten. Größer ist der Anteil von Ehen mit durch Infertilität bedingtem unbefriedigtem Kinderwunsch. 66% der Kinderlosen hätten gerne mindestens ein Kind (Köcher, 1985).

Als Determinanten des Kinderwunsches werden drei Faktorengruppen betrachtet: von außen an die Personen herangetragene Erwartungen (sozial-normativer Aspekt), biologische Grundbedürfnisse (biologischer Aspekt), Ergebnisse gedanklicher Verarbeitung und kommunikativer Abstimmung zwischen den Partnern (psychischer Aspekt).

1. Soziale Faktoren des Kinderwunsches. Junge Ehepaare sehen sich in unserer Gesellschaft einer Pro-Kind-Einstellung gegenüber. Zwar geht die Auffassung, daß das Eheglück durch Kinder gesteigert werde, zurück. Auch wird der Prozentsatz derer immer größer, die glauben, auch ohne Kinder glücklich sein zu können. Auf der anderen Seite sahen nur 2% von Befragten eine kinderlose Partnerschaft als die ideale Form einer Familie (Köcher, 1985). Die Zwei-Kind-Familie entspricht der Idealvorstellung der meisten (64%). Es ist nicht unplausibel davon auszugehen, daß in einer pro-Kind Gesellschaft junge Ehepaare Erwartungen des Kinderkriegens wahrnehmen, z.B. seitens von Mitgliedern der Herkunftsfamilie. Auch die Erwartungen der eigenen Ehepartner wirken auf den Kinderwunsch ein. Für einen Partner, der sich gegen ein Kind entscheidet, dürfte es nicht leicht sein, einen Partner mit der gleichen Einstellung zu finden. Nach Minsel (1986) klärt der normative Druck der sozialen Umwelt etwa 40% der Varianz des Kinderwunsches auf.

2. Biologische Faktoren des Kinderwunsches. In der Psychologie ist es im allgemeinen nicht üblich, von einem Fortpflanzungstrieb des Menschen zu sprechen. Dennoch gehen einige Autoren (z.B. Barash, 1977) davon aus, daß der Geschlechtstrieb auch beim Menschen darauf angelegt sei, die eigenen Gene weiterzugeben. Dies bewirke, daß sich im Konfliktfalle das eigene Gen auf Kosten der Gene anderer Individuen durchsetzt. Menschen würden grundsätzlich dazu neigen, so viele Kinder in die Welt zu setzen, daß die eigenen Gene maximale Durchsetzungschancen haben. Frauen würden nach weniger Kindern streben als Männer, weil sie sicherer sein könnten, daß die geborenen Kinder ihre eigenen Gene zu 50% enthalten. Männer könnten nicht sicher sein, daß ihre Frauen treu waren. Außerdem seien die Kosten von Kindern für Frauen ungleich höher als für Männer. Eine weitere Folgerung aus dieser Theorie betrifft die Bereitschaft der Frauen zur Pflege bzw. Vernachlässigung ihrer Kinder unter verschiedenen Bedingungen. Zum Beispiel fiel der Befund auf, daß die Töchter-Sterblichkeit während des ersten Lebensjahres (unter Ausklammerung des ersten Monats) bei wohlhabenden Bauern von Leetzen im Zeitraum 1720 bis 1869 größer war als bei armen Bauern, während es sich mit der Söhne-Sterblichkeit genau umgekehrt verhielt. Dies wurde damit erklärt, daß das Erbrecht für Söhne und Töchter zu sozio-ökonomisch abhängigen Heiratschancen führte. Der Landbesitz von Großbauern wurde über die männliche Linie vererbt. Ihre Töchter konnten also ihren sozialen Status bestenfalls halten. Töchter von kleineren Bauern hatten die beste Chance eines sozialen Aufstiegs durch Heirat. Dies könne ein differentielles Eltern-*Investment* erklären, abhängig vom Reproduktionswert des männlichen und weiblichen Nachwuchses (Vogel, 1984). Die unterschiedliche Mortalität kann allerdings auch andere Ursachen haben. So werden soziobiologische Theorien von manchen heftig kritisiert (Lerner & von Eye, 1992). Sie machen aber auf den wichtigen Tatbestand aufmerksam, daß der Mensch nicht nur ein Kulturwesen ist, sondern auch unter biologischen Aspekten betrachtet werden kann.

3. Psychische Faktoren des Kinderwunsches. Eine große Zahl von Befragungen liegt zu den Motiven des Wunsches nach Kindern vor. Dabei spielt es eine Rolle, wie und zu welchem Zeitpunkt die Befragung stattfindet: kurz nach Eingang der Partnerschaft oder später, vor, während oder nach der Schwangerschaft, nach dem ersten oder nach weiteren Kindern. Die ermittelten Gründe sind sehr vielfältig. Hervorstechend ist zunächst der Bezug zur eigenen Person. Da materielle Gründe entfallen, sind es vor allem ideelle Faktoren, die einen Kinderwunsch begründen: der "Wert" von Kindern wird mit Begriffen wie Lebenserfüllung, Sinnstiftung und mit persönlichen Glückserwartungen umschrieben (Münz, 1985). Ein Beispiel dafür ist: "Durch ein Kind habe ich eine Aufgabe und mein Leben bekommt einen Sinn". Eine weitere Gruppe von Gründen stellen den Wert, den eine Beziehung hat, in den Vordergrund ("Durch ein Kind kann ich meine Partnerschaft vervollständigen und eine Familie gründen", Beispiele aus Jagenow & Mittag, 1984). Kinder werden als Bezugspersonen angesehen, mit ihnen sollen verbindliche Sozialbeziehungen hergestellt werden. In diesem Zusammenhang ist zu erwähnen, daß Kinderwünsche auch begründet werden, um den Partner zur Beziehung zu veranlassen oder eine (gefährdete) Partnerbeziehung zu stärken. Der Kinderwunsch hängt signifikant mit den eigenen Kindheitserfahrungen zusammen, z.B. der Zahl der eigenen Geschwister; außerdem mit dem Wunsch, für andere Menschen dazusein, anderen zu helfen.

Kinderwünsche können auch Ursachen haben, die dem Akteur nicht zugänglich sind, sie können unbewußten Motiven entspringen, konflikthafter und ambivalenter Natur sein. Insofern sind Fragebogenuntersuchungen zu diesem Thema mit Vorsicht zu betrachten.

Zusammenfassung: Kinderwunsch ist die kognitiv-motivationale Antizipation von Kindern. Sie äußert sich meist in vager Form und kann sich bei einer Person im Verlaufe der Zeit verändern. Viele Kinder kommen nach wie vor "ungeplant" zur Welt. Als Determinanten des Kinderwunsches werden soziale, biologische und psychische Faktoren unterschieden. Bewußte Kinderlosigkeit ist eher selten.

5.3 Der Übergang zur Elternschaft als Entwicklungsprozeß

5.3.1 Begriffliche und methodische Erläuterungen

Die Ankunft eines ersten Kindes bringt einschneidende Veränderungen im Leben eines Menschen bzw. seiner Partnerschaft mit sich. Eltern zu werden bedeutet, einen neuen sozialen Status zu erreichen, der oft sogar als Kennzeichen des Erwachsenseins an sich verstanden wird. Menschen werden, nachdem sie Eltern geworden sind, von ihrer sozialen Gruppe anders wahrgenommen und behandelt. Auch in ihrer Selbstwahrnehmung erleben sie einen tiefgreifenden Wandel derart, daß sie die Elternrolle in ihr Selbstbild integrieren müssen. Nicht zuletzt bringt die Elternrolle in der Paarbeziehung eine große Umstellung mit sich. Die Bedeutsamkeit dieses Ereignisses resultiert u.a. daraus, daß Kinder es einem Menschen ermöglichen, biologisch und psychologisch über seine Lebenszeit hinaus fortzubestehen, d.h. gewissermaßen seine Existenz symbolisch zu verlängern. Schon historisch gesehen galten Kinder als eine Art von Beweis der Männlichkeit bzw. Weiblichkeit eines Menschen.

Hinsichtlich eines entwicklungspsychologischen Verständnisses des Übergangs zur Elternschaft erscheinen zwei theoretische Positionen als besonders wichtig: das Krisenkonzept und das Aufgabenkonzept.

Das auf Le Masters (1957) zurückgehende *Krisenkonzept* besagt, daß das Hinzukommen eines ersten Kindes eine schwerwiegende Belastung für die neuen Eltern darstellt. Diese Position wird auch von Vertretern streßtheoretischer Ausrichtungen (z.B. Olson et. al., 1989) eingenommen. In späteren Arbeiten wurde kritisiert, daß der Krisenbegriff auf einer Überinterpretation der oft schwierigen Anfangszeit mit dem Neugeborenen beruhe und daher dem Erleben der meisten Paare nicht gerecht werde. Aus diesem Grund plädierte Rossi (1968) dafür, diesen Begriff ganz aufzugeben.

Dieser deutlich negativen Sichtweise setzten andere Autoren das positiver getönte *Konzept einer Aufgabe oder Entwicklungschance* entgegen. Die Betonung liegt hier auf dem Anforderungscharakter dieser Situation, welcher die Gelegenheit zu Wachstumsprozessen bietet (z.B. Miller & Sollie, 1980). Eine ähnliche Position nehmen auch Vertreter des Entwicklungsansatzes (Duvall & Miller, 1985) ein: Sie betrachten den Übergang zur Elternschaft als eine der zentralen Stufen im familialen Lebenszyklus, der mit bestimmten Familienaufgaben einhergeht, wie z.B. der Bewahrung der ehelichen Moral und Motivation oder dem Umgang mit den Verwandten beider Partner. Auch im "Familienkrisen-Ansatz" (Rapoport, 1963) wird die "Krise der Elternschaft" als eine normale Krisensituation verstanden, die mit spezifischen persönlichen Aufgaben der Eltern als Individuen sowie interpersonellen Entwicklungsaufgaben des Paares verknüpft ist.

Der Übergang zur Elternschaft läßt sich auf verschiedenen Ebenen abbilden. In der *individualpsychologisch orientierten Forschung* (z.B. wurden in der Psychoanalyse das Erleben und die Probleme schwangerer Frauen beschrieben) sind eher die Begriffe "Mutter-" bzw. "Vaterschaft" gebräuchlich, die individuelle Entwicklungen bezeichnen und nicht die Erfahrung einer vorausgehenden Partnerschaft voraussetzen. Die familiensoziologische Tradition setzt auf der *Beziehungsebene* an und betrachtet primär Veränderungen in der ehelichen Beziehung. Mit dem Begriff "Elternschaft" wird hier eine gemeinsam erfahrene Entwicklung eines Paares angesprochen. Schließlich läßt sich der Übergang zur Elternschaft im *familialen Kontext* abbilden, wo er gewissermaßen den Beginn einer Familienkarriere ("Geburt einer Familie") markiert. Neuere familientheoretische Überlegungen (z.B. Fedele et al., 1988) versuchen zunehmend, Faktoren des Individuums, der Beziehung sowie der Familie als Ganzer in ihrer Wechselwirkung zu verstehen.

Hinsichtlich der zeitlichen Eingrenzung des Begriffs "Übergangsphase zur Elternschaft" weichen die Angaben erheblich voneinander ab. Unter biologischen und sozialen Kriterien wird als Beginn in der Regel das Eintreten der Schwangerschaft betrachtet. Aus psychologischer Perspektive dagegen werden schon Ereignisse in deren Vorfeld als Beginn angesehen, wie z.B. vorherige Überlegungen der Partner in bezug auf die Möglichkeit einer Schwangerschaft, ihre bisherigen Erfahrungen mit Abtreibungen, Fehlgeburten oder Sterilität sowie die gedankliche Auseinandersetzung mit dem Kind. Auch längerfristig angestellte Familienplanungen eines Paares, bei denen es sich bereits mit möglichen Elternrollen auseinandersetzt, können dazu gezählt werden.

Ebensowenig Übereinstimmung herrscht bezüglich der Festlegung des Endes dieses Übergangs vor. Aus biologischer Sicht wird meist die körperliche Erholung der Frau von der Geburt angeführt, während soziale Kriterien sich eher auf die Wiedereingliederung von Mutter und Säugling in die Familie und das weitere soziale Umfeld beziehen. Aus entwicklungspsychologischer Perspektive wird das Ende daran festgemacht, daß die Eltern sich in die veränderten Rollen eingelebt und Kompetenzen im Umgang mit dem neugeborenen Kind erworben haben. Die meisten Studien enden dabei zwischen dem 9. und 18. Lebensmonat des Kindes. Cowan et al. (1991) terminieren als Ende des Übergangs, wenn das Kind etwa 2 Jahre alt ist, weil bis dahin eine gewisse Stabilisierung der Rollenverteilungen in Haushalt und Kinderversorgung stattgefunden hat. In dem Moment, wo Kinder

der Fortbewegung und der Sprache mächtig sind, beginnt ein neuer Lebensabschnitt, der die gesamte Familie zu erneuter Reorganisation zwingt.

Als Folge dieser Unstimmigkeiten weichen die Erhebungszeitpunkte in den einzelnen Studien so stark voneinander ab, daß ihre Ergebnisse kaum miteinander vergleichbar sind. Bei den frühen familiensoziologischen Studien etwa, die sich am Krisenkonzept orientierten, handelte es sich in der Regel nur um einmalige Erhebungen. Die werdenden Eltern wurden nur ein einziges Mal, und zwar oft kurz nach der Geburt des ersten Kindes darüber befragt, wie sie retrospektiv die Qualität ihrer Partnerschaft beurteilen. Die Ergebnisse können dann jeweils nur für die ausgewählten Momente im Prozeß der Elternwerdung Gültigkeit beanspruchen. Methodisch anspruchsvoller sind die am häufigsten anzutreffenden quasi-experimentellen Studien, wenngleich auch hier die üblicherweise anfallenden Schwierigkeiten solcher Studien bestehen. In diesen werden immer zwei Gruppen von Paaren miteinander verglichen, die sich in jeweils verschiedenen Phasen des familialen Lebenszyklus befinden, z.B. werdende Eltern mit Eltern älterer Kinder oder mit kinderlosen Paaren. Eine direkte Erfassung von Veränderungen ermöglichen nur prospektive Längsschnittstudien, in welchen dieselben Paare mehrmals untersucht werden. Meistens liegen dabei bis zu vier Erhebungszeitpunkte vor, die sich am Ende der Schwangerschaft und kurz nach der Geburt häufen. Generell besteht schließlich das Problem einer in solchen Studien üblichen Mittelschichtfärbung der Stichproben.

In bisherigen Untersuchungen zum Übergang zur Elternschaft bilden Selbsteinschätzungen der Betroffenen die zentrale Datenquelle. Diese können danach differenziert werden, ob sie (1) eher auf das Individuum selbst, seine Partnerschaft oder seine Einbindung in ein soziales Netzwerk abheben und (2) danach, auf welchen Zeitraum sie sich jeweils beziehen.

In älteren soziologischen Studien erhielten meistens beide Partner die üblichen Standardskalen zur ehelichen Zufriedenheit (z.B. Locke & Wallace, 1959). Individualpsychologische Studien konzentrierten sich in der Regel auf die Befragung von Frauen. Dabei kamen früher projektive Verfahren, wie etwa modifizierte Fassungen des Thematischen Apperzeptionstests (TAT; Murray, 1943), zur Anwendung. Heute liegen verschiedene standardisierte Meßinstrumente vor, die körperliche und emotionale Symptome oder Einstellungen zur Schwangerschaft und Geburt abfragen (z.B. Fragebogen zu Schwangerschaft, Sexualität und Geburt von Lukesch & Lukesch, 1976). In neueren Studien werden in zunehmendem Maße differenzierte Tiefeninterviews mit den werdenden Eltern durchgeführt (Brüderl, 1989; Gloger-Tippelt, 1988), die einen direkteren und vollständigeren Eindruck des Phänomens liefern und auch am ehesten konkrete Veränderungen zu erfassen vermögen.

Zusammenfassung: In Abkehr von dem anfänglich dominierenden Krisenkonzept liegt im aktuellen Forschungsgeschehen der Fokus eher auf den positiven Erfahrungsaspekten, die der Übergang zur Elternschaft mit sich bringt. Sowohl individuell gesehen als auch auf die Partnerschaft bezogen, bietet diese Übergangsphase trotz vorhandener Belastungen auch die Chance für Weiterentwicklung. Der methodische Zugang zu diesem Phänomen gewinnt an Elaboriertheit, so daß zukünftig zu erwarten ist, daß ein zunehmend differenziertes Bild dieses Prozesses gezeichnet werden kann.

5.3.2 Der Prozeßcharakter der beginnenden Elternschaft

Im folgenden wird der Übergang zur Elternschaft aus entwicklungspsychologischer Perspektive als normale Übergangsphase im individuellen Lebenslauf angesehen. Viele Arbeiten versuchen dabei, für diese Übergangsphase eindeutig abgrenzbare Phasen zu identifizieren. Wir stellen an dieser Stelle das besonders elaborierte hypothetische Verlaufsmodell von Gloger-Tippelt (1988) vor, das sich auf die Ergebnisse neuerer Studien zu diesem Thema stützt. Darin werden einzelne Schritte skizziert, die werdende Eltern von dem Moment an durchleben, wo sie von der Schwangerschaft erfahren, bis zu der Zeit, in der sie tatsächlich mit ihrem Baby zusammenleben. Das Modell versteht sich als eine Art Verlaufsbeschreibung psychischer Verarbeitungsschritte der Erstelternschaft im kognitiven, emotionalen und handelnden Bereich. Zur Phasenbildung wurden sowohl biologische, soziale als auch psychologische Kriterien herangezogen.

Bis zum ersten Geburtstag des Kindes werden dabei zwei große Zyklen der Verarbeitung unterschieden: (1) die Schwangerschaft und (2) die Zeit ab der Geburt. Auf kognitiver Ebene entwickeln die werdenden Eltern in diesem Prozeß schrittweise ein Konzept vom "eigenen Kind" sowie parallel dazu ein Konzept von "Ich als Mutter bzw. Vater". Dies ist auf emotionaler Ebene von starken gefühlsmäßigen Veränderungen und Selbstbildschwankungen begleitet. Schließlich sind im konkreten Handeln der neuen Eltern zahlreiche Umorientierungen sowie der Erwerb neuer Fertigkeiten, vor allem bezüglich der Versorgung und Betreuung des Kindes, erforderlich.

Im einzelnen werden acht idealtypische Phasen unterschieden, vier vor der Geburt, eine Geburtsphase sowie drei Schritte der Verarbeitung der neuen Situation.

1. Zyklus - Schwangerschaft: Die Zeit bis zur 12. Woche der Schwangerschaft wird als *Verunsicherungsphase* bezeichnet, da die Konfrontation mit der Information, schwanger zu sein, oft zu emotionaler Verunsicherung führt. Die Gefühle sind häufig ambivalenter Natur, es kommt zu starken Stimmungsschwankungen, Ängsten, Labilität und Selbstzweifeln. Positive Gefühle sind vor allem im Falle einer geplanten Schwangerschaft zu beobachten. In der darauffolgenden ruhigeren *Anpassungsphase* (12.- 20. Woche) wird eine Akzeptanz der Schwangerschaft erreicht, die meist auch zu positiveren Bewertungen führt. Dieser folgt die *Konkretisierungsphase*, die bis zur 32. Woche angesetzt wird und als die Zeit des höchsten Wohlbefindens erlebt wird. Da Frauen in dieser Zeit erstmalig Kindsbewegungen wahrnehmen, setzt hier auch eine direkte Auseinandersetzung mit dem Kind ein und parallel dazu mit dem eigenen Eltern-Selbstbild. Der erste Zyklus endet mit der *Phase der Antizipation und Vorbereitung* (32.-40. Woche), in der sich alle Aufmerksamkeit der Partner auf die bevorstehende Geburt richtet. Währenddessen verschiebt sich die Stimmungslage wieder eher in die negative Richtung, es kommt vor allem zu intensiven Angstgefühlen. Beide Partner stellen sich konkret auf die Ankunft des Kindes und die konkrete Übernahme ihrer Elternrollen ein.

2. Zyklus - die Zeit ab der Geburt: Dieser beginnt mit der *Geburtsphase*, in der erstmalig Kontakt zu dem Neugeborenen aufgenommen wird. Wie die Geburt erlebt wird, scheint von zahlreichen Einflußfaktoren, wie z.B. der Art und Weise, wie sich der Vater daran beteiligt, abhängig zu sein. Die ersten 4 bis 8 Wochen danach werden als *Phase der Überwältigung und Erschöpfung* bezeichnet, da sie extrem hohe Anforderungen an die neuen Eltern, hauptsächlich bei der Versorgung des Neugeborenen, stellt. Die Gefühle schwanken in dieser Zeit zwischen Freude, Euphorie auf der einen Seite und Depressionen, Hilflosigkeit auf der anderen Seite. In der anschließenden *Phase der Herausforderung und Umstellung* (2.-6. Lebensmonat des Kindes) entwickeln die Eltern zunehmend Kompetenzen im Umgang mit ihrem Kind, durch die ihr Selbstvertrauen wieder gestärkt wird. Daneben tritt aber auch eine gewisse Ernüchterung ein, die u.a. mit einem Absinken der ehelichen Zufriedenheit einhergeht. Den Abschluß bildet die *Gewöhnungsphase* (Ende des ersten Lebensjahres des Kindes), in welcher die Eltern mit der neuen Situation vertraut sind. Auf allen Ebenen, sei es das Eltern-Selbstbild, die Neudefinition der Partnerschaft oder die konkreten Erfahrungen mit dem Kind betreffend, ist bis dahin eine gewisse Stabilisierung eingetreten.

Die beschriebenen Schritte sind als eine allgemeine Abfolge psychischer Zustände und nicht im Sinne eines normativen Musters zu verstehen. Wenngleich die Zeitangaben nur der Orientierung dienen, geht die Autorin davon aus, daß "... die

Abfolge einiger der explizierten Schritte als günstige Verarbeitung erscheinen lassen" (S. 62), ohne daß diese allerdings näher ausgeführt werden. Weiterhin werden Besonderheiten beschrieben, die sich im Falle abweichender Verlaufsmuster, wie Schwangerschaft im Jugendalter, späte Elternschaft oder Frühgeburt, ergeben. Kritik an ihrem Modell richtete sich vor allem gegen die Phaseneinteilung: Die Kennzeichnung der einzelnen Phasen erfolge anhand sehr unterschiedlicher Merkmale und die Kriterien würden sich überwiegend auf das körperliche Erleben der Frau beziehen und somit nicht unbedingt auch für die Väter Gültigkeit beanspruchen können (Gauda, 1989).

Zusammenfassung: Dem Modell von Gloger-Tippelt ist es gelungen, emotionale, kognitive und verhaltensmäßige Veränderungen, die werdende Eltern erleben, auf einer sehr konkreten Beschreibungsebene abzubilden. Es vermittelt somit einen Eindruck davon, wie sich der Gesamtprozeß der Elternwerdung konkret gestaltet.

5.3.3   Der Übergang aus der Sicht von Mutter und Vater

Erste Anregungen zu der Frage, wie die Elternschaft individuell verarbeitet wird, kamen aus der klinisch-psychologischen Tradition, und zwar vor allem von psychodynamischen Theorien ausgehend (z.B. Freud, 1940). Diese widmeten sich in erster Linie dem psychischen Erleben von Frauen während der Schwangerschaft und unbewußten Prozessen der Verarbeitung, mit einer Fokussierung auf pathologische Phänomene. Anhand von Fallstudien wurde beschrieben, welchen Konflikten Frauen bei der Übernahme der Mutterrolle ausgesetzt sind und wie die Art und Weise, wie sie damit zurecht kommen, sich auf die Mutter-Kind-Beziehung auswirkt. Einen weiteren Schwerpunkt bildete die Frage, wie die Auseinandersetzung mit den eigenen Eltern in diesen Prozeß eingeht. Daneben wurden später die Probleme beschrieben, mit denen Väter konfrontiert sind, wenn sie sich in die Vaterrolle einleben.

In Fortführung der psychodynamischen Tradition fand die Frage Interesse, wie Menschen eine "Elternidentität" ausbilden. Als ein Beispiel sei der Ansatz von Antonucci & Mikus (1988) erwähnt, der insofern besonders vielversprechend erscheint, als er spezifische Prozesse der gegenseitigen Anpassung der Partner an ihre Elternrolle konkret abzubilden vermag. Die Autoren haben den Begriff der "Selbst-Schemata" von Markus (1977) auf ein Konzept "möglicher Selbstschemata" werdender Eltern übertragen. Damit ist gemeint, daß zukünftige Eltern schon vor der Geburt ihres Kindes eine Vorstellung von sich als Eltern besitzen. Dieses zukunftsorientierte Elternselbst beginnt sich schon in der eigenen Kindheit zu entfalten, und zwar in Anlehnung daran, wie die eigenen Eltern wahrgenommen werden.

Nach der Geburt eines Kindes wird dieses vorgestellte durch das nun tatsächlich erfahrene Selbst im Umgang mit dem Kind korrigiert. Die Autoren postulieren, daß das mögliche Eltern-Selbst das Elternverhalten und die Art und Weise, wie der Übergang zur Elternschaft erlebt und verarbeitet wird, beeinflußt. Beide Partner haben vorab auch jeweils eine Vorstellung davon, wie der andere die Elternrolle ausfüllen sollte und verstärken entsprechend solche erwarteten positiven Elternverhaltensweisen beim anderen nach der Geburt des Kindes. Wenngleich es sich bei diesen Überlegungen eher um Modellannahmen handelt, so sprechen doch einige empirische Befunde für diese: Beispielsweise beschrieb Galinsky (1981) die erste Phase der Schwangerschaft als "image-making period", in der sich ein Bild von der eigenen Person als Elternteil entwickelt.

Frauen in der Auseinandersetzung mit der Mutterrolle. Vor dem Hintergrund der psychodynamischen Tradition standen bei der Frage, wie Frauen Schwangerschaft und Geburt erleben, zunächst pathologische Verläufe von Schwangerschaft und Geburt im Vordergrund, die vor allem unter den Stichworten "Schwangerschafts- und Wochenbettdepression" bekannt geworden sind. Viele Arbeiten gehen dabei auf den Krisenansatz zurück. Schwangerschaft und Geburt sind für die meisten Frauen mit Ängsten bezüglich des ungeborenen Babies und der eigenen Person verbunden (Osofsky & Osofsky, 1980). Die Sorgen der Frauen kreisen weiterhin um die Veränderungen in der Partnerschaft, im Berufsfeld und im sozialen Netzwerk.

Weigert et al. (1968) berichten, daß bei allen Frauen ein Anstieg der Abhängigkeitsbedürfnisse feststellbar war. Auch die Beziehung zur eigenen Mutter spielt eine wichtige Rolle dafür, wie die Schwangerschaft empfunden wird (Shereshefsky & Yarrow, 1973): Je weniger die eigene Mutter als Vorbild dienen kann, desto mehr Schwierigkeiten haben Frauen mit der Mutterrolle. Die Möglichkeit, Sorgen mit dem Partner zu teilen, beeinflußt Anpassungsprozesse an die neue Situation positiv.

Es lassen sich verschiedene Formen der nachgeburtlichen psychiatrischen Erkrankungen unterscheiden. Psychosen als schwerste Form treten nur äußerst selten auf, ebenso Depressionen, wobei wenig Begriffsübereinstimmung herrscht und nur wenige empirisch gesicherte Befunde vorliegen. Der "postpartum blues", als eine leichtere Form depressiver Stimmungen, ist bei einer sehr großen Zahl von Frauen in der ersten Woche nach der Geburt beobachtbar und äußerst sich in Weinerlichkeit und Niedergeschlagenheit. Grossman et al. (1980) kamen zu dem Ergebnis, daß solche Symptome gehäuft bei Frauen mit geringer Motivation zur Schwangerschaft und einer geringen seelischen Gesundheit auftreten. Weiterhin wurden innere Konflikte mit der Mutterrolle als Moderatorvariablen identifiziert (Hopkins et al., 1984). Auch Eheprobleme spielen eine Rolle, und zwar in erster Linie mangelnde Unterstützung durch den Partner (Cutrona, 1982).

Neuerdings liegen auch Arbeiten vor, die sich mehr auf die positiven Seiten konzentrieren. Als Beispiel für positive Aspekte der Elternschaft wurde etwa die Möglichkeit genannt, eine intime Beziehung zu einem Nicht-Erwachsenen aufzunehmen und dabei warme, fürsorgende Seiten der eigenen Person entfalten und ausdrücken sowie kindliche Neigungen ausleben zu können (vgl. Antonucci & Mikus, 1988). Gelegentlich wird behauptet, die Elternwerdung führe zum Erreichen einer persönlichen "Reife", wobei dieser Begriff unklar definiert ist. Es scheint aber, als zeige sich ein Anstieg in der psychologischen Integration, in Empathie und in Rollenübernahmefertigkeiten (Galinsky, 1981; Shereshefsky & Yarrow, 1973). Inwieweit diese Krisenzeit zum Erreichen eines höheren Entwicklungsniveaus führt, hängt u.a. von der psychischen Stabilität der Betroffenen vor der Schwangerschaft ab (Leifer, 1977).

Männer am Beginn ihrer Vaterschaft. Der Vater und seine Rolle in der Familie wurden zunächst hauptsächlich indirekt in Relation zur Mutter und die Mutter-Kind-Beziehung berücksichtigt, erst neuerdings erfährt auch der werdende Vater selbst als Forschungsgegenstand mehr Aufmerksamkeit (vgl. Belsky et al., 1984; Berman & Pedersen, 1987). Genau wie bei den Frauen gibt es einige frühe Arbeiten in der psychodynamischen Tradition. Das bekannteste Ergebnis bezieht sich auf schwangerschafts-typische ("couvade"- ähnliche) Symptome, die Männer in Reaktion auf die Schwangerschaft ihrer Frauen entwickeln und die sich in den Symptomen Übelkeit und Appetitlosigkeit ausdrücken (Cavenar & Weddington, 1978). Dies wurde auf die Aktualisierung von Abhängigkeitswünschen zurückgeführt, die u.a. aus der sinkenden Aufmerksamkeit der Ehefrau resultiert (LaCoursiere, 1978). Nur wenige Studien widmen sich explizit den Besonderheiten, die den Übergang zur Vaterschaft ausmachen. Viele Männer fühlen sich ausgeschlossen, auf ihre Ernährerrolle eingeengt und von der auf sie zukommenden Verantwortung überwältigt; oft stellen sich Neidgefühle gegenüber dem Kind ein. Einige suchen sich Alternativen (etwa im beruflichen oder Freizeitbereich), andere ziehen sich von ihren Frauen zurück; häufig sind Labilität und Stimmungsschwankungen zu beobachten (Osofsky & Osofsky, 1980). Roopnarine und Miller (1985) nehmen an, daß Männer anfänglich eine gewisse Ängstlichkeit bezüglich ihrer Vaterrolle zeigen, die sie aber bald überwinden und sich darin eingewöhnen. Neben Gefühlen des Stolzes und der Aufregung sehen die Männer den Veränderungen in ihrem Leben und ihrer Partnerschaft mit Sorgen entgegen. Fein (1976) berichtet für die Zeit nach der Geburt des Kindes ein Absinken des anfänglichen väterlichen Bedürfnisses nach emotionaler Unterstützung, der allgemeinen Angst und der kind-bezogenen Angst. Dennoch bleibt eine gewisse Unsicherheit und Ängstlichkeit bezüglich der Vaterrolle in den ersten Lebenswochen des Kindes bestehen. Die Studie von Wente und Crockenberg (1976) erbrachte einen Zusammenhang zwischen dem Ausmaß der väterlichen Anpassungsschwierigkeiten und der Qualität ihrer ehelichen Beziehung.

Deutliche Geschlechtsunterschiede ergaben sich auch dahingehend, wie Belastungen in dieser Zeit erlebt und verarbeitet werden. Offenbar stellen für Frauen und für Männer unterschiedliche Aspekte Belastungen dar. Frauen gaben folgende Faktoren als intensivste Stressoren an: ber mangelnde Schlaf, die soziale Isolation, das Angebunden sein ans Haus, der Verlust der Arbeit, Probleme mit der Hausarbeit, Ängste bezüglich der eigenen Attraktivität, Unzufriedenheit mit der sexuellen Beziehung und mangelnde Aufmerksamkeit vom Partner. Männer dagegen benannten ökonomische Probleme, Enttäuschungen über die Vaterrolle, die Notwendigkeit, neue Routinen zu entwickeln und mangelndes sexuelles Interesse seitens ihrer Parterinnen als ihre Hauptsorgen.

Zusammenfassung: Es sollte deutlich geworden sein, daß die neuen Mütter und Väter die Ankunft ihres ersten Kindes auf ganz unterschiedliche Weise gefühlsmäßig aufnehmen und die damit verbundenen Anforderungen bewältigen. Hervorzuheben ist dabei, daß gerade das Erleben der Väter neuerdings mehr Forschungsaufmerksamkeit erfährt. Insgesamt ist eine Tendenz in die Richtung erkennbar, daß sowohl Männer als auch Frauen diese Phase positiv sehen. Während früher der Fokus auf problematischen Entwicklungen lag, wird heutzutage das gesamte Spektrum von Erlebensqualitäten und Verarbeitungsformen abzubilden versucht.

5.3.4   Die Partnerbeziehung der neuen Eltern

Die mit dem Übergang zur Elternschaft verbundenen Veränderungen in Rollen und Strukturen der ehelichen Beziehung bildeten einen der traditionellen Schwerpunkte der Familiensoziologie. Die inzwischen als klassisch anzusehende Studie von Le Masters (1957) und die ihr nachfolgenden (z.B. Dyer, 1963) kamen zu dem Ergebnis, daß die meisten Paare den Beginn der Elternschaft als "schwerwiegende Krise" wahrnehmen. In späteren Arbeiten (vgl. Russell, 1974) wird dagegen berichtet, daß nur ein sehr geringer Prozentsatz der Paare die Phase als tiefgreifende Krise bewerten, während die überwiegende Mehrzahl diese nur als "leichte Krise" einschätzen. Diese Abweichungen in den Ergebnissen können neben Kohorteneffekten auch damit erklärt werden, daß die Autoren den Krisenbegriff unterschiedlich definieren, und daß die Paare zu unterschiedlichen Momenten in dieser Phase befragt wurden.

In vielen Studien wurde übereinstimmend ein Absinken der ehelichen Zufriedenheit nach der Geburt des ersten Kindes nachgewiesen, wobei dies bei den Frauen noch deutlicher zum Ausdruck kommt als bei ihren Partnern. In den frühen Arbeiten bestand die Schwierigkeit, daß selten Daten über das Ausgangsniveau der ehelichen Zufriedenheit vorlagen. In den Studien, in denen dies mit erhoben wurde, erhält man einen differenzierteren Eindruck. Cowan et al. (1991) kamen zu dem Ergebnis, daß zwar signifikante Mittelwertsunterschiede auftreten, die Rangfolge der Paare, was ihre eheliche Zufriedenheit und Anpassungsfähigkeit betrifft, aber über die Geburt eines ersten Kindes hinaus weitgehend erhalten blieb. Weiterhin zeigte sich, daß Paare, die zuvor ihre Beziehung positiv erlebten, dieses Gefühl auch über die Geburt eines ersten Kindes hinaus eher aufrechterhalten konnten, wohingegen in problematischen Ehen die mit der beginnenden Elternschaft verknüpften Aufgaben schlechter bewältigt wurden (Feldman, 1974). Belastungen der Partnerschaft durch das erste Kind haben nur dann negative Auswirkungen auf das Zusammenleben, wenn die Partnerschaft schon vorher gestört war (Gath, 1978).

Es zeigte sich aber, daß auch bei kinderlosen Paaren die eheliche Zufriedenheit im vergleichbaren Zeitraum sank, so daß die Geburt des Kindes nicht als alleinige Ursache dafür angesehen werden kann. Unabhängig davon, ob ein Kind geboren wird oder nicht, sind Veränderungen im Verlauf des ersten Ehejahres zu beobachten, die weg vom Freizeitcharakter in Richtung auf die Qualität einer funktionalen Beziehung gehen. Da Kinder häufig in den ersten Ehejahren geboren werden, können bestimmte Entwicklungen, wie etwa der Rückgang romantischer Gefühle oder die Gewöhnung an das Zusammenleben auch durch die Ehedauer erklärt werden (McHale & Huston, 1985).

Insgesamt nehmen physiologische und psychische Belastungen erheblich zu, es kommt zu einer Zunahme an Unfreiheit und Einschränkungen, vor allem bezüglich der gemeinsam verbrachten Zeit. Petzold (1990) berichtet aus einer der seltenen deutschen Längsschnittstudien, daß die eheliche Zufriedenheit gar fünf Jahre nach der Geburt des ersten Kindes noch unter der Norm lag, besonders bei Vätern. Bei aller Konzentration auf negative Erlebensseiten sollte nicht übersehen werden, daß einige Elternpaare in dieser Zeit sogar eine Intensivierung ihrer Beziehung erleben, wie z. B. neue Gefühle der Nähe.

Im weiteren Forschungsverlauf wurde in zunehmendem Maße nach Faktoren gesucht, die einen vermittelnden Einfluß darauf haben, inwieweit es zu negativen

Veränderungen kommt. Als moderierende Größen wurden vor allem zwei Variablengruppen diskutiert:

1. Bedeutsam scheinen *individuelle Merkmale der Partner*, wie z.B. ihre Einstellung zur Elternrolle, die Beziehung zu den eigenen Eltern oder ihre Persönlichkeitsmerkmale, zu sein. Belsky (1991) berichtet über Untersuchungen an verschiedenen Typen von Partnerschaftsverläufen vom Zeitpunkt der Schwangerschaft bis zu 36 Monaten nach der Entbindung zu insgesamt vier Meßzeitpunkten. Bei Müttern und Vätern ergaben sich ähnliche Verläufe. Bei 42% der Frauen ergab sich über die Zeit eine Abnahme liebevoller Gefühle entweder kontinuierlich oder abrupt. 46% gaben an, daß sich ihre Gefühle zum Ehemann nicht verändert haben. Und bei 11% war sogar eine gewisse Zunahme an zärtlichen Gefühlen zu konstatieren. Zu welcher der möglichen Entwicklungen es kam, hing zu einem guten Teil von Variablen der Ehepartner ab, die vor Geburt des Kindes erhoben worden waren. Zu einer Abnahme der Ehezufriedenheit kam es vor allem bei Paaren, in denen entweder der Mann oder die Frau (oder beide) noch recht jung und schlecht ausgebildet war, die eher kurz verheiratet waren und über ein geringes Einkommen verfügten, bei denen die Männer wenig Interesse an Gefühlen anderer Menschen hatten, bei denen beide wenig selbstbewußt waren und die ihre Beziehung vor der Entbindung vor allem als Romanze und weniger als Freundschaftsbeziehung ansahen (vgl. auch Belsky & Rovine, 1990). In der Studie von Belsky und Isabella (1985) war die Ehezufriedenheit von Müttern neun Monate nach der Entbindung umso höher, je unterstützender und wärmer die eigene Kindheit rückblickend gesehen und je harmonischer die Ehe der eigenen Eltern eingeschätzt wurde. Bei Vätern erwies sich als diskriminativ, ob sie die Ehe ihrer eigenen Eltern als eng und gefühlsbetont erinnerten. Doch trugen auch kindliche Temperamentsfaktoren zur Abnahme der Zufriedenheit bei, vor allem, wenn sie Essens- und Schlafensprobleme bereiteten. Wenn Kinder es den Müttern schwermachen, effektive Routinen für die Bewältigung des Alltags zu entwickeln, leiden zunächst die Mütter, und anschließend können darüber Eheprobleme entstehen (Belsky, 1991).

2. Eine zentrale Rolle spielen *Merkmale der ehelichen Beziehung*, wie z.B. ihre Dauer, die gegenseitige Anpassung, Beziehungsformen. Für Ehen mit traditionellen Beziehungsformen z.B. verläuft der Übergang zur Elternschaft weniger belastend, und die Frauen erleben die Schwangerschaft positiver (Grossman et al., 1980). Als Schlüsselvariable wurden die zunehmenden Rollenunterschiede zwischen den Partnern angesehen. Mit Beginn der Elternschaft nehmen typischerweise Konflikte zu, die aus dem Wandel von gleichberechtigten zu traditionellen Rollenverteilungen resultieren (z.B. Mirren & Newman, 1978; Osofsky & Osofsky, 1980). Oft erwarten die Partner nicht den Druck, konventionellere Rollen zu übernehmen, so daß auf beiden Seiten Anpassungsprozesse erforderlich werden.

In diesem Zusammenhang erscheint schließlich noch der Aspekt der Vorbereitung relevant, der gerade durch die relative Isolation von werdenden Eltern in den modernen westlichen Gesellschaften Bedeutung erlangt hat. Da die Schritte der Verarbeitung des Übergangs zur Elternschaft in irgendeiner Form von allen Paaren durchlebt werden, können sich Paare darauf durch Maßnahmen antizipatorischer Sozialisation vorbereiten. Eine Möglichkeit bieten hier Vorbereitungskurse, in denen Informationen bereitgestellt werden und Unterstützung dahingehend gegeben wird, wie man als Partner die anfängliche Elternzeit am besten bewältigen könnte. Vor allem die Gelegenheit zum Erfahrungsaustausch zwischen Betroffenen erscheint wesentlich. Cowan et al. (1991) berichten folgende Ergebnisse ihrer Interventionsstudie: Gruppenteilnehmer unterschieden sich von der Kontrollgruppe in der Rollenverteilung im Haushalt und bei der Versorgung des Kindes sowie im Treffen von Entscheidungen. Die Väter der Kursgruppe waren stärker involviert und die Mütter konnten sich neben der Familie stärker andere Lebensbereiche bewahren, als dies jeweils in der Kontrollgruppe der Fall war. Die Teilnahme an entsprechenden Kursen vermag etwa den Verlauf des Geburtsereignisses positiv zu beeinflussen. Ihr Haupteffekt besteht darin, das Bewußtseinsniveau zu heben und den Partner zur Teilnahme zu motivieren (Cowan et al., 1991; Entwisle, 1985). Die anfänglich gesunkene eheliche Zufriedenheit blieb im weiteren Verlauf stabil, obwohl Konflikte und die Unzufriedenheit mit der Elternrolle zunahmen. Die Autoren betonen, daß es diesen Paaren gelang, negative Veränderungen nicht eventuellen Fehlern in ihrer Partnerschaft zuzuschreiben.

Zusammenfassung: Analog zum individuellen Erleben wurde auch für die Beziehungsebene stets das Absinken der ehelichen Zufriedenheit nach der Geburt eines ersten Kindes hervorgehoben. Demgegenüber wird in neueren Arbeiten versucht, alle Facetten partnerschaftlicher Veränderungen in dieser Übergangsphase abzubilden. Im Zuge der zunehmend differenzierten Beschreibung kristallisierten sich eine Vielzahl moderierender Variablen als Einflußgrößen, individueller wie partnerschaftlicher Natur, auf diesen partnerschaftlichen Verarbeitungsprozeß heraus.

6. DIE FAMILIE MIT EINEM KIND
Manfred Hofer

Die Anwesenheit eines Kindes führt zu einer grundlegenden Umstrukturierung von einer Zweier- zu einer Dreierbeziehung. Zu der ehelichen Beziehung gesellt sich für jeden Partner eine Elternbeziehung. Das System Familie mit einem Kind wird in diesem Kapitel in den beiden Stadien 2 und 3 (Familie mit Klein- und Vorschulkindern) der Familienkarriere (vgl. Kap. 1.3) behandelt. Im ersten Abschnitt geht es um die Familie im Umgang mit dem Kleinkind. Der zweite Abschnitt befaßt sich mit der Familie, dessen erstes Kind sich in der weiteren Entwicklung bis zur mittleren Kindheit befindet. Familien mit Kindern im Schulalter sind Gegenstand von Kapitel 8.

6.1 Die Eltern und das Neugeborene

Kapitel 5.3 befaßte sich mit dem Beginn der Elternschaft nach Geburt des ersten Kindes und mit der Frage, welche Veränderungen die Eltern in ihrer Beziehung wahrnehmen. In diesem Abschnitt werden die Beziehungen zwischen Eltern und Kind in den Mittelpunkt der Betrachtung gestellt.

6.1.1 Entwicklungsaufgaben von Familien mit Neugeborenen

Die zentrale stadienspezifische Entwicklungsaufgabe von Familien in diesem Stadium, die Integration des Kindes und die Umstrukturierung der Beziehungen, enthält eine Reihe von Einzelaufgaben, mit denen Familien konfrontiert werden. Zentral ist das Entwickeln von Fähigkeiten der neuen Eltern im Hinblick auf einen angemessenen Umgang mit dem Kind. Zwischen den Ehepartnern sind auch Zuständigkeiten für die Übernahme von Tätigkeiten und Aufgaben auf der Mikroebene (Wickeln, Füttern, Ausführen, Spielen, Zubettbringen) wie auf der Makroebene (Verteilen von Hausarbeit und Erwerbstätigkeit) festzulegen. Die räumlichen Gegebenheiten bedürfen oft einer Umstrukturierung, um den Bedürfnissen der Familienmitglieder Rechnung zu tragen. Dies betrifft die unmittelbare räumliche Umwelt sowie das Wohnumfeld.

Weiterhin ist die finanzielle Situation zu bewältigen. Meist kommt das Kind in den ersten zwei Ehejahren, wenn das Paar wenig verdient und ohnehin größere Anschaffungen wie Haushalt, Möbel, Auto zu tätigen hat. Neben den Anfangskosten (Kleidung, Bettchen etc.) verursacht ein Kind einen erheblichen Anstieg in den laufenden Ausgaben. 75% der in Geld zu bewertenden Leistungen für Kleinkinder müssen von den Familien erbracht werden. Die Allgemeinheit zahlt über

Steuern später vor allem Bildungs- und Ausbildungskosten (Wissenschaftlicher Beirat für Familienfragen, 1980). Weiter benötigen fast alle Eltern zumindest kurzzeitig Hilfe bei der Betreuung ihrer Kleinkinder. Da es kaum Kinderkrippen gibt (vgl. Kap. 3.2), wird diese Hilfe in mehr als der Hälfte der Fälle von Großeltern und Verwandten mitübernommen. Insofern bedarf auch der Umgang mit diesen, direkt und bezogen auf das Kind, der Regelung.

Wie im 1. Kapitel ausgeführt, wird die Eltern-Kind-Beziehung nicht als einseitige Einflußnahme verstanden. Eltern und Kinder stehen in einer reziproken sozialisatorischen Beziehung zueinander. Insgesamt bestehen drei dyadische Beziehungen zwischen Vater, Mutter und Kind. Die Betrachtung der Familie als einer Sozialisationsinstanz bringt eine Reihe konzeptueller und methodologischer Probleme mit sich. Will man nicht nur die Mutter- oder Vater-Kind-Beziehung, sondern das Beziehungsgeflecht der ganzen Familie analysieren, so sind eine Vielzahl direkter und indirekter Einflüsse und Rückwirkungen zu konzeptualisieren, die von einer Person im System ausgehen und die auf eine Person einwirken können. Parke et al. (1979) haben versucht, verschiedene Formen von Einflüssen in einer Triade zu unterscheiden (vgl. Kasten 6)

Dieses Klassifikationsschema wurde herangezogen, um die triadischen Interaktionen in Familien zu beschreiben (z.B. Barrett & Hinde, 1988). Obwohl es bereits recht komplex anmutet, vermag es dennoch nicht alle denkbaren Aspekte zu erfassen. So kann es Koalitionen nicht abbilden oder den Einfluß, der von der Ehepaarbeziehung auf das Kind ausgeht. Dennoch geht es weit über das hinaus, was mit Hilfe der vorliegenden Forschung mit Substanz gefüllt werden könnte. Deshalb ist es nicht möglich, in den folgenden Abschnitten diesem Schema zu folgen.

Zusammenfassung: Die Familie mit einem Neugeborenen hat die Aufgabe zu bewältigen, Beziehungen zu dem neuen Familienmitglied zu entwickeln und die Partnerbeziehung neu zu strukturieren. Dies erfordert den Umgang mit einer Reihe von Teilaufgaben, wie die Aufteilung von Arbeit, die Betreuung des Kinds, die Verwendung von Einkommen und die Organisation von Räumlichkeiten. Die Einflüsse zwischen den Mitgliedern einer Triade sind wechselseitig. Sie können direkter, transitiver, zirkulärer oder paralleler Art sein.

Kasten 6: Modell verschiedener Einflußformen in einer Familie mit einem Kind, am Beispiel des Vaters als primärer Einflußquelle (nach Parke et al., 1979).

Das Modell (Abb. 10) betrachtet beispielhaft die Einflüsse, die von der Person des Vaters ausgehen. Insgesamt können drei solcher Bäume konstruiert werden (je einer für Vater, Mutter und Kind). Vier Typen von Einflüssen werden unterschieden. Jeder dieser Einflüsse kann aus unmittelbarer oder längerfristiger Perspektive betrachtet werden.

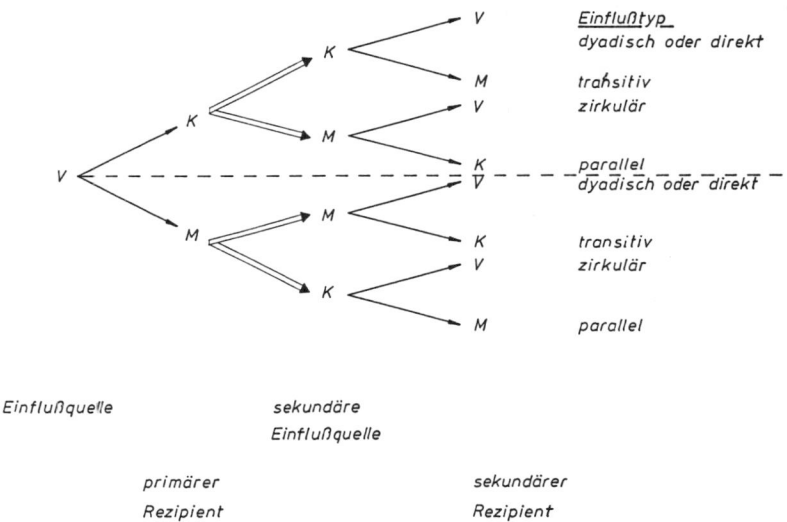

Abbildung 10: Systematik möglicher Einflüsse innerhalb einer Triade.

a) Dyadische oder direkte Einflüsse. *Die einfachen Pfeile stellen direkte Einflüsse dar. Die doppelten Pfeile geben die Konsequenz einer Interaktion an. Nehmen wir als Beispiel die oberste Linie von links nach rechts. Dies könnte so interpretiert werden: Vater küßt Kind (V Pfeil K). Darauf folgt als Konsequenz (Doppelpfeil): Kind lächelt Vater an (K Pfeil V). Wir haben eine Quelle des Einflusses (V), einen primären Rezipienten (K), eine sekundäre Quelle des Einflusses (K) und einen sekundären Rezipienten (V). Hier werden dyadische Einflüsse konzeptualisiert. Die dritte Person spielt insofern eine Rolle, als unterschieden werden kann, ob sie bei der dyadischen Interaktion anwesend ist oder nicht. Barrett und Hinde (1988) berichten über Untersuchungen, die zeigen, daß Kinder untereinander weniger interagieren und mehr streiten, wenn die Mutter anwesend ist.*

> **b) Transitive Einflüsse.** *Einflüsse, die von einer Person über eine andere auf eine dritte wirken, werden transitive Einflüsse genannt. Ein Beispiel dafür ist: Der Vater kann durch emotionale, gedankliche oder materielle Unterstützung der Mutter deren Verhalten gegenüber dem Kind beeinflussen (untere Hälfte der Abbildung).*
> **c) Zirkuläre Einflüsse.** *Zirkulär werden Einflüsse dann genannt, wenn die Einflußquelle mit dem sekundären Rezipienten identisch ist, und wenn die beiden anderen Mitglieder den primären Rezipienten und die sekundäre Einflußquelle repräsentieren. Ein episodisches Beispiel dafür könnte sein: der Vater kitzelt das Kind, dessen Lachen veranlaßt die Mutter, dem Vater zuzulächeln. Ein generalisiertes Beispiel: in Familien, in denen die Mutter über dem Vater dominiert, neigen Jungen dazu, eher ihre Mutter zu imitieren.*
> **d) Parallele Einflüsse.** *Parallele Einflüsse erfolgen, wenn der primäre und sekundäre Rezipient die gleiche Person und die anderen beiden die Einflußquelle und die sekundäre Einflußquelle darstellen. Ein episodisches Beispiel dafür ist das Modellverhalten: der Vater kitzelt das Kind, daraufhin kitzelt die Mutter ebenfalls das Kind (V Pfeil K Doppelpfeil M Pfeil K). Oder: ein Kind wendet sich an den Vater, wenn es von der Mutter keine Erlaubnis für einen Wunsch erhält. Die Einstellungen oder Verhaltensweisen, die von den Einflußquellen ausgehen, können durchaus verschieden sein. Wenn ein Kind die Mutter mit besonderer Liebenswürdigkeit behandelt, um den wenig schmeichelhaften Umgang des Vaters mit der Mutter auszugleichen, dann kann man ebenfalls in diesem Sinne von parallelen Einflüssen sprechen.*

6.1.2 Frühe Eltern-Kind-Beziehungen

In diesem Abschnitt werden vier Variablengruppen herausgehoben, die sich auf die kindliche Entwicklung auswirken können. Es handelt sich um die Synchronizität in der Interaktion, die Persönlichkeit der Eltern, deren Partnerbeziehung, und um das Temperament des Kindes selbst.

Das Neugeborene greift in die Zweierbeziehung mit Macht ein. Es hat eine Reihe von Bedürfnissen, für deren Befriedigung es auf andere Personen angewiesen ist. Neugeborene schlafen im Mittel 16 Stunden täglich. Die Schlaf- und Wachperioden verteilen sich über den ganzen Tag und pendeln sich auf einen Vier-Stunden-Rhythmus ein. Nahrung und Pflege des Kindes sind auf diesen Rhythmus abzustimmen. Neugeborene lassen sich nach ihrem Schlaf-Wach-Rhythmus unterscheiden. Es gibt Kinder mit stabilen Zyklen und solche, deren Verhalten nicht gut vorhersagbar ist. Diese Unterscheidung ist für die Beanspruchung der Eltern von großer Bedeutung. Auch die Irritierbarkeit, das Ausmaß des Schreiens, die Leichtigkeit, mit der das Kind beruhigt und gefüttert werden kann, sind Variablen, nach denen Kleinkinder eingeteilt wurden. Die emotionale Grundstimmung und die soziale Ansprechbarkeit von Säuglingen wurden zu einer Art sozialem "Stil" zusammengefaßt. Er scheint eine relativ stabile Eigenschaft zu sein und spätere Verhaltensweisen vorhersagen zu lassen. Eine Erklärung dafür könnte sein, daß diese Kinder unterschiedliche Reaktionen der Erwachsenen provozieren (Stevenson & Lamb, 1982). Untersuchungsergebnisse zur geistigen Entwicklung im frühen Kindesalter lassen ebenfalls eine gewisse Kontinuität vermuten. So korrelierten die Aufmerksamkeitswerte von Säuglingen im ersten Lebenshalbjahr mit denen sechs Jahre später zu $r = 0.66$ (Bornstein & Sigman, 1986).

Synchronizität in der Interaktion. Ein *Säugling* verfügt über die Fähigkeit, auf soziale Impulse zu reagieren und selbst soziale Reize auszusenden. Er beruhigt sich, wenn er aufgenommen wird, bei rhythmischer Stimulation und menschlicher Stimme. Er folgt menschlichen Gesichtern. Das Zuwenden zu akustischen und optischen Reizen, das Ankuscheln des Körpers, später das Lächeln, werden von Mitmenschen als Kontaktaktivitäten interpretiert.

Umgekehrt scheinen *Eltern* dem Säugling jenes Ausmaß an Stimulation zu verschaffen, das er für seine Entwicklung benötigt. In ausgedehnten Untersuchungen hat das Ehepaar Papousek die wechselseitigen Interaktionen zwischen Eltern und ihrem Kleinkind unter der Perspektive betrachtet, wie diese die Entwicklung des Kindes befördern. Nach Papousek lassen sich die elterlichen Fähigkeiten zur Anpassung an den Säugling in vier Gruppen einteilen:

1. *Das Lesen der kindlichen Signale.* Die Eltern verschaffen sich über das Prüfen des Köpertonus und der Körperhaltung Aufschluß über den momentanen Zustand der Aufmerksamkeit.

2. *Das Herstellen der Kommunikationssituation.* Durch Bemühen um Blickkontakt, durch Herstellen eines optimalen Abstands von etwa 20 Zentimeter und durch aufmerksame Mimik (erhobene Augenbrauen, weit geöffneter Mund) schaffen sie die Voraussetzungen dafür, die kindliche Aufmerksamkeit für Kommunikationen optimal zu nutzen.

3. *Verständlichkeit des Verhaltens.* Eltern benutzen eine Sprache, die offensichtlich dem kindlichen Auffassungsvermögen angepaßt und angemessen ist (vgl. Kasten 7). Es scheint so zu sein, daß Erwachsene auf der ganzen Welt Freude dabei empfinden, mit Säuglingen in einer hochfrequenten, grammatikalisch einfachen, durch häufige Widerholungen und lange Pausen gekennzeichneten Weise zu sprechen. Diese Form der Sprache hat als "motherese" oder "babytalk" in der Literatur breite Aufmerksamkeit erfahren. Keller et al. (1990) gingen in einer längsschnittlichen und vergleichenden Beobachtungsstudie der Frage nach, ob es sich dabei um eine kulturinvariante Anpassung an das Informationsaufnahme- und -verarbeitungsniveau von Säuglingen han-

delt. Sie erwarteten, daß Eltern in verschiedenen Kulturen in ihren Gesprächen mit dem Säugling die gleichen Inhalte äußern. Diese Inhalte sollten auf die beim Säugling vorherrschenden Fähigkeiten bezogen sein. Bei deutschen und griechischen Eltern von Kindern im Alter zwischen zwei Wochen und zwei Jahren wurden bedürfnis- und entwicklungsthematische Äußerungen beobachtet. Diese bezogen sich auf den Zustand des Kindes (z.B. Weinen), dessen Körperbewegungen, Lächeln, Vokalisationen und das Blickverhalten. Sie machten zwischen 20% und 24% aller Äußerungen aus. Die restlichen Äußerungen wurden als nichtverbal (vokal) eingestuft. Die Veränderung der Themenanteile mit dem Alter der Säuglinge entsprach deren Entwicklungsfortschritt. Die kulturvergleichende Analyse der deutschen und griechischen Eltern erbrachte eine vergleichbare Proportion vokaler und verbaler Anteile, wobei allerdings griechische Eltern mehr Fragen stellten und als kindzentrierter als deutsche Eltern beschrieben wurden, die sich eher ungeduldig und vorwurfsvoll äußerten.

Das elterliche Sprachverhalten macht das Kind bereits vor Verstehen der Sprache mit basalen Kommunikationsinhalten vertraut. Anregende Botschaften werden mit ansteigenden Konturen in hoher Stimmlage vermittelt. Abfallende Konturen mit langsamem Tempo und dunkler Stimme werden in beruhigender Absicht produziert. Und unliebsame Verhaltensformen wie Quengeln werden durch kurze stakkatoartige Interventionen unterbrochen. Dies ist auch bei chinesischen Müttern zu finden (Papousek, 1987).

4. *Das Herstellen von Kontingenz.* Das Ermöglichen kontingenter Erfahrungen scheint von zentraler Bedeutung für die Entwicklung des Säuglings zu sein. Eltern stimmen ihre interaktiven Beiträge zeitlich und inhaltlich auf die Beiträge des Säuglings ab. Sie ahmen seine Mimik und seine Laute nach. Daraus entwickeln sich schon vom zweiten Monat an Wechselspiele, von beiden Interaktionspartnern in Gang gesetzt. Ein Beispiel ist das abwechselnde Herausstrecken der Zunge. Kontingenten Interaktionen kommt neben ihrer instruktiven und affektiven Bedeutung vor allem die Funktion zu, das Verhalten der Eltern für das Kind voraussagbar und kontrollierbar werden zu lassen. Das Kind erlebt Beziehungen zwischen seinem eigenen Verhalten und dessen Konsequenzen. Die Autoren haben Mütter während eines Zwiegesprächs mit ihren zweimonatigen Babies gebeten, für zwei Minuten die Augen zu schließen. Dadurch war ihre Möglichkeit, sich auf das Baby einzustellen, eingeschränkt. Die Kinder reagierten mit sichtbarer Verstörung und mit Bemühungen, die Mutter wieder unter Kontrolle zu bringen.

> **Kasten 7:** Vokale Interaktion von Eltern mit ihren Säuglingen. Eine Untersuchung von Papousek et al. (1987).
>
> *Papousek et al. (1987) haben über Geburtsanzeigen in lokalen Zeitungen den Kontakt zu Müttern und Vätern von 14 drei Monate alten gesunden Säuglingen hergestellt. Die Eltern wurden ins Laboratorium des Max Planck Instituts für Psychiatrie in München eingeladen und gebeten, einzeln mit ihrem Kind so umzugehen, wie sie es zu Hause gewohnt sind. Das Kind wurde in einem Babysessel ihnen zugewandt plaziert. Die Interaktion dauerte sechs Minuten und wurde akustisch aufgezeichnet. Das sprachliche und vokale Verhalten der Eltern wurde intensiven und umfänglichen Auswertungen hinsichtlich der linguistischen Komplexität, des lexikalischen Inhalts sowie der zeitlichen und melodischen Struktur unterzogen.*
>
> *Die sprachlichen Äußerungen ließen sich als kurz, gut segmentiert, syntaktisch einfach und repetitiv beschreiben. Sie wurden langsam, mit insgesamt erhöhter Tonlage und übertriebener Intonation gesprochen. Mütter und Väter stellten für das Kind redundante Quellen linguistischer und akustischer Stimulation dar.*
>
> *Die Autoren interpretieren die Ergebnisse im Sinne einer didaktischen Anpassung an die Fähigkeiten des Kindes zur diskriminativen Wahrnehmung, an seine auditorische Wahrnehmungsschwelle und an seinen ganzheitlichen Verarbeitungsmodus. Melodie, einfache Struktur, häufige Wiederholungen, langsames Tempo und vorhersagbares Timing würden den grundlegenden Voraussetzungen des Säuglings für erfolgreiches Lernen und Verarbeiten von Erfahrungen entgegenkommen. Sie halten die Aufmerksamkeit des Kindes aufrecht und ermöglichen gleichzeitig einen freudvollen Austausch. Da nicht nur Väter und Mütter dieses Verhalten gleichermaßen produzieren, sondern es auch in verschiedenen Kulturen beobachtbar ist, und da kaum anzunehmen ist, daß Personen es bewußt produzieren, gehen die Autoren davon aus, daß es sich um ein biologisches Verhaltensmuster bei Eltern handelt.*

Für die Entwicklung des Säuglings scheint es nicht unwichtig zu sein, wie gut die Erziehungspersonen auf ihn "eingehen" und die genannten optimalen Lernbedingungen - insbesondere die Kontingenz - herstellen können (Stevenson & Lamb, 1982). Belsky (1991) hat Korrelate "synchronen" Verhaltens genauer untersucht. Als synchron wurden Interaktionen definiert, in denen mütterliche und kindliche Verhaltensweisen harmonisch aufeinander bezogen waren (z.B. das Kind äußert einen Laut, die Mutter antwortet darauf; die Mutter zeigt dem Kind ein Spielzeug, das Kind exploriert es). Asynchron wurden Interaktionen genannt, bei denen die Verhaltensweisen nicht miteinander harmonierten, wenn z.B. das Kind einen Laut abgibt und die Mutter nicht darauf reagiert, oder wenn das Kind schreit und die Mutter etwas sagt. Kinder, die im Verlauf des ersten Lebensjahres ein mittleres Ausmaß an synchroner Anregung und des Austausches erfahren hatten, erschienen im Alter von zwölf Monaten an ihre Mutter sicher gebunden (vgl. Kasten 8). Kinder dagegen, die durch ein Zuviel oder ein Zuwenig an synchroner Stimulation überfordert oder vernachlässigt worden waren, zeigten eine eher unsichere Bindung (vgl. auch Isabella & Belsky, 1991). Eine Erklärung für diese Ergebnisse besagt, daß Kontingenzen beim Kind eine Erwartung schaffen, daß es seine Umwelt beeinflussen kann. Diese Erwartung regt es zu weiteren Interaktionen an und ermöglicht ihm Lernerfahrungen.

> **Kasten 8:** Die Bindungstheorie nach Mary Ainsworth (zit. nach Rauh, 1987, S. 196 - 198).
>
> *Jeder Mensch ist nach Ainsworth mit mehreren Verhaltenssystemen ausgestattet, die für seine Spezies charakteristisch und aus der Evolution hervorgegangen sind; sie sichern das Überleben der Spezies. Ainsworth unterscheidet eher umweltlabile und eher umweltstabile Verhaltenssysteme. Die mit der Reproduktion der Spezies verbundenen sind besonders stabil. Zu diesen gehört beim Kind das System des Bindungsverhaltens (attachment) und beim Erwachsenen sein Komplement, das Fürsorgeverhalten (maternal behavior, bonding). (...) Bindung als Verhaltenssystem ist ein Konstrukt, nicht gleichzusetzen mit ganz spezifischen Verhaltensweisen. Die beobachtbaren Verhaltensweisen (Lächeln, Anschmiegen, Schreien, Festklammern, Zur-Mutter-Krabbeln oder -Laufen, Suchen usw.) können diesem System dienen, aber in anderen Situationen auch andere Funktionen haben (...). Konkretes Bindungsverhalten wird nur in Alarmsituationen aktiviert, z.B. wenn die Bezugsperson fortgeht, weg ist oder zu weit entfernt ist, zurückkommt, oder wenn sie die Bittsignale um Schutz und Sicherheit abweist, wenn die Situation unvertraut ist oder das Kind sich körperlich unwohl fühlt. Räumliche Nähe zur Bezugsperson oder gar enger körperlicher Kontakt beenden das Bindungsverhalten. (...) Komplementär dem Bindungssystem zugeordnet ist nach Ainsworth das Erkundungssystem. Wenn das Kind sich bindungssicher fühlt (und damit kein Bindungsverhalten aktiviert wird), dann wagt es sich weiter fort in den Raum, erkundet Gegenstände und Personen - oft mit Rückversicherungsblicken zur sicheren Ausgangsbasis. (...)*
>
> *Außer in Extremfällen bilden alle Kinder personbezogene Bindungen aus, vorausgesetzt, sie haben ein Minimum an Interaktionsmöglichkeiten mit einem Partner. (...) Die Art oder Qualität der Bindung ist nach Ainsworth von der Qualität dieser Interaktionen abhängig. Sie unterscheidet drei Klassen von Bindungsarten:*
>
> *A Kinder mit unsicher-vermeidender Bindung an die Bezugsperson,*

> B Kinder mit sicherer Bindung an die Bezugsperson,
> C Kinder mit ambivalent-unsicherer Bindung an die Bezugsperson.
>
> *Die Einteilung der Kinder in diese drei Gruppen wird (im Fremde-Situations-Test, Anm. d. Verf.) anhand des Verhaltens der Kinder, wenn die Bezugsperson nach kurzer Trennung wieder zurückkommt, vorgenommen. (...) In einem durch Einwegscheiben beobachtbaren Raum mit Spielzeug und zwei Stühlen finden nacheinander die folgenden acht dreiminütigen Episoden statt:*
>
> 1. *Mutter und Kind werden vom Beobachter in den Raum geführt. Mutter setzt Kind auf den Boden.*
> 2. *Mutter und Kind sind allein. Mutter liest Zeitschrift. Kind kann die Umgebung und die Spielzeuge erkunden.*
> 3. *Eine Fremde tritt ein, setzt sich, unterhält sich mit der Mutter und beschäftigt sich auch mit dem Kind.*
> 4. *Mutter verläßt den Raum, Fremde bleibt mit dem Kind allein, beschäftigt sich mit ihm und tröstet es, wenn notwendig.*
> 5. *Mutter kommt wieder, Fremde geht. Mutter und Kind sind allein. Mutter beschäftigt sich mit dem Kind und versucht, es wieder für das Spielzeug zu interessieren.*
> 6. *Mutter verläßt den Raum und läßt das Kind allein.*
> 7. *Fremde tritt ein. Versucht das Kind zu trösten, wenn notwendig.*
> 8. *Mutter kommt wieder und Fremde verläßt den Raum.*
> *(...)*
> **A-Kinder:** *meiden auffallend die Nähe oder die Interaktion mit der Mutter in den Wiedervereinigungsepisoden (...). Alleingelassen, zeigt es (das Kind, Anm. d. Verf.) kaum Kummer über das Weggehen der Mutter (...).*
>
> **B-Kinder:** *suchen und wahren Nähe und Kontakt zur Mutter (...); sie wehren sich gegen Absetzen (...), wenn allein gelassen, (...); dann kann auch die Fremde sie nicht ganz trösten.*
>
> **C-Kinder:** *zeigen sich ambivalent gegenüber der Mutter: sie suchen und halten Kontakt mäßig bis stark (...). Sie (...) sind eher wütend bis passiv in Belastungssituationen, z.B., wenn sie mit der Fremden allein gelassen werden.*
>
> *Forschungen zeigen, daß das Ausmaß sicherer Bindung zusammenhängt mit dem Ausmaß an 'Synchronizität' der vorangegangenen Eltern-Kind-Interaktionen."*

Die sozialen Initiativen und Reaktiven des Säuglings können als Sicherung sozialer Zuwendung unter optimalen Lernbedingungen angesehen werden. Ausgelöst wird bei Eltern das Überprüfen des Wachheitszustandes, das Herstellen eines für das Kind optimalen Sehabstands, die Imitation seiner Reaktionen und die Vermittlung des Gefühls der Wirkung. Das Baby kann mit einfachen Mitteln Wirkungen erzielen, die es selbst durch eigene gezielte motorische Aktivität an Gegenständen erst viel später erreichen kann.

Die Persönlichkeit der Eltern, die eheliche Beziehung und Merkmale des Säuglings. Die Persönlichkeit der Eltern wurde als möglicher Einflußfaktor auf die Eltern-Kind-Interaktion und auf das Kindverhalten in Betracht gezogen. Cox et al. (1989) konnten in einer Beobachtungs- und Befragungsstudie an Eltern mit drei Monate alten Säuglingen feststellen, daß die persönliche Stabilität der Eltern und ihre eheliche Zufriedenheit mit ihrer Sensibilität und Emotionalität in Einstellung und Verhalten dem Kind gegenüber signifikant zusammenhingen. Im Pennsylvania Infant and Family Development Project zu den Determinanten des Schreiverhaltens bei Säuglingen (Belsky, 1991) wurden drei Kohorten von Eltern, die ihr erstes Kind bekamen, im letzten Drittel der Schwangerschaft und dann im ersten, dritten und fünften Lebensjahr der Kinder wiederholt befragt und beobachtet. Die Kinder wurden im Alter von drei und im Alter von neun Monaten beobachtet. Als Maße für die Ausprägung des Schreiens wurden Beobachtungen über das Ausmaß des Schreiens im Beisein der Mutter bzw. beider Eltern und Angaben der Mutter verwendet. Je nach Kombination von hoher und niedriger Irritierbarkeit in der ersten und zweiten Messung wurden die Kinder in vier Gruppen eingeteilt. Die meisten Kinder waren entweder stabil hoch oder stabil niedrig irritierbar (N=59). Es gab aber auch eine nennenswerte Zahl mit variablen Mustern (N=35). Um diese Unterschiede aufzuklären, verwendeten die Autoren Variablen zur Persönlichkeit der Eltern und deren Ehequalität, die bereits zum Zeitpunkt der Schwangerschaft und im dritten Lebensmonat der Kinder erhoben worden waren, die also zeitlich vor etwaigen Änderungen im Schreiverhalten feststellbar waren. Es zeigte sich, daß mit der Zunahme des Schreiens vor allem väterliche Variablen korrelierten. Väter dieser Gruppe zeigten sich als weniger an den Bedürfnissen anderer Menschen interessiert, als kritischer gegenüber der Ehebeziehung und als weniger engagiert mit ihren Kindern als Väter von Kindern mit stabil niedrigem Schreiverhalten. Das Phänomen des Rückgangs des Schreiverhaltens schien eher mit mütterlichen Merkmalen zusammenzuhängen. Die Kinder, deren ursprünglich hohe Irritierbarkeit nach drei Monaten niedrig lag, erfuhren im Alter von drei Monaten von ihren Müttern eine "synchronere" Form der Interaktion als Mütter von Kindern mit konstant hohem Schreiverhalten.

Es sieht so aus, als würde elterliches Verhalten dazu beitragen, ob es Säuglingen gelingt, ihre negativen Gefühle zu regulieren. Wenngleich die Richtung der Einflüsse keinesfalls als erwiesen angesehen werden kann, legen die Ergebnisse angesichts der Wahl der Erhebungszeitpunkte die angegebene Schlußfolgerung recht nahe. Interessant ist das Ergebnis, daß väterliche und mütterliche Variablen in unterschiedlicher Weise die emotionale Entwicklung beeinflussen können. Mit den Worten des Autors: Offenbar ist es die Mutter, die ein temperamentmäßig "schwieriges" Kind auffangen kann, demgegenüber ist es der Vater, der die Entwicklung relativ "einfacher" Kinder auf die Dauer unterminiert.

Inwiefern die eheliche Beziehung die Eltern-Kind-Interaktion und das Verhalten von Säuglingen beeinflussen, ist ebenfalls Thema von Untersuchungen gewesen. Belsky et al. (i.Dr.) konnten systematische Zusammenhänge zwischen der Veränderung der Elternbeziehung im Verlaufe der ersten drei Jahre nach der Geburt des Kindes und der Eltern-Kind-Interaktion feststellen. Die Ehebeziehung wirkte sich auf die Vater-Kind-Interaktion aus, nicht aber auf den Umgang von Müttern mit ihren Kindern in den ersten beiden Lebensjahren. Verschlechterte Ehe-Beziehungen machten sich in einer Zunahme negativen und zudringlichen Vaterverhaltens und problematischen Kindverhaltens bemerkbar. Im Gegensatz dazu war bei der Mutter eine Tendenz zum kompensatorischen Verhalten festzustellen. Engfer (1988) berichtet ähnliche Ergebnisse aus einer Längsschnittuntersuchung an 36 Familien aus dem Münchner Raum, die untersucht wurden, als ihre Kinder 4, 18 und 43 Monate alt waren. Eine harmonische Ehebeziehung ging mit sensitivem Mutterverhalten einher. Daneben zeigten sich auch kompensatorische Effekte derart, daß Mütter mit konflikthaften Ehebeziehungen in ihrer Beziehung zum Kind überbehütend waren und es als Quelle des Trostes betrachteten.

Howes und Markman (1989) haben in einer längsschnittlichen Analyse ermittelt, daß die Qualität der Partnerbeziehung vor der Ehe (in Bezug auf Zufriedenheit, Konflikt und Kommunikation) nicht unerheblich mit Variablen des Kindes im Alter zwischen ein und drei Jahren zusammenhängen, und zwar in den Bereichen Sicherheit, Abhängigkeit und soziale Aufgeschlossenheit.

Die negativen Auswirkungen schlechter Ehebeziehungen auf die kindliche Entwicklung kann einmal erklärt werden mit der Qualität der damit einhergehenden Eltern-Kind-Interaktionen. Sie können außerdem als Effekte anhaltender Beobachtungen von Konflikten interpretiert werden. Ärgerliche Eltern und Konflikte zwischen ihnen sind zwar Bestandteile alltäglichen Lebens. Dies kann positive Erfahrungen für das Kind bereitstellen und konstruktiv wirken. Zum anderen zeigten Cummings et al. (1989) in einer experimentellen Untersuchung an Zwei- bis Fünfjährigen und ihren Müttern, daß Kinder, die Zeugen einer konflikthaften Auseinandersetzung wurden, Ärger wahrnahmen, verstört und besorgt reagierten. Cummings und Vittemberga (1991) konnten darüberhinaus an Kindern im Alter zwischen 5 und 19 Jahren ärgerliche und aggressive Reaktionen vor allem dann auslösen, wenn sie Konflikte beobachteten, die nicht gelöst wurden, weit weniger jedoch, wenn der Streit mit einem Kompromiß oder einer Entschuldigung endete. Somit könnte eine Erklärung für den als bestätigt geltenden Befund, daß disharmonische Ehen mit Verhaltensproblemen der Kinder einhergehen (vgl. Grych & Fincham, 1990), auch darin zu suchen sein, daß Kinder in solchen Familien gehäuft Zeugen ungelöster ehelicher Auseinandersetzungen werden.

Die Übereinstimmung zwischen den Eltern in ihren erziehungsbezogenen Auffassungen scheint ebenfalls ein relevanter Faktor zu sein. Deal et al. (1989) konnten bei Eltern von Vorschulkindern zeigen, daß Eltern, die eine stärkere Übereinstimmung aufwiesen, kompetenter waren. Jene Eltern, die unterstützender waren und eher induktive Kontrolltechniken benutzten, waren sich in ihrem Erziehungsverhalten auch besonders einig.

Merkmale des Kindes und die Eltern-Kind-Beziehung. Eigenschaften des Kindes können die Eltern-Kind-Beziehung ebenfalls beeinflussen. Dies kann an der häufig untersuchten Variable der sicheren versus unsicheren Bindung demonstriert werden. In der Längsschnittstudie von Belsky (1991) stellte sich das Temperament des Kindes als ein begünstigender Faktor für Bindungssicherheit heraus. "Schwierige" Kinder, das heißt solche, die von der Mutter im Alter von drei und neun Monaten als wenig anpassungsfähig und im Verhalten schlecht vorhersagbar bezeichnet worden waren, erwiesen sich mit zwölf Monaten als bindungsunsicherer als weniger schwierige Kinder. Bei unsicher gebundenen Kindern zeigte sich auch, daß die Verschlechterung der Ehebeziehung, die ab dem letzten Schwangerschaftsdrittel eintrat, über den dritten Monat nach der Geburt bis zum neunten Monat weiter zunahm. Es liegen auch Hinweise darauf vor, daß schwierige Kinder die eheliche Beziehung belasten. Engfer (1988) fand, daß Eltern von Kindern, die mit 4 und 18 Monaten anhand konkreter Items als "schwierig" eingestuft worden waren, mehr Ehekonflikte hatten, als das Kind 43 Monate alt war, als Eltern mit weniger schwierigen Kindern. Mütter mit schwierigen Kindern im Alter von 18 Monaten zeigten insgesamt erhebliche Irritationen, was deren spätere ehelichen Probleme vermittelt haben könnte. Auch scheint die Bindungssicherheit mit dem Umgang mit Freunden, zumindest im Vorschulalter (Park & Waters, 1989; vgl. auch Kap. 4), zusammenzuhängen.

Zusammenfassung: In diesem Abschnitt wurden vier Faktoren herausgestellt, die für die kindliche Entwicklung bedeutsam sein können. Es handelt sich um die Synchronizität in der Interaktion, die Persönlichkeit der Eltern, die Qualität der Ehebeziehung und das Temperament des Kindes selbst. Die Entwicklung des Kindes ist zu einem guten Teil von Variablen vorhersagbar, die bereits vor der Ankunft des ersten Kindes ausgeprägt sind. Doch sind stets auch die anderen Faktoren zu beachten. Vermutlich ist das Kind gut geschützt, sofern nur einer der Risikofaktoren vorhanden ist. Es ist aber in seiner Entwicklung gefährdet, sobald mehrere Risiken zusammentreffen.

6.2 Die weitere Entwicklung der Eltern-Kind-Beziehung

Im Laufe der Zeit konstituiert sich ein neues System mit Interaktionsformen, die eine gegenseitige Vorhersagbarkeit erlauben. Als neue zentrale Familienaufgabe stellt sich jetzt das Finden von Kommunikationsformen, die den zunehmenden Fähigkeiten des Vorschulkindes gerecht werden. Insbesondere geht es darum,

- zu lehren und zu lernen, Impulse zu kontrollieren, Befriedigungen zu verschieben und Erwartungen anderer zu erfüllen,
- Formen des geistigen Austausches zu praktizieren: zuhören, erzählen, informieren, fragen und antworten, gemeinsam spielen und Aktivitäten unternehmen.
- positive und negative Gefühle zunehmend zu differenzieren, gegenseitig auszudrücken und zu verarbeiten,

Im folgenden wird die Beziehung zunächst aus der Sicht der Eltern, sodann aus jener der Kinder betrachtet, wobei die genannten Aspekte berücksichtigt werden.

6.2.1 Die Sicht der Eltern

Erziehungsstile. In der sogenannten Erziehungsstilforschung wurde versucht, Eigenarten elterlicher Erziehungspraktiken und -einstellungen zu beschreiben. Diese Ansätze basieren auf der Annahme, daß Eltern in ihrem erziehungsbezogenen Erleben und Verhalten allgemein und stabil zu beschreiben sind, daß sie sich darin systematisch voneinander unterscheiden, und daß mit diesen Variablen die kindliche Entwicklung vorhergesagt werden kann (Stapf et al., 1972). Datengrundlage sind meist Antworten auf erziehungsbezogene Fragebögen, mal aus Sicht der Kinder, häufiger aus Sicht der Eltern. Bedeutsam ist die Einteilung von Baumrind (1967) in vier Typen. (1) Der *autoritäre* Typ ist gekennzeichnet durch einseitiges Durchsetzen elterlicher Vorstellungen unter Einsatz von Machtmitteln (Zwang, Drohung, Strafe). Regeln werden nicht diskutiert. (2) Beim *autoritativen* Erziehungsmuster bringen die Eltern klare Erwartungen hinsichtlich eines reifen Verhaltens des Kindes zum Ausdruck, achten auf dessen Einhaltung, unterstützen unabhängiges und selbständiges Verhalten des Kindes, sind in offener Kommunikation bereit, sich den Gesichtspunkten des Kindes anzunehmen und erkennen die

Rechte von beiden, Eltern und Kindern, an. (3) Beim *permissiven* Erziehungsmuster nehmen die Eltern im wesentlichen eine tolerante, akzeptierende Haltung gegenüber den Wünschen des Kindes ein, wenden wenig Bestrafung an, stellen nur wenig Regeln und Forderungen auf und vermeiden nach Möglichkeit das Ausüben von Kontrolle. (4) Eltern mit *indifferenter* Attitüde minimieren Zeit und Kraft im Einsatz für ihr Kind.

Andere Autoren versuchten, Elternverhalten auf einer Reihe von Merkmalen einschätzen zu lassen und diese anschließend mit Hilfe faktorenanalytischer Auswertungen zu gruppieren. Verschiedene Autoren stellen ihre Ergebnisse anhand der beiden Dimensionen Kontrolle versus Autonomie, und Liebe versus Feundseligkeit dar (z.B. Schaefer, 1959). In dieser zweidimensionalen Klassifikation elterlicher Erziehungsmuster können die vorgenannten vier Typen eingeordnet werden (Baumrind, 1989; Maccoby & Martin, 1983).

Ausgiebig untersucht wurden Zusammenhänge zwischen Erziehungsstilen und Variablen der kindlichen Persönlichkeit wie Selbstkonzept, Moralentwicklung, Aggression, soziale Kompetenz, Attributionsmuster, Übernahme von Verantwortung. Die Ergebnisse weisen durchweg auf eine Überlegenheit autoritativen Verhaltens der Eltern hin, in dem Kontrolle mit Wärme und Ermutigung kombiniert wird (Baumrind, 1991; Maccoby & Martin, 1983). Der Begriff der elterlichen Kontrolle erfährt mit dem Alter der Kinder eine Wandlung. Äußert sich Kontrolle bei kleinen Kindern in direkten Versuchen der Verhaltenssteuerung, so bezeichnet Kontrolle mit zunehmendem Alter der Kinder das Ausmaß, in dem Eltern über ihre Kinder Bescheid wissen (monitoring). Vor allem im Jugendalter scheint das Ausmaß, in dem Eltern darüber informiert sind, wo, mit wem etc. ihre Kinder zusammen sind, in verschiedenen Kulturen und Gesellschaftsschichten ein potenter Prädiktor für wenig abweichendes Verhalten, gute Schulnoten und hohes Selbstvertrauen der Kinder zu sein (z.B. Feldman et al., 1991; Lamborn et al., 1991; vgl. auch Kap. 3.2.3).

Die Interaktion innerhalb der Familie verändert sich in *Abhängigkeit vom Alter des Kindes*. In der Untersuchung von Belsky et al. (1984) nahm im Verlaufe des ersten Lebensjahres das Ausmaß der emotionalen und pflegerischen Zuwendung von Mutter und Vater ab. Mit weiter zunehmendem Alter gewinnt das Kind an Autonomie und kommunikativen Fähigkeiten. So läßt sich erklären, daß das Ausmaß an körperlicher Nähe zwischen dem 1. und 2. Jahr zurückging, die Initiativen sich von der Mutter zugunsten des Kindes verschoben (Clarke-Stewart & Hevey, 1981). Heckhausen (1987) beobachtete Anpassungsvorgänge im mütterlichen Verhalten. Mit zunehmender Kompetenz der Kinder im Verlaufe des zweiten Lebensjahres gaben die Mütter zunehmend weniger Hilfen bei der Lösung einer Steckaufgabe. Dies wird als tutorielles Verhalten interpretiert: Mütter gleichen Defizite ihrer Kinder aus und fordern gleichzeitig deren Kompetenz heraus. Anpassungsvorgänge lassen sich auch in bezug auf die kindliche Verstehensfähigkeit beobachten. In Konfliktsituationen mit eineinhalb bis dreijährigen Kindern nahmen mütterliche Begründungen signifikant zu, vor allem Hinweise auf soziale Regeln und auf materielle Konsequenzen von Regelüberschreitungen (Dunn & Munn, 1987).

Man könnte annehmen, daß Eltern ihre Auffassungen auch dann an den Entwicklungsstand der Kinder anpassen, wenn diese noch älter werden, zumal sich zwischen der Kleinkind- und Schulkindzeit markante Veränderungen im kognitiven Bereich abspielen. In einer Untersuchung von Miller et al. (1991) wurden Mütter mit 4- bis 5jährigen Kindern im Hinblick auf ihre Reaktionen auf fiktive Episoden untersucht, an denen ihr Kind beteiligt war, und drei Jahre danach noch einmal. Es zeigten sich signifikante Zunahmen von Erklärungen und Vorschlägen im Verhalten der Mütter. Und Maccoby (1980) fand, daß mit dem Alter der Einsatz an verbalen Mitteln in der Disziplinierung ansteigt. Bezogen auf Eltern von Jugendlichen liegen eindeutige Ergebnisse nicht vor. In den Untersuchungen von Steinberg (1981) an Familien mit Jugendlichen änderte sich das Sprachverhalten von Eltern und Kindern in Abhängigkeit vom Stand der Pubertät. Mit zunehmender Pubertät gab es mehr Auseinandersetzungen, mehr Unterbrechungen und weniger Erklärungen zwischen männlichen Jugendlichen und ihren Müttern. Gegen Ende der Pubertät "normalisierten" sich die Interaktionen wieder. Auf der anderen Seite stehen Ergebnisse wie jene von McNally et al. (1991). Die Autoren haben Eltern in dem Zeitraum, in dem ihre Kinder zwischen 8 und 16 Jahre alt waren, mehrmals befragt. Über diese Zeitspanne zeigte sich eine hohe Stabilität der berichteten Erziehungspraktiken. Selbst auf den Dimensionen "Unabhängigkeit gewähren", "Ausüben von Kontrolle" und "Lenken durch Erklären" stellten sich keine altersabhängigen Änderungen ein. Die Erziehungspraktiken wurden in dieser Untersuchung allerdings mit Hilfe von Fragebögen erfaßt.

Erziehungsbezogene Vorstellungen und Verhalten. In den letzten Jahren ging man in der Forschung dazu über, die dem erzieherischen Verhalten zugrundeliegenden erziehungsbezogenen Einstellungen, Werte und Gefühle von Eltern qualitativ zu untersuchen (Goodnow, 1988b). Man geht davon aus, daß Eltern eingehende Vorstellungen davon haben, wie sich Kinder entwickeln und welche Maßnahmen deren Verhalten am ehesten beeinflussen können. Diese Vorstellungen entstehen im Verlaufe der eigenen Erfahrungen als Kind, im Umgang mit anderen Kindern, während der Elternzeit sowie im Kontakt mit den kulturellen Überzeugungen der Gemeinschaft. Sie bilden nicht notwendigerweise ein konsistentes, in sich geschlossenes Einstellungssystem, sondern beziehen sich auf unterschiedliche Situationen und sind dem Wandel durch neue Erfahrungen ausgesetzt. Im Anschluß an Goodnow (1985) wird zwischen drei Klassen von Vorstellungen unterschieden: *Werte und Ziele:* Vorstellungen über wünschenswerte Zustände (z.B. Leistung, Unabhängigkeit, Konformität) *Mittel zur Zielerreichung:* Vorstellungen über Verhaltensweisen, mit denen ein bestimmtes Ziel erreicht werden kann (z.B. Diskussion, Verbote, Vorbild, Übung); *Wissen über die Entwicklung:* Vorstellungen über Mechanismen, die dem kindlichen Verhalten zugrundeliegen und über das Alter, in dem Kinder über bestimmte Fähigkeiten verfügen und in dem sie für bestimmte Einflüsse empfänglich sind. Die Auffassungen von Eltern können ähnlich gesehen werden wie die Kognitionen von Lehrern im Hinblick auf ihre Schüler (Hofer, 1986).

Ziele. In den letzten 30 Jahren ist in unserer Gesellschaft ein Wandel in den Erziehungszielen festzustellen. Neben traditionellen Zielen wie Ehrlichkeit, Sauberkeit und Gehorsam haben andere Ziele, vor allem Selbständigkeit, an Bedeutung zugenommen (vgl. Kap. 2.3). Dafür mag zum Teil der Aspekt der Entlastung eine Rolle spielen. Es zeigt sich aber auch die Tendenz, kindliche Bedürfnisse in Betracht zu ziehen, die Individualität des Kindes anzuerkennen und ihm frühzeitig die Gelegenheit zu geben, seine Fähigkeiten zu üben, eigene Entscheidungen zu treffen und diese auch zunehmend mehr zu verantworten (Wissenschaftlicher Beirat für Familienfragen, 1980). Nach Rosenow et al. (1982) deuten viele Eltern ihre Beziehungen zu Kleinkindern unter dem normativen Aspekt der gleichen Geltung zweier Personen, die durch affektive Solidarität miteinander verbunden sind. Dieser Gleichheitsanspruch enthält Konfliktstoff insofern, als die Eltern auch ihre eventuell mit denen des Kindes kollidierenden Bedürfnisse und Interessen gegenüber dem Kind legitim in Anspruch nehmen wollen. Daher erhalten zusätzlich auch die Erziehungsziele Rücksicht und Toleranz eine besondere Bedeutung. Die Eltern-Kind-Beziehung wird so unter dem Aspekt der Wechselseitigkeit verstanden.

Erziehungsziele können ebenso wie Vorstellungen über die Mittel zur Zielerreichung altersspezifische Ausprägungen erfahren. So mögen im frühen Kindesalter für Eltern im Vordergrund stehen der Wunsch, daß das Kind sein Verhalten selbst steuern und seine Emotionen unter Kontrolle halten kann.

Mittel zur Zielerreichung. Für Eltern von Kleinkindern spielt als Erziehungsmaßnahme die Form der *Disziplinierung* eine wichtige Rolle. Mit Hilfe weitgehend offener Interviews haben Rosenow et al. (1982) nach den Verhaltensmustern und deren Begründungen durch Eltern gefragt. Kindern wird ein bestimmter, meist als groß betrachteter Handlungsspielraum zugestanden. Wird dieser Handlungsspielraum überschritten, sind Verbote und Sanktionen typische elterliche Reaktionen. Diese werden damit begründet, daß innerhalb der Familie auch den anderen Mitgliedern ein von fremder Kontrolle freier Autonomiebereich zugestanden wird.

Verbote und Sanktionen zielen nicht auf die Einhaltung einer hierarchischen Kompetenzverteilung zwischen Eltern und Kind, sondern auf die Einordnung des Kindes in ein durch gleiche Rechte bestimmtes Interaktionsgefüge. Diese Orientierung gilt dabei den Eltern so selbstverständlich, daß sie in vielen Fällen ihre Interventionen kaum für begründungsbedürftig halten.
(Rosenow et al., 1982, S. 251)

Holden und West (1989) unterscheiden zwischen zwei Stilen, mit unerwünschtem Kindverhalten (z.B. im Supermarkt) umzugehen: Mütter mit proaktivem Stil versuchen, Gelegenheiten für unerwünschtes Verhalten zu vermeiden. Mütter mit reaktivem Stil beschränkten sich darauf, im Anschluß an das Verhalten zu reagieren. In einer experimentellen Laboruntersuchung mit 2- bis 3jährigen Kindern konnten die Autoren zeigen, daß proaktives Verhalten mit einer geringeren Häufigkeit von unerwünschten Verhaltensweisen bei den Kindern einherging.

Die Auffassung, daß *soziale Interaktionen* die Quellen sozialer und kognitiver Entwicklung darstellen (vgl. Kap. 1.3), konnte in einigen experimentellen Untersuchungen bestätigt werden. Zum Beispiel zeigte Freund (1990) bei Drei- und Fünfjährigen, daß der interaktive Umgang in spielerischen Problemlöseaufgaben zu besseren Leistungen führte als bei Kindern einer Kontrollgruppe, die lediglich korrigierende Rückmeldung erhalten hatten.

Eine weitere Frage ist, wie Eltern kommunikativ mit den unvermeidlichen *Frustrationsgefühlen und anderen negativen Emotionen ihrer Kinder umgehen*. Damit hängt zusammen, wie Kinder ihre eigenen Affekte zu regulieren lernen. Für Lindahl und Markman (1990) ist die Reaktion von Eltern auf Affekte der Kinder ungünstig, wenn eine Ablehnung von Gefühlen erfolgt (z.B. "tut ja gar nicht weh"). Wird dagegen das Gefühl anerkannt und unterstützt, dann kann auch das Kind besser mit seinen negativen Gefühlen umgehen. Entsprechende Ergebnisse fand Lindahl (1991) in einer Interaktionsstudie mit 5jährigen und ihren Eltern.

Wissen über die Entwicklung. Das *Wissen* junger Eltern über die Entwicklung ist zum Teil als Rezeption psychologischer Theorien anzusehen. Diese Rezeption erfolgt jedoch selektiv durch jene, die sich dafür interessieren und in Abhängigkeit von deren persönlicher Situation. Wir unterscheiden zwischen Wissen über Steuerungsfaktoren der Entwicklung und Wissen über Altersgradierungen.

Zur Frage, welche Vorstellungen Eltern von der *menschlichen Entwicklung* haben, hat Newberger (1980) Interviews durchgeführt. Eltern auf dem Niveau der "egoistischen Orientierung" fassen das Kind gewissermaßen als verlängertes Ich auf, als Projektion ihrer eigenen Erfahrungen. Die Elternrolle wird um die eigenen Wünsche herum organisiert. Auf dem Niveau der "konventionellen Orientierung" wird das Kind überwiegend gemäß sozialer Traditionen definiert. Elternverhalten orientiert sich an sozial anerkannten Praktiken der Elternrolle. Auf dem Niveau der "subjektiv-individualistischen Orientierung" wird das Kind als einzigartiges Individuum angesehen, das wesentlich aus der Eltern-Kind Beziehung heraus verstanden werden kann. Die Gedanken kreisen um die "kindangemessene" Erziehung. Auf dem vierten Niveau wird das Kind als komplexes und sich veränderndes psychisches System aufgefaßt. Das Denken kreist hier um das "entwicklungsangemessene" Erziehungsverhalten. Es liegen erste Hinweise darauf vor, daß Eltern auf höheren Niveaus die "besseren" Eltern sind in dem Sinne, daß sie ihre Kinder durchschnittlich weniger mißhandeln oder vernachlässigen (Newberger, 1980).

Emiliani und Molinari (1989) befragten Mütter von zwei- bis sechsjährigen Kindern nach deren Vorstellungen über Steuerungsfaktoren, die der Entwicklung der Kinder zugrundeliegen, über Lernvorgänge sowie über ihr Bild von Kindern generell. Die meisten der befragten Mütter gingen davon aus, daß der Charakter des Kindes bereits bei der Geburt vorhanden, daß er vom elterlichen Erbe geprägt und daß er durch erzieherische Maßnahmen nur in Grenzen zu beeinflussen sei. Dies war bei Müttern unterschiedlich stark ausgeprägt. Weiter herrschte die Vorstellung von "Phasen" oder "Perioden" vor. Damit wurde sich veränderndes Verhalten erklärt sowie Reaktionen auf äußere Umstände, z.B. auf die Geburt eines Geschwisters. Nach den Ergebnissen einer anderen Untersuchung glaubten Eltern, wünschenswertes Verhalten bei 6jährigen Kindern bleibe über Jahre hinweg stabil. Dagegen erwarteten sie von weniger wünschenswertem Verhalten eher Veränderungen. Goodnow (1985) bezeichnete deshalb Eltern als klare Entwicklungsoptimisten.

Einstellungen können als Ursache für erzieherisches Verhalten angesehen werden. Der Einfluß kann direkter Art sein. McGillicuddy-DeLisi (1982) ging der Frage nach, ob Eltern, die eine konstruktivistische Lernauffassung vertreten (indem sie die Bedeutung von kognitiven Konflikten und Experimentieren betonen), sich im lernenden Umgang mit ihren Kindern "distanzierender Strategien" (z.B. Strategien, die das Kind veranlassen, eigene Hypothesen, Vermutungen etc.

zu entwickeln) bedienen. Ein solcher Zusammenhang konnte für Väter, nicht jedoch für Mütter ermittelt werden.

Der Zusammenhang kann wie im folgenden Beispiel auch indirekt vermittelt sein. Es konnte gezeigt werden, daß Eltern mit zunehmendem Alter ihrer Kinder annehmen, daß deren Verhalten weniger von situativen Umständen, dafür mehr von deren Persönlichkeit beeinflußt wird und von ihnen selbst kontrolliert werden kann. Diese Ursachenerklärungen beeinflussen die Reaktionen auf kindliches Fehlverhalten, die mit zunehmendem Alter der Kinder negativer werden (Dix et al., 1986; Mills & Rubin, 1990).

Eine Reihe von Untersuchungen befaßte sich mit sog. *Zeittafeln*. Es konnte gezeigt werden, daß Eltern, vor allem Mütter, relativ klare Vorstellungen davon haben, ab welchem Zeitpunkt Kinder über welche Fähigkeiten verfügen bzw. verfügen sollten. So gaben deutsche Mütter in der Untersuchung von Gergen et al. (1990) mit hoher Übereinstimmung an, daß sich emotionale, soziale und intellektuelle Fähigkeiten bei Kleinkindern in genau spezifizierter Reihenfolge bemerkbar machen. Analoge Altersgradierungen ließen sich für mütterliche kindbezogene Tätigkeiten feststellen. So gaben die befragten Personen im Mittel an, Mütter sollten das Kind sehr früh anlächeln, ab einem Jahr mit ihm spielen und ihm später erst Konsequenzen erläutern. Dieses Alltagswissen, das Vorstellungen über "natürliche" Abfolgen enthält, scheint kulturell vermittelt zu sein. Amerikanische Mütter gaben durchweg frühere Zeitpunkte an als deutsche. Zum Beispiel erwarteten sie logisches Denken bereits vor dem zweiten Lebensjahr, während es deutsche Mütter erst zwischen drei und vier Jahren erwarteten. Ähnlich meinten amerikanische Mütter, man solle bereits mit Ablauf des ersten Lebensjahres dem Kind Erklärungen geben, während deutsche Mütter dies erst durchschnittlich fünf Monate später für nötig hielten. Australische Mütter, die im Libanon geboren waren, erwarteten von Kindern vor allem bei sozialen Fähigkeiten und verbalen Verhaltensweisen ein früheres Auftreten als Mütter, die in Australien geboren waren (z.B. für "spielt draußen ohne Beaufsichtigung": Australien: 4.5 Jahre, Libanon: 6 Jahre; Goodnow et al., 1984). Japanische Eltern erwarteten von Kindern noch früher als amerikanische kontrollierte Verhaltensweisen im Bereich von Emotionen (Goodnow, 1985). Der Verfestigungsprozeß dieser Vorstellungen scheint relativ früh abgeschlossen zu sein. Denn bereits 10- bis 12jährige Kinder konnten klare altersgradierte Angaben zu den gleichen Variablen machen.

Zusammenfassung: Gegenstand dieses Abschnitts ist die Eltern-Kind-Beziehung im Kleinkindalter aus der Sicht der Eltern. Als Erziehungsstile werden vor allem Verhaltensweisen, aber auch erziehungsbezogene Einstellungen von Eltern angesehen, die sie ihren Kindern gegenüber aktualisieren, die sich als stabile Merkmale bündeln lassen und die Merkmale der Kinder vorherzusagen erlauben. Insgesamt wird als wesentliches Ergebnis deutlich, daß autoritatives Elternverhalten, in dem ein verhältnismäßig hohes Ausmaß an Kontrolle mit unterstützendem und auch die Selbständigkeit förderndem Verhalten kombiniert wird, für die kindliche Entwicklung in mehrfacher Hinsicht von Vorteil ist. Dabei bedeutet Kontrolle weniger Zwang und Steuerung als Wissen um und Informiertsein über das Kind, partizipieren an seinem Verhalten und seinem Denken. Eltern verfügen auch über Vorstellungen, wohin sich ihr Kind entwickeln soll. Dabei spielt heute der Begriff der Selbständigkeit eine große Rolle. Sie wenden - individuell unterschiedlich - Techniken an, um ein unangemessenes Verhalten des Kindes zu bestrafen oder zu verhindern, um seine soziale und kognitive Entwicklung zu fördern und um dessen Umgang mit negativen Gefühlen zu befördern. Eltern verfügen implizit über Wissen um die menschliche Natur, die Entwicklung von Kindern generell und deren Triebfedern. Sie haben Vorstellungen davon, zu welchen Zeitpunkten welche Leistungen erwartbar sind. Wenngleich deren Wissen nicht als hoch organisiert und in sich konsistent anzusehen ist, geht man davon aus, daß es zumindest teilweise deren Verhalten in Erziehungssituationen bestimmt.

6.2.2   Die Sicht des Kindes

Die Familie ist für Kinder die erste und unmittelbarste Umwelt. Sie erleben die ersten zwischenmenschlichen Erfahrungen mit den Mitgliedern ihrer Familie. In der neueren Literatur wurde die Frage gestellt, welche Vorstellungen Kinder von der Familie entwickeln und wie sie sich darin unterscheiden (Bretherton & Watson, 1990). Bretherton et al. (1990) gaben Vorschulkindern fiktive Szenarien vor (z.B. Verschütten von Saft, verletztes Knie, Kind sieht Monster im Schlafzimmer), die mit Hilfe von Figuren anschaulich gemacht wurden. Das Kind hatte anschließend zu erzählen, was wohl "als nächstes" passiert. Schon Dreijährige konnten die Mutter- und die Vaterrolle unterscheiden, wobei die Mutter für pflegerische (z.B. verletztes Knie), Väter eher für beschützende Rollen (in der Monstergeschichte) ins Spiel gebracht wurden. Vorstellungen von Eltern-Beziehungen wurden erst bei Vierjährigen artikuliert. Die Familie als Gesamtheit konnten dagegen schon Dreijährige in ihren Aktivitäten beschreiben (z.B. die Familie geht zu Bett, in die Kirche, ins Gasthaus). Müller und Tingley (1990) entwickelten ein Rollenspielszenario. Das Kind hatte sich mit einem Bärenkind in einem "Bären-Picknick" zu identifizieren. Einfache Geschichten wurden vorgestellt (z.B. Das Kind möchte mit der Mutter ballspielen, die eifrig Blaubeeren sammelt. Was passiert nun?), die das Kind zu Ende zu erzählen hatte. In den Antworten kamen schon bei Vierjährigen drei Dimensionen von Familienbeziehungen zum Ausdruck: engagiert versus nicht engagiert, egalitär versus dominant sowie kooperativ versus konflikthaft.

Nach Ergebnissen von Untersuchungen von Fu et al. (1987) sind erst Kinder ab dem Schulalter in der Lage, die multiplen Rollen der Familienmitglieder zu erfassen und die Familie als Abstraktion zu beschreiben. Die Autoren führten mit Vorschulkindern sowie Kindern aus der ersten und vierten Schulklasse freie Interviews. Die Kinder sollten die Begriffe Familie, Vater, Mutter, Ehemann, Ehefrau erläutern sowie die Beziehungen zwischen diesen Rollen beschreiben. Vorschulkinder stellten vor allem soziale Aspekte, vor allem jene der Pflege in den Vordergrund. Ältere Kinder dagegen waren zusätzlich in der Lage, biologische, sexuelle, legalistische und affektive Faktoren als charakteristisch für Familienbeziehungen anzusehen. Außerdem führten sie die finanzielle Seite der Familie und die Rolle der Eltern als Verdiener bzw. Arbeitende an. Die Vorstellungen scheinen sich also im Verlauf der Entwicklung zunehmend auszudifferenzieren.

Mit der Entwicklung der Vorstellungen, die Kinder von den Beziehungen zu ihren Eltern haben, befaßten sich Damon (1977), Selman (1984) und Youniss (1980). Damon und Selman gaben Kindern sog. hypothetische Dilemmata vor und befragten Kinder unterschiedlicher Altersstufen dazu eingehend. Damon (1977) fand, daß sich Vorstellungen von elterlicher Autorität auf drei Niveaustufen anordnen lassen. Auf der *untersten Stufe* wird Autorität legitimiert durch physische Eigenschaften der Person: Größe, Geschlecht, Kleidung etc. Gehorsam wird als instrumentell zur Erreichung eigener Wünsche oder zum Vermeiden negativer Konsequenzen gesehen. Vier- bis Sechsjährige begründeten Gehorsam gegenüber der Mutter damit, daß die Mutter groß und erwachsen ist. Auf dem *zweiten Niveau* glauben Kinder, daß die Autorität der Eltern aufgrund deren besonderer Fähigkeiten zustande kommt. Gehorsam wird nicht mehr als Reaktion auf Macht angesehen, sondern weil die Eltern etwas erreichen können, was dem Kind versagt bleibt. Sieben- bis Achtjährige Kinder sahen Gehorsam als einen Akt des Austausches. Die Eltern sorgen im Gegenzug für das Kind. Sie sahen darin eine freiwillige und nützliche Unterordnung, eine kooperative Beziehung. Selman (1984) hat dies als "Beschützer-Helfer-Verhältnis" bezeichnet. Auf der *dritten Ebene* wird Autorität als eine Beziehung zwischen grundsätzlich gleichen Personen gesehen, die sich jedoch durch unterschiedliche Ausbildung, Fähigkeiten und Erfahrungen auszeichnen. Im Alter von 10 bis etwa 14 Jahren glaubten Kinder, daß Strafen dazu dienen, bei den Kindern Einsicht zu wecken, zu bewirken, daß sie über ihr Verhalten nachdenken (Selman, 1984). Die *älteste Gruppe* in der Studie von Damon sahen Gehorsam als einen gänzlich freiwilligen Akt, der ohne Gefühl der Verpflichtung deshalb eingegangen wird, weil der Befehl gut begründet ist. Bei einer Wiederholungsuntersuchung ein Jahr später zeigten sich erhebliche Fortschritte in den Auffassungen der Kinder.

Youniss (1980) bietet eine vorwiegend auf Piaget aufbauende Erklärung für den Wandel von Vorstellungen über die Eltern-Kind-Beziehung an. Bereits Säuglinge suchen nach Regelmäßigkeiten im sozialen Leben. Eltern sind ihrerseits bereit, Kindern diese Regeln zu vermitteln, durch Vormachen, Erklären, Sozialisieren. So etabliert sich ein unilaterales, komplementäres Eltern-Kind-Verhältnis. Die kindlichen und elterlichen Motive ergänzen sich: die einen suchen nach Ordnung, die anderen vermitteln sie. Dieses Arrangement ist für beide Seiten von Vorteil. Es enthält jedoch nur eine Illusion gegenseitigen Verständnisses. Denn beide Partner haben völlig unterschiedliche Perspektiven. Im Rahmen dieser komplementären Beziehung entwickeln Kinder eine Vorstellung von den Eltern weniger als individuelle Persönlichkeiten denn als Autoritätsfiguren. Das ist die logische Konsequenz, wenn Eltern als allwissende Autoritäten gesehen werden, die einem helfen, die Ordnung der Welt zu entdecken. Später erst kann die Auffassung von unilateraler Autorität abgelöst werden durch eine solche symmetrischer Reziprozität, in der die Partner als gleich angesehen werden und in der Kooperation und gegenseitiges Verständnis möglich sind.

Diese Überlegungen hat Youniss in mehreren Untersuchungen mit 6- bis 14jährigen Kindern zu erhärten versucht, die aufgefordert wurden, Beispiele zu erzählen, wie sich Eltern und Kinder in Situationen der Freundlichkeit und des Ärgers zueinander verhalten. Kinder im Alter zwischen 6 und 11 Jahren beschrieben das Eltern-Kind-Verhältnis im wesentlichen als eines des Gehorsams und des Helfens auf der Seite des Kindes und als eines des Vorteilegewährens (z.B. Spielen, Kaufen, Erlauben, Schenken, Helfen) auf der Seite der Eltern. 12- bis 14jährige äußerten zusätzlich Vorstellungen des gegenseitigen Verständnisses, des Austausches und waren sich der Bedürfnisse von Eltern gewahr. Die Ergebnisse der Querschnittsstudien stehen im Einklang mit den theoretischen Vorstellungen von Youniss: 6- bis 11jährige sehen in positiven sowie negativen Eltern-Kind-Beziehungen vorwiegend das Thema der unilateralen Kontrolle. Reziprozität wird komplementär verstanden: Folgsamkeit verschafft Vorteile. Dies wird als fair aufgefaßt. Ältere Kinder können ihre Eltern als Individuen mit Bedürfnissen und Schwächen erkennen, können Folgsamkeit als Ausdruck von Hilfegeben interpretieren und ihr Verhalten als einen Beitrag für die Beziehung auffassen.

Zusammenfassung: Vorstellungen, die Kleinkinder über die "Familie" und die Beziehungen darin haben, können mit Hilfe von spielerischen Methoden erfaßt werden. Danach haben Dreijährige einfache Vorstellungen von Familie und Eltern-Kind-Beziehungen, Vierjährige über Elternbeziehungen. Umfassendere und differenziertere Vorstellungen entstehen im Schulalter. Die Vorstellungen über Eltern-Kind-Beziehungen unterliegen mit fortschreitendem Alter einem systematischen Wandel. Sie ändern sich von einer hierarchischen, unilateralen zu einer mehr auf Vernunft und Partnerschaft begründeten Beziehung.

7. DAS ZWEITE KIND UND DIE ERWEITERUNG DER FAMILIALEN BEZIEHUNGEN
Christiane Papastefanou

Gegenüber der intensiven Forschungsarbeit zur Ersterlternschaft blieb das Interesse am Aspekt der Familienexpansion weit zurück. Dies erstaunt insofern, als die Zweikindfamilie in unserem Kulturkreis die häufigste Familienform darstellt (vgl. Klein, 1989). Darüber hinaus läßt die Ankunft eines weiteren Kindes tiefgreifende Veränderungen in der Familie erwarten: die Eltern sind damit konfrontiert, sich auf das Zusammenleben mit zwei Kindern einzustellen. Für das erste Kind kommt es zu einem grundlegenden Rollenwechsel, da es zum einen seine Position als einziges Kind in der Familie verliert und zum anderen sich in die Rolle des älteren Geschwisters eingewöhnen muß. Im folgenden Abschnitt werden wir zunächst auf die Beziehungen zwischen Geschwistern eingehen. Anschließend werden die Situation und die spezifischen Probleme einer Zweitelternschaft diskutiert. Abschließend werden Veränderungen im Familiensystem, die sich nach der Ankunft des zweiten Kindes ergeben, dargestellt. Hier stehen die wechselseitigen Beeinflussungen zwischen dem Geschwister- und Ehepaarsubsystem sowie den Eltern-Kind-Beziehungen im Vordergrund.

7.1 Geschwisterbeziehungen im familialen Kontext

Im Zusammenhang mit dem Hinzukommen eines zweiten Kindes wurde bisher vor allem der Aspekt der *Geschwisterbeziehung* aufgegriffen. Das Hauptaugenmerk war zunächst darauf gerichtet, welche Bedeutung strukturellen Merkmalen dieser Beziehung (d.h. der Geschwisterkonstellation) für die individuelle Entwicklung der Kinder zukommt. In neueren Ansätzen stehen dynamische Aspekte der Geschwisterbeziehung (typische Interaktionsmuster und deren Veränderung mit dem Alter der Kinder) im Vordergrund.

7.1.1 Allgemeine Erläuterungen zur Geschwisterforschung

In Anlehnung an psychodynamische Überlegungen, denen zufolge die Eltern-Kind-Beziehung als *der* Entwicklungskontext für die kindliche Entwicklung angesehen wurde, spielten Geschwister insgesamt in der Sozialisationsforschung bisher nur eine untergeordnete Rolle (Tsukada, 1979). Die Forschung zur Geschwisterposition bildet hier eine Ausnahme. Seit den 70er Jahren allerdings gewinnt die Geschwisterforschung zunehmend an Interesse (Sutton-Smith & Rosenberg, 1970). Im aktuellen Forschungsgeschehen herrscht Übereinstimmung dahingehend, daß Geschwisterbeziehungen eine herausragende Rolle im individuellen Lebenslauf spielen, nicht zuletzt, weil sie die am längsten dauernden Beziehungen überhaupt sind. Auch in ihrer Funktion als Sozialisationsagenten neben Eltern, Lehrern und Peers wird heutzutage Geschwistern eine große Bedeutung beigemessen. Ihre Beziehung bildet insofern einen zentralen Entwicklungskontext, als in der Geschwisterinteraktion wichtige soziale und kognitive Fertigkeiten erworben werden, die spätere Beziehungen zu Freunden prägen. Zum einen stellen sie füreinander regelmäßige Spielpartner dar; zum anderen haben die älteren Geschwister für die jüngeren eine wichtige Modellfunktion. Schließlich wird die Individualentwicklung der Kinder maßgeblich von der Tendenz geprägt, sich deutlich vom Geschwister zu unterscheiden (z.B. Dunn & Plomin, 1990).

Ein wichtiges Thema bildet die Beschreibung und Erklärung von Unterschieden zwischen Geschwisterbeziehungen in ihrer *Qualität und Gestaltung*, und zwar vor allem in Aspekten wie der emotionalen Färbung und der Machtstruktur. Auf psychodynamischem Hintergrund wurde davon ausgegangen, daß Geschwisterinteraktionen überwiegend negativ getönt sind. So wurden stets negative Verhaltensqualitäten in den Vordergrund gestellt, wie beispielsweise Aggressivität oder Rivalität (Tsukada, 1979). Neuerdings wird ein weniger einseitiges Bild gezeichnet: Geschwister gehen in der Regel zumeist positiv miteinander um, etwa in helfender oder spielerischer Form. Die Geschwisterbeziehung kann sogar eine so hohe emotionale Intensität erreichen, daß sie jener der Mutter-Kind-Bindung vergleichbar ist (Stewart, 1983). Wenn Zuwendungsdefizite von seiten der Eltern bestehen, können Geschwister füreinander primäre Bezugspersonen darstellen; Bank und Kahn (1982) sprechen in diesem Zusammenhang von "sibling loyalty". Abramovitch et al. (1982) charakterisieren die Geschwisterbeziehung daher als eine umfasssende ("a full one"), die das ganze Spektrum sozialer Verhaltensmuster abdeckt.

Ursprünglich kreiste das Forschungsgeschehen um *strukturelle Beziehungsmerkmale* wie Geburtenrangplatz, Anzahl, Geschlecht und Altersabstand der Kinder, denen ein gewichtiger Einfluß auf die kindliche Entwicklung zugesprochen wurde. In den klassischen Studien wurden dazu typischerweise beliebige erwachsene Personen untersucht, die sich hinsichtlich bestimmter kognitiver oder Persönlichkeitsmerkmale unterschieden. In diesen Merkmalen wurden Zusammenhänge mit der Geschwisterkonstellation analysiert (Ernst & Angst, 1983; Fröhlich, 1981). Wodurch auf diese Weise erhaltene korrelative Zusammenhänge gestiftet wurden, blieb dabei aber offen. In erster Linie wurde angenommen, daß Unterschiede im elterlichen Verhalten gegenüber ihren Kindern wirksam werden. Informationen darüber liegen allerdings nur indirekt in Form retrospektiver Einschätzungen dieser Erwachsenen bezüglich der Erziehungsstile ihrer Eltern vor.

Heute ist eher von Interesse, über welche *Unterschiede im elterlichen Verhalten oder im Verhalten der Geschwister zueinander* Strukturmerkmale vermittelt werden. In ersten Arbeiten dieser Prozeßforschung werden Geschwister direkt in ihrem konkreten Umgang miteinander bzw. im Umgang mit ihren Eltern beobachtet. Vielversprechend sind insbesondere Beobachtungen im natürlichen Alltagsmilieu der Familien, welche die gesamte Bandbreite geschwisterlichen Verhaltens abzubilden vermögen.

Ein klares Bild der Ergebnislage zu vermitteln, gestaltet sich angesichts der teils widersprüchlichen Befunde sowie komplexer Wechselwirkungen der einzelnen Strukturaspekte schwierig. Unter dem Entwicklungsaspekt scheint vor allem interessant, wie sich Geschwisterbeziehungen über die familiale Lebensspanne verändern. Daher folgen wir hier dem Alter der Kinder als Orientierung für die Einordnung der Literatur, wobei sich dieses Kapitel auf die frühe und mittlere Kindheit beschränkt (Geschwisterbeziehungen im Jugendalter, vgl. Kap. 9).

7.1.2 Der Aufbau der Geschwisterbeziehung in der frühen Kindheit

Die meisten Arbeiten konzentrieren sich auf die Phase, in der sich die Geschwisterbeziehung etabliert, d.h. wenn das ältere Kind damit konfrontiert ist, ein weiteres Kind neben sich in der Familie dulden zu müssen und die Eltern diesen Prozeß mitgestalten. Schon zum Ende der Schwangerschaft ihrer Mütter zeigen manche erstgeborene Kinder Verhaltensauffälligkeiten, weil sie den Verlust ihrer Position als einziges Kind antizipieren und daher dem "Eindringling" mit Ängsten und Unsicherheit entgegen sehen (Nadelman & Begun, 1982).

Die Anfangszeit mit dem Neugeborenen ist für Erstgeborene eine sehr schwierige Phase. Sie erfahren zum Teil erhebliche Einbußen in der elterlichen Aufmerksamkeit und Zuwendung. Übereinstimmend konnte gezeigt werden, daß die Mütter sich in dieser Zeit insgesamt seltener an das erste als an das zweite Kind wenden und ihm auch häufiger Restriktionen setzen und es strafen als vor der Geburt des Geschwisters. Die *Probleme erstgeborener Kinder* können sich dabei in ganz unterschiedlicher Form äußern: aggressives, forderndes Verhalten, Schlafprobleme, regressive Verhaltensmuster oder extreme Anhänglichkeit und Weinerlichkeit. Die jeweils gezeigten Reaktionsmuster des älteren Kindes lassen dabei jedoch keinen eindeutigen Zusammenhang mit der Qualität der Geschwisterbeziehung in den ersten Monaten erkennen.

Welches Reaktionsmuster jeweils ausgebildet wird, hängt von zahlreichen Einflußfaktoren ab. Neben einzelnen Aspekten der Geschwisterkonstellation (Jungen reagieren z.B. häufiger mit Rückzugstendenzen, während Mädchen eher zu Anhänglichkeit neigen) und individuellen Merkmalen der Kinder (z.B. Temperament) spielt vor allem die *Beziehung zwischen Mutter und Erstgeborenem* eine zentrale Rolle für die Gestaltung der Geschwisterbeziehung. In Familien, in denen Mutter und Erstgeborenes deutlich weniger miteinander kommunizierten, zogen sich die Erstgeborenen extrem zurück und verhielten sich ein Jahr später besonders feindselig gegenüber ihren jüngeren Geschwistern (Dunn, 1988). Die Autorin interpretiert dies so, daß die dramatische Abnahme der mütterlichen Zuwendung bei den Erstgeborenen zu einer allgemeinen emotionalen Verunsicherung und Angst führt, die einen günstigen Verlauf der Geschwisterbeziehung beeinträchtigen würden. Ein geringer Altersabstand der Kinder wurde insofern als ungünstig betrachtet, als das ältere Kind in den für die Entwicklung bedeutsamen ersten drei Lebensjahren die Mutter mit dem Geschwister teilen müsse, und die Beziehung zur Mutter dadurch als weniger befriedigend erlebt werde (Cornoldi & Fattori, 1976).

Die Mütter können in ihrer Rolle als Vermittler in dieser Zeit erheblichen Einfluß auf die Geschwisterinteraktion nehmen: zugewandtes Verhalten des älteren zum jüngeren Kind wird z.B. gefördert, wenn die Mutter das ältere in dessen Versorgung miteinbezieht und ihm die Bedürfnisse und Gefühle des jüngeren verständlich macht. Auf diese Weise trägt sie dazu bei, eine Beziehung zwischen den beiden Kindern zu stiften (Dunn, 1988).

Allerdings ist eine positive Beziehung der Mutter zu beiden Kindern keine Garantie dafür, daß diese eine harmonische Beziehung zueinander entwickeln: "the greater the maternal involvement in play and attention to either child, the less friendly the interaction between the siblings" (Dunn, 1988, S. 173). Wenn die Beziehung zur Mutter dagegen negativ erlebt wird, können emotionale Bedürfnisse der Kinder auch in der Geschwisterbeziehung kompensiert werden. Auch situative Faktoren sind zu beachten: Beispielsweise sind aggressive Handlungen des älteren gegenüber dem jüngeren Geschwister vor allem in solchen Situationen zu beobachten, in denen die Mutter sich gerade direkt mit dem jüngeren beschäftigt (Dunn & Kendrick, 1982).

Gegen Ende des ersten und im Verlauf des zweiten Lebensjahres macht das zweite Kind entscheidende soziale und kognitive Fortschritte. Mit diesen wachsenden Kompetenzen, wie der Möglichkeit, sich nun selbständig fortzubewegen oder sich sprachlich zu verständigen, gewinnt die Geschwisterbeziehung an Intensität und verändert sich in Richtung einer *zunehmenden Wechselseitigkeit*. Das zweite Kind wird zunehmend aktiver und kann auch häufiger Interaktionen initiieren; sein Interesse am älteren Geschwister ist größer als umgekehrt (Lamb, 1978a, 1978b). Einerseits steigt dadurch die Attraktivität des jüngeren für das ältere Geschwister, die Möglichkeiten spielerischer Interaktionen zwischen den Geschwistern vermehren sich, und es kommt zu einem Wechsel von parallelem zu reziprokem Spiel. Andererseits geben diese Interaktionen auch häufig Anlaß zu Konflikten: Höhepunkte aggressiven Verhaltens sind feststellbar in jenen Zeiten, in denen das zweite Kind aktiv das Spiel seines älteren Geschwisters stört (Schütze, 1989a). Während das ältere Geschwister während der "Liegemonate" des Babies nur indirekt Beeinträchtigungen in Form der verminderten Zuwendung der Mutter erfuhr, sieht es sich nun direkten Eingriffen des Geschwisters in seinen Aktionsradius konfrontiert. Erstere nehmen zu, parallel dazu reduzieren sich positive Interaktionen (Kendrick & Dunn, 1982). Erstere gehen dabei viel häufiger von den Erstgeborenen (80%) aus als von ihren jüngeren Geschwistern (Abramovitch et al., 1982).

Wie sich die Geschwisterbeziehung konkret gestaltet, ist auch in dieser Phase von den spezifischen familienstrukturellen Bedingungen abhängig. So ermittelten Dunn und Munn (1985) für gleichgeschlechtliche Geschwisterpaare im Vorschulalter einen höheren Prozentsatz positiver und einen geringeren Prozentsatz negativer Interaktionen sowie eine höhere wechselseitige Imitationsrate als für Geschwister unterschiedlichen Geschlechts.

Nadelman und Begun (1982) haben versucht, das Problemverhalten der älteren Geschwister aus systemtheoretischer Perspektive zu beleuchten und beispielsweise den zeitweiligen Rückzug erstgeborener Söhne im Sinne einer Differenzierung der Geschwisterrollen in der Familie interpretiert. In diesem Prozeß bildet das ältere Geschwisterkind eine neue Identität aus. Dies richtet den Blick auf den gesamten Familienkontext, auf die Bedeutung der Geschwisterbeziehung für die Identitätsbildung und auf das Phänomen der bewußten Abgrenzung von Geschwistern (Dunn & Plomin, 1990).

Zusammenfassung: Die ersten Jahre nach der Geburt eines zweiten Kindes lassen eine besonders dynamische Entwicklung erkennen. Die Anfangszeit stellt große Anforderungen an das ältere Kind, die es in vielen Fällen mit der Ausbildung problematischer Verhaltensmuster antworten lassen. Im Normalfall kommt es aber im weiteren Verlauf zu einer gewissen Stabilisierung, wobei sich positive und negative Qualitäten im Verhalten der Geschwister zueinander langfristig die Waage halten.

7.1.3 Geschwisterpaare in der mittleren Kindheit

Der Frage, was die Geschwisterbeziehung in der mittleren Kindheit typischerweise ausmacht, wurde bisher nur selten nachgegangen. Dabei erscheint diese Phase insofern als vielversprechend, als Kinder zwischen dem 6. und 12. Lebensjahr wichtige Fortschritte in der Entwicklung des sozialen Verstehens und des interpersonellen Problemlösens machen. Aufgrund dieser neu erworbenen sozial- kognitiven Fähigkeiten sind sie in der Lage, sich in den anderen einzufühlen und ihre Konflikte selbst zu regeln. Daher treten die Eltern als Vermittler zunehmend in den Hintergrund (Bryant, 1982). Weiterhin scheinen die Geschwister in dieser Altersgruppe ihre Beziehung differenzierter wahrzunehmen. In diesem Prozeß findet ein Wechsel von konkreten, egozentrischen Beschreibungsmodi zu abstrakten, nichtegozentrischen, elaborierten Formen statt (Bigner, 1974). Geschwister sehen einander also zunehmend als Individuen, unabhängig vom Kontext ihrer Beziehung. Verschiedentlich wurde behauptet, das Interesse von Geschwistern aneinander würde in dieser Phase im Vergleich zu vorher abnehmen und sie würden sich eher ihren individuellen Freunden zuwenden. Dennoch verbringen Geschwister dieses Alters viel Zeit miteinander, hauptsächlich mit spielerischen Aktivitäten. Daneben sind auch gemeinsam zu erledigende Pflichten im Haushalt typisch (Sutton-Smith & Rosenberg, 1970).

Generell wird die Position vertreten, daß Geschwister in diesem Alter überwiegend positiv miteinander umgehen und Konflikte friedlich lösen. So kamen Stocker et al. (1989) zu dem Ergebnis, daß Mütter dazu neigen, die Beziehung der Kinder positiver zu bewerten, je älter das erstgeborene Kind ist. Weiterhin zeichnete sich die Geschwisterinteraktion durch höhere Kooperation und geringere Konfliktneigung aus. Das bedeutet jedoch nicht, daß *Rivalitäten* gänzlich aufhören. Vielmehr repräsentiert die Beziehung der Geschwister in dieser Phase der Entwicklung einen wichtigen Kontext beim Vergleich sozialer Erfahrungen, und zwar vor allem bezüglich der Behandlung durch die Eltern (Bryant, 1982). Kinder vergleichen permanent das Ausmaß an elterlicher Hilfe und Aufmerksamkeit, das sie im Vergleich zum Geschwister erhalten. Wenn Eltern ein Kind bevorzugen, nehmen Konfliktneigung und Feindseligkeit zu (Bryant & Crockenberg, 1980). Auch Merkmale der Geschwisterkonstellation spielen hier eine Rolle: Geschwister gleichen Geschlechts im Vorschulalter neigen in besonderem Maße zu Vergleichen, was Rivalitäten fördere (Dunn & Munn, 1985). Koch (1960) berichtet außerdem, daß ein Altersabstand von zwei bis vier Jahren Rivalität und Konkurrenz bei Kindern dieser Altersstufe verstärke. Bei einem geringeren Abstand würde man grössere Übereinstimmungen antreffen, bei einem größeren Abstand verliefen die

Entwicklungen weitgehend unabhängig voneinander. Auch White (1975) stellte die Behauptung auf, ein größerer Altersabstand würde die Konkurrenz zwischen Geschwistern verringern.

Eine Möglichkeit, Rivalität zu verringern, bietet der Mechanismus der *"Deidentifikation"*, mit dem die Andersartigkeit von Geschwistern betont wird: "By expressing themselves in different ways and in different spheres siblings are spared the necessity of constantly defending their turf against incursions from each other" (Schachter, 1982, S. 130). Aus psychoanalytischer Sicht wird dieser Mechanismus interpretiert als eine sozial akzeptierte, defensive Form, rivalisierende Gefühle unter Geschwistern auszudrücken. Damit hängt ein weiteres Phänomen zusammen: Geschwister, die deidentifizieren, tendieren außerdem dazu, sich mit verschiedenen Elternteilen zu identifizieren (*"split-parent"-Identifikation*, Schachter, 1982). Diese Beobachtung steht teilweise im Widerspruch zu der traditionellen Annahme, daß Kinder sich immer mit dem gleichgeschlechtlichen Elternteil identifizieren würden ("same parent"-Identifikation). Wenn jedes Geschwister sich mit einem anderen Elternteil identifiziert, braucht keines das Gefühl zu haben, der andere werde bevorzugt. Beide haben sich eine Nische in der Familie gesucht, wodurch Rivalitäten aus dem Wege gegangen wird. Beide Phänome sind am häufigsten bei Geschwistern des gleichen Geschlechts und beim einzigen bzw. jeweils ersten Paar in der Geschwisterreihe zu beobachten.

Oft wird die Rolle der älteren Geschwister als Sozialisationsagenten und *Modelle* für die jüngeren hervorgehoben, über die sie Einfluß auf deren Entwicklung nehmen (z.B. Cicirelli, 1975). Die Modellfunktion älterer Geschwister und die Neigung der jüngeren, diese zu imitieren, wurde verschiedentlich nachgewiesen (Lamb, 1978a; Pepler et al., 1981). Zwar gehen Initiativen häufig von den älteren aus, durch ihre Imitationen tragen aber die jüngeren erheblich dazu bei, daß Interaktionen aufrechterhalten werden. Lamb drückt das so aus, daß ältere Kinder "führen", indem sie die Aufmerksamkeit auf sich lenken und sich durchsetzen, während die jüngeren Geschwister ihnen "folgen", indem sie beobachten und nachahmen. Auch strukturelle Merkmale der Geschwisterbeziehung sind hier von Bedeutung: Kinder mit mehr als vier Jahre älteren Geschwistern sind nach diesen Untersuchungen offen für Anregung derselben und nehmen eher Hilfe von diesen an (Cicirelli, 1972). Lamb (1978a) fand weiterhin, daß ältere Schwestern mehr soziale Verhaltensweisen zeigen als ältere Brüder. Außerdem erwiesen sich ältere Schwestern als bessere Lehrer für ihre jüngeren Geschwister als ältere Brüder, was sich u.a. darin zeigte, daß sie Aufgaben ausführlicher erläuterten (Cicirelli, 1976). Sie können ihre jüngeren Geschwister besser unterrichten, wobei sich dies auf die

Qualität der Geschwisterbeziehung auswirkt. Die von den älteren Schwestern angebotene Hilfe korreliert z.B. mit dem Ausdruck von Ärger bei den jüngeren. Die sich in eher kontrollierender Form darstellenden Hilfsangebote werden von den jüngeren nicht akzeptiert, die merken, daß abhängiges Verhalten von ihnen erwartet wird (Bryant & Crockenberg, 1980).

Geschwister als Sozialisationsagenten ("caretaker") unterscheiden sich von Erwachsenen etwa darin, daß sie weniger erklären und seltener Rückmeldung geben. Auch die Kinder selbst reagieren unterschiedlich in Abhängigkeit davon, ob das Geschwister oder ein Elternteil die caretaking-Rolle übernimmt (Bryant, 1982). In Abhängigkeit vom Geschlecht des Geschwisters und dem jeweiligen Aufgabenkontext (Lösung von Aufgaben vs. freie Spielsituation) können mit dem anregenden Verhalten des einen Geschwisters ("academic caretaking") Aspekte der sozio-emotionalen Entwicklung des anderen vorhergesagt werden (Cicirelli, 1975). In formalen Lernsituationen (vorgegebene Aufgabenstellung) z.B. lernen jüngere Geschwister besser von ihren älteren Schwestern, die auch eher bereit sind, die Lehrerrolle zu übernehmen; ältere Brüder dagegen, bei denen die Neigung zu konkurrierendem Verhalten besonders ausgeprägt ist, bieten ihren jüngeren Geschwistern intellektuelle Anregung eher in zufälligen Lernsituationen. Schließlich ist davon auszugehen, daß Geschwister auch als "therapeutic caretaker" fungieren und dabei negative Einflüsse der Eltern kompensieren können. Systematische Untersuchungen hierzu stehen aber noch aus.

Zusammenfassung: Abschließend sei herausgestellt, daß die mittlere Kindheit sich als eine Phase der zunehmenden Differenzierung und Elaborierung der Geschwisterinteraktion darstellt. Mit den wachsenden sozial- kognitiven Kompetenzen der Kinder steigen ihre Fähigkeiten, sich miteinander und mit den Eltern auseinanderzusetzen. Nun verfügen sie auch über Möglichkeiten, ihre einzigartige Position in der Familie zu wählen und sich als vom Geschwister unabhängig zu definieren.

7.1.4 Unterschiede zwischen Geschwistern und ihre Ursachen in familialen Umweltfaktoren

Biologische Geschwister, die in derselben familialen Umwelt aufwachsen, unterscheiden sich in allen Entwicklungsfaktoren stärker, als man erwarten würde. Grundlegende Überlegungen zu den Unterschieden bzw. Ähnlichkeiten von Geschwistern finden sich im Kapitel 2.2. In Standardmaßen der Persönlichkeit, Interessen, Temperament und Psychopathologie liegen die durchschnittlichen Korrelationen bei $r = .15$ bis $r = .20$ (Ahern et al., 1982). Für Intelligenzquotienten fallen sie mit $r = .50$ höher aus (Jensen, 1980). Dies ist nicht sehr hoch, wenn man bedenkt, daß die Geschwister neben der Hälfte ihrer Erbmasse auch noch einen

Großteil der personalen und sachlichen Umwelt, in der sie aufwachsen, gemeinsam haben.

Die Ursachen für diese Unterschiedlichkeit sind weitgehend ungeklärt. Früher ging man davon aus, daß alle Variablen Teil einer von den Kindern einer Familie gemeinsam erlebten, also *geteilten Umwelt* ("shared environment") sind und die Entwicklung einzelner Kinder gleichermaßen beeinflussen. Dazu zählen etwa die soziale Schichtzugehörigkeit oder die elterlichen Erziehungsstile. Der Fokus lag daher auf der Suche nach Unterschieden zwischen Familien. Aus umfangreichen Untersuchungen mit Zwillingen, die in gleichen Familien lebten (Rowe & Plomin, 1981), weiß man, daß Kinder einer Familie ihre Mikroumwelten ganz unterschiedlich wahrnehmen und daher auch auf unterschiedliche Weise von diesen beeinflußt werden, also in einer nicht-geteilten Umwelt (*"non-shared environment"*) aufwuchsen: "The majority of variation in human behavior, be it intelligence, personality, interests or attitudes, occurs among siblings, and not among families" (Scarr & Grajek, 1982, S. 357). Die Verhaltensgenetik zielt unter anderem darauf ab, die Unterschiedlichkeit von Geschwistern jenseits der genetischen Gemeinsamkeiten auf innerfamiliale Unterschiede in ihren Erfahrungen zurückzuführen. Forschungsdesigns sind darauf angelegt, jene Umweltfaktoren zu identifizieren, die Geschwister nicht miteinander teilen. Zwillings- und Adoptionsstudien ermöglichten es zu bestimmen, in welchem Ausmaß Unterschiede zwischen Geschwistern aus genetischen, geteilten oder nicht-geteilten Umwelteinflüssen resultieren (vgl. auch Kap. 2.2). Beispiele für Aspekte der "nicht-geteilten Umwelt" sind Unterschiede im elterlichen Verhalten, die Geschwisterinteraktion und ihre Beziehung, unsystematische idiosynkratische Einflüsse (z.B. Unfälle, Krankheit) und außerfamiliale Erfahrungen mit Peers und Lehrern (Rowe & Plomin, 1981).

Der *Geburtenrangplatz* ist als Prototyp der "nicht-geteilten Umwelt" in der Familie anzusehen, da er dafür verantwortlich ist, daß Kinder derselben Familie in unterschiedlich strukturierte Beziehungsnetze geboren werden (Plomin & Daniels, 1987). Dennoch wurde der Effekt des Rangplatzes in der Regel über Familien hinweg untersucht, und nicht innerhalb einer Familie. Meist ergaben sich nur schwache Zusammenhänge mit Persönlichkeitsmerkmalen oder der Intelligenz (Ernst & Angst, 1983; Fröhlich, 1981). Viele dieser Studien konzentrieren sich auf die *Intelligenz*. Insbesondere das *"Konfluenzmodell"* von Zajonc und Markus (1975) hat einen hohen Bekanntheitsgrad erlangt. Dieses Modell basiert auf der Annahme, daß die kognitiven Leistungsfähigkeiten eines Kindes und das intellektuelle Niveau der Familie negativ mit der Anzahl und dem Geburtenrang der Kinder korrelieren. Mit der Kinderzahl würde das "mittlere intellektuelle Niveau" der

Familie sinken, da die Kinder - abstrakt betrachtet - dazu beitragen, dieses zu mindern. Als ein wichtiger Faktor wurde weiterhin die Lehrerfunktion älterer Geschwister angesehen: die Möglichkeit eines Erstgeborenen, seinen jüngeren Geschwistern etwas beibringen zu können, wirke stimulierend, da dieses sich als Vorbild besonders anstrengen müßte. Zajonc konnte die erwarteten Zusammenhänge an Erwachsenen weitgehend empirisch bestätigen. Allerdings hat Zajonc keine empirischen Daten über die Geschwisterinteraktion geliefert, die seine Hypothesen im einzelnen untermauern (Scarr & Grajek, 1982). Daß die Bedeutung solcher Strukturmerkmale insgesamt nicht überbewertet werden sollte, zeigen u.a. die Ergebnisse von Scarr und Weinberg (1978): Die Geburtenfolge vermag nur 2 bis 4% der Varianz der Intelligenz biologischer Geschwister aufzuklären.

Die Ergebnisse der Geschwisterpositionsforschung in bezúg auf die *Persönlichkeitsentwicklung* sind eher spekulativer Natur (Ernst & Angst, 1983): Erstgeborene wurden verschiedentlich als konservativer und verantwortungsbewußter beschrieben; von Spätergeborenen wurde dagegen behauptet, sie seien durchsetzungsfähiger, würden gerne Führungspositionen in Gruppen übernehmen und wären in Peergruppen beliebter. Unabhängig vom Elternstatus verbinden Erwachsene bestimmte Stereotype damit, wenn eine Person einen bestimmten Geburtenrangplatz hat (Baskett, 1984). Von Erstgeborenen wird typischerweise ein hohes Maß an Konformität erwartet, Spätergeborenen wird eine höhere Assertivität zugeschrieben. Diese weitverbreitete Annahme, daß Inhaber bestimmter Geburtenrangplätze eine Reihe von Ähnlichkeiten aufweisen, wurde meist darauf zurückgeführt, daß Eltern sich ihren erst- und spätergeborenen Kindern gegenüber unterschiedlich verhalten und erwartungsgemäße Verhaltensmuster bei ihnen positiv verstärken. Ferner wurde behauptet, daß Zweitgeborene von ihren Müttern als "leichter" erziehbar gesehen werden, zumindest im ersten Lebensjahr (Kohnstamm, 1983). Des weiteren wurde vermutet, Erstgeborene würden von ihren Eltern mehr Aufmerksamkeit und Zuwendung erhalten, was aber gleichzeitig die Gefahr der Überfürsorglichkeit mit sich bringe, so daß im weiteren Verlauf ihrer Entwicklung diese Kinder stärker zu Abhängigkeit neigen würden (Sutton-Smith & Rosenberg, 1970).

Bei diesen Arbeiten besteht generell das Problem, daß das mütterliche Verhalten gegenüber ihren erst- und zweitgeborenen Kindern zumeist in jeweils unterschiedlichen Entwicklungsphasen der Kinder untersucht wurde, so daß eigentlich keine Vergleichbarkeit gegeben ist. Nur wenige Studien vergleichen Mütter im Umgang mit jeweils gleichalten erst- und spätergeborenen Kindern. Die diesbezüglichen Ergebnisse sind uneinheitlich. Jacobs und Moss (1976) konnten für das mütterliche Verhalten gegenüber ihren jeweils dreimonatigen erst- und zweitgeborenen Säuglingen weitgehende Konsistenz nachweisen, mit einer Ausnahme: die zweiten Kinder erfuhren in geringerem Maße emotionale Wärme von ihren Müttern. Vor allem die Ergebnisse von Dunn und Stocker (1989) weisen ebenfalls in die gleiche Richtung. In ihrer Studie ("Cambridge Longitudinal Sibling Study") zeichnete sich responsives, affektives und kontrollierendes Verhalten der Mütter gegenüber dem ersten und zweiten Kind sowohl nach einem Jahr als auch nach zwei und drei Jahren nach der Geburt eines zweiten Kindes durch ein hohes Maß an *Konsistenz* (r_{tt} = .70) aus. Der Untersuchung von Lasko (1954) zufolge würden Erstgeborene von ihrer Mutter stärker verbal gefordert, während Zweitgeborene im entsprechenden Alter herzlicher behandelt würden.

Deutliche Unterschiede in der Eltern-Kind-Interaktion zeigten sich in Abhängigkeit vom Alter der einzelnen Kinder, d.h. das mütterliche Verhalten gegenüber ein und demselben Kind war über verschiedene Altersstufen hinweg nicht *stabil*. Das Verhalten der Mütter wurde also zu einem hohen Anteil von der Entwicklungsstufe des einzelnen Kindes geleitet. Dadurch erhält man den Eindruck, daß Mütter das jüngere Kind bevorzugen und weniger disziplinieren würden, wenn sie mit beiden gleichzeitig interagieren. Dies könnte wiederum aus der Sicht der Kinder als Bevorzugung bzw. Benachteiligung interpretiert werden. Geschwister sind äußerst aufmerksam für Unterschiede im elterlichen Verhalten ihnen gegenüber, und dies nimmt großen Einfluß auf die Qualität ihrer Interaktion. Je älter die Kinder sind, desto klarer können sie entsprechende Unterschiede benennen. Wenn Mütter ihre Kinder unterschiedlich behandeln, und zwar vor allem hinsichtlich der Dimensionen Responsivität, Kontrolle und Affektivität, so gestaltet sich die Geschwisterbeziehung wenig freundlich und eher konflikthaft (z.B. Bryant & Crockenberg, 1980; Stocker et al., 1989).

Persönlichkeits- und Temperamentsmerkmale der Mütter spielten dabei eine vermittelnde Rolle. Beispielsweise zeigte sich, daß impulsive Mütter stärker zwischen ihren Kindern differenzieren, während extravertierte Mütter in geringerem Maße dazu neigen. Entsprechend sind auch kindliche Merkmale wie Temperament, Talente, Interessen oder Vulnerabilität von Bedeutung. Zu einem aktiveren Kind wird z.B. weniger gesprochen als zu einem leichter sozialisierbaren. Angemessener erscheint es insgesamt, von einer wechselseitigen Beeinflussung zwischen Mutter und Kind auszugehen: so können etwa intelligentere Kinder in höherem Maße positives Verhalten bei ihren Müttern evozieren. Dies gilt analog dazu auch für die Geschwisterbeziehung: Beispielsweise wurde nachgewiesen, daß sich sehr aktive, leicht erregbare Kinder aggressiver gegenüber ihren Geschwistern verhalten (Brody et al., 1987).

Nicht zuletzt ist hier unter dem *Entwicklungsaspekt* zu beachten, daß der Einfluß genetischer und umweltabhängiger Faktoren über die Lebensspanne zu schwanken scheint. Scarr und Weinberg (1978) zeigten, daß sich Adoptivgeschwister im Jugendalter stärker unterschieden als in der Kindheit. Dies wird damit erklärt, daß sich Kinder einer Familie mit wachsendem Alter in zunehmendem Maße Nischen suchen, die für ihre Interessen und Fähigkeiten optimale Entwicklungsbedingungen bieten. In der frühen Kindheit wird die Umwelt größtenteils von den Eltern bereitgestellt, so daß für das Kind nur die Möglichkeit bleibt, aus diesem Angebot auszuwählen. Ältere Kinder dagegen können stärker auf andere, extrafamiliale Kontexte ausweichen und sich aktiv ihre eigenen Umwelten suchen ("niche-building process").

Zusammenfassung: Dem Leser sollte deutlich geworden sein, daß Geschwister weitaus mehr Unterschiede als Ähnlichkeiten aufweisen, sowohl im kognitiven als auch im Persönlichkeitsbereich. Neuerdings werden die Ursachen dieser Unterschiedlichkeit zunehmend in innerfamilialen Bedingungen gesehen, die von einzelnen Kindern einer Familie unterschiedlich erlebt und verarbeitet werden. Die Bedeutung struktureller Aspekte wie der Geschwisterposition als klassichem Bedingungsfaktor hat sich gegenüber Prozeßmerkmalen des elterlichen Verhaltens und der Mutter-Kind-Beziehung erheblich relativiert. Letztlich bleibt zum jetzigen Zeitpunkt aber offen, welche Unterschiede in der familialen Umwelt zu welchen Unterschieden in der kindlichen Entwicklung beitragen, und zu welchen Zeitpunkten dies für ihre Entwicklung relevant ist.

7.2 Die Partnerschaft der Eltern nach dem zweiten Kind

Im folgenden werden Arbeiten zu der Frage referiert, wie sich die Partnerschaft der Eltern durch das Hinzukommen eines zweiten Kindes verändert. Bei den meisten dieser Studien handelt es sich um Querschnittvergleiche, in welchen die von Paaren wahrgenommenen Veränderungen beim Übergang zur Erstelternschaft mit denen bei der beginnenden Zweitelternschaft kontrastiert werden. Nur äußerst selten wurden dieselben Eltern jeweils von der Geburt ihres ersten Kindes an bis nach der Geburt ihres zweiten Kindes im Längsschnitt befragt. Wir konzentrieren uns auf solche Arbeiten, in denen jeweils beide Elternteile einbezogen wurden. Dabei ist darauf hinzuweisen, daß die Aussagemöglichkeiten dieser Studien insofern begrenzt sind, als nur sehr kleine, hochselegierte Stichproben erhoben wurden und Kontrollgruppen oft fehlten.

Im Vordergrund der Arbeiten stand zumeist der Aspekt der *individuell wahrgenommenen* Belastung durch die Zweitelternschaft. Generell erhält man den Eindruck, daß das Hinzukommen des zweiten Kindes bei den Eltern keine emotionale Krise auslöst. Die Anfangszeit mit dem Neugeborenen wird als nicht mehr so einschneidend wie beim ersten Mal geschildert. Die Familienerweiterung bringt jedoch zahlreiche Veränderungen mit sich. Brüderl (1989) berichtet im Vergleich von Erst- und Zweiteltern über folgenden Schereneffekt: Zweitgebärende schätzten sich *vor* der Geburt ihres zweiten Kindes als emotional belasteter ein als die Mütter, die ihr erstes Kind erwarteten. Dies wird darauf zurückgeführt, daß erstere aufgrund ihrer Vorerfahrungen die auf sie zukommenden Belastungen besser antizipieren können. Die Ersteltern fühlten sich dagegen stärker *nach* der Geburt ihres Kindes in der Konfrontation mit den neuen Aufgaben belastet. Als Hauptbelastungsquelle wurde von den Zweiteltern angeführt, daß ihr persönlicher Freiraum und ihre Freizeitmöglichkeiten noch weiter eingeschränkt würden. Zentrales Problem war, sich gleichzeitig zwei Kindern zuwenden zu müssen: schon während der Schwangerschaft erlebten die Zweitgebärenden Konflikte zwischen den Forderungen, die das erste Kind an sie stellt, und ihrem Wunsch, sich auf das Ungeborene einzustimmen. Auch Meyer (1985) stellte bei den Müttern eine Zunahme an Nervosität und Gereiztheit fest, die primär aus der Mehrbelastung durch das zweite Kind resultierte.

In der Studie von Brüderl (1989) beschrieben sich weiterhin die Mütter als erschöpfter und überforderter als die Väter. Aber auch die Väter gaben an, sich in hohem Maße gefordert zu fühlen: sie waren beim zweiten Kind schon intensiver an der Schwangerschaft ihrer Frauen beteiligt und kümmerten sich sowohl währenddessen wie auch nach der Geburt verstärkt um das erste Kind. Das größere Engagement der Väter bei der Kinderversorgung widerspricht den Ergebnissen von Meyer, denenzufolge die Väter bei ihrem zweiten Kind nicht stärker in Elternpflichten eingebunden wären als beim ersten. Die von den Vätern berichtete subjektiv erlebte Mehrbelastung wurde in dieser Studie eher als Folge bzw. Korrelat ihrer beruflichen Weiterentwicklung und/oder der stärkeren Belastung ihrer Partnerinnen interpretiert. So scheint beispielsweise das Geburtsintervall der Kinder Einfluß zu haben: Der größte Anstieg an Belastungen ergab sich bei Eltern, deren Kinder in einem kurzen Abstand zur Welt kamen.

Schließlich fand in diesem Zusammenhang auch der *Bewältigungsaspekt* Beachtung. Ungeachtet der enormen Belastungen sind Zweiteltern aufgrund ihres Erfahrungsvorsprungs bei "elternschaftsbezogenen" Anforderungen gegenüber Ersteltern im Vorteil: in Konfliktsituationen reagierten Zweiteltern gelassener und waren sicherer und einfühlsamer im Umgang mit dem Neugeborenen (Brüderl, 1989). Zudem gingen die Zweiteltern eher davon aus, daß sie die belastenden Anforderungen beeinflussen könnten. Die von ihnen gezeigten aktiven, problemorientierten Bewältigungsstrategien kontrastierten mit den eher passiven Reaktionsweisen der Ersteltern.

Einen weiteren Schwerpunkt der Forschung bildete die *partnerschaftliche Interaktion*, die mit der Ankunft eines zweiten Kindes erhebliche zusätzliche Einschränkungen erfährt. Die gleichzeitige Aufmerksamkeit für zwei Kinder stellt noch höhere Anforderungen an Eltern, so daß es an Gelegenheit zum partnerschaftlichen Austausch mangelt, vor allem in bezug auf die partnerschaftliche Anpassung und den Ausdruck von Gefühlen im Zusammenleben (Meyer, 1988). Die Partnerschaft nimmt in zunehmendem Maße instrumentelle Züge an, da die Bewältigung der alltäglichen Routinen in der Kinderversorgung sehr in den Vordergrund rückt (Voss, 1991). In den üblicherweise anzutreffenden Querschnittvergleichen erwiesen sich die Eltern mehrerer Kinder als tendenziell weniger zufrieden mit ihrer Partnerschaft als Eltern mit nur einem Kind (z.B. Belsky et al., 1983). In Anlehnung an diese Ergebnisse und das übereinstimmend berichtete Absinken der ehelichen Zufriedenheit mit dem Übergang zur Elternschaft wäre nach der Geburt eines zweiten Kindes mit einer weiteren Abnahme der Zufriedenheit zu rechnen, wobei dies in besonderem Maße bei Frauen erwartet wurde (Hobbs & Wimbish, 1977). Entgegen diesen Erwartungen konnte Brüderl (1989) bei einer längsschnittlichen Befragung aufzeigen, daß positive Beurteilungen der ehelichen Zufriedenheit über die Phase der Integration eines zweiten Kindes stabil blieben und daß sich die Beziehung teilweise sogar intensivierte. Dieses Ergebnis muß allerdings vor dem Hintergrund des ingesamt hohen Ausgangsniveaus der ehelichen Zufriedenheit in dieser Stichprobe gesehen werden: es handelte sich von vornherein um besonders gut funktionierende Ehen.

Ob es zu einem Absinken der ehelichen Zufriedenheit kommt, scheint von verschiedenen Einflußfaktoren, wie beispielsweise der Dauer der Partnerbeziehung oder dem Altersabstand der Kinder, abzuhängen. Meyer (1985) berichtet ein Absinken vor allem bei jenen Müttern, deren zweites Kind relativ kurz nach dem ersten geboren wurde (vgl. auch Altemeier et al., 1982). Weiterhin kristallisierte sich das Merkmal "Überidentifikation mit der Mutterrolle" als Einflußgröße heraus: Frauen, die der traditionellen Rollenaufteilung elterlicher Pflichten positiv gegenüberstehen, sind nach der Geburt ihres zweiten Kindes eher mit ihrer Ehe zufrieden als Frauen, die diesbezüglich eine freiere gleichberechtigte Aufgabenverteilung wünschen. Veränderungen in der Partnerzufriedenheit der Väter ließen sich allein durch Merkmale der Mütter vorhersagen (Meyer, 1988). Unter dem Entwicklungsaspekt schließlich wäre denkbar, daß sich die Zufriedenheit längerfristig verbessert, weil die Zweitelternschaft insofern wieder schneller entlastet sind, als das gemeinsame Spiel der Kinder Freiräume für sie schafft. Fortdauernde heftige Geschwisterrivalitäten können jedoch auch zu einer Dauerbelastung für die eheliche Beziehung werden (Voss, 1991).

Nicht zuletzt wurde in diesem Zusammenhang auch die Frage aufgeworfen, wie sich die Zweitelternschaft auf die *individuelle Entwicklung der Eltern* auswirkt. Nach den Ergebnissen von Meyer (1985) nehmen die Eltern bei sich sowohl positive als auch negative Persönlichkeitsveränderungen im Prozeß der Elternwerdung wahr, wobei das zweite Kind einen geringeren Einfluß auf die selbstperzipierte Persönlichkeitsentwicklung auszuüben scheint als das erste. Bei den Müttern kam es zu einer Stabilisierung einer bereits durch das erste Kind ausgelösten positiven Veränderung, während die Väter eine positive Persönlichkeitsveränderung an sich wahrnahmen. Die zunehmende Häufigkeit der Interaktionen mit dem erstem Kind führte zu einer Intensivierung der Beziehung und wurde als persönliche Bereicherung erlebt.

Zusammenfassung: Die Zweitelternschaft bringt ganz spezifische, neuartige Belastungen mit sich, bei deren Bewältigung den Eltern aber ihr Erfahrungshintergrund zuhilfe kommt. Vor allem von den Vätern ist ein größeres Engagement, besonders bei der Betreuung des ersten Kindes gefordert. Der Partnerschaft der Eltern wurde ein hohes Risiko für negative Veränderungen unterstellt, erste empirische Befunde können dies jedoch nicht eindeutig untermauern. Sie sprechen dafür, daß Veränderungen von zahlreichen individuellen und partnerschaftlichen Einflußfaktoren abhängig sind.

7.3 Die Familie mit einem zweiten Kind

Der letzte Abschnitt konzentriert sich auf Arbeiten, in denen die Erweiterung der Familie um ein zweites Kind auf familialer Ebene abzubilden versucht wird. Für ein zweites Kind gestaltet sich die Familiensituation ganz anders als für ein erstes, das zunächst nur auf seine zwei Eltern trifft. Daher erscheint es sinnvoll, unter Rückgriff auf systemtheoretische Konzepte, das *gesamte familiale Beziehungsnetz* in seiner wechselseitigen Beeinflussung im Prozeß der Intergration eines zweiten Kindes zu berücksichtigen. Direkte Beobachtungen der Familienmitglieder in ihrem konkreten Umgang miteinander versprechen diesem Anspruch eher gerecht zu werden als Studien, in denen das familiale Milieu anhand globaler Kategorien per Fragebogen eingeschätzt wird. Interessant erscheinen vor allem solche Beobachtungen, die im natürlichen Milieu der Familien unter Alltagsbedingungen erfolgten. Sie ermöglichen, das Verhalten der einzelnen Familienmitglieder direkt aufeinander zu beziehen. Dies bringt aber als methodischen Nachteil mit sich, daß nur äußerst geringe Fallzahlen untersucht werden können und der Generalisierbarkeit der Ergebnisse Grenzen gesetzt sind.

In der Studie von vanIjzendoorn et al. (1984) wird der Prozeß der Eingliederung eines zweites Kindes in eine Einkindfamilie unter der Fragestellung betrachtet, welche Rolle die *Bindungsqualitäten* der einzelnen Familienmitglieder dabei spielen. Dazu wurden die erst- und zweitgeborenen Kinder in fünf Familien jeweils mit dem "Fremde-Test" (vgl. Kasten 8) untersucht, an dem sowohl Mütter als auch Väter teilnahmen. Entgegen der Annahme, daß ein "sicheres" Bindungsgefüge der Familie die Integration des zweiten Kindes erleichtere, erwies sich dieses nicht als Garantie für einen "sanften" Übergang zu einem tetradischen Familiensystem. Auch in Familien, in denen die Erstgeborenen als "sicher" gebunden eingeschätzt wurden, reagierten diese mit Verhaltensproblemen. Die Autoren interpretieren dies so, daß sicher gebundene Kinder wissen, daß das Austragen von Konflikten die Beziehung zu den Eltern nicht gefährdet. Demgegenüber entwickelten sich harmonische Geschwisterbeziehungen vor allem zwischen einem unsicher gebundenen ersten Kind und einer jüngeren Schwester. Dies wurde darauf zurückgeführt, daß unsicher gebundene Kinder ihre Gefühlsdefizite im Kontakt zu dem Geschwister kompensieren können. Als wichtige Einflußgröße erwies sich das Ausmaß der väterlichen Beteiligung am Familienleben: Bei stärker engagierten Vätern fand man eher eine sichere Bindung zum erstgeborenen Kind. Insgesamt zeigte sich, daß die erstgeborenen Kinder Aggressionen gegen den neu hinzugekommenen "Eindringling" äußerten und die Integration des zweiten Kindes (zunächst) nie völlig konfliktfrei verlief. Trotz methodischer Vorbehalte durch die kleine Stichprobengröße verdeutlichen die Ergebnisse, wie wichtig es ist, das Zusammenwirken des Verhaltens aller Familienmitglieder in diesem Prozeß zu berücksichtigen.

Besondere Beachtung sei hier der Studie von Kreppner (1989b, 1990) geschenkt, in welcher die Ankunft eines zweiten Kindes im Sinne eines natürlichen Experiments verstanden wurde. Unter Rückgriff auf systemtheoretische Konzepte lautet die Grundannahme, daß die Integration eines zweiten Kindes in ein bestehendes triadisches Familiensystem sowohl wichtige individuelle Entwicklungen als auch Umstrukturierungen in der Familie als Ganzer erwarten läßt. In Anlehnung an den Entwicklungsansatz der Familienforschung wurde versucht, dem prozeßhaften Charakter dieses Geschehens durch ein *längsschnittliches Design* Rechnung zu tragen. Der Integrationsprozeß wurde an verschiedenen markanten Punkten der

Entwicklung des zweiten Kindes untersucht (6/8 Wochen, 4/5, 8/9, 12/13, 16/17, 20/21 und 23/24 Monate). Auf struktureller Ebene kommt es in diesem Prozeß zu einer exponentiellen Zunahme an Interaktionsmöglichkeiten zwischen den einzelnen Familienmitgliedern (vgl. Abb. 11). Auch auf familiendynamischer Ebene lassen sich Muster identifizieren, die zusammen mit jeweils spezifischen Sozialisationsmechanismen den Integrationsprozeß ausmachen. 16 Familien mit einem durchschnittlich zwei Jahre alten Erstgeborenen wurden von dem Zeitpunkt, wo die Mutter erneut schwanger war, über die Geburt des zweiten Kindes hinaus bis zum Ende dessen zweiten Lebensjahres untersucht. Neben Elterninterviews bildeten Videoaufzeichnungen der Familien in ihrer häuslichen Umgebung die zentrale Datenbasis. Beobachtet wurde, wenn beide Eltern zuhause waren und mit ihren Kindern in alltäglichen Interaktionen involviert waren. Die Beobachtungen erfolgten in monatlichen Abständen für jeweils eine halbe Stunde bis Stunde. Die Aufnahmen wurden anhand eines Kategoriensystems ausgewertet, das familiale Interaktionsmuster in sehr differenzierter Form abzubilden vermag.

Ein wichtiges Ergebnis dieser Studie ist die zentrale Rolle, die der *Vater* am Beginn dieser Übergangsphase spielt. Solange nur ein Kind da ist, sind in erster Linie die Mütter für dessen Versorgung zuständig, während sich die Väter in einer Art "stand-by"-Position befinden, durch die sie zur Stabilität und Anpassung der Familie beitragen. Mit Hinzukommen des zweiten Kindes sind die Väter in viel höherem Maße gefordert. Die Mütter sind zunächst überwiegend mit dem Neugeborenen beschäftigt, so daß die ersten Kinder von ihnen weniger Aufmerksamkeit und Zuwendung erhalten. Wenn die Väter nicht bei der Versorgung des ersten Kindes "einspringen", können extreme Belastungen für alle Beteiligten resultieren. Die Aufgaben der Väter bestehen darin, eine Beziehung zu dem neuen Familienmitglied aufzunehmen, ihre Frauen bei der Mehrarbeit durch die Versorgung zweier Kinder zu entlasten, und sich in ihre neue Rolle als wichtige Bezugsperson des ersten Kindes einzugewöhnen. Die väterliche *Kooperation* wird somit in dieser Phase zu einem wichtigen Stützpfeiler der familialen Funktionstüchtigkeit. In diesem Sinne können die elterlichen Kooperationsmuster als Indikatoren dafür angesehen werden, wie gut eine Familie solche normativen Streßereignisse, wie sie in kritischen Phasen der Familienentwicklung anstehen, bewältigen kann.

Im Verlauf des zweiten Lebensjahres des zweiten Kindes kommt es zu einer Normalisierung der elterlichen Sozialisationsaktivitäten, wenngleich der Einfluß des Vaters auch in dieser Zeit noch von Bedeutung ist. In Familien, in denen beide Eltern weniger kooperierten, reagierten die Mütter häufiger mit Kontrolle und Regelvermittlung gegenüber beiden Kindern, das Familie(n)- klimaFamilienklima war deutlich spannungsgeladen. In Familien dagegen, in denen sich der Vater häufig beteiligte, bot er mit seiner Modellfunktion eine zusätzliche Bereicherung, die insgesamt ein anregendes Klima in der Familie schaffte, von dem anzunehmen ist, daß es den Verlauf der kindlichen Entwicklung günstig beeinflußt (Kreppner, 1990).

An der Studie hervorzuheben ist der Versuch, den Prozeßcharakter der Integration zu verdeutlichen. Dazu wurde ein hypothetisches *Verlaufsmodell* mit drei Phasen postuliert, in denen aufgrund wichtiger individueller Fortschritte des zweiten Kindes in besonderem Maße familiale Neuorientierungen und Umstrukturierungen zu erwarten sind (vgl. Abb. 11).

Die Anfangsphase zeichnet sich durch eine Tendenz in Richtung einer Polarisierung in zwei Eltern-Kind-Dyaden aus. In der ersten Zeit sind die Eltern mit einem enormen Mehraufwand an Versorgungsleistungen konfrontiert sowie mit der Aufgabe, gleichzeitig mit zwei Kindern umgehen zu müssen, die sich in Entwicklungsstand und Bedürfnislage erheblich unterscheiden; das erste Kind sieht sich vor die Aufgabe gestellt, seine Position im Familiensystem neu zu definieren und einen Konkurrenten bezüglich der bislang uneingeschränkt genossenen elterlichen Aufmerksamkeit und Zuwendung tolerieren zu müssen. Im weiteren Verlauf des Integrationsprozesses wenden sich die Väter verstärkt auch dem zweiten Kind zu und nehmen eine individuelle Beziehung zu diesem auf. Parallel dazu intensiviert sich wieder der Kontakt zwischen Mutter und erstem Kind. Den Eltern kommt weiterhin eine wichtige vermittelnde Rolle zwischen den beiden Kindern zu, die in dieser Zeit schon viel miteinander spielen, aber auch mehr Konflikte miteinander austragen. Am Ende dieses Prozesses ist die Generationenbildung in der Familie vollzogen: es haben sich ein unabhängiges Geschwister- und ein Elternsubsystem etabliert. Weiterhin haben sich individuelle Beziehungen beider Eltern zum ersten und zum zweiten Kind entwickelt und die Eltern finden auch als Paar wieder mehr Zeit füreinander.

Zusammenfassung: Es sollte deutlich geworden sein, wie Prozesse in einzelnen Subsystemen im Prozeß der familialen Integration eines zweiten Kindes ineinandergreifen und sich im Verlauf der Zeit einpendeln. Es liegt eine wechselseitige Beeinflussung derart vor, daß die individuellen Entwicklungsfortschritte des zweiten Kindes zu Veränderungen auf familialer Ebene führen und umgekehrt. Starke strukturelle Fluktuationen zu Beginn entwickeln sich in Richtung einer zunehmenden Stabilisierung, bis die Familie schließlich ein neues Gleichgewicht erreicht und sich an die veränderten Bedingungen angepaßt hat.

Alter (K2) (Monate)	Entwicklungsverlauf (entsprechend dem Drei-Phasenmodell)	Veränderungen im Familiensystem	Sozialisatorische Aufgaben
0 - 8	Integration des neuen Familienmitglieds	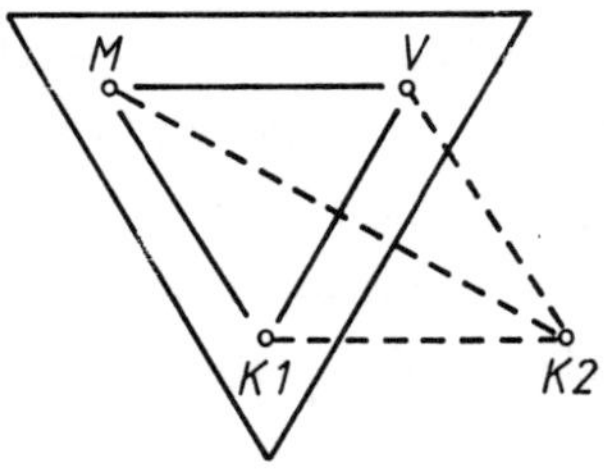 (Diagramm: Dreieck mit M, V, K1, K2)	Einführen des neuen Familienmitglieds Verteilung der Aufmerksamkeit Einbeziehung des Vaters Aufrechterhalten einer spezifischen Beziehung der Eltern als Ehepartner
9 - 16	Streben nach einer Neubalancierung der erweiterten Familie	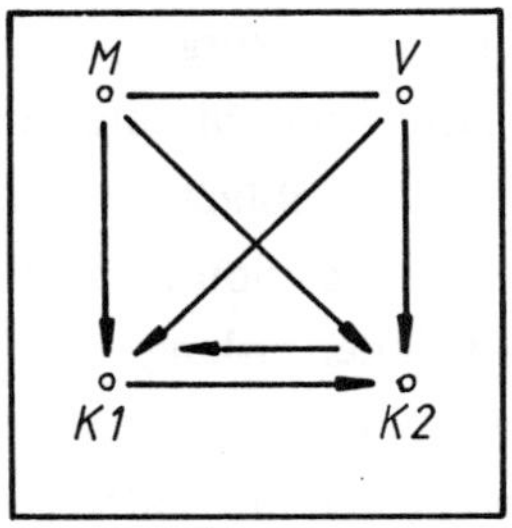 (Diagramm: Viereck mit M, V, K1, K2)	Vermittlung von Regeln des sozialen Zusammenlebens Sanktionieren von Regelüberschreitungen Sprachtraining Regelung der Geschwisterrivalität
17 - 24	Generationendifferenzierung	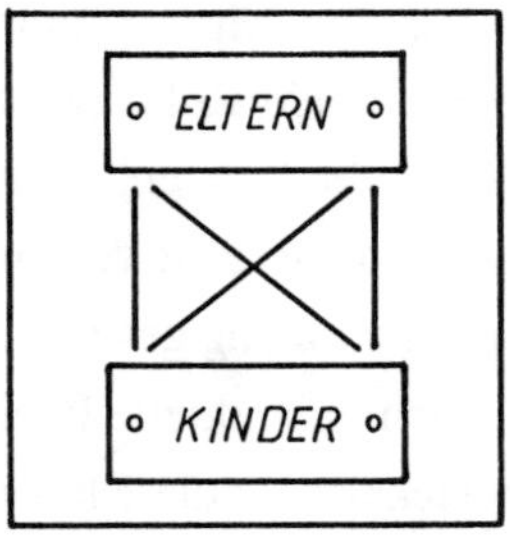 (Diagramm: ELTERN / KINDER)	Etablierung eines Eltern- und Kindsubsystems Individuelle Beziehungen zwischen den Eltern und beiden Kindern Bekräftigung individueller Interessen der Eltern Balancieren unterschiedlicher Interessen von Eltern und Kindern

V = Vater   M = Mutter   K1 = erstes Kind   K2 = zweites Kind

Abbildung 11: Entwicklung von Familie und Kind während der ersten beiden Lebensjahre des zweiten Kindes.

8. DIE FAMILIE MIT SCHULKINDERN
Manfred Hofer

8.1 Einleitung

Lernen und Berufsvorbereitung spielte sich in traditionellen Gesellschaften innerhalb der Familie ab. Es erfolgte gewissermaßen nebenbei, durch Teilhabe, durch Mitleben und Mitarbeiten. Die Auslagerung der Ausbildungsfunktion auf die Schule führte wahrscheinlich zu tiefgreifenden Änderungen in den Beziehungen zwischen den Familienmitgliedern (Mitterauer, 1989). Hatte die Familie bislang die alleinige Verantwortung für das Kind ("Pflege und Erziehung der Kinder sind das natürliche Recht der Eltern und die ihnen zuvörderst obliegende Pflicht", Artikel 6 (2) Grundgesetz), so tritt mit der Schule eine zusätzliche Sozialisationsinstanz auf, durch die elterngleiche Funktionen aus dem Verantwortungsbereich der Familie in den des Staates auslagert werden ("Das gesamte Schulwesen steht unter der Aufsicht des Staates", Artikel 7 (1) Grundgesetz). Eine klare Abgrenzung gibt es nicht. Weder obsiegt staatliche Macht über das Elternrecht, noch hat der Staat eine lediglich unterstützende Funktion in Bildung und Erziehung. Man kann mit Coleman (1987) eine Arbeitsteilung konstatieren: Viele Familien legen ihr Hauptgewicht auf das Bereitstellen von Einkommen und auf berufliche Karriere, während öffentliche Schulen und andere Institutionen sich auf die Ausbildung der heranwachsenden Generation spezialisiert haben. Eltern ermöglichen die Ausbildung ihrer Kinder im Unterschied zu früher vor allem durch ihre Steuern. Coleman begrüßt das insofern, als Schulen für die Kinder Gelegenheiten und Anforderungen bereitstellen und insoweit, als Familien für die zur Ausbildung nötigen Einstellungen, das Selbstvertrauen und die Anstrengungsbereitschaft sorgen. Probleme entstehen, wenn die Beziehungen im Elternhaus nicht so intensiv und eng sind, daß es Eltern gelingt, die gesellschaftlichen Werte weiterzugeben.

Umgekehrt muß sich auch die Organisation der Schulen an veränderte Familienstrukturen anpassen. Schule und Elternhaus werden oft als konkurrierende Institutionen aufgefaßt. Das Stadium in der Familienkarriere, die von der Beschulung betroffen ist, wird außerdem mit zunehmender Dauer schulischer und beruflicher Ausbildungsgänge immer länger. Dies wird sich wohl auch in Zukunft nicht ändern. Die Möglichkeiten der Mitwirkung von Eltern an der schulischen Erziehung ihrer Kinder sind recht begrenzt, während gleichzeitig die Schule häufig von der Unterstützung ihrer Arbeit seitens der Eltern ausgeht.

Die Schule ist für viele Eltern ein großer Hoffnungsträger. Sie ermöglicht ihren Kindern über Bildung den sozialen Aufstieg, den sie selbst nicht sichern können. Ein Anstieg der Bildungsaspirationen von Eltern für ihre Kinder ist in den letzten beiden Jahrzehnten besonders deutlich geworden. Zwischen 1979 und 1985 sank der Anteil der Eltern, die für ihre Kinder im Schulalter den Hauptschulabschluß wünschten, von 31% auf 11%. In der gleichen Zeit stieg der Anteil der Eltern, die für ihre Kinder das Abitur wünschten, von 37% auf 54% (Engel & Hurrelmann, 1989). Dies läßt erwarten, daß Schüler einem starken Erwartungsdruck ausgesetzt sind. Immerhin gaben in der Untersuchung von Hurrelmann et al. (1988b) 24% der jugendlichen Schüler an, ihre aktuellen Leistungen seien schlechter als die Elternerwartungen (weiteres dazu in 8.4). Die Einheitsgrundschule hat seit ihrer Einführung in der Weimarer Republik die Aufgabe, ständische Unterschiede durch eine einheitliche Ausbildung zu beseitigen und bildungsmäßig benachteiligte Gruppen zu fördern (Pettinger, 1988). Wie Daten allerdings zeigen, ist die soziale Herkunft nach wie vor eine bedeutende Determinante der besuchten Schulform. Kinder aus Familien, deren Väter das Abitur haben, durchlaufen weit häufiger die gymnasiale Schullaufbahn als Kinder aus Familien, denen diese Bildungsvoraussetzung fehlt.

Die Konkurrenz im Sozialisationsanspruch und die Schule als Hoffnungsträger enthalten ein Konfliktpotential. Die Elternhoffnungen auf schulischen Erfolg und eine bessere berufliche Position ihrer Kinder kann die Beziehungen zwischen Eltern und Lehrern beeinflussen. Sie bestimmt auch die Eltern-Kind-Beziehungen.

Die Beziehung zwischen Familie und Schule ist nicht nur unter der Problemperspektive von Bedeutung. Die Schule ist neben dem sozialen Wohnumfeld für das Kennenlernen von 1Freunden und Spielkameraden von herausragender Bedeutung. Aus der Schule werden die meisten Gleichaltrigen rekrutiert, mit denen Umgang gepflegt wird. Auch Eltern können der Einschulung ihres Kindes positive Seiten abgewinnen. Sie werden beweglicher, wenn das Kind ein kalkulierbares Stück Zeit nicht zu Hause ist. Für viele Mütter ist das der Zeitpunkt, an dem sie eine (Wieder-)Aufnahme ihrer Berufstätigkeit ins Auge fassen (vgl. Kap. 3).

In diesem Kapitel erfolgt zunächst eine Diskussion der Aufgaben, die sich für Familien mit Schulkindern stellen. In den darauf folgenden Abschnitten wird das Verhältnis zwischen Familie und Schule thematisiert. Im dritten Abschnitt geht es um die Beziehung zwischen dem Kind und der Schule. Das Kind partizipiert an einem neuen System, das nach anderen Regeln funktioniert als die Familie: die Leistungsanforderungen stehen im Mittelpunkt. Im Abschnitt 8.4 wird die Beziehung zwischen Eltern und Lehrern behandelt. Sie ist durch ein Machtgefälle charakterisiert, in dem die Abhängigkeit der Eltern von Lehrern vorherrscht. Die Interaktion zwischen Eltern und ihren Kindern in deren Rolle als Schüler ist Gegenstand von

Abschnitt 8.5. Die Hausaufgaben und die Noten sind zwei zentrale Bereiche, an denen sich schulisch bedingte Familienkonflikte entzünden können.

8.2 Entwicklungsaufgaben von Familien mit Schulkindern

Für Familien scheint die Zeit, in der die Kinder die Schule besuchen, zwar im Vergleich zur Phase davor eine leichte Erholung zu bedeuten, aber dennoch nicht unkritisch zu sein (vgl. Kap. 1.4). Die Unzufriedenheit geht auf multiple Anforderungen zurück. Die hauptsächlichen Probleme, die Familien in dieser Phase angaben, betreffen die Zunahme der Außenaktivitäten, in die die Kinder eingebunden sind, eine Zunahme an zu erledigenden Arbeiten im Haushalt, finanzielle Belastungen, stärkere Belastungen im Beruf und eine Zunahme von Konflikten zwischen Kindern in der Familie (Olson et al., 1989).

Als Entwicklungsaufgaben für Familien mit Schulkindern sollen unterschieden werden:

1. *Teilhabe am schulischen Bereich.* Der Schulbesuch bringt für viele Familien, nicht nur für die Kinder, sondern auch für Eltern, eine Umstellung mit sich. Bisherige Gewohnheiten, Tagesabläufe, Bewältigungsmechanismen müssen verändert werden. Nach Tyrell (1982) besteht die wichtigste Systemleistung der Familie darin, die Kinder während ihrer Schulzeit motivational zu begleiten, Verarbeitungsprozesse zu erleichtern und Stützen anzubieten. Die Familie habe im wesentlichen den täglichen Schulbesuch sicherzustellen und den schulischen Frustrationsexport zu verarbeiten. Es scheint, als sei die Häufigkeit, mit der sich Familien über schulische Themen auseinandersetzen, in den letzten Jahren gestiegen. In einer aktuellen Studie gaben 16% der befragten Schüler der 7., 9. und 11. Klassen an, wegen Schulleistungen häufiger Streit mit ihren Eltern zu haben. 63% gaben an, die Eltern würden sich für schulische Leistungen interessieren, und 44% der Eltern würden mit den Schulleistungen zufrieden sein (Behnken et al., 1991).

2. *Die Verteilung der Verantwortlichkeit im Haushalt.* Mit dem Aufkommen eigener Verantwortlichkeit der Kinder in der Schule wächst die Erwartung, daß auch die Kinder häusliche Pflichten erfüllen. Die Übernahme eigener Bereiche bei der Verteilung von Aufgaben innerhalb der Familie, deren Überwachung und das Umgehen mit Normverletzungen kann als Entwicklungsaufgabe bezeichnet werden. Häufig werden Mütter (wieder) berufstätig, sobald ihr Kind in der Schule ist. Mütterliche Berufstätigkeit wirkt auf das Familienleben zurück. Sie erfordert, daß die Aufgabenverteilung im Haushalt stärker differenziert wird. Dieser Punkt wurde in Kapitel 3.3.2 bereits übergreifend behandelt. Im vorliegenden Kapitel geht es hauptsächlich um den Zusammenhang zwischen Familie und Schule.

3. Öffnung der Beziehungen nach außen. Schulkinder entwickeln viele neue Beziehungen und Bindungen mit anderen Personen außerhalb der Familie, vor allem mit Gleichaltrigen. Das Kennenlernen der meisten Freunde erfolgt über die Schule (Herzberg, 1990). Ansonsten scheint die Schule bei der Ausübung von Freizeitbeschäftigungen in unserem Land keine nennenswerte Rolle zu spielen. Die Eltern orientieren sich wieder verstärkt nach außen, greifen Hobbies auf, pflegen Beziehungen zu ihren Freunden und Nachbarn. Das verändert die Beziehungen zwischen den Familienmitgliedern, erfordert Anpassungen und führt dazu, daß neue Regeln und Systeme entwickelt und aufrechterhalten werden müssen. Wie Familienbeziehungen in Abhängigkeit von Freunden zu beschreiben sind, damit befasst sich Kapitel 4.

Zusammenfassung: In diesem Kapitel wurde zunächst auf die Bedeutung hingewiesen, die Eltern der Schule beimessen: Von ihr wird erwartet, daß sie dem Kind sozialen Aufstieg ermöglicht. Familien mit Schulkindern haben spezifische Aufgaben zu meistern. Sie haben sich auf die Schule und ihre Anforderungen einzustellen. Wie dies im einzelnen erfolgt, ist Gegenstand der weiteren Abschnitte. Die Umverteilung von Verantwortlichkeiten im Haushalt wurde in Kapitel 3, die Öffnung der Beziehungen zu Gleichaltrigen in Kapitel 4 behandelt.

8.3 Das Kind wird zum Schüler

Wie erlebt das Kind den Übergang zur Schule? Fühlt es sich fremden Mächten und Anforderungen schutzlos ausgeliefert? Oder erfolgt der Übergang nahtlos, weil das Kind endlich Gelegenheit erhält, Dinge zu lernen, die es bei anderen bewundert, und dabei seine Fähigkeiten unter Beweis zu stellen? Um diese Frage zu behandeln, soll in Anlehnung an Hansen (1986) der neue Typus der Lehrer-Schüler-Interaktion von dem gewohnten der Eltern-Kind-Interaktion idealtypisch abgehoben werden. In der Familie herrschen partikularistische Beziehungen vor, Beziehungen, die das Besondere und Einzelne betonen. Richtiges Verhalten wird auf der Basis persönlicher Beziehungen und Einstellungen beurteilt und bewertet. Die Interaktionsregeln sind implizit, beruhen auf Liebe und Verständnis. Die Partnerschaft ist lang andauernd, eng, liebevoll und bezieht die ganze Person ein. Die Beziehungen in der Schule lassen sich demgegenüber eher als universalistisch beschreiben, in ihnen hat das Allgemeine, das Ganze Vorrang. Sie beruhen auf expliziten Regeln, sie werden schnell etabliert und auch wieder aufgelöst. Sie haben eher offiziellen Charakter. Die Partner nehmen ihnen zugeschriebene Rollen ein, die nur einen Teil ihrer Persönlichkeit betreffen. Die Bekräftigung von Verhalten orientiert sich nicht an gegenseitiger Liebe, stärker an geltenden Regeln und gegenseitigen Pflichten. Eine Handlung wird eher nach deren Ergebnis, weniger nach ihrer Intention bewertet.

Kinder bauen im allgemeinen schon vor ihrem Schuleintritt mehr oder weniger explizite Erwartungen über die Schule auf. Es scheint ihnen auch nicht schwer zu fallen, sich mit dem neuen Tagesablauf vertraut zu machen. In einer Untersuchung von Fivush (1984) wurden 5jährige Kindergartenkinder kurz nach Beginn des Kindergartenjahres in Abständen von zwei Wochen viermal über den Tagesablauf befragt. Schon am zweiten Tag waren sie imstande, die Ereignisse (Spielen, Pausen, Saubermachen, Essen etc.) in der richtigen Reihenfolge anzugeben. Sie hatten ein organisiertes Skript von den schulischen Routinen entwickelt. Dennoch bedeutet der Schuleintritt eine Loslösung von etwas Vertrautem und ein Eintritt in ein neues Regelsystem. Auch wenn Kinder den Pflichtcharakter von Schule antizipieren, haben sie keine Vorstellung von dem Ausmaß der von ihnen geforderten Verhaltensweisen. Über die Belastungen des Schuleintritts für Kinder hat Paetzold (1988) Auskünfte eingeholt. Kurz nach Schulanfang befragte sie die beteiligten Mütter über schulische Probleme ihrer Kinder. Es überwogen körperliche Aggressionen und andere Schwierigkeiten mit den Kindern in der Schule. Dies hängt vermutlich damit zusammen, daß sich das soziale Gefüge in der Klasse durch Rangordnungskämpfe erst herausbilden muß. An zweiter Stelle kamen Probleme mit Lehrern: Verteilen negativer, Vorenthalten positiver Verstärker sowie Nichtbeachtung bei Problemen. Das Verhalten der Lehrer orientiert sich offenbar an anderen Kriterien als jenes der Eltern. Das kann am Beispiel des häufig als Problem angeführten "Nicht-Drankommens trotz Meldens" illustriert werden. In der eher symbiotischen Atmosphäre der Eltern-Kind-Beziehung hat das Kind die Erwartung entwickelt, bei der Mutter immer Gehör für sich zu finden. In der Klasse muß es lernen zu warten. Nur ganz wenige Mütter gaben an, Probleme dieser Art bei ihren Kindern gar nicht zu kennen. Noch am Ende des ersten Schuljahres wurden Raufen, Bedrohung und andere Streitereien von denselben Müttern als sehr häufige Schulprobleme ihrer Kinder genannt. Probleme mit dem Lehrer kamen sogar signifikant häufiger vor.

Ein wichtiger Aspekt bei der Verarbeitung von Schule ist der Umgang mit Mißerfolg. Mißerfolg ist sicher kein ungewöhnliches Ereignis im Kinderleben. Dennoch machte das Kind bislang die Erfahrung, daß es Leistungen, die es in der Vergangenheit noch nicht konnte, allmählich bewältigen lernt. Zukünftige Erfolge sind erwartbar. Mißerfolge werden als vorübergehend eingeschätzt und erscheinen nicht als bedrohlich. In der Schule kann es anders sein. Der Lehrer vergleicht in der Regel die Leistungen eines Kindes mit denen anderer. Damit kann für schwächere Kinder Mißerfolg permanentes Versagen anzeigen und als bedrohlich erlebt werden. Ries (1989) hat die Effekte von Mißerfolg in einer Längsschnittuntersuchung beim Übergang vom Kindergarten in die Grundschule ermittelt. Sie gab den Kindern zu drei verschiedenen Zeitpunkten Aufgaben vor und manipulierte die Rückmeldung über Erfolg oder Mißerfolg. In der ersten und zweiten Klasse fühlten sich die Kinder nach der Rückmeldung von Mißerfolg trauriger und waren mit ihrer Leistung unzufriedener als vor der Einschulung. Es scheint, als müßten Kinder erst Strategien entwickeln, um mit den von ihrer Individualität abstrahierenden Anforderungen des neuen Systems, dessen Mitglieder sie geworden sind, gerecht zu werden.

Naheliegend ist die Vermutung, daß Kinder auf das neue Ordnungssystem unterschiedlich reagieren. Dazu mag der Besuch des Kindergartens beitragen. Der Kindergarten wird heute weithin als eine für die Kinder förderliche Einrichtung betrachtet, die den Übergang zur Schule erleichtert. Der Kindergartenbesuch hat seit 1960 stark zugenommen. 1977 gingen 68% der Fünfjährigen in einen Kindergarten oder eine andere vorschulische Einrichtung. Die Erwartung ist, daß die im Kindergarten gepflegte Mischung aus partikularistischer und universalistischer Beziehungsform den Übergang zur Schule erleichtert. Ob Kinder, die den Kindergarten besucht haben, aus diesem Grunde mit den schulischen Anforderungen leichter zurechtkommen, ist derzeit noch eine offene Frage.

Möglicherweise kommen Kinder in der Schule dann besser zurecht, wenn sie dort ähnliche Bedingungen wie in der Familie vorfinden. Hansen (1986) ging der Hypothese nach, daß Kinder in jenen Klassen die besten Leistungen erzielen, in denen ein Interaktionstyp vorherrscht, der dem in ihrer Familie praktizierten nahekommt. Familien von 11jährigen Grundschulkindern wurden entsprechend ihrem Erziehungsverhalten in drei Gruppen-Typen eingeteilt: autoritär (hoch in universalistischen, niedrig in partikularistischen Beziehungen) kohäsiv (hoch in beiden Arten von Beziehungen), und lassez-faire (niedrig in beiden Beziehungen). Nach dem gleichen Prinzip wurden die Schulklassen eingeteilt. Als Ergebnis zeigte sich ein Abfall in den Schulleistungen der Schüler mit dem Ausmaß an Diskontinuität der Beziehungen zwischen Familie und Schule: in kohäsiven Klassen erhielten Kinder aus kohäsiven Familien durchschnittlich die besten Noten. In autoritären Klassen leisteten Kinder aus autoritären Familien gleich viel wie erstere. Und Kinder aus laissez-faire Familien machten in ebensolchen Klassen die größten Fortschritte in den letzten zwei Jahren. Diese Ergebnisse stehen im Einklang mit der Annahme, daß die Divergenz der familialen und schulischen Beziehungssysteme eine für die Entwicklung der Schüler hinderliche Bedingung darstellt.

Als ein weiterer Bedingungsfaktor wurde das Ausmaß der sicheren Bindung zur Mutter untersucht. Man bediente sich in der Regel der Einteilung von Ainsworth nach sicherer und unsicherer Bindung (vgl. Kap. 6.1.2). Die

Untersuchungen ergaben, daß Jungen, die kurz vor Schuleintritt eine sichere Bindung aufwiesen, mit der Schule im Durchschnitt besser zurechtkamen, sowohl von Kameraden als auch von Lehrern positiver aufgenommen, und als weniger aggressiv und stabiler bezeichnet wurden als unsicher gebundene. Diese Unterschiede blieben auch bestehen, wenn eine Reihe von möglichen konfundierenden Variablen (Attraktivität, Intelligenzquotient, Persönlichkeit, Peer-Erfahrungen) statistisch konstantgehalten wurden (Cohn, 1990). Familiale Determinanten spielen vermutlich nicht nur eine Rolle, wenn es um die soziale Anpassung bei der Einschulung geht. Hart et al. (1990) berichten auch noch bei Viertklässlern über entsprechende Zusammenhänge: Kinder, deren Mütter machtorientierte Disziplinierungsmethoden verwandten, wurden (bei vergleichbarem sozialem Status) von den Klassenkameraden häufiger abgelehnt als Kinder von Müttern, die bei Disziplinproblemen eher erklärend einzuwirken versuchten. Zusammenfassend hat also die einleuchtende These, daß der familiale Hintergrund eine Rolle dabei spielt, wie sich Kinder in dem neuen sozialen Umfeld Schule einfinden, durch einige Untersuchungen empirischen Gehalt erfahren. Man kann davon ausgehen, daß das Verhalten der Eltern während des Einschulungsprozesses den Vorgang erleichtern oder auch erschweren kann. Das Ritual des Überreichens von Schultüten bei der Einschulung ist sichtbarer Ausdruck des "Versüßens" einer fremden Welt.

Relativ einheitlich beantwortet wird die Frage, wie die Schule von Schülern erlebt wird. In der Studie von Behnken et al. (1991) fiel den befragten Schülern der Klassen 7, 9 und 11 (alte und neue Bundesländer), nach positiven Seiten der Schule befragt, vor allem Ferien/Pausen und das Verhältnis zu Mitschülern ein, während Kritik am Verhältnis zu den Lehrern und an der Unterrichtsgestaltung geübt wurde. Eine zunehmende Zahl von Schülern geht zur Schule auf Distanz, kann sich mit den dort vermittelten Inhalten nicht identifizieren und sieht auch nicht den Zusammenhang mit dem zukünftigen Berufsleben. Die Schule wird immer mehr und mit dem Alter zunehmend als sinnlos empfunden, eine "Entfremdung" zu Inhalten, Unterricht und Lehrer breitet sich aus (Hornstein, 1990). Themenbereiche wie Schulangst, Schulverdrossenheit und Langeweile werden in der Literatur ausführlich theoretisch und empirisch behandelt (z.B. Helmke, 1983). Hurrelmann et al. (1988b) berichten über erhebliche Gesundheitsbeschwerden bei 13- bis 16jährigen. So gaben 48% an, in den letzten 12 Monaten oft oder manchmal Kopfschmerzen, 41% Nervosität/Unruhe, 36% Konzentrationsschwierigkeiten, 30% Schwindelgefühl, 30% Magenschmerzen gehabt zu haben. Gesetzt den Fall, diese Angaben liegen über dem Durchschnitt, dann kann nicht entschieden werden, ob sie alters- (z.B. pubertäts-)bedingt sind oder von der Schule herrühren. Auch muß davon ausgegangen werden, daß schulische, familiale und andere Faktoren sich gegenseitig bedingen. Zum Beispiel kann die Familie schulische Belastungen auffangen oder aber verstärken.

Die Beanspruchung, die vom Unterricht und von Klassenarbeiten ausgeht, kann mit Hilfe physiologischer Verfahren ermittelt werden (vgl. Berndt et al., 1988). Marschall und Zenz (1989) haben die Herzfrequenz und die Muskelspannung im Nacken in Abhängigkeit von schulischen Variablen und der Pubertät untersucht. Schüler aus den Klassen 7 und 9 eines Ulmer Gymnasiums waren eine ganze Schulwoche lang an ein Gerät angeschlossen, das unauffällig am Körper getragen werden konnte und Herztätigkeit sowie Muskelspannung kontinuierlich registrierte. Beide Variablen folgten nicht einer Tagesperiodik, sondern waren von schulischen Leistungsanforderungen bestimmt: von Unterricht, Pausen, Mittagspause. Im Durchschnitt waren die Werte während Stunden mit Klassenarbeiten deutlich höher als während des normalen Unterrichts. Interessanterweise traf dies kaum für Schüler mit hohem Beschwerdeniveau und hoher Angst zu. Diese waren nicht fähig zur flexiblen Anpassung an die geforderte Belastung. Weiter zeigten sich differentielle Effekte verschiedener unterrichtsspezifischer Ereignisse (z.B. aversive Zuwendung des Lehrers, Sprechen) auf die Herzrate. Bei der Erfassung der subjektiven Beschwerden stellten die Autoren mehr körperliche Beschwerden als bei Erwachsenen fest im Hinblick auf Müdigkeit, Schlafbedürfnis, Heißhunger, Kopfschmerzen, Verkrampfungen, Schwitzen, Herzklopfen, Erröten. Es zeigten sich Abhängigkeiten der Beschwerden von dem Stand der körperlichen Reife. Bei Mädchen ergab sich ein bedeutsamer Anstieg der Körperbeschwerden während der Pubertät gegenüber dem Zustand davor. Bei Jungen stiegen die Beschwerden ebenfalls mit Beginn der Pubertät an, sie fielen aber früher als bei Mädchen wieder ab. Die Verläufe unterschieden sich je nach Schultyp. Die höchsten Beschwerden wurden bei Realschülern und Gymnasiasten verzeichnet. Schließlich hing das Beschwerdeausmaß mit dem Grad psychischer Labilität (Angst, Selbstwertgefühl) eng zusammen. Die Autoren schließen, "daß eine erhöhte körperliche und psychische Belastung in der Zeit der Pubertät nicht allein auf biologische Ursachen zurückgeführt werden kann, sondern daß an ihrer Entstehung Umwelteinflüsse und soziale Faktoren in erheblichem Maße beteiligt sind" (Marschall & Zenz, 1989, S. 315).

Zusammenfassung: Es kann festgehalten werden, daß die Einschulung, so sehr sie von manchen Schülern herbeigesehnt werden mag und so sehr viele Lehrer mit den kleinen Schülern pfleglich umgehen mögen, einen gravierenden Einschnitt im Leben des Kindes darstellt. Es wird Mitglied eines Systems von Beziehungen, das meist nach anderen als den bisher erlebten Regeln funktioniert. Das Kind wird nicht mehr in seiner Individualität betrachtet, sondern wesentlich im Hinblick auf die von ihm erbrachten Leistungen und im Vergleich zu anderen Kindern beurteilt. Es hat sich in einen größeren Verband einzufügen. Je älter das Kind wird, desto mehr wird Schule zur Belastung. Vor allem mit Eintritt der Pubertät steigt die Anfälligkeit für körperliche Symptome. Eltern erleben dies mit und sind vermutlich von all dem mitbetroffen. Damit befaßt sich im einzelnen der nächste Abschnitt.

8.4 Eltern und Lehrer

8.4.1 Die Sicht der Eltern

Vom Schuleintritt wird auch die übrige Familie mitbetroffen. Die gesamte Familie muß ihre Beziehungsmuster neu ordnen (Minuchin, 1985). Für Eltern steht nicht nur die Leistungsfähigkeit ihres Kindes auf dem Prüfstand, sondern auch der Erfolg ihrer eigenen Erziehungsbemühungen. Bereits in der Zeit *vor dem Schuleintritt* können bei Eltern neben Freude auch Sorgen und Ängste auftreten. Inwieweit antizipatorische Reaktionen belastend erlebt werden, hat Stöckli (1987) in einer Laborsituation untersucht. Der Autor bat 34 Mütter mit kurz vor der Einschulung stehenden Kindern ins Labor, ließ die Kinder eine Reihe von Intelligenztests absolvieren, und legte den zuschauenden Müttern Elektroden an die Finger an. In der Streßforschung ist es üblich, die Veränderung im Hautwiderstand als Indikator für Angstreaktionen zu betrachten, mit denen der Organismus auf Belastungen reagiert. Nach der Streßtheorie von Lazarus ist zu erwarten, daß vor allem solche Mütter mit erhöhten Streßreaktionen antworten, die den schulischen Erfolg ihres Kindes bedroht sehen. Gering werden Mütter mit positiver Erfolgsantizipation reagieren. Bei den Ergebnissen zeigte sich ein starker Anstieg in der Aktivierung besonders nach schweren Aufgaben. Die Aufgabensituation provozierte bei den Müttern Erinnerungen an eigene Schulerfahrungen, geringer bei Müttern mit positiven Schulerfahrungen als bei solchen mit negativen, und unabhängig davon, ob die Mütter Einschulungserfahrungen mit anderen Kindern bereits hinter sich hatten oder nicht. Am streßreichsten war die Situation bei Müttern mit geringer Erfolgsantizipation, großer affektiver Nähe zum Kind und eigenen negativen Erfahrungen. Wegen der Abwesenheit einer Kontrollgruppe bleibt es letzlich offen, ob die beobachteten Effekte der bevorstehenden Einschulung zuzuschreiben sind.

Die Ergebnisse zur Frage, inwieweit *der Schuleintritt* des Kindes einen tiefen Einschnitt im Leben der Mutter bedeutet, sind widersprüchlich. Ein Viertel der von Paetzold (1988) befragten Mütter gab an, daß sich ihr Lebenslauf nicht geändert habe. Die von den anderen Müttern angegebenen Änderungen betrafen häufig die Tagesorganisation, für allem, was die Zeit für die Betreuung der Hausaufgaben betrifft. Nur 11% der Mütter sahen die Schule am Schulanfang als familiale Belastung. Gleichzeitig fand die Hälfte der Mütter, daß von den Kindern heute zuviel in der Schule verlangt würde und daß die heutigen Schulbedingungen eher zu Schwierigkeiten bei den Kindern führen. Auf die von den Kindern berichteten Schulprobleme reagierten Eltern in der Untersuchung von Paetzold meist unterstützend. Sie gaben an, mit dem Kind zu sprechen und Hilfe sowie Ratschläge zu geben.

Obwohl die Aufgabe der Ausbildung von Kindern im Laufe der Jahrhunderte von der Familie auf spezielle Institutionen verlagert worden ist, bedeutet das nicht, daß Eltern in dieser Beziehung vollständig entlastet sind. Es obliegt ihnen nicht die Vermittlung von Lehrstoff. Doch wachsen ihnen *neue Aufgaben* zu. Sie betreffen das Management der Schulkarriere ihrer Kinder in den verschiedenen Phasen von der Einschulung bis zum Schulabschluß. Management enthält die Aufgabe der kontinuierlichen Überwachung schulischen Fortschritts genauso wie punktuelle Entscheidungen, wie sie vor allem beim Übergang zu weiterführenden Bildungsanstalten notwendig werden. *Formal* ist die Mitwirkung von Eltern an der Schule nicht nach pädagogischen Gesichtspunkten, sondern nach demokratischen Grundsätzen geregelt: gewählte Vertreter der Eltern nehmen die ihnen zugestandenen Rechte wahr. Trotz länderspezifischer Regelungen ergibt sich ein relativ einheitliches Bild. Die Elternvertretung an Schulen nehmen Elternbeiräte wahr, und zwar als Klassen-, Schul- oder Landeselternbeiräte. Die Mitwirkungs- und Entscheidungsrechte der Beiräte sind recht gering. Sie beschränken sich auf die Gestaltung von Schulfesten, Durchführung von Ausflügen und Klassenfahrten. In relevanten Fragen haben sie das Recht, informiert zu werden und allenfalls das der Anhörung. Dies mag ein Grund sein für die geringe Bereitschaft von Eltern, sich in Elternbeiräte wählen zu lassen und sich dort ernsthaft zu engagieren. Ein anderer Grund liegt darin, daß Eltern aus Sorge um ihr eigenes Kind eine Position vermeiden, die sie in Konflikte mit den Lehrern bringen kann (Pettinger, 1988).

Von der formalen Mitwirkung ist die *informelle* Mitwirkung von Eltern an der Schule zu unterscheiden. Sie besteht in vielfältigen Möglichkeiten des Kontakts mit den Lehrern. Das Gesetz fordert von der Schule, daß sie sich für die Kooperation mit den Eltern öffnet. Der Besuch von Elternabenden, Lehrersprechstunden und Schulereignissen, oder, in mehr privater Form, das Gespräch mit anderen Eltern stellen Möglichkeiten dar, Informationen zu erhalten und Einfluß zu nehmen. Betrachten wir die Kommunikation zunächst aus Eltern- und im nächsten Abschnitt aus Lehrersicht.

Eltern interessieren sich überwiegend für die Belange ihres eigenen Kindes. Sie erhoffen sich von der Schule eine Förderung ihres Kindes, die über ihre eigenen Möglichkeiten hinausgeht. Das Interesse an allgemeinen schulischen oder bildungspolitischen Fragen wie Notengebung, Curriculum, Umgang mit Problemschülern ist dagegen ausgesprochen gering. Eltern sehen sich in ihren Kontakten mit der Schule von dieser nicht nur in grundlegenden Pflichten gefordert: sie sollen materielle, räumliche und sächliche Voraussetzungen zur Verfügung stellen. Sie erhalten darüberhinaus auch Anweisungen, was zu Hause für die Schule zu tun ist, Informationen über Anforderungen des Lehrers, und die Leistungsstände des Kindes (Ditton, 1987, S. 115). Eltern geben umgekehrt Lehrern kaum Informationen, geschweige denn, daß sie die Lehrer auffordern, ihnen bei ihren familialen Problemen mit dem Kind Unterstützung zu gewähren. Dies kann als Ausdruck eines erheblichen Machtungleichgewichts interpretiert werden.

Die elterliche Mitwirkung an schulischen Fragen mit Blick auf die eigenen Kinder und allgemein ist in der Grundschule stärker als in den weiterführenden Schulen. Oswald et al. (1988) konnten anhand von Elternbefragungen ermitteln, daß es auch bedeutsame Unterschiede zwischen Gymnasium, Realschule und Gesamtschule gibt. Eltern von Gesamtschülern gingen weniger formelle Wege, um das Schulverhalten ihrer Kinder zu beeinflussen, nutzten dafür mehr Gespräche mit Lehrern, gaben Hausaufgabenhilfe, und diskutierten mit ihren Kindern über die Wahl von Kursen. Dagegen beschränkten sich vor allem Eltern von Gymnasiasten auf formale Beteiligungsformen wie Teilnahme an Elternabenden und Übernahme der Rolle des Elternsprechers. Die Zahl der direkten Eltern-Lehrer-Kontakte war am geringsten. Eltern von Realschülern lagen etwa dazwischen. Möglicherweise halten Eltern von Gymnasiasten direkte Partizipation in geringerem Masse für notwendig, da sie die Schulkarriere ihrer Kinder auf diesem Schultyp als relativ gesichert ansehen.

Mit zunehmendem Alter der Schüler nimmt das elterliche Interesse an der Schule ab (Stevenson & Baker, 1987). Das Ausmaß, in dem Eltern den Kontakt zur Schule wahrnehmen, ist außerdem schichtabhängig. Insbesondere bei Arbeitereltern besteht eine Schwellenangst gegenüber der Schule und Lehrern. Ihnen ist die Welt der Schule fremd. Dies mag eine Ursache dafür sein, daß das Interesse an Kontakten mit der Schule bei Eltern von Hauptschülern besonders gering ist. Der Kontakt zur Schule wird vor allem von Müttern wahrgenommen. Mehr als bei uns scheinen in den USA Eltern von Lehrern in Aktivitäten der Schule einbezogen zu werden: als Assistenten im Klassenzimmer, in der Bücherei und im

Freizeitbereich. Dem leisteten immerhin 30% der von Epstein (1986) befragten amerikanischen Eltern Folge.

Macbeth (1984) hat nach Durchsicht der einschlägigen Literatur festgetellt, daß sich Eltern in allen Staaten der Europäischen Gemeinschaft gleichermaßen über Lehrer beschweren, was die Zusammenarbeit mit dem Elternhaus betrifft: sie würden die Fühlungnahme mit Eltern als zusätzliche Arbeit und Einmischung betrachten, das Versagen der Kinder familialen Verhältnissen anlasten, den Kontakt nicht als berufliche Pflicht ansehen, hätten Scheu und Mißtrauen vor den Eltern und würden das Kind lediglich unter dem Aspekt der schulischen Leistung betrachten.

8.4.2 Die Sicht der Lehrer

Es scheint, als würden Lehrer elterliche Mitwirkung befürworten. In einer Befragung von Melzer (1987) bejahten fast Dreiviertel der befragten Lehrer die Aussage, daß die schulischen Erziehungsprozesse der elterlichen Kritik und Kontrolle bedürfen. Über 80% waren der Auffassung, daß Anregungen und praktische Vorschläge von Eltern für die Unterrichtsgestaltung den Unterricht interessanter machen können. Wie sieht die Wirklichkeit aus? Als Formen der Zusammenarbeit zwischen Lehrern und Eltern können Hausbesuche, Hospitationen, Elternsprechtage, Elternabende und individuelle Kontakte (Telefonanrufe, Briefe) unterschieden werden. *Hausbesuche* werden nach Lehrerangaben extrem selten durchgeführt. Bei Melzer (1987) gaben 70% der befragten Lehrer an, im vergangenen Schuljahr - aus Mangel an Anlaß oder Zeit - keinen einzigen Hausbesuch durchgeführt zu haben. Das Verlassen der Institution Schule, die dem Lehrer "Amtsautorität" verleiht, die damit verbundene Unsicherheit mag ein weiterer Grund sein.

Fast 80% der befragten Lehrer gaben an, daß im vergangenen Schuljahr kein einziger Elternteil von der Möglichkeit der *Hospitation* (passive Teilnahme am Unterricht) Gebrauch gemacht hat. Viele Lehrer, die das mit einer gewissen Scheu der Eltern erklärten, bedauerten es, denn sie sahen in der Hospitation eine Möglichkeit, die Eltern über den schulischen Arbeitsalltag und die Klassensituation aus erster Hand zu informieren.

Sehr stark frequentiert sahen Lehrer ihre *Sprechtage* (zweimal pro Schuljahr). 79% der Eltern von 14- bis 15jährigen Berliner Schülern gaben an, einmal im Jahr ein Gespräch mit einem Lehrer gehabt zu haben (Oswald et al., 1988). Das Gespräch dauerte meist nicht lange - vor der Tür warten die nächsten -, drehte sich auf Wunsch der Eltern vorwiegend um den Leistungsstand des jeweiligen Schülers

(86%). Es folgen Erziehungsprobleme (53%, Melzer, 1987). Ungeachtet des Zuspruchs werden Elternsprechtage immer wieder als ineffektiv kritisiert: die Kommunikationssituation bringe die Eltern in die Rolle der Machtlosen, den Forderungen und Kriterien der Schule ausgesetzt.

Elternabende (zweimal pro Jahr im Klassenraum der Schüler) werden von 50% bis 80% der Elternschaft besucht. Nach Melzer (1987) sehen die Lehrer den Sitzungen häufig mit gemischten Gefühlen und Unruhe entgegen. Obwohl sie nur Gäste sind - der Elternabend ist ein Organ der Elternschaft und wird vom Klassenelternsprecher geleitet - bringen die Lehrer ihre Themen zur Sprache: das Leistungsniveau der Klasse, das Sozialverhalten der Schüler, Disziplinfragen, Klassenarbeiten, Benotung, Hausaufgaben, Curriculum.

Den Lehrern steht prinzipiell ein Arsenal an Möglichkeiten zur Verfügung, Eltern in die Arbeit mit dem Schüler *individuell einzubeziehen*. Dazu gehören nach Becker und Epstein (1982): Eltern anregen, Kinder über die Schule zu befragen; Eltern Erziehungstips geben; mit Eltern Hausaufgabenaufsicht vereinbaren; Eltern raten, ihre Kinder in die Bibliothek zu nehmen; Eltern Bücher leihen; Eltern zur Unterrichtsbeobachtung einladen. Die Autoren kommen zu Ergebnissen über ein bedauernswert geringes Ausmaß des "Parent Involvements" in den USA. Nach einer Replikationsuntersuchung im deutschsprachigen Bereich (Krumm, 1990) sieht das Ergebnis hier weit düsterer aus: Österreichische Lehrer beurteilten die Einbeziehungsmethoden als weniger hilfreich als ihre amerikanischen Kollegen und wandten sie kaum an. Es scheinen vor allem Lehrer mit hoher Selbstsicherheit und Professionalität zu sein, die Eltern erfolgreich zu Kontakten, zur Beteiligung an Elternabenden und zur Teilhabe an den Hausaufgaben veranlassen (Hoover-Dempsey et al., 1987).

Im deutschsprachigen Raum hat vor allem Volker Krumm (z.B. 1988b) das Verhältnis zwischen Eltern und Schule untersucht. Nach den von ihm gesichteten Daten zu urteilen, "ist die Schule für die Eltern heute zugänglich - aber ein 'Herzlich Willkommen' scheint nicht über der Tür zu stehen. Dementsprechend ist die Kooperation weitgehend auf Pflichtrituale beschränkt (S. 604-605). Dies scheint für die Länder der Europäischen Gemeinschaft generell zu gelten.

Es gibt Anhaltspunkte dafür, daß die Zusammenarbeit zwischen Eltern und Lehrern in den EG-Ländern normalerweise eher eine Sache gelegentlicher Fühlungnahme als eine wohlgeplante Partnerschaft ist. Die Leiter der 1.744 Schulen unserer Erhebung schätzen, daß die Eltern im Durchschnitt jährlich zweieinhalbmal in die Schule kommen, um über die Erziehung ihrer Kinder zu sprechen, von der Schule eineinhalb Briefe empfangen, die Schule

zweimal anrufen und von dieser eineinhalbmal angerufen werden.
(Macbeth, 1984, S. 43)

Die Pflege der Kontakte sollte aber mehr als nur eine Frage der Höflichkeit sein.

Diese Situation ist bedauerlich angesichts der Lerneffekte auf Seiten der Schüler, die sich einstellen würden, wären Eltern stärker am schulischen Lerngeschehen beteiligt. Stevenson und Baker (1987) konnten in ihrer Untersuchung an einer bundesweiten repräsentativen Stichprobe in den Vereinigten Staaten eine Korrelation zwischen dem Ausmaß elterlicher Beteiligung (nach Angaben der Lehrer) und der Leistung ihrer Kinder in der beträchtlichen Höhe von $r = 0.34$ feststellen. Der signifikante Zusammenhang blieb auch bestehen, wenn die Variablen Bildung der Mutter, Alter und Geschlecht des Kindes auspartialisiert wurden. Graue et al. (1983) berichten über Untersuchungen, in denen Eltern geholfen wurde, ihren Kindern daheim bessere "Lehrer zu sein". Sie wurden trainiert, mit den Kindern zu spielen, Lehraufgaben zu machen, zu lesen, die Kinder zu schulbezogenen Aktivitäten anzuregen, zu loben und zuzuhören. Die Wirkungen von solchen Trainingsmaßnahmen in 29 kontrollierten Feldexperimenten erwiesen sich als beachtlich. Die Effektgröße (Mittelwertunterschied in Einheiten der Standardabweichung) betrug im Durchschnitt 0.70. Sie liegt höher als jene der meisten schulischen Lehrmethoden (vgl. Krumm, 1988b).

Wie begründen Lehrer ihre faktische Zurückhaltung im Umgang mit Eltern? Nur wenige Lehrer wollten in der Befragung von Melzer (1987) einer Ausweitung des Elternrechts zustimmen. Insbesondere Gymnasiallehrer standen im Gegensatz zu Lehrern an Gesamtschulen der elterlichen Mitwirkung sehr zurückhaltend gegenüber. Sie begreifen ihre Rolle vor allem als Spezialisten für das Fach. Weiter sahen sich 84% der Befragten durch Studium und Weiterbildung nicht hinreichend für eine Kooperation mit dem Elternhaus qualifiziert. Diese Unsicherheit ist erstaunlich, bedarf es dafür weniger der besonderen Qualifikation als vielmehr der Zeit und des Engagements. Weiter ist auf die starke psychische und zeitliche Belastung hinzuweisen, denen sich Lehrer ausgesetzt fühlen (vgl. Schönwälder, 1988). Die Elternarbeit wird von vielen Lehrern als nicht honorierte Mehrarbeit eingestuft.

Das Bild, das Lehrer von Eltern haben, ist nicht frei von Ängsten. Viele betrachten Eltern als Gegner. Sie unterstellen ihnen ein allgemeines Desinteresse an schulischen Angelegenheiten. Dort, wo schulische Partizipation sichtbar wird, sehen Lehrer als primären Antrieb dafür ein Individualinteresse am eigenen Kind.

> *Wenn Eltern ein allgemeines Interesse an der Schulsituation zeigen, tun sie dies nach Meinung der Lehrermehrheit immer im Kontext ihres Interesses am eigenen Kind... Auch meinen Lehrer, das Interesse am eigenen Kind reduziere sich in der Regel auf den Aspekt der Schulkarriere.*
>
> **(Melzer, 1987, S. 137; vgl. auch Ditton, 1987)**

Als weiteres Motiv der Elternpartizipation vermuteten Lehrer Selbstverwirklichungsstreben, den Versuch, sich darzustellen und zu produzieren. Dies wurde von Lehrern teilweise abgelehnt, teilweise belächelt. Als gravierender wurde eingeschätzt, wenn Eltern parteipolitische Einflußnahme unterstellt wird. Viele Lehrer glaubten auch, Eltern seien nicht kompetent genug für die meisten schulischen Entscheidungen. Insgesamt gingen die Lehrer hart mit den Eltern ins Gericht, wenn sie über deren Motive zur Beteiligung sprachen. Vorbehalte von Lehrern gegenüber Eltern scheinen ein in Europa verbreitetes Phänomen zu sein (Macbeth, 1984).

Melzer weist auf die Parallelen hin, die in der Ursachenzuschreibung der Lehrer, ihre eigene Person und die der Eltern bereffend, liegen. Sie unterstellen den Eltern dieselben Mechanismen, die sie für sich selbst reklamieren: berufliche Belastung, Angst, Inkompetenz, Individualinteressen. So besteht nach Melzer eine latente Spannung, die sich in gegenseitigem Mißtrauen, nicht jedoch in offenen Konflikten niederschlägt. Macbeth (1984) weist ebenfalls auf Parallelen der wechselseitigen Vorurteile bei Eltern und Lehrern hin und fügt die Konzentration auf Schulleistungen hinzu. Beide Seiten schieben sich gegenseitig mit identischen Argumenten die Schuld zu. Viele der Anschuldigungen könnten ohne weiteres durch gemeinsame Bemühungen ausgeräumt werden.

8.4.3 Vergleich der Lehrer- und Elternsicht

Lehrer unterstellen den Eltern somit die gleichen Kommunikationsbarrieren, die sie bei sich selbst sehen: Ängste, Überlastung, mangelnde Kompetenz, Individualinteressen, Leistungsfixierung. Wo liegen dann die Probleme? Möglicherweise glauben Eltern, daß die Schule andere Aufgaben für ihre Kinder habe als die Lehrer. Über die Ziele von Schule scheint nach Ditton (1987) zwischen deutschen Eltern und Lehrern jedoch ein befriedigender Konsens zu bestehen. Für beide war nach eigenen Angaben wichtig: Freude am Lernen, Vermittlung von Selbstvertrauen und Selbständigkeit. Relativ am unwichtigsten gaben beide an: Fachwissen, religiöse Haltung und Gehorsam.

Eine weitere Frage ist, wie Eltern und Lehrer die Aufgaben des Lehrers definieren. Lehrer sahen in der Untersuchung von Ditton (1987) stärker als Mütter ihre Aufgabe in der Erziehung der Kinder zu Persönlichkeiten. Dies steht in Einklang mit englischen Untersuchungen. Raven (1971) hat bei älteren Schülern klar gezeigt, daß Lehrer die berufsbezogenen Erwartungen der Schüler und Eltern an die Schule nicht teilten. Mehr als zwei Drittel der Eltern von 15 Jahre alten Schulabgängern sahen in der Vorbereitung auf Prüfungen eine sehr wichtige Aufgabe der Schule. Für Lehrer war dies das am wenigsten wichtige in einer Liste vorgegebener Ziele. In einer anderen Untersuchung (Musgrove & Taylor, 1971) konnte darüberhinaus gezeigt werden, daß Lehrer auch unzutreffende Vorstellungen von den Auffassungen der Eltern über die Aufgaben von Lehrern hatten.

Wie unterscheiden sich Eltern und Lehrer bei der Attribution von Ursachen für Schulleistungen? Eine einschlägige Untersuchung führte Guttmann (1982) in Tel Aviv durch. Er ließ Eltern und Lehrer (und auch die Schüler) angeben, welche Gründe es haben könnte, daß sich ein fiktiver Schüler, Yossi, in der Schule danebenbenimmt. Sie sollten die Antworten frei niederschreiben. Daraus wurden für den endgültigen Fragebogen 26 Gründe gewonnen. Diese sollten jeweils nach fünf Stufen der Wichtigkeit angekreuzt werden. Deutlich wurde, daß Lehrer dazu neigten, die Ursachen für Fehlverhalten ihrer Schüler nicht bei sich selbst zu suchen, sondern zunächst beim Kind und auch bei den Eltern, während Eltern die Ursachen stärker in den verschiedenen möglichen Bereichen, also auch bei sich und auch beim Kind sahen. Im übrigen neigten Schüler dazu, alles andere, nur nicht sich selbst verantwortlich zu machen. In einer anderen Untersuchung (Beckman, 1976) wurden die Attribuierungen von Eltern und Lehrern der 4. bis 6. Klasse miteinander verglichen. Als konsistentes Ergebnis zeigte sich, daß Eltern die Bedeutung des Faktors "Unterricht des Lehrers" für die Herbeiführung von (guten, mittleren ebenso wie schlechten) Zeugnisnoten der Schüler höher einschätzten als die Lehrer selbst. Dieser Unterschied in der Ursachenerklärung könnte einige Konflikte verständlich machen, die zwischen Eltern und Lehrern auftreten. Eltern schwacher Kinder und Lehrer könnten einen Konflikt erleben, weil die Eltern den Lehrer stärker verantwortlich machen als dieser sich selbst. Dagegen müßten Eltern guter Kinder dem Lehrer hohe Wertschätzung entgegenbringen.

Einen weiteren Einblick könnte die Antwort auf die Frage ermöglichen, inwieweit Eltern und Lehrer Eigenschaften der Schüler korrekt einzuschätzen vermögen. Morton-Williams et al. (zit. nach Raven, 1973) haben 15jährige Schulabgänger gefragt, welche Bedeutung sie jedem Item auf einer Liste beimessen. Die Lehrer sollten die Bedeutung derselben Items für 15jährige Schulabgänger schätzen. Und die Eltern der Schüler wurden befragt, welche Bedeutung den Items für ihre Kinder zukommt. Lehrer hatten mehr noch als Eltern unzutreffende Vorstellungen davon, was Schüler beschäftigt. Sie unterschätzten die Wichtigkeit beruflicher und familialer Werte und überschätzten die Bedeutung von Popmusik und Freundschaften erheblich. Weniger große Diskrepanzen bestanden zwischen Eltern und Lehrern bei der Einschätzung der Leistungen der Kinder. Die Eltern- und Lehrereinschätzung der Begabung und der Leistung korrelierte in der Höhe von $r = 0.65$, und zu $r = 0.40$ beim Sozialverhalten (Ditton, 1987). Dagegen entspricht die Schulempfehlung des Lehrers bei Viertklässlern oft nicht den Vorstellungen der Eltern. In 33% der Fälle war der Abschlußwunsch der Eltern höher.

Insgesamt zeigen die Ergebnisse, daß es durchaus verständlich ist, wenn es zwischen Eltern und Lehrern (sowie auch Schülern) zu Kommunikationsproblemen kommt. Aus den angeführten Untersuchungen liegt die Vermutung nahe, daß sich Spannungen zwischen Eltern und Lehrer vorwiegend bei Schülern mit für die Eltern unbefriedigenden Leistungen ergeben, wenn die Ursachenzuschreibungen zwischen Eltern und Lehrern divergierten. Wenn die Partner systematisch unterschiedliche Erklärungen für problematische Sachverhalte annehmen, wird man sich auch in der Einschätzung von wünschenswerten Maßnahmen unterscheiden. Während manche Lehrer den Einfluß des Elternhauses für schlechte Schulleistungen verantwortlich machen und diesen als nicht beeinflußbar ansehen, meinen Eltern, bei rechtzeitiger Fühlungnahme und geeigneter Anleitung durch Lehrer sehr wohl die Leistungen ihres Kindes verbessern zu können. Diese Interpretation wird durch Befunde gestützt, die zeigen, daß Eltern die Qualität von Lehrern unter anderem danach bemessen, wie sehr sie die Eltern einbeziehen. Epstein (1985) ließ 77 Grundschullehrer von ihren Rektoren nach vier als wesentlich betrachteten Unterrichtskriterien beurteilen: Unterrichtsqualität, Beherrschen des Wissensstoffs, Disziplin und Kreativität. Die Eltern von 1051 Schülern dieser Lehrer wurden gebeten, dieselben Lehrer auf einer Skala nach ihrer Qualität im Vergleich zu anderen Lehrern zu beurteilen. Rektoren- und Elternurteile korrelierten mit $r = 0.27$ signifikant aber mäßig. Schulleiter legten bei ihrer Beurteilung großen Wert darauf, inwieweit sich die Lehrer durch Mehrarbeit und Übernahme von Pflichten von anderen Lehrern abhoben. Eltern achteten dagegen darauf, inwieweit sie von den Lehrern in die Lernarbeit einbezogen und angesprochen wurden, Anregungen erhielten und um Mitarbeit gebeten wurden.

Um solche Perspektivendivergenzen zu vermindern, wäre es wohl erforderlich, die unterschiedlichen Attributionsmuster zu verändern. Dies wiederum kann nur durch intensivierten Kontakt erfolgen. Macbeth (1984) schlägt vor, zur Stärkung der Partnerschaft mehr die Pflichten der beteiligten Eltern und Lehrer herauszustellen, als deren Rechte. Es solle weder den Eltern noch den Lehrern freigestellt sein, , sich an die Schule zu wenden bzw. die schulischen Probleme eines Kindes mit den Eltern zu erörtern. Es wäre besser, in diesem Zusammenhang von Pflichten zu sprechen. Der Zwang zur Kommunikation könnte dazu beitragen, daß Fehlerwartungen korrigiert und ein besseres Verständnis der gegenseitigen Haltungen erreicht würden. Damit wäre dem gemeinsamen Anliegen besser gedient, die Entwicklungen der Kinder zu fördern.

Das geringe Engagement der Lehrer kann außerdem auf folgende institutionelle Faktoren zurückgeführt werden: im deutschen Sprachraum ist die Schule eine Einrichtung des Staates, in den USA war die Schule auf Forderung der Eltern entstanden; das deutsche Schulwesen ist zentralistisch verwaltet; die Lehrer sind Staatsbeamte auf Lebenszeit; der Halbtags- und damit reine Lerncharakter der Schule verhindert, daß die Beteiligten sie als Lebensraum betrachten. Dadurch entsteht als wesentliches Merkmal der Beziehung ein Machtgefälle zwischen Lehrern und Eltern (Ulich, 1989). Dazu kommt die stärkere Gliederung des deutschen Schulsystems. Eine einmal getroffene Zuordnung (vor allem zum Gymnasium) gibt Eltern und Kindern eine gewisse Sicherheit über den weiteren Schulverlauf. Daß das Ausmaß und die Art der Elternpartizipation wesentlich vom institutionellen Umfeld abhängen, darauf haben Baker und Stevenson (1989) in einem Vergleich zwischen USA, Deutschland und Japan hingewiesen. So ist in Japan das Bemühen der Eltern von Sekundarstufenschülern vor allem darauf gerichtet, ihre Kinder auf Schulprüfungen vorzubereiten. Dies begründen die Autoren damit, daß in Japan die Aufnahme in die meisten Universitäten beinahe ausschliesslich von den Leistungen in Eingangstests abhängig ist. Der Zugang in anerkannte berufliche Positionen ist seinerseits abhängig von einem Abschluß an bestimmten Universitäten. So stellt die Aufnahme in Prestige-Universitäten einen Schlüssel für den späteren Lebenserfolg dar. Das Einheitssystem der amerikanischen High-School sowie der dort vorherrschende Wettbewerb mit Noten und Tests veranlaßt viele Eltern, sich permanent um den Leistungsstand ihrer Kinder zu kümmern.

Zusammenfassung: Das Verhältnis zwischen Lehrern und Eltern muß als alles andere als befriedigend und für den Schüler fruchtbar bezeichnet werden. Es ist gespannt und eher als ein Nicht-Verhältnis zu sehen. Es ist bestimmt von Vorbehalten und Berührungsängsten, von unterschiedlichen Auffassungen über die Rolle des Lehrers und vor allem von divergierenden Ursachenzuschreibungen für Schulleistungen. Lehrer sehen im Elternhaus eine unveränderbare Einflußgröße für die schulischen Leistungen. Eltern dagegen möchten von den Lehrern Anregungen dafür erhalten, was sie zur Verbesserung der Leistungen beitragen können.

Die mangelhafte Zusammenarbeit ist auch in strukturellen Eigenschaften unseres Schulsystems begründet.

8.5 Eltern von Schülern

Nach den Ausführungen in den letzten beiden Abschnitten ist zu erwarten, daß die intrafamiliale Beziehung zwischen Eltern und ihren schulpflichtigen Kindern erheblich durch die eingegangenen Außenbeziehungen beeinflußt wird. Die Bildungsaspirationen von Eltern sind gestiegen. Sie möchten den Kindern einen Statusaufstieg oder -erhalt sichern. Die Hausaufgaben sind der sichtbarste Einbruch schulischer Forderungen in den häuslichen Bereich. Und das Umgehen mit Leistungserwartungen der Eltern äußert sich vornehmlich darin, wie sie auf erzielte Schulnoten reagieren.

8.5.1 Hausaufgaben

Wohl einer der wichtigsten Bereiche im schulbezogenen Miteinander zwischen Eltern und Kindern ist der Umgang mit Hausaufgaben. Hausaufgaben markieren die Erwartung der Schule, einen Teil ihrer Verantwortlichkeit in die Familie zu delegieren. Eltern weigern sich selten, dies zu akzeptieren. Jedes Schulsystem verlangt Eigenarbeit der Schüler außerhalb der regulären Unterrichtsstunden. In einer Schulstruktur, die ihre Verantwortung auf einen halben Tag beschränkt, wollen sich Eltern der Verantwortung für die nachmittägliche Arbeit schwerlich entziehen.

> *In mehreren Untersuchungen wird deutlich, daß die Eltern weder am Sinn von Hausaufgaben, noch an ihren konkreten Formen zweifeln. Von mehr als 90% der Eltern wird der positive Wert von Hausaufgaben bejaht, und den Lehrern wird gemeinhin die Kompetenz einer sinnvollen Hausaufgabengestaltung zugebilligt. Schwierigkeiten, mit den Hausaufgaben zurechtzukommen, werden von den Eltern vor allem an der fehlenden Leistungsstärke der Kinder, zum Teil auch an ihrer eigenen Begrenzung zur Mithilfe festgemacht.*
> **(Pettinger, 1988, S. 308)**

Eltern halten Hausaufgaben also meist für notwendig und nützlich, manchmal als zuviel und zu schwer, manchmal als zu wenig und zu leicht.

Hausaufgaben stellen vor allem in den ersten Schuljahren einen Kristallisationspunkt des Eindringens des Systems Schule in die familiale Situation dar. Das Kind ist Familienmitglied und Schüler zugleich. Die Eltern begegnen ihrem Kind in dessen Rolle als Schüler, der den Anforderungen, die von außen kommen, gerecht zu werden versucht. Zugleich richten sie an das Kind Bildungserwartungen und nehmen über die Hausaufgaben Einblick, inwieweit der Schüler und die Schule diesen Erwartungen entsprechen. Was sich an diesem Systemschnittpunkt abspielt, ist in einigen Befragungen untersucht worden (Ditton, 1987; Tietze et al., 1987). Im Durchschnitt nehmen Hausaufgaben in der zweiten Klasse 47 Minuten täglich, in der vierten Klasse 56 Minuten in Anspruch. Hausaufgaben werden kaum ohne fremde Hilfe erledigt. Den Zweitklässlern wird im Durchschnitt 24 Minuten, den Viertklässlern 19 Minuten geholfen. Meistens hilft die Mutter. Väter ziehen sich weitgehend aus dem Hausaufgabengeschäft zurück. Nur in 6% der Fälle helfen sie oft oder sehr oft. Fast alle Eltern helfen dem Kind, wenn es nicht weiterkommt. Viele erklären, wie die Hausaufgaben zu lösen sind, und üben auch noch zusätzlich. Bereits in der ersten Schulklasse übten 80% der Mütter in der Befragung von Paetzold (1988) mit ihren Kindern über die Hausaufgaben hinaus zusätzlich, um die Leistung zu stabilisieren. Vor allem in den Anfangsklassen kommt zur Hilfe noch die Überprüfung der Hausaufgaben auf Richtigkeit und Sorgfalt hinzu. Doch berichten Oswald et al. (1988), daß noch 53% der Eltern von 15jährigen angaben, ihren Kindern bei Hausaufgaben zu helfen, und daß 46% sagten, sie würden die Kinder oft nach den Hausaufgaben befragen. Die Mithilfe kann Prozeßcharakter (inhaltliche Hilfestellungen bei ihrer Anfertigung) oder Produktcharakter (formale Kontrolle, daß die Hausaufgaben gemacht wurden) besitzen. Prozeßorientierte Hilfen scheinen mit eher günstiger, produktorientierte mit eher ungünstiger Leistungsentwicklung einherzugehen (Helmke et al., 1991). Die Mithilfe variiert nach der besuchten Schulart und der sozialen Herkunft der Eltern. Der Umfang, die Art der Hilfe sowie die Häufigkeit der Überprüfung hängen in der Grundschule mit dem Leistungsstand des Kindes zusammen. Berufstätige Mütter unterschieden sich nicht von Hausfrauen im Umfang ihrer Hausaufgabenhilfe.

Man kann vermuten, daß das hohe elterliche Engagement eine erhebliche Belastung für beide darstellt. In der Befragung von Paetzold (1988) an Müttern von Erstklässlern spielten Hausaufgaben die wichtigste Rolle als schulische Situationen, die Ärger bereiten (z.B. keine Lust, vergessen, zu lange Zeit benötigen). Es überwiegen dabei emotionale Reaktionen der Mütter, vor allem im verbalen Bereich (Schimpfen, Schreien, Ermahnen, Verbieten). Die Identifikation mit dem Schulsystem und der Wunsch nach sozialem Aufstieg des Kindes hatten eine positive Wirkung auf die Hausaufgabenhilfe: Je stärker beides bei den Eltern ausgeprägt war, desto weniger fühlten sie sich durch die ihnen abverlangte Mithilfe belastet.

Eine Feinanalyse von Verhaltensweisen bei der Hausaufgabenbetreuung haben Hock und Krohne (1989) vorgelegt. Sie beobachteten 69 Mütter mit ihren 8 bis 14jährigen Kindern während einer 25minütigen Interaktionssituation. Im Labor erledigten Kinder im Beisein ihrer Mütter mitgebrachte Hausaufgaben. Besonders häufig wurde als mütterliches Verhalten Anweisen, positive und negative Leistungsrückmeldung sowie Antreiben beobachtet. Relativ selten kamen Helfen, Ignorieren und Tadeln vor. Trotz der Einwendungen, die gegen diese künstliche Situation vorgebracht werden können, ermöglicht die Untersuchung einen Einblick in die Einseitigkeit der Interaktion.

Zusammenfassung: Die Erledigung von Hausaufgaben stellt ein zentrales Thema schulisch bezogener Interaktion zwischen Eltern und Kindern dar. Es nimmt insbesondere in den ersten Schuljahren nicht unbeträchtliche Zeit in Anspruch. Für beide Seiten kann es Belastungen mit sich bringen und führt zu einseitigen Eltern-Kind-Interaktionen.

8.5.2 Allgemeine akademische Strategien

Eltern nutzen organisatorische Möglichkeiten, um die Schulkarriere ihres Kindes zu managen: sie überwachen nicht nur Hausaufgaben, sie informieren sich über die Notenentwicklung, sorgen für Nachhilfeunterricht (31% der von Oswald et al., 1988, befragten Eltern von Berliner Jugendlichen), wirken auf Freundeswechsel ein, schränken Hobbys ein, nehmen auf Fernsehen und Gestaltung der Freizeit Einfluß und verteilen materielle Sanktionen in Abhängigkeit von der Notenqualität (Baker & Stevenson, 1986). Eine weitere Methode besteht darin, in Diskussionen mit den Kindern die akademischen Anforderungen einer weiterführenden Schule und die Bedeutung der Schulleistungen für spätere Berufs- und Lebensziele herauszustellen.

Daß Kinder schulische Erfolge oder Mißerfolge nach Hause bringen, stellt einen zweiten kontinuierlichen Kristallisationspunkt für schulisch bezogene Eltern-Kind-Interaktionen dar. Darin vermitteln Eltern ihren Kindern ihre Leistungserwartungen. Hohe Leistungserwartungen scheinen duchaus förderlich auf die Leistungsentwicklung der Kinder zu sein (Helmke et al., 1991). Im ersten und zweiten Schuljahr reagieren Mütter nach der Untersuchung von Paetzold (1988) vor allem mit Freude und Stolz auf die schulischen Leistungen ihrer Kinder. Auffallend ist, daß auf andere positive Merkmale - etwa gestiegenes Selbstbewußtsein oder soziale Fertigkeiten - nicht so freudig reagiert wird. Auf entsprechend wenig freudige Reaktionen müssen sich Kinder gefaßt machen, deren Schulleistungen nur mäßig sind.

Stöckli (1988) hat sich in einer experimentellen Studie mit der Frage befaßt, welche Attributionsmuster Eltern angesichts eines Mißerfolgs ihres Kindes in Deutsch und Mathematik aktivieren. Etwa die Hälfte aller Erklärungen gingen in Richtung "Anstrengungsmangel", bei Vätern stärker noch als bei Müttern. Eltern sahen offenbar neben anderem (vgl. Abschnitt 8.4.3) die Verantwortlichkeit für negative Leistungsresultate vorwiegend beim geringen Einsatz des Kindes. An zweiter Stelle kam die "Aufgabenschwierigkeit", sodann "Pech" und an letzter Stelle "Begabungsmangel". Eine externalisierende Attribuution trat nicht auf, auch nicht bei anderem als leistungsbezogenem Verhalten (Guttmann, 1982). Krumm (1988a) befragte Studenten nach der Reaktion ihrer Eltern auf die Nachricht einer schlechten Note in einer Klassenarbeit. Die häufigste Reaktion war Trost oder Mitleid. Offensichtlich betrachteten diese Eltern Noten als schicksalhafte Ereignisse. Häufige Reaktionen waren auch negatives (Schimpfen, Enttäuschung, Betroffenheit) und positives Motivieren (Mutmachen, Anspornen). Diese deuten darauf hin, daß das Kind für die Note verantwortlich gemacht und geglaubt wird, es habe zu wenig gelernt.

Um die Verbreitung negativer Elternreaktionen abzuschätzen, muß die Frage gestellt werden, wie häufig schulische Ergebnisse als Mißerfolge gewertet werden. In der Untersuchung von Ditton (1987) äußerte sich ein beträchtlicher Anteil der Eltern von Viertklässlern über die Noten ihrer Kinder unzufrieden bis sehr unzufrieden (ca. 20%). Auch Hurrelmann et al. (1988b) diagnostizierten hochgesteckte Pläne der Eltern. Sie untersuchten in einer repräsentativen Erhebung 1700 Jugendliche aus Realschulen und Gymnasien. 54% der befragten Personen berichteten über eine Beeinträchtigung der sozialen Beziehungen zu ihren Eltern durch schlechte schulische Leistungen. Sie würden zu Auseinandersetzungen und Konflikten mit Vater oder Mutter führen. Bei einem nicht unerheblichen Teil der Schüler lagen die schulischen Leistungen unter den Elternerwartungen. Entsprechend nervös reagierten die Eltern auf alle Anzeichen von Schulversagen (Versetzungsgefahr, Klassenwiederholung, Wechsel der Schulform, schlechte Noten und Zeugnisse). "Bei Nichterfüllen der schulischen oder elterlichen Leistungsanforderungen (treten) Konflikte über schulische Belange im Elternhaus ein ($r = 0.34$)" (S. 37). In weiteren Analysen konnten Hurrelmann et al. (1988a, 1988b) Zusammenhänge zwischen Schulproblemen, sozialen Konflikten mit Eltern und psychosomatischen Störungen im vegetativen und physiologischen Bereich bei Jugendlichen feststellen.

Die Ursachenzuschreibungen, die in den Reaktionen der Eltern zum Ausdruck kommen, haben vermutlich einen wesentlichen Einfluß darauf, wie Kinder mit den schulischen Mißerfolgen umgehen. Jedenfalls zu Beginn der Schulzeit machen Eltern Lehrer oder andere externe Faktoren kaum für Mißerfolge ihrer Kinder verantwortlich. Das kann Schüler zu mehr Selbstverantwortlichkeit anspornen. Es kann aber auch zu Anstrengungsverzicht führen. Eltern attribuieren Mißerfolge ebenso wie Lehrer auf Kinder. Das kann den Blick auf die Möglichkeiten versperren, die für das Kind durch eine Zusammenarbeit zwischen Eltern und Lehrer entstehen könnten. Eine weitere Ursache für Konflikte sieht Hurrelmann in verunsicherten Statuserwartungen der Jugendlichen selbst. Sie wissen nicht, ob sie ihre schulischen und beruflichen Ziele auch wirklich erreichen können.

Zusammenfassung: Eltern wenden eine Reihe direkter und indirekter Maßnahmen an, um die schulische Karriere ihres Kindes zu managen. Sie scheinen im Mittel Erwartungen zu haben, die über den Leistungen liegen. Anläßlich von Noten kommt es häufig zu Konfikten. Aus der Sicht der Eltern ist meist der Schüler für erwartungswidrig schlechte Leistungen verantwortlich. Es wurden Zusammenhänge zwischen Schulproblemen und gesundheitlichen Störungen ermittelt.

9. DIE FAMILIE MIT JUGENDLICHEN. EIN ÜBERGANG FÜR ELTERN UND KINDER
Birgit Pikowsky und Manfred Hofer

Die Jugendzeit ist in den letzten Jahrzehnten deutlich länger geworden (vgl. Kap. 2, 3, 10). Dafür werden hauptsächlich zwei Ursachen angeführt: (a) Die Pubertät, der auffälligste und wichtigste Indikator für den Beginn der Jugendzeit, setzt zunehmend früher ein (säkulare Akzeleration). (b) Die verlängerten Ausbildungs- und Trainingszeiten für die berufliche Vorbereitung führen zu einer zunehmend späteren materiellen Unabhängigkeit eines Großteils der Jugendlichen.

Familien mit Jugendlichen unterscheiden sich in ihren Beziehungs- und Interaktionsmustern von Familien mit jüngeren Kindern, aber auch von Familien mit erwachsenen Kindern. Aus diesem Grund wird die Familie mit Jugendlichen häufig als Familie im Übergang beschrieben. Jugendliche treten in neue Lebenswelten ein, ohne die alten zu verlassen. Die vielfältigen körperlichen, kognitiven und sozialen Veränderungen auf seiten der Jugendlichen stellen erhöhte Anforderungen an die Anpassungsfähigkeit der Familie und ihrer Mitglieder. Dies zeigt sich in Beurteilungen der Funktionen und der Funktionsfähigkeit der Familie durch die Familienmitglieder. In der Untersuchung von Olson et al. (1989), die Familien in allen Familienentwicklungsstadien untersuchten, machten Familien mit jugendlichen Kindern die niedrigsten Angaben für Kohäsion und Anpassungsfähigkeit der Familie. Dieses Ergebnis galt unabhängig davon, ob die Angaben von den Eltern oder den Jugendlichen stammten (zum Ansatz von Olson vgl. Kap. 1.4.1).

Im ersten Abschnitt dieses Kapitels werden die Entwicklungsaufgaben von Familien mit Jugendlichen beschrieben. Der mittlere Teil behandelt die Qualität der Beziehungen zwischen den Familienmitgliedern, insbesondere die Ehepartnerbeziehung, die Beziehung zwischen Geschwistern sowie die Beziehung zwischen Eltern und ihren jugendlichen Kindern. Im letzten Abschnitt wird die familiale Kommunikation als ein Mechanismus, mit dessen Hilfe sich die Familie an verändernde Gegebenheiten anpaßt, besprochen. Es wird beschrieben, welche Art von Gesprächen, vor allem in Konfliktsituationen, zwischen Eltern und ihren Jugendlichen stattfinden, und welche Funktionen ihnen zugeschrieben werden können.

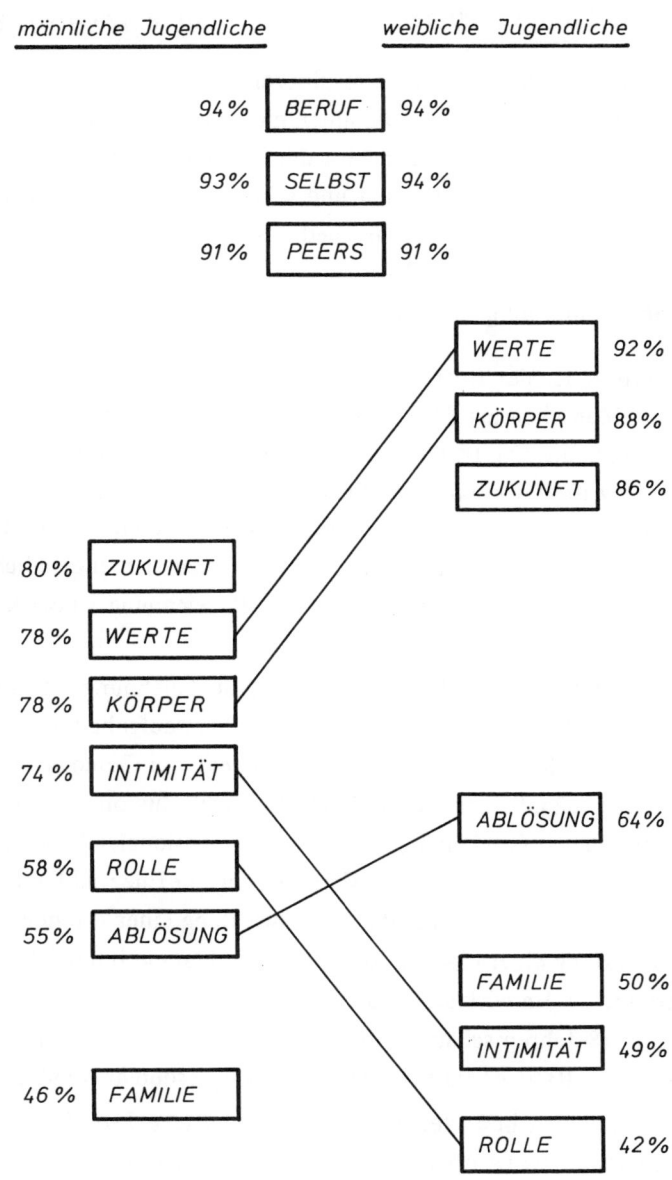

Abbildung 12: Einschätzung der Bedeutsamkeit von Entwicklungsaufgaben. Die Prozentzahlen geben an, wieviele der Jugendlichen die Antwortalternativen "sehr wichtig" oder "wichtig" angekreuzt haben. Die Linien zeigen signifikante Differenzen an (aus Dreher & Dreher, 1985a, S. 63).

9.1 Entwicklungsaufgaben von Familien mit Jugendlichen

Entwicklungsaufgaben von Familien resultieren aus dem Zusammenspiel der Entwicklungsaufgaben der einzelnen Familienmitglieder (vgl. Kap. 1.3). Aus diesem Grund werden an dieser Stelle zunächst die Entwicklungsaufgaben von Jugendlichen, dann die von Eltern behandelt und schließlich werden Entwicklungsaufgaben, die für Familien mit Jugendlichen bedeutsam sein können, diskutiert.

9.1.1 Entwicklungsaufgaben im Jugendalter

William Stern, einer der Begründer der modernen Entwicklungspsychologie, bezeichnet den Menschen als Produkt seiner Vergangenheit und als Vollzieher seiner eigenen Zukunft. Die Idee der Selbstregulation ist in der neueren Psychologie vielfältig aufgegriffen worden, insbesondere zur Beschreibung der Auseinandersetzung Jugendlicher mit normativen Anforderungen der Umwelt (vgl. Ewert, 1989). Eine Konkretisierung von Anforderungen, mit denen sich Jugendliche auseinanderzusetzen haben, hat Havighurst unter der Bezeichnung Entwicklungsaufgabe erarbeitet (vgl. Kap. 1.3).

Dreher und Dreher (1985a) untersuchten in Anlehnung an Havighurst die subjektive Bedeutsamkeit der folgenden Entwicklungsaufgaben für Jugendliche: 1. Neue und reife Beziehungen zu Altersgleichen beiderlei Geschlechts aufbauen; 2. Übernahme der männlichen bzw. weiblichen Geschlechtsrolle; 3. Akzeptieren der eigenen körperlichen Erscheinung; 4. Erreichen emotionaler Unabhängigkeit von Eltern und anderen Erwachsenen; 5. Vorbereitung auf Ehe und Familie; 6. Vorbereitung auf eine berufliche Laufbahn; 7. Entwicklung einer eigenen Weltanschauung; 8. Entwicklung einer eigenen Identität; 9. Aufnahme intimer Beziehungen zu einem Partner; 10. Entwicklung einer Zukunftsperspektive. 440 Jugendliche zwischen 15 und 18 Jahren schätzten die Wichtigkeit der Entwicklungsaufgaben auf einer vierstufigen Ratingskala ein. Die Ergebnisse werden in Abbildung 12 gezeigt.

Die Jugendlichen bewerteten *Vorbereitung auf eine berufliche Karriere, Über sich selbst im Bilde sein* (Aufbau einer eigener Identität) sowie den *Aufbau von Beziehungen zu Altersgleichen* als die für sie wichtigsten Entwicklungsaufgaben. Ergebnisse einer neuen, vom Jugendwerk der Deutschen Shell geförderten Studie an 13 bis 17jährigen Jugendlichen in beiden Landesteilen Deutschlands zeigen, daß die Jugendlichen in den neuen und alten Bundesländern gleiche Prioritäten für ihr Leben setzen: *Gute Freunde; Erfolg im Beruf; Eigene Familie; Unabhängigkeit* (Behnken et al., 1991). In einer kulturvergleichenden Untersuchung von Remmers (1962) traten bei der Einschätzung der subjektiven Bedeutsamkeit von

Entwicklungsaufgaben ebenfalls keine kulturspezifischen Unterschiede auf. 500 Jugendlichen in USA, Indien, Spanien, BRD und Puerto Rico wurde ein Problemfragebogen vorgelegt. Die Rangreihe der Probleme war in den verschiedenen Ländern sehr ähnlich. An erster Stelle standen schulische Probleme und Entscheidungen über die berufliche Zukunft. Unabhängig davon, ob nach der Wichtigkeit von Aufgaben, nach der Bedeutsamkeit von Lebensbereichen oder nach problematischen Bereichen gefragt wird, weisen in den untersuchten Kulturbereichen die Ergebnisse stets in die gleiche Richtung: Schule, Zukunft, Identität und Beziehung zu Gleichaltrigen sind von Jugendlichen als wichtig wahrgenommene Lebensbereiche. Auch zeigen neuere Studien, wie beispielsweise die von Silbereisen et al. (1989) über den Übergang von deutschen und türkischen West-Berliner Jugendlichen in die Erwachsenenphase, daß wohl die Schulbildung, weniger aber der kulturelle Kontext die den Entwicklungsaufgaben beigemessene Bedeutung beeinflußt.

Die Theorie von Havighurst legt die Erwartung nahe, daß die wahrgenommene Bedeutung der Aufgaben abhängig ist von dem Alter der Jugendlichen. In der Untersuchung von Dreher und Dreher (1985a) wurde eine Teilstichprobe von 150 männlichen Realschülern längsschnittlich im Jahresabstand zweimal untersucht. Bei der jüngeren Altersgruppe stieg die Bedeutsamkeit des *Aufbaus von Beziehungen zu Altersgleichen* signifikant an, ebenso die *Ablösung von den Eltern*, letzteres gilt auch für ältere Schüler. Zu beiden Erhebungszeitpunkten waren für die älteren Jugendlichen *Intimität*, *Ablösung* und *Partner/Familie* wichtiger als für die jüngeren. Zu unterschiedlichen Zeitpunkten stehen für Jugendliche also unterschiedliche Aufgaben im Zentrum des Interesses (vgl. unten die Fokaltheorie von Coleman).

In der Wahrnehmung der Entwicklungsaufgaben traten neben altersspezifischen auch geschlechtsspezifische Unterschiede auf. Mädchen schätzten den *Aufbau von eigenen Werten* als Leitfaden für das Verhalten, das *Akzeptieren der eigenen körperlichen Erscheinung* und die *Emotionale Unabhängigkeit von den Eltern* signifikant wichtiger ein als Jungen. Umgekehrt hielten Jungen die *Aufnahme intimer Beziehungen zu einem Partner* und die *Übernahme der Geschlechtsrolle* für wichtiger als Mädchen. In einer Untersuchung von Seginer (1988) an israelischen Jugendlichen kreisten die Zukunftsgedanken von Jungen stärker um die Bereiche Militärdienst, Beruf und Schule, jene der Mädchen stärker um Selbst und Familie.

Es bleibt festzuhalten, daß Jugendliche eine Reihe von Aufgaben als für die eigene Person subjektiv bedeutsam ansehen. Hieran anschließend stellt sich die Frage, wie sie mit diesen Aufgaben umgehen. Coleman (1974) nimmt an, daß Jugendliche sie nacheinander bearbeiten ("Fokaltheorie"). Zu unterschiedlichen Zeitpunkten stehen somit jeweils andere Aufgaben im Fokus des Interesses. Dies gewährleistet nach Coleman, daß Jugendliche die Vielzahl der Aufgaben, mit denen sie konfrontiert werden, erfolgreich bewältigen könnten. Seiffge-Krenke (1984) hat in einer Fragebogenuntersuchung 353 Jugendliche im Alter von 15 bis 19 Jahren gefragt, wie sie mit verschiedenen Problembereichen umgehen. In allen untersuchten drei Altersgruppen (15 bis 16 Jahre; 17 Jahre; 18 bis 19 Jahre) nannten Jugendliche als vorrangige Bewältigungsmechanismen am häufigsten aktives Verhalten wie *Diskutieren von Problemen mit anderen*, die *Suche von Hilfe* sowie das *kognitive Durchspielen verschiedener Lösungsmöglichkeiten*. Als potentielle Quellen sozialer Unterstützung werden in der Regel Eltern und Gleichaltrige genannt (Keats et al., 1983). Während die jüngeren Jugendlichen seltener angaben zu versuchen, ihre Probleme gemeinsam mit Freunden zu lösen, wurde das Gespräch mit Eltern oder anderen Erwachsenen von allen drei Altersgruppen als eine wichtige Quelle der Unterstützung wahrgenommen. Die Mehrheit der befragten Jugendlichen gab an, die an sie gestellten Anforderungen in der Regel aktiv und unter Rückgriff auf Unterstützung durch andere Personen zu bewältigen. Nur wenige, und zwar in der Regel die, die sich auch als stärker problembelastet wahrnahmen, gaben an, sich stärker zurückzuziehen und eine aktive Problembewältigung zu meiden (vgl. Seiffge-Krenke, 1984).

Auch Erikson (1974) beschreibt die Entwicklung der Persönlichkeit über die Lebensspanne als eine Auseinandersetzung mit lebensaltertypischen Krisensituationen, die sich aus dem Zusammenspiel innerer Reifungsprozesse und äußerer sozialer Anforderungen ergeben. Erikson sieht den Aufbau einer eigenen *Identität* als das Hauptmerkmal des Jugendalters an. Identitätsbildung wird zwar als lebenslange Entwicklung verstanden, im Jugendalter wird sie jedoch zentral. Die raschen körperlichen Veränderungen sowie veränderte Erwartungen der Umwelt bilden für Jugendliche einen wesentlichen Anstoß der Beschäftigung mit dem Selbst.

Der Identitätsbegriff von Erikson deckt sich teilweise mit dem, was verschiedene Autoren "Selbst" oder "Selbstkonzept" nennen (Deusinger, 1989). Das Selbstkonzept ist nach Filipp (1988) ein internes Selbstmodell eines Individuums. Der Begriff des Selbstkonzepts wird häufig untergliedert und auf verschiedene Bereiche bezogen. Offer (1984) erfaßt beispielsweise mit seinem Selbstbild-Fragebogen die Bereiche psychologisches, soziales, sexuelles und problembewältigendes Selbst. Der Fragebogen wurde über 20000 Jugendlichen im Alter von 13 bis 19 Jahren in den USA, Australien und Israel vorgelegt. Mädchen zeigen nach den Ergebnissen dieser Untersuchung eine größere Selbstunsicherheit und eine stärkere negative Stimmungslage als Jungen. Auch in der Untersuchung von Deusinger (1989) an 71 14jährigen, 275 16jährigen und 162 17jährigen Schülern trat dieser geschlechtsspezifische Unterschied in der *allgemeinen Selbstwertschätzung* für Jugendliche auf, jedoch nicht für Kinder im Alter von 6 bis 10 Jahren. Auch Lerner et al. (1980) fanden in einer kulturvergleichenden Untersuchung bei japanischen und amerikanischen Jugendlichen, daß weibliche Jugendliche in beiden Kulturen ein weniger positives Selbstkonzept aufwiesen als männliche Jugendliche.

In längsschnittlichen Untersuchungen zur Entwicklung des Selbstkonzeptes bzw. der Selbstwertschätzung wurde kein krisenhafter Abfall während des Jugendalters gefunden (vgl. Hörmann & Brunke, 1985; Dusek & Flaherty, 1981). Die intraindividuellen Veränderungen des Selbstkonzeptes im Verlauf des Jugendalters waren im Durchschnitt nicht allzu groß (vgl. Offer, 1984). Die Befunde sprechen eher für einen kontinuierlichen Verlauf, wobei mit zunehmenden Lebensalter eine Integration selbstbezogener Kognitionen und eine wachsende Selbstwertschätzung gewonnen werden. Je nach individueller Ausgangslage verläuft die Entwicklung des Selbstkonzeptes jedoch auf unterschiedlichem Niveau (vgl. Neubauer, 1989).

Im Mittel scheinen Jugendliche recht zuversichtlich zu sein, die an sie gestellten Anforderungen bewältigen zu können. Gleichwohl geben über verschiedene Studien hinweg 15 bis 25% der Jugendlichen Probleme unterschiedlichster Art an. Sie klagen über Kommunikationsschwierigkeiten, fühlen sich von ihrer Umwelt nicht verstanden bzw. geben an, mit ihren Eltern nicht zurechtzukommen (vgl. Offer, 1984).

Zusammenfassung: Es kann festgehalten werden, daß Jugendliche in der Regel die Bereiche Aufbau einer eigenen Identität, Entwicklung eigener Werte, Akzeptieren der körperlichen Erscheinung und Einstieg in das Berufsleben als ihre zentralen Aufgaben wahrnehmen. Die Gewichtung ist bei Jungen etwas anders als bei Mädchen. Auch verschiebt sie sich im Verlauf des Jugendalters. So gewinnt erst im späteren Jugendalter die Aufgabe des Ablösens von der Familie an Bedeutung. Nach Angaben der Jugendlichen stellen Gespräche mit anderen, insbesondere mit Eltern und Freunden, eine zentrale Form der Bewältigung von Entwicklungsaufgaben dar. Ein Hauptmerkmal des Jugendalters ist die intensive Beschäftigung mit der eigenen Identität.

9.1.2 Entwicklungsaufgaben im mittleren Lebensalter

In der entwicklungspsychologischen Literatur wird in der Regel etwa die Zeitspanne zwischen 40 und 60 Jahren als mittleres Erwachsenenalter bezeichnet (vgl. Filipp, 1987). Derartige Alterseinteilungen sind weitgehend willkürlich (vgl.

Kap. 10, 11). Bedingt durch das unterschiedliche Alter der Eltern bei der Geburt ihrer Kinder und der individuell stark variierenden Lebensumstände ist die Phase, in der sich Eltern von Jugendlichen befinden, nur unscharf einzugrenzen (Oswald, 1989).

Das mittlere Lebensalter wurde generell in der entwicklungspsychologischen Forschung nur wenig untersucht (Lehr, 1978). Dies liegt zum Teil an dem lange vorherrschenden engen Entwicklungsbegriff, wonach nur solche Veränderungen als Entwicklung zu kennzeichnen sind, die sequentiell, irreversibel, auf einen Endzustand gerichtet und weitgehend universell verlaufen. Erst mit einer Erweiterung des Entwicklungsbegriffes (vgl. Baltes, 1983) nahm das Interesse an intraindividuellen Veränderungen im Erwachsenenalter zu. An Erwachsene werden von der Umwelt andere Anforderungen gestellt als beispielsweise an Kinder und Jugendliche, es gibt jedoch im Vergleich zum Jugendalter nur wenig Literatur darüber, wie diese Anforderungen aussehen und auf welche Art sie bewältigt werden (vgl. Kap. 11).

Biologische Veränderungen spielen auch im mittleren Erwachsenenalter eine nicht unerhebliche Rolle (vgl. Goldhaber, 1986). Die körperliche Erscheinung erfährt eine Reihe von Veränderungen: beispielsweise verteilt sich das Gewicht anders auf den Körper, die Leistungsfähigkeit der Muskeln und Lungen geht zurück, die Wahrscheinlichkeit akuter und chronischer Krankheiten (Übergewicht, Bluthochdruck, Arthritis) steigt. Diese biologischen Veränderungen können Auswirkungen auf psychische Prozesse innerhalb einer Person und direkt oder indirekt auf die Beziehungen innerhalb der Familie haben. Jedoch wurden entgegen gängiger Erwartungen keine generellen negativen Beeinflussungen des Selbstbildes festgestellt (beispielsweise Lehr, 1978).

Nach Erikson (1974) ist das mittlere Lebensalter durch die Krise *"Generativität vs. Stagnation"* gekennzeichnet. Darunter versteht er den Umgang mit dem Wissen, daß Werte und Erkenntnisse an die nachfolgende Generation nur begrenzt weitergegeben werden können, und die Beschäftigung mit der Begrenztheit eigener Entwicklungsmöglichkeiten.

Eine weitere zentrale Aufgabe im mittleren Lebensalter ist es, den Kindern zur Selbständigkeit, Eigenständigkeit und Unabhängigkeit vom Elternhaus zu verhelfen, und dabei eine angemessene und positive Beziehung zu den Kindern aufrechtzuerhalten (vgl. Kap. 10). Einen Einfluß auf die Ablösung der Eltern von ihren Kindern scheint auf seiten der Mutter ihre Berufstätigkeit zu haben (zu weiteren Faktoren siehe Kap. 10.3.2). In der Bundesrepublik Deutschland stieg die Erwerbstätigkeitsquote von Müttern mit einem Kind im Alter zwischen 6 und 15 Jahren von 1968 von 33% auf 46% im Jahr 1987 (Statistisches Bundesamt, 1968, 1987). Berufstätigen Müttern scheint es ebenso wie berufstätigen Vätern leichter zu fallen, mit der Situation zunehmender Unabhängigkeit der Kinder umzugehen. Berufstätige Frauen beschreiben sich selbst als zufriedener mit ihrem Leben als nicht-berufstätige Frauen mit jugendlichen Kindern (Berger-Schmitt, 1985).

Weitere von Havighurst diskutierte Entwicklungsaufgaben für das mittlere Lebensalter sind:
- das Erreichen und Erhalten einer befriedigenden Position innerhalb der beruflichen Karriere, hierunter fallen auch der berufliche Wiedereinstieg von Frauen mit jugendlichen Kindern sowie Fort- und Ausbildungsmaßnahmen;
- die Übernahme von Verantwortung in einem größeren sozialen Rahmen außerhalb der Familie;
- die Festigung der Beziehung zum Partner (von der Eltern-Rolle bzw. der Berufs-Rolle wieder verstärkt die Partner-Rolle zu übernehmen) (vgl. Kap. 10).

Zusammenfassung: Als Entwicklungsaufgaben im mittleren Erwachsenenalter sind vor allem die Verarbeitung der Erkenntnis, daß die eigenen Entwicklungsmöglichkeiten begrenzt sind und die Ausbalancierung von Kontrolle und Selbstbestimmung für die jugendlichen Kinder zu nennen. Die Bewältigung dieser Aufgaben scheint abhängig von personbezogenen Merkmalen wie der Berufstätigkeit zu sein.

9.1.3 Entwicklungsaufgaben der Familie

Die soziale Umwelt Familie ist in mehrfacher Hinsicht von individuellen Entwicklungsaufgaben betroffen, sowohl bei der Definition einer Aufgabe, als auch bei deren Bewältigung. Die folgende Aufzählung von Familienentwicklungsaufgaben (vgl. Kap. 1.3) folgt den Überlegungen von Duvall und Miller (1985) und Kreppner (1989a).

Das zunehmende Streben der jugendlichen Kinder nach Autonomie und die zunehmende Orientierung an Freunden und Gleichaltrigen erfordern eine Neuorganisation der Beziehungen innerhalb der Familie (vgl. Kreppner, 1989a). In dieser Phase der Familienentwicklung verlieren die Eltern ihre alte Funktion als Versorger und durchlaufen selbst große Veränderungen, die schließlich in der Situation der Familie als "leeres Nest" münden können (vgl. Kap. 10).

Freiheit und Verantwortlichkeit der Familienmitglieder, vor allem für die jugendlichen Kinder, werden neu ausbalanciert. Nach telefonischen Auskünften von Jugendlichen (Montemayor & Brownlee, 1987) zu urteilen, verbringen 12jährige im Mittel 54% ihrer freien Zeit mit einem oder beiden Elternteilen. Bei 16jährigen sind es nur noch 31%. Eltern sind von den Bestrebungen der Jugendlichen nach Autonomie unmittelbar betroffen. Sie müssen sich mit dem Anspruch auf zusätzliche Freiheiten auseinandersetzen und auch ihre eigene "gewonnene" Freiheit und Freizeit neu einteilen und strukturieren. Wie eine Untersuchung von Youniss et al. (i.Dr.) zeigt, geben Eltern älterer Jugendlicher weit häufiger als Eltern jüngerer Jugendlicher an, auf problematische Verhaltensweisen (beispielsweise Alkoholkonsum oder Absinken der Schulleistungen) nicht mit direktivem Verhalten (beispielsweise Verbote, Kontrolle, Überwachung) zu reagieren. In der Fragebogenuntersuchung von Dornbusch et al. (1991) änderte sich die Art der Entscheidungsfindung in der Familie mit Jugendlichen zwischen 13 und 17 Jahren erheblich. Jugendliche können zunehmend mehr Entscheidungen selbst treffen. Smetana (1988) fand, daß Eltern und auch Jugendliche ihre Vorstellungen darüber, wer für Normübertretungen der Kinder verantwortlich ist, mit dem Alter der Kinder verändern (vgl. Kasten 9).

Die zunehmenden Freiheiten der einzelnen Familienmitglieder und die Orientierung an Personen außerhalb der Familie können die emotionalen Beziehungen innerhalb der Familie auf die Probe stellen. Diesen zentrifugalen (nach außen strebenden) Bestrebungen sind zentripetale (zusammenhaltende) Bestrebungen entgegenzusetzen, soll die Familie als soziale und emotionale Einheit gewahrt werden. Diese Bestrebungen können sich in organisatorischen Handlungen zeigen, etwa in gemeinsamen Freizeitaktivitäten oder regelmäßigen gemeinsamen Mahlzeiten. Sind diese Bestrebungen erfolgreich, so entwickelt sich eine neue Form des gegenseitigen Vertrauens und der Beziehung zueinander, so daß Eltern ebenso Ansprechpartner für emotionale Anliegen der Kinder sind wie umgekehrt Kinder auch für Eltern zu gleichwertigen und vollwertigen Ansprechpartnern werden (vgl. Kap. 10). Bleiben solche Bewältigungsmechanismen aus, kann es zu einem Verlust der familialen Stützungsfunktion kommen.

Zusammenfassung: Die Familie mit Jugendlichen hat eine Reihe von Regulationen zu leisten. Das Ausbalancieren von mehr Freiheiten und Verantwortlichkeiten für jugendliche Kinder stellt neben der Aufrechterhaltung der familialen Stützungsfunktion eine zentrale Entwicklungsaufgabe von Familien mit Jugendlichen dar.

> **Kasten 9:** Wie Familien mit Jugendlichen unterschiedlichen Alters elterliche Autorität einschätzen.
>
> *Smetana (1988) untersuchte, inwieweit sich die Auffassungen über die Legitimität elterlicher Autorität bei Jugendlichen und Eltern im Verlauf des Jugendalters wandeln. Sie gab vier Gruppen von Jugendlichen im Alter von 11, 13, 15 und 17 Jahren und ihren Eltern 15 Situationen mit je einer Normübertretung durch Jugendliche vor. Die Transgressionen entstammten vier Normbereichen, dem moralischen (z.B. den Eltern Geld stehlen), dem konventionellen (z.B. nach einer Party nicht aufräumen), dem personalen (z.B. am Wochenende lange ausschlafen) sowie einem Bereich, der sowohl konventionell als auch personal interpretiert werden konnte (z.B. sich "punky" kleiden). Die Befragten hatten jeweils anzugeben, (a) ob sie es in Ordnung finden, daß die Eltern Regeln aufstellen oder nicht (Legitimität elterlicher Autorität), (b) warum die Handlung in Ordnung ist bzw. warum nicht (Rechtfertigung), und (c) ob die Handlung lediglich eine Angelegenheit des Individuums ist oder nicht (Handlung untersteht der Jurisdiktion der Person bzw. der Eltern).*
>
> *Weder Eltern noch Jugendliche waren durchweg der Meinung, daß die elterliche Autorität in jederlei Hinsicht gleichermaßen abnehmen solle. Moralische und konventionelle Normen wurden insgesamt als stärker der elterlichen Autorität unterworfen angesehen als personale und gemischte. Familien mit älteren Jugendlichen waren im Unterschied zu Familien mit jüngeren Jugendlichen eher der Meinung, daß Verhalten in bezug auf personale und gemischte Normen eine Angelegenheit des Individuums sei. Bei Verhalten in bezug auf personale und gemischte Normen waren Jugendliche ausgeprägter als Väter und insbesondere als Mütter der Meinung, dies sei nicht Angelegenheit von Eltern.*

9.2 Die Beziehungen in der Familie

9.2.1 Die Partnerbeziehung

Eltern von Kindern im Jugendalter blicken in der Regel auf eine 15- bis 20jährige Beziehung zurück. Aus vielen Querschnittstudien geht hervor, daß sich die Ehequalität in den ersten zwanzig Ehejahren graduell verringert und anschließend wieder ansteigt (vgl. Eysenck & Wakefield, 1981; Rollins & Feldman, 1970). Aus diesen Zahlen läßt sich unter Vorbehalt schließen, daß Ehepaare mit jugendlichen Kindern durch die niedrigste Ehequalität gekennzeichnet sind (vgl. Kap. 1.4.1; Kap. 10.3.3). Schram (1979) kritisierte den beschriebenen U-förmigen Verlauf als

Scheinkorrelation, da in der Mehrzahl der Studien nicht berücksichtigt werde, daß sich unzufriedene Paare trennen, und dann nur die ehezufriedenen übrig blieben. Die Vermutung liegt nahe, daß sich diese vermutete niedrige Ehequalität in einer erhöhten Anzahl von Ehescheidungen in diesem Alter zeigt. Bezüglich der Ehescheidungen zeigt sich jedoch: In der Bundesrepublik ist für die 60er und 70er Jahre das Ehejahr mit der höchsten Zahl von Scheidungen konstant das 4. bis 5. Ehejahr (vgl. Höhn, 1980). Die niedrige Ehezufriedenheit für die Familie mit jugendlichen Kindern (vgl. Burns, 1984) spiegelt sich somit nicht in der Scheidungshäufigkeit (vgl. Kap. 13).

Eine Reihe von Studien (beispielsweise Elder et al., 1986) zeigt, daß Konflikte in der Ehe (z. B. über nicht-konsistente Erziehungstechniken) mit erhöhtem konflikthaftem Verhalten von Kindern und Jugendlichen gekoppelt ist. Patterson (1982) erklärt dieses Ergebnis aus der Sicht der sozialen Lerntheorie: Eltern, die Eheprobleme haben, sind stark mit eigenen Problemen beschäftigt und schenken dem Kind weniger konsistent Aufmerksamkeit (vgl. auch Fauber et al., 1990), was zu konflikthaftem Verhalten der Kinder führen kann. Dies gelte auch für das Jugendalter. Dabei ist die Einflußrichtung nicht geklärt: niedrige Ehezufriedenheit kann einen Einfluß auf die Eltern-Kind-Beziehung, oder umgekehrt die erhöhten Konflikte mit dem jugendlichen Kind einen Einfluß auf die Ehebeziehung haben. Am wahrscheinlichsten erscheint eine wechselseitige Beeinflussung.

9.2.2 Die Geschwisterbeziehung

In dem Maß, in dem in der Familienpsychologie die Betrachtung der Familie als System an Bedeutung gewonnen hat, werden neben der Mutter-Kind-Dyade zunehmend auch andere Beziehungskonstellationen untersucht, darunter auch die Beziehung zwischen Geschwistern. Geschwister sind ein Bestandteil der sozialen Welt vieler Kinder. Mehr als die Hälfte der Kinder wachsen mit mindestens einem Geschwister auf (vgl. Höhn, 1989). Dichte und Dauer der Interaktion machen Geschwister zu einem wichtigen Potential der gegenseitigen Einflußnahme in jeder Entwicklungsphase (vgl. Kap. 7).

Teilweise enthalten Geschwisterbeziehungen asymmetrische Anteile, ähnlich der Eltern-Kind-Beziehung. Ältere Geschwister können als Modelle dienen sowie emotionale Unterstützung und Hilfe geben (vgl. Lamb & Sutton-Smith, 1982; Watson-Gegeo & Gegeo, 1989). Gleichzeitig enthalten Geschwisterbeziehungen auch symmetrische Aspekte von Gegenseitigkeit und Gleichheit, durch die Freundschaftsbeziehungen gekennzeichnet sind (Dunn, 1983).

Nach bisherigen Befunden geht im Verlauf der mittleren Kindheit (etwa zwischen 8 und 12 Jahren) das Interesse an Geschwistern im Vergleich zur frühen Kindheit zurück. Das scheint sich im Jugendalter wieder zu ändern. In der Jugendzeit wird die Beziehung zu Geschwistern als emotional besonders hilfreich wahrgenommen (Cicirelli, 1980). In soziometrischen Studien zeigte sich, daß Jugendliche in der Regel ihren Geschwistern eine positive Rolle für ihr Leben zuschreiben. Sie sehen in ihnen eine wichtige Quelle für Zuneigung und Hilfe (Valiant, 1983). Nach einer Studie von Kagan (1971) sind die wichtigsten Bezugspersonen von Jugendlichen vor allem Eltern, Geschwister und Freunde (vgl. auch Keats et al., 1983). In einer vergleichbaren Untersuchung von Blyth et al. (1982) gaben 92% der Jugendlichen mit Geschwistern diese als wichtige Bezugsperson an. Jugendliche Geschwister berichten über Trost, Zuneigung und gegenseitige Hilfeleistungen, aber auch über Streit, Rivalität und Feindseligkeit (vgl. Brody et al., 1982; Dunn, 1984; Montemayor & Hanson, 1985). Die Beziehung zwischen Geschwistern verändert sich ebenso wie die Eltern-Kindbeziehung im Laufe des Jugendalters (vgl. die Untersuchung von O'Brien, 1987, vgl. Kasten 10)

Kasten 10: Die Beziehungen Jugendlicher unterschiedlichen Alters zu Geschwistern und Eltern.

O'Brien (1987) prüfte in einer querschnittlichen Fragebogenuntersuchung wie sich Verbundenheit und Distanz zu Eltern und Geschwistern im Jugendalter verändern. An der Untersuchung nahmen 293 Jugendliche beiderlei Geschlechts aus den Altersgruppen 12 bis 16 und 18 bis 23 Jahren teil. Die Qualität der Beziehung zu einem Geschwister aus der Sicht der Jugendlichen wurde anhand faktorenanalytisch gewonner Fragebögen erfaßt und zwar mit den folgenden Skalen: (1) Verbundenheit (z.B. "Mein Geschwister und ich tauschen unsere Gedanken und Ideen aus"); (2) Distanzierung (z.B. "Ich neige dazu, die Dinge mit mir selbst auszumachen, anstatt mit meinem Geschwister").

Die Verbundenheit mit Geschwistern war fast gleich stark wie jene zu Eltern. Bei älteren Jugendlichen war sie signifikant stärker als bei jüngeren. Mädchen gaben eine stärkere Verbundenheit mit dem Geschwister an als Jungen. Bezüglich des Distanzierungskonstrukts ergaben sich keine signifikanten Altersunterschiede. Jungen zeigten insgesamt ein höheres Ausmaß an Distanzierung zu dem Geschwister als Mädchen. Je höher die Verbundenheit mit dem Geschwister, desto stärker wurde bei diesem auch Hilfe gesucht.

Geschwister können ebenso wie gleichaltrige Freunde durch unterschiedliche Formen der Hilfe (Trost, Vorschläge, Solidarität, Bestärkung, Kritik) bei der Entwicklung eines angemessenen Selbstkonzepts eine unterstützende Rolle spielen (vgl. Gottman & Parker, 1986). Und sie können sich gegenseitig bei der Ablösung von den Eltern (vgl. Schütze, 1989a) unterstützen. O'Brien (1987) nimmt an, daß Geschwister einen zwischen Jugendlichen und ihren Eltern vermittelnden Einfluß ausüben, indem Geschwister sich gegenseitig ermuntern, die eigene Sichtweise und jene der Eltern gleichzeitig zu berücksichtigen (vgl. Kasten 10).

9.2.3 Eltern und ihre jugendlichen Kinder

Ist der Generationenkonflikt unausweichlich? Einige soziologische Theorien gehen von einem unvermeidlichen Konflikt zwischen aufeinanderfolgenden Generationen aus (Mannheim, 1952). Untersuchungsergebnisse (beispielsweise Montemayor, 1986) bestätigen, daß (a) Konflikte zwischen Eltern und Jugendlichen zu Beginn der Adoleszenz zunehmen. Im Alter von ca. 16 Jahren ist der Höhepunkt erreicht, danach nimmt die Konflikthäufigkeit wieder ab. Es zeigt sich auch, daß (b) die Eltern als Vorbilder eine zunehmend geringere Rolle spielen, (c) Jugendliche sich von ihren Eltern mit zunehmendem Alter weniger verstanden fühlen, und (d) mit dem Leben in der elterlichen Familie unzufriedener werden. Diese Befunde wurden häufig als Belege für die These vom Generationenkonflikt interpretiert. Sie erhalten jedoch ein anderes Gewicht, werden weitere Fragebogenuntersuchungen und Meinungsumfragen berücksichtigt, die ein vorwiegend positives Elternbild Jugendlicher widerspiegeln. In einer Untersuchung von Oswald (1980) an 16- bis 18jährigen Gymnasiasten gaben die Jugendlichen in der Mehrzahl der Fälle an, eine enge emotionale Bindung an ihre Eltern zu haben und mit diesen viele Dinge gemeinsam zu besprechen und zu unternehmen.

Das Verhältnis zur Mutter wird insgesamt positiver eingeschätzt als jenes zum Vater (vgl. Allerbeck & Hoag, 1985; Lederer, 1983). Die Mutter ist für Jugendliche in der Mehrzahl der Fälle die bevorzugte Interaktionspartnerin, diejenige, die am meisten über das Leben der Kinder weiß (vgl. Youniss & Smollar, 1985). Sie ist auch die Person, die am ehesten, noch vor Freunden, um Rat gefragt wird (vgl. Peters, 1986). Lediglich in Bildungs- und Berufsfragen ist der Vater der hauptsächliche Ansprech- und Beratungspartner (vgl. auch Kandel & Lesser, 1972). Dies gilt auch für die neuen Bundesländer. Die Familie ist auch für Jugendliche im Osten Deutschlands die wichtigste psychosoziale Bezugsgruppe (Behnken et al., 1991), obwohl die Politik der DDR darauf angelegt war, den Einfluß der Familie auf die Entwicklung der Kinder zu vermindern.

Eltern und Kinder weisen in einer Reihe von Einstellungen eine große Übereinstimmung auf. Ähnlichkeiten bestehen in politischen und religiösen Einstellungen und Verhaltensweisen und im Bereich der Einstellungen zu Arbeit und Leistung (Jugendwerk der Deutschen Shell, 1985), wohingegen in Fragen des Lebensstils Unterschiede überwiegen. Hier überwiegen die Ähnlichkeiten mit der Gleichaltrigengruppe. Die Erklärungen für diese insgesamt hohen Übereinstimmungen ziehen den elterlichen Einfluß ebenso wie den Einfluß der Jugendlichen auf ihre Eltern in Betracht (Bengtson & Troll, 1978).

Die in diesem Abschnitt (und in Kasten 11) angeführten Befragungsergebnisse sollen nicht vermitteln, daß die Interaktionen zwischen Eltern und Jugendlichen konflikt- und reibungslos verlaufen. Die Zeit, die mit Freunden verbracht wird, macht den Jugendlichen mehr Spaß als die mit der Familie verbrachte Zeit (vgl. Larson, 1983). Auch berichteten über eine Vielzahl von Studien hinweg 15 bis 20% der Jugendlichen von gelegentlichen ernsten Meinungsverschiedenheiten mit ihren Eltern (vgl. Montemayor, 1983; Mullison, 1985).

Zusammenfassend gibt es jedoch für einen durchgängigen Generationenkonflikt keine Belege, selbst wenn die Beziehung zwischen Eltern und Jugendlichen eine andere Qualität als jene zwischen Freunden und auch eine andere Qualität als vor der Adoleszenz zu haben scheint.

Zur Kennzeichnung der Entwicklung der Beziehung zwischen Kindern und Eltern während der Jugendzeit werden je nach theoretischem Ansatz unterschiedliche Aspekte betont (genauer vgl. Kap. 10): Loslösung (Blos, 1979), Autonomie (Hill & Holmbeck, 1987) oder Individuation (Youniss & Smollar, 1985). Letzterer soll im folgenden genauer betrachtet werden.

Die Theorie der Individuation. Der Theorie der Individuation zufolge (vgl. Grotevant & Cooper, 1985; Hofer & Pikowsky, i.Dr.; Youniss & Smollar, 1985) durchlaufen Jugendliche in der Beziehung zu ihren Eltern einen Prozeß der Individuation, der zwei Aspekte miteinander verbindet: Abgrenzung und Verbundenheit. Ergebnis dieses Prozesses ist eine neue Form der Beziehung, in der nicht wie im Kindesalter Unilateralität und Komplementarität, sondern stärker Kameradschaftlichkeit und Gegenseitigkeit zum Ausdruck kommen.

Unter *Abgrenzung* wird die Suche von Jugendlichen nach einer eigenen von den Eltern getrennten Definition von sich selbst verstanden. Sie treten aus der unilateralen, durch Dominanz und Abhängigkeit geprägten Beziehung zu ihren Eltern heraus. Die Fähigkeit zum formalen Denken versetzt Jugendliche zunehmend in die Lage, Widersprüche und Unvereinbarkeiten im Denken ihrer Eltern zu erkennen ("Entidealisierung"). In einer Untersuchung von Steinberg und Silverberg (1986) an 10- bis 15jährigen zeigte sich, daß Kinder mit zunehmendem Alter ihre Eltern als weniger unfehlbar wahrnehmen. Jugendliche erkennen nicht nur die Wahrheit eigener, von denen der Eltern abweichender Schlußfolgerungen, sie sind

Kasten 11: Vom Befehls- zum Verhandlungshaushalt.

In der zweiten Hälfte dieses Jahrhunderts haben sich Einstellungen und Verhaltensweisen von Eltern und Jugendlichen im Umgang miteinander erheblich gewandelt. Eine Reihe von Untersuchungen weist darauf hin, daß die Vorstellungen von Eltern über erzieherische Ziele eine radikale Änderung erfuhren (vgl. Kap. 2.3).

Daneben hat sich auch die Rangfolge elterlicher Erziehungs- und Strafmaßnahmen wesentlich verschoben. Die Befürwortung von körperlicher Strafe als Erziehungsmittel ist zurückgegangen. Gegenüber 1954 etwa, als Eltern als Strafformen vor allem Prügel, Hausarrest, Schimpfen und Verbote nannten, waren 1971 Eltern mehrheitlich der Meinung, daß körperliche Strafen höchstens als letztes Mittel in Frage kommen. Auch Jugendliche gaben keine körperlichen Strafen an, als sie die Präferenz ihrer Eltern für verschiedene Formen von Sanktionen anhand acht fiktiver Konfliktsituationen angeben sollten (Jugendwerk der Deutschen Shell, 1985, S. 188). Eine Liberalisierung des Erziehungsstiles konnten auch Allerbeck und Hoag (1985) feststellen. Die Erziehung wird im Vergleich zu früheren Jahrzehnten als weniger streng und auf Strafen orientiert beschrieben. Die elterliche Kontrolle nahm ab, und die in der Familie vermittelten Ansichten, Weltbilder und Umgangsformen werden stärker relativiert als in den fünfziger Jahren.

Der veränderte Umgang zwischen Eltern und Kindern läßt sich auch am Verhalten der Jugendlichen ihren Eltern gegenüber festmachen. Viele 16- bis 19jährige Jugendliche der achtziger Jahre gaben an, nicht mit Gehorsam, Anpassung oder Widerstand, Streit und Heimlichkeit den Wünschen ihrer Eltern zu begegnen, sondern zu versuchen, ihre Eltern zu überzeugen und Kompromisse zu finden (Jugendwerk der Deutschen Shell, S. 278). In einer Untersuchung von Seidenspinner und Burger (1982) wurden 15- bis 19jährige Mädchen gefragt: "Was unternimmst du, wenn du etwas machen möchtest, was deiner Mutter oder deinem Vater wahrscheinlich nicht paßt?". Die größte Zustimmung von zehn vorgegebenen Handlungsmöglichkeiten fand: "Ich versuche, meine Mutter zu überzeugen" (60%). An zweiter Stelle standen Versuche des Aushandelns: "Ich versuche, Kompromisse zu finden" (42%). Nur wenige der Mädchen bekannten, es mit Streit (13%), heimlich (13%) oder unabhängig vom Willen der Eltern (11%) zu unternehmen.

Diese Befunde veranlaßten die Autoren der Studie des Jugendwerks der Deutschen Shell (1985) zu der Interpretation, daß sich die Familie von einem Befehls- zu einem Verhandlungshaushalt gewandelt habe. Interessengegensätze würden verstärkt über Appelle an die Einsicht und das Verständnis des Partners ausgetragen und weniger über Vorschriften, Regeln, Anordnungen und Kontrolle.

auch zunehmend in der Lage, die Rechtmäßigkeit und Richtigkeit eigener Bedürfnisse und Werte zu artikulieren. Sie betonen eigene Bereiche oder Territorien. Der Begriff "Territorien des Selbst" (vgl. Goffman, 1971) bezeichnet das, was einer Person gehört, was sie glaubt, rechtmäßig in Anspruch nehmen und darüber frei verfügen zu können. Die Territorien können materieller (beispielsweise Taschengeld), privater (beispielsweise Gespräche, Briefe, Tagebuch), zeitlicher (beispielsweise Zeiteinteilung, Zubettgehen), räumlicher (beispielsweise eigenes Zimmer) und psychischer (beispielsweise eigene Entscheidungen) Art sein. Das Abstecken eigener Territorien erleichtert es Jugendlichen, Grenzen zwischen sich und den Eltern zu setzen. In Einzelfällen kann mit diesem Prozeß durchaus eine Rebellion gegen die Eltern einhergehen, vermutlich dann, wenn die Eltern entweder durch starke Kontrolle oder durch unangreifbare Perfektion den Jugendlichen den Weg zur Selbstdefinition erschweren.

Die Beziehung zwischen Eltern und Jugendlichen ist im Regelfall auch durch *Verbundenheit* gekennzeichnet. Als Evidenz dafür, daß positive emotionale Beziehungen zwischen Eltern und Jugendlichen andauern, können die zuvor angeführten vielfältigen Befunde angesehen werden. Jugendliche versuchen, die Beziehung aufrechtzuerhalten, aus der sie Bestätigung und Zuwendung erhalten. Gegenseitiges Verständnis und Verbundenheit erleichtern es, eigene Positionen unter Berücksichtigung der Positionen der Eltern zu finden.

Mit fortschreitender Individuation suchen Jugendliche nach einer *neuen Form der Beziehung* zu ihren Eltern. Die Verbundenheit erhält eine neue Qualität. Sie beruht nicht mehr so sehr auf Autorität als auf gegenseitigem Respekt. Eine überhöhte Sichtweise von den Eltern weicht einer zunehmend realistischen, in der Eltern als Personen mit je eigenen Stärken und Schwächen wahrgenommen werden.

In einer Serie von Fragebogenstudien an 12- bis 19jährigen Jugendlichen beiderlei Geschlechts und ihren Vätern und Müttern (Youniss & Smollar, 1985) wurden auf die Frage, welche Aktivitäten mit den Eltern den Jugendlichen am meisten *Spaß machen*, zumeist symmetrische Interaktionen (miteinander reden, etwas gemeinsam unternehmen) genannt. Auf die Frage nach *typischen* Interaktionen mit den Eltern nannte indes die Mehrzahl der Jugendlichen asymmetrische Interaktionen wie Rat geben, Regeln aufstellen, Information geben, Unterstützung gewähren. Dieses Ergebnis ist vereinbar mit der Annahme, daß Jugendliche eine partnerschaftliche Beziehungsform mit ihren Eltern anstreben, die tatsächliche Beziehung aber noch durch Asymmetrie gekennzeichnet ist.

Eltern neigen dazu, Jugendlichen auch weiterhin innerhalb der Familie Befriedigung, *Verbundenheit* und Sicherheit zu geben. Sie bestätigen ihre Kinder emotional (DeSantis, 1990). Gleichzeitig versuchen sie, *Kontrolle* über das Verhalten der Jugendlichen auszuüben, indem sie deren Verhalten steuern oder zumindest überwachen wollen. Eltern lassen Jugendlichen umso mehr Spielraum, je mehr sie sie als verantwortliche Individuen anerkennen. Nach Ansicht von Youniss und Smollar (1985) erleichtern in der Regel Väter den Prozeß der Abgrenzung, indem sie klare Standards und Richtlinien setzen. Die Kinder können sich davon abheben und ihre eigene Position finden. Mütter werden idealtypisch als die Verbundenheit fördernd angesehen, indem sie den Jugendlichen in kooperativer und einfühlsamer Weise bei der Bewältigung täglicher Probleme zur Seite stehen. Sie sind für das psychische Wohlbefinden der Familie zuständig. In Übereinstimmung damit waren in den Untersuchungen von Youniss und Smollar (1985) Gespräche mit dem Vater gekennzeichnet durch eine größere emotionale Distanz, es wurden weniger Gefühle geäußert und weniger Probleme ausgetragen. In der Beziehung mit der Mutter traten nach Angaben der Jugendlichen mehr vertrauensvolle, beratende und helfende Verhaltensweisen der Mutter auf, während der Vater mehr Autorität ausübende, instrumentelle und Sachfragen betreffende Verhaltensweisen in Interaktionen mit seinen Kindern zeigte.

Youniss und Smollar sehen als wichtige förderliche Bedingung für die beschriebene Transformation der Eltern-Kind-Beziehung, daß Jugendliche im *Umgang mit Gleichaltrigen* Erfahrungen mit partnerschaftlichen Beziehungen machen, darin *Vorstellungen über Respekt und Mutualität erwerben* und diese in die Beziehung zu den Eltern einbringen (vgl. Kap. 4). Jugendliche fühlen sich von Freunden stärker akzeptiert als von Eltern. In einer Untersuchung von Wright und Keple (1981) gaben 16- bis 17jährige Jungen an, daß sie sich von Freunden mehr anerkannt fühlen als von Eltern, insbesondere als von Vätern. Die von Burke und Weir (1979) befragten 16jährigen gaben an, sie würden sich Gleichaltrigen eher öffnen und von ihnen mehr emotionale Hilfe bekommen als von Eltern, die stärker mit Dominanz und Entmutigung reagieren würden.

Die Theorie der Individuation versucht, die beiden Aspekte Verbundenheit und Abgrenzung in Einklang zu bringen, die vielfach als unvereinbar gelten. Auch richtet sie ihren Blick nicht nur auf Einzelpersonen, sondern auf die Beziehung zwischen ihnen.

Wenden wir uns der Frage nach der empirischen Bestätigung der Theorie zu. In der Untersuchung von O'Brien (1987) konnte gezeigt werden, daß ältere Jugendliche höhere Werte im Konstrukt der Verbundenheit und auch im kombinierten Individuationsscore (bestehend aus Trennung und Verbundenheit) in bezug auf Mütter und Väter aufwiesen als jüngere. Auch in der Untersuchung von

Steinberg und Silverberg (1986) an 10- bis 16jährigen berichteten ältere Jugendliche über signifikant mehr Selbständigkeit und Individuation als jüngere. Andere Untersuchungen konnten keine Altersabhängigkeit der beiden Variablen feststellen (beispielsweise DeSantis, 1990; Youniss & Smollar, 1985).

Die geringe altersabhängige Variation kann zum einen auf große interindividuelle Unterschiede zurückgehen. Je nach innerfamilialen Bedingungen können 14jährige über ein größeres Ausmaß an Individuation verfügen als 17jährige. Möglicherweise verdeckt auch eine umgekehrt U-förmige Beziehung klare Altersabhängigkeiten. DeSantis (1990) vermutet für die amerikanische Kultur, daß 16jährige das größte Ausmaß an Individuation in einer Zeit zeigen, in der sie (beispielsweise durch den Führerschein) in die Lage kommen, viele eigene Entscheidungen zu treffen. Diese Vermutung wird insofern bestätigt, als in der späten Adoleszenz Konflikte zurückgehen und die Harmonie ansteigt (Collins & Repinski, 1991; Smetana, 1991).

Eine Reihe von Autoren untersuchten Einflußfaktoren auf Beziehungen zwischen Eltern und jugendlichen Kindern. Kooperative Entscheidungsstrukturen in der Familie und ein liberaler Erziehungsstil (vgl. Steinkamp & Stief, 1978) korrelieren mit einem engen emotionalen Verhältnis zu den Eltern (vgl. Baumrind, 1966; Elder, 1963). Nach Befunden von Greenberg et al. (1983) und Alsaker et al. (1991) beeinflußt die emotionale Qualität der Beziehung zwischen Eltern und Jugendlichen deren Wohlbefinden und hilft ihnen, negative Lebensereignisse zu verarbeiten. DeSantis (1990) fand bei Jugendlichen einen Zusammenhang zwischen Individuation und Selbstvertrauen. In einer längsschnittlichen Untersuchung von Allen und Hauser (1991) zeigten sich positive Zusammenhänge zwischen dem Ausdruck von Autonomie und Interesse am Anderen in der Eltern-Jugendlichen-Beziehung und dem psychosozialen Wohlbefinden der Jugendlichen zehn Jahre später im Alter von 24 Jahren. Je "besser" die Beziehung im Sinne der Individuationstheorie zum ersten Erhebungszeitpunkt, desto sicherer waren die Jugendlichen zum zweiten Erhebungszeitpunkt in ihren sozialen Beziehungen, und desto besser verarbeiteten sie Streßsituationen.

Ein Elternverhalten, das Wärme und Ermunterung zur Autonomie mit ausgeprägtem "Monitoring" kombiniert, d.h. mit Wissen beispielsweise darüber, wo und mit wem sich das Kind zu welchen Tätigkeiten trifft, scheint die Entwicklung von Jugendlichen günstig zu beeinflussen (vgl. Kap. 6). Eltern, die autoritatives Verhalten realisieren (in dem hohe Wärme mit mittlerer Kontrolle kombiniert wird), haben Kinder mit mehr Selbstvertrauen, verantwortungsbewußter Selbständigkeit und auch höherem Schulerfolg als Eltern mit hohem Machtanspruch und wenig positiv belohnendem Verhalten. Ausgeprägtes elterliches Interesse am Verhalten der Jugendlichen mit gleichzeitig hoher aber nicht zu früher Autonomieunterstützung begünstigt normgemäßes Verhalten und psychische Gesundheit bei Jugendlichen (Dornbusch et al., 1991; Weiss & Grolnick, 1991).

Die im vorangegangenen Abschnitt zitierten Arbeiten beziehen sich zum Großteil nicht explizit auf die Theorie der Individuation. Sie können jedoch als Beleg dafür angesehen werden, daß die Beziehung zwischen Eltern und Jugendlichen im Zusammenhang mit Personvariablen der Beteiligten stehen.

Es ist ratsam, mit Befunden dieser Art vorsichtig umzugehen. Aufgrund ihres korrelativen Charakters erlauben sie keine Schlußfolgerungen über die Richtung der Einflüsse. Individuation kann beispielsweise Ursache oder aber Folge von Selbstvertrauen sein, beide Variablen können auch durch eine dritte, nicht erfaßte Größe, beeinflußt werden.

Zusammenfassung: Betrachtet man die Beziehungsmuster innerhalb der Familie mit jugendlichen Kindern so zeigt sich das folgende Muster: Die Qualität der Partnerbeziehungen von Eltern mit jugendlichen Kindern ist im Vergleich zu anderen Stadien der Familienkarriere niedrig. Geschwister sind für Jugendliche neben Eltern und Freunden wichtige Bezugspersonen. Geschwisterbeziehungen enthalten sowohl asymmetrische als auch symmetrische Anteile, wobei letztere im Verlauf der Jugendzeit zunehmen. Die Beziehung zwischen Eltern und Jugendlichen ist der Theorie der Individuation zufolge durch die beiden Aspekte Verbundenheit und Abgrenzung auf seiten der Jugendlichen und Verbundenheit und Kontrolle auf seiten der Eltern gekennzeichnet. Die Eltern-Kind-Beziehung verändert sich während der Jugendzeit, asymmetrische Anteile nehmen ab und symmetrische Anteile nehmen zu.

9.3 Das Gespräch zwischen Eltern und Jugendlichen

Von Familien mit Jugendlichen werden besonders hohe Fähigkeiten der Anpassung an sich verändernde Gegebenheiten gefordert. Barnes und Olson (1985) sehen in der Kommunikation den Mechanismus, den Familien nutzen, um sich gegenseitig ändernde Vorlieben, Bedürfnisse und Gefühle mitzuteilen.

In den letzten Jahren untersuchte eine Reihe von Forschern Gespräche zwischen Jugendlichen und ihren Eltern. Dies erhält besondere Bedeutung vor dem Hintergrund der oben berichteten Befragungsergebnisse, die einen Wandel von einem 'Befehlshaushalt' zu einem 'Diskurshaushalt' nahelegen (vgl. Kasten 11). Es stellt sich die Frage, wie Gespräche in der Familie verlaufen, zu welchen Ergebnissen sie kommen und mit welchen Einflußfaktoren sie zusammenhängen.

In einer Fragebogenstudie von EMNID (1986) wurden Jugendliche gefragt, wie oft sie mit ihren Eltern und Freunden über bestimmte Themenbereiche reden. Gespräche mit Eltern und mit Freunden fanden insgesamt am häufigsten zu den Themen Schule, Arbeit und Beruf, Freunde und Freizeit statt. Mit Eltern wurde im Vergleich zu Freunden seltener über die Themen Sexualität, Freunde und Partner sowie Freizeit gesprochen. Zwischen 1975 und 1986 traten in den Angaben Jugendlicher sowohl im Hinblick auf Eltern als auch auf Freunde keine großen Veränderungen auf.

Wir haben darauf hingewiesen, daß Konfliktgespräche die Kommunikation zwischen Eltern und Jugendlichen zwar nicht dominieren, diese aber auch nicht unbeträchtlich bestimmen. Es handelt sich um Themen wie abendliches Ausgehen, Kleidung, Hilfe im Haushalt, tägliche Rücksichtnahme und Unordentlichkeit, die bei Befragungen als Konfliktinhalte genannt werden. Diese Themen sind in vielen Studien über Jahrzehnte hinweg relativ konstant geblieben (vgl. Caplow et al., 1982; Lynd & Lynd, 1929; Oswald, 1980). Die Konfliktthemen scheinen sich in der täglichen Interaktion zu entzünden, an Bereichen, die regelungsbedürftig sind, ohne grundsätzlich die Beziehung zu gefährden (vgl. Seiffge-Krenke & Olbrich, 1982). Seltener wird offensichtlich über gesellschaftliche, soziale oder politische Themen wie Drogen, Sex, Religion und Politik debattiert (Montemayor, 1983).

Für die Auswirkungen von Gesprächen auf die Beziehung zwischen Eltern und Jugendlichen scheinen vor allem die Art und Weise, wie Gespräche geführt werden und welche Intentionen darin ausgedrückt werden, wichtig zu sein. Das Verhalten der Beteiligten in Konfliktsituationen kann emotionaler/feindseliger Art sein, es kann die Bereitschaft sichtbar machen, das Problem rational zu erörtern, oder die Konfrontation wird vermieden (Rosenthal et al., 1989). Nach den Ergebnissen einer Fragebogenuntersuchung von Smetana (1989) begründen Jugendliche ihre Position weit stärker als Eltern durch den Hinweis auf ihre persönlichen Vorlieben. Umgekehrt begründen Eltern ihre Position eher unter Bezug auf soziale Normen (wie Höflichkeit und Verantwortlichkeit) sowie dadurch, daß sie auf negative Konsequenzen für das Kind (beispielsweise gesundheitlicher Art) hinweisen. Eine Beobachtungsstudie, die aktuelle Konfliktgespräche zwischen Müttern und Töchtern analysiert, ist in Kasten 12 dargestellt.

Kasten 12: Argumentation im Konfliktgespräch.

Es wurde untersucht, wie Mütter und jugendliche Töchter interaktive dyadische Konflikte miteinander im Gespräch austragen. Für die Untersuchung ist die Annahme zentral, daß Argumentationen abhängig sind von der Beziehung der Interaktionspartnerinnen zueinander (vgl. Hofer, 1987; Hofer & Pikowsky, i.Dr.). In Anlehnung an die Theorie der Individuation wird angenommen, daß Mütter dazu neigen, im Gespräch Kontrolle über ihre Tochter zu behalten. Bezüglich der Töchter lautet die Annahme, daß sie in den Gesprächen ihre Wünsche nach Abgrenzung ausdrücken. Insgesamt 140 Konfliktgespräche von 110 Mutter-Tochter-Dyaden wurden auf Tonband aufgenommen. Die Teilnehmerinnen verhandelten reale, aktuelle Konflikte, die sie selbst auswählten.

Die Ergebnisse stehen im Einklang mit den Erwartungen. Mütter äußerten in den Gesprächen mehr Initiativen (Aufforderungen, Fragen und Handlungsvorschläge), während Töchter auf diese Initiativen mit Zustimmung oder Ablehnung reagierten. Positive Reaktionen auf Argumente waren zwischen Müttern und Töchtern gleichverteilt, nicht jedoch negative Reaktionen, die von Töchtern häufiger geäußert wurden. Es zeigte sich, daß Mütter die Gespräche durch Fragen, Vorschläge und Aufforderungen steuerten, während Töchter sowohl den Wahrheitsgehalt als auch die Legitimation der mütterlichen Argumente angriffen. Dieses Ergebnis der elterlichen Gesprächssteuerung und Dominanz wurde auch in anderen Studien gefunden (vgl. beispielsweise Hakim-Larson & Hobart, 1987).

Auch die geäußerten Argumentinhalte unterschieden sich: Mütter äußerten mehr Normen zur Stützung ihrer Position als Töchter, während Töchter ihre Position mehr als Mütter durch das Anführen von Präferenzen stützten. Dies steht im Einklang mit den berichteten Ergebnissen von Smetana (1989).

In den ausgedrückten argumentativen Beziehungen der Äußerungen zur Position der Gesprächspartnerinnen traten die folgenden Unterschiede auf: Mütter begründeten, erläuterten und relativierten ihre Position häufiger, während Töchter verstärkt Einwände gegen die Argumentation der Mutter vorbrachten und somit die Position der Mutter zu schwächen versuchten.

Insgesamt waren Töchter in einer defensiven Rolle, sie reagierten auf die Argumente und Initiativen der Mutter, indem sie zustimmten, ablehnten, anzweifelten und kritisierten. Das Niveau der Argumentation war bei Müttern höher als bei Töchtern und bei älteren Mädchen höher als bei jüngeren. Werden statistische Regelmäßigkeiten in der Abfolge von Äußerungen ermittelt, so ist eine über mehrere "turns" andauernde Folge von negativen Reaktionen auffällig: Negative Reaktionen führen zu einer höheren Wahrscheinlichkeit nachfolgender negativer Reaktionen (vgl. Gottman, 1979; Hahlweg, 1990).

Von Einfluß auf den Verlauf von Konfliktgesprächen scheint die körperliche Entwicklung der Jugendlichen zu sein. Dies ist vor allem für Söhne dokumentiert. Mütter und Söhne unterbrachen sich während der Pubertätszeit der Söhne gegenseitig häufiger und erklärten sich gegenseitig weniger als vor und nach der Pubertät. Die Interaktion mit den Vätern sah anders aus: mit zunehmender körperlicher Reifung unterbrachen Söhne ihre Väter weniger und gaben mehr nach. Väter unterbrachen ihre Söhne zunehmend häufiger und gaben weniger nach (Hill et al., 1985).

Bezüglich der Lösung von Konflikten kann unterschieden werden zwischen *autoritärer Lösung* (Anwendung von Machtmitteln einer Seite), *Beendigung ohne Lösung* und *Kompromißfindung*. Die Angaben darüber, welche Lösungsmöglichkeit überwiegt, deuten insgesamt darauf hin, daß die Mehrzahl der Konflikte nicht in einem Gespräch gelöst wird. In der Fragebogenuntersuchung von Youniss und Smollar (1985) überwogen nach Angaben der Jugendlichen status-quo-Lösungen: beide Parteien beharrten häufig auf ihrer Position. Vuchinich (1987) registrierte bei 52 Familien die Gespräche während des Abendessens und untersuchte den Verlauf von Konflikten und deren Lösung. Die Mehrzahl der Konflikte endete auch hier ohne eine Lösung, beispielsweise durch Themenwechsel. Seltener gab einer der Konfliktpartner nach und noch seltener wurde ein Kompromiß gefunden. Auch in der Untersuchung von Hofer & Pikowsky (i.Dr.) endete die Mehrzahl der Konfliktgespräche ohne eine Lösung. Levya und Furth (1986) befragten 96 11- bis 17jährige Jugendliche zu Konflikten und Konfliktlösungen. In dieser Untersuchung wurden sowohl die Inhalte des Konfliktes (Konventionen, Recht und Gerechtigkeit) als auch die Interaktionspartner (Peer vs. Erwachsener) variiert. Mit zunehmendem Alter der Jugendlichen gaben sie mehr Kompromisse als Konfliktlösungen an. Diese waren sowohl abhängig von dem Inhalt des Konfliktes, wobei die wenigsten Kompromißlösungen bei "Konventionen" genannt wurden, als auch vom Interaktionspartner: bei Konflikten mit Gleichaltrigen wurden mehr Kompromisse berichtet, als bei Konflikten mit Erwachsenen.

Die Art und Weise, wie Konflikte in der Familie ausgetragen werden, scheint mit der intellektuellen, sozialkognitiven bzw. emotionalen Entwicklung der Jugendlichen zusammenzuhängen. Auf der einen Seite gehen häufige und scharfe Auseinandersetzungen mit problematischem Verhalten von Jugendlichen einher (Jugendwerk der Deutschen Shell, 1985). Zum anderen fanden Peterson et al. (1986) einen positiven Zusammenhang zwischen dem Ausmaß, in dem Jugendliche angaben, in ihrer Familie würden Konflikte "aufgeheizt" ausgetragen, und ihrem kognitiven Entwicklungsstand. Vermutlich ist das Ausmaß, in dem Konflikte argumentativ ausgetragen werden, ein wichtiger Faktor. Denn ein induktiver Erziehungsstil, der geprägt ist durch Diskussion und Argumentation, geht mit einem höheren moralischen Entwicklungsstand der Kinder einher (vgl. Parikh, 1980).

Hauser et al. (1987) untersuchten 39 Familien mit einem psychisch auffälligen Jugendlichen und 40 Familien mit nicht auffälligen Jugendlichen anhand einer Reihe von Fragebögen sowie einer Aufzeichnung von Familieninteraktionen (Revealed Difference Technique). Unterstützendes Gesprächsverhalten der Eltern war positiv korreliert mit der "Ich-Entwicklung" von Jugendlichen. Übten Eltern im Gespräch Macht und Kontrolle aus, so wurde bei Jugendlichen ein niedrigerer Stand der Ich-Entwicklung beobachtet. Dabei scheint es geschlechtsspezifisch unterschiedliche Zusammenhänge zu geben. Leaper et al. (1989) erhoben familiale Interaktionen über die Aufzeichnung von Diskussionen von moralischen Dilemmata sensu Kohlberg über einen Zeitraum von vier Jahren hinweg. Interaktionsmuster, die Trennung ausdrückten, traten häufiger in Familien mit Söhnen auf, die eine Ich-Identität (gemessen mit dem Loevinger-sentence-completion-task) auf konventionellem (mittlerem) Niveau, und mit Töchtern, die eine Ich-Identität auf postkonventionellem (hohem) Niveau entwickelt haben. Dagegen traten Interaktionsmuster, die vor allem Nähe ausdrückten, vermehrt in Familien mit Söhnen auf postkonventionellem und Töchtern auf konventionellem Niveau auf. Möglicherweise wird von Jugendlichen das postkonventionelle Niveau leichter erreicht, wenn in der Familie auch versucht wird, die nicht geschlechtsrollentypischen Interaktionsmuster zu realisieren.

Zusammenfassung: Die Kommunikation ist ein wichtiger Mechanismus, anhand derer sich die Familie an verändernde Gegebenheiten anpassen kann. Konfliktgespräche dominieren zwar nicht die Kommunikation zwischen Eltern und Jugendlichen, bestimmen diese aber nicht unbeträchtlich. Es handelt sich in der Regel um alltägliche Themen. Die Art der Kommunikation scheint eine wichtige Rolle für die intellektuelle, sozialkognitive und emotionale Entwicklung von Jugendlichen zu spielen. Dies trifft vor allem auf die Art und Weise zu, wie Konflikte ausgetragen werden und welche Intentionen in den Konfliktgesprächen zum Ausdruck kommen. Was die Gesprächsführung betrifft, so scheint das Ausmaß, in dem Konflikte argumentativ ausgetragen werden, ein wichtiger Faktor zu sein, daneben unterstützendes Gesprächsverhalten der Eltern und die Abwesenheit einer feindseligen Atmosphäre.

10. JUNGE ERWACHSENE UND IHRE ELTERN: ABLÖSUNG ODER NEUDEFINITION DER BEZIEHUNG?
Christiane Papastefanou

10.1 Einführung und begriffliche Erläuterungen

Die Ablösung von den Eltern bildete einen traditionellen Schwerpunkt der Forschungen zur Jugendentwicklung. Da der Übergang vom Jugendalter ins frühe Erwachsenenalter fließend ist und die Ablösung Jugendlicher nicht losgelöst von der Situation der Eltern als "Sandwich-Generation" betrachtet werden kann, ergeben sich Überschneidungen mit den Kapiteln 9 und 11. Wenngleich wir Anknüpfungspunkte durch entsprechende Verweise kenntlich machen werden, ist es sinnvoll, ergänzende Informationen diesen Kapiteln zu entnehmen.

Das Jugendalter wurde übereinstimmend als Zeit charakterisiert, in der typischerweise die Auseinandersetzung mit den Eltern ansteht, um eine eigene Identität ausbilden zu können (vgl. Kap. 9.1). "Ablösung" ist keine einheitlich verwandte Bezeichnung. Nach Ryan und Lynch (1989) beziehen sich folgende Begriffe auf dieses Phänomen: *Autonomie* (z.B. Hill & Holmbeck, 1986) kennzeichnet speziell den Aspekt der Selbstbestimmung ("self-governance"); *Unabhängigkeit* (z.B. Douvan & Adelson, 1966) bezeichnet die Fähigkeit, sich selbst versorgen zu können ("self-reliance"); *Ablösung* ("detachment", z.B. Blos, 1978) schließlich beschreibt den Rückzug der Jugendlichen von ihrer Familie, der meist mit einer verstärkten Hinwendung zu außerfamilialen Kontakten verknüpft ist (zum Konzept der "Individuation" vgl. Kap. 9). Weit verbreitet ist weiterhin das Konzept der *emotionalen Unabhängigkeit* von Steinberg und Silverberg (1986), das die Aspekte "Individuation" und "Aufgeben kindlicher Abhängigkeiten" umfaßt.

Familiensoziologen haben verschiedene Beiträge zum Thema *"Auszugsverhalten"* geliefert. Ablösung wurde dabei mit dem Auszug aus dem Elternhaus gleichgesetzt. In zahlreichen demographischen Erhebungen wurde das Auszugsalter in Abhängigkeit von verschiedenen soziodemographischen Variablen wie dem Geschlecht oder Ausbildungsstand junger Erwachsener analysiert. Darüber hinaus fanden historische Veränderungen des Auszugsverhaltens Beachtung (z.B. Modell et al., 1978). Von psychologischer Seite wurde der räumlichen Trennung von Eltern und ihren erwachsenen Kindern ebenfalls viel Forschungsaufmerksamkeit geschenkt, allerdings mit dem Fokus auf dem subjektiven Erleben. Aus der Sicht der Jugendlichen und ihrer Eltern wurde untersucht, wie diese jeweils mit der Situation umgehen, inwieweit sie sich dadurch in ihrer Entwicklung beeinflußt sehen, sowie welche individuellen und Umweltfaktoren bei der Verarbeitung wirksam werden. Auch Veränderungen in der Eltern-Kind-Beziehung bildeten einen wichtigen Schwerpunkt. Sowohl das "Sich-Ablösen von den Eltern" als auch das "Gehen-lassen der Kinder" wurden in diesem Zusammenhang als individuelle Entwicklungsaufgaben begriffen.

Die einzelnen Arbeiten setzen allerdings an verschiedenen Punkten des Ablösungsprozesses an: Während für die Eltern nur das *"empty nest"* beachtet wurde, bleibt bei den Jugendlichen unklar, aus welcher familialen Situation heraus (z.B. welche Geschwisterposition sie innehaben) sie das Elternhaus verlassen. Da außerdem meist nur die Jugendlichen oder nur ihre Eltern berücksichtigt wurden, sind die Ergebnisse kaum vergleichbar. Bislang gibt es kaum Arbeiten, die auf Familienebene beide Seiten direkt aufeinander beziehen. Diese Lücke zu füllen, stellt ein Anliegen der Familienforschung dar. Dabei wird davon ausgegangen, daß Eltern und Kinder sich im Ablösungsprozeß wechselseitig beeinflussen, und zwar im Kontext des gesamten familialen Beziehungsgefüges (vgl. Kap. 1.3). Unter Zugrundelegung des Lebensspannen-Ansatzes ist die Entwicklung im Jugendalter neu zu definieren als ein reziproker Prozeß der Eltern-Jugendlichen-Entwicklung (Sullivan & Sullivan, 1980). Die empirische Umsetzung steht allerdings auch in der Familienforschung noch weitgehend aus. Dies gilt gleichermaßen für die prozeßorientierte Sichtweise: Hinter dem weithin akzeptierten Anspruch, Ablösung als einen Prozeß zu verstehen, bleibt eine angemessene Realisierung in Form von Längsschnittstudien zurück.

Von Vertretern des Familienentwicklungsansatzes (Duvall & Miller, 1985) werden für die *Ablösephase* ("launching stage") folgende Familienaufgaben formuliert (vgl. Tab. 1, Kap. 1.3): Aufbringen der finanziellen Mehrkosten, die durch die Ausbildung der Jugendlichen anfallen; Umverteilung der Verantwortlichkeiten zwischen herangewachsenen und heranwachsenden Kindern; Aufrechterhaltung offener Kommunikationssysteme innerhalb der Familie sowie mit extrafamilialen Gruppen; Erweiterung des familialen Kreises durch das Entlassen der jungen Erwachsenen und die Aufnahme neuer Mitglieder; Versöhnung konfligierender Loyalitäten und Lebensphilosophien von Eltern und Kindern.

Zusammenfassung: Der Begriff der Ablösung wurde bisher hauptsächlich auf verschiedene Aspekte der Individualentwicklung im Jugendalter bezogen. Weitere Arbeiten kreisen um die räumliche Trennung von den Eltern, die Kinder im frühen Erwachsenenalter vollziehen. In Abgrenzung gegen die traditionell individuum-zentrierte Betrachtungsweise setzt sich zunehmend die Erkenntnis durch, daß Eltern und Kinder sich im Ablösungsgeschehen wechselseitig beeinflussen und daß sich dieser Prozeß im Kontext der ganzen Familie vollzieht.

10.2 Der Ablösungsprozeß im Erleben junger Erwachsener

10.2.1 Ablösung im Übergang zum Erwachsenenalter

Ablösung wird heutzutage im Sinne eines kontinuierlich verlaufenden Entwicklungsprozesses verstanden, der schon in der Kindheit beginnt und im Jugendalter eine besondere Beschleunigung erfährt (Seiffge-Krenke, 1984). Aus einer prozeßorientierten Perspektive muß davon ausgegangen werden, daß der Ablösungsprozeß im Jugendalter noch nicht abgeschlossen ist, sondern auch im frühen Erwachsenenalter noch ein wichtiges Entwicklungsthema darstellt:"... the emotional and cognitive seperation involved in the development of autonomy and the achievement of ego identity is often still an issue during one's 20s." (Sullivan & Sullivan, 1980, S. 93). Dies könnte unter anderem damit zusammenhängen, daß sich - historisch gesehen - die Jugendzeit durch die längeren Ausbildungszeiten im individuellen Lebenslauf insgesamt verlängert hat. Dadurch sind Jugendalter und frühes Erwachsenenalter weniger eindeutig abgrenzbar, wie dies der neu eingeführte Begriff der "Post"-Adoleszenz andeutet, der diese Überlappungsphase kennzeichnet (Wit & Veer, 1982). Die Arbeiten über die Ablösung Jugendlicher beschäftigen sich überwiegend mit Aspekten der Autonomieentwicklung, wie z.B. Auflehnung gegen die Eltern oder Vertiefung der Peerbeziehungen (vgl. Kap. 9). Als Entwicklungsaufgaben junger Erwachsener wurden die Wahl eines Lebenspartners oder der Eintritt in das Berufsleben genannt. Durch die Aufnahme von intimen Beziehungen zum anderen Geschlecht als typischem Ablösungsschritt wird die Bedeutung der Eltern als Bezugspersonen relativiert. Auch im Zusammenhang mit der üblicherweise im frühen Erwachsenenalter anstehenden Gründung eines eigenen Haushaltes erfährt die Aufgabe der Ablösung noch einmal eine Aktualisierung. Der Auszug markiert einen entscheidenden Schritt auf dem Weg in die Unabhängigkeit. Aus dem Familienkontext herausgelöst, sind junge Erwachsene viel stärker gefordert, ihre Probleme allein zu bewältigen und sich allgemein zu behaupten (Ryan & Lynch, 1989).

Interessant erscheinen in diesem Zusammenhang Versuche, den Begriff der *"Trennung von den Eltern"* genauer zu fassen. Dabei wird übereinstimmend der multidimensionale Charakter dieses Konstrukts deutlich, wobei der Aspekt der "emotionalen Unabhängigkeit" von den Eltern einen gemeinsamen Nenner bildet. J.A. Hoffman (1984) versteht darunter, daß Jugendliche nicht länger ein extensives Bedürfnis nach Anerkennung, Unterstützung und Nähe in der Beziehung zu den Eltern verspüren. Daneben unterscheidet er drei weitere Aspekte der Unabhängigkeit: funktionelle (praktische Dinge des Alltags mit nur minimaler elterlicher

Hilfe meistern zu können), einstellungsmäßige (von den Eltern unabhängige Selbstbild und Wertvorstellungen zu haben) und konfliktmäßige (keine übermäßigen Schuld-, Verantwortungs-, Angst- oder Wutgefühle mehr gegenüber den Eltern zu empfinden).

In zwei empirischen Studien (Moore & Hotch, 1981; Moore, 1987) wurden induktiv 18- bis 21jährige Studenten nach ihrem subjektiven Verständnis von Ablösung befragt. Neben der "emotionalen Unabhängigkeit" wurden folgende gemeinsame Aspekte ermittelt: "ökonomische Unabhängigkeit", "räumliche Trennung", *"Selbstbestimmung"* und das "Abgehen von der Schule". Darüber hinaus ergaben sich die Faktoren "Gründen einer Familie" und "disengagement" (sich frei von elterlicher Kontrolle bewegen können). Die einzelnen Komponenten sind positiv korreliert.

In einer weiteren Studie ließ Moore eine Gruppe von Studenten die von ihm ermittelten Faktoren nach ihrer Wichtigkeit einschätzen. Die "Selbstbestimmung" kristallisierte sich dabei als der wichtigste Aspekt heraus. Eine eigene Wohnung zu haben, wurde als weniger bedeutsam eingeschätzt und emotionale Unabhängigkeit von den Eltern wurde an letzter Stelle genannt. Weiterhin konnte gezeigt werden, daß die Art und Weise, wie junge Erwachsene Trennung definieren und diese zu erreichen versuchen, mit ihrem psychischen Befinden und ihrer individuellen Beziehung zu den Eltern zusammenhängt. Diejenigen, die im Trennungsprozeß den Aspekt der Selbstbestimmung betonten, fühlten sich weniger einsam und hatten ein höheres Selbstwertgefühl. Demgegenüber konnten sich diejenigen (vor allem männlichen) Studenten, die den Aspekt der emotionalen Unabhängigkeit in den Vordergrund stellten, schwerer von zuhause lösen und hatten Schwierigkeiten, eine positive Beziehung zu ihren Eltern aufrechtzuerhalten.

Zusammenfassung: Unter einer prozeßorientierten Perspektive wird davon ausgegangen, daß Ablösung auch im frühen Erwachsenenalter noch andauert. Gerade unter den momentanen soziohistorischen Bedingungen sind junge Erwachsene häufig länger von ihren Eltern abhängig, als dies früher der Fall war. Spezifizierungen des Ablösungsbegriffs, wie ihn junge Erwachsene verstehen, verdeutlichen, daß dieser viele Facetten beinhaltet, die auch unterschiedlich gewichtet werden.

10.2.2 Die Bedeutung des Auszugs im Ablösungsprozeß

Der *Auszug* aus dem Elternhaus wurde stets als ein zentraler normativer Übergang im späten Jugendalter bzw. frühen Erwachsenenalter verstanden, so daß Douvan und Adelson (1966) ihn als "one of the universals of adolescent experience" (S. 119) bezeichneten. Seine Bedeutung resultiert u.a. daraus, daß er eine enorme

Zunahme an Eigenverantwortung mit sich bringt und als ein Symbol des Erwachsenwerdens angesehen wird.

Historisch gesehen zeichnet sich in den letzten 10 bis 15 Jahren in der Bundesrepublik folgender Trend ab: Jugendliche verweilen deutlich länger im Elternhaus als früher (Wagner & Huinink, 1991; Weick, 1990). In diesem Zusammenhang wurde schon von der neuen *"Generation der Nesthocker"* gesprochen (Der Spiegel, 14/1988). Ebenso kehren immer mehr junge Erwachsene nach einer Phase der Trennung wieder in ihr Elternhaus zurück. Parallel dazu wächst die Zahl (15-20% der 18-24jährigen) derjenigen, die neben dem Elternhaus noch eine weitere Wohnmöglichkeit (z.B. bei ihrem Partner) haben (Vaskovics et al., 1990). Dieser Trend zum späteren Verlassen des Elternhauses kommt bei Männern deutlicher zum Tragen als bei Frauen: Bei den 1962 bis 1966 Geborenen liegt das durchschnittliche Auszugsalter für Frauen bei 21 Jahren, für Männer bei 24 Jahren (Weick, 1990). Wie Kohortenanalysen zeigen, findet sich dieses geschlechtsspezifische Muster auch in früheren Geburtsjahrgängen, wobei hier das frühere Heiratsalter der Frauen ausschlaggebend war. Seit dem Zweiten Weltkrieg hat sich ein neues Muster etabliert: Ein eigener Haushalt wird gegründet, solange man noch alleinstehend ist. Die durchschnittliche Zeitspanne zwischen Auszugs- und Heiratsalter hat sich in den jüngeren Kohorten inzwischen auf 5 Jahre ausgedehnt (Weick, 1990). Während der Auszug sich also von der Heirat entkoppelt hat, gewinnt der Berufseinstieg dabei an Bedeutung: Der Auszug wird häufig erst vollzogen, wenn man voll erwerbstätig ist. Mehrere Faktoren wurden im Zusammenhang mit dieser Tendenz, den Auszug aufzuschieben, diskutiert: Probleme am Wohnungsmarkt, die Knappheit an Arbeits- und Ausbildungsplätzen sowie Effekte der Bildungsexpansion (Wagner & Huinink, 1991).

Im Mittelpunkt unseres Interesses steht hier die Frage, welche Rolle *familiale Faktoren* in diesem Prozeß spielen. In soziologischen Forschungen wurde das Auszugsalter mit *familienstrukturellen Merkmalen* in Beziehung gesetzt. Als ein Prädiktor des Auszugsalters erwies sich die Kinderzahl pro Familie, welche mit einem früheren Auszug einhergeht (Goldscheider & DaVanzo, 1989). Dies wird darauf zurückgeführt, daß in kinderreichen Familien eine große Konkurrenz um Raum und elterliche Aufmerksamkeit besteht, die zusammen mit Geschwisterkonflikten und der mangelnden Privatheit die Kinder im Sinne eines "natural push effect" frühzeitig aus dem Elternhaus treibt (Bianchi, 1987). Mitchell et al. (1989) konnten weiterhin aufzeigen, daß Kinder aus Stieffamilien und Ein-Elternteil-Familien im allgemeinen dazu tendieren, früher auszuziehen. Dies wird so interpretiert, daß konfliktreiche und spannungsgeladene Beziehungsmuster in Stieffamilien als vorantreibende Kraft im Ablösungsprozeß wirken. In diesen Familien bestehen große Autoritätsprobleme und eine geringe Verbundenheit (vgl. Kap. 15). In Familien mit einer alleinerziehenden Mutter beabsichtigen die jungen Erwachsenen, schon frühzeitig eine eigene Wohnung zu beziehen und ihre Heirat aufzuschieben (Goldscheider & Goldscheider, 1989). Hinzu kommt möglicherweise die schlechte ökonomische Lage, die diese Kinder schon früh dazu zwingt, für ihren Lebensunterhalt selbst aufzukommen (vgl. Kap. 13 und 14).

Von entwicklungspsychologischer Seite richtete sich das Interesse eher auf *familiendynamische Veränderungsmuster* im Ablösungsprozeß. Eine zentrale Frage lautet, wie sich die räumliche Distanz auf die Qualität der *Eltern-Kind-Beziehung* auswirkt. Üblicherweise wird dabei in Querschnittvergleichen eine Gruppe zuhauselebender junger Erwachsener einer Gruppe bereits alleinlebender gegenübergestellt. Einen hohen Popularitätsgrad hat die Studie von Sullivan und Sullivan (1980) erlangt, die auch den Prozeßcharakter der Ablösung berücksichtigt. Sie verglichen Familien, deren 17- bis 18jährige Söhne zum Collegebesuch in eine andere Stadt gezogen waren, mit solchen, in denen die Jugendlichen ein College am Heimatort besuchten und im Elternhaus wohnen blieben. Ein längsschnittliches Vorgehen wurde realisiert, indem beide Gruppen jeweils vor und nach dem Eintritt in das College befragt wurden. Als wichtigstes Ergebnis sei herausgestellt, daß die auswärts lebenden Jugendlichen sich zwar als unabhängiger von ihren Eltern wahrnahmen, gleichzeitig aber die Beziehung zu ihren Eltern positiver wahrnahmen als diejenigen, die weiterhin zuhause lebten. Im Vergleich zu vorher erlebten sie ihre Eltern als ihnen stärker zugewandt, konnten besser mit diesen kommunizieren und waren im allgemeinen mit der Beziehung zufriedener.

Eine Studie neueren Datums zu diesem Thema stammt von Flanagan et al. (1991). Sie ist insofern aussagekräftiger, als Flanagan in ihrer Stichprobe ein breiteres Altersspektrum (18-26 Jahre) abdeckt und sowohl männliche als auch weibliche Studenten einbezieht. Ihre Ergebnisse weisen insgesamt in die gleiche Richtung wie die der Sullivans: Die räumliche Trennung verringerte Spannungen in der Eltern-Kind-Beziehung; die bereits Alleinlebenden fühlten sich unabhängiger und charakterisierten die Beziehung zu ihren Eltern als gegenseitig, weniger restriktiv, feindselig, konflikthaft und zurückweisend im Vergleich zu der Zeit, in der sie mit ihren Eltern zusammenlebten. Wenn die Kinder bei ihren Eltern wohnten, konnten sie ihre Unabhängigkeitsbestrebungen schwerer realisieren, da die Eltern noch viel Kontrolle über ihr Leben hatten. Entsprechend schilderten Zuhauselebende ihre Elternbeziehung überwiegend negativ. Beispielsweise gab es häufig Konflikte um alltägliche Dinge ("daily hassles"). Auch die bereits Alleinlebenden berichteten von einer Zunahme an Konflikten, wenn sie während der Semesterferien zuhause waren. Folgende geschlechtsspezifische Unterschiede zeichneten sich ab: Töchter erlebten mehr Gegenseitigkeit und Unterstützung in der Beziehung zu ihren Eltern als Söhne. Dies korrespondiert mit den Ergebnissen von Frank et al. (1988): Töchter in der späten Adoleszenz fühlen sich ihren Eltern stärker verbunden als Söhne, wohingegen sich beim Gefühl von Kompetenz (Unabhängigkeit und Entscheidungsfindung) keine Unterschiede ergaben. Offen bleibt hierbei, wie die Wirkungsrichtung aussieht, da nur die Situation nach dem Auszug erfragt wurde. Es wäre denkbar, daß die Wohnsituation der Studenten die Folge und nicht die Ursache der Beziehungsmuster sein könnte. Dagegen spricht aber, daß häufig finanzielle Überlegungen bei der Entscheidung für den Studienort ausschlaggebend sind.

Zusammenfassung: Der Auszug aus dem Elternhaus markiert einen wichtigen Wendepunkt in der frühen Erwachsenenentwicklung und scheint den Ablösungsprozeß voranzutreiben. Familiensoziologen berichten von einer Tendenz junger Erwachsener, den Auszug aufzuschieben, und suchen nach ökonomischen, sozialen und familienstrukturellen Faktoren, die dabei zum Tragen kommen. Familiendynamisch betrachtet, ist hier folgendes Muster typisch: Die Beziehung zu den Eltern verändert sich nach dem Auszug in Richtung zunehmender Unabhängigkeit, die jedoch nicht auf Kosten der emotionalen Bindung geht, sondern sogar zu konfliktfreieren und intensiveren Interaktionen beiträgt.

10.2.3 Autonomie und Bindung in der Beziehung junger Erwachsener zu ihren Eltern

Die Begriffe "Ablösung" und "adolescent-parent seperation" lassen anklingen, daß die Eltern-Kind-Beziehung eine Trennung erfährt. Vor allem von psychoanalytischer Seite wurde die Position vertreten, daß Jugendliche einen Bruch mit den Eltern vollziehen müssen, um den Übergang zum "reifen" Erwachsenendasein bewältigen und eine Ich-Identität ausbilden zu können. Blos (1978) bezeichnet diesen Lösungsvorgang als *"zweiten Individuierungsprozeß"*: Dieser würde die Entwicklung eines getrennten Selbst sowie die Aufnahme reiferer Beziehungen zu anderen vorantreiben. Gemeint war damit allerdings nicht, daß die Beziehung als solche beendet wird, sondern, daß "... ohne erfolgreiche Lösung von infantilen internalisierten Objekten die Bindung an neue Liebesobjekte in der Welt außerhalb der Familie ausgeschlossen oder vermindert wird oder auf eine einfache Wiederholung oder Substitution beschränkt bleibt" (S. 180). Dem liegt die Annahme zugrunde, daß die Eltern einen einschränkenden Einfluß auf ihre

Kinder haben, so daß deren Weltverständnis, ihr Bild von sich selbst sowie von anderen im Jugendalter nur die Ansichten ihrer Eltern reflektieren.

Heutzutage wird die Position vertreten, daß die Eltern-Kind-Beziehung in dieser Phase einem tiefgreifenden Wandel unterliegt und einer Neudefinition bedarf (vgl. Kap. 9). Dies gehe aber nicht in Form einer "Lösungskrise" vonstatten, sondern es handele sich um einen allmählichen Wandel von Beziehungsmustern. Die Ablösung findet danach in der alltäglichen Beziehungsarbeit statt, in der Auseinandersetzung mit eher unbedeutenden Konflikten. Die Beziehung wird auf der Basis der alten Verbundenheit neu ausgehandelt. Peters (1986) kritisiert in diesem Zusammenhang den Ablösungsgedanken, weil er den Aspekt der sozialen Einbettung vernachlässigt. Er erachtet eine Neuorientierung von der individualpsychologischen zu einer beziehungsorientierten Sichtweise von Ablösung als notwendig. Ablösung müßte - etwa wie im interpersonellen Ansatz von Smollar und Youniss (1989) - als ein Interaktionsprozeß definiert werden.

Gerade unter heutigen Bedingungen, unter denen Eltern und Kinder einen längeren Lebensabschnitt als Erwachsene gemeinsam verbringen als früher, ist eine solche gegenseitige Anpassung erforderlich, die in Richtung einer Beziehung zwischen gleichberechtigten Partnern geht. Junge Erwachsene sind gefordert, das Verhältnis zwischen *Individualisierung* und *Bindung* auszubalancieren. Diese werden als zwei komplementäre Entwicklungsprozesse verstanden, die beide gleichermaßen wichtig für den Aufbau reifer Eltern-Kind-Beziehungen sind. Emotionale Bindung und Autonomie erwiesen sich in den oben genannten Studien (z.B. Flanagan et al., 1991) als positiv korreliert.

Murphey et al. (1963) unterschieden empirisch drei Gruppen von Studenten anhand der Dimensionen "Autonomie" und "Bindung":

1. Wenn Autonomie und Bindung ausgewogen sind, sind die Beziehungen zu den Eltern positiv; die Eltern wiederum haben eigene Lebensbereiche und fördern die Selbständigkeit ihrer Kinder.

2. Jugendliche, die sich weder als autonom noch gebunden erleben, fühlen sich nicht als eigenständige Personen und empfinden keine Nähe zu ihren Eltern. Die Eltern werden als manipulierend erlebt.

3. Wenn Autonomie mit geringer Bindung gekoppelt ist, so geht die wachsende Unabhängigkeit mit einer größeren Distanz zu den Eltern einher. Möglicherweise sind diese Konflikte aber nur vorübergehender Natur und als "Sicherheitsabstand" zu bewerten.

Wenngleich die kleine Stichprobengröße zu bedenken ist, so sind die Ergebnisse dieser Studie heuristisch fruchtbar. Die Art und Weise, wie sich eine solche

Balance gestaltet, beeinflußt auch die weitere individuelle Entwicklung. Beispielsweise erwiesen sich autonome Studenten als gut angepaßt. Dies stützt die hier vertretene Position, derzufolge Autonomie zusammen mit positiven Beziehungen in der Familie eine gesunde Entwicklung im späten Jugendalter kennzeichnen. So berichten auch Kobak und Sceery (1988) Zusammenhänge zwischen der Qualität der Eltern-Kind-Beziehung und verschiedenen Persönlichkeitsmerkmalen, wie dem Selbstbewußtsein und der Ängstlichkeit der jungen Erwachsenen.

Ryan und Lynch (1989) gehen davon aus, daß sich Autonomie in der Beziehung mit den Eltern entfaltet: "Indeed, individuation is not something that happens from parents but rather with them" (S. 341). In ihrer Studie an jungen Erwachsenen (17 - 22 Jahre) ging die Tendenz von Eltern, die Unabhängigkeit ihrer Kinder zu akzeptieren und unterstützen, bei den jungen Erwachsenen mit einem höheren Selbstwertgefühl, selbsteingeschätzter sozialer Akzeptanz ("perceived lovability") und einer geringeren Autonomie einher. Gleichzeitig verlief ihr Loslösungsprozeß ("separation-individuation") ungestörter. Möglicherweise haben diejenigen, die sich nicht sicher an ihre Eltern gebunden fühlten, dies internalisiert, mit der Folge, daß sie ein negatives Selbstbild entwickelten. Die Autoren interpretieren daher emotionale Unabhängigkeit in einem eher negativen Sinne dahingehend, daß wenig elterliche Fürsorge erfahren wird und keine affektive Bindung an die Eltern besteht.

Zusammenfassung: Ablösung bedeutet nicht, daß die Beziehung zu den Eltern aufgegeben wird, sondern, daß die jungen Erwachsenen sich aus der kindlichen Abhängigkeit lösen. Die Eltern-Kind-Beziehung nimmt eine neue Gestalt an, in der Bindung und Autonomie in einem ausgewogenen Verhältnis zueinander stehen, und die durch ein gegenseitiges Akzeptieren der Individualität charakterisiert ist. Der Individualisierungsprozeß wird durch eine emotional unterstützende Elternbeziehung gefördert.

10.3 Die Situation der Eltern nach dem Auszug der Kinder

10.3.1 Das Phänomen des "empty nest"

Die Entwicklungsphase des mittleren Erwachsenenalters und die mit ihr verknüpften Entwicklungsaufgaben wurden bereits in Kapitel 9.1.2 ausführlich erörtert. Eltern junger Erwachsener sollen aufgrund des sehr breiten Altersspektrums (40-60 Jahre) noch dieser Phase zugerechnet werden. Wir orientieren uns dabei an Troll (1989), die entgegen den üblichen Altersnormen eine kontextuelle Definition, bezogen auf die Familiensituation, vorschlägt: Erwachsene im mittleren Alter haben in der Regel erwachsene Kinder und/oder alte Eltern.

Analog zu den Forschungen über die Ablösung Jugendlicher steht auch für die Elternperspektive meist der Aspekt der *räumlichen Trennung* im Vordergrund. Wenn alle Kinder das Elternhaus verlassen haben, wird vom "empty nest" gesprochen. Diese Situation stellt gewissermaßen den Endpunkt im Ablösungsgeschehen dar. Ablösungsbestrebungen der frühergeborenen Kinder werden in ihrer Bedeutung für das elterliche Erleben außer Acht gelassen. Die Zeit, in der die Kinder das Elternhaus verlassen, wird heutzutage in Abgrenzung von dem traditionellen Krisenkonzept als eine normale Übergangsphase verstanden, die Herausforderungscharakter für die Betroffenen hat und das Potential zu persönlicher Weiterentwicklung bietet.

Fahrenberg (1986) kritisierte den Ausdruck "leeres Nest", der eine subtile Bewertung beinhalte. Er impliziere, daß etwas voll sein müßte und daß dieser Zustand unerwünscht, nicht normal sei. Damit würden Gefühle von Einsamkeit und Verlust nahegelegt. Wir orientieren uns im folgenden an Fahrenbergs relativ neutraler und umfassender Definition der *"empty nest-Reaktion"* als "alle Zustände und Entwicklungsprozesse im Erleben der Mutter, die als eine Reaktion auf den beginnenden, andauernden und vollendeten Auszug ihrer Kinder aus der Familie gewertet werden." (S. 325). Häufig wird die gesamte Zeit nach dem Auszug des letzten Kindes als "empty nest" betrachtet, unabhängig davon, wann eine Befragung erfolgt. Demgegenüber bezeichnet Harkins (1978) als "empty nest" nur den Zeitraum unmittelbar nach dem Auszug des letzten Kindes bis etwa 18 Monate, höchstens 2 Jahre danach und als "post-empty nest" den Zeitraum nach dieser 2-Jahres-Periode. "Pre-empty nest" oder "partial nest" drücken im Gegensatz zum "full nest" aus, daß noch mindestens ein Kind zuhause wohnt.

Historisch gesehen handelt es sich bei der "empty nest"-Situation um ein neuzeitliches Phänomen. Aufgrund der kürzeren Lebenserwartung und der höheren Kinderzahl erlebten früher viele Eltern den Auszug ihres letzten Kindes gar nicht; außerdem blieben früher Kinder oft im Elternhaus wohnen, und die Eltern übernahmen einen großen Anteil der Versorgung ihrer Enkelkinder (Chudacoff & Hareven, 1979; vgl. auch Kap. 11).

Im wesentlichen konzentrierte sich das Forschungsgeschehen auf die folgenden drei Aspekte: wie Eltern diese Situation individuell erleben, welche Folgen sich daraus für das Zusammenleben als Paar ergeben, und wie sich die Beziehung zu ihren erwachsenen Kindern gestaltet. Sie werden in den folgenden drei Abschnitten jeweils ausführlich erläutert.

10.3.2 Das individuelle Erleben der "empty nest"-Situation

Die meisten Arbeiten beschränken sich auf das *individuelle Erleben der Mütter*. Erst kürzlich finden auch Väter hier Berücksichtigung. Dies ist vermutlich darauf zurückzuführen, daß der Familie im Leben der Mütter ein höherer Stellenwert beigemessen wurde als im Leben der Väter, und deshalb für sie eine größere Betroffenheit angesichts des Weggangs der Kinder angenommen wurde.

Erste Arbeiten hierzu fanden übereinstimmend, daß Mütter überwiegend negativ auf den Auszug ihres letzten Kindes reagieren würden, und zwar in Form von Depressionen oder anderen psychischen Erkrankungen (z. B. Alkoholismus). Dieses Konglomerat von Störungsbildern wurde unter dem Begriff des *"empty nest syndrome"* (Bart, 1978; Deykin et al., 1966, zit. in Fahrenberg, 1986) zusammengefaßt. Obwohl damit zunächst ein zeitliches Zusammentreffen gemeint war, wurde dies fortan oft im Sinne einer Kausalbeziehung interpretiert. Zur Erklärung wird Freuds (1963) Theorie des "Objektverlusts" herangezogen: Die Mutter könne die Trennung von ihrem Kind nicht verarbeiten und würde daher mit einer Depression reagieren. Oliver (1977) spricht hier von einem "postmothering conflict". Trotz der schmalen empirischen Basis, auf die es sich stützt, wird dieses Postulat bis heute vertreten (vgl. Roberts & Lewis, 1981, zit. in Fahrenberg, 1986). Viele dieser Studien weisen erhebliche methodische Mängel auf: Den meisten liegen nur kleine ausgewählte klinische Stichproben zugrunde, und sie sind eher als Fallstudien zu bewerten. Weiterhin sind die Designs so angelegt, daß depressive Stimmungen der Mütter retrospektiv dem Auszug der Kinder zugeschrieben wurden, ohne daß alternative Erklärungsmöglichkeiten (z.B. in Anlehnung an Erkenntnisse aus der Depressionsforschung) in Betracht gezogen wurden (Fahrenberg, 1986).

Neuere Forschungsansätze verfolgen ein differenzierteres, auch methodisch verbessertes Vorgehen: Es werden größere Stichproben nicht-auffälliger Frauen untersucht, Kontrollgruppen mit aufgenommen, und durch Realisierung multivariater Designs ein breiteres Spektrum möglicher Einflußfaktoren berücksichtigt. Dabei wurde deutlich, daß nur eine kleine Gruppe von Frauen depressive Symptome entwickelt, und zwar diejenigen, die die Mutterrolle in den Mittelpunkt ihres Lebens stellen. Oliver drückt das so aus: "The problem is not the empty nest. The problem is the empty woman" (1977, S. 94). Dies gilt heutzutage nur noch für eine Minderheit der Frauen. Die frühen Arbeiten stammen aus einer Zeit, in der eine traditionelle Rollenaufteilung in der Familie die Regel war, wodurch die Mütter stärker an die Familie gebunden waren.

Für viele Frauen hat das "Ausfliegen" der Kinder jedoch durchaus auch *positive Seiten*. Viele Eltern sehen diesem Ereignis mit Vorfreude entgegen (Lowenthal & Chiriboga, 1972), da endlich die Chance besteht, sich intensiv lang vernachlässigten Aufgaben zu widmen und sich weiterzuentwickeln. Neuere Studien belegen, daß diese Phase als Zeit der Erleichterung und persönlichen Befriedigung nach der langen Phase intensiver Kinderbetreuung gewertet wird (z.B. Borland, 1979; Neugarten, 1976; Rubin, 1979), sofern es den Frauen gelingt, bestimmte Anpassungsleistungen zu erbringen, wie z.B. einen neuen, nicht länger von Kindern geprägten Tagesrhythmus für sich zu finden (Harkins, 1978).

Insgesamt setzt sich in der Forschung eine differenziertere Sichtweise derart durch, daß es den Müttern nicht entweder schlecht oder gut geht, sondern ein ganzes Spektrum verschiedener Gefühlsqualitäten ausgelöst wird. Das Erleben ist oft ambivalenter Natur: Positiver Vorfreude auf den gewonnenen Freiraum stehen Verlustgefühle gegenüber (Spence & Lonner, 1971). In einer Studie von Barber (1978) sprechen sowohl Mütter als auch Väter von einer *"Mischung aus Verlust und Gewinn"*. Der Gewinn besteht darin, ein Gefühl gestiegener persönlicher Freiheit zu haben und von elterlicher Verantwortung entlastet zu sein. Verlustgefühle beziehen sich zum einen darauf, daß die Nähe zum Kind verloren geht und zum anderen auf den zumindest teilweisen Verlust der Mutterrolle. Im Falle negativer Erfahrungen fiel der Auszug der Kinder häufig auch mit anderen Faktoren zusammen, wie z. B. biologischen Veränderungen (Menopause) bei Müttern oder beruflichem Wechsel bei Vätern.

Welche Gefühlsseite stärker hervortritt, hängt von zahlreichen individuellen und familialen Einflußfaktoren ab. In einer Arbeit von Mudrich (1978) wurden verschiedene Merkmale als Einflußgrößen identifiziert. Ein günstiger Verlauf im Umgang mit dem Auszug des letzten Kindes ist bei Frauen zu erwarten, die ein positives Selbstbild haben und ihr Leben in die eigene Hand nehmen, den Auszug ihrer Kinder als natürlichen Entwicklungsschritt akzeptieren, sich innerlich darauf eingestellt haben und sich nach außen auf andere Lebensbereiche orientieren. Entsprechend sind jene Frauen für ein "empty nest"-Syndrom empfänglich, die sich nicht adäquat auf dieses Ereignis vorbereitet haben, zu pessimistischer Haltung und geringer Selbstverwirklichung neigen und die Mutterrolle in traditioneller Form erfüllen.

Zusammenfassung: Die traditionelle Annahme einer weiten Verbreitung des "empty nest"-Syndroms läßt sich angesichts neuerer empirischer Befunde nicht aufrechterhalten. Nur eine kleine Gruppe von Frauen entwickelt unter bestimmten Umständen depressive Reaktionen, während die Mehrzahl diese Situation gut bewältigt und positiv erlebt. Typisch scheinen eher ambivalente Gefühle zu sein, die gleichermaßen Raum für Freude und Trauer lassen. Eine Vielzahl persönlicher und situativer Einflußgrößen trägt auf komplexe Weise dazu bei, das Erleben der Mütter mehr in die eine oder andere Richtung zu lenken.

10.3.3 Die eheliche Beziehung in der Ablösephase

Aussagen über die Partnerschaft in der Ablösungsphase können nur indirekt aus Arbeiten gewonnen werden, in denen die eheliche Zufriedenheit über den familialen Lebenszyklus untersucht wurde. Dabei wurde übereinstimmend ermittelt, daß diese u-förmig verlaufen. Nach einer meist positiv bewerteten Anfangszeit der Ehe weisen Eltern mit jugendlichen Kindern die niedrigste Ehezufriedenheit auf (vgl. Kap. 9.2.1, Kap. 1.4.1), während es mit dem Weggehen der Kinder dann wieder zu einem Anstieg kommt (z.B. Olson et al., 1989; vgl. auch Kap. 11). Dabei wurden deutliche geschlechtsspezifische Unterschiede gefunden, derart daß Frauen mit der Ehe unzufriedener sind als Männer (vgl. Kap. 11). Wenngleich die Ergebnisse nicht immer konsistent sind, zeichnet sich doch folgender Trend über Querschnittvergleiche ab: Die mittleren Ehejahre werden als weniger zufriedenstellend erlebt als die frühen, die späteren aber wiederum positiver als die mittleren (z.B. Anderson et al., 1983; Gilford & Bengtson, 1979; Rhyne, 1981; Swenson et al., 1981). Dieses Muster spiegelt sich nicht in den Scheidungsraten wider. In den mittleren Jahren werden nicht mehr Ehen geschieden als in anderen Phasen. Die sinkende Ehezufriedenheit wirkt sich also nicht destabilisierend auf die Partnerschaft aus (vgl. Kap. 13). Als eine Erklärungsmöglichkeit zieht Rollins (1989) in Betracht, daß die Kosten einer Scheidung in diesen Jahren zu hoch seien, z.B. daß die Chancen einer Wiederheirat als zu gering eingeschätzt werden. Weiter wäre denkbar, daß die Partner mit dem Weggehen der Kinder bessere Zeiten antizipieren und bis dahin durchzuhalten versuchen. Da Längsschnittstudien praktisch völlig fehlen, bleibt offen, was in diesen Ehejahren genau passiert und welche Faktoren den Anstieg der ehelichen Zufriedenheit bedingen. Übereinstimmend wird der Auszug der Kinder aus dem Elternhaus jedoch als zentrale Einflußgröße vermutet.

Für diese Annahme sprechen einige empirische Ergebnisse. Beispielsweise sind Eltern, bei denen noch jüngere Kinder zuhause leben, weniger mit ihrer ehelichen Situation zufrieden als Eltern, deren Kinder bereits allein leben (Glenn, 1975; Renne, 1976; Lee, 1988). Die steigende Ehezufriedenheit könnte teilweise über das bessere individuelle psychische Befinden vermittelt sein, wie es im vorangegangenen Abschnitt beschrieben wurde. Befreit von Pflichten und Verantwortung für ihre Kinder, können die Eltern einen Teil ihres gewonnenen persönlichen Freiraums positiv für die Partnerschaft nutzen. Die Kinder fallen als Streitpunkt weg, so daß sich partnerschaftliche Spannungen reduzieren (vgl. Kap. 11). Wenn erwachsene Kinder nach einer vorübergehenden Trennung wieder zuhause leben, wie dies in den letzten Jahren immer häufiger vorkommt, so wird die elterliche Ehe dadurch stark belastet (Clemens & Axelson, 1985).

Weiterhin entspannt sich die Situation der Partner dadurch, daß die Interaktionsmöglichkeiten nicht länger durch Kinder eingeschränkt sind. Das Zusammenleben in der *"nachelterlichen Gefährtenschaft"* (Imhof, 1981) bietet die Chance, sich wieder mehr umeinander kümmern und gemeinsam neue Perspektiven entwickeln zu können. In diesem Zusammenhang spricht Schram (1979) davon, daß sich die Geschlechtsrollen in der "Nach-Elternphase" entspannen, und die Eltern das Alleinsein genießen. Auch der private Freiraum wächst (Starr & Weiner, 1981). Das Miteinanderleben muß neu gelernt und die Beziehung neu definiert werden. Wenn diese Anpassungsleistung mißlingt, können daraus problematische Entwicklungen resultieren. Wenn die Jugendlichen nicht mehr als Puffer zwischen den Eltern fungieren können, müssen diese ihre Eheprobleme allein bewältigen (Haley, 1981).

Weiterhin kommt es in dieser Phase zu einem grundlegenden Wandel der Rollenverteilung. Einige der Rollenveränderungen, die mit dem Übergang zur Elternschaft verknüpft waren und als negativ erlebt wurden (vgl. Kap. 5.3), werden in der Ablösungsphase wieder aufgehoben. Mit der Situation des "empty nest" findet eine Rückkehr zum Zwei-Personen-Haushalt statt, wobei sich dieser allerdings aufgrund der Erfahrung der Elternschaft und einiger Aspekte des Alterns in veränderter Form gestaltet und sich insofern von jenem zum Zeitpunkt der beginnenden Elternschaft unterscheidet. Rollins und Cannon (1974) versuchen, das Ansteigen der ehelichen Zufriedenheit vor dem Hintergrund des *"role-strain"-Konzepts* zu erklären. "Role strain" bezeichnet die Schwierigkeiten einer Person, wenn sie den Erwartungen, die eine bestimmte Rolle an sie stellt, nicht gerecht werden kann. Sie postulieren, daß die konfligierenden Anforderungen multipler Rollen sich in den mittleren Lebensjahren häufen, so daß das Individuum diese kaum erfüllen kann, vor allem auch jene bezüglich der ehelichen Beziehung. In den späteren Ehejahren dagegen sinken Zahl und Komplexität der Rollen, wodurch wieder mehr Zeit und Energie in die Beziehung gesteckt werden kann.

Zusammenfassung: Mit dem Aus-dem-Haus-Gehen der Kinder, das in vielerlei Hinsicht zu einer Entspannung des familialen Zusammenlebens beiträgt, gewinnt die elterliche Ehe wieder an Attraktivität und Bedeutung für die Partner. Als plausibles Erklärungsmodell bietet sich das "role-strain"-Konzept an, da in dieser Phase des familialen Lebenszyklus mit einer abnehmenden Komplexität der Rollen zu rechnen ist, wodurch unter anderem auch Freiräume für die Beziehung geschaffen werden.

10.3.4 Die Beziehung zu den erwachsenen Kindern

Die Arbeiten über die Eltern-Kind-Beziehung aus der Sicht der Eltern kreisen genau wie diejenigen, die die Sicht der Kinder beleuchten, oft um die durch die *räumliche Trennung* bedingten Veränderungen sowie um das Thema "Verlust" vs. "Gewinn" in der Beziehung. Allerdings steht zumeist das Verhältnis zu jugendlichen Kindern im Vordergrund, während die Beziehung zu jungen Erwachsenen von der Forschung fast völlig ausgeklammert wurde. Dies erstaunt insofern, als die Zeit des "unattached young adult", der zwar nicht mehr zuhause lebt, aber noch keine eigene Familie hat, in besonderem Maße die Chance bietet, zwischen den Eltern und Kindern eine gleichberechtigte Beziehung unter Erwachsenen herzustellen (McGoldrick & Carter, 1982).

Lange Zeit herrschte die Annahme vor, die Eltern müßten ihre Kinder "freigeben", um ihnen den Weg in die Selbständigkeit zu ebnen. Erst wenn die Kinder den Kontakt zur Herkunftsfamilie abbrechen würden, könnten sie ein eigenständiges Leben führen (Bell & Bell, 1983). Ebenso wie für die Jugendlichen gewinnt man aber für die Eltern den Eindruck, daß die räumliche Trennung der Beziehung zu den Kindern kein Ende setzt. Der Begriff *"postparentale" Phase*, mit dem ausgedrückt wird, daß hier die Zeit der "aktiven Elternschaft" zuende geht, vermittelt insofern ein falsches Bild. Aktuelle Forschungsberichte zeigen nämlich übereinstimmend, daß die meisten erwachsenen Kinder engen Kontakt zu ihren Eltern pflegen, in deren Nähe wohnen und sie häufig besuchen (Troll, 1989).

Angemessener erscheint es, von einer Umgestaltung der Beziehung zu sprechen, die den Eltern tiefgreifende Veränderungen in ihrem Rollenverhalten abverlangt. Anstelle ihres bisherigen Konzepts von Elternschaft, das sich nicht länger aufrechterhalten läßt, ist ein neues Rollenverständnis zu entwickeln. Die Eltern müssen lernen, ihre Kinder nicht länger als Kinder zu sehen, sondern als gleichberechtigte Partner zu akzeptieren. Wenn eine solche Neudefinition gelingt, profitieren beide Seiten davon. Die Eltern gewinnen ihre Kinder als zusätzliche Quelle sozialer Unterstützung. Vor allem Mütter sehen in ihren erwachsenen Töchtern wichtige Ansprechpersonen (Hagestad & Snow, 1977). Auf der anderen Seite geben die Eltern ihren Kindern in dieser Übergangsphase unterstützende Leitung. Besonders in Krisenzeiten bieten sie ihren erwachsenen Kindern emotionalen Rückhalt und können auch ihrerseits Hilfe von ihren erwachsenen Kindern erwarten (vgl. Kap. 11.2).

Trotz aller Veränderungen sind junge Erwachsene in ihrer Lebensführung noch von den Eltern abhängig. Vaskovics et al. (1990) ermittelte, daß die Hälfte der untersuchten Eltern regelmäßige finanzielle Unterstützungen für ihre Kinder zwischen 18 und 28 Jahren aufbringen und daneben Sachleistungen wie z.B. Haushaltsgegenstände, Führerschein, Kosten für Urlaub usw. (zusammen mehr als 750,-- DM monatlich). Das gilt in besonderem Maße für wohlhabendere Familien, die für den gesamten Lebensunterhalt ihrer zuhause lebenden Kinder aufkommen. Hierzu gehören auch die von (92%) Eltern erbrachten Arbeitsleistungen im Bereich der haushaltsmäßigen Versorgung (z.B. Kochen, Waschen oder Behördengänge). Vor allem Eltern mehrerer Kinder sind in dieser Phase extrem gefordert. 63% aller Eltern bewerten die finanziellen Leistungen als "sehr belastend", wenngleich noch "einigermaßen tragbar", arbeitsmäßige Leistungen dagegen als weniger belastend. Die meisten Eltern (82%) erachten die von ihnen erbrachten Leistungen als selbstverständlich, jedoch weniger als freiwillig, sondern eher als ihre Pflicht.

Entgegen der weitverbreiteten Annahme, daß primär die Mütter unter der Ablösung leiden würden, zeigen Arbeiten über das Erleben der *Väter*, daß die zunehmende Autonomie der Kinder in einer für sie kritischen Lebensphase erfolgt und daher schmerzlich erfahren wird. Die Chance, eine freundschaftliche Beziehung zu ihren erwachsenen Kindern aufzunehmen, wird von den Vätern als Gewinn bewertet (Nydegger & Mitteness, 1982). Die Transformation der Beziehung wird dabei folgendermaßen beschrieben: erst gaben die Väter ihre Autorität auf, dann trennten sie sich von der Position, noch eine Schutzfunktion für ihre Kinder zu haben, und schließlich stellten sie ihre Ratgeberfunktion zurück. Was in der Beziehung übrig blieb, hatte den Charakter einer Freundschaft. Einige Väter empfinden das allerdings im Sinne einer verpaßten Gelegenheit: sie werden mit der Unabhängigkeit der Kinder konfrontiert, gerade wenn sie innerlich bereit wären, sich auf eine tiefere Beziehung einzulassen. In einem rückblickenden Abwägen, wie sich die Prioritätensetzung zwischen Beruf und Familie persönlich auszahlt, wird den Vätern bewußt, was sie versäumt haben: "For the male spouse, children's departure from the home brings an awareness of what he as a father may have missed" (Gilbert & Davidson, 1989, S. 200). Demgegenüber werden Frauen von ihrem ständigen Konflikt zwischen beruflichem Fortkommen und familialen Verpflichtungen in dieser Phase befreit.

Die Frage nach den Beziehungsveränderungen ist differenzierter zu stellen, und zwar dahingehend, von welchen Einflußfaktoren es abhängt, ob die Beziehung einen Bruch oder eine Fortsetzung erfährt. Als eine wichtige vermittelnde Variable kristallisierte sich die *Einstellung der Eltern* zum Auszug ihrer Kinder heraus. Probleme treten vornehmlich dann auf, wenn Eltern die Eigenständigkeit der Kinder nicht akzeptieren (Golan, 1986). Diejenigen Eltern, die Schritte der Kinder in

Richtung Autonomie akzeptieren, halten enge positive Beziehungen zu ihnen über den Auszug hinaus aufrecht. Wenn dagegen Mütter sehr an ihrer Mutterrolle festhalten, findet die Trennung eher in Form eines Bruchs statt mit der Folge, daß sich beide Seiten stark entfremden (Mudrich, 1978). Problematische Entwicklungen sind generell bei schwierigen Eltern-Kind-Beziehungen zu erwarten.

Eine weitere Frage richtet sich darauf, was Eltern in ihrem *Erziehungsverhalten* dazu beitragen können, ihre Kinder auf dem Wege zur Autonomie zu unterstützen. Dies setzt ein Verständnis von Ablösung als einem Prozeß voraus, der sich durch die gesamte Kindheit und Jugendzeit erstreckt (s.o.). Wenn Eltern ihre Kinder von klein auf zur Selbständigkeit erziehen, so schaffen sie günstige Voraussetzungen für eine gelungene Ablösung. Schon Kinder können lernen, Entscheidungen zu treffen und Verantwortung für ihr Handeln zu übernehmen und so hilfreiche Fähigkeiten auf dem Weg in die Selbständigkeit erwerben. Als Vorläufer im Jugendalter erwiesen sich das Gewähren von Freiräumen für die Identitätssuche der Kinder sowie das Sich-Hineinversetzen in ihre Gefühlswelt. Dies erhöht die Chance, daß die Beziehung längerfristig fortbesteht: "Paradoxically, by gradually letting go of their control over the adolescent, parents insure that the two generations remain attached". (Aldous, 1978, S. 264).

Stierlin (1975) differenziert in diesem Zusammenhang zwischen trennungsfördernden Erwartungen, die das Vertrauen der Eltern vermitteln, der Jugendliche könne sich von ihnen frei machen, und trennungs-verhindernden Erwartungen, die Zweifel der Eltern an den Fähigkeiten der Jugendlichen ausdrücken, ohne sie zurechtzukommen. Besondere Bedeutung hat sein Konzept der *Bindungsmodi* erlangt, die als verdeckte organisierte Grundmuster für die offener zutageliegenden spezifischen Eltern-Kind-Interaktionen fungieren. Er unterscheidet drei dysfunktional wirkende Bindungsmodi, die er in Familien mit jugendlichen Ausreißern beobachtet hat.

1. *Bindungsmodus:* Eltern und Kinder verhalten sich nach der unausgesprochenen Annahme, daß die wesentlichen Befriedigungen und Sicherheiten nur innerhalb der Familie erlangt werden können und die Außenwelt feindselig ist. Die Eltern binden die Kinder an das "Familienghetto" und behindern sie in ihrer Selbständigkeit. Die Jugendlichen halten sich von ihrer Peer-Gruppe fern.

2. *Delegationsmodus:* Ambivalente Haltungen der Eltern führen dazu, daß sie dem Jugendlichen gegenüber konfligierende Erwartungen haben. Sie haben gleichzeitig das Bedürfnis, ihre Kinder zu binden und sie fortzuschicken. Das Kind wird zum Stellvertreter (Delegierten) ihrer unerfüllten Wünsche gemacht. Für den Jugendlichen, der ihre Ambivalenzen aushalten und eine aus-

gleichende Rolle spielen muß, geschieht dies oft auf Kosten seiner eigenen Entwicklung.

3. *Ausstoßungsmodus:* die Eltern treiben ihre Kinder weg, um ihre eigenen Ziele besser verfolgen zu können. Die Eltern fühlen sich in ihrer Entwicklung durch die Kinder behindert und drängen sie daher zur frühen Ablösung. Diese Kinder wenden sich oft schon frühzeitig ihren Peers oder anderen Erwachsenen zu.

Stierlin verdeutlicht diese Muster speziell an Familien mit jugendlichen Ausreißern. Die elterlichen Beziehungsangebote sind nicht auf die Bedürfnisse Jugendlicher abgestimmt und behindern deren Selbstentwicklung.

Genau wie für die Jugendlichen (s.o.) besteht auch für die Eltern in dieser Phase die Aufgabe, die Balance zwischen Individualität und Verbundenheit zu halten. Sie müssen Jugendlichen Freiraum gewähren, aber weiterhin als Bezugspersonen verfügbar sein. "Ablösung ist somit eingebunden in einen umfassenden Prozeß der Beziehungsumgestaltung. Sie führt nicht zur Auflösung der Beziehung, sondern zur Abgrenzung innerhalb der Beziehung." (Peters, 1986, S. 110).

Zusammenfassung: In der Ablösungsphase steht eine Umgestaltung der Beziehung zu den erwachsenen Kindern an, die es erlaubt, auf einer neuen Grundlage miteinander umzugehen. Die Eltern übernehmen noch häufig Versorgungs- und Unterstützungsfunktionen für ihre erwachsenen Kinder. Ihre Reaktion auf die Autonomiebestrebungen ihrer Kinder spielt eine wichtige Rolle im Ablösungsprozeß und ihre Einstellung kann diesen vorantreiben oder behindern.

10.4 Forschungsperspektiven: Der familiale Kontext

Für zukünftige Forschungsvorhaben steht vor allem die Frage im Vordergrund, wie sich Eltern und Kinder *wechselseitig* im Ablösungsprozeß beeinflussen. Welche Rolle die *Familie* konkret in der Ablösungsphase spielt, war bisher kaum Gegenstand empirischer Forschung. Dies liegt unter anderem daran, daß das Forschungsgeschehen stets auf die Jugendlichen oder ihre Eltern polarisiert war, und die Analyse von Wechselwirkungen auf Familienebene sich sehr schwierig gestaltet. Bell und Bell (1983) kommen zu folgender Einschätzung: "Texts on adolescent psychology leave one with the impression that the major function of the family during this developmental phase is to give the adolescent someone to leave" (S. 27).

Einblick in *familiale Dynamiken* versuchen am ehesten klinische Arbeiten zu liefern (z.B. Stierlin, 1975), in denen die Probleme und Veränderungen von Familien mit sich ablösenden Jugendlichen aus systemischer Perspektive beschrieben werden. Die Aussagemöglichkeiten dieser - wenngleich heuristisch fruchtbaren - Fallstudien sind jedoch äußerst begrenzt.

Abschließend sei auf ein derzeit laufendes Forschungsprojekt der Autorin verwiesen, das der Frage nachgeht, welche Bedeutung dem Auszug aus dem Elternhaus zukommt. Die Arbeit hebt sich von anderen ab, indem die wechselseitigen Beeinflussungen zwischen den Familienmitgliedern im Ablösungsprozeß *auf verschiedenen Ebenen* abgebildet werden: 1) Ablösung als Entwicklungsthema junger Erwachsener und ihrer Eltern (individuelle Ebene); 2) Veränderungen in der Partnerschaft der Eltern sowie den Eltern-Kind-Beziehungen (dyadische Analyseebene); 3) Neuorientierungen der Familie als ganzer (familiale Ebene). Detailliertere Angaben zum Design dieser Studie und erste Ergebnisse finden sich in Kasten 9.

> **Kasten 9:** Ablösung im Familienkontext.
>
> *Die Studie beinhaltet im wesentlichen den Vergleich von 30 Familien, in denen die jungen Erwachsenen noch im Elternhaus leben und 28 Familien, in denen diese 2 bis 3 Jahre zuvor ausgezogen waren. In jeder Gruppe wurden jeweils gleich viele männliche und weibliche Probanden, und zwar durchschnittlich 22 Jahre alte Studenten befragt. Die Stichprobe setzt sich aus vollständigen Familien aus dem Rhein-Neckar-Kreis zusammen, die überwiegend der Mittelschicht zuzurechnen sind. Das Bildungsniveau der Mütter war größtenteils hoch. Sie wurden zum ersten Mal mit der Ablösung eines Kindes konfrontiert. In 18 Familien waren die jungen Erwachsenen Einzelkinder ("empty nest-Situation"), in 40 Familien hatten sie durchschnittlich ein jüngeres Geschwister.*
>
> *Die Hauptdatenquelle bilden strukturierte Einzelinterviews mit den jungen Erwachsenen und soweit möglich mit beiden Elternteilen, die sich auf das subjektive Erleben von Ereignissen im Zusammenhang mit dem Auszug beziehen. Daneben bearbeiteten die Probanden eine Reihe von Fragebögen zu ihrer eigenen Person sowie zu ihrer Beziehung zu den einzelnen Familienmitgliedern. Zum jetzigen Zeitpunkt können einige vorläufige Ergebnisse berichtet werden, die sich auf das individuelle Erleben der jungen Erwachsenen und der Mütter sowie auf die eheliche Beziehung (aus der Sicht der Mütter) beziehen. Sie stehen insgesamt in Einklang mit den zuvor berichteten Befunden.*
>
> *Bei der Inhaltsanalyse zum subjektiven Ablösungsverständnis junger Erwachsener kristallisierten sich als die am häufigsten genannten Themen die "Erweiterung des persönlichen Freiraums", die "höhere Selbständigkeit" sowie der Aspekt der "räumlichen Trennung" heraus. Weitere Themen waren "Begrenzung von elterlicher Kontrolle", "Verringerung des Gefälles in der Beziehung zu den Eltern" und verschiedene Aspekte von Hilfestellung durch die*

Eltern. Es wird deutlich, daß die jungen Erwachsenen Ablösung als einen sich auf verschiedenen Ebenen abspielenden Prozeß beschreiben. Die Antworten implizieren stets eine positive und/oder neutrale Bewertung, d.h. daß Ablösung als etwas Positives bzw. Normales angesehen wird.

Die Entwicklungsaufgabe "Ablösung vom Elternhaus" wird generell von den allein lebenden Studenten als wichtiger eingeschätzt als von den zuhauselebenden und auch bei der Bewältigung liegt ihr Mittelwert deutlich höher. Für die Töchter wurden jeweils höhere Werte ermittelt als für die Söhne, was bedeuten könnte, daß sie sich mit dieser Problematik intensiver auseinandersetzen.

Bei den zuhauselebenden Studenten fällt auf, daß die erwachsenen Töchter hauptsächlich wegen "finanzieller Probleme", die Söhne eher aus Gründen der "Bequemlichkeit" zuhause leben. Bei den Gründen für den bereits stattgefundenen Auszug stehen "äußere Faktoren" im Vordergrund. Für die weiblichen ist der Grund "eigene Entwicklung vorantreiben" jedoch gleich wichtig. Die Beziehung zu den Eltern spielt bei dieser Entscheidung eine eher unbedeutende Rolle.

Die Mütter schätzten die Bedeutung, die sie dem Auszug für ihre persönliche Entwicklung beimessen, recht unterschiedlich ein. Positive Bewertungen heben speziell auf den Aspekt der persönlichen Weiterentwicklung ab sowie auf die Entlastung durch die geringere Verantwortung und den Gewinn an persönlichem Freiraum. Als negativ wird erlebt, sich als Mutter überflüssig zu fühlen. Bei einigen Müttern ist auch die in anderen Studien berichtete ambivalente Haltung feststellbar (vgl. Kap. 10.3.2). Schließlich mißt eine ganze Reihe von ihnen dem Auszug ihres Kindes keine besondere Bedeutung bei. Nicht zuletzt wird der Prozeßcharakter der Ablösung betont ("z.B. Ablösung begann schon im Kindergarten").

Hinsichtlich partnerschaftlicher Veränderungen ergab sich, daß die Verbundenheit der Partner in dieser Phase weniger über die "Kinder" vermittelt wurde, als vielmehr über positive Aspekte der Partnerschaft wie "gegenseitige Zuneigung", "langes Zusammenleben" oder "gemeinsame Interessen". Das könnte man so interpretieren, daß die Eltern sich wieder mehr auf sich besinnen, und die Beziehung einen neuen Wert erlangt hat. Bei der Frage, inwieweit der Auszug des ältesten Kindes eine Lücke in ihrer Beziehung hinterlassen hat, lassen die Antworten insgesamt erkennen, daß die Mütter keine Gefühle der Leere empfinden und die sich für sie als Paar auftuenden neuen Möglichkeiten der Freizeitgestaltung positiv bewerten.

Weitere Analysen sind geplant, vor allem zum Erleben der Väter und der Eltern-Kind-Beziehungen, sowie dem Familienaspekt. Beispielsweise erscheint es vielversprechend, die Einschätzungen der einzelnen Familienmitglieder bezüglich verschiedener Aspekte des Zusammenlebens gegenüberzustellen. Auf der Basis von hoch übereinstimmenden im Gegensatz zu stark abweichenden Angaben ließen sich dann Familiengruppen bilden.

Zusammenfassung: Zukünftige Forschungsarbeiten werden sich intensiver dem Aspekt widmen, wie Eltern und Kinder im familialen Kontext den Ablösungsprozeß gemeinsam gestalten. Ein von der Autorin durchgeführtes Projekt beschäftigt sich damit und will in zukünftigen Analysen hier einen Beitrag liefern. Vor allem sollen die verschiedenen Ebenen aufeinander bezogen werden, auf denen sich der Ablösungsprozeß vollzieht.

11. DIE "SANDWICH-GENERATION"
Sylvia Schaller

11.1 Einleitung

In diesem Kapitel wird die Familie in den beiden letzten Phasen im Familienzyklus (vgl. Kap. 1.3), beginnend mit der Zeit nach dem Auszug der Kinder und endend mit dem Tod der Eltern, betrachtet. Im Zentrum steht die mittlere Generation, von der nachfolgende wie vorhergehende Generationen Solidarität und Hilfe erwarten.

Abbildung 13:

Der "Sandwich-Vater". Aus DER SPIEGEL (S.102) 38/1989. Copyright 1992 bei Springer-Verlag. Wiedergabe mit Genehmigung.

Im folgenden Abschnitt geht es zunächst um die persönlichen Ziele und Aufgaben, die sich, bedingt durch die sozialen, biologischen und ökonomischen/beruflichen Änderungen in dieser Lebensphase, für den Einzelnen sowie in seiner Beziehung zum (Ehe-) Partner ergeben. Es werden dann die Beziehungen zwischen Eltern im mittleren Lebensalter und der nachfolgenden Generation der Kinder und Enkel sowie der eigenen alten Eltern dargestellt. Zuletzt werden die Auswirkungen, die der Tod der Eltern auf die erwachsenen Kinder hat, behandelt.

Zentrale *Familienaufgabe* von Familien mit Angehörigen im mittleren Lebensalter ist, dem einzelnen Individuum Möglichkeiten der personalen Entwicklung zu geben und gleichzeitig dem Partner sowie den Anforderungen gerecht zu werden, die von der nachfolgenden wie der vorausgehenden Generation ausgehen. Diese Situation, in der sich besonders Frauen mittleren Alters befinden, ließ den Begriff der Sandwich-Generation entstehen: "women in the middle" (Brody, 1985).

Die Eingrenzung und Definition der mittleren Lebensphase ist in der Literatur uneinheitlich: sie richtet sich nach chronologischen (etwa 40. bis 60. Lebensjahr), rollenspezifischen (beginnend z.B. mit dem Auszug des letzten Kindes und endend etwa mit dem Eintritt in die Rente) und subjektiv-psychologischen Kriterien (z.B. durch die Summe der erfahrenen Lebensereignisse oder Bewertung und Eingrenzung durch das einzelne Individuum). In dem vorliegenden Buch (vgl. auch Kap. 9 u. 10) soll entsprechend der Zielsetzung dieses Buches vorwiegend einem rollenspezifischen Ansatz gefolgt werden. Die referierten Untersuchungen sollen sich weitgehend auf Stichproben zwischen 40 und 60 Jahren beziehen.

11.2   Die Partnerbeziehung im mittleren Lebensalter

Der Auszug der Kinder stellt viele Eltern vor Aufgaben, die die persönliche Entwicklung ebenso betreffen wie strukturelle und organisatorische Belange der Familie. Sie müssen ihre Rollen neu definieren, indem sie sich nicht mehr als Eltern sehen, sondern als Partner, die gemeinsame Interessengebiete abseits von kinderbezogenen Themen finden müssen, um die ihnen noch verbleibende Lebenszeit von etwa 20 Jahren auszufüllen. Die meisten Eltern erhoffen sich nach dem Auszug der Kinder eine größere persönliche Freiheit mit mehr Zeit für den Partner und eine Verbesserung der partnerschaftlichen Beziehung. Da sie einen Hauptgrund für Streitigkeiten während ihrer Ehe in Problemen mit den Kindern sehen, antizipieren sie eine Besserung, wenn Streitanlässe dieser Art nicht mehr vorhanden sind (Lowenthal & Chiriboga, 1972). In einer Längsschnittuntersuchung von Brandtstädter et al. (1990) über 4 Jahre zeigte sich im Vergleich zu kinderlosen Paaren tatsächlich ein Trend zu einer verbesserten Beziehung, wenn die Partner von der Erziehungsaufgabe entlastet waren. Hohe wahrgenommene Unterstützung eigener Entwicklungsinteressen durch den Partner erwies sich als bester Einzelindikator für die Partnerschaftsqualität. Die Verbesserung war aber nur kurzfristig, wenn den Partnern eine grundlegende Neudefinition ihrer Beziehung zur gleichberechtigten Partnerschaft nicht gelang. Möglicherweise bedingt durch eine aufgrund geänderter Umweltbedingungen, gesetzlicher Bestimmungen und normativer Einstellungen veränderten Rolle der Frau und damit einhergehend anderen geschlechtstypischen Verhaltensweisen (Cooper & Gutmann, 1987), enden in den letzen Jahren solche partnerschaftlichen Konflikte zunehmend in Scheidung. In den USA betreffen mittlerweile etwa 20% der Scheidungen Frauen über 40 Jahre (Uhlenberg et al., 1990). Ein großer Teil der Scheidungsanträge kommt von

Frauen. In der Bundesrepublik Deutschland ist seit Jahren ein ähnlicher Trend zu beobachten (vgl. Kap. 13).

Die mittlere Lebensphase scheint nicht nur durch die veränderten familialen Aufgaben problematisch für die Partnerbeziehung zu sein, auch gegensätzliche *persönliche* Erwicklungen können sie beeinträchtigen. Das mittlere Lebensalter wird zwar nicht mehr generell als eine aufgrund der veränderten Lebensbedingungen in Beruf und Familie hervorgerufene "Sinnkrise" verstanden, trotzdem stellt sich in dieser Lebensphase die Frage nach Kosten und Nutzen der bisherigen Lebensgestaltung. Bereits Jung (1950) hat die Chancen betont, welche die Lebensmitte nach dem Ende der Verpflichtungen, die sich um Familie und gesellschaftliche Stellung drehten, für die psychische Entwicklung bietet. Er sah die Hauptaufgabe nach dem 40. Lebensjahr in einem "Ausbalancieren" der Persönlichkeit und der Entwicklung bisher vernachlässigter personaler Ressourcen - beim Mann der weiblichen Seite seines Wesens, bei der Frau ihrer männlichen Eigenschaften - die er für eine erfolgreiche Anpassung an das Alter als notwendig ansah.

Nach den Ergebnissen von Längsschnittstudien scheint die Entwicklung von Männern und Frauen in der Lebensmitte tatsächlich gegensätzlich zu verlaufen. Für Frauen bedeutet diese Lebensphase überwiegend eine Stärkung intrapersonaler Ressourcen, ein selbstbewußteres Verhalten innerhalb der Familie und/oder eine vermehrte außerfamiliale Orientierung (Gutmann, 1985). Dies erklärt möglicherweise, daß Frauen Konflikte vorwiegend in der Familie und der Partnerbeziehung sehen (Lehr & Thomae, 1965). Sie wünschen mit zunehmendem Alter immer häufiger, daß der Partner sein Verhalten ändere und fühlen sich in ihrer persönlichen Entwicklung von ihm abhängig (Brandtstädter et al., 1990). In Längsschnittuntersuchungen nahmen Belastungen in den Beziehungen zum Ehepartner (durch zunehmende Konfliktneigung, aber auch durch gesundheitliche Probleme und Sorgen um den Partner bedingt) über einen Untersuchungszeitraum von 12 Jahren zu (Thomae, 1983).

Frauen sind zwar unzufriedener mit der Partnerbeziehung, aber nicht generell unzufrieden mit ihren Lebensbedingungen (Thomae, 1983). Bei der retrospektiven Bewertung ihres bisherigen Lebens sind sie zwar unzufriedener als Männer, die gegenwartsbezogene Lebenszufriedenheit fällt aber mit zunehmendem Alter positiver aus (Mummendey et al., 1985; Wittkowski & Zobel, 1982). Geschiedene und verwitwete Frauen weisen im Vergleich mit verheirateten durchschnittlich noch höhere Lebenszufriedenheitsscores auf (Fooken, 1984; Sherman, 1982, zit in Chiriboga, 1989). Auch diejenigen, denen ein (Wieder)Einstieg in den Beruf gelang, berichteten eine Steigerung des Selbstwertgefühls und der Zufriedenheit

(Schaie & Willis, 1986). Frauen zeigen auch eine mit dem Alter zunehmende Präferenz für "männliche" Einstellungen in den Bereichen "soziales Ansehen", "beruflicher Erfolg", "Selbstbehauptung" und "Unabhängigkeit" (Brandtstädter et al., 1990).

Umgekehrt scheinen *Männer* ab dem mittleren Lebensalter zunehmend unzufriedener mit ihren Lebensbedingungen zu werden (Mummendey et al., 1985; Wittkowski & Zobel, 1982). Dabei sehen sie Konflikte seltener als Frauen im partnerschaftlichen Bereich (10% gegenüber 16%, Lehr & Thomae, 1965) - was möglicherweise zu der Enttäuschung ihrer Ehefrauen über das mangelnde Verständnis mit beiträgt - als in außerfamilialen Bedingungen. Im Gegensatz zu den Befunden bei Frauen bezeichnen sich verheiratete Männer als zufriedener als geschiedene oder verwitwete und haben weniger psychische und physische Probleme (Bojanovsky, 1986). Das hängt möglicherweise damit zusammen, daß Männer sich mit zunehmendem Alter immer mehr auf die Bedeutung interpersonaler Ressourcen besinnen, während sich ihre intrapersonalen Bewältigungskompetenzen eher zu verringern scheinen (Gutmann, 1985). Damit geht einher, daß Männer dieser Altersgruppe beginnen, berufliche Leistungen als weniger wichtig anzusehen als ein befriedigendes Familienleben (Sears, 1977). Sie legen im zwischenmenschlichen Bereich zunehmend mehr Wert auf Einfühlungsvermögen (Brandtstädter et al., 1990) und beschreiben sich selbst häufiger als jüngere Männer oder Frauen der gleichen Altersgruppe, indem sie einen Bezug zu anderen Personen herstellen (Pratt et al., 1990).

Traditionell geprägte Männer und Frauen haben häufiger Schwierigkeiten bei der Bewältigung der Probleme dieser Lebensphase (Lowenthal et al., 1975). Besonders Frauen aus niedrigen sozioökonomischen Schichten, denen die "Emanzipierung" aus ökonomischen Gründen und fehlender beruflicher Bildung schwerfällt und die dem mit dem Alter zunehmenden Bedürfnis des Mannes nach engeren (und von der Frau oft als einengend erlebten) Beziehungen kein adäquates und gesellschaftlich akzeptiertes Mittel zur Erlangung verstärkter Autonomie entgegensetzen können, scheinen betroffen zu sein. Unter diesen Bedingungen treten auch psychosomatische Störungen oder depressive Verstimmungen in der Menopause häufiger auf, während Frauen mit höherer Bildung und in befriedigender beruflicher Position am wenigsten beeinträchtigt sind (vgl. Goldhaber, 1986). Auch bei Männern, denen die Definition neuer beruflicher Ziele und eine Neubewertung der beruflichen Arbeit nicht gelingt, sondern die weiter am bisherigen Lebens- und Arbeitsstil festhalten, soll es zu verstärkter Selbstunsicherheit und Ängstlichkeit (Schlosberg, 1986; Katchadourian, 1987) kommen. Diese Anpassungsprobleme können zu einer Vielzahl psychischer Symptome, z.B. vermehrtem Alkoholkonsum, "Worcoholism", führen.

Eines der einschneidensten Lebensereignisse des mittleren Alters ist der *Tod des Partners*, weil damit meist eine Änderung des gesamten bisherigen Lebens einhergeht. Verwitwete verlieren mit dem Partner nicht nur eine Quelle von Stimulation und Verstärkung (Bojanovsky, 1986), sondern auch die damit verbundene soziale Rolle (Lopata, 1973). Durch den Tod des Partners findet eine Änderung der bisherigen Lebensgewohnheiten statt, die oft als Leere empfunden wird. Frauen sind neben einem Statusverlust oft auch finanziell beeinträchtigt, umso mehr, je jünger der Mann zum Zeitpunkt seines Todes war. Während im hohen Lebensalter Verwitwung trotz Trauer zur persönlichen Reifung beitragen kann (als besonders eindrucksvolles Beispiel kann Brechts "unwürdige Greisin" herangezogen werden), hat ein derartiger Verlust in jüngeren Jahren oft traumatische Auswirkungen. Junge Verwitwete erkranken im Vergleich mit Verheirateten gleichen Alters und im höheren Alter Verwitweten häufiger psychisch wie physisch (Bojanovsky, 1986; Jacobs et al., 1990). Vor allem Witwer haben höhere Sterblichkeitsraten (Clayton, 1990), einschließlich höherer Suizidraten (Bojanovsky, 1986; Kreitman, 1988). Hinzu kommt, daß - im Gegensatz zum Sterben eines sehr alten Menschen - der Tod einer Person mittleren Alters als gewaltsames Herausreißen aus der Gemeinschaft erlebt wird (Vargas et al., 1989). Gleichzeitig wird von jüngeren Verwitweten eine schnelle Bewältigung des Verlustes erwartet ("das Leben geht weiter"; Silverman, 1988), was den Trauerprozeß erschwert.

Die bedeutendste Entwicklungsaufgabe nach Verwitwung ist die Definition einer neuen Rolle und die Suche nach neuen Lebensaufgaben. Witwen mit adäquater Bewältigung des Trauerprozesses sind eher fähig, ihre Identität von der Ehefrau über die Witwe zur Frau zu ändern (Golan, 1975). Sie stellen fest, daß ihre Identität unabhängig von der verlorenen Beziehung Bestand hat. Beziehungen ändern sich qualitativ in Richtung stärkerer Ausgewogenheit und größerem Respekt für eigene Kompetenz und Individualität (Lopata, 1979; Silverman, 1981)

Zusammenfassung: Nach dem Auszug des letzten Kindes müssen Eltern ihre Rollen neu definieren, indem sie sich nicht mehr als Eltern, sondern als Partner sehen. Eine wichtige familiale Aufgabe ist die Unterstützung der personalen Entwicklungsinteressen des Partners, die in dieser Lebensphase bei Mann und Frau gegensätzlich zu verlaufen scheinen. Für den Mann wird die Definition neuer beruflicher Ziele und eine Neubewertung der beruflichen Arbeit wichtig, bei Frauen verringert sich die bisherige Konzentration auf die Familie. Sie engagieren sich zunehmend stärker außerhalb der Familie (beruflich oder sozial), was einen Einfluß auf den traditionell geprägten Status des Mannes hat. In dieser Lebensphase stellt sich für viele Menschen zum ersten Mal die Frage nach Kosten und Nutzen der bisherigen Lebensgestaltung.

11.3 Die Beziehung zu nachfolgenden Generationen: Großeltern und Enkel

Großelternschaft geht heute mit einem 20- oder gar 30jährigen Zusammenleben mit den Enkel-, oft auch Urenkelkindern einher. Die Funktion des Mediators zwischen Enkelkindern und Eltern erstreckt sich nicht mehr nur auf die Kindheit des Enkelkindes, sondern ebenso auf dessen Jugend- und Erwachsenenalter.

Die Bedeutung der Großelternschaft hat sich für die jetzt lebenden Generationen gewandelt, die Rollen sind nicht mehr klar definiert. Während Großmütter früher, vor allem in ländlichen Gebieten, oft die Betreuung der Enkel übernahmen, hat heute bei vielen Frauen nach dem Auszug der Kinder die eigene Berufstätigkeit, der Wunsch nach Weiterqualifikation in einem erlernten Beruf oder die Erlangung eines Berufs durch Ausbildung oder Studium große Bedeutung. Demgegenüber steht die zunehmende Selbstverständlichkeit, mit der junge Frauen auch nach der Geburt eines Kindes weiterhin ihren Beruf ausüben. Bei fehlenden alternativen Betreuungsformen kann dies für die Großmutter mittleren Alters eine möglicherweise unerwünschte Neuverpflichtung bedeuten. Dieser Konflikt wird verschärft, wenn sich die jugendliche Mutter noch in der Ausbildung befindet. Trotz dieser oft gegensätzlichen persönlichen Ziele kommt Großeltern nach wie vor eine wichtige Funktion in Krisensituationen und im sozialen Unterstützungssystem der jungen Eltern zu. Mütterliche Kompetenzen können besser ausgebildet werden, wenn eine Großmutter emotionale Unterstützung gewährt (Abernathy, 1973), während eine gestörte Beziehung zu den Großeltern die Kernfamilie in ihren Erziehungsfunktionen schwächen kann (Crockenberg, 1981).

Unter den von Neugarten und Weinstein (1964) beschriebenen Stilen der Großelternschaft (formelle Großeltern, Ersatzeltern, weise Ratgeber, Freudensucher, distante Großeltern) scheint heute derjenige der "Freudensucher" besonders verbreitet zu sein (Schmidt-Denter, 1984). Nach einer bundesweiten Repräsentativerhebung hüteten 1980 zwar 23% der Frauen zwischen 45 und 50 Jahren regelmäßig ihre Enkel (Bundesminister für Jugend, Familie, Frauen und Gesundheit [BMJFFG], 1986), die meisten Großmütter sprangen jedoch nur stunden- oder tageweise unter besonderen Umständen bei der Kinderbetreuung ein (Feser et al., 1989). Mehr als die Hälfte der Großeltern hatten daher häufige, zum Teil tägliche Kontakte zu den Enkelkindern (Ministerium für Arbeit, Gesundheit und Sozialordnung Baden-Württemberg, 1983; Schmidt-Denter, 1984), die in den meisten

Fällen weniger erzieherischen Charakter hatten, sondern in erster Linie als gegenseitige Quelle der Unterhaltung erlebt werden (Schmidt-Denter, 1984).

Eine wichtige Aufgabe von Großeltern ist es, als "Eltern der Eltern" den Kindern eine andere Sichtweise über die Eltern zu vermitteln, was gelegentlich relativierend wirken und zu einem besseren gegenseitigen Verständnis beitragen kann. Bei Scheidungen sind Großeltern allerdings besonders vulnerabel, da ihre Kontakte zu den Enkelkindern meist von der Übertragung des Sorgerechts abhängen und Eltern von geschiedenen Söhnen den Kontakt zu den Enkelkindern oft verlieren (Matthews & Sprey, 1984).

Zusammenfassung: Großeltern spielen trotz der in den letzten Jahren veränderten Rollenauffassung eine wichtige Rolle im familialen Unterstützungssystem. Viele Großmütter übernehmen zumindest stundenweise oder in Notsituationen die Betreuung der Enkelkinder. Sie erleben das Beisammensein mit den Enkelkindern jedoch vorwiegend als Unterhaltung ohne weitergehende erzieherische Verantwortung.

11.4 Die Beziehung zu den alten Eltern

Eine wichtige Entwicklungsaufgabe des mittleren Erwachsenenalters ist es, sich den alten Eltern mit einer geänderten emotionalen Beziehung und in anderer Rolle zu nähern. Dieser Entwicklungsprozeß ("filiale Krise"), der nach Blenkner (1965) zur "filialen Reife" führt, beinhaltet im wesentlichen folgende Aspekte: bewußt erlebte Eigenständigkeit und Abgrenzung der eigenen Bedürfnisse (emotionale Autonomie); stabiles Bewußtsein der positiven Gefühle füreinander als Basis der Beziehung; Verständnis für wesentliche Prägungen durch die Eltern im positiven wie im negativen Sinn; Fähigkeit und Bereitschaft, Konflikte mit den Eltern offen und konstruktiv auszutragen; Einfühlungsvermögen in die nachlassenden Fähigkeiten der Eltern und Anerkennung der Defizite; Kontrolle unangemessener Schuldgefühle (Bruder, 1988). Die Eltern werden als Individuen mit eigenen Rechten, Bedürfnissen und Erfahrungen gesehen, die unabhängig von ihrer Eigenschaft als Eltern Bestand haben. Diese Entwicklungsaufgabe umfaßt auch die Einsicht, daß man Eigenverantwortung übernehmen muß und in Krisen keine Unterstützung von den Eltern mehr verlangen kann, sondern umgekehrt die Eltern zunehmend Beistand von ihren Kindern erwarten.

Unter den Faktoren, die die Beziehung zwischen erwachsenen Kindern und ihren Eltern beeinflussen, scheinen vor allem drei bedeutsam zu sein:

1. Gemeinsame Interessen und Wertvorstellungen scheinen eine größere Bedeutung für die Beziehung zwischen Eltern und erwachsenen Kindern zu haben als räumliche Nähe (Hamon & Blieszner, 1990).

2. Gute Eltern-Kind-Beziehungen scheinen von einem ausgewogenen Austausch von Ressourcen ebenso abzuhängen wie von subjektiven Normen über familiale Verbundenheit und gegenseitige Bindungen (Roberts & Bengtson, 1990; Schütze, 1989b). Nach der Equity-Theorie (vgl. Kasten 5, Kap. 5.1) ist zu erwarten, daß eine kurvilineare Beziehung zwischen psychischem Wohlbefinden der Eltern und dem Ausmaß der erfahrenen Hilfe besteht. Die meisten Untersuchungen stehen mit dieser Erwartung in Einklang: alte Eltern, die glauben, mehr Hilfe zu geben als zu empfangen, scheinen eher Ärger und Widerstand zu empfinden, während Eltern, die mehr Hilfe erhalten als sie geben, mehr Schuld- und Abhängigkeitsgefühle haben (Rook, 1987). Lediglich bei Verwitweten zeigte sich, daß ihre Befindlichkeit um so besser war, je mehr Hilfe sie bekamen (Mutran & Reitzes, 1984). Allerdings scheint sich die erwartete Ausgewogenheit der Hilfeleistung nicht allein auf die Gegenwart zu beziehen, sondern umfaßt möglicherweise einen größeren Zeitraum. Eltern sind daher unter Umständen auch bereit, mehr Hilfe zu fordern oder zu akzeptieren, da sie die von ihnen gegebene Hilfe während Jugend und frühem Erwachsenenalter des helfenden Kindes miteinschließen (McCulloch, 1990).

3. Die Beziehung zwischen Eltern und erwachsenen Kindern wird auch wesentlich davon beeinflußt, ob die in der Vergangenheit entstandenen (hierarchischen) Beziehungsstrukturen überwunden werden können. Wie schwierig dies sein kann, zeigt eine Vielzahl von Untersuchungen. 30- bis 50-Jährige rechnen Konflikte mit den Eltern zu den häufigsten Belastungssituationen (Lehr & Thomae, 1965). Diese Konflikte betreffen wegen der geschlechtsspezifischen Aufgabenzuweisungen oft Frauen, denen meist die Hauptverantwortung für die psychische und physische Befindlichkeit der Eltern übertragen wird. Siebzig bis achtzig Prozent der Hilfe, die bei gesundheitlicher Beeinträchtigung der Eltern geleistet wird, kommt von den erwachsenen Töchtern oder Schwiegertöchtern, die dafür oft auf eigene berufliche Chancen verzichten (Ministerium für Arbeit, Gesundheit und Sozialordnung Baden-Württemberg, 1983; Stiefel, 1983).

Probleme entstehen meist dadurch, daß von Töchtern implizit eine bessere Anpassung an die Eltern und mehr "töchterlicher Gehorsam" und Rücksichtnahme erwartet wird. Verheiratete Töchter befinden sich daher häufig in einem Zwiespalt zwischen den Pflichten gegenüber der eigenen Familie und den Eltern (Lehr, 1987). Unverheiratete Töchter fühlen sich durch die ständige Anwesenheit der Eltern in ihrer persönlichen Entfaltung gehemmt, sind aber gleichzeitig oft unfähig, die für eine Ablösung notwendigen Konflikte in Kauf zu nehmen (Lüders, 1980). Das Bedürfnis der Eltern nach verstärkter Hilfeleistung kann auch eine Rollenverunsicherung bei der im mittleren Lebensalter stehenden Tochter bewirken, die dann als besonders belastend erlebt wird, wenn die Rollenumkehr von den Eltern nicht wahrgenommen oder abgelehnt wird oder wenn die familiale Hierarchie (z.B. die dominierende Rolle des Vaters) in Frage gestellt wird (Blenkner, 1965; Lang & Brody, 1983). In der Bonner Längsschnittstudie empfand mehr als die Hälfte der für Eltern oder Schwiegereltern sorgenden Töchter die Interaktion als häufig gespannt oder belastend, fast ein Drittel fühlte das Zusammenleben beeinträchtigt durch alltägliche Reibereien, die als mangelnde Rücksichtnahme oder Bevormundung der Eltern bewertet wurden (Wand, 1986). Aufgrund dieser Belastungen entstehende oder ungelöste frühere Konflikte können Ursache von Schuldgefühlen bei der versorgenden Tochter sein, die auf der einen Seite durch übermäßige Pflege kompensiert werden (was zu zunehmender Abhängigkeit des versorgten Elternteils führt) oder sich in distanziertem Verhalten ausdrückt, was die Schuldgefühle der Tochter erhöht (Brody, 1985). Unangemessene Schuldgefühle können auch durch Insuffizienzgefühle hervorgerufen werden, weil sie die Eltern ihrer Einschätzung nach (und noch verstärkt durch die "öffentliche Meinung" hinsichtlich der Vernachlässigung der Alten durch die Familien) nicht in dem Maße pflegen kann, wie diese es während der Kindheit für sie taten. Dieses Gefühl der Verantwortung, das um so stärker ist, je mehr die Beziehung durch Affektivität, Vertrauen und gemeinsame Wertvorstellungen gekennzeichnet ist, wird meist auch als Grund für die trotz persönlicher Beeinträchtigung geleistete Hilfe angegeben (Schütze, 1989b). Schubert (1990) spricht in diesem Zusammenhang auch von einem "sozialökologischen Hilfekreislauf" zwischen jungen und alten Alten, der vorwiegend auf einem Solidaritätsprinzip beruhe. Eine so motivierte Hilfeleistung kann die Beziehung zwischen den Generationen positiver gestalten als zuvor, die Pflege kann als eine Quelle der Zufriedenheit für Eltern wie erwachsene Kinder erlebt werden (Brody, 1985; Hamon & Blieszner, 1990). Dies kann zu einer Nivellierung der hierarchischen Strukturen führen: Cohler und Grunebaum (1981) fanden in einer Untersuchung an drei Generationen von Frauen, daß die Töchter der mittleren Generation stärkere Unabhängigkeit von ihren Müttern erreichten, wenn die Mütter pflegebedürftig und somit abhängig von ihnen wurden.

Die Gefahr des Auflebens der früheren Eltern-Kind-Beziehung besteht besonders bei einem gemeinsamen Haushalt. Dies scheint auch von den alten Eltern so empfunden zu werden. In Deutschland wie in den meisten westlichen Ländern (Datan et al., 1987) leben zunehmend mehr alte Menschen auch in hohem Alter und nach Verwitwung in einem eigenen Haushalt (Schubert, 1990), allerdings bis zu einem Drittel in einem Haus mit ihren Kindern (Ministerium für Arbeit, Gesundheit und Sozialordnung Baden-Württemberg, 1983; Stiefel, 1983). Ausschlaggebend für diese Wohnpräferenzen scheinen vor allem die Wünsche der alten Menschen zu sein (Blume, 1970), auch wenn aus Befragungen oft nicht ersichtlich ist, ob ihre Äußerungen nicht durch soziale Erwünschtheit gekennzeichnet sind (vgl. Bungard, 1975) und sie (oft trotz oder wegen gesundheitlicher Beeinträchtigung) "nicht zur Last fallen wollen" (Lüders, 1980). Auch bei bereits beeinträchtigter funktionaler Kapazität zog die Mehrzahl der von Worobey und Angel (1990) befragten unverheirateten älteren Männer und Frauen vor, auch weiter allein zu leben. Die meisten Alleinlebenden empfinden diesen Zustand als nicht belastend (Naegele & Plum, 1979, zit. in Zimmermann, 1979) und sie äußern auch eine höhere Lebenszufriedenheit als solche, die mit Angehörigen zusammenleben (Fooken, 1984).

Eltern, die mit ihren erwachsenen Kindern zusammenleben, haben eher das Gefühl, nicht mehr gebraucht zu werden und empfinden - mit zunehmendem Alter sich immer stärker bemerkbar machend - Autoritätsverlust, abnehmende Kontrollkompetenz und Rollenunsicherheit gegenüber ihren sie versorgenden Kindern (Eddington et al., 1990). In vielen Fällen ist daher bei einem gemeinsamen Haushalt von Eltern und Kindern eine Aufgabenteilung zu beobachten, indem die alten Eltern einen Großteil der anfallenden Hausarbeiten erledigen. Eine Mithilfe der Eltern kann von der Tochter auch im Sinne einer "Beschäftigungstherapie" verstanden werden, obwohl der Haushalt ohne diese Hilfe möglicherweise reibungsloser liefe (Lüders, 1980).

Die Konflikte zwischen den Generationen werden noch dadurch verstärkt, daß selbst alte Menschen heute länger Kinder und Eltern als jemals zuvor in der Geschichte sind (vgl. die Untersuchungen zur 5-Generationen-Familie, Kruse, 1984). Die Umschichtungen innerhalb der Bevölkerungsstruktur mit einem erhöhten Anteil alter und sehr alter Menschen und immer weniger Geburten machen es wahrscheinlicher als in früheren Jahrzehnten, daß Frauen und Männer im mittleren Lebensalter noch betagte Eltern oder Großeltern haben. Andererseits können sich die Eltern im Alter an eine immer geringer werdende Anzahl von Kindern um Hilfe wenden, und die Kinder haben weniger Geschwister, die sie in der Pflege der alten Eltern unterstützen können, bei einer Zunahme altersbedingter psychischer und physischer Erkrankungen und Behinderungen (Kalayam & Shamoian, 1990; Lehr, 1990).

Dadurch kann die Pflege kranker oder alter Eltern als sehr belastend empfunden werden. Fast 70% aller Pflegenden fühlen sich durch die Pflege seelisch, fast ein Viertel körperlich beeinträchtigt (Balluseck, 1984). Vor allem bei psychisch kranken oder dementen Eltern wird diese Belastung noch verstärkt durch Bindungsunsicherheit ("boundary ambiguity"; Boss, 1988), da nicht geklärt ist, ob die Kranken trotz physischer Anwesenheit psychisch noch zur Familie gehören und welche Rolle sie innerhalb des Familiensystems einnehmen. Pflegende haben daher vor allem Probleme bei der Bewältigung dieses emotionalen Verlustes, wodurch Trauerarbeit und die notwendige Restrukturierung der Familie erschwert werden (Boss et al., 1990).

Aus dieser Überlastung der Familienangehörigen (vor allem, wenn die sozialen Bedingungen insgesamt ungünstig sind; Rathbone-McCuan, 1980) resultiert oft auch die nicht nur auf Pflegeheime beschränkte physische und psychische Mißhandlung oder Vernachlässigung hilfsbedürftiger alter Menschen, die in der Bundesrepublik bisher noch kaum als Problem diskutiert wird. Schätzungen vermuten jedoch ähnlich hohe Zahlen wie bei kindlichem Mißbrauch (BMJFFG, 1986). In den USA wird die Inzidenz auf 4 bis 25% geschätzt, wobei passive Vernachlässigung und psychische Mißhandlung zu überwiegen scheinen (zur kritischen Zusammenfassung vgl. Giordano & Giordano, 1984; Goldstein, 1989).

Zusammenfassung: Trotz der vor allem in der Laienpresse häufig auftauchenden Klagen über die zunehmende Isolierung und das Abschieben vor allem pflegebedürftiger alter Angehöriger kann von einer familialen Ausgrenzung des alten Menschen keine Rede sein. Zwar leben zunehmend mehr alte Menschen in einem eigenen Haushalt, dies beruht jedoch vorwiegend auf deren eigenen Wünschen. Die Belastungen, die die mittlere Generation durch die familiale Pflege der alten Eltern auf sich nimmt, wird durch die veränderte Bevölkerungsstruktur sogar eher größer als früher.

11.5 Der Tod der Eltern

Die meisten Menschen verlieren heute zwischen dem 40. und 60. Lebensjahr ihre Eltern. Die Auswirkungen, die der Tod der Eltern hat, finden jedoch, sofern er nicht im Kindesalter stattfindet, kaum wissenschaftliche Beachtung. Dies ist zum Teil darauf zurückzuführen, daß er oft nur dann als Schicksalsschlag verzeichnet wird, wenn er unzeitgemäß (zu früh) erfolgt oder wenn eine außergewöhnlich enge Beziehung besteht (Bowlby, 1980).

Der Tod der Eltern kann aber auch von erwachsenen Kindern in mehrfacher Hinsicht als belastend erlebt werden. Er ist oft die erste Konfrontation mit dem Sterben in der engeren Familie. Dadurch kann die Angst vor dem Verlassenwerden, wie sie das noch unmündige Kind früher erlebte, wieder aktualisiert werden (Kaltreider & Mendelson, 1985). Viele Menschen haben außerdem den Gedanken an den Tod verdrängt, was ihre Fähigkeit, sich mit lebensbedrohlichen Krankheiten und Tod der Eltern zu beschäftigen, behindert. Das Gefühl, den Sterbenden allein gelassen, ihn nicht genug unterstützt zu haben, führt oft zu Schuldgefühlen. Hinzu kommt bei manchen das Gefühl, sich nicht genug um die alten Eltern gekümmert zu haben. Konflikte um Kleinigkeiten werden im Nachhinein als unnötig und als eigenes Versagen angesehen (Böttcher, 1988; Tausch, 1987). Der Tod der

Eltern kann aber auch entlastend wirken, z. B. wenn Pflege nötig war oder die familialen Beziehungen als destruktiv erlebt wurden. Er gibt Gelegenheit, sich unbeeinflußt von den Eltern weiter zu entwickeln.

Meist ist der Tod der Eltern, anders als der Tod des Ehepartners oder eines Kindes, kein plötzlicher Einschnitt (Owen et al., 1983). Die "Lebensendzeit" (Böttcher, 1988) beginnt oft schon dann, wenn der alte Mensch zwar noch rüstig ist, aber Geburtstage oder sonstige Ereignisse, z.B. der Tod der Eltern gleichaltriger Freunde, auf die verkürzte verbleibende Lebenszeit hinweisen. Die Eltern selbst beginnen häufig bereits mit dem Ablösungsprozeß, indem sie sich mit ihrem Sterben auseinandersetzen und auf ihren nahenden Tod hinweisen (Ullman, 1986).

Mit dem Tod der Eltern sind die Kinder keine Kinder mehr, es findet ein letzter Status- und Rollenwechsel statt. Eine Quelle persönlicher Identität, die außerhalb der eigenen Erfahrung liegt und nur durch die Erinnerungen der Eltern besteht (z.B. an die früheste Kindheit), ist durch den Tod der Eltern nicht mehr zugänglich. Man verliert (in Anbetracht der zunehmend brüchiger werdenden Partnerbeziehungen oft die einzigen) Menschen, die einen stabil und meist bedingungslos lieben.

Trotzdem entwickelt sich auch das weitere Leben nicht unbeeinflußt durch die Eltern. Die Existenz dieser individuellen Familie ist zwar zu Ende, sie besteht jedoch durch über den Tod der Eltern hinausreichende Orientierungen weiter, z.B. durch die Einordnung der Familie in die Generationenfolge, die Pflege des Familiengrabes, die Übernahme des Elternhauses. Dies kann als Anlaß gesehen werden, die Beziehung zu den Eltern aufzuarbeiten, und im Hinblick auf das eigene Leben Bilanz zu ziehen (besonders eindrucksvoll dargestellt in literarischen Zeugnissen: de Beauvoir, 1964; Kersten, 1978; Weiss, 1961).

Der Tod der Eltern ruft auch vermehrt Gedanken an die eigene Endlichkeit hervor: zwischen dem Tod und der eigenen Person steht niemand mehr (Moss & Moss, 1983). Die persönlichen Vorstellungen vom Tod, deren Entwicklung in der Kindheit begann, finden ihren Abschluß (Böttcher, 1988), Gedanken an den eigenen Tod werden häufiger, da die verbleibende Zeit im Vergleich zur bereits gelebten immer kürzer wird.

Zusammenfassung: Der Tod der Eltern hat für die erwachsenen Kindern zwar normalerweise keine traumatischen Auswirkungen, er führt jedoch oft dazu, daß Bilanz gezogen, die emotionale Beziehung zu den Eltern aufgearbeitet und die Auseinandersetzung mit dem eigenen Sterben intensiviert wird.

12. ADOPTIERTE KINDER UND IHRE ELTERN: FAMILIEN EIGENER ART
Elke Klein-Allermann

12.1 Einleitung

In der Psychologie wurden Adoptionsstudien häufig herangezogen, um Hinweise auf die Vererbbarkeit psychischer Merkmale (etwa der Intelligenz) zu erhalten (vgl. Kap. 2.2). Die Erforschung von Adoptivfamilien vermag darüber hinaus jedoch - ähnlich wie die von Stieffamilien - interessante Aufschlüsse auf individuelle und familiale Entwicklungsverläufe geben, die sich aus einer rechtlich und sozial, aber nicht biologisch fundierten Elternschaft ergeben. Schließlich beleuchten Adoptionsstudien exemplarisch Bewältigungsprozesse von Familien, die von dem biographischen Normalitätsmuster abweichen und in der Folge mit speziellen Anforderungen konfrontiert sind (vgl. Hoffmann-Riem, 1988, 1989).

Adoption verstehen wir in Anlehnung an Familienentwicklungsmodelle (vgl. Kap. 1.3) als einen langfristigen Prozeß, in dem Eltern und Kinder verschiedene Entwicklungsstufen durchlaufen (vgl. Brodzinsky, 1987a). Welche spezifischen Aufgaben mit der besonderen Art der Familiengründung bzw. -erweiterung in den jeweiligen Familienzyklusphasen einhergehen, wie sie verarbeitet werden und inwieweit sie sich auf die Anpassung der einzelnen Familienmitglieder bzw. die Funktionsfähigkeit des Familiensystems auswirken, soll Gegenstand der nachfolgenden Ausführungen sein. Aspekte, die nicht direkt mit diesen Fragen zusammenhängen oder spezielle Problemgruppen ansprechen, müssen dabei unberücksichtigt bleiben. So sind beispielsweise Ergebnisse zur Situation der leiblichen Mütter bei Poensgen (1991) oder Swientek (1986) nachzulesen, eingehendere Informationen zur Adoptionsvermittlung finden sich bei Napp-Peters (1978), Textor (1991) und Barth (1978) und die Entwicklung speziell fremdländischer Adoptivkinder wird ausführlich von Kühl (1985) sowie Simon und Altstein (1987) behandelt.

12.2 Der Weg bis zur Adoption: Motive, Erfahrungen, Probleme

Unfreiwillige Kinderlosigkeit ist - verglichen mit humanitären und gesellschaftspolitischen Motiven - der weitaus häufigste Anlaß für die Adoption eines Kindes (Jungmann, 1987; Bachrach et al., 1991). Die Erfahrung der eigenen Unfruchtbarkeit bzw. der des Partners trifft die meisten Paare völlig unvorbereitet (vgl. auch Kap. 5.2). Teilweise durch Vorurteile und ablehnende Reaktionen informierter Verwandter verstärkt, entsteht mitunter ein enormer Leidensdruck, der sich in vielfältigen Reaktionen niederschlagen kann: in Minderwertigkeits- und Schuld- bzw. Schamgefühlen, in dem Gefühl, sexuell unattraktiv und weniger wert zu sein, in einer geringen Selbstachtung sowie negativen Gefühlen gegenüber Schwangeren und Müttern mit kleinen Kindern (vgl. Pfeffer & Woolett, 1983; Nave-Herz, 1988; Sorosky et al., 1982). Selbst von denjenigen, die ein Kind adoptiert haben, geben fast zwei Drittel nach 10 Jahren und mehr an, unter ihrer Infertilität manchmal zu leiden (Knoll & Rehn, 1984). Dabei sind Eltern, die ihre Unfruchtbarkeit innerlich akzeptiert haben, tendenziell zufriedener mit dem Adoptionsverlauf und beschreiben ihr Familienklima als freier, konfliktloser und enger als solche Adoptiveltern, die ihre Unfruchtbarkeit nicht bewältigt haben (Knoll & Rehn, 1984; Jungmann, 1980).

Die körperlich oder psychosomatisch bedingte Infertilität führt in den seltensten Fällen zum bewußten Verzicht auf Kinder. Vielmehr wird der Kinderwunsch als sinnstiftendes Element partnerschaftlicher Lebensplanung häufig gerade nach der Infertilitätsdiagnose als besonders bedeutsam eingeschätzt und läßt die Betroffenen zunächst aktiv - etwa über die Inanspruchnahme medizinischer Maßnahmen - gegen ihre Kinderlosigkeit ankämpfen (Nave-Herz, 1989a). In diesem Zusammenhang haben die weiterentwickelten Reproduktionstechniken wie die heterologe Insemination oder die In-Vitro-Fertilisation neue Chancen eröffnet und die Zahl extrakorporaler Befruchtungen zunehmen lassen. Insgesamt wird jedoch nach wie vor eine Adoption um ein Vielfaches häufiger angestrebt als andere Formen der Familiengründung (vgl. Hoffmann-Riem, 1989).

Daß die Entscheidung für eine Adoption von starken inneren Kämpfen begleitet sein kann, soll anhand der exemplarisch ausgewählten Aussage einer Adoptivmutter verdeutlicht werden

Der Gedanke (an die Adoption, Anm. d. Verf.) war im Moment für mich erst mal fürchterlich, nun erstmal zu verarbeiten, kein eigenes Kind haben zu können, und dann fremder Leute Kinder groß zu ziehen, ...und dann haben wir viele, viele Gespräche gehabt mein Mann und ich ...und dann kam irgendwo das Gefühl, daß das gar nicht mehr so abwegig sein müßte.
(Knorr, 1988, S. 33)

Die Besorgnis, keine "echte" Beziehung zum Kind aufbauen zu können, und die Befürchtung, das biologische Erbe des Kindes könnte spätere Probleme vorprogrammieren, stehen im Vordergrund der von den Betroffenen und ihrer Umwelt geäußerten Ängste. Mögliche Probleme werden aber auch in der "Heimkarriere" von Adoptivkindern und damit verbunden in frühkindlichen Schäden gesehen. Die Unsicherheiten auf Seiten des betroffenen Paares werden nicht selten von Freunden und Verwandten verstärkt. So waren 39% der von Jungmann (1987) befragten Adoptiveltern bei Verwandten auf Einwände gegenüber der Adoptionsentscheidung gestoßen, in einer bayrischen Studie berichtete jede vierte Adoptivmutter von Vorbehalten (Knorr, 1988).

Zweifel und Unsicherheiten begleiten viele Paare auch dann noch, wenn sie sich bei einer Adoptionsvermittlungsstelle melden. Hier können sie jedoch nur bedingt auf Verständnis und Hilfe hoffen, da aufgrund eines Nachfrageüberhangs in den letzten Jahren (vgl. Kasten 10) dem jeweiligen Sachbearbeiter primär eine Selektionsfunktion zukommt. Das somit strukturell in der bürokratischen Familiengründung angelegte Spannungspotential wird dadurch erhöht, daß der Selektionsprozeß von den Bewerbern teilweise als intransparent und willkürlich erlebt wird (Hoffmann-Riem, 1984). Tatsächlich ist das Prozedere zur Feststellung der sogenannten "Elternwürdigkeit" nicht rechtlich festgelegt: Sowohl das jeweils von den Vermittlern gewählte Selektionsverfahren als auch die bei der Entscheidungsfindung zugrunde gelegten Kriterien variieren in starkem Maße (Textor, 1991; Napp-Peters, 1978).

Ungeachtet dieser Uneinheitlichkeit im Auswahlverfahren unterscheiden sich Adoptiveltern konsistent in einer Reihe von Merkmalen von "Normaleltern". Sie haben durchschnittlich eine bessere Schulbildung, gehören häufiger höheren sozioökonomischen Schichten an und leben in besseren Wohnverhältnissen (vgl. Bachrach, 1983). Sie sind bei Aufnahme ihres Kindes im Durchschnitt 5 bis 7 Jahre älter als Paare bei der Geburt ihres ersten Kindes und länger als diese miteinander verheiratet. Darüber hinaus werden Adoptiveltern vergleichsweise seltener geschieden und schätzen ihre Ehe häufiger als überdurchschnittlich positiv und sehr harmonisch ein als biologische Eltern. Weiterhin wurde festgestellt, daß Adoptiveltern durchsetzungsfähiger und selbstsicherer sind und einen besseren psychischen und physischen Gesundheitszustand aufweisen als Eltern mit leiblichen Kindern (z.B. Hoopes 1982; Bohman, 1980; Dickson et al., 1990).

Zusammenfassung: Paare, die sich um die Adoption eines Kindes bemühen, sind zahlreichen Belastungen ausgesetzt. Neben Minderwertigkeitsgefühlen angesichts der eigenen Unfruchtbarkeit, Vorbehalten auf Seiten Verwandter und Bekannter gegenüber der Adoption sowie eigenen diesbezüglichen Unsicherheiten sehen sie sich damit konfrontiert, ihre Elternwürdigkeit unter Beweis stellen zu müssen und von der subjektiven Entscheidung eines Sachbearbeiters abhängig zu sein. Auf der anderen Seite scheinen Adoptiveltern infolge von Selektionsprozessen häufig günstige sozioökonomische und psychologische Voraussetzungen mitzubringen, die die Bewältigung der Aufgaben, die mit der Adoption verbundenen sind, erleichtern sollten.

Kasten 10: Exkurs: Historische Entwicklung.
Etwa bis Mitte der 60er Jahre überstieg die Anzahl der Kinder, die zur Adoption freigegeben wurden, die Anzahl der Ehepaare, die ein Kind adoptieren wollten. Seitdem ist die Zahl der Adoptionsbewerber (20282 Paare im Jahre 1980) kontinuierlich angestiegen, während die Zahl der zur Adoption freigegebenen Kinder von 7000 (im Jahre 1978) auf 4103 (im Jahre 1985) sank (vgl. Hoffmann-Riem, 1984). Diese immer weiter auseinander klaffende Schere mag zusammen mit Veröffentlichungen über Folgeschäden von Heimaufenthalten und den in den 70er Jahren über die Medien weitverbreiteten Slogans "holt die Kinder aus den Heimen" dazu beigetragen haben, daß sich das frühere Bild von der Adoption als "Notlösung" für kinderlose Ehepaare verändert hat und heute die Interessen des Kindes stärker in den Vordergrund gerückt werden.

Eine am Kindeswohl orientierte Auffassung spiegelt sich auch in dem 1977 in Kraft getretenen Adoptionsgesetz wieder. So wird die Regelung, daß das adoptierte Kind die rechtliche Stellung eines gemeinschaftlichen, ehelichen Kindes der Annehmenden erlangt (vgl. § 1754 BGB) mit dem Schutz einer ungestörten Entwicklung des Kindes begründet. Die Aufhebung des Annahmeverhältnisses ist nur noch in besonderen Ausnahmefällen möglich, wobei auch hier das Wohl des Kindes im Vordergrund steht. Im 1976 verabschiedeten Adoptionsver-mittlungsgesetz wird weiterhin festgelegt, daß Kinder unter 18 Jahren nur noch über anerkannte öffentliche und freie Träger (z.B. kirchliche Einrichtungen wie das Diakonische Werk) vermittelt werden dürfen, in denen entsprechend vorgebildete Fachkräfte tätig sein sollen. Letzteres ist im Zusammenhang mit der neu eingeführten Forderung zu sehen, daß nach der Aufnahme des Kindes eine kontinuierliche Betreuung der Adoptivfamilien gewährleistet sein soll. Allerdings findet in der Praxis eine solche Beratung fast ausschließlich während des einjährigen Pflegeverhältnisses statt, welches in der Regel einer endgültigen Adoption vorausgeht. Zur Annahme eines ehelichen Kindes unter 18 Jahren muß die Einwilligung beider leiblicher Eltern vorliegen, sofern sie nicht durch das Vormundschaftsgericht ersetzt wurde. Zum Schutze der leiblichen Eltern kann die Einwilligung zur Freigabe frühestens 8 Wochen nach der Geburt gegeben werden. Mit der Adoption erlöschen gleichzeitig alle bisherigen Verwandschaftsverhältnisse und Rechte der leiblichen Eltern. Offene Adoptionsformen, bei denen ein mehr oder weniger regelmäßiger Kontakt zwischen leiblichen Eltern und der Adoptivfamilie besteht, sind in Deutschland noch selten. Hier wie in nahezu allen westlichen Staaten herrscht seit Ende des zweiten Weltkrieges eine sog. Inkognitoadoption vor, bei der Besuchs- oder Kontaktwünsche von Seiten der leiblichen Eltern generell nicht einklagbar sind und die Vermittlungsstelle die Anonymität der Adoptivfamilie zu wahren hat.

12.3 Endlich ist es so weit - Die Zeit der Vorbereitung und der Eingewöhnung

Während sich leibliche Eltern im Verlauf der Schwangerschaft auf ihre Elternrolle vorbereiten können und auch ohne gezielte eigene Anstrengungen in ihrem Bekanntenkreis, bei ihrem Gynäkologen oder im Schwangerschaftskurs Rat und praktische Unterstützung erhalten, ist die Situation für Adoptiveltern ungünstiger. Zwar ist ihre Beziehung zum Kind - anders als in Pflegefamilien - rechtlich abgesichert, dennoch müssen sie sich in der Regel sehr kurzfristig für ein zur Adoption freigegebenes Kind entscheiden und bleiben dann praktisch mit ihm allein. Dabei weisen zur Adoption freigegebene Kinder häufiger Entwicklungsverzögerungen vor allem im motorischen Bereich auf, die auf Komplikationen während der Schwangerschaft und Geburt zurückzuführen sind. Typische prä- und perinatale Auffälligkeiten sind eine geringe Schwangerschaftsdauer, ein niedriges Geburtsgewicht, mangelnde Sauerstoffversorgung vor und während der Geburt sowie Komplikationen bei der Entbindung (vgl. McRoy et al., 1988). Auch wenn bei isolierter Betrachtung dieser Risikofaktoren keine bedeutsamen Beziehungen zum weiteren Entwicklungsverlauf der Adoptivkinder im Schul- und Jugendalter gefunden werden konnten (Jungmann, 1980; Bohman, 1980; Seglow et al., 1972), können sie doch für die betroffenen Adoptiveltern eine Quelle der Belastung darstellen und Unsicherheiten in der Eingewöhnungsphase verstärken.

Medizinisch bedingte Krankenhausaufenthalte führen neben Verzögerungen im Zusammenhang mit dem bürokratischen Vermittlungsprozess und dem etwaigen Zögern leiblicher Eltern vor einer endgültigen Freigabe dazu, daß Adoptivkinder selten unmittelbar nach der Geburt in die neue Familie aufgenommen werden, auch wenn die Mehrzahl der zur Adoption gemeldeten Kinder von ihrer Geburt an von den leiblichen Eltern getrennt leben. So hatten in einer Westberliner Studie 92% aller Kinder nach der Geburt keinen Kontakt zu ihren leiblichen Müttern (Jungmann, 1987). Über die Hälfte der insgesamt 198 untersuchten Kinder waren 5 bis 8 Monate im Säuglingsheim untergebracht, nur 5% der Kinder verblieben eine kürzere Zeit dort.

Da das Aufnahmealter der Bindungstheorie von Ainsworth zufolge (vgl. Kasten 8) von herausragender Bedeutung für die kindliche Entwicklung sein sollte, wurde es Gegenstand zahlreicher Untersuchungen. Eindeutige Hinweise auf irreversible Schäden im Sozialverhalten als Folge von "Heimkarrieren" konnten jedoch nur wenige Studien nachweisen. Mehrheitlich wurden keine oder lediglich schwache Zusammenhänge zwischen dem Plazierungsalter und psychischen Auffälligkeiten adoptierter Kinder und Jugendlicher gefunden (zusf. Jungmann, 1987).

Bei Kindern mit sozialen und sensorischen Deprivationserfahrungen ließen sich nach der Aufnahme in die Adoptivfamilie enorme Entwicklungsfortschritte beobachten (Tizard & Rees, 1974) und selbst im Schulalter adoptierte Kinder scheinen sich im weiteren Verlauf durchaus unauffällig entwickeln zu können (Kadushin, 1970; Nelson, 1985). Allerdings wurden *extrem* ungünstige Adoptionsverläufe häufiger beobachtet, wenn Kinder zu einem vergleichsweise späten Zeitpunkt vermittelt wurden (Festinger, 1986): Während lediglich 2% der Familien mit jüngeren Kindern das Adoptionsverhältnis innerhalb der ersten 2 Jahre beenden, liegt die Abbruchquote bei Familien mit älteren Jugendlichen 6- bis 7mal höher. Es ist möglich, daß in diesen besonders problematischen Fällen multiple Risikofaktoren zusammengewirkt haben.

In der Eingewöhnungsphase beginnen sich Adoptiveltern im Zuge alltäglicher Interaktionen emotional immer stärker mit ihrem Kind zu identifizieren. Das Gefühl der Andersartigkeit tritt zunehmend in den Hintergrund und das Kind wird als fraglos zur Familie gehörig betrachtet (Nelson, 1985). Studien, in denen die frühkindlichen Eltern-Kind-Interaktionen von Adoptivfamilien mit denen von biologisch verbundenen Eltern und Kindern verglichen wurden, fanden durchgängig keine Unterschiede zwischen beiden Familientypen (Plomin & DeFries, 1985; Singer et al., 1985).

Obwohl also insgesamt ein Prozess emotionaler Normalisierung in den ersten Monaten nach der Adoption zu konstatieren ist, lassen sich Unterschiede im familialen Selbstverständnis *innerhalb* der Gruppe der Adoptivfamilien beobachten (vgl. Hoffmann-Riem, 1984). Während einige Adoptiveltern ihren besonderen Familienstatus weiterhin bewußt wahrnehmen und sich damit auseinandersetzen - Hoffmann-Riem spricht hier von einer "Normalisierung eigener Art" -, praktizieren andere Familien eine "Normalisierung-als-ob", indem sie sich als in keiner Weise von Normalfamilien verschieden verstehen. Kirk (1981) fand in seiner Befragung von 632 Adoptivmüttern, daß diejenigen, die ihre Andersartigkeit verleugneten, in der Beziehung zu ihren Kindern weniger empathisch, offen und solidarisch waren. Das Familienklima zeichnete sich durch eine schlechtere Kommunikation, ein geringeres Vertrauen, weniger Flexibilität und weniger enge Bindungen aus. Die Herkunft des Adoptivkindes wurde in diesen Familien nicht thematisiert, mit der Adoption einhergehende Anforderungen heruntergespielt (vgl. auch Jungmann, 1980; Aselmeier-Ihrig, 1984). Adoptiveltern, die sich der Besonderheit ihrer Familiengründung bewußt sind, scheinen demgegenüber eher auf die Bedürfnisse ihrer Kinder eingehen zu können, indem sie sie über ihre Herkunft aufklären und diesbezüglich Gesprächsbereitschaft signalisieren. Sie erleben die Zuneigung ihres Kindes bewußter und betrachten es eher als eigenständige Persönlichkeit. Auch sind diese Eltern eher der Meinung, daß die Entwicklung eines Kindes nicht so sehr von seinen vererbten Anlagen, sondern von Umweltfaktoren, insbesondere der elterlichen Erziehung beeinflußt wird.

Es ist anzunehmen, daß sich beide Formen familialen Selbstverständnisses nicht prinzipiell ausschließen, sondern von ein und derselben Familie zu jeweils verschiedenen Zeitpunkten im Familienzyklus aktualisiert werden. Allerdings fehlen bislang Studien, die endgültige Aussagen über das Auftreten und die Folgen phasenspezifischer Formen familialen Selbstverständnisses erlauben. Ein grundsätzliches Akzeptieren des eigenen Sonderstatus, ohne diesen überzubewerten, scheint jedoch mit voranschreitender kognitiver Entwicklung der Kinder deren Anpassung umso günstiger zu beeinflussen (Aselmeier-Ihrig, 1984; Silverman & Weitzman, 1986; Brodzinsky, 1987a).

Zusammenfassung: Es zeigt sich, daß in der Anfangszeit nicht nur die Situation der Adoptiveltern erschwert ist, sondern auch die Entwicklungsbedingungen von Adoptivkindern infolge prä- und perinataler Belastungen vergleichsweise ungünstig sind. Dennoch entwickelt sich in der Regel bereits in den ersten Monaten eine warme und sichere Bindung zwischen Eltern und ihren Kindern und etwaige Entwicklungsverzögerungen der Kinder werden schnell aufgeholt. Der relativ schwache Zusammenhang zwischen dem Aufnahmealter der Kinder und ihrer weiteren Entwicklung steht nicht zwangsläufig im Widerspruch zu den bindungstheoretischen Postulaten, sondern verweist auf die enorme Anpassungsfähigkeit von Adoptiveltern und -kindern und belegt die Reversibilität frühkindlicher Schädigungen infolge von Deprivationserfahrungen.

12.4 Das Aufwachsen in der Adoptivfamilie: Vom Kleinkind zum Schulkind

Die Aufklärung des Kindes über seinen Familienstatus ist eine wichtige, wenn nicht die wichtigste Entwicklungsaufgabe von Adoptiveltern über das Vorschul- und Schulalter der Kinder hinweg. Fast alle Adoptiveltern sehen dieser Aufgabe mit Unsicherheit und Angst entgegen weil sie befürchten, daß durch die Aufklärung eine emotionale Distanz entstehen könnte und sie im Extremfall sogar ihr Kind an die leiblichen Eltern verlieren könnten (z.B. Pfeiffer et al., 1980; Lindsay & McGarry, 1984).

Angeregt durch empirische Untersuchungen, nach denen eine späte Aufklärung mit ungünstigen Entwicklungsverläufen einhergeht (vgl. zusf. Jungmann, 1987), legen Adoptionsvermittler in den letzten Jahrzehnten eine möglichst frühzeitige Aufklärung nahe. Vor allem eine Aufklärung durch Dritte, die von den

Kindern häufig als traumatisch erlebt wird (Loper, 1977; Eldred et al., 1976; Triseliotis, 1973), soll damit verhindert werden. Dementsprechend zeigen Studien ab den 60er und 70er Jahren, daß 65 bis 94% der Adoptivkinder noch vor Schulbeginn, die meisten im Alter von 2 bis 4 Jahren aufgeklärt werden (z.B. Seglow et al., 1972). Allerdings scheuen sich viele Adoptiveltern, das Thema selbst anzusprechen und warten, bis die Kinder von sich aus Fragen stellen. Die Aufklärung, die dann stattfindet, beschränkt sich in der Regel darauf, dem Kind zu erklären, daß es von einer anderen Frau geboren worden sei und daß sie, die Adoptiveltern, es anschließend ausgewählt und angenommen hätten.

Obwohl viele Eltern einsehen, daß das Wissen des Kindes um seine biologischen Wurzeln für seine Identitätsentwicklung wichtig ist, können sie das Interesse an Fragen nach den leiblichen Eltern nur schwer ertragen (Sorosky et al., 1982; Hoffmann-Riem, 1984). Knapp 40% der von Knoll und Rehn (1984) befragten Eltern scheinen das Thema Aufklärung von sich aus zu tabuisieren und dies ihren Kindern subtil zu signalisieren. Dabei erscheint eine frühe, aber punktuelle Aufklärung der Adoptivkinder im Licht von Untersuchungen der Arbeitsgruppe um Brodzinsky (Singer et al., 1982; Brodzinsky et al., 1984a; Brodzinsky et al., 1986) problematisch, da Kinder im Vorschulalter noch nicht in der Lage sind, zwischen Adoption und Geburt als zwei Formen der Familiengründung zu verstehen. Frühestens mit 8 bis 11 Jahren erfassen sie diesen Unterschied, was bei adoptierten Kindern mit Verunsicherungen bezüglich der Stabilität und Sicherheit familialer Bindungen einhergehen kann. Erst in der Adoleszenz schließlich sind Kinder fähig, die Beziehung zu den Adoptiveltern als eine dauerhafte und rechtlich legalisierte Form des Zusammenlebens zu begreifen. Aus diesen Untersuchungen folgt, daß eine kontinuierliche, der kognitiven Entwicklungsstufe des Kindes angepaßte Form der Aufklärung den kindlichen Verarbeitungskapazitäten am besten gerecht werden dürfte und dazu beitragen sollte, unrealistische Phantasien und Ängste des Kindes abzubauen. Darüber hinaus entwickeln Adoptivkinder, die die Entscheidung ihrer leiblichen Eltern als verantwortungsbewußt wahrnehmen können, ein besseres Selbstkonzept als diejenigen, die eine negative Einstellung zu ihren leiblichen Eltern hatten (Knoll & Rehn, 1984).

Viele Adoptivstudien beschäftigen sich mit der Frage, ob Adoptivkinder aufgrund ihrer besonderen Herkunft und den damit verbunden besonderen Anforderungen intellektuell oder psychisch gefährdet sind. Die dazu vorliegenden Ergebnisse sind aufgrund methodischer Probleme - häufig wurden kleine Stichproben ohne Kontrollgruppen untersucht oder unreliable Meßinstrumente verwendet - und der Befragung jeweils sehr heterogener Stichproben - beispielsweise wurden teilweise Adoptivfamilien mit fremdländischen oder behinderten Kindern einbezogen - uneinheitlich (Marquis & Detweiler, 1985). Tendenziell zeichnet sich jedoch ab, daß Adoptivkinder speziell von der mittleren Kindheit an bis ins frühe Jugendalter hinein eher Auffälligkeiten im sozialen, emotionalen und teilweise im schulischen Bereich entwickeln als Kinder, die bei ihren leiblichen Eltern leben (zusf. Brodzinsky, 1987a, 1987b). Das Ausmaß von Unterschieden zu ungunsten adoptierter Kinder, wie auch der Schweregrad gefundener Auffälligkeiten, variiert mit den jeweils gewählten methodischen Herangehensweisen und Datenquellen. So wurde ein günstiger Entwicklungsverlauf im Mittel häufiger festgestellt, wenn *Adoptiveltern* nach ihrer Zufriedenheit mit der Entwicklung ihres Kindes sowie dem Adoptionsverlauf gefragt wurden (z.B. Knoll & Rehn, 1984; Seglow et al., 1972). Parallel zur Elterneinschätzung erhobene *Lehrerinterviews* ergaben ein weniger positives Bild (vgl. Bohman, 1980). Auch mittels Selbsteinschätzung der Kinder gewonnene Ergebnisse sprechen eher für eine ungünstigere Entwicklung von adoptierten Kindern.

Exemplarisch seien hier Ergebnisse einer sorgfältig geplanten, längsschnittlich angelegten Arbeit von Bohman (1980) (vgl. auch Bohman & Knorring, 1979; Bohman & Sigvardson, 1980a, 1980b) dargestellt. Untersucht wurden 624 schwedische Kinder, deren Mütter sich während der Schwangerschaft bzw. nach der Geburt an eine Adoptionsvermittlungsstelle gewandt hatten. Ein Teil dieser Gruppe (208 Kinder) blieb bei der leiblichen Mutter, ein weiterer Teil (203 Kinder) kam in Pflegefamilien und 168 Kinder wurden adoptiert. Die teilnehmenden Kinder wurden erstmalig im Alter von etwa 10 Jahren untersucht. Weitere Erhebungswellen fanden statt, als die Kinder 15, 18 und etwa 22 Jahre alt waren. Fragebögen in Kombination mit Eltern- und Lehrerinterviews wurden eingesetzt, um die frühere und gegenwärtige Entwicklung der Kinder sowie soziodemographische und familienstrukturelle Hintergrundvariablen zu erfassen. Angaben über die leiblichen Eltern, über den Schwangerschaftsverlauf und die Entwicklung der Kinder bis zur Aufnahme in die Adoptivfamilie wurden den Akten der jeweiligen Vermittlungsstellen, der Krankenhäuser und Säuglingsheime entnommen. Darüber hinaus wurden über örtliche Schulbehörden die Zeugnisnoten der Kinder und durch den Schularzt ihr Gesundheitszustand ermittelt.

Um Besonderheiten in Abhängigkeit vom Familientyp identifizieren zu können, wurden die drei Experimentalgruppen (Adoptiv-, Pflege- und wiederaufgenommene Kinder) mit einer Kontrollgruppe, bestehend aus Kindern, die in biologisch begründeten und strukturell intakten Familien lebten, verglichen. Hinsichtlich schulbezogener Probleme zeigten sich im Alter von 10 Jahren - von etwas schlechteren Mathematik- und Englischnoten der Adoptivkinder abgesehen - keine Unterschiede in den Schulleistungen in Abhängigkeit vom Familienstatus. Dieses Ergebnis stimmt überein mit Befunden etwa von Munsinger (1975), wonach adoptierte Kinder durchschnittliche oder sogar überdurchschnittliche Intelligenzquotienten aufweisen, steht jedoch im Widerspruch zu anderen Untersuchungen, die von erhöhten Schulproblemen und schlechteren Schulnoten berichten (z.B. Brodzinsky et al., 1984b). Relativ durchgängig wurde dagegen festgestellt, daß Probleme in der Schule weniger kognitiven Defiziten geschuldet sind, sondern häufig mit emotionalen und sozialen Schwierigkeiten einhergehen. Bohman (1980) beispielsweise fand eine größere Neigung adoptierter Kinder zu unruhigem Verhalten im Unterricht. Diese gingen - insbesondere bei adoptierten Jungen der Mittelschicht - mit einer feindseligeren Einstellung gegenüber ihren Mitschülern und einem stärkeren Bestreben nach der Anerkennung durch Erwachsene und Gleichaltrige einher sowie einer größeren Empfindlichkeit gegenüber Kritik. Gleichzeitig hatten sie einen schlechteren Stand im Klassenverband und vermehrt Konflikte mit Altersgleichen. Auch in anderen Querschnittsuntersuchungen wurden gehäuft psychische und soziale Auffälligkeiten wie Konzentrationsschwierigkeiten, mangelndes Interesse, Prüfungsangst und hyperaktives sowie aggressives und transgressives Verhalten beobachtet (zusf. Brodzinsky, 1987a; Brodzinsky et al., 1984a; Jungmann 1980; Huth, 1978).

Besonders hervorstechend sind dabei geschlechtsspezifische Unterschiede zuungunsten der Jungen. Lehrer bezeichneten in der Untersuchung von Bohman und Sigvardson (1980b) 22% der Adoptivjungen als Problemkinder und schätzten 35% als "mäßig symptomatisch" ein, während eine solche Beurteilung nur bei 12 bzw. 18% der Jungen der Kontrollgruppe abgegeben wurde. Die Schul- und Anpassungsprobleme der Adoptivmädchen waren zwar ebenfalls ausgeprägter als die der nicht adoptierten Mädchen, wurden aber als signifikant geringer als die der adoptierten Jungen eingeschätzt. Da eine größere Vulnerabilität von Jungen etwa bis zur Pubertät auch bei nicht adoptierten Kindern zu beobachten ist (Werner, 1989), handelt es sich hierbei vermutlich nicht um ein adoptionsspezifisches Phänomen.

Epidemiologische Untersuchungen geben ergänzend Aufschluß über die Frage, inwieweit klinisch-psychiatrische Auffälligkeiten, also besonders schwerwiegende Symptombilder, häufiger bei Adoptivkindern zu finden sind. Übersichtsstudien zufolge ist der Anteil Adoptierter an klinisch Auffälligen erhöht. Er schlägt sich beispielsweise darin nieder, daß ihr Anteil an den in Beratungsstellen und kinderpsychiatrischen Kliniken Vorstelligen den prozentualen Anteil von Adoptivkinder in der Grundbevölkerung übersteigt (z.B. Wender et al., 1986; Jerome

1986; Huth, 1978). Laut Dickson et al. (1990) ist darüber hinaus die Dauer der stationären Behandlung bei Kindern aus Stief-, Einelternteil-, Pflege- und Adoptivfamilien generell länger als bei Kindern aus intakten und biologisch fundierten Familien, wobei speziell Adoptiv- und Pflegekinder deutlich länger in der Klinik verbleiben als alle anderen Gruppen. Konsistent mit den oben dargestellten Geschlechtsunterschieden aus Quer- und Längschnittsuntersuchungen fanden sich auch hier in der Gruppe der Kinder mit dem längsten Aufenthalt überzufällig häufig Jungen aus Adoptivfamilien.

Zusammengenommen scheint also selbst unter Berücksichtigung des hohen sozioökonomischen Status von Adoptiveltern, der sie möglicherweise eher professionelle Hilfe in Anspruch nehmen läßt als biologische Eltern, eine relativ größere psychische Gefährdung adoptierter Kinder festzustehen. Allerdings äußert sich diese nur bei einer Minderheit in psychiatrischen Symptomen, während die Mehrzahl der Kinder im (unteren) Normalbereich anzusiedeln ist (Brodzinsky, 1987a). Die Gründe für eine erhöhte Vulnerabilität von Adoptivkindern werden je nach theoretischer Perspektive eher in genetischen (z.B. Bohman, 1981) oder sozialen Faktoren bzw. einer Kombination aus beiden gesehen (z.B. Kirk, 1981; Tienari et al., 1987). Nachdem sich der Einfluß soziodemographischer Variablen (wie die Schichtzugehörigkeit der Eltern) und familienstruktureller Faktoren (wie das Alter der Eltern bei der Aufnahme des Kindes) als eher gering erwiesen hatte, wurden zunehmend familiendynamische Merkmale wie der Erziehungsstil der Eltern, das familiale Selbstverständnis oder das Familienklima als moderierende Einflußfaktoren diskutiert (z.B. Jungmann, 1987). Hier zeigt sich, daß Adoptiveltern von Adoptionsvermittlern und Lehrern als betont leistungsorientiert und ehrgeizig (vgl. Jungmann, 1987; Seglow et al., 1972; Bohman, 1980), ihr Verhalten als durch Unsicherheit, Gewissenhaftigkeit und Perfektionismus geprägt beschrieben werden (z.B. Sorosky et al., 1982; Lindsay & McGarry, 1984). Auch im Rahmen einer einmaligen Befragung von 52 Adoptiv- und 43 biologisch begründeten Familien aus den alten Bundesländern (Klein-Allermann, 1991) schätzten sich Adoptivväter nach ihren Erziehungseinstellungen befragt als rigider und selbstkritischer ein als Väter der Kontrollgruppe, wobei ein hohes Maß an Selbstkritik als ein Anzeichen für Gefühle von Überforderung und Unsicherheit im Zusammenhang mit der Erziehung gewertet werden kann. Eine solche selbstkritische Haltung korrelierte sowohl in Adoptiv- als auch in Normalfamilien positiv mit dem Ausmaß kindlicher Probleme in der Schulzeit. Dagegen ging eine rigide Erziehungseinstellung ebenso wie eine behütende Haltung der Mutter nur bei Adoptivkindern mit einer höheren Problembelastung einher, während ein entsprechender Zusammenhang bei leiblichen Kindern nicht gefunden werden konnte. Ingesamt war der Vorhersagewert elterlicher Erziehungseinstellungen und -ziele sowie elternperzipierter Aspekte des Familienklimas für die Problembehaftetheit von Kindern im Schulalter in der Gruppe der Adoptivfamilien durchgängig größer als in der Normalgruppe. Adoptiveltern weisen somit nicht nur für die Entwicklung ihrer Kinder ungünstigere Einstellungsmuster auf; die betroffenen Adoptivkinder scheinen gleichzeitig sensibler auf nicht optimale Erziehungsbedingungen zu reagieren. In eine ähnliche Richtung weisen die Ergebnisse einer finnischen Studie von Tienari et al. (1987), bei der 196 Adoptiveltern und deren Kinder befragt wurden. Ein Teil dieser Kinder stammte von Müttern ab, die als psychotisch diagnostiziert worden waren. Es zeigte sich, daß diese genetisch vorbelasteten Kinder nicht deutlich auffällig waren, wenn sie in intakten Adoptivfamilien lebten. Alle als schwer gestört diagnostizierten Fälle kamen dagegen aus konfliktären oder zerrütteten Adoptivfamilien. Ob die positive Entwicklung der unauffälligen Kinder jedoch kausal auf die protektive Wirkung eines "gesunden" Familienklimas zurückzuführen ist oder umgekehrt eine ausgeprägte Symptomatik der Kinder zu Spannungen in der Familie führte, kann anhand der querschnittlich angelegten Untersuchungen nicht entschieden werden.

Zusammenfassung: Die psychosoziale Entwicklung adoptierter Kinder im Schulalter scheint eher gefährdet zu sein als die Gleichaltriger, die in Normalfamilien leben. Sie verfügen über eine geringere soziale Kompetenz und haben insgesamt größere schulbezogene und sozial-emotionale Probleme. Diese durchschnittlich schlechtere Anpassung adoptierter Kinder scheint nicht eine zwangsläufige Folge ungünstiger Bedingungen vor der Adoption oder frühkindlicher Entwicklungsauffälligkeiten zu sein, sondern das Klima in der Adoptivfamilie moderiert zu werden.

12.5 Die Adoptivfamilie mit einem Jugendlichen

Im Verlauf der Adoleszenz setzen sich Jugendliche damit auseinander, welches Bild sie von sich selbst haben und wie sie von anderen wahrgenommen werden (vgl. Kap. 9.1.1). Für adoptierte Jugendliche ist der Prozeß der Identitätsentwicklung insofern kritischer, als ihre Biographie deutlich von der ihrer Gleichaltrigen abweicht und die Konstruktion eines lebensgeschichtlichen Zusammenhangs durch eine mehr oder weniger unklare Herkunft erschwert wird. Selbst wenn sie Informationen über die eigene Herkunft erhalten und Verständnis für die Entscheidung der leiblichen Mutter aufbringen, kann allein das Wissen um die doppelte Elternschaft zu einer genealogischen Verunsicherung führen (Aselmeier-Ihrig, 1984). Für die Eltern-Kind-Beziehung birgt die doppelte Elternschaft darüber hinaus Konfliktpotential, da in der Adoleszenz ohnehin auftretende Spannungen (vgl. Kap. 9.2) von den Betroffenen schnell auf adoptionsspezifische Bedingungen zurückgeführt werden können. So liegt es für adoptierte Jugendliche eher nahe, bei Konflikten ihre Adoptiveltern abzuwerten und sich mit den leiblichen Eltern, die in der Phantasie idealisiert werden, zu identifizieren. Auch können von ihnen kritische oder strafende Reaktionen der Adoptiveltern darauf zurückgeführt werden, daß es ihnen an "echter" Elternliebe mangelt. Für Adoptiveltern liegt es auf der anderen Seite nahe, ein unerwünschtes Verhalten ihrer Kinder auf deren genetische Vorbelastung oder Herkunft zurückzuführen. Darüber hinaus können zurückliegende, mit der eigenen Unfruchtbarkeit verbundene Scham- und Trauergefühle neu hervorbrechen, wenn die Jugendlichen im Rahmen ihrer sexuellen Entwicklung zunehmend nach heterosexuellen Kontakten streben (vgl. Melina, 1986).

Schließlich wird Unsicherheit und Angst, in der Elternrolle versagt zu haben, erlebt, wenn sich die Kinder gedanklich mit ihrer Herkunft auseinandersetzen. Etwa 20% adoptierter Jugendlicher aus der Schweiz geben an, in dieser Zeit Phantasien bezüglich der leiblichen Eltern, insbesondere der Mutter nachzuhängen (Keller-Thoma, 1987). In einer amerikanischen Untersuchung traf dies sogar auf zwei Drittel der Befragten im Alter von 15 bis 18 Jahren zu (Stein & Hoopes, 1985). Die folgende Aussage eines Jungen veranschaulicht die typischen Fragen, die im Zuge der Identitätsentwicklung Adoptierter auftreten können:

> *...wenn man so 13, 14 ist, und man wird aufgeklärt und alles, dann fragt man sich plötzlich, ob die Mutter nicht so 'ne halbe Nutte gewesen ist, die eben mit jedem im Bett gewesen ist oder sonstwas und ob man da nicht n' Mißgeschick ist oder sonstwas. Das sind also Fragen, die mich sehr lange gequält haben und wo ich auch nicht den Mut hatte, mit den Eltern d'rüber zu sprechen (...). Das sind ja dann so Fragen, die, die fangen dann auch eben an mit der Frage, wie werd' ich 'mal, ne, und daß man da so diese Angst hat, Mensch, deine Mutter ist 'was Schlechtes gewesen, vielleicht wirst du auch schlecht und so ...*
>
> **(aus: Ebertz, 1987, S. 88)**

Obwohl ein Viertel bis die Hälfte aller Jugendlichen ein Interesse daran hat, die leiblichen Eltern kennenzulernen, nutzen nur wenige ihr Recht, mit 16 Jahren eine Abstammungsurkunde zu beantragen und mit 18 Jahren Einblick in ihre Akte beim Vormundschaftsgericht zu bekommen. Ein aktives Bemühen um einen Kontakt mit den leiblichen Angehörigen setzt - und auch dann nur in 10 bis 15% der Fälle - eher im Erwachsenenalter ein (zusf. Textor, 1988). Einschneidende Lebensereignisse wie Heirat, Geburt eines eigenen Kindes oder der Tod eines Adoptivelternteils sind typische Anlässe für ein solches Bemühen; Anlässe also, die im Gegensatz zu weitverbreiteten Annahmen nicht unmittelbar mit konfliktären Beziehungen in der Familie zusammenhängen (müssen). Allerdings finden sich unter denjenigen, die ein Interesse an Informationen über ihre leiblichen Eltern entwickeln oder aktiv nach ihren biologischen Eltern suchen, auch häufiger Personen mit einem negativeren Selbstkonzept, einem geringeren Selbstwertgefühl und starken Identitätsproblemen. Darüber hinaus berichten diese jungen Erwachsenen häufiger von Gefühlen der inneren Leere und der Entfremdung sowie einer geringen Lebenszufriedenheit (z.B. Aumend & Barrett, 1984; Sorosky et al., 1982; Sobol & Cardiff, 1983) und beschreiben die Beziehung zu ihren Adoptiveltern, mitunter auch zu den Geschwistern, als eher schlecht (z.B. Day, 1983). Einer Untersuchung von Loper (1977) zufolge wäre es jedoch voreilig, die Suche nach den leiblichen Eltern generell als ein kritisches Anzeichen, das auf problematische Entwicklungsverläufe hinweist, zu werten. Sie verglich Adoptierte, die ein aktives Interesse an ihren leiblichen Eltern entwickelten, mit eher passiv oder nicht Interessierten. Dabei zeigte sich, daß erstere durch eine größere Selbstsicherheit und einen eher aktiven, problemorientierten Bewältigungsstil gekennzeichnet waren. In diesem Sinne könnte die Kontaktaufnahme mit den leiblichen Eltern auch dahingehend interpretiert werden, daß es sich bei aktiv Suchenden um einen Personenkreis handelt, der sich bewußt mit der eigenen Herkunft auseinandersetzt und möglicherweise sogar eine größere emotionale Unabhängigkeit mitbringt als passiv oder nicht interessierte Jugendliche und junge Erwachsene. Tatsächlich geben einige Adoptierte an, aus Angst, erneut zurückgewiesen zu werden (z.B. Ebertz, 1987) oder die Adoptiveltern verletzen zu können (Knoll & Rehn, 1984), auf weitergehende Informationen über ihre leiblichen Eltern verzichtet zu haben.

Während also die Ursachen für eine aktive Suche nach den Eltern noch nicht eindeutig geklärt sind, hat sich ein Kontakt generell als eher förderlich für den weiteren Entwicklungsverlauf herausgestellt (z.B. Sorosky et al., 1982; Triseliotis, 1973). Übereinstimmend wird von den Betroffenen berichtet, daß die erfolgreiche Suche - selbst bei einem einmaligen Treffen - mit einer Verminderung vorangehender generell Identitätsprobleme und familialer Konflikte einherging. Viele fühlen sich anschließend ruhiger und zufriedener und wollen einen lockeren Kontakt zu den biologischen Angehörigen aufrechterhalten (Picton, 1982).

Unabhängig davon, ob nicht nur Kinder aus konfliktären Adoptivfamilien nach ihren leiblichen Angehörigen forschen, dürfte der größte Teil der Adoptierten kein Interesse an seiner Herkunftsfamilie haben, weil sie eine fraglose und exklusive Bindung an ihre Adoptiveltern entwickelt haben. Lediglich 10 bis 20% adoptierter Jugendlicher sind teilweise mit ihrer familialen Situation unzufrieden oder fühlen sich nicht als richtig zur Familie gehörig, und auch von Elternseite wird in aller Regel die gute Beziehung zum Kind betont (Knoll & Rehn, 1984).

Ein ähnlich positives, wenngleich etwas inkonsistenteres Bild zeichnen Untersuchungen, die die emotionale und soziale Entwicklung Jugendlicher und junger Erwachsener aus Adoptivfamilien und Normalfamilien vergleichen. In der Literatur finden sich einige Hinweise auf ein geringeres Selbstwertgefühl von adoptierten Jugendlichen sowie häufiger auftretende Identitätsstörungen und schulische Probleme (zusf. Textor, 1988; McRoy et al., 1988). Dem stehen Untersuchungen gegenüber, nach denen Adoptierte ein positiveres Selbstkonzept, ein größeres Vertrauen in sich und andere Menschen und eine stärker ausgeprägte Kontrollüberzeugung aufweisen als nicht adoptierte Jugendliche (Marquis & Detweiler, 1985). Theoretischen Annahmen zum Trotz waren Adoptierte in der Studie von Stein und Hoopes (1985) sogar in ihrer Identitätsentwicklung den Gleichaltrigen der Kontrollgruppe überlegen. Identitätskonflikte wurden noch am häufigsten von denjenigen berichtet, deren Eltern das Thema Adoption weitgehend tabuisierten und die auch von Außenstehenden Diskriminierungen erfahren hatten (Ebertz, 1987). Konsistent mit diesen Befunden ließen sich in den Followup-Studien von Bohman (Bohman & Sigvardson, 1980a) weder im Alter von 15 Jahren noch bei den 22- bis 23jährigen bedeutsame Unterschiede in der emotionalen und sozialen Anpassung zwischen Adoptierten und nicht Adoptierten feststellen, obwohl die leiblichen Eltern dieser jungen Erwachsenen überdurchschnittlich häufig Alkoholprobleme hatten und kriminell vorbelastet waren. Die Autoren interpretieren ihre Ergebnisse dahingehend, daß durch die positiven Beziehungen in der Adoptivfamilie selbst genetisch bedingte oder frühkindliche Beeinträchtigungen kompensiert werden können.

Zusammenfassung: Die im Schulalter und in der frühen Adoleszenz zu konstatierende Vulnerabilität adoptierter Kinder scheint sich mehrheitlich nicht im Jugend- und Erwachsenenalter fortzusetzten. Die Zufriedenheit von Adoptivfamilien ist durchgängig hoch, obwohl durch die besondere Form der Familiengründung vermehrte Anforderungen und Belastungen sowohl an die Eltern als auch an die aufgenommenen Kinder herangetragen werden. Im Hinblick auf die Persönlichkeitsentwicklung der Kinder stellen familiendynamische Merkmale wichtige Einflußfaktoren dar. Insgesamt erscheint die Adoption zumindest langfristig als ein sinnvoller, der natürlichen Form der Familiengründung gleichwertiger Weg der Familiengründung.

12.6 Ausblick

Ziel des vorliegenden Kapitels war, die mit der Adoption einhergehenden Anforderungen für Eltern und Kinder zu beschreiben. Darüber hinaus sollte dargestellt werden, wie diese adoptionsspezifischen Aufgaben bewältigt werden können und inwieweit sie sich auf die Anpassung der einzelnen Familienmitglieder und die Funktionsfähigkeit des Familiensystems auswirken. Es wurde gezeigt, daß Adoptivfamilien mehrheitlich mit ihren Beziehungen zufrieden sind und die Entwicklung der Kinder - von Problemen im Schulalter abgesehen - nicht oder nur geringfügig von der nicht adoptierter abweicht. Dennoch bleiben eine Reihe von Fragen offen.

Forschungsdefizite bestehen derzeit vor allem bezüglich der präzisen, mikroanalytisch erfaßten Beschreibung familialer Merkmale, die sich förderlich oder hemmend auf die Anpassung der Adoptierten auswirken. In diesem Zusammenhang dürfte es vielversprechend sein, von Familienentwicklungstheorien und Familienstreßtheorien auszugehen (vgl. Kap. 1.3) und Wechselwirkungen zwischen den familialen Subsystemen über den Familienzyklus hinweg zu untersuchen. So ist beispielsweise der Einfluß der Beziehungen zu Geschwistern und Gleichaltrigen weitgehend unerforscht (vgl. Ward & Lewko, 1987; McRoy et al., 1988), obwohl diese nachweislich einen wichtigen Stellenwert für die kindliche Persöhnlichkeitsentwicklung haben (vgl. Kap. 4 und Kap. 9.2.2). Auf die interdependenten Beziehungskonstellationen abzuheben würde auch der Erkenntnis Rechnung tragen, daß (Adoptiv-)Kinder nicht nur passiv verschiedenen Sozialisationseinflüssen ausgesetzt sind, sondern aktiv auf ihre eigene Entwicklung Einfluß nehmen (z.B. Silbereisen, et al., 1986).

In diesem Zusammenhang ist weiterhin eine stärkere Beachtung derjenigen Kinder, die sich ungeachtet enorm ungünstiger Umweltbedingungen störungsfrei entwickeln, zu fordern. Während sich in entwicklungspsychologischen Ansätzen eine stärkere Hinwendung zur Erforschung protektiver Bedingungen und "stressresistenter" Kinder beobachten läßt (Garmezy, 1987; Luthar & Ziegler, 1991), sind Adoptionsstudien überwiegend von einer Defizitperspektive geprägt, die vornehmlich auf Benachteiligungen der Adoptivkinder abhebt.

In dem Maße, in dem diesen, in Untersuchungen zur Situation von Scheidungs- und Stieffamilien (vgl. Kap. 13 und Kap. 15) längst etablierten Perspektiven Rechnung getragen wird, sind auch über die spezielle Problematik von Adoptivfamilien hinaus grundlegende familien- und entwicklungspsychologische Erkenntnisse zu erwarten.

13. SCHEIDUNG - ENDE ODER VERÄNDERUNG FAMILIALER BEZIEHUNGEN?

Elke Klein-Allermann, Sylvia Schaller

13.1 Einleitung

In den letzten Jahren sind die steigenden Ehescheidungszahlen häufig in Diskussionen über die Deinstitutionalisierung und den Funktionswandel der modernen Familie thematisiert worden (vgl. dazu Kap. 2.3). Konsens besteht dahingehend, daß die Zunahme der Scheidungsraten seit Anfang des Jahrhunderts und insbesondere in den letzten 50 Jahren das Resultat vielfältiger und tiefgreifender Veränderungen auf wirtschaftlicher, sozialer, juristischer und politischer Ebene waren. Diese gesellschaftlichen Rahmenbedingungen werden im nächsten Abschnitt aufgezeigt. Anschließend werden soziodemographische Faktoren und Persönlichkeitsmerkmale der Ehepartner, die eine Ehe mehr oder weniger stabil machen, vorgestellt. Auf der Grundlage theoretischer Phasenmodelle wird im dritten Kapitel der Trennungsprozeß mit seinen phasenspezifischen Problemen und Anforderungen erläutert. Die drei letzten Abschnitte beschäftigen sich mit den Auswirkungen der Scheidung auf Kinder, die Eltern und das gesamte Familiensystem sowie den Faktoren, die diese moderieren.

13.2 Scheidung aus historischer und makrostruktureller Perspektive

In der Bundesrepublik Deutschland sind in den letzten dreißig Jahren die Scheidungsraten (Ehescheidungen je 10.000 Einwohner) von 8.8 auf 21.0 gestiegen (Statistisches Bundesamt, 1990). Etwa jede dritte Ehe wird heute geschieden, für die nichtehelichen Lebensgemeinschaften wird eine vergleichbar hohe Instabilität konstatiert (Schuster, 1990). Dadurch erlebt gegenwärtig jedes fünfte bis sechste Kind die Trennung seiner Eltern (Magnus, 1988). Es wird geschätzt, daß in den nächsten Jahren nur etwa die Hälfte aller Kinder bei ihren beiden leiblichen Eltern aufwachsen wird (Voß, 1991). Derart gestiegene Scheidungsraten lassen sich gleichermaßen in anderen europäischen und außereuropäischen Staaten beobachten (Greenstein, 1990; Minsel et al., 1989).

Diese bereits zu Beginn dieses Jahrhunderts einsetzende Entwicklung spricht für die unter Soziologen und Sozialhistorikern vorherrschende Sicht, den Wandel der Familie als Teil eines langfristigen Säkularisierungs- und Modernisierungsprozeßes zu interpretieren (Raschke, 1987, vgl. Kap. 2.2). Dessen wichtigste Charakteristika sollen im folgenden kurz skizziert werden.

Gesellschaftlicher Wertewandel. Im Zuge der Auflösung feudaler und ständischer Strukturen entwickelte sich eine Auffassung von Ehe als einer freiwilligen, primär durch die gegenseitige Liebe legitimierten Partnerschaft. Der Preis dafür war eine zunehmenden Verunsicherung und damit größere Anfälligkeit der Ehe als Institution (Beck-Gernsheim, 1988; Kaufmann, 1990; Mitterauer, 1989). Es kam ferner zu einer stärkeren Entkopplung von Sexualität und Ehe, was wiederum den Ausschließlichkeitscharakter einer lebenslangen Zweierbeziehung in Frage stellte (Kaufmann, 1990). Schließlich verloren kollektive Werte wie Opferbereitschaft und Gehorsam zugunsten individueller Werte wie Selbstverwirklichung und Selbstbestimmung an Bedeutung (Weiss, 1975).

Das veränderte Verhältnis der Geschlechter. Mit der im bürgerlichen Eheideal angelegten Rollenzuweisung konnten sich vor allem Frauen in den letzten Jahrzehnten zunehmend weniger identifizieren. Statt dessen wurde für sie eine Erwerbstätigkeit immer mehr zum normalen Bestandteil ihrer Lebenswirklichkeit. Diese Entwicklung wurde gefördert durch die zunehmende Teilhabe von Frauen an einer qualifizierten Schul- und Berufsausbildung und durch die gestiegene Lebenserwartung, die die Phase der Kindererziehung zu einem zeitlich begrenzten Abschnitt im Lebenslauf werden ließ (vgl. Kap. 10).

Industrialisierung und Urbanisierung. Spätestens mit dem Entstehen von Fabriken und Großbetrieben Anfang des 20. Jahrhunderts verlor die Familie ihre Funktion als Produktionsstätte. Die Trennung von Berufs- und Privatssphäre trug mit zur Instabilität der Ehe bei, indem zum einen existenzielle Zwänge entfielen, die mit der Familie als Wirtschafts- und Solidargemeinschaft verbunden waren und ihre Stabilität erhöht hatten. Zum anderen nahm mit der Verstädterung nicht nur der soziale Zusammenhalt, sondern auch die soziale Kontrolle ab. Auch wurde die Familie in dem Maße, in dem sie sich von einer das gesamte Gesinde umfassenden Hausgemeinschaft zu einem kleinen Verbund von Eltern und Kindern wandelte, zum zentralen emotionalen und sozialen Bezugspunkt ihrer Mitglieder (Bauer, 1988), wodurch Erwartungen der Partner aneinander und an die Elternrolle stiegen.

Veränderungen im Ehe- und Familienrecht. Das 1977 in Kraft getretene 1. Ehereformgesetz, in dem vom früheren Schuldprinzip abgegangen wurde, sollte die Auflösung einer zerrütteten Ehe erleichtern. Dies ging jedoch nicht mit einer Erhöhung der Scheidungszahlen einher (White, 1990), was wahrscheinlich auf den nun ebenfalls gültigen Grundsatz der materiellen Eigenverantwortung der Partner zurückzuführen ist. Es wird angenommen, daß sich finanzielle Härten besonders für nicht berufstätige und lange verheiratete Mütter in den letzten Jahren weiter verschäft haben, da nach dem seit 1986 gültigen Unterhaltsrecht bei der Festlegung des Unterhalts nur noch ehebedingte Nachteile und mit einer Kinderbetreuung verbundene Kosten berücksichtigt werden (Limbach, 1988).

Zusammenfassung: Die seit Anfang des Jahrhunderts einsetzende Industrialisierung und Urbanisierung ging mit einem tiefgreifenden Wertewandel und einer Pluralisierung der Lebensformen einher, was letztlich zu einer Intensivierung partnerschaftlicher und Eltern-Kind-Beziehungen führte. Mit dieser Entwicklung sind einerseits Chancen und Freiheiten verbunden. Durch den Wegfall sozial-normativer Leitlinien sowie durch ungünstige rechtliche und arbeitsmarktpolitische Rahmenbedingungen bewirken sie jedoch gleichzeitig eine Instabilität der Institution Ehe. Eltern fühlen sich zunehmend häufiger von der Aufgabe, Kinder kompetent erziehen, beruflich erfolgreich und dabei ein fürsorglicher Partner sein zu müssen, überfordert.

13.3 Scheidungsursachen: Wer läßt sich von wem warum scheiden?

Die im vorangehenden Abschnitt beschriebenen Entwicklungen können den Anstieg der Scheidungszahlen auf gesamtgesellschaftlicher Ebene verständlich machen. Darüber hinaus stellt sich die Frage, welche Faktoren eine heute bestehenden Partnerschaft mehr oder weniger instabil werden lassen.

Die subjektiven Angaben Geschiedener über ihre Scheidungsgründe fallen geschlechtsspezifisch unterschiedlich aus. Männer führen eher arbeitsbezogene Stressoren, Unvereinbarkeit sexueller Wünsche und Emanzipationsbestrebungen der Ehefrau an (Spanier & Thompson, 1984; Cleek & Pearson, 1985). Dagegen nennen Frauen vorwiegend finanzielle und wohnraumbedingte Probleme, physische Mißhandlung, psychische Probleme des Partners sowie sein wenig unterstützendes, autoritäres Verhalten als Trennungsursachen. Gleichzeitig bewerten Frauen ihre zurückliegende Ehe negativer als Männer und datieren den Beginn der Ehekrise auf einen früheren Zeitpunkt (zusf. Rottleuthner-Lutter, 1989).

Allerdings müssen diese von den Betroffenen genannten Gründe nicht ursächlich die Trennung herbeigeführt haben. Die Relativität subjektiver Einschätzungen wird bereits deutlich, wenn man die Aussagen von Paaren nach der Trennung miteinander vergleicht: lediglich in der globalen Beurteilungen der Ehequalität stimmen beide Ehepartner überein (Hahn et al., 1984). Da die Befunde zudem ausschließlich auf retrospektiven Angaben Geschiedener basieren, dürften sie nicht nur Vergessenseffekten unterliegen, sondern könnten prinzipiell ebenso auf konfliktäre, aber strukturell intakte Partnerschaften zutreffen.

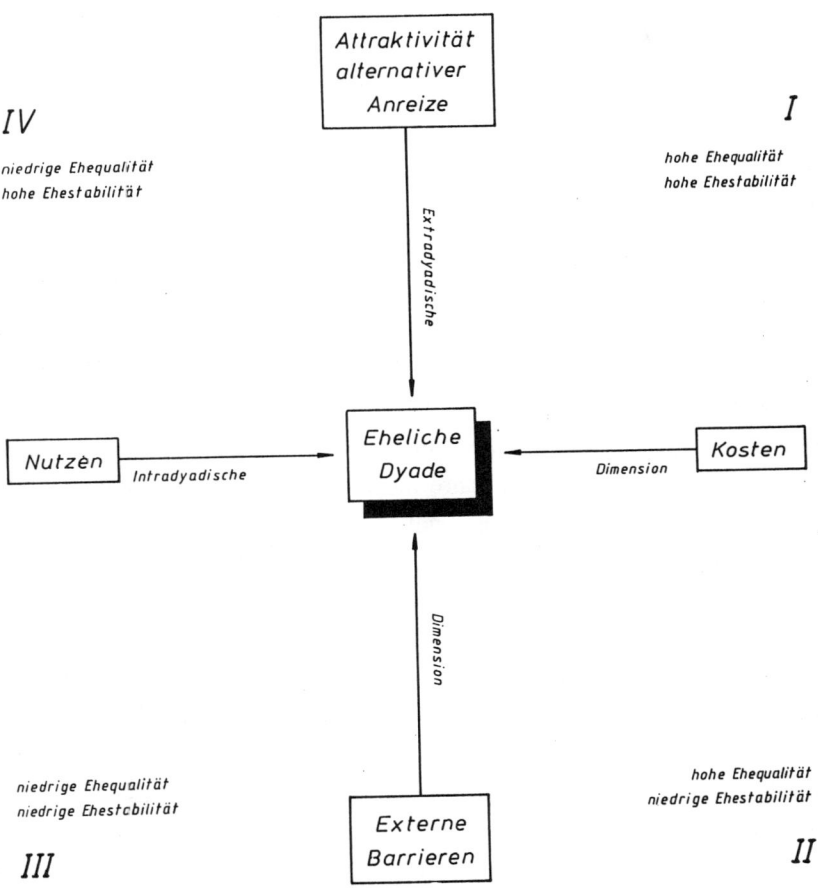

Abbildung 14: Die Vorhersage der Stabilität und Qualität von Partnerschaften nach dem austauschtheoretischen Modell von Spanier & Lewis (1980).

Untersuchungen, die getrennt und zusammen lebende Personen vergleichen, scheinen daher für die Erforschung von Scheidungsursachen und -folgen geeigneter zu sein, da auf diese Weise Charakteristika identifiziert werden können, die für Geschiedene typisch sind und diese von anderen Gruppen unterscheiden. Vergleichende Studien gehen häufig von austauschtheoretischen Ansätzen aus, wie sie auch zur Vorhersage der Partnerwahl und der Ehequalität herangezogen werden (vgl. Kap. 5.1.1). Insbesondere das Modell von Spanier und Lewis (1980; vgl. Abb. 14) hat sich bewährt, weil es für die Vorhersage der Ehequalität und

-stabilität jeweils unterschiedliche Einflußfaktoren vorsieht. Indem die Zufriedenheit der Partner auf das jeweilige Verhältnis von Kosten und Nutzen zurückgeführt wird und die Ehestabilität mit dem Vorhandensein von Barrieren und (fehlenden) Alternativen erklärt wird, wird verständlich, warum mitunter recht gut funktionierende Partnerschaften beendet oder disharmonische Ehen aufrechterhalten werden.

Zahlreiche familienstrukturelle und soziodemographische Variablen, die in ihrer ehestabilisierenden Wirkung erforscht wurden (vgl. zusf. Hartmann, 1989; Diekmann, 1987; Hill & Kopp, 1990; White, 1990), lassen sich nach diesem Modell als Barrieren, Kosten oder Nutzen einordnen. Wir werden im folgenden auf einige besonders vorhersagekräftige und unter familienpsychologischen Gesichtspunkten relevant erscheinende Merkmale eingehen.

Schichtzugehörigkeit der Partner. In Übereinstimmung mit austauschtheoretischen Vorhersagen werden Paare mit niedrigem sozioökonomischen Status häufiger geschieden als solche mit höherem Status, wobei sich die schichtspezifischen Scheidungsrisiken zunehmend angleichen (Raschke, 1987). Neueren Untersuchungen zufolge muß diese inverse Beziehung zwischen Schicht und Ehestabilität als Endergebnis eines komplexen Zusammenspiels mehrerer Aspekte, wie Stabilität und Höhe des Einkommens, Bildungsniveau und Berufsstatus beider Ehepartner interpretiert werden. Viele dieser Merkmale haben, je nachdem, ob sie auf Männer oder Frauen bezogen werden, unterschiedliche, teilweise sogar gegensätzliche Auswirkungen auf das Scheidungsrisiko. Differentielle Effekte z. B. bezüglich der Schulbildung von Frauen zeigen sich auch, wenn Familien in verschiedenen Familienentwicklungsphasen verglichen werden: Während ein hohes Bildungsniveau der Frau in den ersten zehn Ehejahren tendenziell zur Dauerhaftigkeit der Partnerschaft beiträgt, hat es im weiteren Verlauf eher destabilisierende Wirkung (Diekmann, 1987). Ein deutlich niedrigeres Scheidungsrisiko zeigte sich ferner bei Frauen, die nicht berufstätig waren oder weniger als 35 bis 40 Stunden in der Woche arbeiteten (Greenstein, 1990). Dieser Effekt scheint über das Ausmaß, in dem Frauen den traditionellen Rollenerwartungen von seiten ihrer Partner entsprechen, vermittelt zu werden (vgl. auch Hill, 1988). Aufgrund des querschnittlichen Designs vieler Studien kann der Zusammenhang zwischen Scheidungsrisiko und weiblicher Erwerbstätigkeit allerdings auch dahingehend interpretiert werden, daß die Aufnahme einer Berufstätigkeit weniger eine Ursache partnerschaftlicher Konflikte, sondern bereits deren Folge ist. So könnten Frauen, die eine Trennung antizipieren, auf diese Weise frühzeitig den eigenen

Unterhalt nach der Scheidung sicherzustellen versuchen (vgl. Booth & White, 1980).

Heiratsalter, Fertilität und Ehedauer. Den besten Vorhersagewert für die Stabilität einer Ehe in den ersten fünf Jahren hat das Heiratsalter der Ehepartner (Martin & Bumpass, 1989). Personen, die bei ihrer Heirat unter 18 Jahren alt sind und solche, die nach ihrem 30. Lebensjahr heiraten, werden überdurchschnittlich häufig geschieden (Raschke, 1987). Vermutlich sind bei beiden Altersgruppen aber unterschiedliche Ursachen entscheidend. Relativ *spät* heiratende Personen sind bei der Partnerwahl einem größeren Druck in Richtung Heterogamie ausgesetzt, der sich nachteilig auf die Ehezufriedenheit und -stabilität auswirkt (vgl. Kap. 5). Außerdem konnten sie bereits eine eigene berufliche Existenz aufbauen und einen individuellen Lebensstil entwickeln, was die Nachteile eines Single-Daseins weniger schwerwiegend erscheinen läßt als die einer wenig zufriedenstellenden Partnerschaft (vgl. Bitter, 1986). *Jung* verheiratete Paare verfügen dagegen oft über eine nicht oder nur teilweise abgeschlossene Schul- oder Berufsausbildung. Weiterhin haben sie häufig die für ihre Altersstufe typischen Entwicklungsaufgaben (vgl. Kap. 9.1.1) noch nicht oder nur unzureichend bewältigt, was mit Rollenunsicherheiten und unrealistischen Erwartungen einhergehen kann (Raschke, 1987). Für die Gefährdung speziell junger Ehen wird schließlich auch die erhöhte Wahrscheinlichkeit vorehelicher Schwangerschaften und Geburten (Martin & Bumpass, 1989) verantwortlich gemacht. In strukturell intakten Familien kommt Kindern zumindest in den ersten Jahren nach der Geburt eine ehestabilisierende Funktion zu (Waite et al., 1985), vermutlich weil durch die Partizipation der Väter an der Erziehung (insbesondere ihrer Söhne) der Familienzusammenhalt gestärkt wird (Seccombe & Lee, 1987). Junge Paare sollten jedoch allein aufgrund ihrer sozioökonomischen Situation kaum eine solche, partnerschaftlich getragene elterliche Sorge leisten können.

Ehedauer. Aus austauschtheoretischer Sicht nehmen mit zunehmender Ehedauer Hindernisse, die einer Scheidung entgegenstehen, zu: ein gemeinsames Haus, die Kindererziehung und eine Vielzahl von geteilten Erlebnissen binden die Partner aneinander. Parallel dazu verlieren die Alternativen zur Ehe an Attraktivität. Theoretisch kaum erklärt wurde bisher allerdings, warum sich in den letzten Jahren zunehmend häufiger auch Personen nach über 20jähriger Partnerschaft scheiden lassen (Stich, 1988; vgl. Kap. 10).

Tradierung des Scheidungsrisikos. Ein durchgängig zu beobachtendes Phänomen ist die sogenannte "intergenerationale Transmission" des Scheidungsrisikos: Personen, deren Eltern geschieden sind, haben mehr Probleme in ihrer eigenen

Ehe und lassen sich häufiger scheiden als Männer und Frauen aus intakten Ursprungsfamilien (McLanahan & Bumpass, 1988; Wallerstein & Blakeslee, 1989). Einige Theoretiker (vgl. zusf. Pope & Mueller, 1976; Heekerens, 1987) führen dieses Ergebnis darauf zurück, daß Kinder die dysfunktionalen Eigenschaften und Einstellungen ihrer Eltern insbesondere hinsichtlich Ehe und Familie übernehmen. Andere sehen in dem finanziellen und sozialen Abstieg der Familie eine wesentliche Ursache. Hier werden Faktoren wie eine unzureichende Beaufsichtigung und Anregung der Kinder, das Fehlen des Vaters als gegen- bzw. gleichgeschlechtlichen Rollenmodell, eingeschränkte Chancen der nachwachsenden Generation auf dem Heiratsmarkt und damit verbunden ungünstige Partnerwahlen der Jugendlichen hervorgehoben. Die empirischen Befunde sind bisher uneinheitlich. Zwar stehen Mädchen, die ohne ihren Vater aufgewachsen sind, dem Wunsch nach einer eigenen Familie nicht ablehnender gegenüber als Mädchen aus intakten Familien. Sie befürworten aber eher eine Trennung als Form der Konfliktlösung und plädieren häufiger für ein Zusammenleben ohne Trauschein (zusf. Heekerens, 1987). Gleichzeitig vertreten alleinerzogene Jugendliche trotz früher Aufnahme sexueller Beziehungen umso eher die Meinung, man solle sich mit einer Heirat Zeit lassen, je konflikthafter sie das Leben in ihrer Herkunftsfamilie wahrgenommen hatten (Kinnaird & Gerrard, 1986). Nach Kinnaird und Gerrard (1986) beeinflußte das Vorhandensein einer anderen männlichen Bezugsperson (meist des Stiefvaters) nicht das sexuelle Verhalten sowie die Einstellungen der Jugendlichen hinsichtlich Ehe und Familie.

Zusammenfassung: Bei der Erklärung und Vorhersage instabiler Ehen haben sich austauschtheoretische Modelle bewährt. Soziodemographische und familienstrukturelle Faktoren konnten als Risikofaktoren für die Ehestabilität nachgewiesen werden. Langanhaltende Auseinandersetzungen der Eltern vor der Scheidung und fehlende Rollenmodelle bedingen, daß bereits im Jugendalter kritischere und weniger geschlechtstypische Einstellungen bei gleichzeitig geringerer Konfliktbereitschaft entwickelt werden. Diese Einstellungen zusammen mit einer mangelnden elterlichen Kontrolle können dazu führen, daß bereits früh gegengeschlechtliche Beziehungen aufgenommen und häufiger scheidungsanfälligere "Risikoehen" eingegangen werden.

13.4 Auswirkungen der Scheidung aus metatheoretischer Sicht

Das Gros der in den 70er Jahren durchgeführten Studien ging von einem sogenannten "*Defizitansatz*" aus, der klinisch-psychiatrischen Denkmodellen verhaftet war. Indem die "Normalfamilie" als ideale Voraussetzung für eine ungestörte Entwicklung der Kinder erachtet wurde, galten alternative Lebensformen als defizitär.

Empirisch versuchte man diese These durch den Vergleich von Kindern aus strukturell intakten Familien mit denen aus Scheidungsfamilien zu erhärten. Worauf etwaige Anzeichen psychischer und physischer Belastung zurückzuführen sind, blieb in diesen Untersuchungen jedoch meist offen (zusf. Schaller & Schmidtke, 1988).

Ende der 70er Jahre entwickelte Ansätze stellen im Prinzip Weiterentwicklungen bzw. Konkretisierungen der im ersten Buchkapitel beschriebenen metatheoretischen Modelle dar. Aus der Familienstreßforschung entlehnt wurden sogenannte "*Krisenmodelle*", wonach Scheidung als ein kritisches Lebensereignis aufgefaßt wird, das mit tiefgreifenden Veränderungen im Alltag der Betroffenen einhergeht. Die Effektivität kindlicher und elterlicher Copingprozesse ist von den jeweils zur Verfügung stehenden personalen und sozialen Ressourcen abhängig. Ursprünglich waren diese Streßbewältigungsmodelle individuumzentriert konzipiert und von einer statischen Perspektive geprägt. In revidierten Modellen fanden jedoch zunehmend prozessuale und beziehungsdynamische Merkmale Eingang (z.B. Felner et al., 1988), so daß sie kaum noch von den nachfolgenden Modellen zu trennen sind.

Ausgangspunkt *normativer Scheidungsmodelle* sind die angestiegenen Scheidungszahlen sowie die zunehmende Verbreitung eines Familienmusters "sukzessiver Ehen" (Furstenberg, 1988b), d.h. einer (mehrmaligen) Abfolge von Heirat und Scheidung (vgl. Kap. 14.1). Da dieses Muster nicht mit dem klassischen, von der stabilen Erstehe ausgehenden Familienzykluskonzept (vgl. Kap. 1.3) in Einklang gebracht werden kann, wurde eine Revidierung dieses Modells gefordert (vgl. Ansätze von Höhn, 1985; Ahrons, 1980). Scheidung wird nun als Übergangsphase betrachtet, die ihrerseits durch mehrere Phasen mit jeweils spezifischen Entwicklungsaufgaben gekennzeichnet ist (Schweitzer & Weber, 1985). Kritisiert wird an den mittlerweile vorliegenden normativen Modellvarianten, daß sie Scheidung zur problemlosen Alltagserfahrung heruntergespielen und Partnerschaften zu Wegwerfbeziehungen deklarieren würden (Dorst, 1988). Eine solche bagatellisierende Sichtweise ist unseres Erachtens allerdings nicht zwingend aus dem Modell abzuleiten und wird mehrheitlich auch nicht vertreten.

Breite Akzeptanz fand schließlich eine im weitesten Sinne *systemorientierte Perspektive* (Niesel, 1989). Danach wird ein ursprünglich bestehendes Gleichgewicht im Familiensystem gestört, es kommt zur Scheidung. Die Kernfamilie löst sich jedoch nicht auf, sondern wird zur "binuklearen Familie" (Gosmith, 1982). Der zugrunde liegende Wandlungsprozeß ist durch eine Vielzahl von Anforderungen gekennzeichnet, muß jedoch nicht zwangsläufig zu negativen Konsequenzen führen. Vielmehr hängt die Entwicklung der Familie von der Anpassungsfähigkeit der einzelnen Familienmitglieder ab. Gelingt es, die familialen Strukturen der veränderten Lebenswirklichkeit anzupassen, wird auf einer qualitativ neuen Ebene ein Gleichgewicht wiederhergestellt (vgl. Niesel, 1989). Dem systemorientierten Modell wurde vorgeworfen, er würde die subjektiven Erfahrungen und Erlebensweisen der einzelnen Familienmitglieder zu wenig berücksichtigen. Auch würde die Scheidungsrealität verleugnet, indem von einer Umstrukturierung, nicht jedoch von einer Auflösung der Kernfamilie gesprochen wird. Damit würden Betroffene in unrealistischen Wünschen (z.b. daß der Kontakt bestehen bleiben würde) verstärkt (Balloff, 1991). Ungeachtet dieser Kritik gehen heute viele Studien - wenngleich indirekt - von einer systemorientierten Perspektive aus. Als heuristisches Rahmenmodell hat sich dieser Ansatz für Forschung und Interventionsansätze als wertvoll erwiesen (z.B. Voß, 1991).

Zusammenfassung: Während Scheidung lange Zeit nur aus einer Defizitperspektive heraus untersucht wurde, wurden Ende der 70er Jahre metatheoretische Modelle entwickelt, die den Anpassungsprozeß von Scheidungsfamilien differenzierter zu beschreiben versuchen. Streß- und Bewältigungsmodelle ebenso wie normative Modelle können dabei als Ergänzung und Spezifizierung einer systemtheoretischen Perspektive verstanden werden. Scheidung ist danach ein längerdauernder Prozeß, in dessen Verlauf die Kernfamilie eine Wandlung zur binuklearen Familie mit eigenen Strukturen, Rollenverteilungen und Beziehungsmustern erfährt.

13.5 Phasenspezifische Anforderungen im Scheidungsprozeß: Von der Reorganisation des Haushalts bis hin zur neuen Lebensperspektive

Bereits in den 70er Jahren wurden verschiedene, mehr oder weniger differenzierte Modelle entwickelt (zusf. Salts, 1979; Kaslow & Schwartz, 1987). Raschke (1987) hat diese Ansätze zu einem Vier-Stufen-Modell zusammengefaßt. Sie unterscheidet: (I) die Zeit vor der räumlichen Trennung, (II) die Zeit unmittelbar während der Trennung, (III) die Zeit bis zum rechtlichen Vollzug der Scheidung und (IV) eine idealtypisch konzipierte, abschließende Phase des Wachstums. Diese Abschnitte sind als qualitativ unterscheidbare Phasen im Erleben der Betroffenen repräsentiert und können durch jeweils vorherrschende Probleme und Entwicklungsanforderungen charakterisiert werden (vgl. auch Schweitzer & Weber, 1985).

(I) Der innere Trennungsprozeß beginnt in der Regel lange vor einer räumlichen Trennung. Er ist durch eine zunehmende Desillusionierung, Ernüchterung und Unzufriedenheit mindestens eines Ehepartners gekennzeichnet. Konflikte können sich in sexuellen Problemen, in Gefühlen des Unverstandenseins und in verstärkter Hinwendung zu anderen Personen niederschlagen, ohne daß diese äußeren Anzeichen bewußt auf die gestörte Partnerschaft zurückgeführt werden. Aufgabe der Partner ist es in dieser Phase, sich über ihre jeweils eigenen Bedürfnisse und die des Partners klar zu werden. Grundsätzlich sollten alle Bemühungen darauf abzielen, dauerhafte Konflikte zu verhindern, da diese anhaltenden Auseinandersetzungen - und nicht die Trennung per se - zu tiefgreifenden Beinträchtigungen der Familienmitglieder führen (Block et al., 1986).

(II) Können die anfänglichen Probleme nicht bewältigt werden, wird die emotionale Bindung zwischen den Partnern zunehmend brüchiger, positive Gefühle nehmen ab und körperliche Annäherungen werden vermieden. Typisches Kennzeichen dieser stark ambivalent empfundenen Phase sind sogenannte "Familien-Meta-Kognitionen" (Ahrons, 1980), d.h. Gedanken über eine Trennung als mögliche Alternative zur Ehe. Als besonders belastend wird in dieser Zeit die Aufgabe erlebt, Kinder auf die bevorstehende Trennung vorzubereiten. In 20 bis 25% der Fälle wird die Trennung ohne Vorbereitung der Kinder vollzogen (Jacobsen, 1978). Selbst wenn innerlich der Entschluß zum Auszug schon lange gefallen ist, fällt die konkrete Inangriffnahme der Trennung oft schwer. Bei etwa einem Drittel der Betroffenen lag mehr als ein halbes Jahr zwischen Trennungsabsicht und Auszug (Melichar & Chiriboga, 1988). Größtenteils geht die Initiative von der Frau aus und nur in wenigen Fällen wird sie gemeinsam getroffen (Kaslow & Schwartz, 1987). Die räumliche Trennung mündet dabei fast immer in eine Scheidung, auch wenn sie nur als vorübergehende Maßnahme zur Konfliktlösung geplant worden war (Melichar & Chiriboga, 1985).

Anforderungen an die Familie kreisen in dieser Phase um die Verarbeitung des Scheiterns und die Bewältigung der aktuellen und auf die Zukunft bezogenen Ängste und Sorgen aller Familienmitglieder. Offene Gespräche über die geplante Trennung können der Klärung von Unterhaltsfragen und Besuchsregelungen dienen. Auch praktische Überlegungen etwa über die geographische Nähe beider Haushalte oder Art und Umfang des Kontaktes zwischen den Elternteilen erleichtern den Wechsel vom gemeinsamen zum getrennten Haushalt.

(III) Die räumliche Trennung markiert einen entscheidenden Einschnitt im Leben aller Familienmitglieder. Mit ihr gehen Veränderungen im praktischen Lebensalltag, im Lebensstandard, in der Eltern-Kind-Beziehung, im Freizeitverhalten, im Sexualleben und im Selbstverständnis der Eltern einher. Eine faktorenanalytische Auswertung von Anforderungen, die bei über 100 geschiedenen Eltern im Zuge der Trennung auftraten ergab sechs Problembereiche (Berman & Turk, 1981; Schweitzer & Weber, 1985):

1. *Lebenspraktische Probleme.* Darunter fallen Probleme bei der Haushaltsführung und Organisierung des Tagesablaufs sowie Anforderungen bei der Vereinbarung von Familie und Beruf. Hier treten oft schon bei der täglichen Routine Schwierigkeiten auf (z.B. Aufstehen, zu Bett gehen; Johnson, 1983; Weinraub & Wolf, 1983), die dazu führen, daß Scheidungskinder ihre Umwelt als desorganisiert erleben, sich wenig Kontrollkompetenz zuschreiben und vermehrt psychische und soziale Störungen entwickeln (Kalter et al., 1989; Sandler et al., 1988; Stolberg & Anker, 1983; Wiehe, 1984). Von Kindern wird außerdem häufig eine größere Selbstständigkeit und eine stärkere Mithilfe im Haushalt erwartet.

2. *Finanzielle Schwierigkeiten.* Ökonomische Einbußen treffen in erster Linie den Ein-Elternteil-Haushalt mit der Mutter als sorgeberechtigtem Elternteil. Durch ihre familialen Verpflichtungen haben sie oft Probleme beim (Wieder-)Einstieg in einen Beruf oder bei der Bewältigung der Doppelbelastung (vgl. auch Kap. 14).

3. *Probleme in der Beziehung der Ehepartner.* Auch nach der Trennung ist das Verhältnis durch Ambivalenz und Ablehnung geprägt. Ungeachtet dieser Gefühle Gespräche über Unterhaltszahlungen oder Besuchsrechte führen zu müssen, ist eine Belastung für alle Beteiligten. Auch für Kinder und Jugendliche ist es schwer, mit der veränderten Beziehung ihrer Eltern und daraus resultierenden Loyalitätskonflikten umzugehen.

4. *Probleme in der Eltern-Kind-Beziehung.* Probleme bei der Kindererziehung ergeben sich nicht nur durch die Abwesenheit eines Elternteils, sondern auch durch die emotionale Anspannung der Familienmitglieder, die einem verständnisvollen und einfühlenden Umgang entgegen stehen. Insbesondere wenn Kinder unrealistische Hoffnungen auf eine Wiederversöhnung der Eltern hegen, wird der Normalisierungsprozeß behindert.

5. *Interpersonelle Probleme.* Mit einer Scheidung setzen in der Regel Veränderungen in dem bisherigen sozialen Netzwerk ein. Der Kontakt zu Verwandten des nicht-sorgeberechtigten Elternteils und zu ursprünglich gemeinsamen Freunden geht zurück. Ein etwaiger Umzug und die berufliche Belastungen der Mutter verschärfen diese Isolationstendenz.

6. *Individuelle Befindlichkeit.* Gefühle wie Hilflosigkeit, Depression, Einsamkeit, Schuldgefühle und Unsicherheit prägen die Zeit nach der Trennung. Eltern und Kinder machen vielleicht zum ersten Mal derart tiefgreifende Erfahrungen und verfügen noch nicht über effektive Bewältigungsstrategien.

Die zentralen Entwicklungsaufgaben von Eltern und Kindern in dieser Phase können den übergreifenden Themen "systemische Trennung" und "systemische Re-

Organisation" (Ahrons, 1980) zugeordnet werden. Das Trauern um den Verlust der früheren Familiengemeinschaft und wichtiger Vertrauenspersonen sowie die Verarbeitung von Einsamkeits- und Schuldgefühlen, von Überforderung und Unsicherheit sind zu bewältigen. Die Familie als System hat eine Neuregelung der interpersonellen Beziehungen, der Rollenverteilungen und Grenzen zu leisten. Ungünstigen Entwicklungen, wie dem Auftreten von Loyalitätskonflikten oder der Ausgrenzung des nicht im Haushalt lebenden Elternteils, ist rechtzeitig und gegebenenfalls mit Inspruchnahme professioneller Hilfe entgegenzuwirken.

Längsschnittstudien zufolge dauert es etwa zwei bis drei Jahre nach der räumlichen Trennung, bis sich der Umgang zwischen Eltern und Kindern normalisiert hat (Hetherington, 1991b). Da die Belastungen aber schon am Ende des ersten Jahres deutlich zurückgehen, wird der Entwicklungsabschnitt nach der räumlichen Trennung neuerdings auch untergliedert in die "akute Phase" und die "Übergangsphase" (Schmidt-Denter et al., 1991, S. 43).

(IV) Obwohl der rechtliche Vollzug der Scheidung subjektiv noch einmal als Einschnitt erlebt wird, sind die damit verbundenen Belastungen deutlich niedriger als zu Beginn der räumlichen Trennung. Für einige schließt sich sogar eine durch Akzeptanz und persönliches Wachstum gekennzeichnete Zeit an, in der neue Ziele und Perspektiven entwickelt, bisherige Werte überdacht werden. Die Probleme während der Scheidung werden als Herausforderungen verstanden und in Form eines tieferen Verständnisses menschlicher Beziehungen und reiferer Interaktionsformen umgesetzt. Theoretiker wie Salts (1979) postulieren nicht, daß diese letzte Phase der persönlichen Reifung mehrheitlich durchlaufen wird. Tatsächlich kämpft eine Reihe von Familien auch langfristig mit ernsthaften Problemen (Wallerstein & Blakeslee, 1989) und viele werden der vorausgegangenen Zeit keine positiven Seiten abringen können. Dennoch scheint die Trennung der Eltern, wenn sie konstruktiv wahrgenommen und genutzt wird, für die Familienmitglieder zumindest prinzipiell Wachstumsmöglichkeiten bereitzustellen.

Zusammenfassung: Der Scheidungsprozeß setzt mit dem Aufkommen ehelicher Konflikte ein, auch wenn diese noch nicht bewußt reflektiert werden. Offener Streit und Schlichtungsversuche wechseln sich in einem eskalierenden Entwicklungsverlauf ab. Der Auszug aus der gemeinsamen Wohnung ist Auftakt für eine endgültige Trennung und ruft einschneidende Veränderungen hervor. Probleme entstehen in den Eltern-Kind-Beziehungen, in dem Verhältnis der Partner, auf lebenspraktischer, finanzieller und persönlicher Ebene. Ein neues Gleichgewicht stellt sich in der Regel nach etwa 2 Jahren ein.

13.6 Die Zeit danach: Entwicklungsverläufe von Eltern und Kindern nach der Scheidung

In den letzten drei Jahrzehnten sind zahlreiche Untersuchungen der Frage nachgegangen, welche kurz- und langfristigen Folgen Eltern und ihren Kindern aus einer Scheidung erwachsen. Die hierzu gefundenen Ergebnisse sind widersprüchlich, was größtenteils auf methodische Mängel der Untersuchungen zurückgeführt werden kann (vgl. zusf. Demo & Acock, 1988; Guidubaldi, 1988). So zeigt eine Meta-Analyse von Amato und Keith (1991), daß neuere Studien im Vergleich zu früheren ein positiveres Bild ergeben. Wenngleich sich hierin (auch) eine größere gesellschaftliche Akzeptanz von Scheidungsfamilien widerspiegeln mag, haben vermutlich methodische Beschränkungen und Voreingenommenheiten der Forscher früher zu einer Überschätzung der Unterschiede zwischen Scheidungsfamilien und strukturell intakten Familien geführt. Grundsätzlich ist es darüber hinaus problematisch, von "den" Scheidungsfolgen zu sprechen, wenn man Scheidung gemäß einer prozessualen Sicht als ein Übergangsstadium versteht. Nicht nur Unterschiede in der Vorgeschichte, sondern auch die Tatsache, daß ein Teil der sorgeberechtigten Eltern erneut heiraten und eine Stieffamilie gründen, ein Teil dagegen einen Ein-Elternteil-Haushalt führen wird, geraten auf diese Weise leicht aus dem Blick. Um im folgenden Überschneidungen mit den Kapiteln 14 und 15, in denen die Situation von Stieffamilien und Alleinerziehenden thematisiert wird, zu vermeiden, werden wir uns schwerpunktmäßig mit der Situation von Familien unmittelbar vor, während oder nach der Scheidung beschäftigen.

13.6.1 Die Ehepartner

Die seelische Gesundheit Geschiedener ist Gegenstand zahlreicher epidemiologisch und klinisch-psychologisch orientierter Untersuchungen (vgl. Coombs, 1991; Stack, 1990; Kitson & Morgan, 1990; Tschann et al., 1989). Neben sozioökonomischen Faktoren wurden interpersonelle und psychische Merkmale erfaßt, um durch den Vergleich mit verheirateten Personen auf die Auswirkungen einer Trennung rückschließen zu können. In ihrer Gesamtheit belegen sie die Vulnerabilität Geschiedener: Ihr relativer Anteil an psychiatrisch Auffälligen ist erhöht, sie haben eine durchschnittlich höhere Unfall- und Selbstmordrate und leiden häufiger als Verheiratete unter psychosomatischen Beschwerden und lebensbedrohlichen Erkrankungen. Es wird vermutet, daß diese körperlichen Folgen über einen riskanteren Lebensstil und Beeinträchtigungen des Immunhaushaltes vermittelt werden (Dura & Kiecolt-Glaser, 1991).

Eine klinisch-psychiatrische Symptomatik ist allerdings keineswegs bei der Mehrheit Geschiedener zu beobachten. Weit verbreitet sind in den ersten Monaten nach der Trennung extreme Gefühle wie Einsamkeit, Verwirrung, Bitterkeit und Schuldgefühle. Die Betroffenen haben auch häufig das Gefühl, als Eltern und Ehepartner versagt zu haben und bezweifeln ihre Fähigkeit, in Zukunft stabile Beziehungen aufbauen zu können (Hetherington et al., 1982). Erst nach durchschnittlich zwei bis fünf Jahren scheint sich das psychische Befinden Geschiedener zu stabilisieren (Weingarten, 1985; Baruch et al., 1983). Als Gruppe sind sie sogar zufriedener mit ihrem Leben als unglücklich verheiratete Paare (Renne, 1971; Kitson, 1985). Dabei weist die Effektivität und Geschwindigkeit von Bewältigungsbemühungen Geschiedener insgesamt eine große Bandbreite auf, so daß sich die Frage nach moderierenden Faktoren stellt.

Der Selektions- oder Devianzhypothese zufolge sind die unterschiedlichen Anpassungsschwierigkeiten Geschiedener auf schon vor der Trennung bestehende Persönlichkeitsmerkmale und Probleme zurückzuführen. Diese ungünstigen Prädispositionen würden bereits zu einer unpassenden Partnerwahl, Beziehungskonflikten und in letzter Konsequenz zu den beschriebenen Anpassungsschwierigkeiten nach der Scheidung führen (Halem, 1980). Die beobachteten Unterschiede lassen sich jedoch in der Regel nicht mehr nachweisen, wenn Drittvariablen, wie die Schichtzugehörigkeit der Befragten, kontrolliert werden. Insofern ist die Selektionshypothese zumindest als alleiniges Erklärungsmodell wenig gesichert (Coombs, 1991).

Bewährt haben sich dagegen Streßbewältigungs- oder Krisentheorien, die das Wohlbefinden Geschiedener mit äußeren Belastungen und dem Vorhandensein personaler und externer Ressourcen in Zusammenhang bringen (Lavee et al., 1985). Den finanziellen Bedingungen in der Nachscheidungsphase, der Beziehung zwischen den Ex-Partnern, dem Ausmaß an sozialer Unterstützung und verschiedenen Persönlichkeitsmerkmalen scheint hierbei eine zentrale Vermittlerfunktion zuzukommen. Mit Hilfe dieser Merkmale können Unterschiede in der Befindlichkeit Geschiedener, speziell der Frauen erklärt werden (Amato & Keith, 1991).

Finanzielle Bedingungen. In den drastischen Einkommenseinbußen insbesondere alleinerziehender Mütter sehen viele Autoren eine wichtige, wenn nicht sogar die entscheidende Ursache für psychische Probleme Geschiedener (Heekerens, 1987; vgl. Kap. 14). Während das Einkommen alleinerziehender Väter nur geringfügig unter dem Durchschnittseinkommen in Kernfamilien liegt (Schwarz, 1984), lebt fast die Hälfte aller alleinerziehenden geschiedenen Frauen am Existenzminimum (Martiny & Voegeli, 1988; Rottleuthner-Lutter, 1989). Viele

Frauen sind dadurch gezwungen, eine Berufstätigkeit aufzunehmen. Vor allem die veränderten Rollenanforderungen sind für Frauen mit einem hohem Streßpotential verbunden (Kitson & Roach, 1989).

Soziale Kontakte/Neue Intimbeziehungen. Dem Entstehen einer neuen intimen Beziehung und dem Vorhandensein eines zufriedenstellenden Netzwerkes wird eine protektive Funktion zugesprochen, indem Streß abgepuffert und die emotionale Ablösung zum Ex-Partner erleichtert wird (Hetherington, 1987; Tschann et al., 1989). Für geschiedene Mütter sind primär Verwandte eine wichtige und hilfreiche Quelle sozialer Unterstützung, besonders wenn die Reaktionen ehemaliger gemeinsamer Freunde und Bekannten distanzierend oder ablehnend sind (Gerstel, 1988). Männer erleben weniger dramatische Einbrüche im sozialen Netzwerk, die Erreichbarkeit unterstützender Personen korreliert bei ihnen mit dem beruflichen Status (Tschann et al., 1989). Dennoch leiden sie in den ersten Monaten nach der Trennung stärker als Frauen unter ihrer Einsamkeit und haben größere Schwierigkeiten, den Alltag neu zu organisieren. Sie sind auch langfristig anfälliger für psychische Probleme als Frauen, sofern ihnen die Aufnahme einer neuen stabilen Partnerbeziehung nicht gelingt (Bojanovsky, 1986). Einige Autoren führen dieses Ergebnis darauf zurück, daß Männer während der Ehe mehr Unterstützung von ihrer Partnerin erfahren als umgekehrt und entsprechend stärker auf den Verlust dieser Vertrauensperson reagieren (Coombs, 1991). In der Regel scheint sich die Situation geschiedener Männer jedoch meist günstig zu gestalten. Da sie durch die Übertragung des Sorgerechts für gemeinsame Kinder an die Mutter keine familialen Verpflichtungen haben, können sie mehr Zeit auf soziale Aktivitäten verwenden. Sie gehen auch relativ schnell und bereitwillig neue heterosexuelle Beziehungen ein (Glick, 1980), während Frauen einer Wiederheirat eher zögernd gegenüber stehen (Baruch et al., 1983).

Kontakt mit dem früheren Partner. Der Kontakt zwischen den Ex-Partnern bleibt auch nach der Scheidung - wenngleich deutlich reduziert - bestehen. Nach einem Jahr haben über 80% der Partner noch direkten Kontakt (Kurdek & Blisk, 1983; Ahrons, 1981). Häufig scheinen diese Begegnungen - ebenso wie die anhaltenden Kontakte zu den Schwiegereltern - über das Vorhandensein von Kindern zustande zu kommen (Gerstel, 1988; Ambert, 1988). So drehen sich beispielsweise die gemeinsamen Gespräche zum größten Teil um Erziehungsfragen, selten dagegen um berufliche oder persönliche Themen. Dennoch diskutieren Partner mit regelmäßigem Kontakt auch öfter über nicht auf die Kinder bezogene Themen und nehmen ihre Beziehung als weniger konflikthaft und eher unterstützend wahr. Ein positives, mäßig enges Verhältnis erleichtert dabei nicht nur die Einbeziehung des woanders lebenden Elternteils bei der Kindererziehung (z.B. Stewart et al., 1986), sondern wird auch von dem sorgeberechtigten Elternteil als hilfreich wahrgenommen. Die Aufrechterhaltung einer sehr intensiven oder intimen Beziehung (Berman, 1988) scheint dagegen - stärker noch als eine anhaltend konfliktäre Beziehung (Maccoby et al., 1990) - mit psychischen Problemen einherzugehen. Offensichtlich ist es in diesen Fällen einem oder beiden Partnern nicht gelungen, den emotionalen Trennungsprozeß abzuschließen (Johnston & Campbell, 1988). In diesem Sinne besonders gefährdet sind Personen, deren frühere Beziehung durch einen hohen Zusammenhalt und eine gute Übereinstimmung der Partner gekennzeichnet war (Green, 1983), die noch nicht lange getrennt leben (Plummer & Koch-Hattem, 1986) und die nicht selbst die Scheidung initiiert haben (Thompson & Spanier, 1983).

Demographische Faktoren und Persönlichkeitsmerkmale. Verschiedene Persönlichkeitsmerkmale der Ehepartner haben sich als bedeutsame Prädiktoren für die psychosoziale Anpassung Geschiedener erwiesen (zusf. Raschke, 1987). Personen mit geringer Kontrollüberzeugung, einem traditionellen Geschlechtsrollenverhalten und einer prämorbiden Persönlichkeitsstruktur fühlen sich stärker belastet, haben eine geringere Lebenszufriedenheit und sind depressiver. Dagegen entwickeln wenig ängstliche und selbstbewußte Personen, die flexibel und tolerant auf Veränderungen reagieren, seltener psychische Probleme. Jüngere Personen scheinen stärker unter den Scheidungsfolgen zu leiden als ältere (Gove & Shin, 1989). Folgt man der Untersuchung von Melichar und Chiriboga (1985), zeichnen sich letztere durch ein besonders günstiges "timing" aus: sie lassen sich viel Zeit mit der Umsetzung ihrer Trennungsabsicht, bemühen sich aber nach dem Auszug um den schnellen Vollzug der Scheidung. Weitere Variablen, wie das Geschlecht und Einkommen der Geschiedenen moderieren allerdings diesen Alterseffekt (Tschann et al., 1989).

Zusammenfassung: In der Mehrzahl der Fälle ist eine Scheidung für die Partner zumindest zeitweilig mit seelischen und sozialen Einbrüchen verbunden. Wie schnell und erfolgreich ein neues psychisches Gleichgewicht wiederhergestellt werden kann, ist von äußeren Faktoren (wie der finanziellen Lage, dem Ausmaß sozialer Unterstützung und dem Aufbau einer neuen intimen Beziehung), personenbezogenen Merkmalen (wie dem Geschlecht und Alter der Person) sowie von der Beziehung der Ex-Partner abhängig. Diese Faktoren können sich gegenseitig verstärken oder hemmen.

13.6.2 Die Kinder

Angesichts neuerer Studien kann die bis heute in vorwissenschaftlichen Publikationen anzutreffende Behauptung, die Mehrheit der Scheidungskinder sei bis ins Erwachsenenalter deutlich gestört (z.B. Mathias, 1991), als unzutreffend zurückgewiesen werden. *Langfristige Beeinträchtigungen* scheinen im Mittel eher gering auszufallen und sind keineswegs eine zwangsläufige Folge der elterlichen Scheidung (vgl. Amato & Keith, 1991). Nach einer Konsolidierungsphase scheinen nicht wenige Kinder sogar von einem Leben im Ein-Elternteil-Haushalt zu profitieren (z.B. Guidubaldi & Perry, 1985). Dies wird im Zusammenhang mit der größeren Verantwortung und Selbständigkeit, die von alleinerziehenden Eltern zugestanden und gefordert wird, gesehen. Unkonventionelle und flexiblere Einstellungs- und Verhaltensmuster sowie frühe Selbständigkeit können vorteilhaft für die Entwicklung sein, wenn die Kinder nicht überfordert werden und in ihren Eltern kompetente Ratgeber und Ansprechpartner finden. Diesem Anspruch können allerdings Quer- und Längsschnittstudien zufolge alleinerziehende Eltern nicht immer gerecht werden (z.B. Furstenberg & Nord, 1985; Hetherington, 1988).

Bei der Betrachtung eher *kurzfristiger Folgen* einer Scheidung zeigt sich, daß viele Kinder unter der Trennung ihrer Eltern leiden und anfänglich mit Irritationen reagieren (zusf. Demo & Acock, 1988). *Verhaltensauffälligkeiten* (z.B. Stehlen, Schulschwänzen) sind im Mittel häufiger bei Kindern aus getrennten Familien zu finden, und zwar auch dann, wenn der Sozialstatus der Eltern kontrolliert wird. Allerdings treten persistierende Verhaltensstörungen noch häufiger in konfliktbelasteten, strukturell intakten Familien auf als in Scheidungsfamilien (Peterson & Zill, 1986; Swartzberg et al., 1983). Es liegt somit nahe, (zeitweilige) Anpassungsschwierigkeiten der Eltern und in der Folge deren unangemesses Erziehungsverhalten und unzureichende Beaufsichtigung als Ursache für die kindlichen Probleme anzusehen (Dornbusch et al., 1985).

Soziale Anpassungsschwierigkeiten drücken sich in einer geringeren Anzahl von Freunden und einer selteneren Partizipation an gemeinschaftlichen Aktivitäten aus (Wyman et al., 1985). Kinard und Reinherz (1984) beobachteten vermehrt aggressive Verhaltensweisen gegenüber Gleichaltrigen nur bei den Kindern, deren Eltern erst nach dem Eintritt des Kindes in die Schule geschieden wurden. Folgt man der Interpretation der Autoren, dann sind deren sozialen Probleme möglicherweise auf eine gestörte Geschlechtsrollenentwicklung und diese wiederum auf das Fehlen eines elterlichen Rollenmodells zurückzuführen. Insbesondere Jungen sollten mit ihrem geschlechtsuntypischeren Verhalten auf Ablehung von seiten Gleichaltriger stoßen und aggressiv auf diese Zurückweisung reagieren. Zugleich könnte ihr Verhalten Ausdruck eines (unbeholfenen) Bemühens sein, auch ohne ein entsprechendes Rollenmodell geschlechtstypische Verhaltensweisen zu erwerben (vgl. auch Demo & Acock, 1988).

Leistungsbezogene Beeinträchtigungen scheinen in engem Zusammenhang mit den zuvorgenannten Problemen im emotionalen und sozialen Bereich zu stehen (Smith, 1990). So gehen Schulschwierigkeiten häufig mit einem inadäquaten Erziehungsverhalten (Kinard & Reinherz, 1986) und einer mangelnden Unterstützung bei den Hausaufgaben (Furstenberg & Nord, 1985) einher.

Insgesamt scheinen die scheidungsbedingten Veränderungen in den Lebensbedingungen der Familie und individuelle Fähigkeiten im Umgang mit diesen Veränderungen prognostisch bedeutsamer für die kindliche Entwicklung zu sein als die Scheidung selbst (Vosler, 1986). Aus der Vielzahl individueller Merkmale der Kinder (vgl. hierzu Überblicksarbeiten von Emery, 1988a; Emery, 1988b; Wallerstein & Blaklee, 1989; Hetherington, 1988) sollen im folgenden das Alter bzw. der kognitive Entwicklungsstand von Kindern und ihr Geschlecht sowie ausgewählte Persönlichkeitsmerkmale in ihrer Bedeutung für den deren Anpassungsfähigkeit diskutiert werden. Kontextbezogene Merkmale, wie der Kontakt zum nicht sorgeberechtigten Elternteil oder die Art der Sorgerechtsregelung, sollen dagegen schwerpunktmäßig im anschließenden Abschnitt (Kap. 13.5.4) behandelt werden, da sie nicht nur die Situation der Kinder, sondern die der gesamten Familie charakterisieren.

Entwicklungsstand zum Zeitpunkt der Scheidung. Obwohl das Alter des Kindes von entscheidender Bedeutung für seine Anpassungsfähigkeit sein sollte (Emery, 1988a), sind die diesbezüglichen Ergebnisse uneinheitlich (Furstenberg, 1990). Tendenziell scheinen jüngere Kinder jedoch länger unter der Trennung ihrer Eltern zu leiden (Allison & Furstenberg, 1989; Wallerstein et al., 1988). Für sie ist vor allem die gute Beziehung zur Mutter wichtig, während sich bei Schulkindern jeweils die Art der Beziehung zum gleichgeschlechtlichen Elternteil als bedeutsam erwies. Darüber hinaus variieren die nach einer Scheidung auftretenden Symptome altersabhängig. So zeigen Vorschulkinder überwiegend Verlassenheitsängste, Schuldgefühle, Irritierbarkeit, Aggressivität und Eß- und Schlafstörungen, während Schulkinder häufiger Traurigkeit, Furcht, Wut sowie Gefühle der Hilflosigkeit und Einsamkeit äußern (zusf. Wallerstein & Kelley, 1980). Diese differentiellen Alterseffekte werden auf kognitive Entwicklungsunterschiede zurückgeführt (Kurdek, 1988). Danach schreiben sich Kinder im Vorschulalter die Schuld am Fortgehen des nicht sorgeberechtigten Elternteils zu, weil sie noch einem egozentrischen Denken verhaftet sind. Kinder zwischen fünf und acht Jahren halten sich eher indirekt für die Trennung der Eltern verantwortlich, indem sie mit ihrem eigenen Verhalten die elterlichen Auseinandersetzungen, die dann letztlich zur Scheidung führten, verursacht zu haben glauben. Erst Kinder ab 9 Jahre scheinen in der Lage zu sein, die familialen Probleme losgelöst von ihrer eigenen Person zu sehen und die Scheidung als Folge der veränderten Gefühle der Eltern füreinander zu verstehen. In der Adoleszenz schließlich entwickeln die Kinder ein differenzierteres Verständnis für das veränderte Verhältnis ihrer Eltern, indem sie in abstrakten Kategorien wie "Persönlichkeit" und "Beziehung" denken können. Allerdings spricht das Ausbleiben dieser altersspezifischen Unterschiede in einigen Untersuchungen (z.B. Beelmann & Schmidt-Denter, 1991) für eine moderierende Wirkung zusätzlicher Variablen, z.B. des Ausmaßes elterlicher Konflikte in der Nachscheidungsphase oder der Häufigkeit und Qualität von Gesprächen mit Eltern, Verwandten oder Nachbarn über die Scheidung (vgl. Sandler et al., 1988; Young, 1983).

Geschlecht des Kindes. Ein Erklärungsansatz für den höheren Grad an emotionalen und sozialen Problemen bei Jungen als bei Mädchen verweist auf bereits vor der Scheidung bestehende Unterschiede in der Situation von Jungen und Mädchen. Eltern von Söhnen lassen sich z.B. seltener scheiden, was z. T. darauf zurückgeführt wird, daß Väter größeren Anteil an der Erziehung von Jungen als an der von Mädchen nehmen (Morgan et al., 1988). Dadurch könnten Väter von Söhnen Scheidungen ablehnender gegenüberstehen. Es könnte aber auch sein, daß Mütter befürchten, im Scheidungsfall mit der Erziehung von Söhnen eher überfordert zu sein und daher zögern, ihre Trennungsabsichten zu realisieren. Jungen könnten so die Scheidung nicht nur als einen größeren Verlust empfinden, sondern auch über einen vergleichsweise längeren Zeitraum den elterlichen Auseinandersetzungen vor der Scheidung ausgesetzt gewesen sein. Gestützt wird diese Interpretation durch eine Längsschnittstudie, in der Jungen bereits 11 Jahre vor der Scheidung unkontrolliertes aggressives Verhalten zeigten, während die Entwicklung der Mädchen kaum durch die elterlichen Konflikte beeinträchtigt zu sein schien (Block et al., 1986).

Einem anderen Erklärungsansatz zufolge spiegelt das Problemverhalten von Jungen ein konflikthafteres Mutter-Sohn-Verhältnis wieder (Hetherington, 1988, s.u.). Möglicherweise ist aber auch die Interaktion zwischen dem Geschlecht des sorgeberechtigten Elternteils, dem Geschlecht des Kindes sowie seinem Alter in Betracht zu ziehen (Clingempeel et al., 1988). Solange jedoch allgemein die Tendenz vorherrscht, das Sorgerecht für die Kinder der Mutter zu übertragen, unterliegen diesbezügliche Untersuchungen einer Reihe von Selektionseffekten.

Schließlich können die berichteten Geschlechtsunterschiede auch durch differentielle Bewältigungsstrategien erklärt werden. Während Mädchen eher überangepaßt und mit Rückzugsverhalten reagieren, sind die Bewältigungsstrategien der Jungen auffälliger und störender (Beelmann & Schmidt-Denter, 1991). Das Verhalten von Jungen scheint hierbei insbesondere von konkret veränderten Lebensbedingungen beeinflußt zu werden, wohingegen Töchter sensibler auf Gefühle und Befindlichkeiten ihrer Mütter reagieren (Kalter et al., 1989). Darüber hinaus kann die Notwendigkeit, angesichts der Familienprobleme schneller "erwachsen" werden zu müssen (vgl. Weiss, 1979), bei Mädchen stärker ausgeprägt sein und als frühe emotionale Reife imponieren. Auch die Ergebnisse von Block et al. (1981), wonach in intakten Familien elterliche Dissonanzen mit einer zunehmenden sozialen Kompetenz der Töchter, nicht jedoch der Jungen einherging, legen eine solche geschlechtsspezifische Dynamik nahe.

Persönlichkeitsmerkmale der Kinder. Wenig anpassungsfähig scheinen Kinder zu sein, die bereits vor der Scheidung als schwierig und verletzlich eingestuft wurden (Lehmkuhl, 1987; Rutter, 1979). Wegen der großen Varianz der Verhaltens- und Personmerkmale, die in dysfunktionalen Verhältnissen aufwachsende Kinder zeigen, richtete sich in den letzten Jahren das Forschungsinteresse zunehmend auf protektiv wirkende Personvariablen und Bedingungen, die die ungünstigen Effekte streßerzeugender Lebensereignisse abpuffern. Dabei erwiesen sich folgende Variablen generell als besonders schützend in (chronisch) belastenden Situationen: Flexibilität in den Bewältigungsstrategien, geringes geschlechtsstereotypes Verhalten, eine hohe Kontrollüberzeugung, positive Zukunftserwartung und Optimismus sowie überdurchschnittliche sprachliche und kommunikative Fähigkeiten, die das Kind befähigen, ein eigenes soziales Unterstützungsverhalten außerhalb der Familie aufzubauen (Tress, 1987; Ulich, 1988; Werner, 1985) oder ein vorhandenes Unterstützungssystem zu nutzen (Rutter, 1987).

Zusammenfassung: Für Kinder ist die Scheidung ihrer Eltern anfangs ein schmerzhaftes, mitunter sogar traumatisches Erlebnis, auf das sie mit emotionalen, kognitiven und sozialen Schwierigkeiten reagieren. Das Ausmaß und die Dauer dieser Beeinträchtigungen ist jedoch von verschiedenen Variablen wie dem Geschlecht der Kinder, ihrem Entwicklungsstand zum Zeitpunkt der Scheidung und personabhängigen Faktoren wie Kontrollüberzeugung und sozialen Kompetenzen abhängig. Diese Merkmale sind vorhersagekräftiger für die Entwicklung der betroffenen Kinder als die Scheidung an sich.

13.6.3 Das Familiensystem: Die Beziehungen zwischen Eltern und Kinder

Die wohl tiefgreifendste Veränderung nach einer Scheidung vollzieht sich für Kinder in ihrem Verhältnis und den Kontakten zum nicht sorgeberechtigten Elternteil (zusf. Furstenberg, 1990; Seltzer & Bianchi, 1988; Furstenberg & Nord, 1985). Generell wird die Kontakthäufigkeit durch verschiedene Faktoren wie dem Familienstatus der Eltern, die psychische Anpassung des nicht sorgeberechtigten Elternteils und dem Ausmaß, in dem sich dieser von seinem Kind abgelehnt fühlt, beeinflußt (zusf. Felner et al., 1988, S. 51). Väter halten häufiger zu ihren Söhnen Kontakt als zu ihren Töchtern (Hess & Camara, 1979) und Mütter ohne Sorgerecht besuchen ihre Kinder häufiger als Väter. Grundsätzlich scheint allerdings weniger die Häufigkeit des Kontaktes als die Qualität der Beziehung bedeutsam zu sein, auch wenn in den meisten Fällen eine Korrelation zwischen beiden besteht (Kanoy et al., 1984). Die Aufrechterhaltung der Beziehung zwischen dem nicht sorgeberechtigten Elternteil und seinem Kind wirkt sich sowohl auf die Anpassung des Kindes als auch auf die des außerhalb lebenden Elternteils förderlich aus, solange das Ausmaß elterlicher Konflikte in der Nachscheidungsphase gering ist (Felner & Terre, 1987, zit. in Felner et al., 1988; Tropf, 1984). Massive und anhaltende Auseinandersetzungen der Eltern werden von Kindern als besonders belastend erlebt und erschweren die Anpassung aller Beteiligten (Sandler et al., 1988). Häufig handelt es sich hierbei um Familien, die bereits vor und während der Scheidung zu physischen und verbalen Feindseligkeiten neigten (Johnston et al., 1989), so daß letztlich die nachhaltigen Beziehungsstörungen der Familie, und nicht die Scheidung an sich, zu gravierenden Auswirkungen führen dürfte (Green-Bailey & McCluskey-Fawcett, 1991).

Auf diesem Hintergrund ist es verständlich, daß sich keine der derzeit existierenden Sorgerechtsregelungen als generell überlegen erwiesen hat (Balloff & Walter, 1990). Eine gemeinsame elterliche Sorge (vgl. dazu eine Beschreibung der verschiedenen Formen gemeinsamen Sorgerechts bei Fthenakis et al., 1982) scheint durchaus einige Vorteile mit sich zu bringen. Kinder sind eher in der Lage, ihre Beziehung zu beiden Elternteilen fortzuführen (Balloff & Walter, 1990) und Streitigkeiten der Eltern um den Unterhalt treten seltener auf (Irving et al., 1984), wodurch Einbrüche in den ökonomischen Lebensbedingungen vermieden werden können (zusf. Clingempeel et al., 1988). Das Aufrechterhalten eines funktionierenden sozialen Netzwerkes ist außerdem wichtig für eine positive Befindlichkeit des sorgeberechtigten Elternteils und damit einhergehend für die des Kindes (vgl. Tietjen, 1989; Wolchik et al., 1989).

Sind die Eltern jedoch nicht bereit oder fähig, zwischen ihrer Rolle als Eltern und (Ex)Ehepartner zu differenzieren und werden von Seiten Verwandter und Bekannter Vorbehalte gegenüber einem gemeinsamen Sorgerecht laut, wirkt sich ein gemeinsames Sorgerecht eher nachteilig aus (Clingempeel & Repucci, 1982; Irving et al., 1984). Ungünstige Prognosen ergeben sich für die Kinder auch dann, wenn sie sich nicht mit der Trennung ihrer Eltern abfinden können, anhaltend Wiederversöhnungswünsche hegen und in Auseinandersetzungen ihrer Eltern einbezogen werden (Johnston et al., 1989). Dies ist einer Untersuchung von Baloff und Walter (1990) zufolge deutlich häufiger in Familien mit gemeinsamen Sorgerecht der Fall und wird über die höhere Kontakthäufigkeit zwischen dem Kind und seinem getrenntlebenden Elternteil vermittelt. Selbst wenn in den kommenden Jahren also ein die verschiedenen Formen der Sorgerechtsregelungen betreffendes Informationsdefizit auf seiten geschiedener Eltern ausgeglichen werden kann und mehr Eltern eine solche Regelung in Betracht ziehen sollten (derzeit trifft dies nur auf 1.5% der Familien zu), werden damit Beeinträchtigungen von Scheidungskindern nicht ausgeschlossen werden können.

Neben dem Kontakt zum nicht sorgeberechtigten Elternteil und dem Ausmaß bzw. der Dauerhaftigkeit elterlicher Konflikte ist die Beziehung zwischen dem alleinerziehenden Elternteil und seinen Kindern von entscheidender Bedeutung für die Auswirkungen einer Scheidung. In der Regel entsteht eine enge Bindung zwischen den im gemeinsamen Haushalt lebenden Familienmitgliedern, auch wenn mitunter feindselige und ablehnende Gefühle entwickelt werden (Beelmann & Schmidt-Denter, 1991). Eine intensives Eltern-Kind-Verhältnis zusammen mit einem autoritativen Erziehungsstil hat generell, d.h. unabhängig vom Familientyp, protektive Wirkung (Hodges et al., 1984; Kanoy et al., 1984). Die Situation von Scheidungskindern hebt sich also nur insofern von der anderer Kinder ab, als ihre geschiedenen Mütter häufiger kumulativen Stressoren ausgesetzt sind und insofern eher mit der Erzieherrolle überfordert sein können (Hetherington, 1988). Durch finanzielle und emotionale Probleme belastet, gehen sie weniger auf ihre Kinder ein, verlangen mehr Gehorsam und Mithilfe im Haushalt und sind in ihrem Erziehungsverhalten inkonsistenter. Sie können sich schlechter gegenüber ihren Kindern, besonders gegenüber ihren Söhnen durchsetzen und ziehen sich emotional stärker von ihnen zurück. Dadurch ausgelöste oder verstärkte Auffälligkeiten der Kinder wirken im weiteren Verlauf selbst wieder als Stressor für die Mutter, ein negativer Rückkopplungsprozess setzt ein.

Besonders nachteilig wirkt sich ein inadäquates Erziehungsverhalten aus, wenn es mit temperamentsbedingten Anpassungsschwierigkeiten des Kindes zusammentrifft. Aus entwicklungspsychologischen Untersuchungen ist bekannt, daß schwierige Kinder, die bereits in ihren ersten Lebensmonaten durch wechselnde Schlaf-Wach-Rhythmen, durch Unregelmäßigkeiten im Eßverhalten und ein hohes Aktivitätsniveau auffallen, generell verwundbarer sind als Kinder mit einem ausgeglichenen Temperament (Rutter, 1987). Solange nun die sorgeberechtigte Mutter psychisch stabil ist und sich wenig beeinträchtigt fühlt, lassen sich trotz aversiver Verhaltensweisen des Kindes keine Veränderungen in ihrem Erziehungsverhalten beobachten. Fühlt sich die Mutter überfordert und in ihrem psychischen Befinden beeinträchtigt, werden Kinder mit einem schwierigen Temperament eher Ziel von Ärger und negativen Reaktionen und reagieren dann mit lang anhaltenden emotionalen Störungen (vgl. Hetherington, 1989). Unterstützen andere Erwachsene die erziehungsberechtigte Mutter bei der Ausübung von Kontrolle, normalisiert sich dagegen das Verhalten der Kinder (Dornbusch et al., 1985). Auch positive Erfahrungen mit Gleichaltrigen und Hilfen in der Schule oder der Nachbarschaft können die Auswirkungen hochkonfliktärer Familienbeziehungen abschwächen (Hetherington et al., 1978). Allerdings scheinen sowohl Lehrer als auch Peers den Kindern aus Scheidungsfamilien negativer gegenüberzustehen als solchen aus intakten Familien (Guttman et al., 1988). Grundsätzlich kann aber früh einsetzende Hilfe für Scheidungsfamilien durch ein entsprechendes Unterstützungssystem oder spezielle Beratungsangebote (vgl. Bloom & Hodges, 1988; Griebel et al., 1991; Niesel 1991) viele der in Scheidungsfamilien auftretenden Probleme verringern oder in der Entstehung abstoppen.

Zusammenfassung: Generell läßt sich aufgrund der in den letzten Jahren durchgeführten Untersuchungen feststellen, daß Scheidung allein langfristig weder für Partner noch Kinder die negativen Auswirkungen hat wie vor allem die Laienpresse befürchtet wird. Die meisten Probleme resultieren aus Begleiterscheinungen der Trennung, wie z.B. ungenügender finanzieller Absicherung der "Restfamilien", anhaltenden Konflikten zwischen den Partnern, mangelndem Verständnis der Umwelt und fehlender sozialer Unterstützung. Wenn Partner wie Kinder bereit sind, Scheidung nicht als Ende der Familie sondern als ihre Fortführung in einer anderen Form zu akzeptieren, kann eine Trennung sogar positiv für alle Beteiligten sein. Beratungsangebote, die Scheidungsfamilien während der verschiedenen (einem Trauerprozeß durchaus vergleichbaren) Scheidungsphasen unterstützen, könnten hierbei wesentlich helfen. Dazu ist es aber notwendig, daß die Gesellschaft von dem klassischen Konzept der Ehe und Familie abgeht und auch normativ die Vielfalt des Zusammenlebens akzeptiert und fördert, die faktisch bereits gegeben ist. Die erfolgreiche Anpassung von Scheidungsfamilien wird zukünftig also nicht zuletzt von der Bereitschaft der Gesellschaft, Vorurteile abzubauen und Beratungs- und Hilfsangebote bereitzustellen, abhängen.

14. ALLEIN ZU ZWEIT: EIN-ELTERNTEIL-FAMILIEN
Peter Noack

14.1 Einleitung

Alleinerziehende Eltern mit einem oder mehreren Kindern sind über die letzten Dekaden im Lichte von Bevölkerungsstatistiken, aber auch zunehmend in der öffentlichen Wahrnehmung, zu einer "normalen" Variante familialen Zusammenlebens geworden. Der Anteil von deutlich über 10% Ein-Elternteil-Familien unter den Familien mit minderjährigen Kindern (BMJFFG, 1988) vermag kaum die quantitative Bedeutung dieser Familienstruktur zu vermitteln. Übergänge von Familienform zu Familienform innerhalb familialer Biographien, etwa durch Scheidung und Wiederheirat, werden durch diesen statischen Erfassungsmodus nur unzureichend erfaßt. So ist davon auszugehen, daß fast die Hälfte der heute geborenen Kinder bis zu ihrer Volljährigkeit die Scheidung ihrer leiblichen Eltern erlebt (Permien, 1988) und mithin zumindest einen Teil ihres Lebens in Ein-Elternteil-Familien verbringt. Dies kann mit Beck (1986) als Teil historischer Veränderungen gedeutet werden auf dem Weg zu einer Gesellschaft, in der durch "Stand und Klasse" vorgezeichnete Lebensläufe zunehmend Wechseln zwischen unterschiedlichen biographischen Entwürfen weichen.

Je mehr, alleinerziehend zu sein, von einem Status zu einer Phase im Verlauf längerfristiger Entwicklungsprozesse wird, umso schwerer fällt die *begriffliche Bestimmung und Abgrenzung*. Diese Schwierigkeit läßt sich an der Organisation der einschlägigen Literatur und Forschung nach Familienformen, der aus pragmatischen Gründen auch das vorliegende Buch folgt, ablesen. Der Gegenstand der Scheidungs- und Scheidungsfolgenliteratur (vgl. Kap. 13) deckt sich in Ausschnitten mit jenem der Alleinerziehendenforschung. Gleichzeitig rückt die Tatsache, daß ein ungefähres Drittel der alleinerziehenden Eltern auf eine Wiederheirat orientiert ist und zum Teil mit Kind und Partner zusammenlebt (ca. 10-15%, unter Ledigen 29%; BMJFFG, 1988; Statistisches Bundesamt, 1990), diese Familien in eine Grauzone zwischen Einelternteil- und Stieffamiliensituation (vgl. Kap. 15). Darüber hinaus unterhält etwa die Hälfte der leiblichen Eltern ohne Sorgerecht einen mehr oder weniger regelmäßigen Kontakt zu ihrem leiblichen Kind, 35% von ihnen sind aktiv an der Erziehung beteiligt. Bei uns weiterhin selten, ist zumindest in den USA das gemeinsame Sorgerecht beider leiblicher Eltern im Scheidungsfall schon keine exotische Lösung mehr. Um diesen Beziehungsgefügen gerecht zu werden, schlägt Ahrons (1979) vor, von "binuklearen Familien" zu sprechen.

Schließlich ist zu berücksichtigen, daß Ein-Elternteil-Familien keine einheitliche Gruppe darstellen (Permien, 1988): Mit etwa 45% stellen geschiedene Eltern den größten Anteil Alleinerziehender, gefolgt von verwitweten, ledigen und getrennt lebenden, die noch verheiratet sind. Dabei nehmen alle Gruppen quantitativ zu außer jener der Alleinerziehenden, die ihre Partner durch Tod verloren haben. Wegen der erwartbar unterschiedlichen Lebenssituationen erscheint es geraten, diese Binnengruppierung zu beachten. Ähnliches gilt für den Unterschied zwischen alleinerziehenden Müttern und Vätern, wobei letztere inzwischen mit etwa 15% eine beträchtliche Untergruppe bilden. Schließlich ist noch der anwachsende, aber zahlenmäßig bislang kaum erhebliche Kreis der "neuen Mütter" (6% nach Peukert, 1991) zu nennen, jene Frauen, die bewußt durch ihre ledige Elternschaft eine Ein-Elternteil-Familie realisiert haben.

Erst in jüngerer Zeit finden sich zunehmend *Ansätze zur Erforschung der Ein-Elternteil-Situation*, die geeignet erscheinen, etwas mehr von der Komplexität und Dynamik des Gegenstandes zu erfassen. Bis weit in die 70er Jahre leiteten Defizitmodelle die wissenschaftlichen Bemühungen, die im Fehlen eines Elternteils einen strukturellen Mangel sahen, der seinerseits wiederum zu Problemen führen müßte, beispielsweise in der Entwicklung der Kinder. Aus diesem Blickwinkel mußte es vor allem gelten, resultierende Mängel nach Art und Ausmaß zu bestimmen. Empirisch dienten dazu häufig Studien, in denen Ein-Elternteil-Familien und andere Familientypen nach ausgewählten Merkmalen verglichen wurden (vgl. Furstenberg & Seltzer, 1986). Daß vielfach kleine Stichproben, häufig durch Selbstselektionseffekte mittelschichtlastig, in querschnittlichen Designs untersucht wurden, verstärkt die Unsicherheit der Befundlage und ihrer Interpretation. Inzwischen findet schrittweise eine Ablösung durch Modelle statt (oder wird eindringlich angemahnt, z.B. Sander, 1988), die den Blick auf situative und personale Bedingungen der Entwicklung der Familien und ihrer Mitglieder richten. Damit rücken psychologische Merkmale und eine prozeßorientierte Perspektive in den Vordergrund.

Die Familienentwicklungstheorie wurde konzeptuell um Übergänge zur Ein-Elternteil- und Stiefelternfamilie als alternative Muster neben den traditionellen Entwicklungswegen der biologischen Zwei-Elternteil-Familie erweitert. Als Teil dieser Bemühungen galt es, Entwicklungsaufgaben zu bestimmen, mit denen sich Ein-Elternteil-Familien zusätzlich zu den Aufgaben, denen sich auch andere Familien gegenübersehen, auseinanderzusetzen haben (McGoldrick & Carter, 1982). Wie generell in der Familienforschung gewinnen damit bewältigungs- und problemlösetheoretische Konzepte an Bedeutung. Sie richten die Aufmerksamkeit darauf, ob familieninterne oder äußere Veränderungen und Anforderungen wahrgenommen, und wie diese interpretiert werden, als Bedrohung oder Herausforderung. Werden Anpassungserfordernisse gesehen, geht es weiterhin darum, wie sie bewältigt werden. Sowohl auf die Situationseinschätzung als auch auf den Verlauf der Bewältigung nehmen nach diesen Ansätzen eine Reihe individueller, familialer und kontextueller Faktoren Einfluß, die häufig als interne und externe Ressourcen zusammengefaßt werden.

Daneben werden auch systemische Ansätze verfolgt, um die Situation von Ein-Elternteil-Familien theoretisch zu erfassen. Unter dieser Perspektive rückt unter anderem die wechselseitige Beeinflussung der verschiedenen dyadischen Beziehungen (z.B. sorgeberechtigte Mutter/Kind, sorgeberechtigte Mutter/Ex-Partner) in den Blick. Weitere Fragen beziehen sich auf die Grenzen zwischen den Individuen und die Rollenverteilung in der Familie, etwa inwieweit alleinerziehende Mütter symbiotische Einheiten mit ihren Kindern bilden und letztere Partnerfunktionen übernehmen (vgl. Glenwick & Mowrey, 1986).

Zusammenfassend finden in der Alleinerziehendenforschung inzwischen vielfach jene Ansätze Beachtung, die auch auf die traditionelle biologische Kernfamilie angewendet werden, teils ihrem Ursprung nach mit Blick auf diese Familienform entwickelt wurden (sie werden ausführlicher in Kap. 1 vorgestellt). Die verschiedenen Typen von Familien werden also auch theoretisch immer weniger als separate Forschungsfelder behandelt, sondern als Ausprägungen familialen Zusammenlebens, die sowohl nebeneinander in der Population bestehen als auch im Verlauf einer Familienbiographie einander ablösen können. Dieser Betrachtung entspricht die Annahme, daß das Funktionieren von Familien ungeachtet ihrer Struktur durch dieselben grundlegenden Prozesse charakterisiert ist, ein bestimmtes Erziehungsverhalten also beispielsweise in verschiedenen Familienformen dieselben Konsequenzen hat. Unterschiede wären danach vor allem auf andere Randbedingungen des familialen Alltags, etwa materieller oder sozialer Art, zurückzuführen. Dieses Verständnis wie die verwandte Vermutung, daß aus Beobachtungen biologischer Kernfamilien bekannte Prozesse durch die Bedingungen der Ein-Elternschaft akzentuiert werden, stützt eine Reihe jüngerer Untersuchungen (z.B. Camara & Resnick, 1988; McLanahan, 1985). Im Laufe des Kapitels wird sich allerdings zeigen, daß sie sich angesichts auch gegenläufiger Befunde (z.B. Weinraub & Wolf, 1983) nicht uneingeschränkt halten lassen.

Die folgende Darstellung beginnt mit einer Zusammenfassung der Rahmenbedingungen, unter denen Ein-Elternteil-Familien leben. Dazu gehört die finanzielle Ausstattung ebenso wie die berufliche Einbindung der Eltern und Betreuungsangebote für die Kinder. Vor diesem Hintergrund wird dann die Situation alleinerziehender Eltern behandelt. Im Zentrum steht das psychische Wohlergehen und die soziale Einbindung der Väter und Mütter. Im Anschluß werden dieselben Fragen in Hinblick auf die Kinder aufgegriffen. Besonderes Interesse gilt jeweils den Faktoren, die auf Erfolg und Mißerfolg in der Bewältigung alltäglicher Anforderungen Einfluß nehmen, sowie den Belastungen, die für diese Familienform spezifisch sind. Im letzten Unterkapitel wechselt der Blickwinkel. Während zuvor die einzelnen Mitglieder von Ein-Elternteil-Familien im Mittelpunkt standen, geht es dann um Beziehungen und Interaktionen zwischen Eltern und Kindern. Bei der Behandlung der einzelnen Schwerpunkte werden sich aufgrund der fließenden Übergänge zwischen den verschiedenen Familienformen Überschneidungen mit anderen Teilen dieses Buches ergeben. Um sie gering zu halten, wird versucht, den entsprechenden Stellen den Charakter kurzer, zusammenfassender Darstellungen zu geben und darüber hinaus vor allem solche empirische Studien zu berücksichtigen, die Familien frühestens zwei (bis maximal zehn) Jahre nach Eintritt der Ein-Elternschaft erfassen. Daher kann es hilfreich sein, ergänzende Informationen vor allem den Kapiteln 13 und 15 zu entnehmen.

14.2 Rahmenbedingungen des Lebens in Ein-Elternteil-Familien

Wesentliche Funktionen von Ein-Elternteil-Familien entsprechen jenen, die andere Familientypen ebenfalls zu erfüllen haben. Insofern sie in Familien mit alleinerziehenden Eltern nicht von zwei Erwachsenen übernommen werden können, haben sie jedoch eine andere Bedeutung. Auf ein alleinerziehendes Elternteil entfallen mehr Aufgaben, und Koordinationserfordernisse wie mögliche -probleme sind intra-, nicht interpersonaler Natur. Dies gilt vor allem dafür, die Finanzierung der Familie und andere Belange des familialen Alltags in Einklang zu bringen. Speziell die Sicherung des Lebensunterhalts ist für Ein-Elternteil-Familien im Mittel schwieriger, und die Konsequenzen der jeweils gewählten Lösung erweisen sich eher als problemhaft als in anderen familialen Konstellationen.

Der Übergang Lediger zur Elternschaft ebenso wie der Verlust des Partners durch Trennung oder Tod bedeutet in den meisten Fällen auch heute noch einen ökonomischen Abstieg. Bei einem Drittel der Ein-Elternteil-Familien liegt das *Familieneinkommen* unterhalb der Sozialhilfe-Bemessungsgrenze (BMJFFG, 1988). Besonders betroffen sind unter den alleinerziehenden Eltern Frauen, Geschiedene und Ledige sowie Familien mit Klein- und Schulkindern, vor allem bei größerer Kinderzahl (ca. 70% Alleinerziehender mit mehr als zwei Kindern unterschreiten finanziell die Sozialhilfeschwelle; Walper, 1991a); unter den alleinerziehenden Vätern leben vor allem jene mit gesundheitlichen Problemen in relativer Armut (Napp-Peters, 1985).

Um das finanzielle Überleben der Familie zu sichern, ist für das alleinerziehende Elternteil häufig eine *Erwerbstätigkeit* unabdingbar. Einkünfte Geschiedener aus Unterhaltsgeldern fließen aufgrund der schlechten Zahlungsmoral oder -möglichkeiten der Ex-Partner nur unzureichend (Permien, 1988), Witwenrenten heben die Familie nicht immer, öffentliche Gelder für Ledige mit Kindern praktisch nie über das Sozialhilfeniveau (allerdings werden die angebotenen staatlichen Unterstützungen, sei es aus Unkenntnis, sei es wegen der Antizipation unerquicklicher Auseinandersetzungen mit Ämtern, nicht ausreichend genutzt). Gleichzeitig fallen in der Alleinerziehenden-Situation mehr Kosten an, etwa wegen durchschnittlich höherer Mieten und besonderer Aufwendungen für Dienstleistungen. Entsprechend ist der Anteil Erwerbstätiger unter den alleinerziehenden Müttern um ein Viertel höher als unter verheirateten (Permien, 1988). Vor allem nach einer Trennung sehen sich eine Menge zuvor nicht berufstätiger Frauen mit Kindern gezwungen, eine Arbeit aufzunehmen. Praktisch keine Unterschiede finden sich bei alleinerziehenden Vätern, die fast durchweg vor der Ein-Elternschaft einen Beruf hatten und keine Veränderung dieser Situation anstreben. Unter den Frauen sind die Ledigen am stärksten auf eine Erwerbstätigkeit orientiert. Sie weisen den höchsten Anteil berufstätiger wie -suchender Mütter auf, was nicht nur eine Frage der Notwendigkeit sondern auch der leicht besseren Ausbildungsvoraussetzungen und der verfolgten Lebensplanung zu sein scheint (Statistisches Bundesamt, 1990). Am geringsten ist die Berufstätigkeit bei Alleinerziehenden mit kleinen Kindern oder einer höheren Kinderzahl (BMJFFG, 1988). Dies gibt einen ersten Hinweis auf die Schwierigkeit, Funktionen der Erziehung und wirtschaftlichen Sicherung zu koordinieren. Die sprunghafte Zunahme der Erwerbstätigkeit Alleinerziehender zu den Zeitpunkten, an denen die Kinder in den Kindergarten oder die Oberschule eintreten, läßt sich als eine Strategie interpretieren, die verschiedenen Anforderungen zu harmonisieren.

Daß die finanzielle Situation trotz beruflicher Tätigkeit häufig schlecht ist, geht auf die Art der Beschäftigungsverhältnisse zurück. Einer Teilzeitarbeit nachzugehen, wie es etwa ein Drittel der berufstätigen Mütter in Ein-Elternteil-Familien tut (Napp-Peters, 1985), bedeutet, weniger Lohn mit nach Hause zu bringen. Häufig ist es angesichts der familialen Anforderungen die einzig realisierbare Form des Gelderwerbs. Für alleinerziehende Väter scheint sich diese Alternative in der gegenwärtigen Arbeitsmarktsituation ohnehin kaum zu bieten (Permien, 1988), weniger als 10% von ihnen sind teilzeitbeschäftigt. Sie scheinen allerdings bei einer Vollzeitbeschäftigung gegenüber Verheirateten auch nicht beruflich benachteiligt zu sein. Alleinerziehenden Mütter hingegen, die den ganzen Tag arbeiten, tun dies zu 84% in untergeordneten Positionen. Eine Ursache ist ihr beruflicher Ausbildungsstand, der demjenigen verheirateter Kolleginnen trotz ähnlicher Schulbildung im Mittel nachsteht (BMJFFG, 1988). Zudem sind Alleinerziehende für Arbeitgeber aufgrund der antizipierbaren Doppelbelastungen für verantwortungsvollere Stellen häufig nicht die erste Wahl (BMJFFG, 1988) und finden zwar bei Kollegen Verständnis für ihre Situation, kaum jedoch bei ihren Vorgesetzten (Napp-Peters, 1985).

Die objektiven wirtschaftlichen und beruflichen Probleme spiegeln sich in der subjektiven Sicht der Betroffenen: Die finanzielle Situation sowie die Koordination von Haushalt und Beruf werden als stärkste Belastungen genannt, vor allem von weiblichen Alleinerziehenden (Permien, 1988). Über 40% sehen berufliche Nachteile (Napp-Peters, 1985). Der berufliche Erfolg wird im Mittel geringer eingeschätzt als von verheirateten Müttern (BMJFFG, 1988). Dennoch stehen die Alleinerziehenden ihrer Erwerbsrolle unterm Strich positiver gegenüber als die Verheirateten, während sie ihre häusliche Tätigkeit negativer bewerten (Permien, 1988). Neben der generell größeren Abhängigkeit von beruflichen Einkünften mag hierfür eine andere Prioritätensetzung (Harrison & Minor, 1982) ausschlaggebend sein, etwa wegen der Kontaktmöglichkeiten und dem Ausweg aus der häuslichen Enge, die der Beruf bietet. Es gibt jedoch Hinweise darauf, daß Alleinerziehende im Falle nicht vereinbarer Anforderungen die beruflichen hinter die familialen zurückstellen (Gutschmidt, 1986). Im Vergleich mit verheirateten Berufstätigen betreffen jedenfalls zeitliche Abstriche nur Haushaltstätigkeiten im engeren Sinne, nicht jedoch die Versorgung der Kinder (Sanik, 1986).

In die Lage zu kommen, das eigene Kind allein aufzuziehen, erfordert auch Anpassungsleistungen hinsichtlich der *Wohnsituation*. Häufig ist mit dem biographischen Übergang auch der Wechsel der Wohnung verbunden (Napp-Peters, 1985; Sander, 1988). Umzüge führen die Familien oft in Großstädte, die eher als dörfliche und kleinstädtische Kontexte Arbeitsmöglichkeiten und Angebote der Kinderbetreuung versprechen, ebenso wie eine größere Anonymität (BMJFFG, 1988). Als Konsequenz der finanziellen Mängel ist die Wohnsituation jedoch im Mittel ungünstiger als jene verheirateter Eltern. Fast ein Drittel der Alleinerziehenden lebt in Sozialwohnungen (gegenüber 8% der Verheirateten) und muß mit kleineren Wohnungen Vorlieb nehmen, die schlechter ausgestattet sind und häufig in Stadtteilen mit ungenügender infrastruktureller Versorgung liegen. Scheinbar paradoxerweise bezahlen sie durchschnittlich höhere Quadratmetermieten als andere Bundesbürger, da sie in der Wohnungssuche durch die engeren Grenzen ihres Aktionsradius und der verfügbaren Zeit benachteiligt sind und ebenso wie verheiratete Eltern auf Kinderfeindlichkeit treffen (BMJFFG, 1988; Napp-Peters, 1985). Ein-Elternteil-Familien leben also in zweierlei Hinsicht eingeschränkt: im direkten Sinne durch kleinere Wohnungen; als Konsequenz schlechterer Wohnlagen durch höhere Mobilitätserfordernisse.

Berufstätigkeit, finanzielle Engpässe und Einschränkungen der Mobilität lassen auch die *Kinderversorgung* zu einer größeren Belastung für alleinerziehende Eltern werden als für Paare. Dem besonderen Bedarf an erschwinglicher, leicht erreichbarer und zeitlich flexibler Kinderbetreuung steht ein unzureichendes Angebot gegenüber, das derzeit noch stärker auf die Bedürfnisse der "arbeitsteiligen Gattenfamilie" (Permien, 1988) zugeschnitten ist. Während die Versorgung mit Kindergartenplätzen noch positiv hervorsticht, bleibt das Angebot an Krippen- und Hortplätzen weit hinter der Nachfrage zurück. So sind immer wieder Abstriche oder ein Verzicht hinsichtlich der Erwerbstätigkeit der Eltern erforderlich. Nicht selten werden die Großeltern zur Kinderbetreuung herangezogen, am häufigsten von Ledigen (44%), deren Kinder im Mittel etwas jünger sind als jene der übrigen Alleinerziehenden. Dennoch bleibt über ein Drittel der Schulkinder alleinerziehender Eltern nachmittags sich selbst überlassen (Napp-Peters, 1985).

Zusammenfassung: Die Belastungen und Schwierigkeiten hinsichtlich der wirtschaftlichen Lage, Berufstätigkeit, Wohnsituation und Kinderbetreuung entsprechen bei Ein-Elternteil-Familien zwar dem Typ nach jenen anderer Familien. Da sie nicht arbeitsteilig zu bewältigen und dadurch auch enger verknüpft sind, ergeben sie eine ungünstigere Ausgangssituation für das Zusammenleben und die Entwicklung der Familienmitglieder. Diese erfolgreich zu bewältigen, erfordert also effizientere Strategien, eine größere Belastbarkeit und erhebliche Abstriche in einigen Lebensbereichen.

14.3 Die psychosoziale Situation der Eltern

Am Anfang der Ein-Elternteil-Situation steht in der Regel, sieht man von den ledigen Alleinerziehenden ab, ein Verlusterlebnis, das häufig vielfältige Veränderungen etwa hinsichtlich der finanziellen Lage, Arbeit, Wohnsituation und Kinderversorgung mit sich bringt, und mitunter auch die Entfernung von weiteren nahestehenden Personen, beispielsweise Familienmitgliedern und Freunden (des früheren Partners). Dies zu verarbeiten und den Alltag neu zu organisieren, stellt hohe Anforderungen an die Belastbarkeit und das Bewältigungsvermögen des alleinerziehenden Elternteils. Auch wenn in fast allen Fällen Erschütterungen auf individueller und Desorganisation auf familialer Ebene zu beobachten sind, scheinen diese jedoch anfänglicher Art zu sein, und in vielen Familien wird binnen etwa zweier Jahre nach dem Übergang ein neues Gleichgewicht erreicht (Emery et al., 1984; Hetherington et al., 1976). Entsprechend erweisen sich die Zeit, die seit dem Verlust des Partners verstrichen ist, wie bei der Trennung eines Ehepaars deren äußerlicher Abschluß durch Scheidung als Bedingungen, die entscheidend Einfluß auf die erfolgreiche Anpassung an die neue Situation und das psychische Wohlbefinden der Alleinerziehenden nehmen (Probst et al., 1986; Sander et al., 1983).

Wenngleich mit der neuen Normalität die Notwendigkeit von Anpassungsleistungen abnimmt, lassen Analysen von Bevölkerungsstatistiken vermuten, daß Alleinerziehende weiterhin besonderen *Belastungen* ausgesetzt sind, die ihre Bewältigungsfähigkeiten auf eine harte, mitunter zu harte Probe stellen. Eine Analyse entsprechender Daten für die USA (Bloom et al., 1978) identifiziert diese Gruppe an der Spitze einer großen Zahl von Negativbilanzen: Bei psychopathologischen Auffälligkeiten, Alkoholismus, Selbstmorden, aber auch somatischen Krankheiten sind sie im Mittel häufiger vertreten als Verheiratete. Allerdings geben markante Unterschiede in der Auffälligkeit, wie beispielsweise der geringe Anteil Verwitweter unter den Alkoholkranken bei gleichzeitig hohem Risiko tödlicher Krankheiten, zu einer differenzierteren Betrachtung Anlaß. Ähnliches gilt für die Anwendung schwerer körperlicher Gewalt gegen die Kinder. Daß solche Ausfälle unter Alleinerziehenden häufiger vorkommen, erweist sich bei genauerer Analyse, zumindest für Mütter, als Funktion ökonomischer, nicht familienstruktureller Bedingungen (Gelles, 1989). Befunde dieser Art richten den Blick auf spezifische Merkmale der Lebenssituation, etwa besondere Belastungen oder Variationen im Bewältigungsprozeß.

Im Vergleich mit Verheirateten haben Alleinerziehende, wie zuvor gezeigt, einen Alltag unter ungünstigeren Rahmenbedingungen zu bestehen. Gleichzeitig sind sie belasteter durch kritische Lebensereignisse (Weinraub & Wolf, 1983). Die Menge der belastenden Faktoren nimmt allerdings für Alleinerziehende, die den Partner verloren haben, über die ersten fünf Jahre der Ein-Elternschaft deutlich ab (McLanahan, 1983), da eine ganze Reihe der Faktoren in direktem Zusammenhang mit dem Verlust stehen. Die Anzahl kurzfristiger Erschütterungen wie das Ausmaß chronischer Belastung haben negative Auswirkungen auf das Wohlbefinden; für Unterschiede zwischen alleinerziehenden und anderen Eltern scheinen aber vor allem die dauerhaften Bürden verantwortlich zu sein (McLanahan, 1985). Ausschließliche Hausarbeit oder niedrig qualifizierte berufliche Tätigkeiten, eine ökonomisch unsichere Situation, die Verantwortung für kleine Kinder wie eine hohe Kinderzahl, und gesundheitliche Probleme stehen in einem engen negativen

Zusammenhang mit der psychischen Stabilität Alleinerziehender und ihrer Lebenszufriedenheit (Probst et al., 1986; Sander et al., 1983; Spanier & Lachman, 1980).

Auch wenn die objektiv höheren Belastungen Alleinerziehender dazu führen, daß sie im Mittel ihr Leben als problematischer und unbefriedigender einschätzen als verheiratete Eltern, ist die Mehrheit einigermaßen oder sehr zufrieden mit ihrem Leben. So gibt gerade ein Fünftel der Alleinerziehenden bundesweit an, daß sich ihre Lebensvorstellungen überhaupt nicht erfüllt haben, und äußert sich resignativ über die eigene Situation (BMJFFG, 1988; Napp-Peters, 1985), was allerdings nur für eine verschwindende Minderheit verheirateter Eltern zutrifft. Charakteristischer als absolute Unterschiede, die je nach angesprochenem Bereich und Art der Fragestellung häufig geringer ausfallen, ist die größere Variabilität der Einschätzungen Alleinerziehender (Gutschmidt, 1986).

Welche Bedingungen geben nun den Ausschlag dafür, daß das Leben alleinerziehender Eltern zufriedenstellend verläuft? Einen wesentlichen Beitrag scheinen die *internen und externen essourcen* zu leisten, die den Eltern zur Bewältigung von Belastungen zur Verfügung stehen. Auf Seiten der Person sind dies zum einen *Werthaltungen und Einstellungen*, die den Umgang mit den Rollenerfordernissen der Ein-Elternteil-Situation erleichtern (Bloom et al., 1978). Traditionelle Rollenvorstellungen behindern eine erfolgreiche Integration von Erwerbstätigkeit und Unterhaltssicherung auf der einen, häuslichen Arbeiten und Kindererziehung auf der anderen Seite, Aufgaben, die sich verheiratete Eltern, wenn sie es wollen, aufteilen können. Vor allem alleinerziehenden Vätern scheinen in dieser Hinsicht häufiger ihre eigene Erziehung und vorgängige Erfahrungen im Wege zu stehen (Napp-Peters, 1985), was sich beispielsweise in Problemen niederschlägt, den Haushalt effektiv zu organisieren (Fry, 1983).

Weiterhin sind dies *Bewältigungsstrategien*, die einen erfolgreichen Umgang mit den alltäglichen Anforderungen wahrscheinlicher machen. So konnten Probst et al. (1986) zeigen, daß jene alleinerziehenden Mütter in ihrer Stichprobe, die in höherem Maße über emotions- wie problemzentrierte Strategien (vgl. Figley & McCubbin, 1983) verfügten, aus eigener Sicht ihren Alltag besser im Griff hatten. Harrison und Minor (1982) fanden, daß die Zufriedenheit von Frauen mit ihrer Mutterrolle von den Bewältigungsstrategien abhing, die dazu dienten, mit der Doppelbelastung als Arbeitskraft und Mutter fertigzuwerden: Verheiratete Mütter kamen am besten zurecht, wenn sie die Prioritäten der Rollenanforderungen zugunsten ihrer mütterlichen Verpflichtungen festlegten, während Alleinerziehende, die diesen Weg beschritten, unglücklicher waren. Ihre Zufriedenheit war am höchsten, wenn sie in beiden Lebensbereichen ihren Einsatz erhöhten.

Unter den externen Ressourcen spielen *soziale Kontakte und Unterstützung* eine zentrale Rolle. Dies gilt vor allem für Geschiedene und Verwitwete, die neben ihren Partnern häufig auch den Kontakt zu deren Freunden und Verwandten verlieren. Während sich Freunde, Bekannte und Verwandte in der Zeit um das kritische Ereignis herum als sehr aktiv in Hilfe und Unterstützung erweisen, nehmen das Interesse und die Bemühungen mit der Normalisierung der Situation zusehends ab (Hetherington et al., 1976). Vor allem längerfristig scheinen Hilfeleistungen in stärkerem Maße von dieser Veränderung betroffen zu sein als andere Formen des Kontakts (McLanahan, 1983). So berichten Alleinerziehende durchschnittlich weniger Beistand von ihrem sozialen Umfeld als verheiratete Eltern (Sander, 1988; Weinraub & Wolf, 1983), obgleich sie dessen dringender bedürfen. Sie verfügen aber auch insgesamt über weniger Beziehungen zu Außenpersonen (BMJFFG, 1988). Zudem sind ihre Stützsysteme weniger stabil, das heißt, die Personen, von denen sie Hilfe und Zuspruch bekommen, wechseln häufiger als bei Verheirateten (Weinraub & Wolf, 1983).

Welche Personen eine wichtigere Rolle im sozialen Netzwerk Alleinerziehender spielen, Verwandte oder Freunde, variiert nach den verschiedenen Gruppen Alleinerziehender und der Art von Unterstützung und Kontakt. So scheinen zwar alleinerziehende Mütter im Mittel mehr Hilfe, vor allem von Verwandten, zu erhalten als Väter, letztere jedoch kontaktfreudiger zu sein, mehr Beziehungen zu Freunden zu unterhalten und sich häufiger in Vereinen und anderen Organisationen zu engagieren (BMJFFG, 1988; Hanson, 1986). Es gibt sogar Hinweise darauf, daß Väter nach den ersten zwei Jahren ihrer Alleinelternschaft noch einmal in der sozialen Partizipation zulegen, während sich diese bei den Frauen auf niedrigem Niveau einpegelt (Raschke, 1977). Hinsichtlich der Untergruppen Alleinerziehender erbrachten Befragungen Widersprüchliches. So finden sich Ergebnisse, die sowohl auf mehr als auch auf weniger soziale Aktivität und Partizipation Lediger im Vergleich mit den übrigen Gruppen hindeuten (BMJFFG, 1988; Gutschmidt, 1986). Unterschiede in der sozioökonomischen Lebenslage der untersuchten Stichproben können für diesen Befund ebenso wie für die ermittelten geschlechtsspezifischen Variationen der Sozialkontakte verantwortlich sein.

Soziale Kontakte aufzunehmen und zu unterhalten, erfordert Geld und Zeit, beides Ressourcen, über die Alleinerziehende in geringerem Maße verfügen, vor allem wenn kleine Kinder zu versorgen sind. Zusätzliche Grenzen setzen die durchschnittlich beengteren Wohnverhältnisse, die die Möglichkeit, Freizeitaktivitäten mit Außenpersonen in den eigenen vier Wänden zu pflegen, einschränken (Napp-Peters, 1985). Fast alle Freizeitaktivitäten und damit Gelegenheiten, neue Leute kennenzulernen, werden von alleinerziehenden Eltern seltener verfolgt als von verheirateten, wobei die Unterschiede zwar systematisch aber nicht groß sind (BMJFFG, 1988). Als weitere Möglichkeit, Kontakte aufzunehmen, bleibt das berufliche Umfeld, und in der Tat geht vor allem für alleinerziehende Mütter Berufstätigkeit mit mehr sozialer Partizipation einher (Raschke, 1977). Vermutlich ist darin neben dem Einkommen der wichtigste Grund dafür zu sehen, daß sie die Erwerbstätigkeit trotz häufig schlechterer Chancen und unterqualifizierter Beschäftigung mehr wertschätzen als ihre verheirateten Geschlechtsgenossinnen.

Im Rückblick wundert daher nicht, daß etwas über die Hälfte der Alleinerziehenden ihre soziale Isolation beklagen, und zwar besonders Hausfrauen und noch mehr Hausmänner (BMJFFG, 1988; Permien, 1988). Wer es nicht schafft, alte soziale Kontakte aufrechtzuerhalten und neue aufzubauen, leidet nicht nur unter dem subjektiven Eindruck, allein zu sein. Allgemein besteht ein direkter Zusammenhang zwischen dem Ausmaß sozialer Unterstützung und der psychischen Gesundheit, besonders Depressivität (Hanson, 1986; Longfellow, 1979).

Eine spezielle Art sozialer Beziehungen und damit externer Ressourcen von geschiedenen oder getrennt lebenden Alleinerziehenden soll abschließend angesprochen werden: *Kontakte zum Ex-Partner*. Zumindest durch die gemeinsamen Kinder bedingt besteht in ungefähr 50% bis 60% der Familien ein einigermaßen regelmäßiger Kontakt, etwa ein Drittel der früheren Partner sind weiterhin an der Erziehung beteiligt (Ahrons, 1979; BMJFFG, 1988). Dabei liegt das mittlere Ausmaß von Auseinandersetzungen zwischen den getrennten Elternteilen durchaus nicht über jenem bei konflikthaften Ehepaaren mit Kindern (Longfellow, 1979). Die größte Feindseligkeit und umgekehrt geringste Unterstützung scheint gegeben zu sein, wenn das Sorgerecht beim Vater liegt, als günstig erweisen sich ein gemeinsames Sorgerecht oder wenigstens gemeinsame Erziehungsbemühungen (Ahrons, 1979; Buchanan & Maccoby, 1990). Eine solche erträgliche oder gar erfreuliche Beziehung zwischen den Ex-Partnern und damit einhergehend die Beteiligung beider an der Versorgung der Kinder ist nicht nur für letztere bedeutsam. Sie steht auch in einem direkten Zusammenhang mit einem positiven Selbstbild des alleinerziehenden Elternteils, wie Sander et al. (1983) für die von ihnen untersuchten Mütter zeigen konnten.

Zusammenfassung: Neben finanziellen und infrastrukturellen Belastungen erfahren alleinerziehende Eltern immer wieder auch Beeinträchtigungen der seelischen und körperlichen Gesundheit. Sie gehen häufig auf die belastende Lebenssituation zurück und sind wegen ihr schwerer zu bewältigen. Obgleich diese Unterschiede zu Eltern in biologischen Kernfamilien systematisch sind, fallen sie absolut gesehen im Mittel geringer aus, als angesichts der erschwerten Lebensumstände erwartet werden könnte. In dem Maß, in dem alleinerziehende Eltern auf interne und externe Ressourcen wie problemzentrierte Bewältigungsstrategien und soziale Netzwerke zurückgreifen können, verringert sich das Risiko für problemhafte psychosoziale Entwicklungen.

14.4 Die psychosoziale Situation der Kinder

Wenn im folgenden das Erleben und Verhalten, die emotionale Befindlichkeit und soziale Kontakte von Kindern aus Ein-Elternteil-Familien besprochen werden, ergibt sich, um eine zusammenfassende Einschätzung vorwegzunehmen, ein Bild, das jenem der psychosozialen Situation ihrer alleinerziehenden Eltern in großen Zügen vergleichbar ist. Damit legen auch die nächsten Seiten nahe, von der Suche nach Vor- und vor allem Nachteilen des Heranwachsens in Ein-Elternteil-Familien zu der Frage nach jenen Bedingungen überzugehen, die in diesen (und möglicherweise auch anderen) Familien zu problemhaften Entwicklungen führen können (vgl. Furstenberg & Seltzer, 1986).

Wie für die Eltern beginnt für über drei Viertel der Kinder das Leben in der Ein-Elternteil-Familie mit dem Verlust einer ihnen nahestehenden Person, einer krisenhaften Erfahrung, die es zu verarbeiten gilt und die häufig mit weiteren drastischen Veränderungen wie Umzug und Schulwechsel einhergeht. Die Eltern, die unterstützend beistehen könnten, sind in dieser Situation vielfach mit sich selbst beschäftigt und verfügen oft über weniger Zeit für ihr Kind als zuvor. Risiken beziehen sich vor allem auf Störungen externalisierender Art sowie Schulprobleme (Allison & Furstenberg, 1989; Longfellow, 1979). Daß sich die Effekte auf die Kinder vielfach als kurz- oder mittelfristig erwiesen haben, und die Mehrzahl der Betroffenen nicht in einer chronischen Krise verbleibt (Kurdek & Siesky, 1980; Sander, 1988), hat für einige Zeit den Blick auf mögliche dauerhaftere Folgen verstellt. Neue Ergebnisse von Untersuchungen, die die Entwicklung von Kindern über sechs bis zehn Jahre nach Eintritt der Ein-Elternschaft erfaßten (Hetherington, 1989; Wallerstein et al., 1988), zeigen, daß langfristige Konsequenzen von Trennungen bislang unterschätzt wurden. Die Befundlage zu alters- und geschlechtsspezifischen Variationen der Langzeitfolgen ist derzeit noch uneinheitlich (Furstenberg, 1990). Sie scheinen vom betrachteten Problembereich abzuhängen. Für jene knapp zwei Drittel der Kinder, deren Eltern auseinandergingen, wirkt sich jedoch offenbar das Trennungserlebnis selbst weniger folgenschwer aus als die elterlichen Konflikte, die mit der Auflösung der Partnerschaft verbunden sind, vor allem, wenn diese über den Bruch der Beziehung hinweg anhalten (Furstenberg & Seltzer, 1986; Peterson & Zill, 1986).

Auf fortwährende Konflikte zwischen den Ex-Partnern als Ursache von *Problemen der psychosozialen Anpassung* weisen Untersuchungen verschiedener Familientypen hin, die zeigen, daß in einem Großteil der analysierten Merkmalsbereiche Kinder in Ein-Elternteil-Familien im Vergleich zu Kindern in konflikthaften Zwei-Elternteil-Familien ähnlich oder sogar weniger problembelastet sind (Longfellow, 1979; Peterson & Zill, 1986). Als Folge erfahrener Konflikte ließe sich auch der Befund deuten, daß Jugendliche mit alleinerziehenden Eltern ein geringeres Selbstwertgefühl aufweisen als jene, deren Eltern zusammenleben (Walper, 1991b), wobei dieser Unterschied bei Mädchen längerfristiger Natur zu sein scheint. Dafür spricht, daß jene Kinder über ein positiveres Selbstbild verfügen, die mehr Kontakte zum nichtsorgeberechtigten Elternteil unterhalten, was bei einem harmonischeren Umgang der biologischen Eltern wahrscheinlicher ist. Gegen die alternative These, die problemhafte Entwicklungen der Kinder vor allem auf das Fehlen eines Geschlechtsrollenmodells (zumeist des Vaters für Jungen) zurückführt (vgl. Longfellow, 1979), spricht auch, daß sich keine Selbstwertunterschiede in Abhängigkeit davon belegen lassen, ob die Kinder mit Mutter oder Vater aufwachsen (Fry, 1983; Lowenstein & Koopman, 1978). Allerdings kann Selbstwert nur als globaler Indikator des psychosozialen Wohlbefindens gelten. Bei einer differenzierteren Betrachtung ergibt sich mitunter ein anderes Bild. So sehen beispielsweise Kinder, die von ihren Vätern allein erzogen werden, ihre Zukunft in existentieller Hinsicht, vor allem ihre materielle Sicherheit, positiver als Kinder alleinerziehender Mütter (Fry, 1983). Dieser Unterschied kann angesichts der im Mittel besseren finanziellen Lage alleinerziehender Väter als realistische Situationswahrnehmung gelten.

Bedenklicher noch als mögliche Selbstwertprobleme von Kindern in Ein-Elternteil-Familien sind Auffälligkeiten hinsichtlich der psychischen aber auch körperlichen Gesundheit. Napp-Peters (1985) schätzt auf der Basis ihrer Untersuchung den Anteil von Kindern mit psychischen und körperlichen Problemen unter jenen, die von einem Elternteil erzogen werden, auf etwas unter ein Viertel, hinsichtlich psychosozialer Störungen, etwa mangelnder Impulskontrolle, noch etwas höher. Entsprechend wundert nicht, wenn Permien (1988) berichtet, daß diese Kinder auch unter der Klientel von Erziehungsberatung, Heim- und Pflegeerziehung überrepräsentiert sind. Sie warnt jedoch vor voreiligen Schlüssen, da nicht nur eine erhöhte Problembelastung zu diesen Resultaten führen kann, sondern auch eine stärkere Sensibilisierung der Eltern, die in ihrer Situation die Kinder möglicherweise verunsichert und wachsamer als verheiratete Eltern beobachten. Zudem lassen Befunde Drogenkonsum Jugendlicher vermuten, daß auch die Genese problemhaften Verhaltens stärker von Familienbeziehungs- denn -strukturmerkmalen abhängt (Selnow, 1987).

Wiederum zeigen sich Variationen in Abhängigkeit von der Art der Ein-Elternteil-Situation und dem Geschlecht der Kinder. So liegt die Belastung von Kindern geschiedener Eltern am höchsten, während Kinder Lediger kaum auffällig sind. Hier mögen Erfahrungen des Trennungserlebnisses und, noch wahrscheinlicher, fortdauernde Konflikte der Ex-Partner den Ausschlag geben. Mit Blick auf Depressivität, antisoziales und impulsives Verhalten kommen Peterson und Zill (1986) zu dem Schluß, daß jene Kinder gefährdeter sind, die bei dem gegengeschlechtlichen Elternteil aufwachsen. Andere Studien bestätigen dies, wobei Hetherington (1989) ein größeres Risiko für Jungen, Buchanan und Maccoby (1990) für Mädchen feststellen. Verschiedene Faktoren mögen für die uneinheitlichen, teils sogar widersprechende Befunde (z.B. Hanson, 1986), verantwortlich sein. Beispielsweise wird der Einfluß der Eltern-Kind-Konstellation nicht unwesentlich über mikrostrukturelle Merkmale wie Arbeitszeiten oder Kinderzahl vermittelt (Risman & Park, 1988), so daß je nach untersuchter Stichprobe andere Ergebnisse zu erwarten sind. Gleichzeitig scheinen Variationen in Abhängigkeit vom Geschlecht der Kinder vom Alter moderiert zu werden in dem Sinne, daß kleinere Jungen allgemein vulnerabler sind, während die Gefährdung der Mädchen um die Pubertät herum ansteigt (Walper, 1991b). Auch wenn die Befundlage mehr Fragen als Antworten bereitstellt, macht sie klar, daß eine Einschätzung der Ein-Elternteil-Situation als risikobehafteter Entwicklungskontext zu kurz greift, und weist auf die Geschlechterkonstellation in der Familie, den Entwicklungsstand der Kinder, familiale Konflikte sowie den Typ des betrachteten Störungsbereichs als Faktoren hin, die auf die Manifestation von Problemen Einfluß nehmen.

Auch *Schwierigkeiten im schulischen Alltag* ergeben sich im Mittel häufiger bei Kindern alleinerziehender Eltern als bei jenen, die mit beiden biologischen Eltern aufwachsen. Sie betreffen Verhalten wie Leistungen in der Schule (Furstenberg & Seltzer, 1986). Kinder, die mit einem geschiedenen Elternteil aufwachsen, scheinen zumindest in den USA ihren Altersgenossen gegenüber selbst 10 Jahre nach Eintritt dieser Situation noch in Ausbildungszielen und -erfolgen leicht aber systematisch im Hintertreffen zu sein (Wallerstein et al., 1988). Diese bildungsspezifischen Benachteiligungen zeitigen wiederum Konsequenzen hinsichtlich des beruflichen Erfolges (Krein, 1986; Mueller & Cooper, 1986). Nach Schätzungen für die Bundesrepublik (BMJFFG, 1988) ist allerdings nur für ein Viertel der Kinder von Schulproblemen auszugehen. Unterschiede in den Wegen der schulischen und beruflichen Ausbildung scheinen nicht gegeben zu sein (Heekerens, 1987). Daß Napp-Peters (1985), die der subjektiven Perspektive der Eltern nachging, nur bei etwa einem Drittel der Befragten Zufriedenheit mit den Schulleistungen der Kinder ermittelte, mag daher nicht zuletzt auf die Erwartungen oder Schuldgefühle der alleinerziehenden Eltern zurückgehen. Die Ergebnisse belegen weiterhin, daß auch der Schulerfolg vom Typ der Ein-Elternteil-Familie abhängt. So mußten Kinder, die einen Elternteil verloren hatten, deutlich häufiger eine Schulklasse wiederholen als Kinder lediger Eltern. Die Parallelität der Muster läßt vermuten, daß sich Schulprobleme alleinerzogener Kinder zumindest teilweise als Konsequenz psychosozialer Auffälligkeiten einstellen. Jedoch scheinen alleinerziehende Eltern auch im Mittel weniger Aufmerksamkeit und Zeit aufwenden zu können, um ihre Kinder zur Auseinandersetzung mit schulischen Anforderungen anzuhalten und bei Schwierigkeiten zu unterstützen. Das äußert sich in vergleichsweise geringeren Ansprüchen hinsichtlich des Schulabschlusses der Kinder wie darin, daß immerhin fast 40% der Schulkinder nach Schulschluß unbeaufsichtigt sind.

Schul- und Wohnortwechsel als Teil des Übergangs zur Ein-Elternteil-Familie ebenso wie Schulprobleme erhöhen die Wahrscheinlichkeit *sozialer Isolation* für Kinder alleinerziehender Eltern. Tatsächlich scheint in der Bundesrepublik ein Drittel dieser Kinder über keine oder nur wenige enge Beziehungen zu Gleichaltrigen zu verfügen (Napp-Peters, 1985). Da das elterliche Modell fehlt, werden speziell hinsichtlich Beziehungen zum anderen Geschlecht Auffälligkeiten vorhergesagt. Annahmen in dieser Richtung, die sich deutlich stärker auf Mädchen als auf Jungen beziehen und bis zu Spekulationen über Promiskuität reichen, fehlt jedoch bislang eine sichere empirische Basis. Für Jugendliche jedenfalls faßt Walper (1991b) die Befundlage als uneinheitlich zusammen. In ihrer eigenen Untersuchung stellt sie allerdings im Vergleich zu Mädchen aus biologischen Kernfamilien bei Mädchen in der Anfangszeit der Ein-Elternteil-Situation einen stärkeren Wunsch nach Liebesbeziehungen fest sowie einen höheren Anteil verwirklichter gegengeschlechtlicher Beziehungen bei jenen, die schon länger in dieser Familienform leben. Wallerstein et al. (1988) beobachteten langfristig bei den Mädchen ihrer Stichprobe, die die Trennung der Eltern im Jugendalter erlebten, gesteigerte Bindungsängste und kurzfristigere Partnerschaften. Sander (1988) berichtet als mittelfristigen Scheidungseffekt ebenfalls für Mädchen, daß nahe Beziehungen vermieden werden, wenn die Konflikte der Eltern anhalten.

Zusammenfassung: In einer Reihe wichtiger Merkmalsbereiche, etwa in der psychosozialen Anpassung und der Bewältigung schulischer Anforderungen, zeigen sich zwischen Kindern aus Ein-Elternteil-Familien und jenen, die in anderen familialen Lebensformen aufwachsen, systematische Unterschiede, häufig zuungunsten ersterer. Wiederum sind die Unterschiede absolut gesehen vielfach nicht gravierend. Die Mehrheit der Kinder alleinerziehender Eltern entwickelt sich unproblematisch. Weiterhin ergeben sich abermals Variationen in Abhängigkeit vom Typus der Ein-Elternteil-Familie, wobei die Prognose für die Kinder lediger Mütter, denen ein Verlusterlebnis wie auch möglicherweise fortdauernde Konflikte erspart bleiben, am günstigsten zu sein scheint.

14.5 Die Eltern-Kind-Beziehung und -Interaktion

Bislang wurden die Situation der Gesamtfamilie, des alleinerziehenden Elternteils und der Kinder jeweils einzeln behandelt. Dabei zeichneten sich an vielen Stellen Zusammenhänge zwischen der Lebenssituation der Eltern und jener der Kinder ab: die Konsequenzen von Zeitmangel und gebundener Aufmerksamkeit, Beeinträchtigungen durch fortwährende Konflikte zwischen alleinerziehendem Elternteil und Ex-Partner sowie die Vorteile seiner Beteiligung an der Erziehung, die möglichen Folgen des Fehlens eines Geschlechtsrollenmodells bei Abwesenheit des gleichgeschlechtlichen Elternteils. Im folgenden stehen solche Zusammenhänge, die Eltern-Kind-Beziehung und Interaktionen in der Ein-Elternteil-Familie, im Mittelpunkt.

Eine zentrale Rolle für das psychosoziale Wohlergehen der Kinder spielt jenes ihrer alleinerziehenden Eltern. Obschon das selbstverständlich klingt, wird es hier aus zwei Gründen herausgestellt. Zum einen ist dieser Zusammenhang unter einer Defizitperspektive, die nahelegt, Probleme der Kinder auf strukturelle Mängel der familialen Situation zurückzuführen, lange wenig beachtet worden. Zum anderen weist er beispielhaft auf vermittelnde Prozesse hin, die Ähnlichkeiten zwischen Ein-Elternteil- und biologischen Kernfamilien wie Unterschiede zwischen den Varianten der Ein-Elternteil-Familie, etwa das vergleichsweise weniger problembelastete Erscheinungsbild von Familien mit ledigen Müttern, besser zu verstehen erlauben. In einer Untersuchung von Ein-Elternteil- und biologischen Kernfamilien belegt Kanoy et al. (1984) den Zusammenhang zwischen dem Selbstkonzept der Mütter und jenem ihrer Kinder unabhängig vom Familientyp. Vergleichbares berichtet Napp-Peters (1985). Andere Studien können dieses Ergebnis allerdings nicht durchweg replizieren (z.B. McLanahan, 1985).

Der scheinbare Widerspruch läßt sich teilweise auflösen, wenn die beobachteten Zusammenhänge nicht als direkter Einfluß der elterlichen Befindlichkeit auf die Verfassung der Kinder gedeutet werden. Entsprechend verstehen Furstenberg und Seltzer (1986) ihr Ergebnis, daß das Wohlbefinden der Eltern mit jenem der Kinder einhergeht, im Sinne wechselseitiger Effekte, die nicht nur von den Eltern auf die Kinder, sondern auch umgekehrt von den Kindern auf die Eltern ausgehen. Ein Beispiel bietet die Beobachtung von Hetherington (1989), daß psychisch labile Mütter nur auf "schwierige" Kinder mit negativem Verhalten reagierten. Neben den Quellen des Einflusses, Eltern und Kinder, ist weiterhin dessen Vermittlung zu beachten: Auf welchem Wege wirkt sich beispielsweise die psychosoziale Verfassung der Eltern auf das Wohlbefinden der Kinder aus? Einen Hinweis auf *Beziehungsmerkmale* als vermittelnde Variablen liefern Weinraub und Wolf (1983), die aufzeigen, daß sich eine elterliche Belastung durch Streß bei Alleinerziehenden wie in biologischen Kernfamilien gleichermaßen negativ auf die Eltern-Kind-Beziehung auswirkt, erstere jedoch in höherem Maße Streß ausgesetzt sind und daher im Mittel einen problemhafteren Umgang mit ihren Kindern haben. Eine positive Eltern-Kind-Beziehung wiederum schlägt sich zwar in geringeren Problemen auf Seiten der Kinder nieder, sie reicht jedoch nicht aus, um Probleme zu unterbinden (Peterson & Zill, 1986).

Innerhalb der Gruppe der Ein-Elternteil-Familien ist die Beziehungsqualität nicht einheitlich. So scheinen Spannungen zwischen Eltern und Jugendlichen häufiger in Scheidungsfamilien aufzutreten, während sich Familien mit verwitweten Eltern in dieser Hinsicht kaum von biologischen Kernfamilien unterscheiden (Longfellow, 1979). Nicht eindeutig geklärt ist die Bedeutung der Geschlechterkonstellation für die Eltern-Kind-Beziehung. Eine größere Zahl von Studien läßt eine problemfreiere Beziehung zwischen alleinerziehenden Eltern und gleichgeschlechtlichen Kindern vermuten (Zaslow, 1989). Hetherington (1989) ermittelte Konflikte vor allem zwischen männlichen Jugendlichen und ihren Müttern, bei gleichaltrigen Mädchen indessen nur, wenn diese früh in die Pubertät kamen, ein Entwicklungsschritt, dessen Zusammenhang mit interpersonalen Spannungen auch für biologische Kernfamilien berichtet wird (Steinberg, 1989). Eine neuere Untersuchung (Buchanan & Maccoby, 1990), die differenzierter nach gemeinsamen Aktivitäten und Nähe in der Beziehung unterscheidet, kommt nur für ersteres zu demselben Schluß. Eine größere Nähe, die ihrerseits Einfluß auf problemhafte Entwicklungen bei den Kindern nimmt, nahmen jedoch Jungen wie Mädchen in ihrer Beziehung zur alleinerziehenden Mutter wahr.

Daß sich nicht nur die Beziehung zum sorgeberechtigten Elternteil auf die psychosoziale Gesundheit der Kinder auswirkt, sondern ebenso jene zum Elternteil ohne Sorgerecht und im Zusammenhang damit auch die Ex-Partner-Beziehung, wurde schon verschiedentlich aufgezeigt. Vor diesem Hintergrund ist ein gemeinsames Sorgerecht getrennter Eltern als günstigste Ausgangssituation für die Entwicklung der Kinder zu betrachten. Allerdings warnt Furstenberg (1990) im Rückblick auf die inzwischen vorliegenden Erfahrungen vor einer Überbewertung dieser rechtlichen Lösung, da sie sich als eher instabil über längere Zeiträume erwiesen hätte. Die problematischste Konstellation ist wohl gegeben, wenn eine antagonistische Beziehung die Ex-Partner dazu verleitet, ihr Kind in Koalitionen zu verwickeln und auf diese Weise in Loyalitätskonflikte zu bringen. Solche Beziehungsmuster erweisen sich für jüngere Kinder, die sich weniger als Jugendliche gegen entsprechende Ansinnen abgrenzen können, als besonders schädlich (Wallerstein & Kelley, 1976, 1977). Sie scheinen aber mit zeitlichem Abstand zur Trennung der Eltern abzunehmen. Dennoch bleibt festzuhalten, daß die drei dyadischen Beziehungen zwischen leiblicher Mutter, leiblichem Vater und Kind auch in Ein-Elternteil-Familien voneinander abhängig sind.

Wie Kinder ihre Beziehung zu den Eltern wahrnehmen, hängt von den gemeinsamen *Interaktionen* ab: was sie zusammen tun, und wie sie miteinander umgehen. Zwar scheint sich mehr die Qualität denn die Quantität der Interaktion darauf auszuwirken, ob aus Sicht der Kinder die Beziehung zu den Eltern eher als liebevoll oder strafend eingeschätzt wird (Kanoy et al., 1984). Auf die psychosoziale Gesundheit der Kinder nimmt allerdings schon die reine Menge der gemeinsamen Kommunikation positiv Einfluß (Hanson, 1986). Wie sieht nun der Umgang miteinander im Alltag von Ein-Elternteil-Familien aus? Der weitaus größte Teil der zusammen verbrachten Zeit entfällt auf gemeinsame Haushaltaktivitäten (Napp-Peters, 1985), von den Eltern allerdings weniger als Möglichkeit genutzt, ihre häusliche Arbeitsbelastung zu verteilen, denn als Gelegenheit, sich mit den Kindern zu unterhalten, ohne die Aufgaben im Haus zu vernachlässigen. Dem folgt das gemeinsame Fernsehen und erst mit Abstand, zusammen zu spielen. Ein Vergleich alleinerziehender Väter und Mütter in den USA (Fry, 1983) zeigt, daß aus der Sicht der Kinder der Umgang mit ersteren entspannter ist und mehr Spaß macht, während die Mütter in Unterhaltungen als interessierter und emotional zugewandter erlebt werden.

In Mikroanalysen, die direkt das Verhalten von alleinerziehenden und verheirateten Müttern in authentischen Interaktionen mit ihren Kindern im Vorschulalter erfaßten, beobachteten Leaper et al. (1991) bei ersteren weniger Unterstützung und mehr Direktivität. Weinraub und Wolf (1983) stellten hingegen kaum Verhaltensunterschiede zwischen alleinerziehenden Müttern und solchen aus biologischen Kernfamilien mit Kindern in ähnlichem Alter fest. Jedoch zeigten sich im Vergleich beider Gruppen unterschiedliche Zusammenhangsmuster zwischen der Lebenssituation der Mütter und ihrem Interaktionsverhalten: Mit dem Ausmaß sozialer Kontakte nach außen ließ bei den alleinerziehenden Müttern ausgeprägt erzieherisches Verhalten nach, während dies bei der Vergleichsgruppe umgekehrt war. Offenbar bedeuten Außenkontakte für die Alleinerziehenden angesichts ihrer Situation etwas anderes, einen Ausgleich zur Familie.

Auftretenshäufigkeiten bestimmter Verhaltensweisen gegenüberzustellen, mag ohnehin ein zu grobrastriger Ansatz sein, um die interaktiven Bedingungen für problemhafte Entwicklungen bei Kindern zu bestimmen. Das belegt eine Beobachtungsstudie von Phelps und Slater (1985), in der das Interaktionsverhalten in Ein-Elternteil-Familien mit Söhnen im Grundschulalter analysiert wurde, die sich nach der Belastung durch Verhaltensprobleme unterschieden. Dabei zeigten sich keine Variationen im Verhaltensprofil nach Belastung der Kinder. Jedoch wich die belastete Untersuchungsgruppe von den übrigen Familien im Muster der Abfolge einzelner Verhaltensweisen ab. Als bedeutsam erwiesen sich Dominanz-Submissions-Sequenzen im Interaktionsgeschehen. Das methodische Vorgehen und die Ergebnisse von Phelps und Slater werden in Kasten 13.1 ausführlicher geschildert.

Kasten 11: "So müssen wir das machen!" - "Gut, wenn Du das sagst."

Der Ausgangspunkt der Untersuchung von Phelps und Slater (1985) war die Annahme, daß eine Ursache für Verhaltensauffälligkeiten, die bei Kindern aus Ein-Elternteil-Familien häufiger auftreten als bei jenen aus Kernfamilien, in den häuslichen Interaktionen zu suchen sei. Genauer wurde vermutet, daß ein Zusammenhang bestehe zwischen Verhaltensproblemen auf der einen und Dominanz und Nachgiebigkeit in Interaktionen alleinerziehender Mütter und ihrer Kinder auf der anderen Seite. Dies wurde an einer Stichprobe von 24 Müttern und ihren Söhnen im Grundschulalter geprüft. Die Kinder wurden auf einer Skala, die Verhaltensprobleme erfaßte, eingeschätzt und nach den Ergebnissen in 12 mehr und 12 weniger auffällige aufgeteilt. Mit jeder Mutter-Kind-Dyade wurde eine 15minütige Interaktion aufgezeichnet; beide sollten zusammen ein alltägliches Planungsproblem lösen. Anhand der Tonbandprotokolle wurden dann zunächst Verhaltenseinheiten gebildet und in einem zweiten Schritt kategorisiert. Zentrale Kategorien waren Dominanz (eine Person versucht, das Verhalten der anderen zu beeinflussen oder zu kontrollieren) und Submission (z.B. Nachgeben, Zustimmen, Hilfe suchen).

Eine erste statistische Prüfung ging Unterschieden in den Häufigkeiten der verschiedenen Verhaltensweisen zwischen den beiden Untersuchungsgruppen nach. Es zeigte sich jedoch, daß sich die Dyaden mit verhaltensauffälligen

> *Söhnen in ihrem Verhaltensprofil nicht von den übrigen unterschieden. Weder die Mütter noch die Söhne aus den belasteten Familien verhielten sich häufiger dominant oder submissiv.*
> *Dann wurde die Abfolge dominanten und submissiven Verhaltens in den Interaktionen analysiert. Zu diesem Zweck berechneten Phelps und Slater Übergangswahrscheinlichkeiten, die anzeigen, ob eine gegebene Verhaltenskategorie (z.B. Dominanz des Kindes) auf eine andere (z.B. Dominanz der Mutter) häufiger oder seltener folgt, als es per Zufall zu erwarten wäre. Dies könnte in direkter Abfolge geschehen ("lag 1"), oder es könnten zwischendurch noch andere Verhaltensweisen auftreten (z.B. an dritter Stelle in einer Sequenz: "lag 2" usw.). Die Stärke des Zusammenhangs wurde durch z-Werte ausgedrückt. Diese Analysen zeigten, daß es zwei systematische Sequenzen gab, in denen sich die beiden Untersuchungsgruppen unterschieden: Problembelastetere Dyaden waren dadurch charakterisiert, daß Mütter auf dominante Verhaltensweisen ihrer Söhne häufiger submissiv reagierten, und umgekehrt mütterliche Submission Dominanzreaktionen der Söhne wahrscheinlicher machte. In den beobachteten Problemfamilien gab es also keine konflikthafte Eskalation, wie es Hetherington (1989) im Umgang von männlichen Jugendlichen und ihren alleinerziehenden Müttern erfaßte, sondern ein Muster, das sich als Spirale des Autoritätsverfalls im Kleinen charakterisieren läßt. Dieser Befund mag nur bedingt verallgemeinerbar sein und klärt Entwicklungsprobleme in Ein-Elternteil-Familien sicherlich nicht erschöpfend. Er gibt jedoch ein eindrückliches Beispiel für die Bedeutung der "Feinmechanik" von Eltern-Kind-Interaktionen und weist Suchrichtungen für zukünftige Forschungsbemühungen.*

Nachdem zuvor die Eltern-Kind-Beziehung unter einer allgemeinen Perspektive betrachtet wurde, geht es abschließend speziell um die *Erziehung*. Während vor allem die erste Zeit nach Übergang zum Alleinerziehen, jedenfalls bei Müttern in dieser Situation, durch autoritärere aber gleichzeitig inkonsistentere Formen der Erziehung geprägt ist, stellt sich auch in diesem Bereich nach Ablauf von etwa zwei Jahren zumeist wieder die Normalität ein (Hetherington et al., 1976; Longfellow, 1979). Die Veränderungen bei den Vätern verlaufen annähernd spiegelbildlich. Im Mittel erweisen sie sich als weniger konsistente und strenge Erzieher, die ihre Kinder, speziell Töchter, weniger beaufsichtigen, aber auch deren Autonomie mehr fördern (Buchanan & Maccoby, 1990; Fry, 1983).

Wie ist die Situation, wenn sich die Ein-Elternteil-Familie konsolidiert hat? Weinraub und Wolf (1983) stellten zwar anders als andere Forscher in ihren Beobachtungen keine Unterschiede im Erziehungsverhalten von alleinerziehenden und verheirateten Müttern fest. Mit der zeitlichen Belastung Alleinerziehender durch berufliche Tätigkeit ging jedoch im Umgang mit den Kindern eine forderndere Haltung hinsichtlich deren Selbständigkeit einher, während unter den verheirateten Müttern das Gegenteil der Fall war. Dieser authentischen Beobachtung entsprechen Ergebnisse von Fragebogenstudien (z.B. Dornbusch et al., 1985; vgl. Steinberg, 1987), die zu dem Schluß kommen, daß in Ein-Elternteil-Familien mehr Selbständigkeit verlangt und zugestanden sowie weniger Kontrolle ausgeübt wird. Dabei werden Jungen früher als Mädchen partnerschaftlich in Entscheidungsprozesse einbezogen. Für die Bundesrepublik ermittelte Napp-Peters (1985), daß in einem Drittel der Familien ein partnerschaftlicher Umgang von alleinerziehenden Eltern und ihren Kindern gepflegt wird.

Mit Selbständigkeitsanforderungen und fehlender Kontrolle ist eine Kernfrage der Chancen und Risiken für die Entwicklung von Kindern angesprochen, nicht nur in Ein-Elternteil-Familien, aber aufgrund der äußeren Lebensbedingungen insbesondere in diesen. Die Einschätzung der Konsequenzen ist zwiespältig: Der empirische Zusammenhang zwischen einem hohen Maß an Eigenständigkeit und geringer Kontrolle einerseits sowie der Entwicklung von Problemverhalten und Verhaltensproblemen andererseits ist schwach aber systematisch (Buchanan & Maccoby, 1990; Dornbusch et al., 1985). Autoritatives Elternverhalten, ein allgemein als günstig erachteter Erziehungsstil, der klare Verhaltenserwartungen und Kontrolle mit Wärme und Offenheit verbindet, zeigte in Ein-Elternteil-Familien sogar stärkere positive Effekte auf die Kinder als in biologischen Kernfamilien (Hetherington, 1989). Autonomieforderungen alleinerziehender Eltern scheinen aber auch eine wichtige Bedingung dafür darzustellen, daß ihre Kinder ein eigenverantwortliches Verhalten ausbilden (Napp-Peters, 1985; Weiss, 1979). Das scheint allerdings mehr für Mädchen als für Jungen zu gelten, vor allem wenn sie selbständig Aufgaben übernehmen können wie die Pflege und Beaufsichtigung jüngerer Geschwister (Hetherington, 1989). Eine Auflösung versprechen Forschungen, die dem Alter und Persönlichkeitsmerkmalen der Kinder sowie begleitendem Erziehungsverhalten als möglichen Randbedingungen der unterschiedlichen Zusammenhangsmuster nachgehen. Entsprechende Untersuchungen stehen zur Zeit noch aus.

Zusammenfassung: Das psychosoziale Wohlergehen alleinerziehender Mütter und Väter nimmt, vielfach vermittelt über die Qualität der Beziehungen und Interaktionen in Ein-Elternteil-Familien, Einfluß auf die Befindlichkeit der Kinder. Dabei ist das Interaktionsverhalten von alleinerziehenden und verheirateten Eltern nicht grundsätzlich verschieden. Äußere Bedingungen wie berufliche Belastungen scheinen jedoch unterschiedlich auf Umgang und Erziehung in den Familien einzuwirken. Gerade wegen dieser Bedingungen ist zudem die Umsetzung eines geeigneten Erziehungsstils in Ein-Elternteil-Familien bedeutsamer als in biologischen Kernfamilien. Aufschlüsse mit Blick auf Entwicklungschancen und -risiken der Kinder verspricht vor allem ein genaueres Verständnis jener Prozesse, durch die sich Kontrolle und Autonomie im alltäglichen Umgang realisieren.

15. WIEDERHEIRAT UND STIEFELTERNSCHAFT
Elke Klein-Allermann

15.1 Einleitung

Geht man von einem psychologischen Familienbegriff aus (vgl. Kap. 1.1), dann bestehen rekonstituierte oder Stieffamilien aus zwei Erwachsenen mit mindestens einem minderjährigen Kind, wobei entweder der Vater oder die Mutter nicht-leiblicher Elternteil ist. Über die Verbreitung von auf diese Weise definierten Stieffamilien liegen in Deutschland keine genauen Zahlen vor. Schwarz (1984) schätzt für die Bundesrepublik, daß zu Beginn der 80er Jahre etwa 1.1 Millionen Kinder mit einem leiblichen Elternteil aufwachsen, der wiederverheiratet ist. Darüber hinaus dürften knapp 130.000 Kinder und Jugendliche in Stieffamilien leben, in denen die Eltern eine nichteheliche Lebensgemeinschaft führen (vgl. Schattner & Schumann, 1988).

Sozialhistorische Studien belegen, daß Stieffamilien bereits im 17. und 18. Jahrhundert in einem mit heutigen Verhältnissen vergleichbaren Ausmaß existierten (vgl. Ihinger-Tallman & Pasley, 1987a). Der mit Beginn der Industrialisierung einsetzende gesellschaftliche Wandel hat sich lediglich darin geäußert, daß der Stieffamilientyp "Wiederheirat nach Verwitwung" aufgrund von Verbesserungen in den Lebens- und Arbeitsbedingungen sowie im Gesundheitswesen stark an Bedeutung verloren hat. Demgegenüber gehen heutzutage immer mehr *geschiedene* Frauen und Männer eine Folgeehe ein. Für diese Stieffamilien des Typs "Wiederverheiratung nach Scheidung" gilt in besonderem Maße, daß mit dem Einzug des Stiefelternteils eine bereits seit mehreren Jahren andauernde Entwicklung fortgesetzt wird, die durch tiefgreifende Veränderungs- und Anpassungsprozesse im Lebenszusammenhang und in den familialen Beziehungen gekennzeichnet ist. Welche Risiken und Chancen sich daraus für Stiefkinder und ihre Eltern ergeben und welche Faktoren eine erfolgreiche Anpassung und Bewältigung erleichtern, ist Gegenstand des vorliegenden Kapitels. Zunächst werden theoretische Ansätze, die in der Stieffamilienforschung zunehmend an Bedeutung gewonnen haben, vorgestellt. Anschließend werden empirische Arbeiten, die sich mit den Auswirkungen der Stieffamiliensituation auf die Entwicklung der Familie und ihrer Mitglieder beschäftigen, diskutiert. Die Entwicklung des Kindes im Kontext einer Stieffamilie soll hierbei im Vordergrund stehen.

15.2 Theoretische Ansätze in der Stieffamilienforschung

Wissenschaftliche Untersuchungen haben sich erst seit Anfang der 80er Jahre mit den Anforderungen und Problemen von Stieffamilien beschäftigt (zusf. Hetherington & Arasteh, 1988; Friedl, 1988; Ihinger-Tallman & Pasley, 1987b; Furstenberg, 1990). Während ein großer Teil insbesondere der frühen Untersuchungen atheoretisch war oder einen problemorientierten Zugang wählte, gehen neuere Arbeiten stärker von einem normativ-adaptiven Rahmenmodell aus (vgl. Coleman & Ganong, 1990; Ganong & Coleman, 1987). Im folgenden sollen diese beiden forschungsleitenden Perspektiven erläutert werden.

15.2.1 Stieffamilien aus problemorientierter Perspektive

Für problem- oder defizitorientierte Arbeiten ist kennzeichnend, daß sie von einer grundsätzlichen Beeinträchtigung von Stiefkindern im Vergleich zu Kindern aus strukturell intakten Familien ausgehen. Diese Benachteiligungen werden empirisch nachzuweisen versucht, indem die emotionale, soziale und/oder leistungsbezogene Entwicklung von Stiefkindern mit der von Gleichaltrigen aus "Normalfamilien" verglichen wird. Hinsichtlich der Ursachen für defizitäre Entwicklungsverläufe liegen verschiedene Erklärungsansätze vor. Von einigen Forschern werden Gründe in den streßerzeugenden Veränderungen etwa der Eltern-Kind-Beziehungen oder finanziellen Einbußen der Familie gesehen (z.B. Brody et al., 1988). Andere führen Beeinträchtigungen von Stieffamilien auf das fehlende "biologische Band" zwischen Stiefeltern und -kindern zurück, das sich nachteilig auf das stiefelterliche Erziehungsverhalten und darüber vermittelt auf die Entwicklung der Stiefkinder auswirke (z.B. Flinn, 1988). Breitere Aufmerksamkeit hat ein dritter Erklärungsansatz, die "incomplete institution hypothesis" von Cherlin (1978) erfahren. Stieffamilien werden hier als unvollständige Insitutionen bezeichnet, da für sie keine gesellschaftlich anerkannten Rollen und Normen existierten. Stiefeltern fehle es dadurch an Richtlinien, um die Angemessenheit der eigenen Einstellungen, Erwartungen und Verhaltensweisen einzuschätzen. Der Mangel an Orientierungsmöglichkeiten sollte sich besonders in komplexen Familien, in denen beide Partner Kinder aus vorangehenden Ehen haben, als problematisch erweisen. So sei es für einen Stiefvater, dessen eigene Kinder nicht im gemeinsamen Haushalt leben, ungleich schwerer, seine persönlichen Ressourcen "gerecht" aufzuteilen. Er ist nicht nur für seine jetzige Familie verantwortlich, sondern muß auch die Bedürfnisse seiner Ex-Frau und die der leiblichen Kinder aus erster Ehe berücksichtigen. Nur wenn Stiefkinder und ihre Eltern viel Geduld, Offenheit, Sensibilität und Flexibilität mitbringen, könnten sie eine gemeinsame, für alle Beteiligten zufriedenstellende Definition ihrer Rechte und Pflichten entwickeln.

Die Einwände gegen problem- oder defizitorientierte Arbeiten richteten sich in erster Linie gegen die Konsequenzen, die sich aus dem Festhalten an der traditionellen Kernfamilie als normativem Leitmodell ergeben. Zum einen sei der Vergleich von Stief- und Normalfamilien wenig informativ, da er keinen Aufschluß über Faktoren, die individuelle und familiale Anpassungsverläufe moderieren, gäbe. So könnten Probleme von Stiefkindern auf konfliktäre Familienbeziehungen vor, während oder nach der Scheidung, auf die spezifische Stieffamiliensituation oder auf ungünstige Rahmenbedingungen wie finanziellen Einbußen zurückgehen. Zum anderen wird die implizit in defizit-orientierten Arbeiten enthaltene Annahme, daß in Kernfamilien beobachtete Zusammenhänge etwa zwischen dem elterlichen Erziehungsverhaltens und der kindlichen Entwicklung auch in Stieffamilien gültig seien, kritisiert. Neueren Untersuchungen zufolge scheint das Sozialisationsgeschehen in Stieffamilien zumindest teilweise anderen Gesetzmäßigkeiten zu folgen als das in Kernfamilien. Schließlich wird problemorientierten Forschern vorgeworfen, daß sie Entwicklungschancen von Stieffamilien negieren und strukturelle Variationen zwischen Stieffamilien - etwa hinsichtlichtlich der Geschlechts- und Geschwisterkonstellationen - vernachlässigen würden. Erst durch den systematischen Vergleich verschiedener Stieffamilientypen wie Stiefmutter- und Stiefvaterfamilien oder komplexen und einfachen Familientypen könnten jedoch tiefere Einblicke in die Dynamik der Eltern-Kind-Beziehungen gewonnen werden.

Zweifelsohne beleuchten die vorgestellten Kritikpunkte eine Reihe ernstzunehmender Mängel, die einer problemorientierten Perspektive inhärent sind. Dennoch ist es ein Verdienst gerade defizit-orientierter Arbeiten, auf Belastungen von Stieffamilien aufmerksam gemacht und gleichzeitig vorwissenschaftliche Auffassungen einer empirischen Prüfung zugeführt zu haben. Darüber hinaus wäre es voreilig, generell auf einen Vergleich von Stief- und Kernfamilien verzichten zu wollen. Sofern Merkmale wie der sozioökonomische Status oder die Ehedauer konstant gehalten werden, ist es durchaus möglich, fördernde und hemmende Bedingungen für die Entwicklung von Stiefkindern und ihren Eltern zu identifizieren. Ergänzend können dann Arbeiten, die den Ähnlichkeiten und Unterschieden einzelner Stieffamilientypen nachgehen, Aufschluß über die Spezifität bzw. Generalisierbarkeit der gefundenen Zusammenhänge geben.

15.2.2 Stieffamilien aus normativer Perspektive

Seit Mitte der 80er Jahre greifen Forscher zunehmend auf Austausch-, Familienentwicklungs- oder Familiensystemtheorien zurück, um die Situation von Stieffamilien zu untersuchen. Nach Coleman und Ganong (1990) sind diese Ansätze einer normativ-anforderungsorientierten Perspektive zuzurechnen, da sie ihr Hauptaugenmerk auf die innerfamilialen Veränderungs- und Anpassungsprozesse von Stieffamilien richten. Sie fassen das Entstehen einer Stieffamilie als normatives Lebensereignis auf (vgl. Kap. 1.3), das mit einer Destabilisierung des familialen Gleichgewichts einhergeht. Nachteilige Auswirkungen würden sich jedoch nicht zwangsläufig einstellen, sondern erst dann auftreten, wenn die Etablierung stabiler, aber durchlässiger (Sub-) Systemgrenzen sowie die Reorganisation der familialen Rollenverteilung nicht gelänge. Beispielsweise würden unklare, nicht von allen Familienmitgliedern akzeptierte Grenzen die Wahrscheinlichkeit von wechselnden Koalitionen zwischen verschiedenen Subsystemen erhöhen.

Eine erfolgreiche Anpassung der Familie an die neuen Gegebenheiten und damit eine Wiederherstellung des innerfamilialen Gleichgewichts kann aus systemtheoretischer Sicht durch personen- oder umweltbezogene Faktoren gestört werden (vgl. zusf. Friedl, 1988). So könne eine mangelnde Verarbeitung vorangehender, noch in der Nachscheidungsphase aufgetretener Anforderungen (z.B. die Trauer um den Verlust der "alten" intakten Familie) dazu führen, daß Konflikte aus Angst vor einem erneuten Scheitern verleugnet würden. Auch aus unrealistischen, am Bild der traditionellen Kernfamilie orientierten Erwartungen könnten Enttäuschungen und Rückzugstendenzen insbesondere des Stiefelternteils erwachsen. Ineffektive Problemlöse- und Bewältigungsstrategien verhinderten dabei ein allmähliches und behutsames Zusammenwachsen der Familienmitglieder. Konflikthafte Eltern-Kind-Beziehungen, psychische Belastungen auf Seiten der einzelnen Familienmitglieder und in letzter Konsequenz die erneute Trennung der Ehepartner seien die Folge.

Die Vorteile einer normativ-anforderungsorientierten Perspektive liegen zum einen darin, daß die Entwicklung der einzelnen Familienmitglieder nicht isoliert, sondern in ihrem Zusammenspiel und unter Berücksichtigung der "Familienkarriere" (vgl. Kapitel 1.3) hinweg gesehen werden. Dadurch finden auch Wechselwirkungen zwischen elterlichen und kindlichen Anpassungsprozessen bzw. einzelnen Dyaden Beachtung. Weiterhin geraten mittel- und langfristige Entwicklungsverläufe von Stiefeltern und -kindern in den Blick. Eine solche prozessuale Perspektive erscheint umso sinnvoller wenn man bedenkt, daß sich die Beziehungen zwischen den Mitgliedern einer Stieffamilie bereits vor der Etablierung eines gemeinsamen Haushaltes entwickeln und jede vierte bis fünfte Stieffamilie wieder auseinanderbricht.

Zusammenfassung: Arbeiten, die sich mit der Situation von Stiefkindern und ihren Eltern beschäftigen, können zwei metatheoretischen Perspektiven zugeordnet werden. Problemorientierte Ansätze sehen Stieffamilien als besonders gefährdet an und versuchen der Problembelastetheit durch Vergleiche mit Kernfamilien nachzuweisen. Das rollentheoretische Modell von Cherlin hebt sich insofern von anderen problemorientierten Ansätzen ab, als die Belastungen von Stieffamilien auf makrostrukturelle Bedingungen, genauer auf deren gesellschaftliche Sonderstellung zurückgeführt werden. Normative Ansätze richten ihr Hauptaugenmerk auf Unterschiede zwischen verschiedenen Stieffamilientypen und sprechen der Reorganisierung familialer Rollen und Grenzen eine wichtige Funktion für die Wiederherstellung des Gleichgewichts innerhalb der Familie zu.

15.3 Stiefelternschaft aus der Perspektive der Betroffenen

Obwohl die Zahl der Untersuchungen zur Situation von Stieffamilien in den letzten Jahren sprunghaft angestiegen ist, bleibt die derzeitige Forschungslage weit hinter den theoretischen Forderungen zurück. Es fehlt nicht nur an Längsschnittstudien, die auf unselegierten und repräsentativen Stichproben basieren, sondern auch an Untersuchungen, die systematisch einzelne Stieffamilientypen vergleichen.

Der insgesamt unbefriedigende Kenntnisstand spiegelt sich zwangläufig in den beiden folgenden Abschnitten wieder, die sich mit der psychosozialen Entwicklung von Stiefeltern und -kindern beschäftigen. Die hier überblicksartig zusammengefaßten Arbeiten gehen größtenteils von einem prototypischen Stieffamilientyp aus, bei dem eine geschiedene Mutter mit dem Sorgerecht für mindestens ein Kind einen kinderlosen Partner heiratet.

In einem ersten Schritt wird die Situation beider Elternteile sowie deren eheliche Beziehung beleuchtet. Anschließend wird die Entwicklung des Stiefkindes im Kontext der Stieffamilie beschrieben, wobei die Beziehungen der in einem Haushalt lebenden Familienmitglieder im Vordergrund steht. Das Verhältnis des Kindes zu seinem nicht sorgeberechtigten Elternteil wird nur gestreift und auch die kindliche Einbindung in seinen erweiterten Verwandtenkreis (vgl. hierzu Cherlin & Furstenberg, 1986; Sanders & Trygstad, 1989; Whiteside, 1989) sowie die Geschwisterbeziehungen in Stieffamilien (vgl. Duberman, 1975; Zill, 1988; Hetherington, 1991a) bleiben weitgehend unberücksichtigt.

15.3.1 Das neue Paar

Fragen, die sich auf die Situation Wiederverheirateter beziehen (vgl. hierzu die Übersichtsarbeiten von Heekerens, 1985, 1988; Klein, 1990), lassen sich im wesentlichen vier Themenbereichen zuordnen: (1) Welche Faktoren beeinflussen die *Wiederheiratsneigung und* das *Wiederheiratstempo* Geschiedener oder Verwitweter sowie deren Partnerwahl? (2) Gibt es Unterschiede in der *Qualität* und *Stabilität* von Erst- und Folgeeehen und wodurch werden diese moderiert? (3) Welchen Einfluß hat speziell das *Vorhandensein von Stiefkindern* auf die Ehezufriedenheit und Befindlichkeit Wiederverheirateter? (4) Unterscheiden sich Erst- und Wiederverheiratete, Alleinlebende und Geschiedene hinsichtlich ihres *individuellen Wohlbefindens*?

(1) Statistiken zur *Wiederheiratsneigung und zum Wiederheiratstempo* Geschiedener und Verwitweter imponieren in erster Linie durch die enormen alters- und geschlechtsspezifischen Differenzen, die in ihnen zum Ausdruck kommen. So haben nach Angaben des Statistischen Bundesamtes (1990) zwischen 1980 und 1983 über 90% aller geschiedenen Frauen und Männer im Alter von 25 Jahren erneut geheiratet. Die Wiederverheiratungsquote 50jähriger Männer fällt mit 44% dagegen deutlich niedriger aus, liegt jedoch doppelt so hoch wie die der 50jährigen Frauen. Männer gehen auch zu einem durchschnittlich früheren Zeitpunkt eine neue Partnerschaft ein und sind schneller wiederverheiratet als Frauen. Auffallend ist weiterhin, daß einige Faktoren, die die Wiederheiratsneigung und das Wiederheiratstempo moderieren, unterschiedliche oder sogar entgegengesetzte Effekte für Männer und Frauen zeitigen. Beispielsweise finden sich bei Frauen negative Korrelationen zwischen dem Scheidungsalter, der Größe des Herkunftsortes und dem Ausbildungsniveau der Frauen und ihrer Wiederverheiratungsneigung. Bei Männern wirkt sich dagegen ein gutes Einkommen und eine hoher Bildungsstand positiv auf die Wiederheiratsneigung aus, während die Größe des Herkunftsortes und die Ehedauer keinen signifikanten Einfluß haben. Insgesamt scheint das Wiederheiratungsverhalten von Frauen in einem größeren Ausmaß von sozialen Bedingungen abhängig zu sein. Ob das Vorhandensein von Kindern die Wiederheiratserwartung von Männern und Frauen erhöht oder beeinträchtigt, ist nicht eindeutig zu beantworten. Während in der Untersuchung von Klein (1990) Frauen mit Kindern häufiger und schneller heiraten als kinderlose Frauen, sprechen Angaben von Schwarz (1984) eher für einen gegenläufigen Effekt. Hier lag die Wiederheiratswahrscheinlichkeit Geschiedener ohne Kinder bei $p = .96$, die von Geschiedenen mit Kindern mit $p = .40$ dagegen deutlich niedriger. Allerdings wiesen

Frauen mit Kindern im Vorschulalter eine doppelt so hohe Wiederheiratsqote auf wie Mütter mit älteren Kindern.

Die *Partnerwahl* scheint ähnlich wie in Erstehen durch Homogamietendenzen geprägt zu sein (vgl. Kap. 5.1.1). Personen, die sich in ihrem sozioökonomischen Status, in ihrer Konfessionszugehörigkeit und in ihrem Familienstand ähneln, gehen mit einer größeren Wahrscheinlichkeit eine Folgeehe ein als solche, die sich in diesen Merkmalen unähnlich sind. Auch der durchschnittliche Altersabstand Wiederverheirateter liegt mit durchschnittlich drei Jahren nur um etwa ein Jahr über dem der ledig Heiratenden. Die größten Altersunterschiede finden sich in Folgeehen, in denen ein geschiedener oder verwitweter Mann eine - deutlich jüngere - ledige Frau heiratet.

(2) Untersuchungen zur *Qualität von Folgeehen* kommen je nach methodischem Vorgehen zu unterschiedlichen Ergebnissen. Werden Paare gebeten, ihre Zufriedenheit mit der momentanen Ehe in Relation zur vorangegangenen einzuschätzen, dann wird die derzeitige Folgeehe insbesondere von Männern als zufriedensteller bewertet (z.B. Ihinger-Tallman & Pasley, 1987b). Keine deutlichen Unterschiede fanden sich hingegen in Untersuchungen, in denen die Ehezufriedenheit erstmalig und wiederverheirateter Paare verglichen wurde (z.B. Clingempeel & Brand, 1985). Hinsichtlich der *Ehestabilität* zeigte sich sogar, daß Wiederverheiratete häufiger geschieden werden als erstmalig Verheiratete und jede weitere Ehe mit einer größeren Wahrscheinlichkeit wieder aufgelöst wird (vgl. Eshleman, 1985; White & Booth, 1985; Monahan, 1958). Zusammen verweisen die diskrepanten Ergebnisse auf einige grundlegende Probleme, die mit dem üblicherweise vorgenommenen Vergleich von Erst- und Zweitehen verbunden sind. Zum einen unterliegen Wiederverheiratete in ihrem Antwortverhalten möglicherweise stärker einem Druck in Richtung sozialer Erwünschtheit. Die Einschätzungen zur partnerschaftlichen Qualität von Folgeehen wären in diesem Fall positiv verzerrt. Auf der anderen Seite könnte in der geringeren Stabilität von Folgeehen ein sogenannter "Enthemmungseffekt" zum Ausdruck kommen: Die höheren Scheidungsraten Wiederverheirateter spiegeln dann deren mangelnde Bereitschaft, eine unglückliche Beziehung zu beenden, und nicht ein geringeres "Eheglück" wieder. Aus den bisher vorliegenden, querschnittlich angelegten Vergleichsstudien kann nicht gefolgert werden, welcher Erklärungsansatz zutreffend ist (vgl. Heekerens, 1985).

Faktoren, die die Qualität und Stabilität von Folgeeehen beeinflussen, entsprechen im wesentlichen denen, die für Erstehen entscheidend sind (vgl. Kap. 5.1.2). Je niedriger das Heiratsalter und je kürzer die Ehedauer ist, desto größer ist Unzufriedenheit und das Scheidungsrisiko Wiederverheirateter. Die

Ehezufriedenheit ist auch dann geringer, wenn die vorangehende Ehe eines Partners durch Scheidung und nicht durch den Tod des Ex-Partners beendet wurde und wenn beide Partner geschieden sind. Eine offene und interessierte Haltung Wiederverheirateter gegenüber Bekannten und Freunden, ein mäßig ausgeprägter Kontakt zu Verwandten und das Gefühl, von Freunden und Verwandten als Paar akzeptiert zu werden, wirken dagegen ehestabilisierend (zusf. Ihinger-Tallman & Pasley, 1987b; Clingempeel, 1981). Das Alter der Befragten hat keinen Einfluß auf die Qualität der neuen Ehe (Duberman, 1975), der Bildungsstand wiederverheirateter Männer korreliert positiv mit ihrer Ehezufriedenheit, während bei Frauen dieser Zusammenhang in negative Richtung weist (Heekerens, 1988).

(3) Eine Reihe von Untersuchungen lassen vermuten, daß *(Stief-)Kindern* im Gegensatz zu leiblichen Kindern aus Erstehen keine ehestabilisierende Funktion zukommt (vgl. auch Kap. 13.3). Vielmehr scheinen sie häufig Anlaß für familiale Auseinandersetzungen zu sein. Werden beispielsweise Stiefeltern nach den wichtigsten Belastungsquellen gefragt, stehen Konflikte bei der Erziehung in und außerhalb der Familie an erster Stelle (z.B. Knaub et al., 1984; Koren et al., 1983). Auch White und Booth (1985) resümieren ihre Ergebnisse dahingehend, daß die höhere Scheidungswahrscheinlichkeit Wiederverheirateter eher auf ein konfliktäres Familienklima und Probleme im Umgang mit den (Stief-)Kindern als auf eine angespannte Ehepaarbeziehung zurückzuführen ist. Schließlich zeigt sich in Übereinstimmung mit dem rollentheoretischen Ansatz Cherlins (1978), daß nicht nur das Vorhandensein von Kindern per se, sondern auch die Komplexität familialer Strukturen Einfluß auf die Ehequalität nimmt. So ist die Ehezufriedenheit in und Stabilität von zusammengesetzten Stiefvaterfamilien geringer ist als in einfach strukturierten Familien, in denen nur die Mutter Kinder in die Ehe einbrachte (z.B. Clingempeel, 1981).

(4) Auf *individueller Ebene* scheint sich eine Wiederheirat zumindest langfristig in einem leicht gesteigerten psychischen und physischen Wohlbefinden Geschiedener oder Verwitweter niederzuschlagen (vgl. Jacobs & Furstenberg, 1986; Duncan & Hoffman, 1985). Hetherington (1987) beispielsweise untersuchte die psychosoziale Anpassung von bereits seit mehreren Jahren geschiedenen Männern und Frauen. Diejenigen, die eine Folgeehe eingegangen waren, schätzen sich als glücklicher und emotional stabiler ein als diejenigen, die alleinstehend geblieben waren. Grundsätzlich kann jedoch nicht ausgeschlossen werden, daß es sich bei den gefundenen Ergebnissen um methodische Artefakte handelt. Es ist beispielsweise bekannt, daß Geschiedene, die sich in der Nachscheidungszeit weniger belastet fühlten, mit einer größeren Wahrscheinlichkeit eine Folgeehe eingehen. Das

Wohlbefinden Wiederverheirateter könnte insofern nicht auf deren Familienstatus, sondern auf die in dieser Gruppe vorherrschende Überrepräsentanz selbstbewußter und psychisch stabiler Personen zurückgehen. Selektionseffekte ergeben sich ferner dadurch, daß konfliktäre Zweitehen nach kurzer Zeit wieder geschieden werden. Gerade der Personenkreis, der also in der Folgeehe massiven Belastungen ausgesetzt ist, würde in einschlägigen Untersuchungen zur Gruppe der Geschiedenen, nicht aber zur Gruppe der Wiederverheirateten gezählt werden. Ein dritter Einwand richtet sich gegen die häufig nicht kontrollierte Zeit zwischen Trennung und Wiederheirat, obwohl nachweislich das Wohlbefinden Geschiedener auch unabhängig von ihrem späteren Familienstatus etwa drei bis vier Jahre nach der Scheidung ansteigt (Spanier & Furstenberg, 1982). Letzlich kann angesichts dieser Kritikpunkte nicht schlüssig gefolgert werden, daß sich die Situation Geschiedener allein aufgrund einer Wiederheirat verbessert.

Zusammenfassung: Die Wiederheiratsneigung Geschiedener und Verwitweter und deren Wiederheiratstempo wird von verschiedenen Faktoren, insbesondere vom Alter und Geschlecht der Betroffenen moderiert. Soziodemographische Merkmale, wie das Geschlecht und der soziale Status der Partner, beeinflussen auch die Ehezufriedenheit in Folgeehen. Geringfügige Unterschiede in der Zufriedenheit erstmalig verheirateter Paare und Wiederverheirater sind angesichts der querschnittlich angelegten Untersuchungsdesigns nur mit Vorbehalt zu interpretieren. Ähnlich kritisch sind Vergleichsstudien zum Wohlbefinden Lediger, Geschiedener und Wiederverheirateter zu sehen. Zumindest langfristig scheinen Geschiedene jedoch von einer Wiederheirat zu profitieren. Besondere Belastungen ergeben sich aus dem Vorhandensein von Stiefkindern.

15.3.2 Die Kinder

Die Problembelastetheit von Stiefkindern war in den letzten Jahren Gegenstand zahlreicher, insbesondere defizitorientierter Forschungsarbeiten. Als Indikatoren für die psychische und physische Gesundheit der Kinder wurden häufig das Ausmaß an Verhaltensauffälligkeiten, der Grad der sozialen Anpassung und Integration sowie schulische Probleme erhoben. Darüber hinaus wurden Persönlichkeitsmerkmale wie Kontrollüberzeugungen, Selbstkonzept, emotionale Stabilität und Aggressivität, aber auch Einstellungen gegenüber Ehe und Familie erfaßt (vgl. Ganong & Coleman, 1987).

Insgesamt sind die zu diesem Thema gefundenen Ergebnisse wenig konsistent. Gerade in neueren Arbeiten (z.B. Pasley & Healow, 1988; Brand et al., 1988) konnten häufig keine Zusammenhänge zwischen der psychosozialen Anpassung von Kindern und der Familienstruktur festgestellt werden.

Diesen Ergebnissen stehen andere, zum Teil aus längsschnittlich angelegten Untersuchungen stammende Arbeiten (z.B. Hetherington, 1991a, 1991b; Zill, 1988) gegenüber, die für eine größere Vulnerabilität von Stiefkindern sprechen (vgl. auch Kap. 14.3). Diese waren im Vergleich zu Gleichaltrigen in strukturell intakten Familien einem größeren Streß ausgesetzt, hatten ein geringeres Selbstwertgefühl und waren schwieriger zu erziehen. Hinsichtlich der schulischen und gesundheitlichen Entwicklung fanden sich durchgängig eher geringe Unterschiede (vgl. auch Zaslow, 1988). Ein größeres Risiko von Stiefkindern im Vergleich zu Kindern aus anderen Familientypen wurde auch in einer sehr breit angelegten Langzeitstudie in Großbritannien gefunden (Ferri, 1984). Erfaßt wurde eine repräsentative Stichprobe von etwa 17.000 Kindern, die innerhalb einer Woche im Jahre 1958 geboren worden waren. Befragungen von Ärzten, Lehrern, Eltern und Kindern zu vier Meßzeitpunkten (1964, 1969, 1974 und 1981) ergab, daß die psychosoziale Entwicklung von Stiefkindern etwas ungünstiger verlief als die von Kindern aus strukturell intakten bzw. Ein-Elternteil-Familien. Die Autorin faßt ihre Ergebnisse allerdings dahingehend zusammen, daß die Mehrzahl der Stiefkinder zufriedenstellende Beziehungen zu ihren Eltern hatte und ähnlich positive Zukunftseinstellungen äußerte wie die Gleichaltrigen der Vergleichsgruppen. Deutliche Entwicklungsbeeinträchtigungen seien nur bei einer Minderheit zu erkennen.

Studien, die sich mit den langfristigen Folgen einer Wiederheirat auf Einstellungs- und Verhaltensmuster inzwischen erwachsener Stiefkinder beschäftigen, ergeben ein ähnlich widersprüchliches Bild. In ihren Einstellungen zu Ehe und Familie, ihrem Familienstatus und ihrer Zufriedenheit mit der eigenen Partnerschaft unterschieden sich junge Erwachsene aus Stieffamilien nicht durchgängig von Gleichaltrigen aus Kernfamilien (z.B. Coleman & Ganong, 1984). Andererseits finden sich einige Hinweise darauf, daß Jugendliche aus Stieffamilien vergleichsweise früh gegengeschlechtliche sexuelle Beziehungen aufnehmen (vgl. Goldscheider & Goldscheider, 1988), früher ihr Elternhaus verlassen (McLanahan & Bumpass, 1988) und häufiger in nichtehelichen Lebensgemeinschaften leben. (McLanahan & Booth, 1989) Weiterhin scheinen junge Erwachsene aus Stieffamilien in einem jüngeren Alter zu heiraten und früher eine eigene Familie zu gründen. Im Wesentlichen können zwei Erklärungen für die inskonsistenten Ergebnisse angeführt werden. Zum einen handelt es sich bei den zuerst genannten Merkmalen um Selbsteinschätzungen Betroffener, die vielleicht stärker als verhaltensnahe Indikatoren (wie das Heiratsalter junger Erwachsener) verzerrt sind. Zum anderen könnten die gefundenen Diskrepanzen der Heterogenität gewählter Stichproben geschuldet sein und damit auf die Wirkung moderierender Rahmenbedingungen verweisen. Aus der Vielzahl von Faktoren, die die Entwicklung von Stiefkindern beeinflussen (vgl. dazu die Übersichtsarbeiten von Ganong & Coleman, 1987; Coleman & Ganong, 1990) seien im folgenden das Alter der Kinder zum Zeitpunkt der Stieffamiliengründung und das Geschlecht der Kinder herausgegriffen.

Das Alter der Kinder zum Zeitpunkt der Stieffamiliengründung. Relativ durchgängig wurde ein höheres Ausmaß an kindlichen Verhaltensauffälligkeiten, eine ablehnendere Haltung von Stiefkindern gegenüber ihrem Stiefelternteil sowie ein insgesamt höheres Ausmaß an familialen Konflikten in Familien mit Kindern in der Prä- und Frühadoleszenz gefunden (z.B. Hetherington, 1991a; Zill, 1988; Brand et al., 1988). Für die größeren Anpassungsschwierigkeiten von Kindern insbesondere im Alter zwischen 9 und 15 Jahren können zwei Gründe angeführt werden. Zum einen steigt in der Pubertät das Interesse der Kinder am nichtsorgeberechtigten Elternteil an (Wallerstein & Kelley, 1980). Kinder in diesem Altersabschnitt sehen sich vermutlich eher Loyalitätskonflikten ausgesetzt und suchen nach einen Weg, wie sie den nicht sorgeberechtigten Elternteil und ihren im gemeinsamen Haushalt lebenden Familienmitgliedern gerecht werden können (vgl. Schleiffer, 1982). In diesem Zusammenhang sind auch die Wiederversöhnungsphantasien, die viele Schulkinder selbst Jahre nach der Scheidung ihrer leiblichen Eltern noch hegen, und die durch die Wiederheirat des sorgeberechtigten Elternteils endgültig zerstört werden, zu sehen. Zum anderen scheinen Stiefeltern häufig ein gemeinsames Kindes bekommen zu wollen, wenn die bereits in der Stieffamilie lebenden Kinder in die Adoleszenz kommen. Sie werden dadurch einerseits mit Entwicklungsaufgaben, die den Übergang zur Elternschaft kennzeichnen, konfrontiert. Andererseits müssen sie sich auf die Bedürfnisse eines nach Unabhängigkeit strebenden Jugendlichen einstellen und sich darüber hinaus auch noch mit den Anforderungen, die sich aus der Gründung der Stieffamilie ergeben, auseinandersetzen (vgl. auch Clingempeel et al., 1987). Probleme, die sich aus einem solchen Zusammenfallen verschiedener, asynchron auftretender Entwicklungszyklen ergeben können, spiegeln sich möglicherweise auch in den Ergebnissen von Pasley und Healow (1988) wieder: zwischen der Familiengröße und dem Selbstwertgefühl von Stiefkindern im Jugendalter bestand in dieser Untersuchung ein negativer Zusammenhang.

Für die psychosoziale Anpassung von Kleinkindern dürfte ausschlaggebend sein, daß für sie lediglich die Qualität der Beziehung zur Mutter bzw. zu einer konstanten Bezugsperson entscheidend ist (vgl. auch Kap. 13) und sie sich schneller auf die veränderten Bedingungen einstellen können.

Die geringere Problemanfälligkeit von älteren Jugendlichen bzw. jungen Erwachsenen schließlich ist im Zusammenhang mit ihrer mehr oder weniger fortgeschrittenen Loslösung vom Elternhaus zu sehen. Durch die Hinwendung zu Peers bzw. zu einem gegengeschlechtlichen Partner werden sie weniger stark von Veränderungen im innerfamilialen Beziehungsgefüge berührt.

Geschlecht der Stiefkinder: Von einigen Ausnahmen abgesehen (z.B. Brand et al., 1988; Allison & Furstenberg, 1989) konnten unterschiedliche Entwicklungsverläufe von Jungen und Mädchen nachgewiesen werden (vgl. Hetherington, 1991b; Chase-Lansdale & Hetherington, 1990; Clingempeel et al., 1984). Beispielsweise waren sechs bis elfjährige Mädchen, die in Stieffamilien aufwuchsen, durchschnittlich ängstlicher als Stiefjungen und als Mädchen, die bei ihren leiblichen Eltern lebten. In Stiefvaterfamilien lebende Söhne dagegen waren in ihrer sozialen Kompetenz sogar den Gleichaltrigen aus strukturell intakten Familien überlegen (Santrock et al., 1982).

Speziell die kognitive Entwicklung stand in einer Studie von Bray (1988) im Vordergrund, in der je 16 Stiefvater- und Kernfamilien mit einem gleichen Anteil von Mädchen und Jungen im Alter von 6 bis 9 Jahren untersucht wurden. Auch hier waren Stiefsöhne den Stieftöchtern in ihrer verbalen und praktischen Intelligenz überlegen. Der globale Intelligenzquotient von Jungen in strukturell intakten Familien fiel jedoch höher aus als der von Jungen und Mädchen in Stieffamilien. Da alle gefundenen Werte im Normalbereich lagen, kann aus den Ergebnissen allerdings nicht gefolgert werden, daß die Intelligenzentwicklung von Stiefkindern deutlich beeinträchtigt würde.

Während die bisher skizzierten Untersuchungen der Anpassung von Kindern im Grundschulalter nachgingen, beschäftigte sich eine prospektiv angelegte Langzeitstudie von Needle et al., (1990) mit den Entwicklungsverläufen Jugendlicher aus strukturell intakten, geschiedenen und rekonstituierten Familien. Auch hier zeigten sich geschlechtsspezifische Unterschiede dahingehend, daß der Substanzgebrauch von Mädchen nach der elterlichen Wiederheirat zunahm, der der Jungen dagegen sank. Interessanterweise war eine entgegengesetzte Tendenz bei Kindern aus Scheidungsfamilien zu beobachten: hier nahmen die Söhne häufiger als Gleichaltrige aus strukturell intakten Familien Drogen (z.B. Alkohol, Marihuana, LSD oder Heroin), während bei Mädchen kein Zusammenhang zwischen dem Familienstatus ihrer Eltern (verheiratet vs. geschieden) und ihrem Drogenkonsum bestand.

Die unterschiedlichen geschlechtsspezifischen Zusammenhangsmuster in Scheidungs- und Stieffamilien können als Hinweis auf die Bedeutung intrafamilialer Interaktions- und Beziehungsmuster verstanden werden. Dies gilt auch für die Ergebnisse von Pasley und Healow (1988), wonach Jugendliche sich als umso kompetenter, zufriedener und selbstwirksamer einschätzten, je länger sie in einem Einelternteil-Haushalt gelebt hatten und je kürzer die Gründung der Stieffamilie zurücklag. Diese, zunächst unplausibel erscheinenden Zusammenhänge werden verständlich, wenn man Befunde aus der Scheidungsforschung heranzieht (vgl. Kap. 13). Scheidungskinder, und zwar insbesondere Mädchen, entwickeln danach häufig eine intensivere Beziehung zur Mutter, während das Mutter-Sohn-Verhältnis eher ambivalent bis konfliktär ist. Geht die Mutter nun eine Folgeehe ein, ergeben sich eine Reihe von Veränderungen im familialen Beziehungsgefüge. Beispielsweise fallen Funktionen des leiblichen Vaters, die nach der Scheidung von den Kindern übernommen wurden, jetzt wieder dem neuen Ehepartner zu. Gerade Töchter dürften sich in der Folge zurückgesetzt und enttäuscht fühlen und in ihrem Stiefvater primär einen Rivalen um die Gunst der Mutter sehen. Je stärker sich die in der Phase des Einelternteilhaushaltes vorherrschende Rollenverteilung verfestigen konnte, desto schwieriger sollte es für die Töchter sein, sich auf die Veränderungen einzustellen.

Zusammengenommen weisen die Ergebnisse zur Entwicklung von Stiefkindern darauf hin, daß Beeinträchtigungen nicht zwangsläufig auftreten. Die Anpassung der Kinder ist vielmehr als Endergebnis eines komplexen Prozesses zu verstehen, in dem personengebundene und familienstrukturelle Merkmale zusammenwirken. Im nachfolgenden Abschnitt werden wir Studien vorstellen, die sich gezielt mit der intrafamilialen Dynamik rekonstituierten Familien beschäftigt haben und Aufschluß über kausale Zusammenhänge zwischen der kindlichen Entwicklung und den dyadischen Beziehungen geben.

Zusammenfassung: Untersuchungen, die den kurz- und langfristigen Auswirkungen einer Wiederheirat auf die psychosoziale und intellektuelle Entwicklung von Stiefkindern nachgehen, kommen zu recht widersprüchlichen Ergebnissen. Insgesamt scheinen Stiefkinder jedoch nicht oder nur geringfügig gefährdet zu sein. Anpassungsschwierigkeiten sind am ehesten bei Kindern im Schulalter und bei Stieftöchtern zu beobachten. Die wiederholt zum Ausdruck kommenden alters- als auch geschlechtsspezifischen Unterschiede scheinen über familiendynamische Veränderungen vermittelt zu werden.

15.3.3 Die Eltern-Kind-Beziehungen in Stieffamilien

Ein wesentlicher Unterschied zwischen strukturell intakten und Stieffamilien besteht darin, daß in letzteren nicht alle Familienmitglieder auf eine gemeinsame Familiengeschichte zurückblicken. Stiefeltern treffen vielmehr auf eine mehr oder weniger eingespielte Teilfamilie, in der das Zusammengehörigkeitsgefühl von Eltern und Kindern auf geteilte Erlebnisse und Erfahrungen zurückgeht und über viele Jahre gewachsen ist. Das Bemühen von Stiefeltern, die eigenen Rechte und Pflichten zu definieren, und ein Gefühl von Verbundenheit zu entwickeln, wird durch das Fehlen rechtlicher und normativer Richtlinien erschwert. Ging der Wiederverheirat des leiblichen Elternteils eine Scheidung voraus, kommt eine weitere Besonderheit hinzu: Der nicht sorgeberechtigte Elternteil hat auch über die gemeinsame Vergangenheit hinaus konkrete Auswirkungen auf alle Mitglieder der Stieffamilie. Anders formuliert setzt mit der Wiederheirat zusätzlich ein "neuer" Stieffamilienzyklus ein, der den in der ein oder anderen Form weitergehenden "alten" Kernfamilienzyklus beeinflußt und von diesem beeinflußt wird. Zwar nimmt der ohnehin nach der Scheidung sinkende Kontakt zwischen Kindern und ihrem nicht sorgeberechtigtem Elternteil weiter ab, wenn der Vater und/oder die Mutter erneut heiratet (Tropf, 1984). So sahen beispie^lsweise in der Untersuchung von Furstenberg und Nord (1985) nur noch 34% der nicht sorgeberechtigten Väter ihre Kinder mehrmals im Monat, wenn beide Ex-Partner eine Folgeehe eingegangen waren. Die nachlassende Präsenz des nicht sorgeberechtigten Elternteils spiegelt sich auch in den Einschätzungen von Stiefkindern wieder. Auf die Frage, wen sie zur Familie zählen würden, nannten 72% der Kinder ihren Stiefelternteil und nur 50% ihren außerhalb des Haushalts lebenden Elternteil. Wallerstein und Kelley (1980) weisen jedoch darauf hin, daß der nicht sorgeberechtige Elternteil lediglich eine zunehmend geringere Bedeutung im *Alltag* der Stiefkinder einnimmt, dessen ungeachtet aber weiterhin eine wichtige Bezugsperson bleibt.

In Anbetracht der spezifischen Beziehungsstruktur und Vorgeschichte von Stieffamilien ist es insofern nicht verwunderlich, daß diese eine Reihe von Besonderheiten aufweisen. Beispielsweise wurde bei Stieffamilien wenige Monate nach der Wiederheirat eine im Vergleich zu Normalfamilien geringere Problemlösekompetenz sowie ungünstigere Kommunikationsformen beobachtet. Die Rollen innerhalb der Familie waren weniger klar definiert, die Familienmitglieder brachten sich gefühlsmäßig weniger stark ein (Bray, 1988). Selbst zwei bis drei Jahre nach der Wiederheirat scheint der familiale Zusammenhalt und die Anpassungsfähigkeit von Stieffamilien beeinträchtigt und die emotionalen Eltern-Kind-Beziehungen durch eine geringere Intensität und Intimität gekennzeichnet zu sein (Ihinger-Tallman & Pasley, 1987b; Pink & Wampler, 1985; Pill, 1990; Dahl et al., 1987). Offensichtlich kommt es in einigen Fällen sogar zu erheblichen Störungen und zur Eskalation von Konflikten. In diesem Sinne sind die von Russell (1984) und Husain und Chapel (1983) gefundenen Ergebnisse zu interpretieren, wonach Stiefkinder mit einer größeren Wahrscheinlichkeit vernachlässigt, geschlagen oder sexuell mißbraucht werden. Wenngleich diese Ergebnisse nicht unumstritten sind (vgl. Gelles & Harrop, 1991; Daly & Wilson, 1987, 1988), weisen sie doch auf ein grundsätzliches Risikopotential von Stieffamilien hin.

Scheinbar widersprüchlich dazu schätzen Eltern und Kinder in Stieffamilien ihr Verhältnis überwiegend als gut oder sehr gut ein und beschreiben die Zeit nach der Wiederheirat weder als traumatisch noch als krisenhaft oder extrem belastend (zusf. Ihinger-Tallman & Pasley, 1987b). Lediglich die Beziehung des Kindes zum Stiefelternteil wird als vergleichsweise weniger eng und harmonisch beschrieben (Ferri, 1984; Furstenberg, 1988a; White & Booth, 1985), während die Beziehung zwischen den biologisch verbundenen Familienmitgliedern durch eine größere Nähe gekennzeichnet ist (Pill, 1990).

Wie sind diese Diskrepanzen zu erklären? Insbesondere in den ersten Monaten nach der Wiederheirat der Eltern kann eine enge Beziehung zwischen Kindern und ihren Stiefeltern dysfunktional sein, weil sie aus der Sicht der Kinder im Widerspruch zu ihrer weiterhin bestehenden Bindung zum Elternteilleiblichen, nichtsorgeberechtigten Elternteil steht. Demgegenüber dürfte ein vergleichsweise weniger enges Eltern-Kind-Verhältnis und ein langsames Zusammenwachsen in der Stieffamilie dazu beitragen, daß Loyalitätskonflikte, und in der Folge gespannte Eltern-Kind-Beziehungen, vermieden werden. Voraussetzung ist allerdings, daß Stieffamilien ihre Andersartigkeit akzeptieren und sich nicht am Ideal der Kernfamilie orientieren. Aus der Untersuchung von Pill (1990) geht hervor, wie viele Betroffene dieser Aufgabe unvorbereitet gegenüberstehen. Fast die Hälfte aller befragten Stiefeltern war in der Erwartung zusammengezogen, daß ihre Beziehungen genauso eng sein würden wie die Eltern-Kind-Beziehungen in "Normalfamilien". Ein Drittel hatte sich vor der Wiederheirat keine Gedanken über mögliche Anforderungen oder Belastungsmomente im Zusammenhang mit der Stieffamiliensituation gemacht und fühlte sich angesichts der auftretenden Probleme unvorbereitet. Weitgehend geteilt wurde auch die Einschätzung, daß die Auseinandersetzung mit der neuen Situation mehr Aufmerksamkeit und Anstrengungsbereitschaft erfordert und sich über einen längeren Zeitraum erstreckt hätte, als dies im Vorhinein erwartet worden wäre.

Zusammenfassend machen die Ergebnisse verständlich, warum die Rekonstituierung eines neuen intrafamilialen Gleichgewichts ein schwieriger und längerfristiger Prozess ist. Aus ihnen geht weiterhin hervor, daß der Aufbau eines neuen familialen Selbstverständnisses von zentraler Bedeutung ist. Letzteres wird auch in Studien deutlich, die die problematischere Situation von Stiefmüttern im Vergleich zu Stiefvätern belegen (z.B. Ferri, 1984). Sie sind besonders stark bemüht, dem

Bild von der "bösen Stiefmutter" zum Trotz, ein enges Verhältnis zu ihren Stiefkindern aufzubauen. Enttäuschung und Verbitterung entsteht dann, wenn die Kinder selbst nach einer Eingewöhnungsphase eine distanziert oder sogar ablehnende Haltung beibehalten (vgl. Schattner & Schumann, 1988). Eine solche Dynamik scheint speziell für Stiefmutter-Stieftochter-Beziehungen charakteristisch zu sein, die im Vergleich zu Stiefmutter-Stiefsohn-Beziehungen als problematischer und weniger warm und eng eingeschätzt werden (z.B. Brand et al., 1988; Peterson & Zill, 1986; Hetherington, 1987). Allerdings ist, wie etwa die Untersuchung von Brand et al. (1988) zeigt, auch die Beziehung von Stiefvätern zu ihren Töchtern konflikthafter als die zu den Stiefsöhnen. Interessanterweise ging in dieser Studie eine hohe Ehezufriedenheit aus der Sicht der sorgeberechtigten Mutter mit einem geringeren Ausmaß positiver Verhaltensweisen der Tochter gegenüber ihrem Stiefvater sowie einem schlechteren Selbstkonzept und einem aggressiveren Verhalten der Stieftochter einher. Bezüglich der Stiefsöhne zeigte sich, daß sie umso selbstbewußter und umso weniger aggressiv waren, je zufriedener die Eltern mit ihrer Partnerschaft waren. Das Verhalten der Söhne gegenüber ihrem Stiefvater war von der Qualität der Ehepaarbeziehung unbeeinflußt.

Offensichtlich bestehen also vielschichtige, je nach der familialen Geschlechterkonstellation variierende Zusammenhänge zwischen der psychosozialen Anpassung der Kinder, den Beziehungen zwischen Stiefkindern und Stiefeltern sowie der Ehepaarbeziehung. Aufgrund des querschnittlich angelegten Untersuchungsdesigns ist es aber nicht möglich, die gefundenen Ergebnisse kausal zu interpretieren. Eine solche Interpretation erlauben lediglich Längsschnittstudien, wie die von der Arbeitsgruppe um Hetherington (Hetherington, 1987, 1991b; vgl. auch Kap. 12) durchgeführte Untersuchung. Diese Studie hat zweifellos einen wichtigen und detailreichen Einblick in die Komplexität familiendynamischer Prozesse in Stieffamilien gegeben. Einschränkend ist jedoch vorwegzunehmen, daß der Generalisierbarkeit der Ergebnisse aus drei Gründen Grenzen gesetzt sind. (1) Es wurden ausschließlich Stiefmutterfamilien untersucht, obwohl das Geschlecht des sorgeberechtigten Elternteils - wie aus der Untersuchung von Ferri (1984) deutlich wurde - eine wichtige Moderatorvariable für die Qualität der familialen Beziehungen darstellt. (2) Ein negativ verzerrtes Bild könnte sich weiterhin dadurch ergeben haben, daß nur Stieffamilien berücksichtigt wurden, bei denen der Wiederheirat eine Scheidung vorausging. Nachweislich ist jedoch die psychosoziale Entwicklung von Stiefkindern sowie ihre Beziehung zum Stiefelternteil weniger problembehaftet, wenn die vorangehende Ehe durch den Tod eines Ehepartners und nicht infolge einer Scheidung aufgelöst wurde (z.B. Ferri, 1984; White et al., 1985). (3) Schließlich hatten alle untersuchten Kinder die Trennung ihrer Eltern im Vorschulalter erlebt. Einer neueren Studie von Hetherington (1991a) zufolge sind jedoch gerade Wechselwirkungen zwischen dem Familienstatus der Eltern und dem Geschlecht der Kinder geringer ausgeprägt, wenn die Kinder zum Zeitpunkt der Wiederheirat bereits in der Adoleszenz waren.

Ungeachtet dieser Einschränkungen besteht ein großer Vorteil dieser Längsschnittstudie darin, daß sie - soweit es um die Entwicklung von Stieffamilien geht - prospektiv angelegt war. Die Ausgangsstichprobe bestand aus einer gleich großen Anzahl von strukturell intakten und Scheidungsfamilien, die zwei, zwölf und vierundzwanzig Monate nach der Scheidung befragt wurden. Bei der letzten Erhebung sechs Jahre nach der Scheidung war etwa ein Drittel der Mütter alleinstehend geblieben, die übrigen zwei Drittel waren wiederverheiratet. In den strukturell intakten Familien war es inzwischen in jeder sechsten zu einer Scheidung gekommen (vgl. zusf. Hetherington, 1987). Zum zweiten Meßzeitpunkt, also nach zwei Jahren, hatte sich das Leben in vielen Scheidungsfamilien bereits normalisiert. Dennoch waren bei den Jungen nach wie vor vermehrt problematische Verhaltensweisen im Elternhaus und in der Schule zu beobachten. Die sorgeberechtigten Mütter hatten weniger Kontrolle über ihre Söhne, waren in ihren Erziehungsbemühungen ineffizienter und verbrachten weniger Zeit mit ihnen. Während sie sich ihren Söhnen weniger nah fühlten, bestand häufig eine intensive und gleichberechtigtere Beziehung zu ihren Töchtern.

An dieser Situation hatte sich auch nach sechs Jahren nicht viel verändert, sofern die Mütter *alleinstehend* geblieben waren. Das Mutter-Sohn Verhältnis blieb weiterhin angespannt, während die Töchter während dieser Zeit sogar über ihr Alter hinaus gereift zu sein schienen. Lediglich bei den Mädchen, die in einem frühen Alter in die Pubertät kamen, war das Eltern-Kind-Verhältnis unabhängig vom Familienstatus der Eltern problematischer.

Zu grundlegenden Veränderungen in den Eltern-Kind-Beziehungen kam es demgegenüber, wenn die Mutter *wiederverheiratet* war. Sie hatten dann ein größeres Ausmaß an Kontrolle über ihre Söhne, ihr Einfluß auf die Töchter nahm jedoch deutlich ab. Selbst wenn das Hinzukommen des Stiefvaters bereits zwei Jahre zurücklag, war das Mutter-Tochter-Verhältnis immer noch angespannt und das Verhalten der Mädchen gegenüber ihren Eltern fordernder, feindseliger und weniger liebevoll als das der Mädchen in den anderen Familiengruppen.

Stiefväter beurteilten ihre Beziehung zu den Stiefkindern anfänglich als weniger eng als leibliche Väter der Kontrollgruppe. Sie brachten ihren Stiefkindern gegenüber weniger positive Gefühle zum Ausdruck, äußerten aber gleichzeitig auch weniger Kritik, verbrachten relativ viel Zeit mit ihnen und versuchten, eine neue

Beziehung aufzubauen. Zu den Söhnen hatte sich nach etwa zwei Jahren ein freundschaftliches und unterstützendes Verhältnis entwickelt, obwohl das Engagement der Stiefväter gegenüber den Jungen zunächst geringer war als gegenüber den Töchtern. Die Söhne ihrerseits genossen größtenteils das kameradschaftliche Verhältnis zu ihren Stiefvätern, suchten deren Rat und legten ein zunehmend weniger aggressives und widerspenstiges Verhalten gegenüber beiden Elternteilen an den Tag. Obwohl Stiefväter im Vergleich zu geschiedenen und nicht wiederverheirateten oder leiblichen Vätern langfristig in ihrem Bestreben, ihre Söhne zu beaufsichten, weniger effizient blieben, wurden ihre Bemühungen mit zunehmender Dauer der Stiefelternschaft doch immer erfolgreicher.

Ganz anders gestalten sich die dagegen die Beziehungen zwischen den Stiefvätern und ihren Töchtern. Hier nahmen die Spannungen im Laufe der Zeit kontinuierlich zu, obwohl die Väter nach wie vor bemüht waren, eine freundlich-distanzierte Haltung einzunehmen. Immer häufiger kam es zwischen ihnen zu ernsthaften Auseinandersetzungen, die häufig um Fragen elterlicher Autorität und um das respektlose Verhalten der Tochter gegenüber ihrer Mutter kreisen. Auch ein autoritatives Erziehungsverhalten der Stiefväter, das für die Entwicklung der Söhne förderlich war (vgl. auch Steinberg, 1987), ging im Fall von Stieftöchtern nicht mit einem verbesserten Eltern-Kind-Verhältnis einher.

Faßt man abschließend die aus Quer- und Längsschnittuntersuchungen gewonnenen Ergebnisse zusammen, ergibt sich ein vielschichtiges, aber insgesamt abgerundetes Bild zur Situation von Stieffamilien. Während die Ehezufriedenheit in Folgeehen der in Erstehen vergleichbar ist, sind die Eltern-Kind-Beziehungen im Mittel durch eine geringere Emotionalität, Intensität und Nähe geprägt. Die Unterschiede zwischen Stief- und Kernfamilien sind allerdings im Vergleich zu Unterschieden zwischen verschiedenen Stieffamilientypen eher gering (z.B. Zill, 1988; Furstenberg, 1990; Bray, 1988). Sofern Stieffamilien die Andersartigkeit ihrer Familienform akzeptieren und sich behutsam einander annähern, können die Eltern-Kind-Beziehungen als ebenso zufriedenstellend erlebt werden wie in "Normalfamilien" und die kindliche Entwicklung kann ungestört verlaufen. Entgegen den in der Gesellschaft vorherrschenden Vorurteilen (vgl. Kasten 12), können sich also durchaus viele Stieffamilien an die sich mit der Erweiterung der Familienstruktur einhergehenden Veränderungen anpassen und ein tragfähiges Beziehungsnetz entwickeln.

> **Kasten 12:** Exkurs: Gesellschaftliche Stereotype gegenüber Stieffamilien.
>
> *Die "Pluralisierung familialer Lebensformen" gilt in den letzten Jahren als ein weitgehend anerkanntes Charakteristikum, als ein selbstverständliches Merkmal entwickelter Industriegesellschaften (z.B. Kaufmann, 1990). Offensichtlich erfahren "alternative" Familien allerdings noch nicht die Wertschätzung, die der traditionellen Kernfamilie entgegengebracht wird. Dies zeigen die Untersuchungen der Arbeitsgruppe um Coleman & Ganong (zusf. Coleman & Ganong, 1987), die über 800 Studenten unterschiedlichster Fachrichtungen, über 100 in der psychologischen Beratung oder als Sozialarbeiter tätige Personen und 149 Auszubildende in Pflegeberufen gebeten hatten, an einem Test teilzunehmen, in dem es angeblich um die Genauigkeit des "ersten Eindrucks" ging. Die Versuchspersonen wurden auf mehrere Gruppen aufgeteilt und bekamen jeweils unterschiedliche Beschreibungen von Familien vorgelegt mit der Bitte, die Familienmitglieder hinsichtlich verschiedener Eigenschaften einzuschätzen. Die fiktiven Beschreibungen variierten hinsichtlich der Angaben zum Familienstatus der Eltern (Wiederverheiratete, Verheiratete, Geschiedene, Verwitwete oder Ledige), dem Geschlecht des Elternteils und dem Geschlecht des Kindes.*
>
> *Durchgängig wurde die Persönlichkeit von (vermeintlichen) Stiefeltern ungünstiger beurteilt als die von Eltern aus Kernfamilien. Sie wurden beispielsweise als weniger stabil und aktiv beschrieben, ihr Wohlbefinden und ihre Lebenszufriedenheit wurde als geringer eingestuft. Auch die Stiefkinder wurden durchschnittlich als weniger positiv, weniger stabil und weniger zufrieden eingeschätzt. Ergänzend zu diesen Experimenten zeigt die Untersuchung von Fine (1986), daß sogar die Mitglieder von Stieffamilien selbst, obwohl sie über eine differenziertere Wahrnehmung verfügen, strukturell intakte Familien positiver beschrieben als andere Familienformen.*

Problemanfällig ist in erster Linie die Beziehung der Töchter zu ihren Stiefeltern. Während sich nach etwa zwei Jahren ein kameradschaftliches Vater-Sohn Verhältnis einstellt, fällt es Stieftöchtern weiterhin schwer, sich auf die neue Situation einzustellen. Ein autoritatives Erziehungsverhalten der Stiefväter und eine gute Ehepaarbeziehung wirkt sich im Fall von Stieftöchtern nicht oder sogar negativ auf die Eltern-Kind-Beziehungen aus. Vermutlich fühlen sich Mädchen aufgrund ihres besonders engen und gleichberechtigten Verhältnisses zur Mutter während der Ein-Elternteil-Phase nun durch das Hinzukommen des Stiefvaters zurückgesetzt. Zu berücksichtigen ist allerdings auch, daß bei der Mutter lebende Jungen doppelt so häufig von ihrem nicht sorgeberechtigten Vater besucht werden wie Mädchen (Clingempeel et al., 1984). Sofern dieser Kontakt von der sorgeberechtigten Mutter und dem Stiefelternteil akzeptiert und wohlwollend unterstützt wird, dürften Jungen in einem geringeren Ausmaß Verlustängste erleben als Mädchen (vgl. Furstenberg & Spanier, 1984). Hier bedarf es weiterer, prospektiv angelegter Längsschnittstudien, die bereits vor der Rekonstituierungsphase eingetretene Veränderungs- und Verarbeitungsprozesse berücksichtigen.

Darüber hinaus scheint sich die Situation von Familien des Typs "Wiederheirat nach Scheidung" schwieriger zu gestalten, insbesondere wenn es sich um zusammengesetzte Stieffamilien handelt, in denen beide Partner Kinder aus erster Ehe mitbringen. Auch Stiefmutterfamilien scheinen problemanfälliger zu sein als Stiefvaterfamilien. Ein systematischer Vergleich struktureller Varianten von Stieffamilien könnte in Zukunft nicht nur wichtige Hinweise auf das Risikopotential spezifischer Stieffamilientypen liefern. Vielmehr könnten auf diese Weise auch die in letzter Konsequenz entscheidenden Problemkonstellationen identifiziert werden, die individuelle wie familiale Entwicklungsverläufe moderieren (vgl. Clingempeel et al., 1987).

Nicht zuletzt mangelt es aber auch an Replikationsstudien, um den derzeitigen Kenntnisstand zu erhärten. Die häufig inkonsistenten Ergebnisse etwa zur Befindlichkeit wiederverheirateter Paare dürften teilweise auf die unterschiedlich zusammengesetzten Stichproben, aber auch auf methodische Unzulänglichkeiten zurückgehen. Erst wenn diese Mängel behoben und eine Vergleichbarkeit der Studien gegeben ist, wird man gesichertere Aussagen über die mit der Konstituierung der Stieffamilie verbundenen Auswirkungen und ihren Ursachen vornehmen können.

Zusammenfassung: Stieffamilien sind im Vergleich zu Kernfamilien durch einen geringeren Zusammenhalt, weniger klar definierte Familiengrenzen und Beeinträchtigungen und weniger förderliche Kommunikations- und Problemlösestrategien gekennzeichnet. Die Eltern-Kind-Beziehungen werden durchschnittlich als gut oder sehr gut eingeschätzt, obwohl sie durch eine geringere Intensität und Intimität gekennzeichnet sind. Der Bereitschaft von Stieffamilien, ihrer besondere Situation Rechnung zu tragen und in einem langjährigen Prozess ein neues, tragfähiges Beziehungsmuster aufzubauen, kommt eine Schlüsselstellung für die individuelle und familiale Entwicklung zu. Gerade die unterschiedlichen Anpassungsschwierigkeiten von Töchtern und Söhnen weisen darauf hin, daß hierbei den Erfahrungen und Erlebnissen vor der Gründung der Stieffamilie eine wichtige Bedeutung zukommt.

LITERATURVERZEICHNIS

Abbott, B.L. (1991). Maternal employment and adolescent girls. Vortrag gehalten auf dem Meeting of the Society for Research in Child Development, Seattle, USA.

Abernathy, V. (1973). Social network and response to the maternal role. *International Journal of Sociology of the Family, 3,* 86-92.

Abramovitch, R., Pepler, D.J. & Corter, C. (1982). Patterns of sibling interaction among preschool-age children. In M. Lamb & B. Sutton-Smith (Eds.), *Sibling relationships: Their nature and significance across the life-span* (pp. 61-86). Hillsdale: Erlbaum.

Ahern, F.J., Johnson, R.C., Wilson, J.R., McClearn, G.E. & Vandenberg, S.G. (1982). Family resemblances in personality. *Behavior Genetics, 12,* 261-280.

Ahrons, C.R. (1979). The binuclear family. Two households, one family. *Alternative Lifestyles, 2*(4), 499-515.

Ahrons, C.R. (1980). Joint custody arrangements in the postdivorce family. *Journal of Divorce, 3,* 189-205.

Ahrons, C.R. (1981). The continuing coparental relationship between divorced spouses. *American Journal of Orthopsychiatry, 5,* 415-428.

Aldous, J. (1977). Family interaction patterns. *Annual Review of Sociology, 3,* 105-135.

Aldous, J. (1978). *Family careers.* New York: Wiley.

Allen, J.P. & Hauser, S.T. (1991). Prediction of young adult attachment representations, psychological distress, social competence and hard drug use from family interactions in adolescence. Vortrag gehalten auf dem Meeting of the Society for Research in Child Development, Seattle, USA.

Allerbeck, K. & Hoag, W.J. (1985). *Jugend ohne Zukunft.* München: Piper.

Allison, P.D. & Furstenberg, F.F. (1989). How marital dissolution affects children: Variations by age and sex. *Developmental Psychology, 25,* 540-549.

Alsaker, F.D., Dundas, I. & Olweus, D. (1991). A growth curve approach to the study of parental relations and depression in adolescence. Vortrag gehalten auf dem Meeting of the Society for Research in Child Development, Seattle, USA.

Altemeier, W.A., O'Connor, S., Vietze, P.M., Sandler, H.M. & Sherrod, K.B. (1982). Antecedents of child abuse. *The Journal of Pediatrics, 100,* 823-829.

Alvarez, W.F. (1985). The meaning of maternal employment for mothers and their perception of their three-year-old children. *Child Development, 56,* 350-360.

Amato, P.R. & Keith, B. (1991). Parental divorce and adult well-being: A meta-analysis. *Journal of Marriage and the Family, 53,* 43-58.

Ambert, A.M. (1988). Relationships with former in-laws after divorce: A research note. *Journal of Marriage and the Family, 50,* 679-686.

Anderson, S.A., Russell, C.S. & Schumm, W.R. (1983). Perceived marital quality and family life-cycle categories: A further analysis. *Journal of Marriage and the Family, 45,* 127-139.

Andrews, M.P., Bubholz, M.M. & Paolucci, B. (1980). An ecological approach to the study of the family. *Marriage and Family Review, 3,* 29-49.

Antonucci, T.C. & Mikus, K. (1988). The power of parenthood: Personality and attitudinal changes during the transition to parenthood. In G.Y. Michaels & W.A. Goldberg (Eds.), *The transition to parenthood. Current theory and research* (pp. 62-84). Cambridge: Cambridge University Press.

Archer, S.L. (1985). Career and/or family. The identity process for adolescent girls. *Youth & Society, 16,* 289-314.

Aselmeier-Ihrig, M. (1984). Das Selbstverständnis der Adoptivfamilie. Eine Familie wie jede andere - oder ganz anders? *Unsere Jugend, 36,* 238-241.

Aumend, S.A. & Barrett, M.C. (1984). Self-concept and attitudes toward adoption: A comparison of searching and nonsearching adult adoptees. *Child Welfare, 63,* 251-259.

Bachrach, C.A. (1983). Children in families: Characteristics of biological, step-, and adopted children. *Journal of Marriage and the Family, 45,* 171-179.

Bachrach, C.A., London, K.A. & Maza, P.L. (1991). On the path to adoption: Adoption seeking in the United States, 1988. *Journal of Marriage and the Family, 53,* 705-718.

Baker, D.P. & Stevenson, D.L. (1986). Mothers' strategies for children's school achievement: Managing the transition to high school. *Sociology of Education, 59,* 156-166.

Baker, D.P. & Stevenson, D.L. (1989). Parents' management of adolescents' schooling. An international comparison. In K. Hurrelmann & U. Engel (Eds.), *The social world of adolescents. International perspectives* (pp. 339-350). Berlin: de Gruyter.

Balloff, R. (1991). Gemeinsame elterliche Sorge - ein anzustrebender Regelfall? *Report Psychologie, 16*(3), 16-21.

Balloff, R. & Walter, E. (1990). Gemeinsame elterliche Sorge als Regelfall? *Zeitschrift für das gesamte Familienrecht, 5,* 445-454.

Balluseck, H.V. (1984). *Die Pflege alter Menschen.* Berlin: Deutsches Zentrum für Altersfragen.

Baltes, M.M. & Zank, S. (1990). Gesundheit und Alter. In R. Schwarzer (Hrsg.), *Gesundheitspsychologie* (S. 199-214). Göttingen: Hogrefe.

Baltes, P.B. (1983). Life-span developmental psychology: Some converging observations on history and theory revised. In R.M. Lerner (Ed.), *Developmental psychology: Historical and philosophical perspective* (pp. 79-111). Hillsdale: Erlbaum.

Bamberg, E. (1990). Geschlechtstypische berufliche Orientierungen im historischen Wandel: Ein Vergleich zwischen 1934, 1946 und 1986. *Psychologie in Erziehung und Unterricht, 37,* 179-190.

Bank, S. & Kahn, M.D. (Eds.). (1982). *The sibling bond.* New York: Basic Books.

Barash, D.P. (1977). *Sociobiology and behavior.* New York: Elsevier.

Barber, C.E. (1978). *Gender differences in experiencing the transition to the empty nest: Reports of middle-aged women and men.* Paper presented at the Meeting of the Gerontological Society of America, Dallas, USA.

Barling, J. (1991). Father's employment: A neglected influence on children. In J.V. Lerner & N.L. Galambos (Eds.), *Employed mothers and their children* (pp. 181-209). New York: Garland.

Barnes, H.L. & Olson, D.H. (1985). Parent-adolescent communication and the circumplex model. *Child Development, 56,* 438-447.

Barrett, J. & Hinde, R.A. (1988). Triadic interactions: Mother-first-born-second-born. In R.A. Hinde & J. Stevenson-Hinde (Eds.), *Relationships within families. Mutual influences* (pp. 181-190). Oxford: Clarendon Press.

Bart, P.B. (1978). Mother Portnoy's complaints. *Transaction, 8*(1-2), 69-74.

Barth, K. (1978). Soziologische Daten zur Adoption Minderjähriger - woher sie kommen und wohin sie vermittelt werden. *Zentralblatt für Jugendrecht und Jugendwohlfahrt, 65,* 243-261.

Baruch, G., Barnett, R. & Rivers, C. (1983). *Love prints: New patterns of love and work for today's women.* New York: New American Library.

Baskett, L.M. (1984). Ordinal position differences in children's family interactions. *Developmental Psychology, 20,* 1026-1031.

Baucom, D.H., Sayers, S.L. & Duhe, A. (1989). Attributional style and attributional patterns among married couples. *Journal of Personality and Social Psychology, 56,* 596-607.

Bauer, R. (1988). "...sich wechselseitig veredeln..." - Zur sozialgeschichtlichen Durchsetzung des bürgerlichen Familienideals. In Deutsches Jugendinstitut (Hrsg.), *Wie geht's der Familie? Ein Handbuch zur Situation der Familien heute* (S. 13-22). München: Kösel.

Baumrind, D. (1966). Authoritarian vs. authoritative control on child behavior. *Child Development, 37,* 887-907.

Baumrind, D. (1967). Child care practices anteceding three patterns of preschool behavior. *Genetic Psychology Monographs, 75,* 43-88.

Baumrind, D. (1989). Rearing competent children. In W. Damon (Ed.), *Child development today and tomorrow* (pp. 349-378). San Francisco: Jossey-Bass.

Baumrind, D. (1991). Relation of authoritative upbringing to adolescent outcomes. Vortrag gehalten auf dem Meeting of the Society for Research in Child Development, Seattle, USA.

Beck, U. (1986). *Risikogesellschaft.* Frankfurt: Suhrkamp.

Beck-Gernsheim, E. (1988). "Wir wollen niemals auseinander gehen..." - Zur Geschichte von Partnerschaft und Ehe. In Deutsches Jugendinstitut (Hrsg.), *Wie geht's der Familie? Ein Handbuch zur Situation der Familien heute* (S. 23-33). München: Kösel.

Becker, H.J. & Epstein, J.L. (1982). Parent involvement: A survey of teacher practices. *The Elementary School Journal, 83,* 85-102.

Beckman, L.J. (1976). Causal attribution of teachers and parents regarding children's performance. *Psychology in the schools, 13,* 212-218.

Beelmann, W. & Schmidt-Denter, U. (1991). Kindliches Erleben sozial-emotionaler Beziehungen und Unterstützungssysteme in Ein-Elternteil-Familien. *Zeitschrift für Erziehung und Unterricht, 38,* 180-189.

Behnken, I., Günther, C., vel Job, O.K., Keiser, S., Karig, U., Krüger, H.H., Lindner, B., Wensierski, H.-J.von & Zinnecker, J. (1991). *Schülerstudie '90. Jugendliche im Prozess der Vereinigung.* Weinheim: Juventa.

Bell, D.C. & Bell, L.G. (1983). Parental validation and support in the development of adolescent daughters. In H.D. Grotevant & R.C. Cooper (Eds.), *Adolescent development in the family* (pp. 27-41). San Francisco: Jossey-Bass.

Belsky, J. (1984). The determinants of parenting: A process model. *Child Development, 55,* 83-96.

Belsky, J. (1991). Ehe, Elternschaft und kindliche Entwicklung. In A. Engfer, B. Minsel & S. Walper (Hrsg.), *Zeit für Kinder! Kinder in Familie und Gesellschaft* (S. 134-159). Weinheim: Beltz.

Belsky, J., Gilstrap, B. & Rovine, M. (1984). The Pennsylvania infant and family developmental project. I: Stability and change in mother-infant and father-infant interaction in a family setting at one, three, and nine months. *Child Development, 55,* 692-705.

Belsky, J. & Isabella, R.A. (1985). Marital and parent-child relationships in family of origin and marital change following the birth of a baby: A retrospective analysis. *Child Development, 56,* 342-349.

Belsky, J. & Pensky, E. (1988). Developmental history, personality and family relationships: Toward an emergent family system. In R.A. Hinde & J. Stevenson-Hinde (Eds.), *Relationships within families. Mutual influences* (pp. 193-217). Oxford: Clarendon Press.

Belsky, J. & Rovine, M. (1990). Patterns of marital change across the transition to parenthood: Pregnancy to three years postpartum. *Journal of Marriage and the Family, 52,* 5-19.

Belsky, J., Spanier, G. & Rovine, M. (1983). Stability and change in marriage across the transition to parenthood. *Journal of Marriage and the Family, 45,* 567-577.

Belsky, J., Youngblade, L., Rovine, M. & Volling, B. (i.Dr.). Patterns of marital change and parent-child interaction. Erscheint in *Journal of Marriage and the Family.*

Bender-Szymanski, D. (1984). Bedingungen der Bewältigung der Berufswahlproblematik im Jugendalter. In E. Olbrich & E. Todt (Hrsg.), *Probleme des Jugendalters* (S. 209-225). Berlin: Springer.

Bengtson, V.L. & Troll, L. (1978). Youth and their parents: Feedback and intergenerational influence in socialization. In R.M. Lerner & G.B. Spanier (Eds.), *Child influences on marital and family interaction* (pp. 215-240). New York: Academic Press.

Bergerfurth, B. (1987). *Das Eherecht: Eingehen und Auflösen der Ehe, Güterstand, Schlüsselgewalt* (8. Auflage). Freiburg: Haufe.

Berger-Schmitt, R. (1985). Arbeitsteilung und subjektives Wohlbefinden. In W. Glatzer & R. Berger-Schmitt (Hrsg.), *Haushaltsproduktion und Netzwerkhilfe* (S. 105-140). Frankfurt: Suhrkamp.

Berman, P.W. & Pedersen, F.A. (Eds.). (1987). *Men's transition to parenthood. Longitudinal studies of early family experience.* Hillsdale: Erlbaum.

Berman, W.H. (1988). The role of attachment in the post-divorce experience. *Journal of Personality and Social Psychology, 54,* 496-503.

Berman, W.H. & Turk, D.C. (1981). Adaptation to divorce: Problems and coping strategies. *Journal of Marriage and the Family, 43,* 179-189.

Berndt, J., Ströver, F. & Tiesler, G. (1988). Psychophysische Beanspruchung von Grundschülern während des Unterrichts. In J. Bernd, D. Busch & H.-G. Schönwälder (Hrsg.), *Schule-, Schüler-, Eltern-Streß* (S. 47-64). Bremen: Bildung & Medien.

Bianchi, S.M. (1987). *Living at home: Young adults' living arrangement in the 1980s.* Paper presented at the Annual Meeting of the American Sociological Association, Chicago, USA.

Bigelow, B.J. & La Gaipa, J.J. (1975). Children's written descriptions of friendship: A multidimensional analysis. *Developmental Psychology, 11,* 857-858.

Bigner, J. (1974). Second borns' discrimination of sibling role concepts. *Developmental Psychology, 10,* 564-573.

Bitter, R.G. (1986). Late marriage and marital instability: The effects of heterogenity and inflexibility. *Journal of Marriage and the Family, 48,* 631-640.

Blaschke, D. & Franke, J. (1982). *Freizeitverhalten älterer Menschen.* Stuttgart: Enke.

Blenkner, M. (1965). Social work and family relationships in later life with some thoughts on filial maturity. In E. Shanas & G.F. Streib (Eds.), *Social structure and the family* (pp. 46-59). Englewood Cliffs: Prentice Hall.

Block, J.H., Block, J. & Gjerde, P.F. (1986). The personality of children prior to divorce: A prospective study. *Child Development, 57,* 827-840.

Block, J.H., Block, J. & Morrison, A. (1981). Parental agreement-disagreement on child rearing orientations and gender related correlates in children. *Child Development, 52,* 965-974.

Bloom, B.L., Asher, S.J. & White, S.W. (1978). Marital disruption as a stressor: A review and analysis. *Psychological Bulletin, 85,* 867-894.

Bloom, B.L. & Hodges, W. (1988). The Colorado Separation and Divorce Program: A preventive intervention program for newly separated persons. In R.H. Price, E.L. Cowen, R.P. Lorion & J. Ramos-McKay (Eds.), *Fourteen ounces of prevention* (pp. 153-164). Washington: American Psychological Association.

Blos, P. (1978). *Adoleszenz* (2. Aufl.). Stuttgart: Klett-Cotta.

Blos, P. (1979). *The adolescent passage: Development issues.* New York: International Universities Press.

Blume, O. (1970). Über die soziologische Situation der Mehrgenerationenfamilie. In A. Störmer (Hrsg.), *Geroprophylaxe, Infektions- und Herzkrankheiten, Rehabilitation und Sozialstatus im Alter* (S. 101-106). Darmstadt: Steinkopff.

Blyth, D.A., Hill, J.P. & Thiel, K.S. (1982). Early adolescents' significant others: Grade and gender differences in perceived relationships with familial and nonfamilial adults and young people. *Journal of Youth and Adolescence, 11,* 425-450.

Blyth, D.A. & Traeger, C. (1988). Adolescent self-esteem and perceived relationships with parents and peers. In S. Salzinger, J. Antrolous & M. Hammer (Eds.), *Social networks of children, adolescents, and college students* (pp. 171-193). Hillsdale: Erlbaum.

Boh, K. (1989). Besondere Probleme der kulturvergleichenden Familienforschung. In R. Nave-Herz & M. Markefka (Hrsg.), *Handbuch der Familien- und Jugendforschung. Bd. 1: Familienforschung* (S. 163-175). Neuwied: Luchterhand.

Bohman, M. (1980). *Adoptivkinder und ihre Familien.* Göttingen: Verlag für Medizinische Psychologie.

Bohman, M. (1981). The interaction of heredity and childhood environment: Some adoption studies. *Journal of Child Psychology and Psychiatry, 22,* 195-200.

Bohman, M. & Knorring, A. von (1979). Psychiatric illness among adults adopted as infants. *Acta Psychiatrica Scandinavica, 60,* 106-112.

Bohman, M. & Sigvardsson, S. (1980a). Negative social heritage. *Adoption & Fostering, 101,* 25-31.

Bohman, M. & Sigvardsson, S. (1980b). A prospective, longitudinal study of children registered for adoption. A 15-year follow-up. *Acta Psychiatrica Scandinavica, 61,* 339-355.

Bojanovsky, J.J. (1986). *Verwitwete*. Weinheim: Psychologie Verlags Union.

Boldizar, J.P., Khatri, P. & Jones, E.A. (1991). Parents' disciplinary strategies, children's outcome cognitions, and aggression. Poster auf dem Meeting of the Society for Research in Child Development, Seattle, USA.

Booth, A. & White, L.K. (1980). Thinking about divorce. *Journal of Marriage and the Family, 3*, 605-616.

Borland, D. (1979). *An investigation of the empty nest syndrome among parents of different marital status categories: Evidence from national surveys*. Paper presented at the Meeting of the Gerontological Society of America, Washington, USA.

Bornstein, M.H. & Sigman, M.D. (1986). Continuity in mental development from infancy. *Child Development, 57*, 251-274.

Boss, P. (1988). *Family stress management*. Beverly Hills: Sage.

Boss, P., Caron, W., Horbal, J. & Mortimer, J. (1990). Predictors of depression in caregivers of dementia patients: Boundary ambiguity and mastery. *Family Process, 29*, 245-254.

Böttcher, H.R. (1988). Aspekte einer Psychologie der Lebensendzeit. *Zeitschrift für Alternsforschung, 43*, 25-30.

Bowlby, J. (1980). *Loss* (Attachment and Loss, Vol. III). New York: Basic Books.

Brand, E., Clingempeel, W.G. & Bowen-Woodward, K. (1988). Family relationships and children's psychological adjustment in stepmother and stepfather families. In E.M. Hetherington & J. Arasteh (Eds.), *Impact of divorce, single parenting and stepparenting on children* (pp. 299-324). Hillsdale: Erlbaum.

Brandtstädter, J., Baltes-Götz, B. & Heil, F.E. (1990). Entwicklung in Partnerschaften: Analysen zur Partnerschaftsqualität bei Ehepaaren im mittleren Erwachsenenalter. *Zeitschrift für Entwicklungspsychologie und Pädagogische Psychologie, 22*, 183-206.

Bray, J.H. (1988). Children's development during early remarriage. In E.M. Hetherington & J. Arasteh (Eds.), *Impact of divorce, single parenting and stepparenting on children* (pp. 279-298). Hillsdale: Erlbaum.

Bretherton, I., Prentiss, C. & Ridgeway, D. (1990). Family relationships as represented in a story-completion task at thirty-seven and fifty-four months of age. In I. Bretherton & M.W. Watson (Eds.), *Children's perspectives on the family* (pp. 85-105). San Francisco: Jossey-Bass.

Bretherton, I. & Watson, M.W. (Eds.). (1990). *Children's perspectives on the family*. San Francisco: Jossey-Bass.

Brody, E.M. (1985). Parent care as a normative family stress. *Gerontologist, 25*, 19-29.

Brody, G.H., Neubaum, E. & Forehand, R. (1988). Serial marriage: A heuristic analysis of an emerging family form. *Psychological Bulletin, 103*, 211-222.

Brody, G.H., Stoneman, Z. & Burke, M. (1987). Child temperaments maternal differential behavior and sibling relationships. *Developmental Psychology, 23*, 354-362.

Brody, G.H., Stoneman, Z. & MacKinnon, C.E. (1982). Role asymmetries in interactions among school-aged children, their younger siblings and their friends. *Child Development, 53*, 1364-1370.

Brodzinsky, D.M. (1987a). Adjustment to adoption: A psychosocial perspective. *Clinical Psychology Review, 7*(1), 25-47.

Brodzinsky, D.M. (1987b). Looking at adoption through rose colored glasses: A critique of Marquis and Detweiler, "Does adoption mean different? An attributional analysis.". *Journal of Personality and Social Psychology, 52*, 394-398.

Brodzinsky, D.M., Schechter, D.E., Braff, A.M. & Singer, L.M. (1984a). Psychological and academic adjustment in adopted children. *Journal of Consulting and Clinical Psychology, 52*, 582-590.

Brodzinsky, D.M., Schechter, D.E. & Brodzinsky, A.B. (1986). Children's knowlegde of adoption: Developmental changes and implications for adjustment. In R. Ashmore & D.M. Brodzinsky (Eds.), *Thinking about the family: Views of parents and children* (pp. 205-232). Hillsdale: Erlbaum.

Brodzinsky, D.M., Singer, L.M. & Braff, A.M. (1984b). Children's understanding of adoption. *Child Development, 55*, 869-878.

Bronfenbrenner, U. (1988). *Ecological systems theory*. Unveröffentlichtes Manuskript, Cornell University, Ithaca.

Bronfenbrenner, U. (1990). Ökologische Sozialisationsforschung. In L. Kruse, C.-F. Graumann & E.-D. Lantermann (Hrsg.), *Ökologische Psychologie. Ein Handbuch in Schlüsselbegriffen* (S. 76-79). München: Psychologie Verlags Union.

Bronfenbrenner, U. & Crouter, A.C. (1983). The evolution of environmental models in developmental research. In P.H. Mussen (Ed.), *Handbook of child psychology. Vol. 1: History, theory, and methods* (pp. 357-414). New York: Wiley.

Brooks-Gunn, J. & Petersen, A.C. (1984). Problems in studying and defining pubertal events. *Journal of Youth and Adolescence, 13,* 181-196.

Brown, B.B. (1989). The role of peer groups in adolescents' adjustment to secondary school. In T.J. Berndt & G.W. Ladd (Eds.), *Peer relationships in child development* (pp. 188-215). New York: Wiley.

Bruder, J. (1988). Filiale Reife - ein wichtiges Konzept für die familiäre Versorgung kranker, insbesondere dementer alter Menschen. *Zeitschrift für Gerontopsychologie und -psychiatrie, 1,* 95-101.

Brüderl, L. (1989). Entwicklungspsychologische Analyse des Übergangs zur Erst- und Zweitelternschaft *(Theorie und Forschung, Bd. 86, Psychologie, Bd. 33)*. Regensburg: Roderer.

Bryant, B.K. (1982). Sibling relationships in middle childhood. In M. Lamb & B. Sutton-Smith (Eds.), *Sibling relationships: Their nature and significance across the life-span* (pp. 87-121). Hillsdale: Erlbaum.

Bryant, B.K. & Crockenberg, S. (1980). Correlates and dimensions of prosocial behavior: A study of female siblings with their mothers. *Child Development, 51,* 529-544.

Buba, H.-P., Ueltzen, W. & Vaskovics, L.A. (1984). Gemischt-nationale Ehen in der Bundesrepublik Deutschland. *Zeitschrift für Bevölkerungswissenschaft, 10,* 421-448.

Buchanan, C.M. & Maccoby, E.E. (1990). Characteristics of adolescents and their families in three custodial arrangements. Poster auf dem Third Biennial Meeting of the Society for Research on Adolescence, Atlanta, USA.

Buhrmester, D. & Furman, W. (1987). The development of companionship and intimacy. *Child Development, 58,* 1101-1113.

Bundesminister für Jugend, Familie, Frauen und Gesundheit. (1986). *Vierter Familienbericht. Die Situation der älteren Menschen in der Familie*. Bonn: Autor.

Bundesminister für Jugend, Familie, Frauen und Gesundheit. (1988). *Alleinerziehende Mütter und Väter - Eine Analyse der Gesamtsituation* (Schriftenreihe des Bundesministers für Jugend, Familie, Frauen und Gesundheit, Bd. 219). Stuttgart: Kohlhammer.

Bungard, W. (1975). *Isolation und Einsamkeit im Alter*. Köln: Hanstein.

Burke, R.J. & Weir, T. (1976). Relationship of wives' employment status to husband, wife, and pair satisfaction and performance. *Journal of Marriage and the Family, 38,* 279-287.

Burke, R.J. & Weir, T. (1979). Helping responses of parents and peers and adolescent well-being. *Journal of Psychology, 102,* 49-62.

Burns, A. (1984). Perceived causes of marital breakdown and conditions of life. *Journal of Marriage and the Family, 46,* 551-562.

Buss, D.M. (1985). Human mate selection. *American Scientist, 73,* 47-51.

Buss, D.M. (1989). Sex differences in human mate preferences: Evolutionary hypotheses tested in 37 cultures. *Behavioral and Brain Sciences, 12,* 1-49.

Buss, D.M. & Barnes, M. (1986). Preferences in human mate selection. *Journal of Personality and Social Psychology, 50,* 559-570.

Camara, K.A. & Resnick, G. (1988). Interparental conflict and cooperation: Factors moderating children's post-divorce adjustment. In E.M. Hertherington & J.D. Arasteh (Eds.), *Impact of divorce, single parenting, and stepparenting on children* (pp. 169-196). Hillsdale: Erlbaum.

Caplow, T., Bahr, H.M., Chadwick, B.A., Hill, R. & Williamson, M.H. (1982). *Middletown families. Fifty years of change and continuity*. Minneapolis: University of Minneapolis Press.

Carter, B. & McGoldrick, M.S.W. (1989). Overview: The changing family life cycle - A framework for family therapy. In B. Carter & M.S.W. McGoldrick (Eds.), *The changing family life cycle. A framework for family therapy* (2. ed., pp. 3-28). Boston: Allyn & Bacon.

Cavenar, J.O. & Weddington, W.W. (1978). Abdominal pain in expectant fathers. *Psychosomatics, 19,* 761-768.

Chase-Lansdale, P.L. & Hetherington, E.M. (1990). The impact of divorce on life-span development: Short and long term effects. In D.L. Featherman & R.M. Lerner (Eds.), *Life-span development and behavior, vol. 10* (pp. 105-151). Hillsdale: Erlbaum.

Cherlin, A.J. (1978). Remarriage as an incomplete institution. *American Journal of Sociology, 84,* 634-650.

Cherlin, A.J. & Furstenberg, F.F. (1986). *The new American grandparent.* New York: Basic Books.

Chiriboga, D.A. (1989). Mental health at the midpoint: Crisis, challenge, or relief? In S. Hunter & M. Sundel (Eds.), *Midlife myths* (pp. 116-144). Newbury Park: Sage.

Chudacoff, H.P. & Hareven, T.K. (1979). From the empty nest to family dissolution - life course transitions into old age. *Journal of Family History, 4,* 69-83.

Cicirelli, V.G. (1972). The effect of sibling relationships on concept learning of young children taught by child teachers. *Child Development, 43,* 282-287.

Cicirelli, V.G. (1975). Effect of mother and older sibling on the problem solving behavior of the younger child. *Developmental Psychology, 33,* 431-434.

Cicirelli, V.G. (1976). Mother-child and sibling-sibling interactions on a problem-solving task. *Child Development, 47,* 588-596.

Cicirelli, V.G. (1980). A comparison of college women's feelings towards their siblings parents. *Journal of Marriage and the Family, 42,* 95-102.

Cierpka, M. (Hrsg.). (1988). *Familiendiagnostik.* Heidelberg: Springer.

Clarke-Stewart, K.A. & Hevey, C.M. (1981). Longitudinal relations in repeated observations of mother-child interaction from 1 to 21/2 years. *Developmental Psychology, 17,* 127-145.

Clayton, P.J. (1990). Bereavement and depression. *Journal of Clinical Psychiatry, 51* (Suppl.), 34-38.

Cleek, M.G. & Pearson, T.A. (1985). Perceived causes of divorce. An analysis of interrelationships. *Journal of Marriage and the Family, 29,* 179-183.

Clemens, A.W. & Axelson, L.J. (1985). The not-so-empty nest: The return of the fledgling adult. *Family Relations, 34,* 259-264.

Clingempeel, W.G. (1981). Quasi-kin relationships and marital quality in stepfather families. *Journal of Personality and Social Psychology, 41,* 890-901.

Clingempeel, W.G. & Brand, E. (1985). Structural complexity, quasi-kin relationships, and marital quality in stepfamilies: A replication, extension, and clinical implications. *Family Relations, 34,* 401-409.

Clingempeel, W.G., Brand, E. & Ievoli, R. (1984). Stepparent-stepchild relationships in stepmother and stepfather families: A multimethod study. *Family Relations, 33,* 465-473.

Clingempeel, W.G., Brand, E. & Segal, S. (1987). A multilevel-multivariable-developmental perspective for future research on stepfamilies. In K. Pasley & M. Ihinger-Tallman (Eds.), *Remarriage and stepparenting* (pp. 65-93). New York: Guilford Press.

Clingempeel, W.G. & Repucci, N.D. (1982). Joint custody after divorce: Major issues and goals for research. *Psychological Bulletin, 91,* 102-127.

Clingempeel, W.G., Shuwall, M.A. & Heiss, E. (1988). Divorce and remarriage: Perspectives on the effects of custody arrangements on children. In S.A. Wolchik & P. Karoly (Eds.), *Children of divorce* (pp. 145-181). New York: Gardner.

Cohler, B.J. & Grunebaum, H.V. (1981). *Mothers, grandmothers, and daughters: Personality and childcare in three-generation families.* New York: Wiley.

Cohn, D.A. (1990). Child-mother attachment of six-year-olds and social competence at school. *Child Development, 61,* 152-162.

Coleman, J.C. (1974). *Relationships in adolescence*. Boston: Routledge & Kegan Paul.

Coleman, J.S. (1987). Families and schools. *Educational Researcher, 16*(6), 32-38.

Coleman, M. & Ganong, L.H. (1984). Effect of family structure on family attitudes and expectations. *Family Relations, 33,* 425-432.

Coleman, M. & Ganong, L.H. (1987). The cultural stereotyping of stepfamilies. In K. Pasley & M. Ihinger-Tallman (Eds.), *Remarriage and stepparenting* (pp. 19-41). New York: Guilford Press.

Coleman, M. & Ganong, L.H. (1990). Remarriage and stepfamily research in the 1980s: Increased interest in an old family form. *Journal of Marriage and the Family, 52,* 925-940.

Collins, W.A. & Repinski, D.J. (1991). Development of relationships during the transition to adolescence: Processes of adaptation to individual change. Vortrag gehalten auf dem Meeting of the Society for Research in Child Development, Seattle, USA.

Coombs, R.H. (1991). Marital status and personal well-being: A literature review. *Family Relations, 40,* 97-102.

Cooper, K.L. & Gutmann, D. (1987). Gender identity and ego mastery style in middle aged, pre- and post-empty nest women. *Gerontologist, 27,* 347-352.

Cornoldi, C. & Fattori, L. (1976). Age spacing in first-borns and symbiotic dependence. *Journal of Personality and Social Psychology, 33,* 431-434.

Cowan, C.P., Cowan, P.A., Heming, G. & Miller, N. (1991). Becoming a family: Marriage, parenting, and child development. In P.A. Cowan & M. Hetherington (Eds.), *Family transitions* (pp. 79-109). Hillsdale: Erlbaum.

Cox, M.J., Owen, M.T., Lewis, J.M. & Henderson, V.K. (1989). Marriage, adult adjustment, and early parenting. *Child Development, 60,* 1015-1024.

Crockenberg, S. (1981). Infant irritability, mother responsiveness, and social support influences on the security of infant-mother attachment. *Child Development, 52,* 857-865.

Crouter, A.C. (1984). Participative work as an influence on human development. *Journal of Applied Developmental Psychology, 5,* 71-90.

Crouter, A.C., Perry-Jenkins, M., Huston, T.L. & McHale, S.M. (1987). Processes underlying father-involvement in dual-earner and single-earner families. *Developmental Psychology, 23,* 431-440.

Crouter, A.C. & McHale, S.M. (i.Dr.). The long arm of the job: Influences of parental work on childrearing. In T. Luster & L. Okagaki (Eds.), *Parenting: An ecological perspective*. Hillsdale: Erlbaum.

Csikzentmihalyi, M. & Larson, R. (1984). *Being adolescent*. New York: Basic Books.

Cummings, E.M. & Vittemberga, G. (1991). Contexts of children's exposure to adults' anger: Day care and the way conflicts end. Vortrag gehalten auf dem Meeting of the Society for Research in Child Development, Seattle, USA.

Cummings, J.S., Pellegrini, D.S., Notarius, C.I. & Cummings, E.M. (1989). Children's responses to angry adult behavior as a function of marital distress and history of interparent hostility. *Child Development, 60,* 1035-1043.

Cutrona, C.E. (1982). Nonpsychotic postpartum depression: A review of recent research. *Clinical Psychology Review, 2,* 487-503.

D'Amico, R.J., Haurin, R.J. & Mott, F.L. (1983). The effects of mothers' employment on adolescent and early adult outcomes of young men and women. In C.D. Hayes & S.B. Kamerman (Eds.), *Children of working parents* (pp. 130-219). Washington DC: National Academy Press.

Dahl, A.S., Cowgill, K.M. & Asmundsson, R. (1987). Life in remarriage families. *Social Work, 34,* 40-44.

Daly, M. & Wilson, M. (1987). Children as homicide victims. In R.J. Gelies & J.B. Lancaster (Eds.), *Child abuse and neglect: Biosocial dimensions* (pp. 201-214). New York: de Gruyter.

Daly, M. & Wilson, M. (1988). Evolutionary social psychology and family homicide. *Science, 242,* 519-524.

Damon, W. (1977). *The social world of the child*. San Francisco: Jossey-Bass.

Darwin, C. (1871). *The descent of man and selection in relation to sex*. London: Murray.

Datan, N., Rodeheaver, D. & Hughes, F. (1987). Adult development and aging. *Annual Review of Psychology, 38*, 153-180.

Davis, M.H. & Oathout, H.A. (1987). Maintenance of satisfaction in romantic relationships: Empathy and relational competence. *Journal of Personality and Social Psychology, 53*, 397-410.

Day, D. (1983). General Register Office study. In T. Hall (Ed.), *Access to birth records. The impact of section 26 of the Children Act 1975* (pp. 21-33). London: British Agencies for Adoption and Fostering.

De Beauvoir, S. (1964). *Une mort très douce*. Paris: Edition Gallimard.

Deal, J.E., Halverson, Jr., C.F. & Wampler, K.S. (1989). Parental agreement on child-rearing orientations: Relations to parental, marital, family, and child characteristics. *Child Development, 60*, 1025-1034.

Demo, D.H. & Acock, A.C. (1988). The impact of divorce on children. *Journal of Marriage and the Family, 50*, 619-648.

DeSantis, J. (1990). *Parents' and adolescents' perceptions of individuation in their relationship*. Unveröff. Diss., Catholic University of America, Washington DC.

Deusinger, I.M. (1989). Jugend - die Suche nach der Identität. In M. Markefka & R. Nave-Herz (Hrsg.), *Handbuch der Familien- und Jugendforschung. Bd. 2: Jugendforschung* (S. 79-92). Neuwied: Luchterhand.

Devitre, E.A. (1978). *Probleme familialer Beziehungen von deutschen Frauen und Ausländern am Beispiel einer empirischen Untersuchung mit griechischen Gastarbeitern in Offenbach*. Unveröffentlichtes Manuskript, Frankfurt/M.

Dickson, L.R., Heffron, W. & Parker, C. (1990). Children from disrupted and adoptive homes on an impatient unit. *American Journal of Orthopsychiatry, 60*, 594-602.

Diekmann, A. (1987). *Determinanten des Heiratsalters und Scheidungsrisikos*. Habilitation, Institut für Soziologie der Universität München.

Ditton, H. (1987). *Familie und Schule als Bereiche des kindlichen Lebensraumes. Eine empirische Untersuchung*. Frankfurt: Lang.

Dix, T., Ruble, D.N., Grusec, J.E. & Nixon, S. (1986). Social cognition in parents: Inferential and affective reactions to children of three age levels. *Child Development, 57*, 879-894.

Dodge, K.A. (1983). Behavioral antecedents of peer social status. *Child Development, 54*, 1386-1389.

Dornbusch, S.M., Carlsmith, M.J., Bushwall, S.J., Ritter, P.L., Leiderman, H., Hastorf, A.H. & Gross, R.T. (1985). Single parents, extended households, and the control of adolescents. *Child Development, 56*, 326-341.

Dornbusch, S.M., Mont-Reynaud, R., Ritter, P.L., Chen, Z. & Steinberg, L.D. (1991). Youth and consequences: The relation of family decision-making to adolescent deviance and school performance. Vortrag gehalten auf dem Meeting of the Society for Research in Child Development, Seattle, USA.

Dorst, B. (1988). Trennung und Trauern. Der Weg zurück ins Leben. *Wege zum Menschen, 40*, 437-446.

Douvan, E. & Adelson, J. (1966). *The adolescent experience*. New York: Wiley.

Dreher, E. & Dreher, M. (1985a). Entwicklungsaufgaben im Jugendalter: Bedeutsamkeit und Bewältigungskonzepte. In D. Liepmann & A. Stiksrud (Hrsg.), *Entwicklungsaufgaben und Bewältigungsprobleme in der Adoleszenz* (S. 56-70). Göttingen: Hogrefe.

Dreher, E. & Dreher, M. (1985b). Wahrnehmung und Bewältigung von Entwicklungsaufgaben im Jugendalter: Fragen, Ergebnisse und Hypothesen zum Konzept einer Entwicklungs- und Pädagogischen Psychologie des Jugendalters. In R. Oerter (Hrsg.), *Lebensbewältigung im Jugendalter* (S. 30-61). Weinheim: Edition Psychologie.

Duberman, L. (1975). *The reconstituted family: A study of remarried couples and their children*. Chicago: Nelson-Hall Publishers.

Duck, S. (1973). *Personal relationships and personal constructs: A study of friendship formation.* New York: Wiley.

Duncan, G.J. & Hoffman, S. (1985). A reconsideration of the economic consequences of marital dissolution. *Demography, 22,* 485-497.

Dunn, J. (1983). Sibling relationships in early childhood. *Child Development, 54,* 787-811.

Dunn, J. (1984). *Sisters and brothers.* London: Fontana.

Dunn, J. (1988). Connections between relationships: Implications of research on mothers and siblings. In R.A. Hinde & J. Stevenson-Hinde (Eds.), *Relationships within families. Mutual influences* (pp. 168-180). Oxford: Clarendon Press.

Dunn, J. & Kendrick, C. (1982). *Siblings. Love, envy, and understanding.* Cambridge, Mass.: Harvard Univ. Press.

Dunn, J. & Munn, P. (1985). Becoming a family member: Family conflict and the development of social understanding in the second year. *Child Development, 56,* 480-492.

Dunn, J. & Munn, P. (1987). Development of justification in disputes with mother and sibling. *Developmental Psychology, 23,* 791-798.

Dunn, J. & Plomin, R. (1990). *Separate lives: Why siblings are so different.* New York: Basic Books.

Dunn, J. & Stocker, C. (1989). The significance of differences in siblings' experiences within the family. In K. Kreppner & R.M. Lerner (Eds.), *Family systems and life-span development* (pp. 282-301). Hillsdale: Erlbaum.

Dunphy, D.C. (1963). The social structure of urban adolescent peer groups. *Sociometry, 63,* 230-246.

Dura, J.R. & Kiecolt-Glaser, J. (1991). Family transitions, stress and health. In P.A. Cowan & M. Hetherington (Eds.), *Family transitions* (pp. 59-78). Hillsdale: Erlbaum.

Dusek, J.B. & Flaherty, J.F. (1981). The development of the self-concept during the adolescent years. *Monographs of the Society for Research in Child Development, 46*(4).

Duvall, E.M. & Miller, B.C. (1985). *Marriage and family development.* New York: Harper & Row.

Dyer, E.D. (1963). Parenthood as crisis: A re-study. *Marriage and Family Living, 25,* 196-201.

Ebertz, B. (1987). *Adoption als Identitätsproblem. Zur Bewältigung der Trennung von biologischer Herkunft und sozialer Zugehörigkeit.* Freiburg: Lambertus.

Eckenrode, J. & Gore, S. (Eds.). (1990). *Stress between work and family.* New York: Plenum.

Eddington, C., Piper, J., Tanna, B., Hodkinson, H.M. & Salmon, P. (1990). Relationships between happiness, behavioural status and dependency on others in elderly patients. *British Journal of Clinical Psychology, 29,* 43-50.

Elder, G.H. (1963). Parental power legitimation and its effect on the adolescent. *Sociometry, 26,* 50-65.

Elder, G.H. (1974). *Children of the great depression.* Chicago: University of Chicago Press.

Elder, G.H. & Caspi, A. (1991). Lebensverläufe im Wandel der Gesellschaft: soziologische und psychologische Perspektiven. In A. Engfer, B. Minsel & S. Walper (Hrsg.), *Zeit für Kinder! Kinder in Familie und Gesellschaft* (S. 32-60). Weinheim: Beltz.

Elder, G.H., Caspi, A. & Downey, G. (1986). Problem behavior and family relationships: Life course and intergenerational themes. In A.B. Sorensen, F.E. Weinert & L.R. Sherrod (Eds.), *Human development and the life course* (pp. 293-340). Hillsdale: Erlbaum.

Elder, G.H. & Liker, J.K. (1982). Hard times in women's life: Influences across forty years. *American Journal of Sociology, 88,* 241-269.

Elder, G.H., Nguyen, T. van & Caspi, A. (1985). Linking family hardship to children's lives. *Child Development, 56,* 361-375.

Eldred, C.A., Rosenthal, D., Wender, P.H., Kety, S.S., Schulsinger, F., Welner, J. & Jacobson, B. (1976). Some aspects of adoption in selected samples of adult adoptees. *American Journal of Orthopsychiatry, 46,* 279-290.

Elliott, R.S., Huizinga, D. & Ageton, S.S. (1985). *Explaining delinquency and drug use.* Beverly Hills: Sage.

Elschenbroich, D. (1988). Eine Familie - zwei Kulturen. Deutsch-ausländische Familien. In Deutsches Jugendinstitut (Hrsg.), *Wie geht's der Familie? Ein Handbuch zur Situation der Familie heute* (S. 363-370). München: Kösel.

Emery, R.E. (1988a). *Cross-sectional research on the adjustment of children of divorce (14)*. London: Sage.

Emery, R.E. (1988b). *Marriage, divorce and children's adjustment*. Newbury Park: Sage.

Emery, R.E., Hetherington, E.M. & DiLalla, L.F. (1984). Divorce, children, and social policy. In H.W. Stevenson & A.E. Siegel (Eds.), *Child development research and social policy, vol. 1* (pp. 189-266). Chicago: The University of Chicago Press.

Emiliani, F. & Molinari, L. (1989). Mothers' social representations of their children's learning and development. *International Journal of Educational Research, 13*, 657-670.

EMNID-GmbH-und-Co-KG. (Hrsg.). (1986). *Informationen, 38*(2/3). Bielefeld: Herausgeber.

Engel, U. & Hurrelmann, K. (1989). Familie und Bildungschancen. Zum Verhältnis von Familie, Schule und Berufsausbildung. In R. Nave-Herz & M. Markefka (Hrsg.), *Handbuch der Familien- und Jugendforschung. Bd. 1: Familienforschung* (S. 475-489). Neuwied: Luchterhand.

Engfer, A. (1988). The interrelatedness of marriage and the mother-child relationship. In R.A. Hinde & J. Stevenson-Hinde (Eds.), *Relationships within families. Mutual influences* (pp. 104-118). Oxford: Clarendon Press.

Entwisle, D.R. (1985). Becoming a parent. In L. L'Abate (Ed.), *The handbook of family psychology and therapy, vol. 1* (pp. 557-585). Chicago, Ill.: The Dorsey Press.

Epstein, J.L. (1985). A question of merit: Principals' and parents' evaluations of teachers. *Educational Researcher, 14*(7), 3-17.

Epstein, J.L. (1986). Parents' reactions to teacher practices of parent involvement. *The Elementary School Journal, 86*, 277-294.

Erikson, E.H. (1974). *Dimensions of a new identity*. New York: Norton.

Ernst, C. & Angst, J. (1983). *Birth-order: Its influence on personality*. Berlin: Springer.

Eshleman, J.R. (1985). *The family: An introduction*. Boston: Allyn & Bacon.

Ewert, O.M. (1989). Körperliche und seelische Reifungsprozesse junger Menschen. In M. Markefka & R. Nave-Herz (Hrsg.), *Handbuch der Familien- und Jugendforschung. Bd. 2: Jugendforschung* (S. 293-310). Neuwied: Luchterhand.

Eye, A. von & Kreppner, K. (1989). Family systems and family development: The selection of analytical units. In K. Kreppner & R.M. Lerner (Eds.), *Family systems and life-span development* (pp. 247-269). Hillsdale: Erlbaum.

Eysenck, H.J. & Wakefield, J.A. (1981). Psychological factors as predictors of marital satisfaction. *Advances Behavior Research and Therapy, 3*, 151-192.

Fahrenberg, B. (1986). Die Bewältigung der "empty nest situation" als Entwicklungsaufgabe der älterwerdenden Frau - Eine Literaturanalyse. *Zeitschrift für Gerontologie, 19*, 323-335.

Fauber, R., Forehand, R., McCombs Thomas, A. & Wierson, M. (1990). A mediational model of the impact of marital conflict on adolescent adjustment in intact and divorced families: The role of disrupted parenting. *Child Development, 61*, 1112-1123.

Fauser, R. (1982). *Zur Isolationsproblematik von Familien*. München: Deutsches Jugendinstitut.

Fedele, N.M., Golding, E.R., Grossman, F.K. & Pollack, W.S. (1988). Psychological issues in adjustment to first parenthood. In G.Y. Michaels & W.A. Goldberg (Eds.), *The transition to parenthood. Current theory and research* (pp. 85-113). Cambridge: Cambridge University Press.

Fehr, B. (1988). Prototype analysis of the concepts of love and commitment. *Journal of Personality and Social Psychology, 55*, 557-579.

Fein, R. (1976). Men's entrance to parenthood. *Family Coordinator, 25*, 341-350.

Feingold, A. (1988). Matching for attractiveness in romantic partners and same-sex friends: A meta-analysis and theoretical critique. *Psychological Bulletin, 104*, 226-235.

Feldman, H. (1974). Changes in marriage and parenthood: A methodological design. In E. Peck & J. Senderowitz (Eds.), *Pronatalism: The myth of mom and apple pie* (pp. 206-226). New York: Crowell.

Feldman, S.S., Rosenthal, D.A., Mont-Reynaud, R., Leung, K. & Lau, S. (1991). Ain't misbehavin': Adolescent values and family environments as correlates of misconduct in Australia, Hong Kong, and the United States. *Journal of Research on Adolescence, 1*, 109-134.

Felmlee, D., Sprecher, S. & Bassin, E. (1990). The dissolution of intimate relationships: A harzard model. *Social Psychology Quarterly, 53*, 13-30.

Felner, R.D., Terre, L. & Rowlison, R.T. (1988). A life transition framework for understanding marital dissolution and family reorganization. In S.A. Wolchik & P. Karoly (Eds.), *Children of divorce* (pp. 35-66). New York: Gardner.

Fend, H. (1990). Ego-strength development and pattern of social relationships. In H. Bosma & S. Jackson (Eds.), *Coping and self-concept in adolescence* (pp. 92-111). New York: Springer.

Ferri, E. (1984). *Stepchildren: A national study*. Windsor: Nfer-Nelson.

Feser, H., Müller-Daehn, S. & Schmitz, U. (1989). *Familienfrauen im mittleren Alter. Lebenssituation und Zukunftsperspektiven* (Schriftenreihe des Bundesministers für Jugend, Familie, Frauen und Gesundheit). Stuttgart: Kohlhammer.

Festinger, L. (1954). A theory of social comparison processes. *Human Relations, 7*, 117-140.

Festinger, T. (1986). *Necessary risk. A study of adoptions and disrupted adoptive placements*. Washington: Child Welfare League of America.

Figley, C. & McCubbin, H.I. (Eds.). (1983). *Stress and the family (1)*. New York: Brunner/Mazel.

Filipp, S.H. (Hrsg.). (1981). *Kritische Lebensereignisse*. München: Urban & Schwarzenberg.

Filipp, S.H. (1987). Das mittlere und höhere Erwachsenenalter im Fokus entwicklungspsychologischer Forschung. In R. Oerter & L. Montada (Hrsg.), *Entwicklungspsychologie* (S. 375-410). München: Psychologie Verlags Union.

Filipp, S.H. (1988). Das Selbst als Gegenstand psychologischer Forschung. *Bildung und Erziehung, 41*, 281-292.

Fine, M.A. (1986). Perceptions of stepparents: Variation in stereotypes as a function of current family structure. *Journal of Marriage and the Family, 48*, 537-543.

Fivush, R. (1984). Learning about school: The development of kindergartens' school scripts. *Child Development, 55*, 1697-1709.

Flanagan, C.A. (1990a). Change in family work status: Effects on parent-adolescent decision making. *Child Development, 61*, 163-177.

Flanagan, C.A. (1990b). Families and schools in hard times. In V. McLoyd & C.A. Flanagan (Eds.), *Economic stress: Effects on family life and child development* (pp. 7-26). San Francisco: Jossey-Bass.

Flanagan, C.A. & Eccles, J.S. (1991). Changes in parental work status and adolescents' adjustment at school. Vortrag gehalten auf dem Meeting of the Society for Research in Child Development, Seattle, USA.

Flanagan, C.A., Schulenberg, J. & Fuligni, A. (1991). *Parent-adolescent relationships during the college years*. Unpublished Manuscript, University of Michigan.

Flinn, M. (1988). Step- and genetic parent/offspring relationships in a Caribbean village. *Ethology and Sociobiology, 9*, 335-369.

Fooken, I. (1984). Beziehungen älterer Frauen zu ihren Familien - unter besonderer Berücksichtigung der sozialen Kontakte älterer Witwen. *Frauenforschung info 1 und 2*, 47-51.

Frank, S.J., Avery, B.C. & Laman, M.S. (1988). Late adolescents' perceptions of their relationships with their parents: Individual differences in connectedness, competence, and emotional autonomy. *Developmental Psychology, 24*, 729-737.

Freud, S. (1940). *Werke aus den Jahren 1925-1931. Gesammelte Werke, Bd. 14*. London: Imago Publ. Comp. Ltd.

Freud, S. (1963). Trauer und Melancholie. In S. Freud, *Gesammelte Werke, 10. Bd.: Werke aus den Jahren 1913-1921* (S. 428-446). Frankfurt/M.: Fischer.

Freund, L.S. (1990). Maternal regulation of children's problem-solving behavior and its impact on children's performance. *Child Development, 61*, 113-126.

Friedl, I. (1988). *Stieffamilien - Literaturbericht zu Eigenart und Problemkonstellationen.* München: Deutsches Jugendinstitut.

Fröhlich, G. (1981). *Kumulativer Erkenntniszuwachs? Inkonsistenz empirischer Befunde und Barrieren der wissenschaftlichen Kommunikation in der Geschwisterpositionsforschung.* Dissertation, Universität Wien.

Fry, P.S. (1983). The kid's eye view: The single parent family and children's perceptions of personal needs and concerns for the future. *Journal of Child Care, 1*(5), 31-50.

Fthenakis, W.E., Kunze, H.-R. & Niesel, R. (1982). Nach der Scheidung: Die gemeinsame Sorge der Eltern. *Psychologie Heute, 26*, 54-60.

Fu, V.R., Goodwin, M.P., Sporakowski, M.J. & Hinkle, D.E. (1987). Children's thinking about family characteristics and parent attributes. *Journal of Genetic Psychology, 148*, 153-166.

Fuligni, A.J. & Eccles, J.S. (1991). Early adolescent peer-orientation and parent-child relationships. Vortrag gehalten auf dem Meeting of the Society for Research in Child Development, Seattle, USA.

Furstenberg, F.F. (1988a). Child care after divorce and remarriage. In E.M. Hetherington & J.D. Arasteh (Eds.), *Impact of divorce, single parenting and stepparenting on children* (pp. 245-262). Hillsdale: Erlbaum.

Furstenberg, F.F. (1988b). Die Entstehung des Verhaltensmusters "sukzessive Ehen". In K. Lüscher, F. Schultheis & M. Wehrspaun (Hrsg.), *Die postmoderne Familie* (S. 79-83). Konstanz: Universitätsverlag.

Furstenberg, F.F. (1990). Divorce and the American family. *Annual Reviews of Sociology, 16*, 379-403.

Furstenberg, F.F. & Nord, C.W. (1985). Parenting apart: Patterns of childrearing after marital disruption. *Journal of Marriage and the Family, 47*, 893-904.

Furstenberg, F.F. & Seltzer, J.A. (1986). Divorce and child development. In P.A. Adler & P. Adler (Eds.), *Sociological studies of child development, vol. 1* (pp. 137-160). Greenwich: JAI.

Furstenberg, F.F. & Spanier, G.B. (1984). *Recycling the family. Remarriage after divorce.* Beverly Hills: Sage.

Furth, H.G. (1980). *The world of grown-ups.* New York: Elsevier.

Galambos, N.L. & Maggs, J.L. (1991). Children in self-care: Figures, facts, and fiction. In J.V. Lerner & N.L. Galambos (Eds.), *Employed mothers and their children* (pp. 131-157). New York: Garland.

Galambos, N.L. & Silbereisen, R.K. (1987). Influences of income change and parental acceptance on adolescent transgression proneness and peer relations. *European Journal of Psychology of Education, 2*, 17-28.

Galinsky, E. (1981). *Between generations: The stages of parenthood.* New York: Berkley Books.

Galton, F. (1952). *Hereditary genius: An inquiry into its laws and consequences* (originally published 1870). New York: Horizon.

Ganong, L.H. & Coleman, M. (1987). Effects of parental remarriage on children: An updated comparison of theories, methods, and findings from clinical and empirical research. In K. Pasley & M. Ihinger-Tallman (Eds.), *Remarriage and stepparenting* (pp. 94-140). New York: Guilford Press.

Garmezy, N. (1987). Stress, competence, and development: Continuities in the study of schizophrenic adults, children vulnerable to psychopathology, and the search for stress-resestant children. *American Journal of Orthopsychiatry, 57*, 159-163.

Gath, A. (1978). *Down's syndrome and the family: The early years.* New York: Academic Press.

Gauda, G. (1989). Der Übergang zur Elternschaft: die Entwicklung der Mutter- und Vateridentität. In H. Keller (Hrsg.), *Handbuch der Kleinkindforschung* (S. 349-368). Berlin: Springer.

Gelles, R.J. (1989). Child abuse and violence in single parent families: Parent absence and economic deprivation. *American Journal of Orthopsychiatry, 59*(4), 492-501.

Gelles, R.J. & Harrop, J.W. (1991). The risk of abusive violence among children with nongenetic caretakers. *Family Relations, 40,* 78-83.

Gergen, K.J., Gloger-Tippelt, G. & Berkowitz, P. (1990). The cultural construction of the developing child. In G.R. Semin & K.J. Gergen (Eds.), *Everyday understanding. Social and scientific implications* (pp. 108-129). London: Sage.

Gerstel, N. (1988). Divorce and kin ties: The importance of gender. *Journal of Marriage and the Family, 50,* 209-219.

Gilbert, L.A. & Davidson, S. (1989). Dual-career families at midlife. In S. Hunter & M. Sundel (Eds.), *Midlife myths* (pp. 195-209). Newbury Park: Sage.

Gilford, R. & Bengtson, V.L. (1979). Measuring marital satisfaction in three generations: Positive and negative dimensions. *Journal of Marriage and the Family, 41,* 387-398.

Giordano, N.H. & Giordano, J.A. (1984). Elder abuse: A review of the literature. *Social Work, 29,* 232-235.

Glenn, N.D. (1975). Psychological well-being in the postparental stage: Some evidence from national surveys. *Journal of Marriage and the Family, 37,* 105-110.

Glenn, N.D. & Shelton, R.A. (1983). Pre-adult background variables and divorce: A note of caution about overreliance on explained variance. *Journal of Marriage and the Family, 30,* 383-389.

Glenwick, D.S. & Mowrey, J.D. (1986). When parent becomes peer: Loss of intergenerational boundaries. *Family Relations, 35,* 57-62.

Glick, P.C. (1980). Remarriage: Some recent changes and variations. *Journal of Family Issue, 1,* 455-477.

Gloger-Tippelt, G. (1988). *Schwangerschaft und erste Geburt. Psychologische Veränderungen der Eltern.* Stuttgart: Kohlhammer.

Gloger-Tippelt, G. (1990). *Kinder? Ja - aber ... Ein Literaturbericht zum Thema Kinderwunsch aus psychologischer Sicht* (im Auftrag des Bundesministeriums für Jugend, Familie, Frauen und Gesundheit). Universität Heidelberg.

Gloger-Tippelt, G. (1991). Frühe Familienentwicklung und Kinderwunsch. In A. Engfer, B. Minsel & S. Walper (Hrsg.), *Zeit für Kinder! Kinder in Familie und Gesellschaft* (S. 185-191). Weinheim: Beltz.

Glynn, T.J. (1981). From family to peer: A review of transitions of influence among drug-using youth. *Journal of Youth and Adolescence, 10,* 363-383.

Goffman, E. (1971). *Relations in Public.* New York: Harper & Row.

Golan, N. (1975). Wife to widow to woman. *Social Work, 20,* 369-374.

Golan, N. (1986). *The perilous bridge: Helping clients through mid-life transitions.* New York: Free Press.

Gold, D. & Andres, D. (1978). Developmental comparisons between ten-year-old children with employed and unemployed mothers. *Child Development, 49,* 73-84.

Goldhaber, D. (1986). *Life-span human development.* New York: Harcourt Brace.

Goldscheider, F.K. & Goldscheider, C. (1988). *Leaving home and family structure: Nestleaving expectations in step- and single parent families.* Paper presented at the Annual Meeting of Population Association, New Orleans, USA.

Goldscheider, F.K. & Goldscheider, C. (1989). Family structure and conflict: Nest-leaving expectations of young adults and their parents. *Journal of Marriage and the Family, 51,* 87-97.

Goldscheider, F.K. & DaVanzo, J. (1989). Pathways to independent living in early adulthood: Marriage, semiautonomy, and premarital residential independence. *Demography, 26,* 597-614.

Goldstein, M.Z. (1989). Elder neglect, abuse, and exploitation. In L.J. Dickstein & C. C. Nadelson (Eds.), *Family violence: Emerging issues of a national crisis* (pp. 99-124). Washington: American Psychiatric Press.

Goodnow, J.J. (1985). Change and variation in ideas about childhood and parenting. In I.E. Sigel (Ed.), *Parental belief systems* (pp. 235-270). Hillsdale: Erlbaum.

Goodnow, J.J. (1988a). Children's household work: Its nature and functions. *Psychological Bulletin*, *103*, 5-26.

Goodnow, J.J. (1988b). Parents' ideas, actions and feelings: Models and methods from developmental and social psychology. *Child Development*, *59*, 286-320.

Goodnow, J.J., Cashmore, J., Cotton, S. & Knight, R. (1984). Mothers'developmental time-tables in two cultural groups. *International Journal of Psychology*, *19*, 193-205.

Goodnow, J.J. & Delaney, S. (1989). Children's household work: Differentiating tasks and styles of assignment. *Journal of Applied Developmental Psychology*, *10*, 209-226.

Gottman, J.M. (1979). *Marital interaction. Experimental investigation*. New York: Academic Press.

Gottman, J.M. & Mettetal, G. (1986). Speculations about social and affective development: Friendship and acquaintanceship through adolescence. In J.M. Gottman & J.G. Parker (Eds.), *Conversations of friends* (pp. 192-237). Cambridge: Cambridge University Press.

Gottman, J.M. & Parker, J.G. (1986). *Conversation of friends*. Cambridge: Cambridge University Press.

Gove, W.R. & Shin, H. (1989). The psychological well-being of divorced and widowed men and women: An empirical analysis. *Journal of Family Issues*, *10*, 122-144..

Graue, M.E., Weinstein, T. & Walberg, H.J. (1983). School-based home instruction and learning: A quantitative synthesis. *Journal of Educational Research*, *76*, 351-360.

Green, R.G. (1983). The influence of divorce prediction variables on divorce adjustment: An expansion and test of Lewis' and Spanier's theory of marital quality and marital stab. *Journal of Divorce*, *7*, 67-82.

Green-Bailey, P. & McCluskey-Fawcet, K. (1991). *The role of familial stress in personality development of older adolescents from divorced and non-divroced families*. Paper presented at the Meeting of the Society for Research in Child Development, Seattle, USA.

Greenberg, M.T., Siegel, J.M. & Leitch, C.J. (1983). The nature and importance of attachment relationships to parents and peers during adolescence. *Journal of Youth and Adolescence*, *12*, 373-386.

Greenstein, R.N. (1990). Marital disruption and the employment of married women. *Journal of Marriage and the Family*, *52*, 657-676.

Griebel, W., Siefert, I. & Herz, J. (1991). Phasenspezifische Unterstützungsangebote für Scheidungsfamilien, insbesondere für betroffene Kinder. *Zeitschrift für Familienforschung*, *3*, 62-83.

Grossman, F.K., Eichler, L.S. & Winickoff, S.A. (1980). *Pregnancy, birth and parenthood*. San Francisco: Jossey-Bass.

Grotevant, H.D. & Cooper, C.R. (1985). Patterns of interaction in family relationships and the development of identity exploration in adolescence. *Child Development*, *56*, 415-428.

Grotevant, H.D. & Cooper, C.R. (1987). The role of family experience in career exploration: A lifespan perspective. In P.B. Baltes, D.L. Featherman & R.M. Lerner (Eds.), *Life span development and behavior* (pp. 231-258). Hillsdale: Erlbaum.

Grych, J.H. & Fincham, F.D. (1990). Marital conflict and children's adjustment: A cognitive-contextual framework. *Psychological Bulletin*, *108*, 267-290.

Guidubaldi, J. (1988). Differences in children's divorce adjustment across grade level and gender: A report from the NASP-Kent State nationwide project. In S.A. Wolchik & P. Karoly (Eds.), *Children of divorce* (pp. 185-231). New York: Gardner.

Guidubaldi, J. & Perry, J.D. (1985). Divorce and mental health sequelae for children: A two year follow-up of a nationwide sample. *Journal of the American Academy of Child Psychiatry*, *24*, 531-537.

Gutmann, D. (1985). The parental imperative revisited. In J. Meacham (Ed.), *Family and individual development* (pp. 31-60). Basel: Karger.

Gutschmidt, G. (1986). *Kind und Beruf: Alltag alleinerziehender Mütter*. Weinheim: Juventa.

Guttman, J., Geva, N. & Geven, S. (1988). Teachers' and school children's stereotypic perception of "the child of divorce". *American Educational Research Journal*, *25*, 555-571.

Guttmann, J. (1982). Pupils', teachers' and parents' causal attributions for problem behavior at school. *Journal of Educational Research, 76,* 14-21.

Hagestad, G.O. & Snow, R. (1977). *Young adult offspring as interpersonal resources in middle age.* Paper presented at the Annual Meeting of the Gerontological Society, San Francisco, USA.

Hahlweg, K. (1990). Beziehungs- und Interaktionsstörungen. In H. Reinecker (Hrsg.), *Lehrbuch der Klinischen Psychologie* (S. 295-319). Göttingen: Hogrefe.

Hahn, A., Klein, C. & Steffes, H. (1984). Wirkliche und fiktive Übereinstimmung. Eine Analyse der Antwortkonstellationen zwischen Ehepartnern. In H. Meulemann & K.-H. Reuband (Hrsg.), *Soziale Realität im Interview. Empirische Analysen methodischer Probleme* (S. 157-184). Frankfurt: Campus.

Hakim-Larson, J. & Hobart, C.J. (1987). Maternal Regulation and Adolescent Autonomy: Mother-Daughter resolution of story conflicts. *Journal of Youth and Adolescence, 16,* 153-166.

Halem, L.C. (1980). *Divorce reform: Changing legal and social perspectives.* New York: Free Press.

Haley, J. (1981). Ablösungsprobleme Jugendlicher. München: Pfeiffer.

Hallinan, M.T. (1979). Structural effects on children's friendships and cliques. *Social Psychology Quarterly, 42,* 43-54.

Hamon, R.R. & Blieszner, R. (1990). Filial responsibility expectations among adult child - older parent pairs. *Journal of Gerontology, 45,* 110-112.

Hansen, D.A. (1986). Family-school articulations: The effects of interaction rule mismatch. *American Educational Research Journal, 23,* 643-659.

Hanson, S.M.H. (1986). Healthy single parent families. *Family Relations, 35,* 125-132.

Harkins, E. (1978). Effects of empty nest transition on self report of psychological and physical well-being. *Journal of Marriage and the Family, 40,* 549-558.

Harrison, A.O. & Minor, J.H. (1982). Interrole conflict, coping strategies, and role satisfaction among single and married employed mothers. *Psychology of Women Quarterly, 6,* 354-360.

Hart, C.H., Ladd, G.W. & Burleson, B.R. (1990). Children's expectations of the outcomes of social strategies: Relations with sociometric status and maternal disciplinary styles. *Child Development, 61,* 127-137.

Hartmann, P.H. (1989). *Warum dauern Ehen nicht ewig?* (Studien zur Sozialwissenschaft, Bd. 91). Opladen: Westdeutscher Verlag.

Hartup, W.W. (1983). Peer relations. In P. Mussen (Ed.), *Handbook of child psychology, vol. 4* (pp. 103-196). New York: Wiley.

Hassebrauck, M. (1984). *Emotionale Konsequenzen distributiver Ungerechtigkeit: Experimentelle Untersuchungen zur Equity-Theorie.* Regensburg: Roderer.

Hassebrauck, M. (1987). The influence of misattributions on reactions to inequity: Towards a further understanding of inequity. *European Journal of Social Psychology, 17,* 295-305.

Hassebrauck, M. (1990a). Über den Zusammenhang der Ähnlichkeit von Attitüden, Interessen und Persönlichkeitsmerkmalen und der Qualität heterosexueller Paarbeziehungen. *Zeitschrift für Sozialpsychologie, 21,* 265-273.

Hassebrauck, M. (1990b). Wer sucht wen? Eine inhaltsanalytische Untersuchung von Heirats- und Bekanntschaftsanzeigen. *Zeitschrift für Sozialpsychologie, 21,* 101-112.

Hassebrauck, M. (1991). Emotionale Konsequenzen distributiver Ungerechtigkeit: Eine experimentelle Untersuchung zum Einfluß von Fehlattributionen. *Zeitschrift für Sozialpsychologie, 22,* 181-192.

Hauser, S.T., Houlihan, J., Powers, S.J., Jacobson, A.M., Noam, G., Weiss-Perry, B. & Follansbee, D. (1987). Interaction sequences in families of psychiatrically hospitalized and nonpatient adolescents. *Psychiatry, 50,* 308-319.

Havighurst, R.J. (1972). *Developmental tasks and education* (3. ed.). New York: McCay.

Hawkins, A.J. & Crouter, A.C. (1991). Without map or compass: Finding the way in comtemporary dual-earner marriages. In J.V. Lerner & N.L. Galambos (Eds.), *Employed mothers and their children* (pp. 211-235). New York: Garland.

Hayes, C.D. & Kamerman, S.B. (Eds.). (1983). *Children of working parents: Experience and outcomes.* Washington, DC: National Academy Press.

Hays, R.B. (1988). Friendship. In S.W. Duck (Ed.), *Handbook of personal relationships* (pp. 391-408). New York: Wiley.

Heckhausen, J. (1987). Balancing for weaknesses and challenging developmental potential: A longitudinal study of mother-infant dyads in apprenticeship interactions. *Developmental Psychology, 23,* 762-770.

Heekerens, H.P. (1985). Nach der Scheidung: Wiederheirat. *Zeitschrift für personenzentrierte Psychologie und Psychotherapie, 4,* 155-191.

Heekerens, H.P. (1987). Töchter geschiedener Mütter: Bildungslaufbahn und Partnerwunsch. *Familiendynamik, 12,* 73-94.

Heekerens, H.P. (1988). *Die zweite Ehe. Wiederheirat nach Scheidung und Verwitwung.* Weinheim: Deutscher Studien Verlag.

Hegner, F. & Lakemann, U. (1989). Familienhaushalt und Erwerbstätigkeit. In R. Nave-Herz & M. Markefka (Hrsg.), *Handbuch der Familien- und Jugendforschung. Bd.1: Familienforschung* (S. 491-511). Neuwied: Luchterhand.

Heldmann, E. (1988). Geld für Familien. In Deutsches Jugendinstitut (Hrsg.), *Wie geht's der Familie? Ein Handbuch zur Situation der Familie heute* (S. 248-249). München: Kösel.

Helmke, A. (1983). *Schulische Leistungsangst: Erscheinungsformen und Entstehungsbedingungen.* Frankfurt: Lang.

Helmke, A., Schrader, F.-W. & Lehneis-Klepper, G. (1991). Zur Rolle des Elternverhaltens für die Schulleistungsentwicklung ihrer Kinder. *Zeitschrift für Entwicklungspsychologie und Pädagogische Psychologie, 23,* 1-22.

Henderson, S.H., Kahn, C. & Youniss, J. (1990). Adolescents' friendships in intact and divorced families. Poster auf dem Third Biennial Meeting of the Society for Research on Adolescence, Atlanta, USA.

Herzberg, I. (1990). *Kinderfreundschaften und Spielkontakte. Ergebnisse aus dem Projekt "Was tun Kinder nach der Schule?".* Unveröffentlichter Beitrag zum 37. Kongreß der Deutschen Gesellschaft für Psychologie, 23.-27. September 1990, Kiel.

Hess, R.D. & Camara, K.A. (1979). Post-divorce family relationships as mediating factors in the consequences of divorce for children. *Journal of Social Issue, 35,* 141-232.

Hetherington, E.M. (1987). Family relations six years after divorce. In K. Pasley & M. Ihinger-Tallman (Eds.), *Remarriage and stepparenting* (pp. 185-205). New York: Guilford Press.

Hetherington, E.M. (1988). Parents, children, and siblings: Six years after divorce. In R.A. Hinde & J. Stevenson-Hinde (Eds.), *Relationships within families. Mutual influences* (pp. 311-331). Oxford: Clarendon Press.

Hetherington, E.M. (1989). Coping with family transitions: Winners, losers, and survivors. *Child Development, 60,* 1-14.

Hetherington, E.M. (1991a). Presidential address: Families, lies and videotapes. *Journal of Research on Adolescence, 1,* 323-348.

Hetherington, E.M. (1991b). The role of individual differences and family relationships in children's coping with divorce and remarriage. In P.A. Cowan & E.M. Hetherington (Eds.), *Family transitions* (pp. 165-194). Hillsdale: Erlbaum.

Hetherington, E.M. & Arasteh, J.D. (Eds.). (1988). *Impact of divorce, single parenting and stepparenting on children.* Hillsdale: Erlbaum.

Hetherington, E.M., Cox, M. & Cox, R. (1976). Divorced fathers. *Family Coordinator, 25,* 417-428.

Hetherington, E.M., Cox, M. & Cox, R. (1978). The aftermath of divorce. In J.H. Stevens & M. Mathews (Eds.), *Mother-child, father-child relationships* (pp. 149-176). Washington: National Association for the Education of Young Children.

Hetherington, E.M., Cox, M. & Cox, R. (1982). Effects of divorce on parents and children. In M.E. Lamb (Ed.), *Nontraditional Families: Parenting and Child Development* (pp. 233-288). Hillsdale: Erlbaum.

Hill, J.P. & Holmbeck, G. (1986). Attachment and autonomy during adolescence. In G. Whitehurst (Ed.), *Annals of child development, vol 3* (pp. 145-189). Greenwich: JAI.

Hill, J.P. & Holmbeck, G. (1987). Disagreements about rules in families with seventh-grade girls and boys. *Journal of Youth and Adolescence, 16,* 221-246.

Hill, J.P., Holmbeck, G., Marlow, L., Green, T.M. & Lynch, M.E. (1985). Pubertal status and parent-child relations in families of seventh grade boys. *Journal of Youth and Adolescence, 14,* 31-44.

Hill, M. (1988). Marital stability and spouses' shared time. *Journal of Family Issues, 9,* 427-451.

Hill, P.B. & Kopp, J. (1990). Theorien der ehelichen Instabilität. *Zeitschrift für Familienforschung, 2,* 211-243.

Hobbes, T. (1651). *Leviathan.* London: Crooke.

Hobbs, D.J. & Wimbish, J. (1977). Transition to parenthood by black couples. *Journal of Marriage and the Family, 39,* 677-689.

Hock, M. & Krohne, H.W. (1989). Mütterliches Erziehungsverhalten während einer Hausaufgabenanfertigung und Ängstlichkeit beim Kind. *Zeitschrift für Pädagogische Psychologie, 3,* 169-180.

Hodges, W., Buchsbaum, H. & Tierney, C. (1984). Parent-child relationships and adjustment in preschool children in divorced and intact families. *Journal of Divorce, 7,* 43-58.

Hofer, M. (1986). *Sozialpsychologie erzieherischen Handelns. Wie das Denken und Verhalten von Lehrern organisiert ist.* Göttingen: Hogrefe.

Hofer, M. (1987). *Argumentationen in Konfliktgesprächen zwischen Eltern und Jugendlichen.* Antrag an die Deutsche Forschungsgemeinschaft. Universität Mannheim, Lehrstuhl Erziehungswissenschaft II.

Hofer, M., Becker, U., Schmid, B. & Noack, P. (1990). Die Altersabhängigkeit von Vorstellungen über Freundschaft. In M. Knopf & W. Schneider (Hrsg.), *Entwicklung* (S. 65-82). Göttingen: Hogrefe.

Hofer, M. & Pikowsky, B. (i.Dr.). *Validation of a category system for arguments in conflict discourse.*

Hoff, E.-H. & Grüneisen, V. (1978). Arbeitserfahrungen, Erziehungseinstellungen und Erziehungsverhalten von Eltern. In H. Lukesch & K. Schneewind (Hrsg.), *Familiäre Sozialisation: Probleme, Ergebnisse, Perspektiven* (S. 65-89). Stuttgart: Klett-Cotta.

Hoffman, J.A. (1984). Psychological separation of late adolescents from their parents. *Journal of Counseling Psychology, 3,* 170-178.

Hoffman, L.W. (1984). Maternal employment and the young child. In M. Perlmutter (Ed.), *Minnesota symposia on child psychology. Vol. 17: Parent-child interaction and parent-child relations in child development* (pp. 101-128). Hillsdale: Erlbaum.

Hoffmann-Riem, C. (1984). *Das adoptierte Kind. Familienleben mit doppelter Elternschaft.* München: Wilhelm Fink Verlag.

Hoffmann-Riem, C. (1988). Fragmentierte Elternschaft: technologischer Fortschritt und familiale Verarbeitung. In K. Lüscher, F. Schultheis & M. Wehrspaun (Hrsg.), *Die postmoderne Familie* (S. 216-233). Konstanz: Universitätsverlag Konstanz.

Hoffmann-Riem, C. (1989). Elternschaft ohne Verwandtschaft: Adoption, Stiefbeziehung und heterologe Insemination. In R. Nave-Herz & M. Markefka (Hrsg.), *Handbuch der Familien- und Jugendforschung. Bd. 1: Familienforschung* (S. 389-411). Neuwied: Luchterhand.

Höhn, C. (1980). Rechtliche und demographische Einflüsse auf die Entwicklung der Ehescheidungen seit 1946. *Zeitschrift für Bevölkerungswissenschaft, 6,* 335-371.

Höhn, C. (1985). Familienzykluskonzept und Kohortenanalyse. *Zeitschrift für Bevölkerungswissenschaft, 11,* 147-164.

Höhn, C. (1989). Demographische Trends in Europa seit dem 2. Weltkrieg. In R. Nave-Herz & M. Markefka (Hrsg.), *Handbuch der Familien- und Jugendforschung. Bd. 1: Familienforschung* (S. 195-210). Neuwied: Luchterhand.

Holden, G.W. & West, M.J. (1989). Proximate regulation by mothers: A demonstration of how differing styles affect young children's behavior. *Child Development, 60,* 64-69.

Hollstein, W. (1990). *Die Männer - Vorwärts oder zurück?* Stuttgart: Deutsche Verlags-Anstalt.

Holtbrügge, H. (1975). *Türkische Familien in der Bundesrepublik: Erziehungsvorstellungen und familiale Rollen- und Autoritätsstrukturen.* Duisburg: Sozialwissenschaftliche Kooperative.

Homans, G.C. (1961). *Social behavior: Its elementary forms.* New York: Harcourt, Brace & World.

Hoopes, J.L. (1982). *Prediction in child development. A logitudinal study of adoptive and nonadoptive families. The Delaware family study.* New York: Child Welfare League of America.

Hoover-Dempsey, K.V., Bassler, O.C. & Brissie, J.S. (1987). Parent involvement: Contributions of teacher efficacy, school socioeconomic status, and other school characteristics. *American Educational Research Journal, 24,* 417-435.

Höpflinger, F. & Charles, M. (1990). Innerfamiliale Arbeitsteilung. Mikro-soziologische Erklärungsansätze und empirische Beobachtungen. *Zeitschrift für Familienforschung, 2,* 87-113.

Hopkins, J., Marcus, M. & Campbell, S.B. (1984). Postpartum depression: A critical review. *Psychological Bulletin, 45*(3), 498-515.

Hörmann, H.J. & Brunke, C. (1985). Aspekte der Selbstkonzeptentwicklung bei Jugendlichen nach Abschluß des Gymnasiums. In D. Liepmann & A. Stiksrud (Hrsg.), *Entwicklungsaufgaben und Bewältigungsprobleme in der Adoleszenz* (S. 110-120). Göttingen: Hogrefe.

Hornby, A.S., Gatenby, E.V. & Wakefield, H. (Eds.). (1963). *The advanced learner's dictionary of current English* (2. ed.). London: Oxford University Press.

Hornstein, W. (1990). *Aufwachsen mit Widersprüchen - Jugendsituationen und Schule heute. Rahmenbedingungen, Problemkonstellationen, Zukunftsperspektiven.* Stuttgart: Klett.

Howard, J.A., Blumstein, P. & Schwartz, P. (1987). Social or evolutionary theories? Some observations on preferences in human mate selection. *Journal of Personality and Social Psychology, 53,* 194-200.

Howes, P. & Markman, H.J. (1989). Marital quality and child functioning: A longitudinal investigation. *Child Development, 60,* 1044-1051.

Hunter, F.T. (1985). Adolescents' perception of discussions with parents and friends. *Developmental Psychology, 21,* 433-440.

Hurrelmann, K., Engel, U., Holler, B. & Nordlohne, E. (1988a). Failure in school, family conflicts, and psychosomatic disorders in adolescence. *Journal of Adolescence, 11,* 237-249.

Hurrelmann, K., Holler, B. & Nordlohne, E. (1988b). Die psychosozialen "Kosten" verunsicherter Statuserwartungen im Jugendalter. *Zeitschrift für Pädagogik, 34,* 25-44.

Husain, A. & Chapel, J. (1983). History of incest in girls admitted to a psychiatric hospital. *American Journal of Psychiatry, 140,* 591-593.

Huth, W. (1978). Psychische Störungen bei Adoptivkindern - eine Übersicht über den Stand der klinischen Forschung. *Zeitschrift für Klinische Psychologie und Psychotherapie, 26,* 256-270.

Ihinger-Tallman, M. & Pasley, K. (1987a). Divorce and remarriage in the American family: A historical review. In K. Pasley & M. Ihinger-Tallman (Eds.), *Stepparenting: Current research and theory* (pp. 3-18). New York: Guilford Press.

Ihinger-Tallman, M. & Pasley, K. (Eds.). (1987b). *Remarriage.* Newbury Park: Sage Publications.

Imhof, A.C. (1981). *Die gewonnenen Jahre: von der Zunahme unserer Lebensspanne seit 300 Jahren oder von der Notwendigkeit einer neuen Einstellung zu Leben und Sterben. Ein historischer Essay.* München: Beck.

Irving, H.H., Benjamin, M. & Trocme, N. (1984). Shared parenting: An empirical analysis utilizing a large Canadian data base. In J. Folberg (Ed.), *Joint custody and shared parenting: A handbook for judges, lawyers, counselors, and parents* (pp. 128-135). Portland: Association of Family and Conciliation Courts.

Isabella, R.A. & Belsky, J. (1991). Interactional synchrony and the origins of infant-mother attachment: A replication study. *Child Development, 62,* 373-384.

Jacobs, B.S. & Moss, H.A. (1976). Birth-order and sex of siblings as determinants of mother-infant interaction. *Child Development, 47*, 315-322.

Jacobs, J. & Furstenberg, F.F. (1986). Changing places: Conjugal careers and women's marital mobility. *Social Forces, 64*, 711-732.

Jacobs, S., Hansen, F., Kasl, S., Ostfeld, A., Berkman, L. & Kim, K. (1990). Anxiety disorders during acute bereavement: Risk and risk factors. *Journal of Clinical Psychiatry, 51*, 269-274.

Jacobsen, D.S. (1978). The impact of marital separation/divorce on children: III. Parent-communication and child adjustment, and regression analysis of findings from overall study. *Journal of Divorce, 2*, 175-194.

Jagenow, A. & Mittag, O. (1984). Motive zur Schwangerschaft, Geburt und Elternschaft. Ergebnisse einer empirischen Untersuchung an verhütungswilligen Frauen. *Psychotherapie, medizinische Psychologie, 34*, 20-24.

Jensen, A.R. (1980). *Bias in mental testing*. New York: Basic Books.

Jerome, L. (1986). Overrepresentation of adopted children attending a children's mental health center. *Canadian Journal of Psychiatry, 31*, 526-531.

Johnson, P. (1983). Divorced mothers' management of responsibilities. *Journal of Family Issues, 4*, 83-103.

Johnston, J.R. & Campbell, L.E.G. (1988). *Impasses of divorce: The dynamics and resolution of family conflict*. New York: Free Press.

Johnston, J.R., Kline, M. & Tschann, J.M. (1989). On going postdivorce conflict: Effects on children of joint custody and frequent access. *American Journal of Orthopsychiatry, 59*, 576-593.

Jugendwerk der Deutschen Shell. (Hrsg.). (1982). *Jugend '81* (2 Bände). Opladen: Leske & Budrich.

Jugendwerk der Deutschen Shell (Hrsg.). (1985). *Jugendliche und Erwachsene '85. Generationen im Vergleich*. Opladen: Leske & Budrich.

Jung, C.G. (1950). Die Lebenswende. In C.G. Jung, *Seelenprobleme der Gegenwart* (5. vollst. rev. Aufl., S. 220-243). Zürich: Rascher.

Jungmann, J. (1980). Forschungsergebnisse zur Entwicklung von Adoptivkindern. *Zeitschrift für Kinder- und Jugendpsychiatrie, 8*, 184-219.

Jungmann, J. (1987). *Aufwachsen in der Adoptivfamilie*. München: Juventa.

Kadushin, A. (1970). *Adopting older children*. New York: Columbia Univ. Press.

Kagan, J. (1971). *Personality development*. New York: Harcourt Brace.

Kagan, J. (1987). *Die Natur des Kindes*. München: Piper.

Kalayam, B. & Shamoian, C.A. (1990). Geriatric Psychiatry: An update. *Journal of Clinical Psychiatry, 51*, 177-183.

Kalmuss, D. (1984). The intergenerational transmission of marital aggression. *Journal of Marriage and the Family, 46*, 11-19.

Kalter, N., Kloner, A., Schreier, S. & Okla, K. (1989). Predictors of children's postdivorce adjustment. *American Journal of Orthopsychiatry, 59*, 605-618.

Kaltreider, N. & Mendelson, S. (1985). Clinical evaluation of grief after parental death. *Psychotherapy, 22*, 224-230.

Kandel, D.B. (1983). *On processes of peer influences in adolescence*. Paper presented at the Conference on Integrative Perspectives on Youth Development: Person and Ecology, Berlin West.

Kandel, D.B. (1986). Processes of peer influence in adolescence. In R.K. Silbereisen, K. Eyferth & G. Rudinger (Eds.), *Development as action in context: Problem behavior and normal youth development* (pp. 203-228). New York: Springer.

Kandel, D.B. & Lesser, G.S. (1969). Parent-adolescent relationship and adolescent independence in the United States and Denmark. *Journal of Marriage and the Family, 31*, 348-358.

Kandel, D.B. & Lesser, G.S. (1972). *Youth in two worlds*. San Francisco: Jossey-Bass.

Kanoy, K.W., Cunningham, J.L., White, P. & Adams, S.J. (1984). Is the family structure that critical? Family relationships of children with divorced and married parents. *Journal of Divorce, 8(2)*, 97-105.

Kaslow, F.W. & Schwartz, L.L. (1987). *The dynamics of divorce: A life-cycle perspective.* New York: Brunner/Mazel.

Katchadourian, H. (1987). *Fifty: Midlife in perspective.* New York: Freeman.

Kaufmann, F.-X. (1990). *Zukunft der Familie. Stabilität, Stabilitätskrisen und Wandel der familialen Lebensformen sowie ihre gesellschaftlichen und politischen Bedingungen* (Schriftenreihe des Bundeskanzleramtes 10). München: Beck.

Keats, J.A., Keats, D.M., Biddle, B.J., Bank, B.J., Hauge, R., Wan-Rafaei, B. & Valantin, S. (1983). Parents, friends, siblings, and adults: Unfolding referent other importance data for adolescents. *International Journal of Psychology, 18,* 239-262.

Keller, H., Löwer, M. & Runde, B. (1990). Analyse spontaner Sprache von Eltern in Interaktionssituationen mit ihren Säuglingen und Kleinkindern: Entwicklungsveränderungen und kulturspezifische Aspekte. *Zeitschrift für Entwicklungspsychologie und Pädagogische Psychologie, 22,* 341-353.

Keller-Thoma, P. (1987). *Adoption aus der Sicht des Adoptiv"kindes".* Kurzfassung der Diplomarbeit am Institut für Angewandte Psychologie, Zürich. Zürich: Schweizerischer Gemeinnütziger Frauenverein/Adoptivkinder-Vermittlung.

Kelly, E.L. & Conley, J.J. (1987). Personality and compatibility: A prospective analysis of marital stability and marital satisfaction. *Journal of Personality and Social Psychology, 52,* 27-40.

Kelly, G.A. (1955). *The psychology of personal constructs.* New York: Norton.

Kendrick, C. & Dunn, J. (1982). Protest or pleasure? The response of first-born to interaction between their mothers and infant siblings. *Journal of Child and Psychology and Psychiatry, 23,* 117-129.

Kenny, D.A. (1975). Cross-lagged panel correlations: A test for spuriousness. *Psychological Bulletin, 82,* 887-903.

Kerckhoff, A. & Davis, K.A. (1962). Value consensus and need complementarity in mate selection. *American Sociological Review, 27,* 295-303.

Kersten, P. (1973). *Der alltägliche Tod meines Vaters.* Köln: Kiepenheuer & Witsch.

Kinard, E.M. & Reinherz, H. (1984). Marital disruption: Effects on behavioral and emotional functioning in children. *Journal of Family Issues, 5,* 90-115.

Kinard, E.M. & Reinherz, H. (1986). Effects of marital disruption on children's school aptitude and achievement. *Journal of Marriage and the Family, 48,* 285-293.

Kinnaird, K.L. & Gerrard, M. (1986). Premarital sexual behavior and attitudes toward marriage and divorce among young women as a function of their mothers' marital status. *Journal of Marriage and the Family, 48,* 757-765.

Kirchler, E. (1989). *Kaufentscheidungen im privaten Haushalt. Eine sozialpsychologische Analyse des Familienalltages.* Göttingen: Hogrefe.

Kirk, D. (1981). *Adoptive kinship. A modern institution in need of reformation.* Toronto: Butterworths.

Kitson, G.C. (1985). Marital discord and marital separation: A county survey. *Journal of Marriage and the Family, 47,* 693-700.

Kitson, G.C. & Morgan, L.A. (1990). The multiple consequences of divorce: A decade review. *Journal of Marriage and the Family, 52,* 913-924.

Kitson, G.C. & Roach, M.J. (1989). Independence and social and psychological adjustment in widowhood and divorce. In D.A. Lund (Ed.), *Older bereaved spouses: Research with practical implications* (pp. 167-183). New York: Hemisphere Press.

Klein, T. (1989). Divergierende Familiengrößen und "Neue Kinderlosigkeit". *Zeitschrift für Familienforschung, 1,* 5-26.

Klein, T. (1990). Wiederheirat nach Scheidung in der Bundesrepublik. *Kölner Zeitschrift für Soziologie und Sozialpsychologie, 42,* 60-80.

Klein-Allermann, E. (1991). Familiale Sozialisation in Abhängigkeit vom Familientyp: Unterschiede und Gemeinsamkeiten zwischen Adoptiv- und Kernfamilien. Vortrag gehalten auf der X. Tagung der Pädagogischen Psychologen, Köln.

Knaub, P.K., Hanna, S.L. & Stinnett, N. (1984). Strengths of remarried families. *Journal of Divorce, 7,* 41-55.

Knoll, K.D. & Rehn, M.L. (1984). *Adoption. Studie über den Adoptionserfolg und die psychosoziale Integration von Adoptierten.* Unveröffentlichtes Manuskript des Diakonischen Werks Bayern, Nürnberg.

Knorr, J. (1988). *Gespräche mit Adoptivmüttern.* Unveröff. Diss., Universität Hamburg.

Kobak, R.R. & Sceery, A. (1988). Attachment in late adolescence: Working models, affect regulation, and representation of self and others. *Child Development, 59,* 135-146.

Koch, H.L. (1960). The relation of certain formal attitudes of siblings to attitudes held toward each other and toward their parents. *Monographs of the Society for Research in Child Development, 25,* 1-124.

Köcher, R. (1985). *Einstellungen zu Ehe und Familie im Wandel der Zeit.* Stuttgart: Ministerium für Arbeit, Gesundheit, Familie und Sozialordnung.

Kohn, M. (1981). *Persönlichkeit, Beruf und soziale Schichtung.* Stuttgart: Klett-Cotta.

Kohnstamm, G.A. (1983). *Bates' infant characteristics questionnaire (ICQ) in the Netherlands.* Paper presented at the 7th Biennial Meeting of the Intern. Society for the Study of Behavioral Development, München.

Koren, P., Lathi, J.I., Sadler, C.A. & Kimboko, P.J. (1983). *The adjustment of new stepfamilies: Characteristics and trends.* Portland: Regional Research Institute for Human Services.

Krappmann, L. (1980). Sozialisation in der Gruppe der Gleichaltrigen. In K. Hurrelmann & D. Ulich (Hrsg.), *Handbuch der Sozialisationsforschung* (S. 434-468). Weinheim: Beltz.

Krappmann, L. (1988). Über die Verschiedenheit der Familien alleinerziehender Eltern - Ansätze zu einer Typologie. In K. Lüscher, F. Schultheis & M. Wehrspaun (Hrsg.), *Die "postmoderne" Familie. Familiale Strategien und Familienpolitik in einer Übergangszeit* (S. 131-142). Konstanz: Universitätsverlag.

Krauß, J. & Tippelt, R. (1986). Die Bedeutung der Wohngemeinde und der Bildung für das Freizeitverhalten junger Menschen. *Neue Praxis, 3,* 236-248.

Krein, S.F. (1986). Growing up in a single parent family: The effect on education and earnings of young men. *Family Relations, 35,* 161-168.

Kreitman, N. (1988). Suicide, age and marital status. *Psychological Medicine, 18,* 121-128.

Kreppner, K. (1989a). Familiale Sozialisation. In R. Nave-Herz & M. Markefka (Hrsg.), *Handbuch der Familien- und Jugendforschung. Bd. 1: Familienforschung* (S. 289-309). Neuwied: Luchterhand.

Kreppner, K. (1989b). Linking infant development-in-context research to the investigation of life-span family development. In K. Kreppner & R. Lerner (Eds.), *Family systems and life-span development* (pp. 33-64). Hillsdale: Erlbaum.

Kreppner, K. (1990). *Differences in parents' cooperation patterns after the arrival of a second child.* Paper presented at the International Conference Baby XXI, Lisbon, Portugal.

Krumm, V. (1988a). Pädagogische Kooperation durch pädagogische Information. In H. Rothbucher (Hrsg.), *Aspekte einer Lehrerbildung im Spannungsfeld von Wissenschaft, Gesellschaft und Schule* (S. 317-358). Salzburg: Schriftenreihe der Pädagogischen Akademie.

Krumm, V. (1988b). Wie offen ist die öffentliche Schule? Über die Zusammenarbeit der Lehrer mit den Eltern. *Zeitschrift für Pädagogik, 34,* 601-619.

Krumm, V. (1990). Ein blinder Fleck der Unterrichtswissenschaft: Die Vernachlässigung außerschulischer Faktoren in der Unterrichtsforschung. *Unterrichtswissenschaft, 18,* 40-44.

Kruse, A. (1984). The five-generation family - A pilot study. In V. Garms-Homolovà, E.M. Hoerning & D. Schaeffer (Eds.), *Intergenerational Relationships* (pp. 115-124). Göttingen: Hogrefe.

Krüsselberg, H.-G. (1987). Einige Hypothesen der "economics of the family" im empirischen Test. In H. Todt (Hrsg.), *Die Familie als Gegenstand sozialwissenschaftlicher Forschung* (S. 101-127). Berlin: Duncker & Humblot.

Krüsselberg, H.-G., Auge, M. & Hilzenbecher, M. (1986). *Verhaltenshypothesen und Familienzeitbudgets - Die Ansatzpunkte der "Neuen Haushaltsökonomie" für Familienpolitik*. Stuttgart: Kohlhammer.

Kühl, W. (1985). *Wenn fremdländische Adoptivkinder erwachsen werden.... Adoptionserfolg und psychosoziale Integration im Jugendalter*. Osnabrück: Terre-des-hommes Deutschland e.V.

Kurdek, L.A. (1988). Cognitive mediators of children's adjustment to divorce. In S.A. Wolchik & P. Karoly (Eds.), *Children of divorce* (pp. 233-266). New York: Gardner.

Kurdek, L.A. & Blisk, D. (1983). Dimensions and correlates of mothers' divorce experiences. *Journal of Divorce, 6*, 1-24.

Kurdek, L.A. & Siesky, A.E. (1980). Children's perceptions of their parents divorce. *Journal of Divorce, 3*, 339-378.

LaCoursiere, R. (1978). Fatherhood and mental illness: A review and new material. *Psychiatric Quarterly, 46*, 109-124.

Laewen, H.-J. (1989). Zur außerfamilialen Tagesbetreuung von Kindern unter drei Jahren. *Zeitschrift für Pädagogik, 35*, 869-888.

Lamb, M.E. (1978a). The development of sibling relationships in infancy: A short-term longitudinal study. *Child Development, 49*, 1189-1196.

Lamb, M.E. (1978b). Interactions between 18-month-ods and their preschool-aged siblings. *Child Development, 49*, 51-59.

Lamb, M.E. & Sternberg, K.J. (1989). Tagesbetreuung. In H. Keller (Hrsg.), *Handbuch der Kleinkindforschung* (S. 587-608). Berlin: Springer.

Lamb, M.E. & Sutton-Smith, B. (Eds.). (1982). *Sibling relationship. Their nature and significance across the lifespan*. Hillsdale: Erlbaum.

Lamborn, S.D., Mounts, N.E., Steinberg, L. & Dornbush, S.M. (1991). Patterns of competence and adjustment among adolescents form authoritative, authoritarian, indulgent, and neglectful families. *Child Development, 62*, 1049-1065.

Lang, A.M. & Brody, E.M. (1983). Characteristics of middle-aged daughters and help to their elderly mothers. *Journal of Marriage and the Family, 45*, 193-202.

Larson, R. (1983). Adolescents' daily experience with family and friends: Contrasting opportunity systems. *Journal of Marriage and the Family, 45*, 739-750.

Lasko, J.K. (1954). Parent behavior toward first and second children. *Genetic Psychological Monographs, 49*, 97-137.

Lavee, Y., McCubbin, H.I. & Patterson, J.M. (1985). The double ABCX model of family stress and adaptation: An empirical test by analysis of structural equations with latent variables. *Journal of Marriage and the Family, 47*, 811-825.

Leaper, C., Hauser, S.T., Kremen, A., Powers, S.I., Jacobson, A.M., Noam, G.G., Weiss-Perry, B. & Follansbee, D. (1989). Adolescent-parent interactions in relation to adolescents' gender and ego development pathway: A longitudinal study. *Journal of Early Adolescence, 9*, 335-361.

Leaper, C., Hauser, S.T., Kremen, A., Powers, S.I., Jacobson, A.M., Noam, G.G., Weiss-Perry, B. & Follansbee, D. (1991). Single-parent mothers, married mothers, married fathers, and the socialization of gender in preschool children. Poster auf dem Meeting of the Society for Research in Child Development, Seattle, USA.

Lederer, G. (1983). *Jugend und Autorität*. Opladen: Leske & Budrich.

Lee, G. (1988). Marital satisfaction in later life: The effects of nonmarital roles. *Journal of Marriage and the Family, 50*, 775-785.

Lehmkuhl, U. (1987). *Verlaufsuntersuchung an Kindern und Jugendlichen und deren Eltern in der Trennungs- und Scheidungsphase*. Med. Habil, Universität Heidelberg.

Lehr, U. (1978). Das mittlere Erwachsenenalter - ein vernachlässigtes Gebiet der Entwicklungspsychologie. In R. Oerter (Hrsg.), *Entwicklung als lebenslanger Prozeß* (S. 147-172). Hamburg: Hoffmann & Campe.

Lehr, U. (1987). *Zur Situation der älterwerdenden Frau.* München: Beck.

Lehr, U. (1990). Hilfsbedürftigkeit im Alter. *Zeitschrift für Gerontologie, 23,* 177-179.

Lehr, U. & Thomae, H. (1965). *Konflikt, seelische Belastung und Lebensalter.* Köln: Westdeutscher Verlag.

Leifer, M. (1977). Psychological changes accompaning pregnancy and motherhood. *Genetic Psychology Monographs, 95,* 55-96.

Le Masters, E.E. (1957). Parenthood as crisis. *Marriage and Family Living, 19,* 352-355.

Lerner, R.M. & Eye, A. von. (1992). Sociobiology and human development: Arguments and evidence. *Human Development, 35,* 12-33.

Lerner, R.M., Iwawaki, S., Chihara, T. & Sorell, T. (1980). Self-concept, self-esteem and body attitudes among Japanese male and female adolescents. *Child Development, 51,* 847-855.

Lerner, R.M. & Spanier, G.B. (Eds.). (1978). *Child influences on marital and family interaction. A lifespan perspective.* New York: Academic Press.

Levya, F.A. & Furth, H.G. (1986). Compromise formation in social conflicts. *Journal of Youth and Adolescence, 15,* 441-452.

Limbach, J. (1988). Die Entwicklung des Familienrechts seit 1949. In R. Nave-Herz (Hrsg.), *Wandel und Kontinuität der Familie in der Bundesrepublik Deutschland* (S. 11-35). Stuttgart: Enke.

Limbach, J. (1989). Die rechtlichen Rahmenbedingungen von Ehe und Elternschaft. In R. Nave-Herz & M. Markefka (Hrsg.), *Handbuch der Familien- und Jugendforschung. Bd. 1: Familienforschung* (S. 225-240). Neuwied: Luchterhand.

Lindahl, K.M. (1991). Negative affect regulation in marital and parent-child interactions. Vortrag gehalten auf dem Meeting of the Society for Research in Child Development. Seattle, USA.

Lindahl, K.M. & Markman, H.J. (1990). Communication and negative affect regulation in the family. In E.A. Blechman (Ed.), *Emotions and the family for better* (pp. 99-115). Hillsdale: Erlbaum.

Lindsay, M. & McGarry, K. (1984). *Adoption counseling - a talking point.* Glasgow: Dr. Barnardo's Scottish Division.

Lipp, W. (1990). Familie und Wohnen. Wohnbedürfnisse im Wandel. *Zeitschrift für Familienforschung, 2,* 128-142.

Locke, H. & Wallace, K. (1959). Short marital adjustment and prediction tests: Their reliability and validity. *Marriage and Family Living, 21,* 251-255.

Longfellow, C. (1979). Divorce in context: Its impact on children. In G. Levinger & O. Moles (Eds.), *Divorce and separation* (pp. 287-306). New York: Basic Books.

Lopata, H.Z. (1973). Self-identity in marriage and widowhood. *Sociological Quarterly, 14,* 407-418.

Lopata, H.Z. (1979). *Women as widows.* New York: Elsevier.

Loper, N.F. (1977). *A comparative study of the personell factors and social histories of three groups of adopted adults.* California: Phil. Dissertation.

Lowenstein, J.S. & Koopman, E.J. (1978). A comparison of the self-esteem between boys living with single-parent mothers and single-parent fathers. *Journal of Divorce, 2,* 195-208.

Lowenthal, M.F. & Chiriboga, D.A. (1972). Transition to the empty nest: Crisis, challenge or relief? *Archives of General Psychiatry, 26,* 8-14.

Lowenthal, M.F., Thurner, M., Chiriboga, D.A., Beeson, D., Gigy, L., Lurie, E., Pierce, R., Spence, D. & Weiss, L. (1975). *Four stages of life.* San Francisco: Jossey-Bass.

Luck, H. (1987). *Freundschaftskonzepte und Freundschaften im Jugendalter.* Unveröff. Dipl.Arbeit, Technische Universität, Berlin.

Lüders, I. (1980). "Unsere Oma ist immer dabei" - Zur Familienpflege alter Menschen. *Theorie und Praxis der sozialen Arbeit, 31,* 251-257.

Lujansky, H. & Mikula, G. (1983). Can equity theory explain the quality and the stability of romantic relationships? *British Journal of Social Psychology, 22,* 101-112.

Lukesch, H. (1981). *Schwangerschafts- und Geburtsängste.* Stuttgart: Enke.

Lukesch, H. & Lukesch, M. (1976). *Ein Fragebogen zur Messung von Einstellungen zu Schwangerschaft, Sexualität und Geburt.* Göttingen: Hogrefe.

Lüscher, K. & Stein, A. (1985). *Die Lebenssituation junger Familien - Die Sichtweise der Eltern.* Konstanz: Universitätsverlag.

Lüscher, K., Wehrspaun, M. & Lange, A. (1989). Begriff und Rhetorik von Familie. *Zeitschrift für Familienforschung, 1,* 61-76.

Luthar, S.S. & Ziegler, E. (1991). Vulnerability and competence: A review of research on resilience in childhood. *American Journal of Orthopsychiatry, 6,* 6-22.

Lynch, K. (1977). *Growing up in cities.* Cambridge: MIT Press.

Lynd, R.S. & Lynd, H. (1929). *Middletown.* New York: Harcourt, Brace & Company.

Macbeth, A. (1984). *Das Kind dazwischen. Ein Bericht über die Beziehungen zwischen Schule und Familie in den Mitgliedsstaaten der Europäischen Gemeinschaft.* Brüssel: Kommission der Europäischen Gemeinschaften.

Maccoby, E.E. (1980). *Social development - Psychological growth and the parent-child relationship.* New York: Harcourt Brace.

Maccoby, E.E., Depner, C.E. & Mnookin, R.H. (1990). Coparenting in the second year after divorce. *Journal of Marriage and the Family, 52,* 141-155.

Maccoby, E.E. & Martin, J.A. (1983). Socialization in the context of the family: Parent-child interaction. In P.H. Mussen (Ed.), *Handbook of child psychology. Vol. 4: Socialization, personality, and social development* (pp. 1-101). New York: Wiley.

Mackinnon, C. & Spieß, B. (1987). *Qualität von Freundschaftsbeziehungen Berliner Jugendlicher und ihre Bedeutung für politische Orientierung und Zukunftsplanung. Zweiter Zwischenbericht für die Berlin Forschung.* Freie Universität, Berlin.

Magnus, U. (1988). Sorgerecht und Scheidung. *Recht der Jugend und des Bildungswesens, 36,* 158-169.

Mannheim, K. (1952). The problem of generations. In K. Mannheim (Ed.), *Essays on the sociology of knowledge* (pp. 276-322). London: Routledge & Kegan.

Markus, H. (1977). Self-schemata and processing information about the self. *Journal of Personality and Social Psychology, 35*(2), 63-78.

Marquis, K.S. & Detweiler, R.A. (1985). Does adopted mean different? An attributional analysis. *Journal of Personality and Social Personality, 48,* 1054-1066.

Marschall, P. & Zenz, H. (1989). Psychophysiologische Befunde in der Schule und das Beschwerdebild von Kindern und Jugendlichen. *Zeitschrift für Sozialisationsforschung und Erziehungssoziologie, 27,* 305-320.

Martin, T.C. & Bumpass, L.L. (1989). Recent trends in marital disruption. *Demography, 26,* 37-51.

Martiny, U. & Voegeli, W. (1988). Die Ehe endet, die Beziehungen bleiben - Scheidung. In Deutsches Jugendinstitut (Hrsg.), *Wie geht's der Familie? Ein Handbuch zur Situation der Familien heute* (S. 179-188). München: Kösel.

Mathias, B. (1991, 4. Juni). After the split: Adult children and the long-term effects of divorce. *Washington Post,* S. B 5.

Matthews, S.H. & Sprey, J. (1984). The impact of divorce on grandparenthood: An exploratory study. *Gerontologist, 24,* 41-47.

McBride, S.L. (1990). Maternal moderators of child care: The role of maternal separation anxiety. In K. McCartney (Ed.), *Child care and maternal employment: A social ecology approach* (pp. 53-70). San Francisco: Jossey-Bass.

McCartney, K. & Jordan, E. (1990). Parallels between research on child care and research on school effects. *Educational Researcher, 19*(1), 21-27.

McCubbin, H.I., Joy, C.B., Cauble, A.E., Comeau, J.K., Patterson, J.M. & Needle, R.H. (1980). Family stress and coping: A decade review. *Journal of Marriage and the Family, 42 (special issue)*, 125-141.

McCubbin, H.I. & Patterson, J.M. (1983a). The family stress process: The double ABCX model of adjustment and adaptation. *Marriage and Family Review, 6*, 7-37.

McCubbin, H.I. & Patterson, J.M. (1983b). Family transitions. Adaptation to stress. In H.I. McCubbin & C.R. Figley (Eds.), *Stress and the family. Vol. 1: Coping with normative transitions* (pp. 5-25). New York: Brunner/Mazel.

McCulloch, B.J. (1990). The relationship of intergenerational reciprocity of aid to the morale of older parents: Equity and exchange theory comparisons. *Journal of Gerontology, 45*, 150-155.

McGillicuddy-DeLisi, A.V. (1982). Parental beliefs about developmental processes. *Human Development, 25*, 192-200.

McGoldrick, M.S.W. & Carter, E.A. (1982). The family life cycle. In F. Walsh (Ed.), *Normal family processes* (pp. 167-195). New York: Guilford Press.

McHale, S.M., Bartko, W.T., Crouter, A.C. & Perry-Jenkins, M. (1990). Children's housework and psychosocial functioning: The mediating effects of parents' sex-role behaviors and attitudes. *Child Development, 61*, 1413-1426.

McHale, S.M. & Huston, T.L. (1985). The effect of a transition to parenthood on the marriage relationship. *Journal of Family Issues, 6*, 409-433.

McLanahan, S.S. (1983). Family structure and stress: A longitudinal comparison of two-parent and female-headed families. *Journal of Marriage and the Family, 45*, 347-357.

McLanahan, S.S. (1985). Single mothers and psychological well-being: A test of the stress and vulnerability hypothesis. *Research in Community and Mental Health, 5*, 253-266.

McLanahan, S.S. & Booth, K. (1989). Mother-only families: Problems, prospects, and politics. *Journal of Marriage and the Family, 51*, 557-580.

McLanahan, S.S. & Bumpass, L.L. (1988). Intergenerational consequences of family disruption. *American Journal of Sociology, 94*, 30-52.

McNally, S., Eisenberg, N. & Harris, J.D. (1991). Consistency and change in maternal child-rearing practices and values: A longitudinal study. *Child Development, 62*, 190-198.

McRoy, R.G., Grotevant, H.D. & Zurcher, L.A. (1988). *Emotional disturbance in adopted adolescents: Origins and development.* New York: Praeger.

Medrich, E.A., Roizen, J., Rubin, V. & Buckley, S. (1982). *The serious business of growing up.* Berkeley: University of California Press.

Melichar, J. & Chiriboga, D.A. (1985). Timetables in the divorce process. *Journal of Marriage and the Family, 47*, 701-708.

Melichar, J. & Chiriboga, D.A. (1988). Intergenerational consequences of family disruption. *American Journal of Orthopsychiatry, 58*, 186-221.

Melina, L.R. (1986). *Raising adopted children.* New York: Harper & Row.

Melzer, W. (1987). *Familie und Schule als Lebenswelt. Zur Innovation von Schule durch Elternpartizipation.* München: Deutsches Jugendinstitut.

Menaghan, E.G. (1982). Assessing the impact of family transitions on marital experience. In H.I. McCubbin, A.E. Cauble & J.M. Patterson (Eds.), *Family stress, coping, and social support* (pp. 90-108). Springfield: Thomas.

Mertens, W. (1981). Interaktion (soziale). In H. Schiefele & A. Krapp (Hrsg.), *Handlexikon zur Pädagogischen Psychologie* (S. 188-192). München: Ehrenwirth.

Meyer, H.-J. (1985). *Zur emotionalen Beziehung zwischen Müttern und ihren erst- und zweitgeborenen Kindern.* Regensburg: Roederer.

Meyer, H.-J. (1988). Partnerschaft und emotionale Befindlichkeit von Eltern nach der Geburt ihres ersten und zweiten Kindes. In M. Cierpka &. E. Nordmann (Hrsg.), *Wie normal ist die Normalfamilie? - Empirische Untersuchungen* (S. 43-62). Berlin: Springer.

Meyer, S. & Schulze, E. (1988). Absage an die Ehe - Frauen suchen neue Beziehungsformen. Empirische Ergebnisse über die Heiratsneigung nichtehelicher Lebensgemeinschaften. In J. Limbach & I. Schwenzer (Hrsg.), *Familie ohne Ehe* (S. 11-18). Frankfurt: Schweitzer.

Mikula, G. (1992). Austausch und Gerechtigkeit in Freundschaft, Partnerschaft und Ehe: Ein Überblick über den aktuellen Forschungsstand. *Psychologische Rundschau, 43*, 69-82.

Miller, B.C. & Sollie, D.L. (1980). Normal stresses during the transition to parenthood. *Family Relations, 29*, 29-35.

Miller, P.A., Shell, R., Eisenberg, N., Miller, J.A. & Partch, J. (1991). A longitudinal study of maternal socialization practices from preschool to middle childhood. Vortrag gehalten auf dem Meeting of the Society for Research in Child Development, Seattle, USA.

Mills, R.S.L. & Rubin, K.H. (1990). Parental beliefs about problematic social behaviors in early childhood. *Child Development, 61*, 138-151.

Ministerium für Arbeit, Gesundheit und Sozialordnung Baden-Württemberg. (1983). *Die Lebenssituation älterer Menschen*. Stuttgart: Autor.

Minsel, B. (1986). Psychologie der Eltern. In B. Weidenmann, A. Krapp, M. Hofer, G.L. Huber & H. Mandl (Hrsg.), *Pädagogische Psychologie. Ein Lehrbuch* (S. 293-317). München: Psychologie Verlags Union.

Minsel, B., Krapp, A. & Fink, B. (1989). Die Bedeutung gemeinsamer Interessen für die Beziehung zwischen nicht sorgeberechtigtem Elternteil und dem Kind. Vortrag auf der zweiten Arbeitstagung der Fachgruppe Pädagogische Psychologie, München.

Minuchin, P. (1985). Families and individual development: Provocations from the field of family therapy. *Child Development, 56*, 289-302.

Mirren, W.B. & Newman, L.F. (Eds.). (1978). *The first child and family formation*. North Carolina: Carolina Population Center.

Mitchell, B.A., Wister, A.V. & Burch, T.K. (1989). The family environment and leaving the parental home. *Journal of Marriage and the Family, 51*, 605-613.

Mitterauer, M. (1989). Entwicklungstrends der Familie in der europäischen Neuzeit. In R. Nave-Herz & M. Markefka (Hrsg.), *Handbuch der Familien- und Jugendforschung. Bd. 1: Familienforschung* (S. 179-194). Neuwied: Luchterhand.

Modell, J., Furstenberg, F.F. & Hershberg, T. (1978). Sozialer Wandel und Übergänge ins Erwachsenenalter in historischer Perspektive. In M. Kohli (Hrsg.), *Soziologie des Lebenslaufs* (S. 225-250). Darmstadt: Luchterhand.

Monahan, T.P. (1958). The changing nature and instability of remarriages. *Eugenics Quarterly, 5*, 73-85.

Montemayor, R. (1982). The relationship between parent-adolescent conflict and the amount of time adolescents spend alone and with parents and peers. *Child Development, 53*, 1512-1519.

Montemayor, R. (1983). Parents and Adolescents in Conflict: All families some of the time and some families most of the time. *Journal of Early Adolescence, 3*, 83-103.

Montemayor, R. (1986). Family variation in parent-adolescent storm and stress. *Journal of Adolescent Research, 1*, 15-31.

Montemayor, R. & Brownlee, J.R. (1987). Fathers, mothers, and adolescents: Gender-based differences in parental roles during adolescence. *Journal of Youth and Adolescence, 16*, 281-291.

Montemayor, R. & Hanson, E. (1985). A naturalistic view of conflict between adolescents and their parents and siblings. *Journal of Early Adolescence, 1*, 23-30.

Moore, D. (1987). Parent-adolescent separation: The construction of adulthood by late adolescents. *Developmental Psychology, 23*, 298-307.

Moore, D. & Hotch, D.F. (1981). Late adolescents' conceptualizations of home leaving. *Journal of Youth and Adolescence, 10*, 1-11.

Moore, R. & Young, D. (1978). Children outdoors. In I. Altman & J.F. Wohlwill (Eds.), *Children and the environment* (pp. 83-130). New York: Plenum Press.

Moos, R.H. & Moos, B.S. (1981). *Manual of the family environmental scale*. Palo Alto: Consulting Psychologists Press.

Morgan, S.P., Lye, D. & Condran, G. (1988). Sons, daughters, and the risk of marital disruption. *American Journal of Sociology, 94*, 110-129.

Mortimer, J.T., Lorence, J. & Kumka, D.S. (1986). *Work, family, and personality: Transition to adulthood*. Norwood, N.J.: Ablex.

Moss, M.S. & Moss, S.Z. (1983). The impact of parental death on middle aged children. *Omega, 14*, 65-75.

Mudrich, B. (1978). *Der Wegzug des letzten Kindes aus dem Elternhaus im Erleben der Mutter*. Unveröff. Dipl.arb., Universität Bonn.

Mueller, D.P. & Cooper, P.W. (1986). Children of single parent families: How they fare as young adults. *Family Relations, 35*, 169-176.

Müller, E. & Tingley, E. (1990). The bears' picnic: Children's representations of themselves and their families. In I. Bretherton & M.W. Watson (Eds.), *Children's perspectives on the family* (pp. 47-65). San Francisco: Jossey-Bass.

Mullison, D.D. (1985). *Perceptions of mothers and daughters during conflictual interaction*. Unpublished Diss., University of Utah.

Mummendey, H.D., Albers, G. & Sturm, G. (1985). Die Selbstkonzept-Entwicklung im Erwachsenenalter in der Sicht dreier Alters-Generations-Gruppen von Lehrern. *Psychologie in Erziehung und Unterricht, 32*, 126-135.

Münch, E.M.von. (1987). Nichteheliche Lebensgemeinschaften - rechtliche und soziale Probleme einer diskriminierten Lebensform. In M.-E. Karsten & H.-U. Otto (Hrsg.), *Die sozialpädagogische Ordnung der Familie. Beiträge zum Wandel familialer Lebensweisen und sozialpädagogischer Interventionen* (S. 101-107). München: Juventa.

Münscher, A. (1988). Eine schwierige Reise. Ausländische Familien in der Bundesrepublik. In Deutsches Jugendinstitut (Hrsg.), *Wie geht's der Familie? Ein Handbuch zur Situation der Familie heute* (S. 355-362). München: Kösel.

Munsinger, H. (1975). The adopted child's IQ: A critical review. *Psychological Bulletin, 82*, 623-659.

Münz, R. (Hrsg.). (1985). *Leben mit Kindern*. Wien: Deuticke.

Murphey, E.B., Silber, E., Coelho, G., Hamburg, D. & Greenberg, I. (1963). Development of autonomy and parent-child interaction in late adolescence. *American Journal of Orthopsychiatry, 33*, 643-652.

Murray, H.A. (1943). *The Thematic Apperception Test*. Cambridge, Mass.: Harvard University Press.

Murstein, B.I. (1971). A theory of marital choice and its applicability to marriage adjustment. In B.I. Murstein (Ed.), *Theories of attraction and love* (pp. 100-151). New York: Springer.

Murstein, B.I. (1976). *Who will marry whom?* New York: Springer.

Murstein, B.I. (1980). Mate selection in the 1970s. *Journal of Marriage and the Family, 42*, 777-792.

Musgrove, F. & Taylor, P.H. (1971). Die Auffassung der Lehrerrolle bei Lehrern und Eltern. In K. Betzen & K.E. Nipkow (Hrsg.), *Der Lehrer in Schule und Gesellschaft* (S. 81-92). München: Piper.

Mussen, P.H., Conger, J.J., Kagan, J. & Geiwitz, J. (1979). *Psychological development: A life-span approach*. New York: Harper & Row.

Mutran, E. & Reitzes, D.C. (1984). Intergenerational support activities and well-being among the elderly: A convergence of exchange and symbolic interaction perspectives. *American Sociological Review, 49*, 117-130.

Nadelman, L. & Begun, A. (1982). The effect of the newborn on the older sibling: Mothers' questionnaires. In M. Lamb & B. Sutton-Smith (Eds.), *Sibling relationships: Their nature and significance across the life-span* (pp. 13-37). Hillsdale: Erlbaum.

Napp-Peters, A. (1978). *Adoption. Das alleinstehende Kind und seine Familie. Geschichte, Rechtsprobleme und Vermittlungspraxis*. Neuwied: Luchterhand.

Napp-Peters, A. (1985). *Ein-Elternteil-Familien. Soziale Randgruppe oder neues familiales Selbstverständnis?* Weinheim: Juventa.

Nauck, B. (1989a). Individualistische Erklärungsansätze in der Familienforschung: die rational-choice-Basis von Familienökonomie, Ressourcen- und Austauschtheorien. In R. Nave-Herz & M. Markefka (Hrsg.), *Handbuch der Familien- und Jugendforschung. Bd. 1: Familienforschung* (S. 45-61). Neuwied: Luchterhand.

Nauck, B. (1989b). Intergenerational relationships in families from Turkey and Germany. *European Sociological Review, 5*, 1-24.

Nauck, B. & Özel, S. (1986). Erziehungsvorstellungen und Sozialisationspraktiken in türkischen Migrantenfamilien. Eine individualistische Erklärung interkulturell vergleichender empirischer Befunde. *Zeitschrift für Sozialisationsforschung und Erziehungssoziologie, 6*, 285-312.

Nave-Herz, R. (1988). *Kinderlose Ehen.* Weinheim: Juventa.

Nave-Herz, R. (1989a). Childless marriages. *Marriage and Family Review, 12*, 239-250.

Nave-Herz, R. (1989b) Zeitgeschichtlicher Bedeutungswandel von Ehe und Familie in der Bundesrepublik Deutschland. In R. Nave-Herz & M. Markefka (Hrsg.), *Handbuch der Familien- und Jugendforschung. Bd. 1: Familienforschung* (S. 211-222). Neuwied: Luchterhand.

Needle, R.H., Su, S. & Doherty, W.J. (1990). Divorce, remarriage, and adolescent substance use: A prospective longitudinal study. *Journal of Marriage and the Family, 52*, 157-169.

Neidhardt, F. (1975). *Die Familie in Deutschland. Gesellschaftliche Stellung, Struktur und Funktion* (4. Aufl.). Opladen: Leske & Budrich.

Neimeyer, R.A. & Mitchell, K.A. (1988). Similarity and attraction: A longitudinal study. *Journal of Social and Personal Relationships, 5*, 131-148.

Nelson, K.A. (1985). *On the frontier of adoption: A study of special-needs adoptive families.* Washington: Child Welfare League of America.

Neubauer, W. (1989). Selbstbilder, Selbstwertgefühl und Lebensentwürfe junger Menschen. In M. Markefka & R. Nave-Herz (Hrsg.), *Handbuch der Familien- und Jugendforschung. Bd. 2: Jugendforschung* (S. 519-534). Neuwied: Luchterhand.

Neugarten, B.L. (1976). Adaption and the life cycle. *The Counseling Psychologist, 6,* 16-20.

Neugarten, B.L. & Weinstein, K.K. (1964). The changing American grandparents. *Journal of Marriage and the Family, 26,* 199-204.

Newberger, C.M. (1980). The cognitive structure of parenthood: Designing a descriptive measure. In R.L. Selman & R. Yando (Eds.), *New directions for child development. No. 7: Clinical-developmental psychology* (pp. 45-67). San Francisco: Jossey-Bass.

Newcomb, T.M. (1961). *The acquaintance process.* New York: Holt, Rinehart & Winston.

Niesel, R. (1989). Familie und Scheidung. In B. Paetzold & L. Fried (Hrsg.), *Familienpädagogik* (S. 205-222). Weinheim: Beltz.

Niesel, R. (1991). Was kann Mediation für Scheidungsfamilien leisten? *Zeitschrift für Familienforschung, 3,* 84-102.

Noack, P. (1980). *Untersuchung zum Tutoren-Effekt bei Vorschulkindern.* Unveröff. Dipl.Arbeit, Technische Universität, Berlin.

Noack, P. (1990). *Jugendentwicklung im Kontext.* München: Psychologie Verlags Union.

Noack, P. (1991). Soziale Interaktion und Selbstkonzept im frühen Jugendalter: Einflüsse von Erfahrungen im Umgang mit Eltern und Freunden. Vortrag auf der 3. Tagung Pädagogische Psychologie, Köln.

Noack, P. & Albrecht, H.T. (1990). Age and school track as moderators of family and peer influences on the development of adolescents' self-esteem. Poster auf dem Third Biennial Meeting of the Society for Research on Adolescence, Atlanta, USA.

Nydegger, C. & Mitteness, L. (1982). Old fathers and aging children: Marriage is major source of strain. *Generations, 7*(2), 16-17.

Nye, F.I. (1979). Choice, exchange, and the family. In W.R. Burr, R. Hill, F.I. Nye & I.L. Reiss (Eds.), *Contemporary theories about the family, vol. 2* (pp. 1-41). New York: Free Press.

O'Brien, R.W. (1987). *The role of siblings in the development of individuation during adolescence.* Unveröff. Diss., Catholic University of America, Washington, D.C.

Oerter, R. (1987a). Jugendalter. In R. Oerter & L. Montada (Hrsg.), *Entwicklungspsychologie* (S. 265-338). München: Psychologie Verlags Union.

Oerter, R. (1987b). Kindheit. In R. Oerter & L. Montada (Hrsg.), *Entwicklungspsychologie* (S. 204-264). München: Psychologie Verlags Union.

Offer, D. (1984). Das Selbstbild normaler Jugendlicher. In E. Olbrich & E. Todt (Hrsg.), *Probleme des Jugendalters* (S. 111-130). Berlin: Springer.

Oliver, R. (1977). Empty nest syndrome as a focus of depression - cognitive treatment model, based on rational emotive therapy. *Psychotherapy - Theory, Research and Practise, 14*, 87-94.

Olson, D.H., McCubbin, H.I., Barnes, H.L., Larson, A.S., Muxen, M.J. & Wilson, M.A. (1989). *Families - what makes them work*. Newbury Park: Sage.

Opaschowski, H.W. (1989). *Freizeitalltag von Frauen*. Hamburg: BAT Freizeit-Forschungsinstitut.

Opaschowski, H.W. & Neubauer, U. (1984). *Freizeit im Ruhestand*. Hamburg: BAT Freizeit-Forschungsinstitut.

Opaschowski, H.W. & Neubauer, U. (1986). *Freizeitverhalten. Allein und in der Familie* (2. Aufl.). Hamburg: BAT Freizeit-Forschungsinstitut.

Osofsky, J.D. & Osofsky, H.J. (1980). Normal adaptation to pregnancy and new parenthood. In P.M. Taylor (Ed.), *Parent-infant relationships* (pp. 25-49). New York: Grune & Stratton.

Oswald, H. (1980). *Abdankung der Eltern?* Weinheim: Beltz.

Oswald, H. (1989). Intergenerative Beziehungen (Konflikte) in der Familie. In M. Markefka & R. Nave-Herz (Hrsg.), *Handbuch der Familien- und Jugendforschung. Bd. 2: Jugendforschung* (S. 367-381). Neuwied: Luchterhand.

Oswald, H., Baker, D.P. & Stevenson, D.L. (1988). School charter and parental management in West Germany. *Sociology of Education, 61*, 255-265.

Oswald, H. & Krappmann, L. (1984). Konstanz und Veränderung in den sozialen Beziehungen von Schulkindern. *Zeitschrift für Sozialisationsforschung und Erziehungssoziologie, 4*, 271-286.

Owen, G., Fulton, R. & Markusen, E. (1983). Death at a distance: A study of family survivors. *Omega, 13*, 191-225.

Paetzold, B. (1988). *Familie und Schulanfang. Eine Untersuchung des mütterlichen Erziehungsverhaltens*. Bad Heilbrunn: Klinkhardt.

Papastefanou, G. (1990). *Familiengründung im Lebenslauf* (Studien und Berichte 50). Berlin: Max-Planck-Institut für Bildungsforschung.

Papousek, M. (1987). *Frühe Phasen der Eltern-Kind-Beziehungen: Ergebnisse der entwicklungspsychologischen Forschung*. Unveröffentlichter Vortrag in Lübeck.

Papousek, M., Papousek, H. & Haekel, M. (1987). Didactic adjustments in fathers' and mothers' speech to their 3-month-old infants. *Journal of Psycholinguistic Research, 16*, 491-516.

Parikh, B. (1980). Development of moral judgement and its relation to family environmental factors in Indian and American families. *Child Development, 51*, 1030-1039.

Park, K. & Waters, E. (1989). Security of attachment and preschool friendships. *Child Development, 60*, 1076-1081.

Parke, R.D., McDonald, K.B., Burks, V.M., Carson, J., Bhavnagri, N., Barth, J.M. & Beitel, A. (1989). Family and peer systems: In search of linkages. In K. Kreppner & R.M. Lerner (Eds.), *Family systems and life-span development* (pp. 65-92). Hillsdale: Erlbaum.

Parke, R.D., Power, T.G. & Gottman, J.M. (1979). Conceptualizing and quantifying influence patterns in the family triad. In M.E. Lamb, S.J. Suomi & G.R. Stephenson (Eds.), *Social interaction analysis: Methodological issues* (pp. 231-252). Madison: The University of Wisconsin Press.

Pasley, K. & Healow, C.L. (1988). Adolescent self-esteem: A focus on children in stepfamilies. In E.M. Hetherington & J.D. Arasteh (Eds.), *Impact of divorce, single parenting and stepparenting on children* (pp. 263-278). Hillsdale: Erlbaum.

Patterson, G.R. (1982). *Coercive family processes: A social learning appreach*. Eugene, OR: Castilia.

Patterson, G.R. (1991). Interaction of stress and family structure, and their relation to child adjustment: An example of across-site collaboration. Vortrag gehalten auf dem Meeting of the Society for Research in Child Development, Seattle, USA.

Pearson, K. und Mitarbeiter. (1903). Assortative mating in man. A cooperative study. *Biometrika, 2*, 481-498.

Pearson, K. & Lee, A. (1903). On the laws of inheritance in man. I. Inheritance of physical characters. *Biometrika, 2*, 357-462.

Pepler, D.J., Abramovitch, R. & Corter, C. (1981). Sibling interaction in the home: A longitudinal study. *Child Development, 52*, 1344-1347.

Perlman, D. & Rook, K.S. (1987). Social support, social deficits, and the family: Toward the enhancement of well-being. In S. Oskamp (Ed.), *Family processes and problems: Social psychological aspects* (pp. 17-44). Newbury Park: Sage.

Permien, H. (1988). Zwischen Existenznöten und Emanzipation - Alleinerziehende Eltern. In Deutsches Jugendinstitut (Hrsg.), *Wie geht's der Familie? Ein Handbuch zur Situation der Familie heute* (S. 89-97). München: Kösel.

Perret-Clermont, A.-N. (1980). *Social interaction and cognitive development in children*. New York: Academic Press.

Peters, M. (1986). *Eltern und Jugendliche: Konflikte, Konfliktbewältigung und Ablösung*. Unveröff. Diss., Universität Gießen.

Petersen, A.C. (1988). Adolescent development. *Annual Review of Psychology, 39*, 583-607.

Peterson, A.C., Peterson, J. & Skevington, S. (1986). Heated argument and adolescent development. *Journal of Social and Personal Relationship, 3*, 229-240.

Peterson, G.W., Rollings, B.C., Thomas, D.L. & Heaps, L.K. (1982). Social placement of adolescents: Sex-role influences on family decisions regarding the careers of youth. *Journal of Marriage and the Family, 44*, 647-658.

Peterson, J.L. & Zill, N. (1986). Marital disruption, parent-child relationships, and behavior problems in children. *Journal of Marriage and the Family, 48*, 295-307.

Pettinger, R. (1988). Nebeneinander, gegeneinander, miteinander? Familie und Schule. In Deutsches Jugendinstitut (Hrsg.), *Wie geht's der Familie? Ein Handbuch zur Situation der Familie heute* (S. 305-314). München: Kösel.

Petzold, M. (1990). Eheliche Zufriedenheit fünf Jahre nach der Geburt des ersten Kinds. *Psychologie in Erziehung und Unterricht, 37*, 101-110.

Petzold, M. & Nickel, H. (1989). Grundlagen und Konzept einer entwicklungspsychologischen Familienforschung. *Psychologie in Erziehung und Unterricht, 36*, 241-257.

Peukert, R. (1991). *Familienformen im sozialen Wandel*. Opladen: Leske & Budrich.

Pfeffer, N. & Woolett, A. (1983). *The experience of infertility*. London: Virago Press.

Pfeiffer, P., Pfeiffer-Schramm, M. & Scheller, R. (1980). Zur Psychologie der Adoption. *Zeitschrift für Entwicklungspsychologie und Pädagogische Psychologie, 12*, 217-232.

Phelps, R.E. & Slater, M.A. (1985). Sequential interactions that discriminate high- and low-problem single mother-son dyads. *Journal of Consulting and Clinical Psychology, 53*(5), 684-692.

Piaget, J. (1964). *Psychologie der Intelligenz*. Zürich: Rascher.

Picton, C. (1982). Adoptees in search of origins. *Adoption & Fostering, 6*(2), 49-52.

Pill, C.J. (1990). Stepfamilies: Redefining the family. *Family Relations, 39*, 186-193.

Pink, J.E. & Wampler, K.S. (1985). Problem areas in stepfamilies: Cohesion, adaptability, and the stepfather-adolescent relationship. *Family Relations, 34*, 327-335.

Piotrkowski, C.S. & Katz, M.H. (1982). Indirect socialization of children: The effects of mothers' jobs on academic behaviors. *Child Development, 53*, 1520-1529.

Piotrkowski, C.S., Rapoport, R.N. & Rapoport, R. (1987). Families and work. In M.B. Sussman & S.K. Steinmetz (Eds.), *Handbook of marriage and the family* (pp. 251-283). New York: Plenum.

Plomin, R. (1990). *Nature and nurture. An introduction to human behavioral genetics*. Belmont: Wadsworth.

Plomin, R. & Daniels, D. (1987). Why are children in the same family so different from one another? *Behavioral and Brian Sciences, 10*, 1-60.

Plomin, R. & DeFries, J.C. (1985). *Origins of individual differences in infancy: The Colorado Adoption Project*. New York: Academic Press.

Plomin, R., DeFries, J.C. & McClearn, G.E. (1990a). *Behavioral Genetics. A Primer* (2. ed.). New York: Freeman.

Plomin, R., Lichtenstein, P., Pedersen, N.L., McClearn, G.E. & Nesselroade, J.R. (1990b). Genetic influence on life events. *Psychology of Aging, 5*, 25-30.

Plomin, R. & Rende, R. (1991). Human behavioral genetics. *Annual Review of Psychology, 42*, 161-190.

Plummer, L.P. & Koch-Hattem, A. (1986). Family stress and adjustment to divorce. *Family Relations, 35*, 523-529.

Poensgen, M. (1991). *Abschied von den vergessenen Kindern*. Freiburg: Lambertus-Verlag.

Pointner, P. & Baumann, U. (1990). Soziales Netzwerk und soziale Unterstützung bei Ehepaaren - eine Pilotstudie. *Zeitschrift für Familienforschung, 2*, 5-25.

Pope, H. & Mueller, C.W. (1976). The intergenerational transmission of marital instability: Comparison by race and sex. *Journal of Social Issues, 32*, 49-66.

Pratt, M.W., Pancer, M., Hunsberger, B. & Manchester, J. (1990). Reasoning about the self and relationships in maturity: An integrative complexity analysis of individual differences. *Journal of Personality and Social Psychology, 59*, 575-581.

Price, R.A. & Vandenberg, S.G. (1980). Spouse similarity in American and Swedish couples. *Behavior Genetics, 10*, 59-71.

Probst, L.R., Pardington, A., Ostrom, R. & Watkins, P. (1986). Predictors of coping in divorced single mothers. *Journal of Divorce, 9*, 33-53.

Putallaz, M. & Gottman, J.M. (1981). An interactional model of children's entry into peer groups. *Child Development, 52*, 986-994.

Rapoport, R. (1963). Normal crises, family structure, and mental health. *Family Process, 2*, 68-80.

Raschke, H.J. (1977). The role of social participation in postseparation and postdivorce adjustment. *Journal of Divorce, 1*(12), 129-140.

Raschke, H.J. (1987). Divorce. In M.B. Sussman & S.K. Steinmetz (Eds.), *Handbook of marriage and the family* (pp. 597-624). New York: Plenum.

Rathbone-McCuan, E. (1980). Elderly victims of family violence and neglect. *Social Casework, 61*, 296-304.

Rauh, H. (1987). Frühe Kindheit. In R. Oerter & L. Montada (Hrsg.), *Entwicklungspsychologie* (S. 131-203). München: Psychologie Verlags Union.

Rauh, H. (1991). Die Perspektive des Kindes: zur Bedeutung außerfamilialer Institutionen. In A. Engfer, B. Minsel & S. Walper (Hrsg.), *Zeit für Kinder! Kinder in Familie und Gesellschaft* (S. 211-220). Weinheim: Beltz.

Raven, J. (1971). Objectives in education. *Irish Journal of Education, 5*, 15-27.

Raven, J. (1973). The attainment of non-academic educational objectives. *International Review of Education, 19*, 305-344.

Remmers, H. (1962). Cross-cultural studies of teenager problems. *Journal of Educational Psychology, 53*, 254-261.

Renne, K.S. (1971). Health and marital experiences in an urban population. *Journal of Marriage and the Family, 33*, 341-350.

Renne, K.S. (1976). Childlessness, health, and marital satisfaction. *Social Biology, 23*, 183-197.

Rheingold, H.L. (1982). Little children's participation in the work of adults: A nascent prosocial behavior. *Child Development, 53*, 114-125.

Rhyne, D. (1981). Bases of marital satisfaction among men and women. *Journal of Marriage and the Family, 43*, 941-955.

Richards, M.H. & Duckett, E. (1991). Maternal employment and adolescents. In J.V. Lerner & N.L. Galambos (Eds.), *Employed mothers and their children* (pp. 85-130). New York: Garland.

Ries, G. (1989). Die Entwicklung von Erfolgs- und Mißerfolgserlebnissen beim Übergang vom Kindergarten in die Grundschule. Eine Längsschnittstudie. *Psychologie in Erziehung und Unterricht, 36*, 258-264.

Risman, B.J. & Park, K. (1988). Just the two of us: Parent-child relationships in single-parent homes. *Journal of Marriage and the Family, 50*, 1049-1062.

Roberts, R.E.L. & Bengtson, V.L. (1990). Is intergenerational solidarity an unidimensional construct? A second test of a formal model. *Journal of Gerontology, 45*, 12-20.

Rodgers, R.H. (1973). *Family interaction and transaction. The developmental approach.* Englewood Cliffs: Prentice Hall.

Rogoff, B., Sellers, M.J., Pirotta, S., Fox, N. & White, S.H. (1975). Age of assignment of roles and responsibilities to children. A cross-cultural survey. *Human Development, 18*, 353-369.

Rohner, R.P. & Pettengill, S.M. (1985). Perceived parental acceptance-rejection and parental control among Korean adolescents. *Child Development, 56*, 524-528.

Rollins, B.C. (1989). Marital quality at midlife. In S. Hunter & M. Sundel (Eds.), *Midlife myths* (pp. 184-194). Newbury Park: Sage.

Rollins, B.C. & Cannon, K.L. (1974). Marital satisfaction over the family life cycle: A reevaluation. *Journal of Marriage and the Family, 36*, 271-282.

Rollins, B.C. & Feldman, H. (1970). Marital satisfaction over the family life cycle. *Journal of Marriage and the Family, 32*, 20-28.

Rook, K.S. (1987). Reciprocity of social exchange and social satisfaction among older women. *Journal of Personality and Social Psychology, 52*, 145-154.

Roopnarine, J.L. & Miller, B.C. (1985). Transitions to fatherhood. In S.M. Hanson & F.W. Bozelt (Eds.), *Dimensions of fatherhood* (pp. 49-63). Beverly Hills: Sage.

Rosenow, J., Brandt, G. & Grote, C.v. (1982). Erziehung zur Selbständigkeit in Arbeiter- und Angestelltenfamilien. *Zeitschrift für Pädagogik, 28*, 245-259.

Rosenthal, D.A., Demetriou, A. & Efklides, A. (1989). A cross-national study of the influence of culture on conflict between parents and adolescents. *International Journal of Behavioral Development, 12*, 207-219.

Rossi, A.S. (1968). Transition to parenthood. *Journal of Marriage and the Family, 30*, 26-39.

Rottleuthner-Lutter, M. (1989). Ehescheidung. In R. Nave-Herz & M. Markefka (Hrsg.), *Handbuch der Familien- und Jugendforschung. Bd. 1: Familienforschung* (S. 607-623). Neuwied: Luchterhand.

Rowe, D.C. (1983). A biometrical analysis of perceptions of family environment: A study of twin and singleton sibling kinships. *Child Development, 54*, 416-423.

Rowe, D.C. & Plomin, R. (1981). The importance of non-shared (E1) environmental influences in behavioral development. *Developmental Psychology, 17*, 517-531.

Rubin, L.B. (1979). *Women of a certain age: The midlife search for self.* New York: Harper & Row.

Russell, C.S. (1974). Transition to parenthood: Problems and gratifications. *Journal of Marriage and the Family, 36*, 294-301.

Russell, D. (1984). The prevalence and seriousness of incestuous abuse: Stepfathers versus biological fathers. *Child Abuse and Neglect, 8*, 15-22.

Rutter, M. (1979). Protective factors in children's responses to stress and disadvantage. In M.W. Kent & J.E. Rolf (Eds.), *Primary prevention of psychopathology: Vol. III. Promoting social competence and coping in children* (pp. 49-74). Hanover, N.H.: Lexington Books.

Rutter, M. (1987). Psychosocial resilience and protective mechanisms. *American Journal of Orthopsychiatry, 57*, 316-331.

Ryan, R.M. & Lynch, J.H. (1989). Emotional autonomy versus detachment: Revisiting the vicissitudes of adolescence and young adulthood. *Child Development, 60,* 340-356.

Salts, C.J. (1979). Divorce process: Integration of theory. *Journal of Divorce, 2,* 233-240.

Sander, E. (1988). Überlegungen zur Analyse fördernder und belastender Bedingungen in der Entwicklung von Scheidungskindern. *Zeitschrift für Entwicklungspsychologie und Pädagogische Psychologie, 20,* 77-95.

Sander, E., Berger, M. & Isselstein-Mohr, D. (1983). Die Wahrnehmung der eigenen Problemsituation durch alleinerziehende Mütter. *Psychologie in Erziehung und Unterricht, 30,* 16-23.

Sanders, G.F. & Trygstad, D.W. (1989). Stepgrandparents and grandparents: The view from young adults. *Family Relations, 38,* 71-75.

Sandler, I.N., Wolchik, S.A. & Braver, S.L. (1988). The stressors of children's postdivorce environments. In S.A. Wolchik & P. Karoly (Eds.), *Children of divorce* (pp. 111-143). New York: Gardner.

Sanik, M.M. (1986). Single versus two parent families: A comparison of mothers' time. *Family Relations, 35,* 53-56.

Santilli, N.R. & Furth, H. (1987). Adolescent work perception: A developmental approach. In J.H. Lewko (Ed.), *How children and adolescents view the world of work* (pp. 33-49). San Francisco: Jossey-Bass.

Santrock, J.W., Warshak, R.A. & Elliott, G.L. (1982). Social development and parent-child interaction in father-custody and stepmother families. In M.E. Lamb (Ed.), *Nontraditional families: Parenting and child development* (pp. 289-314). Hillsdale: Erlbaum.

Scarr, S. (1984). *Mother care/Other care.* New York: Basic Books.

Scarr, S. & Grajek, S. (1982). Similarities and differences among siblings. In M.E. Lamb & B. Sutton-Smith (Eds.), *Sibling relationships: Their nature and significance across the life- span* (pp. 357-381). Hillsdale: Erlbaum.

Scarr, S. & McCartney, K. (1983). How people make their own environments: A theory of genotype-environment effects. *Child Development, 54,* 424-435.

Scarr, S. & Weinberg, R.A. (1978). The influence of "family background" on intellectual attainment. *American Sociological Review, 43,* 674-692.

Schachter, F.F. (1982). Sibling deidentification and split-parent identification: A family tetrad. In M. Lamb & B. Sutton-Smith (Eds.), *Sibling relationships: Their nature and significance across the life-span* (pp. 123-151). Hillsdale: Erlbaum.

Schaefer, E.S. (1959). A circumplex model for maternal behavior. *Journal of Abnormal and Social Psychology, 59,* 241-246.

Schaie, K.W. & Willis, S.L. (1986). *Adult development and aging* (2. ed.). Boston: Little Brown.

Schaller, S. & Schmidtke, A. (1988). Broken home and suicidal behavior: Methodological problems. In H.J. Möller, A. Schmidtke & R. Welz (Eds.), *Current issues of suicidology* (pp. 279-295). Heidelberg: Springer.

Schattner, H. & Schumann, M. (1988). Meine Kinder, deine Kinder, unsere Kinder - Stieffamilien. In Deutsches Jugendinstitut (Hrsg.), *Wie geht's der Familie? Ein Handbuch zur Situation der Familien heute* (S. 78-85). München: Kösel.

Scheller, G. (1989). Familienzyklus als Forschungsansatz. In R. Nave-Herz & M. Markefka (Hrsg.), *Handbuch der Familien- und Jugendforschung. Bd. 1: Familienforschung* (S. 151-162). Neuwied: Luchterhand.

Schleiffer, R. (1982). Zur Psychodynamik von Stieffamilien mit einem psychisch gestörten Kind. *Praxis der Kinderpsychologie und Kinderpsychiatrie, 31,* 155-160.

Schlosberg, N. (1986). Mid-life. In C. Tavris (Ed.), *Everywoman's emotional well-being* (pp. 238-257). Garden City, NY: Doubleday.

Schmidt-Denter, U. (1984). *Die soziale Umwelt des Kindes. Eine ökopsychologische Analyse.* Berlin: Springer.

Schmidt-Denter, U. (1988). *Soziale Entwicklung. Ein Lehrbuch über soziale Beziehungen im Laufe des Lebens.* München: Psychologie Verlags Union.

Schmidt-Denter, U., Beelmann, W. & Trappen, I. (1991). Empirische Forschungsergebnisse als Grundlage für die Beratung von Scheidungsfamilien: Das Kölner Längsschnittprojekt. *Zeitschrift für Familienforschung, 3,* 40-51.

Schneewind, K.A. (1987). Familienentwicklung. In R. Oerter & L. Montada (Hrsg.), *Entwicklungspsychologie* (S. 971-1014). München: Psychologie Verlags Union.

Schneewind, K.A. (1989). Contextual approaches to family systems research: The macro-micro puzzle. In K. Kreppner & R.M. Lerner (Eds.), *Family systems and life-span development* (pp. 197-221). Hillsdale: Erlbaum.

Schneewind, K.A. (1991). *Familienpsychologie.* Stuttgart: Kohlhammer.

Schneewind, K.A., Beckmann, M. & Engfer, A. (1983). *Eltern und Kinder.* Stuttgart: Kohlhammer.

Schönwälder, H.-G. (1988). Die Arbeitssituation der Lehrer als Bestimmungsfaktor der Arbeitssituation der Schüler. In J. Berndt, D. Busch & H.-G. Schönwälder (Hrsg.), *Schul-, Schüler-, Elternstreß* (S. 97-130). Bremen: Bildung & Medien.

Schram, R.W. (1979). Marital satisfaction over the family life cycle: A critique and proposal. *Journal of Marriage and the Family, 41,* 7-12.

Schramm K. & Steuer, W. (1965). Ehen zwischen deutschen und ausländischen Arbeitnehmern. *Monatsschrift für Gesundheitsverwaltung und Sozialhygiene, 27,* 487-493.

Schubert, H.J. (1990). Wohnsituation und Hilfenetze im Alter. *Zeitschrift für Gerontologie, 23,* 12-22.

Schulenberg, J., Goldstein, A.E. & Vondracek, F.W. (1991). Gender differences in adolescents' career interests: Beyond main effects. *Journal of Research on Adolescence, 1,* 37-61.

Schulenberg. J., Vondracek, F.W. & Crouter, A.C. (1984). The influence of the family on vocational development. *Journal of Marriage and the Family, 46,* 129-143.

Schuster, J. (1990). Familien und neue Lebensformen. Veränderungstendenzen und Entwicklungsperspektiven der jungen Generation. In V. Teichert (Hrsg.), *Junge Familien in der Bundesrepublik* (S. 29-52). Opladen: Leske & Budrich.

Schütze, Y. (1989a). Geschwisterbeziehungen. In R. Nave-Herz & M. Markefka (Hrsg.), *Handbuch der Familien- und Jugendforschung. Bd. 1: Familienforschung* (S. 311-324). Neuwied: Luchterhand.

Schütze, Y. (1989b). Pflicht und Neigung: Intergenerationelle Beziehungen zwischen Erwachsenen und ihren alten Eltern - Ergebnisse einer Pilotstudie. *Zeitschrift für Familienforschung, 1,* 72-102.

Schütze, Y. (1990). Die veränderte Rolle der Frau in der Bundesrepublik Deutschland. Vortrag gehalten auf der Konferenz "After fourty contentious years: The two Germanys since 1949" in Los Angeles, USA.

Schwarz, K. (1984). Eltern und Kinder in unvollständigen Familien. *Zeitschrift für Bevölkerungswissenschaft, 10,* 3-36.

Schweitzer, J. & Weber, G. (1985). Scheidung als Familienkrise und klinisches Problem - Ein Überblick über die neuere nordamerikanische Literatur. *Praxis der Kinderpsychologie und Kinderpsychiatrie, 34,* 44-49.

Seccombe, K. & Lee, G. (1987). Female status, wive's autonomy, and divorce: A cross-cultural study. *Family Perspective, 20,* 241-249.

Sears, R.R. (1977). Sources of life satisfactions of the Terman gifted men. *American Psychologist, 32,* 119-128.

Seginer, R. (1988). Social milieu and future orientation: The case of Kibbutz vs. urban adolescents. *International Journal of Behavioral Development, 11,* 247-273.

Seglow, J., Pringle, M.K. & Wedge, P. (1972). *Growing up adopted. A long-term national study of adopted children and their families.* Slough: National Foundation for Educational Research in England and Wales.

Seidenspinner, G. & Burger, A. (1982). *Mädchen '82.* Hamburg: Brigitte/Deutsches Jugendinstitut.

Seiffge-Krenke, I. (1984). Formen der Problembewältigung bei besonders belasteten Jugendlichen. In E. Olbrich & E. Todt (Hrsg.), *Probleme des Jugendalters* (S. 353-386). Berlin: Springer.

Seiffge-Krenke, I. & Olbrich, E. (1982). Psychosoziale Konflikte im Jugendalter. In W. Wieczerkowski & H. zur Oeveste (Hrsg.), *Lehrbuch der Entwicklungspsychologie, Bd. 2* (S. 99-144). Düsseldorf: Schwann.

Selman, R.L. (1981). The child as a friendship philosopher. In S.R. Asher & J.M. Gottman (Eds.), *The development of children's friendship* (pp. 242-272). Cambridge: Cambridge University Press.

Selman, R.L. (1984). *Die Entwicklung des sozialen Verstehens*. Frankfurt: Suhrkamp.

Selman, R.L., Beardslee, W., Shultz, L.H., Krupa, B. & Poderefsky, D. (1986). Assessing adolescent interpersonal negotiation strategies: Toward the integration of structural and functional models. *Developmental Psychology, 22,* 450-459.

Selnow, G.W. (1987). Parent-child relationships and single and two parent families: Implications for substance usage. *Journal of Drug Education, 17*(4), 315-326.

Seltzer, J.A. & Bianchi, S.M. (1988). Children's contact with absent parents. *Journal of Marriage and the Family, 50,* 663-677.

Shereshefsky, P.M. & Yarrow, L.J. (Eds.). (1973). *Psychological aspects of a first pregnancy and early postnatal adaptation*. New York: Raven Press.

Siebel, W. (1989). Wohnen und Familie. In R. Nave-Herz & M. Markefka (Hrsg.), *Handbuch der Familien- und Jugendforschung. Bd. 1: Familienforschung* (S. 265-285). Neuwied: Luchterhand.

Silbereisen, R.K. (1987). Soziale Kognition. Entwicklung von sozialem Wissen und Verstehen. In R. Oerter & L. Montada (Hrsg.), *Entwicklungspsychologie* (S. 696-737). München: Psychologie Verlags Union.

Silbereisen, R.K., Eyferth, K. & Rudinger, G. (1986) *Development as action in context*. Berlin: Springer.

Silbereisen, R.K. & Noack, P. (1990). Adolescents' orientation for development. In H. Bosma & S. Jackson (Eds.), *Coping and self-concept in adolescence* (pp. 112-129). Berlin: Springer.

Silbereisen, R.K., Petersen, A.C., Albrecht, H.T. & Kracke, B. (1989). Maturational timing and the development of problem behavior: Longitudinal studies in adolescence. *Journal of Early Adolescence, 9,* 247-268.

Silbereisen, R.K. & Walper, S. (1988). The role of social ties in coping with economic deprivation. Vortrag auf den Biennial Meetings of the Society for Research on Adolescence, Alexandria, USA.

Silbereisen, R.K. & Walper, S. (1989). Arbeitslosigkeit und Familie. In R. Nave-Herz & M. Markefka (Hrsg.), *Handbuch der Familien- und Jugendforschung. Bd. 1: Familienforschung* (S. 535-557). Neuwied: Luchterhand.

Silbereisen, R.K., Walper, S. & Albrecht, H.T. (1990). Family income loss and economic hardship: Antecedents of adolescents' problem behavior. In V.C. McLoyd & C.A. Flanagan (Eds.), *Economic stress: Effects on family life and child development* (pp. 27-47). San Francisco: Jossey-Bass.

Silverman, A.R. & Weitzman, D.E. (1986). Nonrelative adoption in the United States: A brief survey. In R.A.C. Hoksbergen (Ed.), *Adoption in worldwide perspective* (pp. 1-21). Lisse: Swets & Zeitlinger.

Silverman, P.R. (1981). *Helping women cope with grief*. Beverly Hills: Sage.

Silverman, P.R. (1988). Widow-to widow: A mutual help program for the widowed. In R.H. Price, E.L. Cowen, R.P. Lorion & J. Ramos-McKay (Eds.), *Fourteen ounces of prevention* (pp. 175-186). Washington, DC: American Psychological Association.

Simon, R.J. & Altstein, H. (1987). *The rise and fall of transracial adoption: Science meets politics*. New York: Praeger.

Singer, L.M., Brodzinsky, D.M. & Braff, A.M. (1982). Children's belief about adoption: A developmental study. *Journal of Developmental Psychology, 3,* 285-294.

Singer, L.M., Brodzinsky, D.M., Ramsay, D., Stein, M. & Waters, E. (1985). Mother-infant attachment in adoptive families. *Child Development, 56,* 1534-1551.

SINUS-Institut. (1985). *Die verunsicherte Generation. Jugend Wertwandel*. Stuttgart: Kohlhammer.

Smetana, J.D. (1988). Adolescents' and parents' conceptions of parental authority. *Child Development, 59,* 321-335.

Smetana, J.D. (1989). Adolescents' and parents' reasoning about actual family conflict. *Child Development, 60,* 1052-1067.

Smetana, J.D. (1991). Do parent-child relationships change during adolescence? Vortrag gehalten auf dem Meeting of the Society for Research in Child Development, Seattle, USA.

Smith, T.E. (1990). Parental separation and the academic self-concepts of adolescents: An effort to solve the puzzle of separation effects. *Journal of Marriage and the Family, 52,* 107-118.

Smollar, J. & Youniss, J. (1989). Transformations in adolescents' perception of parents. *International Journal of Behavior Development, 12*(1), 71-84.

Sobol, M.P. & Cardiff, J. (1983). A sociopsychological investigation of adult adoptees' search for birth parents. *Family Relations, 32,* 477-483.

Sommer, G. & Fydrich, T. (1987). *Soziale Unterstützung und Belastung.* Unveröffentlichtes Manuskript, Universität Marburg.

Sorosky, A.D., Baran, A. & Pannor, R. (1982). *Adoption. Zueinander kommen - miteinander leben. Eltern und Kinder erzählen.* Reinbek: Rowohlt.

Spanier, G.B. & Furstenberg, F.F. (1982). Remarriage after divorce: A longitudinal analysis of well-being. *Journal of Marriage and the Family, 43,* 709-720..

Spanier, G.B. & Lachman, M.E. (1980). Factors associated with adjustment to marital separation. *Sociological Focus, 13,* 369-381.

Spanier, G.B. & Lewis, R.A. (1980). Marital quality: A review of the seventies. *Journal of Marriage and the Family, 42,* 825-839.

Spanier, G.B. & Thompson, L. (1984). *Parting: The aftermath of separation and divorce.* Beverly Hills: Sage.

Spence, D. & Lonner, T. (1971). The "empty nest": A transition within motherhood. *Family Coordinator, 20,* 369-375.

Sprecher, S. (1986). The relation between inequity and emotions in close relationships. *Social Psychology Quarterly, 49,* 309-321.

Stack, S. (1990). New micro-level data on the impact of divorce on suicide, 1959-1980: A test of two theories. *Journal of Marriage and the Family, 52,* 119-127.

Stapf, A. & Stapf, K.H. (1985). Mädchen in Männerberufen - Ein Vergleich von Jugendlichen in geschlechtstypischen und geschlechtsuntypischen Ausbildungsgängen. *Psychologische Beiträge, 27,* 447-459.

Stapf, K.H., Herrmann, T., Stapf, A. & Straecker, K.H. (1972). *Psychologie des elterlichen Erziehungsstils.* Stuttgart: Klett.

Starr, B.D. & Weiner, M.B. (1981). *Sex and sexuality in the mature years.* New York: Stein and Day.

Statistisches Bundesamt. (1968). *Haushalte und Familien* (Fachserie A, Reihe 5). Stuttgart: Metzler-Poeschel.

Statistisches Bundesamt. (1987). *Haushalte und Familien* (Fachserie A, Reihe 5). Stuttgart: Metzler-Poeschel.

Statistisches Bundesamt. (1990). *Familien heute. Strukturen, Verläufe und Einstellungen.* Stuttgart: Metzler-Poeschel.

Stein, L.M. & Hoopes, J.L. (1985). *Identity formation in the adopted adolescent. The Delaware Family Study.* New York: Child Welfare League of America.

Steinberg, L.D. (1981). Transformation in family relations at puberty. *Developmental Psychology, 17,* 833-840.

Steinberg, L.D. (1986). Latchkey children and susceptibility to peer pressure: An ecological analysis. *Developmental Psychology, 22,* 433-439.

Steinberg, L.D. (1987). Single parents, stepparents, and the susceptibility of adolescents to antisocial peer pressure. *Child Development, 58,* 269-275.

Steinberg, L.D. (1989). Pubertal maturation and parent-adolescent distance. In G. Adams, R. Montemayor & T. Gullotta (Eds.), *Advances in adolescent development, vol. 1* (pp. 82-114). Beverly Hills: Sage.

Steinberg, L.D. & Silverberg, S.B. (1986). The vicissitudes of autonomy in early adolescence. *Child Development, 57,* 841-851.

Steinkamp, G. & Stief, W.H. (1978). *Lebensbedingungen und Sozialisation.* Opladen: Leske & Budrich.

Stevenson D.L. & Baker, D.P. (1987). The family-school relation and the child's school performance. *Child Development, 58,* 1348-1357.

Stevenson, M.B. & Lamb, M.E. (1982). The effects of social experience and social style on cognitive competence and performance. In M.E. Lamb & L.R. Sherrod (Eds.), *Infant social cognition* (pp. 375-394). Hillsdale: Erlbaum.

Stewart, J.R., Schwebel, A.I. & Fine, M.A. (1986). The impact of custodial arrangements on the adjustment of recently divorced families. *Journal of Divorce, 9,* 55-65.

Stewart, R. (1983). Sibling attachment relationships: Child-infant interaction in the strange situation. *Developmental Psychology, 19,* 192-199.

Stich, J. (1988). Herd-Acker-Fabrik - Wie sich die Erwerbsstruktur von Frauen und die Lebensformen gewandelt haben. In Deutsches Jugendinstitut (Hrsg.), *Wie geht's der Familie? Ein Handbuch zur Situation der Familie heute* (S. 35-46). München: Kösel.

Stiefel, M.-L. (1983). *Hilfsbedürftigkeit und Hilfenbedarf älterer Menschen im Privathaushalt.* Berlin: Deutsches Zentrum für Altersfragen.

Stierlin, H. (1975). *Eltern und Kinder im Prozeß der Ablösung.* Frankfurt: Suhrkamp.

Stocker, C., Dunn, J. & Plomin, R. (1989). Sibling-relationships: Links with child temperament, maternal behavior, and family structure. *Child Development, 60,* 715-727.

Stöckli, G. (1987). Zur Bedeutung des Schuleintritts in der Mutter-Kind-Beziehung. *Zeitschrift für Entwicklungspsychologie und Pädagogische Psychologie, 19,* 170-181.

Stöckli, G. (1988). Mißerfolgszuschreibung in der Eltern-Kind-Beziehung: Attribuieren Eltern "selbstwertdienlich"? *Psychologie in Erziehung und Unterricht, 35,* 256-261.

Stolberg, A. & Anker, J. (1983). Cognitive and behavioral changes in children resulting from parental divorce and consequent environmental changes. *Journal of Divorce, 7,* 23-41.

Strümpel, B., Prenzel, W., Scholz, J. & Hoff, A. (1988). *Teilzeitarbeitende Männer und Hausmänner. Motive und Konsequenzen einer eingeschränkten Erwerbstätigkeit von Männern.* Berlin: Sigma.

Sullivan, K. & Sullivan, A. (1980). Adolescent-parent separation. *Developmental Psychology, 16,* 93-99.

Süßmuth, R. (1981). Familie. In H. Schiefele & A. Krapp (Hrsg.), *Handlexikon zur Pädagogischen Psychologie* (S. 124-129). München: Ehrenwirth.

Sutton-Smith, B. & Rosenberg, B. (1970). *The sibling.* New York: Holt, Rinehart & Winston.

Swartzberg, L., Shmukler, D. & Chalmers, B. (1983). Emotional adjustment and self-concept of children from divorced and nondivorced unhappy homes. *Journal of Social Psychology, 121,* 305-312.

Swenson, C.H., Eskew, R.R.W. & Kohlhepp, K.A. (1981). Stage of family life cycle, ego development, and the marriage relationship. *Journal of Marriage and the Family, 41,* 841-853.

Swientek, C. (1986). *Die "abgebende Mutter" im Adoptionsverfahren* (Theorie und Praxis der Frauenforschung, Bd. 4). Bielefeld: Kleine Verlag.

Symons, D. (1979). *The evolution of human sexuality.* New York: Oxford University Press.

Tausch, D. (1987). *Die Vorstellung des möglichen Sterbens einer nahestehenden Person.* Frankfurt: Lang.

Textor, M.R. (1988). *Offene Adoptionsformen.* Unveröffentliches Manuskript des Staatsinstituts für Frühpädagogik und Familienforschung, München.

Textor, M.R. (1991). *Inkognitoadoption und offene Formen der Adoption im Freistaat Bayern.* Unveröffentlichter Bericht des Staatsinstituts für Frühpädagogik und Familienforschung (Heft 4), München.

Thibaut, J. & Kelley, H.H. (1959). *The social psychology of groups.* New York: Wiley.

Thomae, H. (1983). *Altersstile und Altersschicksale.* Bern: Huber.

Thompson, L. & Spanier, G.B. (1983). The end of marriage and the acceptance of marital termination. *Journal of Marriage and the Family, 45,* 103-114.

Thompson, R.A. (1991). Infant day care: Concerns, controversies, choices. In J.V. Lerner & N.L. Galambos (Eds.), *Employed mothers and their children* (pp. 9-36). New York: Garland.

Tienari, P., Sorri, A., Lahti, I., Naarala, M., Wahlberg, K.E., Ronkko, T., Moring, J. & Pohjola, J. (1987). Family environment and the etiology of schizophrenia: Implications from the Finnish adoptive family study of schizophrenia. In. H. Stirlin, F.B. Simon & G. Schmidt (Eds.), *Familiar realities: The Heidelberg Conference.* New York: Brunner/Mazel.

Tietjen, A.M. (1989). The ecology of children's social support networks. In D. Belle (Ed.), *Children's social networks and social supports* (pp. 37-69). New York: Wiley.

Tietze, W., Roßbach, H.-G. & Mader, J. (1987). Zur Hausaufgabensituation bei Grundschülern. *Empirische Pädagogik, 1,* 309-329.

Tizard, B. & Rees, J. (1974). A comparison of the effects of adoption, restoration to the natural mother, and continued institutionalization on the cognitive development of four-year-old children. *Child Development, 45,* 92-99.

Tokarski, W. & Schmitz-Scherzer, R. (1985). *Freizeit.* Stuttgart: Teubner.

Tress, W. (1987). Seelische Widerstandskraft trotz schwerer Kinderjahre. *Sozialpädiatrie, 9,* 606-612.

Triseliotis, J. (1973). *In search of origins. The experiences of adopted people.* London: Routledge & Kegan Paul.

Troll, L. (1989). Myths of midlife intergenerational relationships. In S. Hunter & M. Sundel (Eds.), *Midlife myths* (pp. 210-231). Newbury Park: Sage.

Trommsdorf, G. (1984). Familiale Sozialisation im Kulturvergleich: Japan und Deutschland. *Zeitschrift für Sozialisationsforschung und Erziehungssoziologie, 4,* 79-97.

Tropf, W.D. (1984). An exploratory examination of the effects of remarriage on child support and personal contacts. *Journal of Divorce, 7,* 57-73.

Tschann, J.M., Johnston, J.R. & Wallerstein, J.S. (1989). Resources, stressors, and attachment as predictors of adult adjustment after divorce: A longitudinal study. *Journal of Marriage and the Family, 51,* 1033-1046.

Tsukada, G.K. (1979). Sibling interaction: A review of the literature. *Smith College Studies in Social Work, Northhampton, Mass., 49,* 229-247.

Tyrell, H. (1982). Familienalltag und Familienwelt. *Zeitschrift für Sozialisationsforschung und Erziehungssoziologie, 2,* 167-188.

Uhlenberg, P., Cooney, T. & Boyd, R. (1990). Divorce for women after midlife. *Journal of Gerontology, 45,* 3-11.

Ulich, K. (1989). *Schule als Familienproblem? Konfliktfelder zwischen Schülern, Eltern und Lehrern.* Frankfurt: Athenäum.

Ulich, M. (1988). Risiko- und Schutzfaktoren in der Entwicklung von Kindern und Jugendlichen. *Zeitschrift für Entwicklungspsychologie und Pädagogische Psychologie, 20,* 146-166.

Ullman, M.A. (1986). Termination: The final developmental task. *Clinical Gerontologist, 4,* 50-53.

Utne, M., Hatfield, E., Traupmann, J. & Greenberger, D. (1984). Equity, marital satisfaction, and stability. *Journal of Social and Personal Relationships, 1,* 323-332.

Valiant, G.L. (1983). Adolescents, parents and peers: What is one without the other? *Journal of Adolescence, 6,* 131-144.

Valtin, R. (1990). "Und dann waren wir plötzlich Freunde" - was Kinder über ihre Freunde und über Freundschaft denken. Unveröffentlichtes Manuskript, Freie Universität Berlin.

Van Dülmen, R. (1989). Die Liebe in der frühen Neuzeit. Historische Aspekte von Emotionalität. In Deutsche Forschungsgemeinschaft (Hrsg.), *Mitteilungen der DFG, 3,* 14-16.

Van Hook, M.P. (1990). The Iowa farm crisis: Perceptions, interpretations, and family patterns. In V.C. McLoyd & C.A. Flanagan (Eds.), *Economic stress: Affects on family life and child development* (pp. 71-86). San Francisco: Jossey-Bass.

Van Ijzendoorn, M.H., Vergeer, M.M. & Vliet-Visser, S.v. (1984). *The birth of a second child. Participant observation on the interactions between firstborn child and its family.* Paper presented at the Inaugural European Conference on Developmental Psychology, Groningen, Niederlande.

Vanyperen, N.W. & Buunk, B.P. (1990). A longitudinal study of equity and satisfaction in intimate relationships. *European Journal of Social Psychology, 20,* 287-309.

Vargas, L.A., Loya, F. & Hodde-Vargas, J. (1989). Exploring the multidimensional aspects of grief reactions. *American Journal of Psychiatry, 146,* 1484-1488.

Vaskovics, L.A. (1991). Kinderwunsch. In A. Engfer, B. Minsel & S. Walper (Hrsg.), *Zeit für Kinder! Kinder in Familie und Gesellschaft* (S. 192-196). Weinheim: Beltz.

Vaskovics, L.A., Buba, H.P., Eggen, B. & Junge, M. (1990). *Forschungsbericht zum Projekt "Familienabhängigkeit junger Erwachsener und ihre Folgen",* Universität Bamberg.

Vogel, C. (1984). Eine potentielle neue Kontaktperspektive von Anthropologie und Entwicklungspsychologie. *Zeitschrift für Entwicklungspsychologie und Pädagogische Psychologie, 16,* 119-133.

Vondracek, F.W. & Lerner, R.M. (1982). Vocational role development in adolescence. In B. Wolman (Ed.), *Handbook of developmental psychology* (pp. 602-614). Englewood Cliffs, NJ: Prentice Hall.

Vondracek, F.W., Hostetler, M., Schulenberg, J.E. & Shimizu, K. (1990a). Dimensions of career indecision. *Journal of Counseling Psychology, 37,* 98-106.

Vondracek, F.W., Shimizu, K., Schulenberg, J.E., Hostetler, M. & Sakayanagi, T. (1990b). A comparison between American and Japanese students' work values. *Journal of Vocational Behavior, 36,* 274-286.

Vosler, N.R. (1986). Children in intact, one-parent, and blended families: Psychosocial consequences of family structure. *Dissertation Abstracts International, 46* (7-A), 2077.

Voß, R. (1991). Es muß nicht immer Trennung sein - eine systemische Konsultation als professionsübergreifender Interventionsansatz in Krisensituationen. *Zeitschrift für Familienforschung, 3,* 155-168.

Voss, H.G. (1991). *Bericht zum Forschungsvorhaben "Zur Stabilität emotionaler Beziehungsmuster zwischen Müttern und ihren erst- und zweitgeborenen Kindern".* Darmstadt: Technische Hochschule, Institut für Psychologie.

Vuchinich, S. (1987). Starting and stopping spontaneous family conflicts. *Journal of Marriage and the Family, 49,* 591-601.

Wagner, M. & Huinink, J. (1991). Neuere Trends beim Auszug aus dem Elternhaus. *Acta Demographica, 2,* 39-62.

Wahl, K. (1988). Stimmt die Kasse? Einkommen und Ausgaben von Familien. In Deutsches Jugendinstitut (Hrsg.), *Wie geht's der Familie? Ein Handbuch zur Situation der Familie heute* (S. 246-247). München: Kösel.

Waite, L.J., Haggstrom, G.W. & Kanouse, D.E. (1985). The consequences of parenthood for the marital stability of young adults. *American Sociological Review, 50,* 850-857.

Waldrop, M.F. & Halverson, C.F. (1975). Intensive and extensive peer behavior: Longitudinal and cross-sectional analyses. *Child Development, 46,* 19-26.

Walker, L.S. & Greene, J.W. (1986). The social context of adolescent self-esteem. *Journal of Youth and Adolescence, 15,* 315-322.

Wallace, D. (1988). Wo wir hingehören. In Deutsches Jugendinstitut (Hrsg.), *Wie geht's der Familie? Ein Handbuch zur Situation der Familie heute* (S. 237-238). München: Kösel.

Wallerstein, J.S. & Blakeslee, S. (1989). *Gewinner und Verlierer. Frauen, Männer, Kinder nach der Scheidung. Eine Langzeitstudie.* München: Droemer-Knaur.

Wallerstein, J.S., Corbin, S.B. & Lewis, J.M. (1988). Children of divorce: A 10-year study. In E.M. Hetherington & J.D. Arasteh (Eds.), *Impact of divorce, single parenting, and stepparenting on children* (pp. 197-214). Hillsdale: Erlbaum.

Wallerstein, J.S. & Kelley, J.B. (1976). The effects of parental divorce: Experiences of the child in early latency. *American Journal of Orthopsychiatry, 46,* 20-32.

Wallerstein, J.S. & Kelley, J.B. (1977). The effects of parental divorce: The adolescent experience. In C. Koupernik & E.W. Anthony (Eds.), *The child in his family* (pp. 479-505). New York: Wiley.

Wallerstein, J.S. & Kelley, J.B. (1980). *Surviving the breakup: How children and parents cope with divorce.* New York: Basic Books.

Walper, S. (1988). *Familiäre Konsequenzen ökonomischer Deprivation.* München: Psychologie Verlags Union.

Walper, S. (1991a). Ökonomisch deprivierte Familien: Risikofaktoren, soziale Netzwerke und Partnerschaftsbeziehungen. Manuskript, Deutsches Jugendinstitut, München.

Walper, S. (1991b). Trennung der Eltern und neue Partnerschaft: Auswirkungen auf das Selbstkonzept und die Sozialentwicklung Jugendlicher. *Schweizerische Zeitschrift für Psychologie, 50*(1), 34-47.

Walper, S. & Silbereisen, R.K. (1987). Familiäre Konsequenzen ökonomischer Einbußen und ihre Auswirkungen auf die Bereitschaft zu normverletzendem Verhalten bei Jugendlichen. *Zeitschrift für Entwicklungspsychologie und Pädagogische Psychologie, 19,* 228-248.

Walper, S., Silbereisen, R.K., Albrecht, H.T. & Wiszniewska, A. (1989). The dynamics of adolescents' reactions to economic deprivation. Vortrag gehalten auf dem Meeting der International Society for the Study of Behavioral Development, Jyväskylä, Finnland.

Walster, E., Walster, G.W. & Berscheid, E. (1978). *Equity theory and research.* Boston: Allyn & Bacon.

Wamboldt, F.S. & Reiss, D. (1989). Defining a family heritage and a new relationship identity: Two central tasks in the making of a marriage. *Family Process, 28,* 317-335.

Wand, E. (1986). *Ältere Töchter alter Eltern.* Stuttgart: Kohlhammer.

Ward, M. & Lewko, J.H. (1987). Adolescents in families adopting older children: Implications for service. *Child Welfare, 66,* 539-547.

Warton, P.M. & Goodnow, J.J. (1991). The nature of responsibility: Children's understanding of "your job". *Child Development, 62,* 156-165.

Watson-Gegeo, K.A. & Gegeo, D.W. (1989). The role of sibling interaction in child socialisation. In P. Goldring-Zukow (Ed.), *Sibling interaction across cultures* (pp. 54-76). New York: Springer.

Weick, S. (1990). Junge Frauen und Männer bleiben wieder länger im Elternhaus. *Informationsdienst soziale Indikatoren, 4,* 5-8.

Weigert, E.V., Wenner, N.K., Cohen, M.B., Fearing, J.M., Kvarnes, R.G. & Ohaneson, E.M. (1968). *Emotional aspects of pregnancy.* Final report of Washington School of Psychiatry Project: Clinical study of the emotional challenge of pregnancy.

Weingarten, H.R. (1985). Marital status and well-being: A national study comparing first-married, currently divorced, and remarried adults. *Journal of Marriage and the Family, 47,* 235-247.

Weinraub, M. & Wolf, B.M. (1983). Effects of stress and social support on mother-child interactions in single- and two-parent families. *Child Development, 54,* 1297-1311.

Weiss, L.A. & Grolnick, W.S. (1991). The roles of parental involvement and support for autonomy in adolescent symptomatology. Vortrag gehalten auf dem Meeting of the Society for Research in Child Development, Seattle, USA.

Weiss, P. (1961). *Abschied von den Eltern.* Frankfurt: Suhrkamp.

Weiss, R.S. (1975). *Marital Separation.* New York: Basic Books.

Weiss, R.S. (1979). Growing up a little faster: The experience of growing up in a single-parent household. *Journal of Social Issues, 35,* 97-111.

Wender, P.H., Kety, S.S., Rosenthal, D., Schulsinger, F., Ortmann, J. & Lunde, I. (1986). Psychiatric disorders in the biological and adoptive families of adopted individuals with affective disorders. *Arch. Gen. Psychiatry, 43*, 923-929.

Wente, A.S. & Crockenberg, S. (1976). Transition to fatherhood: Lamaze preparation, adjustment difficulty and the husband-wife relationship. *Family Coordinator, 24*, 351-357.

Werner, E.E. (1985). Stress and protective factors in children's lives. In A.R. Nicol (Ed.), *Longitudinal studies in child psychology and psychiatry* (pp. 335-355). New York: Wiley.

Werner, E.E. (1989). High-risk children in young adulthood: A longitudinal study from birth to 32 years. *American Journal of Orthopsychiatry, 59*, 72-81.

Wertsch, J.V. (1985). *Vygotsky and the social formation of mind*. Cambridge, Mass.: Harvard University Press.

White, B.L. (1975). Critical influences in the origins of competence. *Merill-Palmer Quarterly, 21*, 243-266.

White, L.K. (1990). Determinants of divorce: A review of research in the eighties. *Journal of Marriage and the Family, 52*, 904-912.

White, L.K. & Booth, A. (1985). The quality and stability of remarriages: The role of children. *American Sociological Review, 50*, 689-698.

White, L.K. & Brinkerhoff, D.B. (1981). Children's work in the family: Its significance and meaning. *Journal of Marriage and the Family, 43*, 789-798.

White, L.K., Brinkerhoff, D.B. & Booth, A. (1985). The effect of marital disruption on child's attachment to parents. *Journal of Family Issues, 6*, 5-22.

Whiteside, M.F. (1989). Family rituals as a key to kinship connections in remarried families. *Family Relations, 38*, 34-39.

Wiehe, V.R. (1984). Self-esteem, attitude toward parents, and locus of control in children of divorced and non-divorced families. *Journal of Social Service Research, 8*, 17-28.

Winch, R.F. (1958). *Mate-selection: A study of complementary needs*. New York: Harper & Row.

Wissenschaftlicher Beirat für Familienfragen. (1980). *Familien mit Kleinkindern. Spezifische Belastungssituationen in der frühkindlichen Entwicklung*. Stuttgart: Kohlhammer.

Wit, J. de & Veer, G. van der. (1982). *Psychologie des Jugendalters*. Donauwörth: Auer.

Wittkowski, J. & Zobel, M. (1982). Korrelate von Lebenszufriedenheit im mittleren Erwachsenenalter. *Zeitschrift für Gerontologie, 15*, 259-264.

Wolchik, S.A., Beals, J. & Sandler, I.N. (1989). Mapping children's support networks: Conceptual and methodological issues. In D. Belle (Ed.), *Children's social networks and social supports* (pp. 191-220). New York: Wiley.

Worobey, J.L. & Angel, R.J. (1990). Functional capacity and living arrangements of unmarried elderly persons. *Journal of Gerontology, 45*, 95-101.

Wright, P.H. & Keple, T.W. (1981). Friends and parents of a sample of high school juniors: An exploratory study of relationship intensity and interpersonal reward. *Journal of Marriage and the Family, 43*, 559-570.

Wyman, P.A., Cowen, E.L., Hightower, D. & Pedro-Caroll, J.L. (1985). Perceived competence, self-esteem, and anxiety in latency-aged children of divorce. *Journal of Clinical Child Psychology, 14*, 20-26.

Young, D. (1983). Two studies of children of divorce. In L.A. Kurdek (Ed.), *Children and divorce* (pp 61-69). San Francisco: Jossey-Bass.

Youniss, J. (1980). *Parents and peers in social development: A Sullivan-Piaget perspective*. Chicago: The University of Chicago Press.

Youniss, J. (1988). Mutuality in parent-adolescent relationships. Youth and Americans's future: Social capital for impending adulthood. Gutachten für The William T. Grant Foundation Commission on Work, Family and Citizenship, Washington, USA, April.

Youniss, J., DeSantis, J.P. & Henderson, S.H. (i.Dr.). Parents' approaches to adolescents in alcohol, friendship, and school situations. In I.E. Sigel, A. McGillicuddy-DeLisi & J. Goodnow (Eds.), *Parental Belief Systems* (Vol. II). Hillsdale: Erlbaum.

Youniss, J. & Ketterlinus, R.D. (1987). Communication and connectedness in mother- and father-adolescent relationships. *Journal of Youth and Adolescence, 16*(3), 265-280.

Youniss, J. & Smollar, J. (1985). *Adolescent relations with mothers, fathers, and friends.* Chicago: University of Chicago Press.

Zajonc, R.B. & Markus, G. (1975). Birth-order and intellectual development. *Psychological Review, 82,* 74-88.

Zapf, W. (1990). *Technikfolgen für Haushaltsorganisation und Familienbeziehungen.* Universität Mannheim: Bericht für das Bundesministerium für Forschung und Technologie.

Zaslow, M.J. (1988). Sex differences in children's response to parental divorce. 1. Research methodology and post-divorce family forums. *American Journal of Orthopsychiatry, 58,* 355-378.

Zaslow, M.J. (1989). Sex differences in children's response to parental divorce: 2. Samples, variables, ages, and sources. *American Journal of Orthopsychiatry, 59,* 118-141.

Zill, N. (1988). Behavior, achievement and health problems among children in stepfamilies: Findings from a national survey of child health. In E.M. Hetherington & J. Arasteh (Eds.), *Impact of divorce, single parenting and stepparenting on children* (pp. 325-368). Hillsdale: Erlbaum.

Zimmermann, R.E. (1979). Soziologische Aspekte der Witwenschaft. *Zeitschrift für Gerontologie, 12,* 258-265.

SACHVERZEICHNIS

Ablösung 83, 197, 206, 217ff., 221ff., 322
Adoleszenz 48, 69, 82, 86f., 89ff., 92f., 96ff., 100, 101, 143, 194, 217f., 219, 224f., 261ff., 321
Adoption(s) 250ff.
- offene 253
- recht 252, 253, 262
- status, Aufklärung über 256
- studien 160, 250, 257ff., 264
- verlauf 251, 255, 258ff.

Adoptiv
- eltern 250ff.
- familien 250ff.
- kinder 254ff., 257ff.

Alter(s) 73, 83, 142, 147, 181, 283, 321
- abstand 317
- versorgung 39, 45

Anpassung(s) 19, 28, 48, 121ff., 142ff., 177, 178, 224, 228, 230, 314ff., 318, 326
- emotionale 264f.
- psychische 286
- schwierigkeiten 125, 279ff., 282, 296, 301f., 321ff.
- soziale 264f.

Arbeit(s) 55
- belastung 66
- Eignerschaft von 72
- losigkeit 58
- teilung 55ff., 70ff., 173, 292, 297

Attraktivität, physische 107f.

Austausch
- beziehungen 72, 111f.
- prozesse 110, 111f., 134, 149, 150
- theorien 22, 53, 62, 71, 107, 111f., 269, 314

Auszug(s) 220ff.
- alter 217
- verhalten 217

Autonomie (vgl. Selbstbestimmung) 28, 48, 49, 63, 66, 68, 75ff., 142, 145, 201, 207, 211, 217, 219, 222f., 224f., 233, 309, 321

Belastung 71, 74, 117, 125, 164f., 168, 180, 184, 190, 230, 232, 251, 254, 273, 277, 296f., 300, 314, 318f.

Beruf(s) 75ff.
- chancen 293f., 302
- erfolg 196, 294, 302
- status 270, 294
- wahl 77ff.

Bewältigung (s. Streßbewältigung)

Beziehung(s) 4, 6, 7, 11, 40, 130ff., 148, 174ff.
- intergenerative 169, 243f.
- muster 306
- nichteheliche 266, 311, 320
- qualität 57, 99, 108ff.
- struktur 203ff.
- unilaterale 150, 207f.
- wandel 41ff.

Bildung(s) 45, 47, 49, 65, 66, 70, 72, 73, 79, 80, 114
- abschluß, beruflicher 270, 294
- abschluß, schulischer 270
- aspiration, elterliche 62, 78, 99, 172, 191ff., 303
- status 316, 318

Bindung(s) 224f., 233, 234
- qualität 167f.
- sicherheit 80, 100, 136ff., 140, 176, 247, 257
- theorie 254

Defizitansatz 265, 272ff., 290, 304, 312

Deidentifikation 158

Depressivität 63, 227, 241, 259, 276

Deprivation
- frühkindliche 251, 254ff.
- ökonomische 29, 33, 53, 58, 129, 276, 279

Devianz 62, 69, 102

Egozentrismus, kindlicher 86

Ehe(n) 4, 28
- Bedeutungsverlust von 42
- beziehung 11, 28, 35, 40ff., 71, 105, 108ff., 117, 125ff., 138ff., 148, 163, 203f., 229f., 235, 239ff., 316ff.
- dauer 41, 52, 203f., 271f., 328
- krise 42, 230, 268
- qualität 108, 119, 203f., 239, 268ff., 316ff., 326ff.
- recht 27ff., 52, 267
- stabilität 40, 53, 108ff., 203f., 267ff., 316ff.
- zufriedenheit 20ff., 43, 53, 68, 110f., 126ff., 165f., 203f., 229f., 239, 271, 275, 320, 326ff.

Ehepartner(s) 105ff.
- geschiedene 278ff.
- verwitwete 316
- wiederverheiratete 229, 316ff.

Ein-Elternteil-Familien 5, 94, 221, 276, 278ff., 282ff., 289ff., 320, 327ff.
- Kinder in 300ff.

Eltern 5, 181ff.
- identität 122
- rolle 117ff., 267
- schaft 117f., 231
- schaft, Phasen der 118ff.

Eltern-Kind-Beziehung 11, 29, 35ff., 45ff., 48, 53, 66, 74, 96ff., 132ff., 139ff., 143, 149ff., 162, 169, 174ff., 206ff., 222, 224, 231ff., 244ff., 255, 261, 287f., 304ff., 314ff.
- gleichberechtigte 141, 144ff., 149ff., 327

Elternteil
- nichtsorgeberechtigter 286f., 301, 305, 315, 321, 325
- sorgeberechtigter 276, 284

Emotion 46, 121, 145, 226, 228

Empty nest 201, 218, 226f.
- Reaktion 226

Entscheidung(s) 57, 71, 114
- struktur, familiale 201, 309

Entwicklung(s) 139, 142, 166ff., 219, 225
- emotionale 68ff., 132, 215, 264, 315, 320ff.
- förderung 85f., 88
- kognitive 67ff., 86, 133, 143, 194, 215f., 256f.
- körperliche 194, 198, 200f., 215, 320
- lebenslange 198, 200
- moralische 215f.
- soziale 67ff., 85, 86, 88ff., 194, 264, 315, 320ff.
- störung 254, 320ff
- Wissen über 145ff.

Entwicklungsaufgaben 16, 141, 219, 236, 256, 273, 276ff., 321
- familiale 16ff., 113, 117, 129, 173, 201ff., 218, 238, 274ff., 290
- individuelle 83, 196ff., 218ff., 242, 244, 274

Entwicklungsphase 161f., 163, 226

Equity-Theorie 109ff.

Erbe 34, 36ff., 80, 146, 250

Erstelternschaft 120ff., 164

Erstgeborenes 154, 161, 167, 168

Erwachsenenalter
- frühes 217ff., 232
- höheres 94f.
- mittleres 93ff., 199, 225f.

Erwerbstätigkeit 42, 43, 47, 52, 55ff., 243, 267, 293ff.
- mütterliche 64ff., 70ff., 172, 173, 190, 200, 293, 299

Erziehung(s) 29, 40, 168f., 276
- dimension 142
- stil 141, 160, 208f., 216, 260f., 309
- vorstellungen 45, 49, 50, 53, 71, 80, 143ff., 185, 233f.

Erziehungsverhalten 61, 68, 100, 102, 133ff., 143, 162, 176, 177, 208f., 233, 261, 308, 312
- autoritäres 48, 49, 141
- autoritatives 80, 141ff., 211, 287, 329
- inkonsistentes 204
- kontrollierendes 45, 142, 144ff., 202, 211, 327ff.
- unterstützendes 211, 216

Familie(n)
- begriff 3ff., 312
- bewältigungspotential der 274, 295
- beziehung 7, 22, 94
- binukleare 273, 289
- einkommen 292f.
- entwicklungsaufgaben (s. Entwicklungsaufgaben, familiale)
- entwicklungstheorie 117, 167, 194, 218, 250, 265, 290, 314
- finanzielle Situation der 292ff., 298
- formen, alternative 5, 30ff., 42ff.
- forschung, kulturvergleichende 23, 47ff., 134ff., 147
- Funktionen der 292
- interaktion 59, 66, 97f., 102, 131ff., 142, 168f., 176, 191ff., 194, 209ff., 255, 304ff., 323ff.
- karriere 13, 171
- klima 20ff., 69, 97, 102f., 104, 251, 255, 260f., 305
- kommunikation 103, 212ff., 306ff., 324
- konflikt 213ff., 262ff., 301, 302, 305, 314ff., 318, 321, 324
- krise 24, 295
- organisation 276, 280, 314ff.
- phase 250
- recht 27ff., 267, 324
- streßtheorie 59, 265, 273
- struktur 221
- system 148ff., 167f., 250, 286ff.
- Wandel der 39
- zyklus 13, 119, 229f., 256, 273, 321, 324f.

Freizeitverhalten 83, 93, 97, 100, 104, 298

Fremde-Test 137, 167

Freund(es) 172, 174, 191
- kreis 84f., 298
- schaft 84, 90, 232
- schaftskonzept 86ff.

Geburt 42, 118ff., 254

Generationskonflikt 206f., 246ff.

Generativität 200

Geschlecht(s)
- rolle 69f., 80, 197, 281, 282
- unterschiede 62, 80, 91, 94, 95, 98f., 101, 107f., 125, 197f., 199, 206, 209, 215, 216, 221, 223, 229, 259ff., 282, 284ff., 293, 298, 301, 302, 305, 308

Geschwister 247, 265
- beziehung 11, 152ff., 167f., 204f.
- biologische 159
- interaktion 153f., 161, 204f.
- konflikt/-rivalität 153, 157ff., 205f., 221
- konstellation 153f., 160
- positionsforschung 152f.

Gespräch(s)
- agrumentatives 214ff.
- rolle 70, 73, 301
- thema 98f., 103, 213f., 280

Gesundheit
- körperliche 94, 95, 177ff, 192, 293, 296f., 301, 318ff.
- seelische 85, 94, 123, 212, 240, 263, 278ff., 281, 296f., 299, 300f., 305, 318ff.

Gewalt
- in der Familie 29, 35ff., 50, 146, 248, 296, 324ff.

Großeltern 32, 67, 130, 243, 247, 295

Hausaufgaben 180, 189ff., 283

Hausfrauen 64, 299

Hausmänner 66, 299

Heterogamie 106, 271

Homogamie 106, 317
Identifikation 81, 190
- split-parent 158
Identität 78, 196f., 198, 216, 217, 223, 242, 249, 257, 261ff.
Imitations-Lernen 158
Impulskontrolle 301
Individuation(s) 207ff.
- theorie 207
Intelligenz 159f., 322
Interaktion, soziale 11, 109
Intimität 98
Isolation 128, 276
- individuelle 248
- soziale 94, 299, 303
Kinder
- betreuung 65, 66ff., 69, 294f.
- krippen 65, 67ff., 130, 295
- losigkeit 46ff., 114, 250ff.
- nichteheliche 30
- wunsch 23, 113ff.
- zahl 23, 42, 46ff., 53, 58, 221, 226, 292, 302
Kindesmißhandlung (s. Gewalt in der Familie)
Kindheit
- frühe 65, 67, 86f., 88f., 100f., 132ff., 163
- mittlere 86f., 96ff., 154ff., 157ff.
- Schulalter 68, 72, 89ff., 100, 149, 307
- Vorschulalter 68, 88f., 100, 176
Kohäsion 19ff., 62, 63, 194
Kommunikation(s) 46, 48
- konfliktäre 213ff.
- probleme 185ff.
Kompetenz, soziale 89, 100, 142, 157
Konflikt 42, 53, 57, 59, 63, 71, 139, 140, 173, 192, 222, 224f., 232, 275, 286, 299
- kognitiver 87f.
- sozialer 87, 101
Konfluenzmodell 160
Kontakt 105, 254, 263, 280, 286ff., 318, 324, 329
Kooperation 68, 168, 181, 183ff.
Krise(n) 125, 198f., 224
- konzept 117, 226, 273f., 279
Kritische Lebensereignisse 38, 262, 273, 295, 296, 300
Kulturvergleich 107, 196, 199
Leben(s)
- alter, mittleres 239ff.
- formen, alternative 272
- veränderung 273ff., 283, 286, 314
- zufriedenheit (s. Gesundheit, seelische)
Lehrer 175ff., 182ff.
- Eltern-Kontakte 181ff.
- Funktion der 186
Liebe 41ff., 45, 142, 174ff.
Loyalitätskonflikte 276, 277, 306, 321, 325

Macht 61, 79, 172, 181, 183, 188
- ausübung 45
- struktur 153
Management-Funktion 100
Matching-Hypothese 106
Modell
- funktion 153, 158, 169
- verhalten 104, 303
Mutter 138ff., 181, 190
- alleinerziehende (s. Ein-Elternteil-Familie)
- geschiedene 292
- Kind-Beziehung 155, 206, 209f., 214f., 284, 326ff.
- ledige 290, 292, 295, 302f.
- "neue" 290
- rolle 30, 43, 61, 122, 123f., 148, 227
- schaft 33, 118
Netzwerk, soziales 93f., 95, 104, 123, 276, 280, 298, 307
Neugeborenes 121, 154, 165
Normative Ansätze 273, 274ff., 314ff.
Partizipation, soziale 181ff., 298
Partner
- ähnlichkeit der 105ff., 108
- schaft 117f.
- wahl 36, 40, 105ff., 272, 279, 317
Peer(s) 68, 69, 140, 161, 172, 174, 196, 233, 259, 265
- akzeptanz 101, 102
- Gruppierungsformen von 84f., 89, 90
- interaktion 88ff. 97f., 100, 102
- relativer Einfluß der 98f., 207
Peerbeziehung 82ff., 88ff., 210ff.
- Begriff der 82f.
- Funktion der 85, 102f.
Persönlichkeit 11, 138ff., 159ff., 166, 198f., 225, 240, 279, 281f.
Perspektivenübernahme 89, 113
Pflege
- familie 258f.
- leistung, familiale 245
Pflichten
- häusliche 294
Phasenmodell 120f., 146, 169, 273ff.
Pubertät (vgl. Entwicklung, körperliche) 143, 194, 215, 302, 305, 321, 327
Ressourcen 59, 62, 107, 279f., 297, 312
Rolle(n) 62, 74, 152, 245ff., 271, 279, 312
- geschlechtsspezifische 127, 245
- theoretisches Modell 315, 318
- verteilung 118, 127, 165, 227, 230, 231, 314ff., 323
Sandwich-Generation 239
Scheidung(s) 30, 35, 43, 52, 64, 229, 239, 244, 266ff, 296, 298
- familien 265, 286ff., 305
- folgen 94, 240, 278ff., 300

- kinder 282ff., 302
- raten 41, 42, 53, 203, 229, 266, 289
- ursachen 268ff.

Schichtzugehörigkeit, soziale 69, 93, 160, 181, 190, 241, 252, 270, 279

Schul(e) 83, 171ff., 174ff.
- anfang 175ff.
- belastung 173, 175, 177ff.
- Elternmitwirkung 171, 180ff.
- erfolg 62, 175ff., 191, 303, 320
- noten 186, 191ff., 259
- problem 197, 283, 300, 302f.
- übergänge 77, 293
- weiterführende 77, 191

Schwangerschaft(s) 118f., 120ff., 138, 140, 164, 254
- depression 123

Selbst
- bestimmung (vgl. Autonomie) 29, 67, 144, 220
- konzept 117, 198f., 205, 225, 228, 263ff., 304f., 326
- Schemata 122
- wertgefühl 62, 63, 85, 99, 199, 220, 225, 263ff., 301, 320ff.

Selektion, sexuelle 107

Sorgerecht 29, 30, 50, 52, 280, 315
- gemeinsames 30, 286f., 289, 299, 306

Sozialisation(s)
- agent 153, 158f.
- forschung 152
- instanz 171

Soziobiologie 107, 115

Spiel 88, 101, 156f.

Stieffamilien 221, 250, 265, 278, 289, 312ff.

Strafe 154

Streß 24ff., 58, 74, 179, 280, 294, 305, 320ff.
- bewältigung 25ff., 59, 120, 164, 189f., 241, 257, 263, 273ff., 279ff., 285, 297, 314ff., 330
- bewältigungstheorien 117, 273, 279, 290

Strukturtheorie, kognitive 86f.

Substanzgebrauch 98, 101, 264, 322

System 7ff., 11, 55, 77, 129, 130, 189
- ökologisches 82
- theorie 7ff., 48, 74, 166f., 273ff., 291, 314

Teilzeitarbeit 66, 68, 70, 293f.

Temperament 132, 138, 140, 162, 287f.

Theorie
- psychoanalytische 223, 227
- psychodynamische 122, 124

Tod 248

Transmission, intergenerationale 271

Trauer 247, 262, 314
- prozeß 242f., 277

Umwelt 32ff., 36ff.
- geteilte ("shared environment") 160
- nicht-geteilte ("non-shared environment") 160f.

Unabhängigkeit (s. Autonomie)

Unterhaltsanspruch 268

Unterstützung
- soziale 62, 85, 93f., 102f., 198, 231, 254, 279, 298
- staatliche 293

Vater 138ff., 293, 298, 301
- Kind-Beziehung 209f.
- rolle 30, 43, 61, 148
- schaft 118, 124

Vergleich, sozialer 109

Verhalten(s)
- aggressives 167, 259, 282, 283f., 326ff.
- auffälliges 63, 69, 139, 140, 154ff., 186, 202, 258ff., 282ff., 302, 307f., 309, 321ff.
- genetik 160

Verwandtschaft 315, 318

Verwitwung 95, 240f., 242, 290, 292, 296, 298, 305, 311, 318, 326

Vorurteile 250, 278, 328

Vulnerabilität 162, 259ff., 278, 320ff.

Wandel
- funktionaler 266
- gesellschaftlicher 27, 29, 103, 266ff., 289
- innerfamiliärer 266ff.
- Werte 49

Wertesystem, psychosoziales 50, 75ff.

Werthaltung 297

Zeitbudget 56ff., 75, 92f., 96, 101

Zweikindfamilie 152

Zweitehe 316ff.

Zweielternschaft 152, 163f.

Zweitgeborenes 161

Zwillingsstudie 37, 160

PERSONENVERZEICHNIS

Abbott, B.L. 69
Abernathy, V. 243
Abramovitch, R. 153, 156
Acock, A.C. 278, 282, 283
Adelson, J. 217, 220
Ahern, F.J. 159
Ahrons, C.R. 273, 275, 277, 280, 289, 299
Ainsworth, M.D.S. 35, 136, 176, 254
Albrecht, H.T. 99
Aldous, J. 13, 233
Allen, J.P. 211
Allerbeck, K. 206, 208
Allison, P.D. 283, 300, 322
Alsaker, F.D. 211
Altemeier, W.A. 165
Altstein, H. 250
Alvarez, W.F. 66, 68
Amato, P.R. 278, 279, 282
Ambert, A.M. 280
Anderson, S.A. 229
Andres, D. 69
Andrews, M.P. 26
Angel, R.J. 246
Angst, J. 153, 160, 161
Anker, J. 276
Antonucci, T.C. 122, 124
Arasteh, J.D. 312
Archer, S.L. 78
Aselmeier-Ihrig, M. 255, 256, 261
Aumend, S.A. 263
Axelson, L.J. 230

Bachrach, C.A. 250, 252
Baker, D.P. 181, 184, 188, 191
Balloff, R. 274, 286
Balluseck, H.V. 247
Baltes, M.M. 95
Baltes, P.B. 200
Bamberg, E. 80
Bank, S. 153
Barash, D.P. 115
Barber, C.E. 228
Barling, J. 67
Barnes, H.L. 19, 212
Barnes, M. 106, 107
Barrett, J. 130, 131
Barrett, M.C. 263

Bart, P.B. 227
Barth, K. 250
Baruch, G. 279, 280
Baskett, L.M. 161
Baucom, D.H. 112
Bauer, R. 267
Baumann, U. 93
Baumrind, D. 141, 142, 211
Beck, U. 289
Beck-Gernsheim, E. 40, 42, 267
Becker, H.J. 183
Beckman, L.J. 186
Beelmann, W. 284, 285, 287
Begun, A. 154, 156
Behnken, I. 173, 177, 196, 206
Bell, D.C. 231, 234
Bell, L.G. 231, 234
Belsky, J. 12, 35, 36, 124, 127, 135, 136, 138, 139, 140, 142, 165
Bender-Szymanski, D. 79
Bengtson, V.L. 103, 207, 229, 245
Bennett, J.W. 16
Berger-Schmitt, R. 201
Bergerfurth, B. 33
Berman, P.W. 124
Berman, W.H. 276, 281
Berndt, J. 178
Bianchi, S.M. 221, 286
Bigelow, B.J. 86
Bigner, J. 157
Bitter, R.G. 271
Blakeslee, S. 272, 277
Blaschke, D. 95
Blenkner, M. 245
Blieszner, R. 244, 246
Blisk, D. 280
Block, J.H. 275, 284, 285
Bloom, B.L. 288, 296, 297
Blos, P. 207, 217, 223
Blume, O. 246
Blyth, D.A. 99, 205
BMJFFG 243, 248, 289, 292, 293, 294, 295, 297, 298, 299, 303
Boh, K. 48
Bohman, M. 252, 254, 258, 259, 260, 264
Bojanovsky, J.J. 241, 242, 280
Boldizar, J.P. 101
Booth, A. 271, 317, 318, 325
Booth, K. 320
Borland, D. 228

Bornstein, M.H. 133
Boss, P. 247
Böttcher, H.R. 248, 249
Bowlby, J. 248
Brand, E. 317, 319, 321, 322, 326
Brandtstädter, J. 109, 239, 240, 241
Bray, J.H. 322, 324, 328
Bretherton, I. 148
Brinkerhoff, D.B. 71
Brody, E.M. 239, 245, 246
Brody, G.H. 163, 205, 312
Brodzinsky, D.M. 250, 256, 257, 258, 259, 260
Bronfenbrenner, U. 8, 9, 82
Brooks-Gunn, J. 91
Brown, B.B. 83, 84, 85, 90
Brownlee, J.R. 201
Bruder, J. 244
Brüderl, L. 119, 164, 165
Brunke, C. 199
Bryant, B.K. 157, 159, 162
Buba, H.-P. 51, 52, 53
Buchanan, C.M. 299, 302, 305, 308, 309
Buhrmester, D. 91, 98
Bumpass, L.L. 271, 272, 320
Bungard, W. 246
Burger, A. 208
Burke, R.J. 71, 210
Burns, A. 204
Buss, D.M. 105, 106, 107
Buunk, B.P. 110, 112

Camara, K.A. 286, 291
Campbell, L.E.G. 281
Cannon, K.L. 230
Caplow, T. 213
Cardiff, J. 263
Carter, B. 15
Carter, E.A. 231, 290
Caspi, A. 63
Cavenar, J.O. 124
Chapel, J. 324
Charles, M. 70, 71
Chase-Lansdale, P.L. 322
Cherlin, A.J. 312, 315, 318
Chiriboga, D.A. 228, 239, 240, 275, 281
Chudacoff, H.P. 226
Cicirelli, V.G. 158, 159, 205
Cierpka, M. 21
Clarke-Stewart, K.A. 142
Clayton, P.J. 242
Cleek, M.G. 268

Clemens, A.W. 230
Clingempeel, W.G. 284, 286, 287, 317, 318, 321, 322, 329, 330
Cohler, B.J. 246
Cohn, D.A. 177
Coleman, J.C. 197, 198
Coleman, J.S. 171
Coleman, M. 312, 314, 319, 320, 321, 329
Collins, W.A. 211
Conley, J.J. 113
Coombs, R.H. 278, 279, 280
Cooper, C.R. 78, 80, 207
Cooper, K.L. 239
Cooper, P.W. 302
Cornoldi, C. 155
Cowan, C.P. 118, 126, 128
Cox, M.J. 138
Crockenberg, S. 125, 157, 159, 162, 243
Crouter, A.C. 8, 70, 71, 75, 76
Csikszentmihalyi, M. 92, 96
Cummings, E.M. 139
Cummings, J.S. 139
Cutrona, C.E. 124

D'Amico, R.J. 68, 69
Dahl, A.S. 324
Daly, M. 325
Damon, W. 149
Daniels, D. 160
Darwin, C. 105
Datan, N. 246
DaVanzo, J. 221
Davidson, S. 232
Davis, K.A. 106, 107
Davis, M.H. 113
Day, D. 263
De Beauvoir, S. 249
Deal, J.E. 140
DeFries, J.C. 37, 255
Delaney, S. 72
Demo, D.H. 278, 282, 283
DeSantis, J. 210, 211
Detweiler, R.A. 258, 264
Deusinger, I.M. 198, 199
Devitre, E.A. 53
Deykin, E.Y. 227
Dickson, L.R. 252, 260
Diekmann, A. 270
Ditton, H. 181, 185, 186, 187, 190, 192
Dix, T. 147
Dodge, K.A. 101

Dornbusch, S.M. 202, 212, 282, 288, 309
Dorst, B. 273
Douvan, E. 217, 220
Dreher, E. 91, 195, 196, 197
Dreher, M. 91, 195, 196, 197
Duberman, L. 315, 318
Duck, S. 108
Duckett, E. 69
Duncan, G.J. 318
Dunn, J. 143, 153, 155, 156, 157, 162, 204, 205
Dunphy, D.C. 84, 85, 89, 90
Dura, J.R. 278
Dusek, J.B. 199
Duvall, E.M. 13, 15, 16, 17, 18, 117, 201, 218
Dyer, E.D. 125

Ebertz, B. 262, 263, 264
Eccles, J.S. 62, 102
Eckenrode, J. 75
Eddington, C. 247
Elder, G.H. 59, 61, 62, 63, 204, 211
Eldred, C.A. 257
Elliott, R.S. 102
Elschenbroich, D. 52
Emery, R.E. 283, 296
Emiliani, F. 146
EMNID 45, 213
Engel, U. 172
Engfer, A. 139, 140
Entwisle, D.R. 128
Epstein, J.L. 182, 183, 187
Erikson, E.H. 198, 200
Ernst, C. 153, 160, 161
Eshleman, J.R. 317
Ewert, O.M. 196
Eye, A. von 10, 116
Eysenck, H.J. 36, 203

Fahrenberg, B. 226, 227
Fattori, L. 155
Fauber, R. 204
Fauser, R. 67
Fedele, N.M. 118
Fehr, B. 41
Fein, R. 124
Feingold, A. 106
Feldman, H. 126, 203
Feldman, S.S. 142
Felmlee, D. 110
Felner, R.D. 273, 286
Fend, H. 99

Ferri, E. 320, 325, 326
Feser, H. 243
Festinger, L. 109
Festinger, T. 255
Figley, C. 297
Filipp, S.H. 24, 93, 198, 199
Fincham, F.D. 140
Fine, M.A. 329
Fivush, R. 175
Flaherty, J.F. 199
Flanagan, C.A. 59, 62, 63, 222, 224
Flinn, M. 312
Fooken, I. 240, 247
Frank, S.J. 223
Franke, J. 95
Freud, S. 122, 227
Freund, L.S. 145
Friedl, I. 312, 314
Fröhlich, G. 153, 160
Fry, P.S. 297, 301, 306, 308
Fthenakis, W.E. 286
Fu, V.R. 149
Fuligni, A.J. 102
Furman, W. 91, 98
Furstenberg, F.F. 273, 282, 283, 286, 290, 300, 301, 302, 305, 306, 312, 315, 318, 319, 322, 324, 325, 328, 330
Furth, H.G. 77, 215
Fydrich, T. 94

Galambos, N.L. 62, 69
Galinsky, E. 123, 124
Galton, F. 105
Ganong, L.H. 312, 314, 319, 320, 321, 329
Garmezy, N. 265
Gath, A. 126
Gauda, G. 122
Gegeo, D.W. 204
Gelles, R.J. 296, 325
Gergen, K.J. 147
Gerrard, M. 272
Gerstel, N. 280
Gilbert, L.A. 232
Gilford, R. 229
Giordano, J.A. 248
Giordano, N.H. 248
Glenn, N.D. 35, 229
Glenwick, D.S. 291
Glick, P.C. 280
Gloger-Tippelt, G. 46, 113, 114, 119, 120, 122
Glynn, T.J. 99

Goffman, E. 209
Golan, N. 233, 242
Gold, D. 69
Goldhaber, D. 200, 241
Goldscheider, C. 222, 320
Goldscheider, F.K. 221, 320
Goldstein, M.Z. 248
Goodnow, J.J. 72, 73, 74, 143, 144, 146, 147
Gore, S. 75
Gottman, J.M. 89, 100, 101, 206, 214
Gove, W.R. 281
Grajek, S. 160, 161
Graue, M.E. 184
Green, J.W. 99
Green, R.G. 281
Green-Bailey, P. 286
Greenberg, M.T. 99, 102, 211
Greenstein, R.N. 266, 270
Griebel, W. 288
Grolnick, W.S. 212
Grossman, F.K. 123, 127
Grotevant, H.D. 78, 80, 207
Grunebaum, H.V. 246
Grüneisen, V. 75
Grych, J.H. 140
Guidubaldi, J. 278, 282
Gutmann, D. 239, 240, 241
Gutschmidt, G. 294, 297, 298
Guttman, J. 288
Guttmann, J. 186, 192

Hagestad, G.O. 231
Hahlweg, K. 214
Hahn, A. 268
Hakim-Larson, J. 214
Halem, L.C. 279
Haley, J. 230
Hallinan, M.T. 91
Halverson, C.F. 91
Hamon, R.R. 244, 246
Hansen, D.A. 174, 176
Hanson, E. 205
Hanson, S.M.H. 298, 299, 302, 306
Hareven, T.K. 226
Harkins, E. 228
Harrison, A.O. 294, 297
Harrop, J.W. 325
Hart, C.H. 101, 177
Hartmann, P.H. 270
Hartup, W.W. 89, 99
Hassebrauck, M. 106, 107, 108, 111

Hauser, S.T. 211, 216
Havighurst, R.J. 16, 83, 196, 197, 201
Hawkins, A.J. 71
Hayes, C.D. 68
Hays, R.B. 84
Healow, C.L. 319, 321, 323
Heckhausen, J. 142
Heekerens, H.P. 272, 279, 303, 316, 317, 318
Hegner, F. 55, 65, 66, 70, 74, 75
Heldmann, E. 33
Helmke, A. 177, 190, 191
Henderson, S.H. 102
Herzberg, I. 174
Hess, R.D. 286
Hetherington, E.M. 277, 279, 280, 282, 283, 284, 287, 288, 296, 298, 300, 302, 305, 308, 309, 312, 315, 318, 320, 321, 322, 326, 327
Hevey, C.M. 142
Hill, J.P. 207, 215, 217
Hill, M. 270
Hill, P.B. 270
Hinde, R.A. 130, 131
Hoag, W.J. 206, 208
Hobart, C.J. 214
Hobbes, T. 111
Hobbs, D.J. 165
Hock, M. 191
Hodges, W. 287, 288
Hofer, M. 86, 144, 207, 214, 215
Hoff, E.-H. 75
Hoffman, J.A. 219
Hoffman, L.W. 66
Hoffman, S. 318
Hoffmann-Riem, C. 250, 251, 252, 253, 255, 257
Höhn, C. 29, 30, 41, 204, 273
Holden, G.W. 145
Hollstein, W. 70
Holmbeck, G. 207, 217
Holtbrügge, H. 49
Homans, G.C. 111
Hoopes, J.L. 252, 262, 264
Hoover-Dempsey, K.V. 183
Höpflinger, F. 70, 71
Hopkins, J. 124
Hörmann, H.J. 199
Hornby, A.S. 83
Hornstein, W. 177
Hotch, D.F. 220
Howard, J.A. 107
Howes, P. 139

Huinink, J. 221
Hunter, F.T. 98
Hurrelmann, K. 78, 172, 177, 192, 193
Husain, A. 324
Huston, S.M. 126
Huth, W. 259, 260

Ihinger-Tallman, M. 311, 312, 317, 318, 324, 325
Imhof, A.C. 230
Irving, H.H. 286, 287
Isabella, R.A. 127, 136

Jacobs, B.S. 161
Jacobs, J. 318
Jacobs, S. 242
Jacobsen, D.S. 275
Jagenow, A. 116
Jensen, A.R. 159
Jerome, L. 259
Johnson, P. 276
Johnston, J.R. 281, 286, 287
Jordan, E. 68
Jugendwerk der Deutschen Shell 45, 73, 196, 207, 208, 215
Jung, C.G. 240
Jungmann, J. 250, 251, 252, 254, 255, 256, 259, 260

Kadushin, A. 255
Kagan, J. 34, 205
Kahn, M.D. 153
Kalayam, B. 247
Kalmuss, D. 35
Kalter, N. 276, 285
Kaltreider, N. 248
Kamerman, S.B. 68
Kandel, D.B. 48, 91, 98, 101, 206
Kanoy, K.W. 286, 287, 304, 306
Kaslow, F.W. 274, 275
Katchadourian, H. 241
Katz, M.H. 76
Kaufmann, F.-X. 5, 27, 29, 40, 43, 46, 56, 58, 63, 65, 66, 113, 114, 267, 329
Keats, J.A. 198, 205
Keith, B. 278, 279, 282
Keller, H. 133
Keller-Thoma, P. 262
Kelley, H.H. 111
Kelley, J.B. 283, 306, 321, 324
Kelly, E.L. 113
Kelly, G.A. 108

Kendrick, C. 155, 156
Kenny, D.A. 110
Keple, T.W. 210
Kerckhoff, A. 106, 107
Kersten, P. 249
Ketterlinus, R.D. 98
Kiecolt-Glaser, J. 278
Kinard, E.M. 282, 283
Kinnaird, K.L. 272
Kirchler, E. 58, 71
Kirk, D. 255, 260
Kitson, G.C. 278, 279, 280
Klein, T. 46, 47, 152, 316
Klein-Allermann, E. 260
Knaub, P.K. 318
Knoll, K.D. 251, 257, 258, 263
Knorr, J. 251, 252
Knorring, A. von 258
Kobak, R.R. 225
Koch, H.L. 157
Koch-Hattem, A. 281
Köcher, R. 114, 115
Kohlberg, L. 216
Kohn, M. 75, 76, 80
Kohnstamm, G.A. 161
Koopman, E.J. 301
Kopp, J. 270
Koren, P. 318
Krappmann, L. 5, 82, 84, 86, 91
Krauß, J. 91
Krein, S.F. 302
Kreitman, N. 242
Kreppner, K. 10, 16, 167, 169, 201
Krohne, H.W. 191
Krumm, V. 183, 184, 192
Kruse, A. 247
Krüsselberg, H.-G. 56, 57, 70
Kühl, W. 250
Kurdek, L.A. 280, 283, 300

La Gaipa, J.J. 86
Lachman, M.E. 297
LaCoursiere, R. 124
Laewen, H.-J. 67
Lakemann, U. 55, 65, 66, 70, 74, 75
Lamb, M.E. 67, 133, 135, 156, 158, 204
Lamborn, S.D. 142
Lang, A.M. 245
Larson, R. 92, 96, 97, 207
Lasko, J.K. 162
Lavee, Y. 279

Le Masters, E.E. 117, 125
Leaper, C. 216, 306
Lederer, G. 206
Lee, A. 105
Lee, G. 229, 271
Lehmkuhl, U. 285
Lehr, U. 200, 240, 241, 245, 247
Leifer, M. 124
Lerner, R.M. 77, 78, 103, 116, 199
Lesser, G.S. 48, 206
Levya, F.A. 215
Lewis, R.A. 227, 269
Lewko, J.H. 265
Liker, J.K. 63
Limbach, J. 27, 28, 29, 268
Lindahl, K.M. 145
Lindsay, M. 256, 260
Lipp, W. 32
Locke, H. 119
Longfellow, C. 299, 300, 301, 305, 308
Lonner, T. 228
Lopata, H.Z. 242
Loper, N.F. 257, 263
Lowenstein, J.S. 301
Lowenthal, M.F. 228, 239, 241
Luck, H. 88
Lüders, I. 245, 246, 247
Lujansky, H. 110
Lukesch, H. 114, 119
Lukesch, M. 119
Lüscher, K. 4, 32, 33
Luthar, S.S. 265
Lynch, J.H. 217, 219, 225
Lynch, K. 85
Lynd, H. 213
Lynd, R.S. 213

Macbeth, A. 182, 184, 185, 187
Maccoby, E.E. 142, 143, 281, 299, 302, 305, 308, 309
Mackinnon, C. 91
Maggs, J.L. 69
Magnus, U. 266
Mannheim, K. 206
Markman, H.J. 139, 145
Markus, G. 160
Markus, H. 122
Marquis, K.S. 258, 264
Marschall, P. 178
Martin, J.A. 142
Martin, T.C. 271

Martiny, U. 279
Mathias, B. 282
Matthews, S.H. 244
McBride, S.L. 68
McCartney, K. 37, 68
McCluskey-Fawcett, K. 286
McCubbin, H.I. 24, 25, 26, 59, 297
McCulloch, B.J. 245
McGarry, K. 256, 260
McGillicuddy-DeLisi, A.V. 146
McGoldrick, M.S.W. 15, 231, 290
McHale, S.M. 73, 74, 75, 126
McLanahan, S.S. 272, 291, 296, 298, 304, 320
McNally, S. 143
McRoy, R.G. 254, 264, 265
Medrich, E.A. 100
Melichar, J. 275, 281
Melina, L.R. 262
Melzer, W. 182, 183, 184, 185
Menaghan, E.G. 25
Mendelson, S. 248
Mertens, W. 7
Mettetal, G. 89, 100
Meyer, H.J. 164, 165, 166
Meyer, S. 43
Mikula, G. 110
Mikus, K. 122, 124
Miller, B.C. 13, 15, 16, 17, 18, 117, 124, 201, 218
Miller, P.A. 143
Mills, R.S.L. 147
Ministerium für Arbeit, Gesundheit und Sozialordnung Baden-Württemberg 243, 245, 246
Minor, J.H. 294, 297
Minsel, B. 115, 266
Minuchin, P. 8, 179
Mirren, W.B. 127
Mitchell, B.A. 221
Mitchell, K.A. 106, 108
Mittag, O. 116
Mitteness, L. 232
Mitterauer, M. 41, 43, 45, 46, 171, 267
Modell, J. 217
Molinari, L. 146
Monahan, T.P. 317
Montemayor, R. 96, 97, 101, 201, 205, 206, 207, 213
Moore, D. 220
Moore, R. 100
Moos, B.S. 20

Moos, R.H. 20
Morgan, L.A. 278
Morgan, S.P. 284
Mortimer, J.T. 79
Morton-Williams, R. 186
Moss, H.A. 161
Moss, M.S. 249
Moss, S.Z. 249
Mowrey, J.D. 291
Mudrich, B. 228, 233
Mueller, C.W. 272
Mueller, D.P. 302
Müller, E. 148
Mullison, D.D. 207
Mummendey, H.D. 240, 241
Münch, E.M. von 32
Munn, P. 143, 156, 157
Münscher, A. 49
Munsinger, H. 259
Münz, R. 116
Murphey, E.B. 224
Murray, H.A. 119
Murstein, B.I. 106, 107, 108
Musgrove, F. 186
Mussen, P.H. 81
Mutran, E. 245

Nadelman, L. 154, 156
Naegele, G. 247
Napp-Peters, A. 250, 252, 293, 294, 295, 297, 299, 301, 303, 304, 306, 309
Nauck, B. 23, 49, 50
Nave-Herz, R. 14, 40, 42, 43, 47, 114, 251
Needle, R.H. 322
Neidhardt, F. 40
Neimeyer, R.A. 106, 108
Nelson, K.A. 255
Neubauer, U. 93, 95
Neubauer, W. 199
Neugarten, B.L. 228, 243
Newberger, C.M. 146
Newcomb, T.M. 106
Newman, L.F. 127
Nickel, H. 6
Niesel, R. 273, 274, 288
Noack, P. 86, 88, 91, 99, 100, 102
Nord, C.W. 282, 283, 286, 324
Nydegger, C. 232
Nye, F.I. 22

O'Brien, R.W. 205, 206, 210

Oathout, H.A. 113
Oerter, R. 83, 84, 89
Offer, D. 199
Olbrich, E. 213
Oliver, R. 227
Olson, D.H. 3, 19, 20, 21, 25, 26, 117, 173, 194, 212, 229
Opaschowski, H.W. 93, 95
Osofsky, H.J. 123, 124, 127
Osofsky, J.D. 123, 124, 127
Oswald, H. 84, 91, 100, 181, 182, 190, 191, 200, 206, 213
Owen, G. 249
Özel, S. 49

Paetzold, B. 175, 179, 180, 190, 191
Papastefanou, G. 14
Papousek, M. 133, 134, 135
Parikh, B. 216
Park, K. 100, 140, 302
Parke, R.D. 89, 100, 130, 131
Parker, J.G. 206
Pasley, K. 311, 312, 317, 318, 319, 321, 323, 324, 325
Patterson, G.R. 63, 204
Patterson, J.M. 24, 25
Pearson, K. 105
Pearson, T.A. 268
Pedersen, F.A. 124
Pensky, E. 35, 36
Pepler, D.J. 158
Perlman, D. 94
Permien, H. 289, 290, 293, 294, 295, 299, 301
Perret-Clermont, A.-N. 88
Perry, J.D. 282
Peters, M. 206, 224, 234
Petersen, A.C. 83, 91
Peterson, A.C. 215
Peterson, G.W. 80
Peterson, J.L. 282, 301, 302, 305, 326
Pettengill, S.M. 48
Pettinger, R. 172, 180, 189
Petzold, M. 6, 126
Peukert, R. 290
Pfeffer, N. 251
Pfeiffer, P. 256
Phelps, R.E. 307, 308
Piaget, J. 86
Picton, C. 263
Pikowsky, B. 207, 214, 215
Pill, C.J. 324, 325

Pink, J.E. 324
Piotrkowski, C.S. 55, 75, 76
Plomin, R. 36, 37, 38, 81, 153, 156, 160, 255
Plum, W. 247
Plummer, L.P. 281
Poensgen, M. 250
Pointner, P. 93
Pope, H. 272
Pratt, M.W. 241
Price, R.A. 105
Probst, L.R. 296, 297
Putallaz, M. 101

Rapoport, R. 117
Raschke, H.J. 266, 270, 271, 274, 281, 298, 299
Rathbone-McCuan, E. 247
Rauh, H. 67, 88, 136
Raven, J. 186
Rees, J. 255
Rehn, M.L. 251, 257, 258, 263
Reinherz, H. 282, 283
Reiss, D. 112
Reitzes, D.C. 245
Remmers, H. 196
Rende, R. 36
Renne, K.S. 229, 279
Repinski, D.J. 211
Repucci, N.D. 287
Resnick, G. 291
Rheingold, H.L. 72
Rhyne, D. 229
Richards, M.H. 69
Ries, G. 175
Risman, B.J. 302
Roach, M.J. 280
Roberts, C.L. 227
Roberts, R.E.L. 245
Rodgers, R.H. 13
Rogoff, B. 71
Rohner, R.P. 48
Rollins, B.C. 203, 229, 230
Rook, K.S. 94, 245
Roopnarine, J.L. 124
Rosenberg, B. 152, 157, 161
Rosenow, J. 144, 145
Rosenthal, D.A. 213
Rossi, A.S. 117
Rottleuthner-Lutter, M. 268, 279
Rovine, M. 127
Rowe, D.C. 37, 160
Rubin, K.H. 147

Rubin, L.B. 228
Russell, C.S. 125
Russell, D. 324
Rutter, M. 285, 288
Ryan, R.M. 217, 219, 225

Salts, C.J. 274, 277
Sander, E. 290, 294, 296, 297, 298, 299, 300, 303
Sanders, G.F. 315
Sandler, I.N. 276, 284, 286
Sanik, M.M. 294
Santilli, N.R. 77
Santrock, J.W. 322
Scarr, S. 37, 67, 160, 161, 163
Sceery, A. 225
Schachter, F.F. 158
Schaefer, E.S. 142
Schaie, K.W. 240
Schaller, S. 273
Schattner, H. 311, 326
Scheller, G. 15
Schleiffer, R. 321
Schlosberg, N. 241
Schmidt-Denter, U. 88, 94, 95, 243, 244, 277, 284, 285, 287
Schmidtke, A. 273
Schmitz-Scherzer, R. 94
Schneewind, K.A. 3, 4, 6, 20, 21, 22, 103, 104
Schönwälder, H.-G. 184
Schram, R.W. 203, 230
Schramm, K. 53
Schubert, H.J. 246
Schulenberg, J. 79, 80
Schulze, E. 43
Schumann, M. 311, 326
Schuster, J. 266
Schütze, Y. 64, 156, 206, 245, 246
Schwartz, L.L. 274, 275
Schwarz, K. 279, 311, 316
Schweitzer, J. 273, 274, 276
Sears, R.R. 241
Seccombe, K. 271
Seginer, R. 197
Seglow, J. 254, 257, 258, 260
Seidenspinner, G. 208
Seiffge-Krenke, I. 198, 213, 219
Selman, R.L. 86, 87, 89, 98, 149
Selnow, G.W. 302
Seltzer, J.A. 286, 290, 300, 301, 302, 305
Shamoian, C.A. 247

Shelton, R.A. 35
Shereshefsky, P.M. 123, 124
Sherman, E. 240
Shin, H. 281
Siebel, W. 32
Siesky, A.E. 300
Sigman, M.D. 133
Sigvardson, S. 258, 259, 264
Silbereisen, R.K. 59, 62, 88, 91, 102, 197, 265
Silverberg, S.B. 207, 211, 217
Silverman, A.R. 256
Silverman, P.R. 242
Simon, R.J. 250
Singer, L.M. 255, 257
SINUS-Institut 91
Slater, M.A. 307, 308
Smetana, J.D. 202, 203, 211, 213, 214
Smith, T.E. 283
Smollar, J. 79, 206, 207, 209, 210, 211, 215, 224
Snow, R. 231
Sobol, M.P. 263
Sollie, D.L. 117
Sommer, G. 94
Sorosky, A.D. 251, 257, 260, 263
Spanier, G.B. 103, 268, 269, 281, 297, 319, 330
Spence, D. 228
Spieß, B. 91
Sprecher, S. 110
Sprey, J. 244
Stack, S. 278
Stapf, A. 80
Stapf, K.H. 80, 141
Starr, B.D. 230
Statistisches Bundesamt 201, 266, 289, 293, 316
Stein, A. 32, 33
Stein, L.M. 262, 264
Steinberg, L.D. 69, 143, 207, 211, 217, 305, 309, 328
Steinkamp, G. 211
Stern, W. 196
Sternberg, K.J. 67
Steuer, W. 53
Stevenson, D.L. 181, 184, 188, 191
Stevenson, M.B. 133, 135
Stewart, J.R. 281
Stewart, R. 153
Stich, J. 14, 271
Stief, W.H. 211
Stiefel, M.L. 245, 246

Stierlin, H. 233, 234
Stocker, C. 157, 162
Stöckli, G. 179, 192
Stolberg, A. 276
Strümpel, B. 66, 70
Sullivan, A. 218, 219, 222
Sullivan, K. 218, 219, 222
Süßmuth, R. 4
Sutton-Smith, B. 152, 157, 161, 204
Swartzberg, L. 282
Swenson, C.H. 229
Swientek, C. 250
Symons, D. 107

Tausch, D. 248
Taylor, P.H. 186
Terre, L. 286
Textor, M.R. 250, 252, 262, 264
Thibaut, J. 111
Thomae, H. 240, 241, 245
Thompson, L. 268, 281
Thompson, R.A. 67
Tienari, P. 260, 261
Tietjen, A.M. 286
Tietze, W. 190
Tingley, E. 148
Tippelt, R. 91
Tizard, B. 255
Tokarski, W. 94
Traeger, C. 99
Tress, W. 285
Triseliotis, J. 257, 263
Troll, L. 103, 207, 225, 231
Trommsdorf, G. 48
Tropf, W.D. 286, 324
Trygstad, D.W. 315
Tschann, J.M. 278, 280, 281
Tsukada, G.K. 152, 153
Tumin, M.W. 16
Turk, D.C. 276
Tyrell, H. 173

Uhlenberg, P. 239
Ulich, K. 188
Ulich, M. 285
Ullman, M.A. 249
Utne, M. 110

Valiant, G.L. 205
Valtin, R. 86
Van Dülmen, R. 41, 45
Van Hook, M.P. 59

Van Ijzendoorn, M.H. 167
Vandenberg, S.G. 105
Vanyperen, N.W. 110, 112
Vargas, L.A. 242
Vaskovics, L.A. 114, 221, 232
Veer, G. van der 219
Vittemberga, G. 139
Voegeli, W. 279
Vogel, C. 116
Vondracek, F.W. 77, 78, 79
Vosler, N.R. 283
Voss, H.G. 165, 166
Voß, R. 266, 274
Vuchinich, S. 215

Wagner, M. 221
Wahl, K. 29
Waite, L.J. 271
Wakefield, J.A. 203
Waldrop, M.F. 91
Walker, L.S. 99
Wallace, D. 4
Wallace, K. 119
Wallerstein, J.S. 272, 277, 283, 300, 302, 303, 306, 321, 324
Walper, S. 59, 60, 62, 102, 292, 301, 302, 303
Walster, E. 111
Walter, E. 286, 287
Wamboldt, F.S. 112
Wampler, K.S. 324
Wand, E. 246
Ward, M. 265
Warton, P.M. 72, 73
Waters, E. 100, 140
Watson, M.W. 148
Watson-Gegeo, K.A. 204
Weber, G. 273, 274, 276
Weddington, W.W. 124
Weick, S. 221
Weigert, E.V. 123
Weinberg, R.A. 161, 163
Weiner, M.B. 230
Weingarten, H.R. 279
Weinraub, M. 276, 291, 296, 298, 305, 306, 308
Weinstein, K.K. 243
Weir, T. 71, 210
Weiss, L.A. 212
Weiss, P. 249
Weiss, R.S. 267, 285, 309
Weitzman, D.E. 256

Wender, P.H. 259
Wente, A.S. 125
Werner, E.E. 259, 285
Wertsch, J.V. 11
West, M.J. 145
White, B.L., 158
White, L.K. 71, 267, 270, 271, 317, 318, 325, 326
Whiteside, M.F. 315
Wiehe, V.R. 276
Willis, S.L. 240
Wilson, M. 325
Wimbish, J. 165
Winch, R.F. 106, 107
Wissenschaftlicher Beirat für Familienfragen 130, 144
Wit, J. de 219
Wittkowski, J. 240, 241
Wolchik, S.A. 286
Wolf, B.M. 276, 291, 296, 298, 305, 306, 308
Woolett, A. 251
Worobey, J.L. 246
Wright, P.H. 210
Wyman, P.A. 282

Yarrow, L.J. 123, 124
Young, D. 100, 284
Youniss, J. 79, 80, 81, 86, 96, 98, 149, 150, 202, 206, 207, 209, 210, 211, 215, 224

Zajonc, R.B. 160, 161
Zank, S. 95
Zapf, W. 65, 70
Zaslow, M.J. 305, 320
Zenz, H. 178
Ziegler, E. 265
Zill, N. 282, 301, 302, 305, 315, 320, 321, 326, 328
Zimmermann, R.E. 247
Zobel, M. 240, 241

Bildhaftigkeit und Metakognitionen

Wissensentwicklung und bildhafte Verarbeitungsformen im Vorschul- und Schulalter

(Ergebnisse der Pädagogischen Psychologie, Band 7)

von Dr. SILVIA MECKLENBRÄUKER, Prof. Dr. WERNER WIPPICH und Prof. Dr. JÜRGEN BREDENKAMP

XIV/195 Seiten, DM 68,– · ISBN 3-8017-0388-6

Ist es nützlich, wenn man sich beim Lernen mit Texten Vorstellungen von den beschriebenen Sachverhalten macht? Können schon Vorschulkinder mit Texten besser umgehen, wenn sie instruiert werden, sich Vorstellungen zu machen? Dies sind einige von vielen Fragen, auf die in der vorliegenden Arbeit eingegangen wird und zu denen neue Untersuchungsergebnisse vorgestellt werden. Das Buch beschäftigt sich mit dieser Frage nicht nur grundlagenorientiert und kognitionspsychologisch, sondern versucht, die Konstrukte auch für Anwendungen zu nutzen. Insofern ist das Buch auch im Rahmen der Pädagogischen Psychologie und der Instruktionspsychologie interessant.

Hogrefe · Verlag für Psychologie

Problemlösefähigkeit, Handlungskompetenz und Emotionale Befindlichkeit

Zielgrößen Forschenden Lernens

(Ergebnisse der Pädagogischen Psychologie, Band 10)

von Prof. Dr. DETLEF SEMBILL

XII/312 Seiten, DM 68,– · ISBN 3-8017-0434-3

Welchen Kriterien haben innovationsfähige Lehr-Lern-Prozesse zu genügen? Bringen entsprechende Arrangements den erhofften Erfolg?
Diesen Fragen wird in der vorliegenden Arbeit in einem interdisziplinären Zuschnitt nachgegangen. Die Antworten und empirisch gewonnenen Ergebnisse sind ermutigend. Bezogen auf zunehmend komplexe Handlungskontexte sind insbesondere ein integriertes Verständnis des Zusammenwirkens von kognitiven, motivationalen und emotionalen Prozessen vonnöten und entsprechend ganzheitliche Lernangebote erforderlich.
Das Buch kann allen (angehenden) Pädagogen und Psychologen als Argumentations- und Handlungshilfe dienen.

Hogrefe · Verlag für Psychologie

Lern- und Denkstrategien
Analyse und Intervention

hrsg. von Prof. Dr. HEINZ MANDL und Dipl.-Psych. HELMUT F. FRIEDRICH

XVI/280 Seiten, DM 58,- · ISBN 3-8017-0462-9

Derzeit besteht ein starkes Interesse am Thema Lern- und Denkstrategien. Dieses Interesse hat zu einer Fülle von Untersuchungen über kognitive Prozesse und Strukturen geführt, durch die Lern- und Denkstrategien überhaupt erst der detaillierten Beschreibung und Analyse zugänglich wurden, was letztendlich Voraussetzung für deren gezielte Förderung ist. Der vorliegende Band vereinigt — neben einem einleitenden Überblick und einem abschließenden Rahmenmodell zum Thema Lernen des Lernens — empirische Originalarbeiten, die sich detailliert und paradigmatisch mit der kognitionspsychologisch orientierten Analyse und Förderung von Primärstrategien des Lernens und Denkens bei verschiedenen Altersgruppen, für verschiedene Gegenstandsbereiche und für verschiedene instruktionale Kontexte befassen. So werden neben elementaren Strategien des induktiven Denkens kognitive Verstehens- und sozioemotionale Bewältigungsstrategien von Schulkindern, aber auch Strategien des Textlernens und des Problemlösens von Studenten behandelt.

Hogrefe · Verlag für Psychologie

Erziehungsberatung
Zur Theorie und Methodik. Ein Beitrag aus der Praxis
(Studien zur Pädagogischen Psychologie, Band 26)

von Dipl.-Psych. INGRID FLÜGGE

·X/175 Seiten, DM 48,- · ISBN 3-8017-0379-7

In diesem Buch wird das Konzept eines Erziehungsberatungsprozesses vorgestellt, das in langjähriger Arbeit ganz aus der Praxis heraus entwickelt wurde. Der Weg, Theorien ausgehend von Praxiserfahrungen zu erschließen, ist ungewöhnlich. Die Theorien wurden unter dem Gesichtspunkt ihrer Brauchbarkeit ausgewählt und, wo nötig, im Hinblick auf den Praxisbedarf in der Erziehungsberatung modifiziert. Die einzelnen Beratungsphasen von der Eröffnung bis zum Abschluß werden in einem ausführlichen Praxisteil dargestellt. Dabei werden Hilfsmittel und Entscheidungskriterien für das Vorgehen ebenso erörtert wie häufig auftretende und schon bei der Planung zu berücksichtigende Schwierigkeiten. Die praktischen Erfahrungen werden reflektiert, systematisiert und zu fallübergreifenden Gesichtspunkten für ein methodisch durchdachtes Vorgehen verdichtet. In dieser Kombination von Erfahrungsnähe und theoretischer Aufbereitung liegt die besondere Stärke dieser Arbeit.

Hogrefe · Verlag für Psychologie